Die Deutsche Nationalbibliothek verzeichnet diese Publikation in der Deutschen Nationalbibliografie; detaillierte bibliografische Daten sind im Internet über http://dnb.d-nb.de abrufbar.

Zugl.: Bayreuth, Univ., Diss., 2017

ISBN 978-3-8487-6046-6 (Print)
ISBN 978-3-7489-0174-7 (ePDF)

1. Auflage 2019

Vorwort

Die vorliegende Arbeit wurde im Sommersemester 2017 von der Rechts- und Wirtschaftswissenschaftlichen Fakultät der Universität Bayreuth als Dissertation angenommen.

Sie entstand im Rahmen des Bayreuther DFG-Graduiertenkollegs „Geistiges Eigentum und Gemeinfreiheit". Für die Aufnahme in das Kolleg, den regelmäßigen Austausch mit anderen Kollegiaten und Professoren sowie für die großzügige finanzielle Unterstützung bin ich sehr dankbar. Ebenfalls bin ich dankbar für die finanzielle Unterstützung in der Endphase meiner Promotion die ich durch das „Programm zur Förderung der Chancengleichheit für Frauen in Forschung und Lehre" erhielt.

Mein ganz besonderer Dank gebührt meinem Doktorvater Herrn Prof. Dr. Christian Jäger. Für seinen stets wissenschaftlichen Optimismus mit dem er mein Promotionsvorhaben in herausragender Weise nicht nur fachlich, sondern auch menschlich gefördert hat. Bereits durch sein juristisches Oberseminar und die Mitarbeit an seinem Lehrstuhl wurde mein nachhaltiges Interesse am wissenschaftlichen Arbeiten und dem Wirtschaftsstrafrecht geweckt. Des Weiteren danke ich Herrn Prof Dr. Brian Valerius für die zügige und gründliche Erstellung des Zweitgutachtens.

Außerdem gilt mein besonderer Dank Herrn Prof. Dr. Diethelm Klippel, der seit dem zweiten Semester meinen akademischen Lebensweg fachlich und menschlich förderte. Auch Herrn Prof. Dr. Dr. h.c. mult. Peter Häberle bin ich für die Einblicke in das akademische Leben durch sein ständiges Seminar und seinen Rat dankbar.

Dank meiner fast schon optimalen Rahmenbedingungen konnte die Arbeit 2016/2017 abgeschlossen, um schlussendlich 2019 veröffentlicht zu werden. Wichtige aktuelle Entwicklungen nach 2016 konnten bis zum Sommer 2019 aufgenommen werden.

Die insgesamt dennoch große Zeitspanne der Bearbeitung seit 2012 ist überwiegend privaten Gründen und zweier Elternzeit-Unterbrechungen für meine wunderbaren Töchter geschuldet.

Weiterhin danke ich meiner Familie, meinen Freunden und Kollegen, die mich in dieser langen Zeit mit Rat und Tat unterstützt haben. Insbesondere meiner Mutter Dr. Isabella Heidinger und meinen Großeltern Herrn Prof. Dr. Peter Heidinger und Frau Rosemarie Heidinger. Ihre positive Art, ihre tatkräftige Unterstützung und die anregenden Diskussionen sowie der unerschütterliche Glaube an mich und mein Promotionsvorhaben waren mir eine liebevolle und stete Begleitung, ohne die ich nicht soweit gekommen wäre. Auch meinen Geschwistern Fabian Quist und Laila Quist danke ich für ihre vielfältige und liebevolle Unterstützung. Meinem Vater Dr. Dietmar Quist danke ich, neben dem Korrekturlesen, spannenden Diskussionen und kritischen Nachfragen, insbesondere für die finanzielle Unterstützung, die diese Veröffentlichung erst möglich macht.

Nicht zuletzt aber bin ich meinem Mann Andreas Schröder-Quist für seinen vorbehaltslosen Rückhalt, seinen unermüdlichen Einsatz und sein stets offenes Ohr für meine Gedanken unendlich dankbar. Meinen Kindern widme ich diese Arbeit in der Hoffnung, dass auch sie ihren eigenen Weg finden mögen und dabei ebenso viel Unterstützung erfahren wie es mir vergönnt war.

Wangen i.A., im Juli 2019 *Elena Quist*

Inhaltsverzeichnis

Einleitung

In einer Welt, in der digitale Kommunikation zunehmend mehr Lebensbereiche durchdringt, nimmt gleichzeitig das Bedürfnis der Menschen nach ungestörten Rückzugsbereichen zu, was auch an den sich häufenden Fragestellungen im Zusammenhang mit Persönlichkeitsrechten in allen drei Rechtsgebieten deutlich wird.[1] Diese Arbeit führt daher durch das Zivil- und Strafrecht und reicht bis in das Verfassungsrecht und in die Rechtsphilosophie hinein. Schwerpunktmäßig ist der Blick auf den Bereich des geistigen Eigentums gerichtet, das angesichts seiner „Immaterialität" besonders sensibel ist. Das allgemeine Persönlichkeitsrecht soll ergänzend in die Betrachtung miteinbezogen werden. Persönlichkeitsrechte sind eine Querschnittsmaterie, welche die gesamte Rechtsordnung durchziehen.[2] Einer erhöhten Empfindlich- und Verletzlichkeit des allgemeinen Persönlichkeitsrechts und der besonderen Persönlichkeitsrechte des geistigen Eigentums hat das aktuelle Recht immer weniger entgegenzusetzen. Als aktuelle Beispiele für Persönlichkeitsrechtsverletzungen seien hier Mash-Ups im Urheberrecht, Satire/Karikaturen (Abwägung Kunstfreiheit vs. Persönlichkeitsrecht/Menschenwürde), Romane über reale Personen, unerlaubte Veröffentlichungen von Bildern und Videos, die entweder das Urheberpersönlichkeitsrecht oder aber auch die darauf abgebildeten Menschen in ihrem allgemeinen Persönlichkeitsrecht verletzen, genannt. Aber auch die NSA- und Prism-Affäre sowie das Verhalten von Internetgiganten wie Google und Facebook verdeutlichen das Persönlichkeitsrechte bedroht werden. Diese Beispiele zeigen eine besondere Betroffenheit des Urheberpersönlichkeitsrechts sowie des allgemeinen Persönlichkeitsrechts. Insbesondere die „exponentielle Erweiterung technischer Möglichkeiten"[3] und Weiterentwicklungen im Bereich des Internets, von Kameras und Mobiltelefonen können als Erklärung für die neuen Bedrohungen der Persönlich-

---

1 *Kächele*, Der strafrechtliche Schutz vor unbefugten Bildaufnahmen, S. 24, der neben dem Caroline-Urteil, die Entscheidung des BVerfG zum „Großen Lauschangriff" und die Schaffung des § 201a StGb als Beispiel nennt.

2 Vgl. *Kühl* in: Bosch/Bung/Klippel (Hrsg.), Geistiges Eigentum und Strafrecht, S. 117.

3 *Frehsee*, in: *Schild* (Hrsg.), Der Rechtsstaat verschwindet, S. 352 (366).

keitsrechte dienen.[4] Persönlichkeistrechtsverletzungen können im Internet unkontrollierbare Ausmaße annehmen.[5] Dabei spielen die zunehmende Verfügbarkeit über das Internet, die Digitalisierung sowie die Miniaturisierung eine entscheidende Rolle.[6] Fraglich ist, ob angesichts dieser Veränderungen und technischen Neuerungen die Rechtsordnung ihr Versprechen noch einhalten kann, Persönlichkeitsrechte und das geistige Eigentum, insbesondere das Urheberrecht effektiv zu schützen.[7] Schon 1966 hat der BGH angemahnt, dass sich das „Recht [...] der technischen Entwicklung nicht beugen" darf.[8] Vielmehr muss der Mensch „das Maß aller Dinge" sein und bleiben.[9] Der Gesetzgeber hat der verstärkten Gefahr für die Persönlichkeit entschlossen entgegen zu treten.[10] „Das Internet stellt unsere Rechtsordnung und damit auch die Gesetzgebung und die Rechtsprechung vor große Herausforderungen."[11] Gerade Persönlichkeitsrechte als Ausfluss aus Art. 1 und 2 GG sind zudem von besonderer Bedeutung für die Demokratie und somit Rechtsgüter mit besonderem Rang. Angesichts der Bedeutung dieser Rechte ist der Blick in das Strafrecht, was den Schutz von Persönlichkeitsrechten angeht, ernüchternd. Fraglich ist, warum im Bereich der Persönlichkeitsrechte des geistigen Eigentums das Strafrecht bisher kaum eine Rolle spielt. Diese Frage stellt sich sogar verstärkt für das allgemeine Persönlichkeitsrecht und kann vergleichend und gegenseitig gewinnbringend mituntersucht werden. Insofern müssen die aktuellen Vorschriften einer eingehenden Untersuchung unterzogen werden, ob deren Schutz ausreichen kann. Dies erscheint insbesondere deshalb fraglich, da gerade im Bereich des Persönlichkeitsschutzes die Strafvorschriften in der Praxis wenig relevant sind und oft als Kavaliersdelikte bagatellisiert werden. Ein großes Problem stellt damit das fehlende Unrechtsbewusst-

---

4 Vgl. etwa *Gertzen*, Der strafrechtliche Schutz am eigenen Bild, S. 1; *Kühl*, in: *Hefendehl* (Hrsg.), Symposium Schünemann, S. 211 (215); *Wanckel*, Foto- und Bildrecht, S. 223 f.; die Aktualität zeigen Gesetzesvorhaben in diesen Bereichen etwa gegen das „Upskirting" https://www.lto.de/recht/nachrichten/n/gesetzentwurf-bundesratsinitiative-upskirting-fotos-rock-kleid-strafbar/; zum Fotografieren von getöteten Unfallopfern vgl. m.w.N. *Preuß*, ZIS 2018, 212 ff.

5 *Gulden/Dausend*, MMR 2017, 723 (728).

6 Vgl. *Bosch*, JZ 2005, 377; *Eisele*, JR 2005, 6 (7); *Kühl*, in: *Hefendehl* (Hrsg.), Symposium Schünemann, S. 211 (215); vgl. auch *Sauren*, ZUM 2005, 425 (427); *Wendehorst*, NJW 2016, 2609 ff.

7 Vgl. *Erhardt/Flechsig*, ZRP 2006, 103.

8 BGH NJW 1966, 2353 (2354) (Vor unserer eigenen Tür).

9 *Vassalli*, ZStW 74 (1962), 111 (117).

10 Vgl. *Flechsig*, ZUM 2004, 605 (616).

11 *Schwartmann*, K&R 2012/3, 1.

sein in der Bevölkerung, aber auch bei Behörden dar, was durch ein schwaches Strafrecht weiter verstärkt wird. Die mangelnde Akzeptanz wird wohl auch dadurch verursacht, dass auch einfache und weniger schwerwiegende Verletzungen unter aktuelle Normen fallen, was durch die Bandbreite der möglichen Verletzungen durch sog. „Schulhofkriminalität" bis zu international organisierten Banden bedingt ist. Zudem sind Verletzungen des geistigen Eigentums und der Persönlichkeitsrechte oft schwer fass- und sichtbar.

Der vorangehende Absatz zeigt deutlich die Widersprüche, die im Bereich des Persönlichkeitsschutzes bestehen und verdeutlicht die Dringlichkeit des Handlungsbedarfs, zumal es bisher kaum umfassende Erörterungen dazu gibt. Diese decken dann oft nur einzelne Bereiche ab oder handeln gar die Ablehnung des strafrechtlichen Persönlichkeitsschutzes in einem Satz ab. Gerade die stiefmütterliche Behandlung in der Strafrechtswissenschaft[12] führt dazu, dass Untersuchungen des Persönlichkeitsrechts oft oberflächlich bleiben.[13] Somit kann diese Arbeit als ein Beitrag betrachtet werden, die bestehende Lücke zu schließen, um künftig mehr Klarheit auf diesem Gebiet herzustellen.

Die aufgezeigten Fragestellungen und problematischen Befunde können damit auf eine Kernfrage konkretisiert werden, deren Untersuchung das primäre Anliegen dieser Arbeit beschreibt: Ist der strafrechtliche Schutz von Persönlichkeitsrechten auszubauen?

Damit bleibt in einer eingehenden Untersuchung zu klären, ob die heutigen Problemkonstellationen im Bereich des Persönlichkeitsschutzes mit den bestehenden Regelungen gelöst werden können oder ob Reformen notwendig sind.

Dabei kann es in einem solch sensiblen und offenen Bereich aber nicht vordergründig darum gehen, starre, feste Regelungen zu entwerfen. Vielmehr ist diese Arbeit als Beitrag zu sehen mit dem Hauptziel, die Diskussion auf diesem bedeutenden Gebiet wach zu halten und gegebenenfalls anzureichern und damit einer drohenden Schmälerung entgegen zu wirken. Daher sollen gerade nicht die üblichen Wege gegangen, sondern unkonventionelle Ideen weiterentwickelt werden. Es ist auch der Versuch „mit großer Entschlossenheit die Chance anzunehmen, die Dinge [...] anders zu

---

12 *Kühl* in: *Bosch/Bung/Klippel* (Hrsg.), Geistiges Eigentum und Strafrecht, S. 120, 136.

13 Vgl. *Kühl* in: *Bosch/Bung/Klippel* (Hrsg.), Geistiges Eigentum und Strafrecht, S. 115 ff. der selbst seine, eher äußerliche und oberflächliche, Bearbeitung mit der fehlenden Aufarbeitung in der Strafrechtswissenschaft rechtfertigt.

machen und sich aus der Beharrlichkeit der Routinen und Übereinkommenheiten zu lösen".[14] Um die Kernfrage nach der Notwendigkeit des Ausbaus des strafrechtlichen Schutzes von Persönlichkeitsrechten zu beantworten, sind zwingend verschiedene Vorfragen zu klären und Vorüberlegungen notwendig. Besondere Persönlichkeitsrechte des geistigen Eigentums und das allgemeine Persönlichkeitsrecht werden zunächst getrennt geprüft und erst im Rahmen einer Gegenüberstellung Gemeinsamkeiten herausgearbeitet.

Ausgangspunkt ist die Frage nach dem strafrechtlichen Schutz. Dieser zwingend vorgelagert, muss die Frage der zivilrechtlichen Grundlagen und Schutzmöglichkeiten geklärt werden. Sie sind zum einen notwendig, um das zivilrechtsakzessorische Strafrecht, gerade im Bereich des geistigen Eigentums, einordnen zu können und zum anderen, um das Bedürfnis nach Strafrecht klären zu können. Ebenso spielt das Verhältnis des allgemeinen Persönlichkeitsrechts zu besonderen Persönlichkeitsrechten eine Rolle. Zudem werden gerade im Bereich des geistigen Eigentums die Regelungen zu Persönlichkeitsrechten analysiert.

Der Schwerpunkt der vorliegenden Arbeit liegt aber im Bereich des Strafrechts. Dazu wird der Schutz des allgemeinen Persönlichkeitsrechts im aktuellen Strafrecht zu betrachten sein. Eine ausführliche Analyse des aktuellen strafrechtlichen Schutzes von Persönlichkeitsrechten im Bereich des geistigen Eigentums, speziell des Urheber- und Erfinderpersönlichkeitsrechts, unter Auswertung von Literatur und Rechtsprechung sowie Einbeziehung alternativer Auslegungsmöglichkeiten erscheint sinnvoll, da nur bei einem negativen Ergebnis sich die Frage nach einem „Mehr" an Strafrecht stellt.

Weiterhin ist die Kenntnis der Grenzen des Strafrechts grundlegende Voraussetzung, um zu klären, ob mehr Strafrecht sinnvoll ist. Der Rechtsstaat und die Bindung an das Grundgesetz setzen streng die Einhaltung von Regeln voraus, da das Strafrecht den schärfsten Eingriff in die Freiheit der Bürgerinnen und Bürger bedeutet. Dazu ist es wegen der Offenheit von Persönlichkeitsrechten relevant, dass ein besonderer Augenmerk auf den Bestimmtheitsgrundsatz (Art. 103 II GG) und die Rechtsgutslehre gelegt wird. Dazu ist ein Prüfungsmaßstab zur Klärung der Bestimmtheit zu erarbeiten, da ein solcher bisher fehlt. Nur auf diese Weise lässt sich herausfinden, ob auch offene und zivilrechtsakzessorische Normen dem Bestimmtheitsgrundsatz genügen. In diesem Zusammenhang ist eine Anbin-

14 *Frehsee*, in: *Schild* (Hrsg.), Der Rechtsstaat verschwindet, S. 21 (37).

dung der Rechtsgutslehre an die Verfassung entscheidend, um die strafbegrenzende Wirkung derselben zu bestätigen.

Zentral ist die Klärung der Frage der Strafwürdigkeit und -bedürftigkeit von Verletzungen der Persönlichkeitsrechte. Dabei sind die Voraussetzungen dieser beiden Punkte herauszuarbeiten und zu prüfen. Im Mittelpunkt steht nicht nur die Frage, wie schwer Verletzungen von Persönlichkeitsrechten wiegen, sondern auch ob der zivilrechtliche Schutz ausreichen kann. Im Rahmen einer Gegenüberstellung von allgemeinem Persönlichkeitsrecht und Urheberpersönlichkeitsrecht können Gemeinsamkeiten herausgearbeitet werden, um daraus entscheidende Hinweise auf die Notwendigkeit einer etwaigen Gesamtreform des strafrechtlichen Schutzes von Persönlichkeitsrechten zu erhalten.

Folglich ist es Ziel dieser Arbeit, zu klären, inwiefern ein Ausbau des Strafrechts zum Schutz von Persönlichkeitsrechten notwendig und möglich ist.

Zu diesem Zweck werden, nach einer kurzen Darlegung der Grundlagen des zivil- und strafrechtlichen allgemeinen Persönlichkeitsschutzes (Erstes Kapitel), die besonderen Persönlichkeitsrechte des geistigen Eigentums einer genauen Betrachtung unterzogen (Zweites Kapitel). Daran anschließend erfolgt eine kritische Beleuchtung des aktuellen strafrechtlichen Schutzes dieser zuvor dargestellten besonderen Persönlichkeitsrechte (Drittes Kapitel). Der Schwerpunkt liegt auf den beiden folgenden Kapiteln, die eine etwaige Ausgestaltung des strafrechtlichen Schutzes betreffen. Dabei wird zunächst ein Prüfungsmaßstab zur Klärung der als anspruchsvoll identifizierten Bestimmtheitsfragen (Art. 103 II GG) entwickelt (Viertes Kapitel). Abschließend erfolgt die Auseinandersetzung mit der Strafwürdigkeit und -bedürftigkeit von Persönlichkeitsverletzungen, welche mit einem Maßnahmenkatalog für eine zukünftige Reform des strafrechtlichen Schutzes von Persönlichkeitsrechten endet (Fünftes Kapitel).

Kapitel 1 Grundlagen des Persönlichkeitsrechtsschutzes

Eine Auseinandersetzung mit den zivilrechtlichen Grundlagen des Persönlichkeitsrechtsschutzes ist vorab wegen der Zivilrechtsakzessorietät des Strafrechts notwendig, bevor der strafrechtliche Persönlichkeitsrechtsschutz im geistigen Eigentum näher untersucht werden kann. Dies soll im ersten Kapitel überblicksartig geschehen, damit dann bei der strafrechtlichen Auseinandersetzung und der folgenden Argumentation auf die wichtigsten Grundlagen zurückgegriffen werden kann.

Dazu ist es wichtig, den Schutzbereich des allgemeinen Persönlichkeitsrechts und die Rechtsfolgen zivil- und strafrechtlicher Natur bei Verletzungen des allgemeinen Persönlichkeitsrechts kurz darzustellen. Anschließend daran kann die Auseinandersetzung mit dem Schutz besonderer Persönlichkeitsrechte im Zivilrecht und deren Verhältnis zum allgemeinen Persönlichkeitsrecht beginnen. Erst wenn diese Vorfragen geklärt sind, kann sich der Frage des Schutzes von (besonderen) Persönlichkeitsrechten durch das Strafrecht angenähert werden.

A Das allgemeine Persönlichkeitsrecht

Es kann als eine der „tiefgreifendsten und weitreichendsten“[15] Veränderungen des deutschen Privatrechts nach 1945 angesehen werden, dass das allgemeine Persönlichkeitsrecht 1954 vom BGH[16] als sonstiges Recht i.S.d. § 823 I BGB im Wege der Rechtsfortbildung anerkannt wurde.[17]

In dem Urteil geht es um einen Anwalt A, der sich gegen eine ungenehmigte und inhaltlich veränderte Veröffentlichung eines von ihm verfassten Schriftstücks in der Rubrik „Leserbriefe“ gewendet hat. Mit dieser Veröffentlichung wurde fälschlicherweise der Eindruck erweckt, es handele sich um eine persönliche politische Stellungnahme des A, der aber nur in seiner Rolle als Anwalt tätig werden wollte. Der BGH wertete diese Art der

---

15 *Götting/Schertz/Seitz*, in: *Götting/Schertz/Seitz* (Hrsg.), Handbuch des Persönlichkeitsrechts, Vorwort, S. V; ähnlich *Larenz/Canaris*, SchuldR BT II/2, § 80 I, S. 491 der von der *wichtigsten Wandlung* spricht.

16 BGHZ 13, 334 (338) (Schachtbrief bzw. Leserbrief).

17 *Larenz/Canaris*, SchuldR BT II/2, § 80 I, S. 491.

irreführenden Veröffentlichung als eine Verletzung der Persönlichkeitsrechte des A. In dieser Entscheidung hat der BGH das zivilrechtliche allgemeine Persönlichkeitsrecht aus den Art. 1, 2 GG abgeleitet[18], nachdem ein allgemeines Persönlichkeitsrecht vom Reichsgericht lange Zeit abgelehnt worden war[19]. Erstmals wurde in dieser bahnbrechenden Entscheidung ein von jedermann zu achtendes Persönlichkeitsrecht anerkannt.[20] Dabei hat der BGH aber „kein fest umrissenes Recht statuiert, sondern [...] lediglich eine Rechtsfigur geschaffen, die es der Rechtsprechung ermöglichen sollte, gegenwärtige und künftige Lücken im zivilrechtlichen Persönlichkeitsschutz zu schließen."[21] So ist bis heute der Schutz des allgemeinen Persönlichkeitsrechts trotz verschiedener Reformbewegungen (1957, 1981, 1990) nicht ausdrücklich ins BGB aufgenommen worden.[22]

Dies obwohl Persönlichkeitsrechte bereits Ende des 19. Jahrhunderts in der Wissenschaft als subjektive Rechte grundsätzlich anerkannt waren.[23] Im 18. und 19. Jahrhundert war dann aber die Ansicht verbreitet es brauche keinen Schutz von Persönlichkeitsrechten (Ehrenschutz) im Zivilrecht, da das Strafrecht zuständig sei.[24] Mit dem Inkrafttreten des Reichsstrafgesetzesbuches 1872 und dem Einführungsgesetz zur StPO 1877 hat die Injurienklage und damit das Zivilrecht bezüglich Ehrverletzungen bis zum Inkrafttreten des BGB seinen Geltungsbereich verloren.[25]

---

18 BGHZ 13, 334 (338) (Schachtbrief bzw. Leserbrief); siehe auch Erman/*Klass*, Anh. § 12 Rn. 2, 9; Palandt/*Sprau*, § 823 Rn. 84; *Staake/v. Bressensdorf*, JuS 2015, 683.

19 RGZ 51, 369 (373); vgl. zur Geschichte des Persönlichkeitsrechts im 19. Jhdt. *Scheyhing*, AcP 159, 503 ff.

20 *Baston-Vogt*, Der sachliche Schutzbereich des zivilrechtlichen allgemeinen Persönlichkeitsrechts, S. 12.

21 *Baston-Vogt*, Der sachliche Schutzbereich des zivilrechtlichen allgemeinen Persönlichkeitsrechts, S. 12.

22 *Kraenz*, Der strafrechtliche Schutz des Persönlichkeitsrechts, S. 90; auch nicht im Deliktsrecht: *Kötz/Wagner*, Deliktsrecht, S. 146 ff. Rn. 365 ff.; *Martin*, Das allgemeine Persönlichkeitsrecht in seiner historischen Entwicklung, S. 158; MüKo-BGB/*Rixecker*, § 12 Anh. Rn. 1; siehe Anhang bei *Hubmann*, Das Persönlichkeitsrecht, S. 381 ff.; siehe auch die Begründung BT-Drucks. 14/7752 oder BT-Drucks. III Nr. 1237.

23 *Klippel*, Der zivilrechtliche Schutz des Namens, 1985, S. 505; siehe z.B. auch *Benkard*, GRUR 1950, 481, 482 ff.

24 *Martin*, Das allgemeine Persönlichkeitsrecht in seiner historischen Entwicklung, S. 95 ff.

25 *Martin*, Das allgemeine Persönlichkeitsrecht in seiner historischen Entwicklung, S. 98.

Als Reaktion auf Lücken im Bereich des Persönlichkeitsrechtsschutzes[26] war es 1907 zunächst zur Einführung der §§ 22 ff. KUG gekommen.

Erfahrungen aus der Zeit des Nationalsozialismus, der Wandel der sozialen Wirklichkeit (technologische Entwicklung)[27] und insbesondere die Einführung des Grundgesetzes 1949 (Art. 1, 2 GG) können erklären,[28] warum es 1954 zu einer Wende beim Schutz des allgemeinen Persönlichkeitsrechts gekommen ist. Konnte zuvor der fehlende zivilrechtliche Persönlichkeitsrechtsschutz noch als ein de lege ferenda zu korrigierender „rechtspolitischer Fehler" bezeichnet werden, war mit der Einführung des Grundgesetzes eine „Lücke" entstanden, die de lege lata geschlossen werden musste.[29] Auch wenn das Urteil von 1954 dogmatisch zu kritisieren ist,[30] kann es als Meilenstein auf dem Weg zu einem umfassenderen Persönlichkeitsschutz angesehen werden. Der umfassendere Persönlichkeitsrechtsschutz wird 1958 in der *Herrenreiterentscheidung*[31] verfeinert, verstärkt und erhöht.[32] In dieser Entscheidung wird nun neben dem sonst üblichen negatorischen Rechtsschutz auch „Schmerzensgeld" bei Persönlichkeitsrechtsverletzungen bejaht.[33] Der Schutz des allgemeinen Persönlichkeitsrechts wird dann 1973 durch das Bundesverfassungsgericht[34] bestätigt.[35]

Das allgemeine Persönlichkeitsrecht ist wegen der voranschreitenden digitalen Entwicklung und der „exponentielle Erweiterung technischer Möglichkeiten"[36] stets neuen großen Bedrohungen ausgesetzt.[37] Der Schutz desselben hat heute daher an Bedeutung zugenommen, z.B. auch wegen Massenmedien, Teleobjektiven und Bedrohungen durch das Internet.[38]

---

26 RGZ 45, 170 (Bismarck).

27 *Götting*, in: *Götting/Schertz/Seitz* (Hrsg.), Handbuch des Persönlichkeitsrechts, § 2 Rn. 1, 16; *Kötz/Wagner*, Deliktsrecht, S. 149 Rn. 373.

28 *Götting*, in: *Götting/Schertz/Seitz* (Hrsg.), Handbuch des Persönlichkeitsrechts, § 2 Rn. 16.

29 *Larenz/Canaris*, SchuldR BT II/2, § 80 I, S. 492.

30

31 BGHZ 26, 349.

32 *Helle*, Besondere Persönlichkeitsrechte im Privatrecht, S. 6.

33 *Larenz/Canaris*, SchuldR BT II/2, § 80 I, S. 494.

34 Im folgenden mit BVerfG abgekürzt.

35 BVerfGE 34, 269 (281).

36 *Frehsee*, in: *Schild* (Hrsg.), Der Rechtsstaat verschwindet, S. 352 (366).

37 *Götting/Schertz/Seitz*, in: *Götting/Schertz/Seitz* (Hrsg.), Handbuch des Persönlichkeitsrechts, Vorwort, S. V; *Peifer*, JZ 2013, 853 ff.; auch das Urheberrecht ist durch die technische Entwicklung immer schlechter geschützt: *Erhardt/Flechsig*, ZRP 2006, 103; *Wendehorst*, NJW 2016, 2609 (2610).

38 *Lettmaier*, JA 2008, 566.

Das Internet dient zwar insbesondere der Informationsbeschaffung, führt aber auch zur freiwilligen und unfreiwilligen Preisgabe persönlicher Information.[39] Dies zeigte beispielsweise auch die NSA-Affäre im Jahr 2013, um nur ein Beispiel unfreiwilliger Preisgabe persönlicher Daten zu nennen.[40] Auch die wirtschaftliche Bedeutung des Schutzes immaterieller Güter hat seit der Industrialisierung zugenommen; insbesondere durch neue Medien (Informationsgesellschaft) und die wirtschaftliche Globalisierung kommt es zu Fragen nach den Grenzen des Schutzes.[41] In diesem Zusammenhang drängt sich auch die Frage auf, ob die traditionellen Rechtsvorschriften ausreichen können.[42] „Das Internet stellt unsere Rechtsordnung und damit auch die Gesetzgebung und die Rechtsprechung vor große Herausforderungen."[43] Dazu ausführlich im 5. Kapitel.

Eine generelle Definition des allgemeinen Persönlichkeitsrechts zu finden, fällt schwer.[44] *Hubmann* spricht vom „Unendlichkeitscharakter der Persönlichkeit", um die Definitionsschwierigkeit zu verdeutlichen.[45] Bis heute gibt es keine universale und abschließende Beschreibung.[46] Nicht umsonst wird auch schon 1950 der Begriff des Persönlichkeitsrechts als einer der umstrittensten Begriffe unseres Rechtssystems bezeichnet.[47] Insofern hat sich die Lage seit *v. Gierke*, der 1895 von fließenden und unsicheren Grenzen spricht, nur wenig verändert.[48] Zudem sind die Unterschiede der verschiedenen Rechtsgebiete zu beachten, da im Strafrecht und öffentlichen Recht ein objektiver Schutz in Frage kommt. Denn gerade im öffentlichen Recht hat es eine Abwehrfunktion,[49] wohingegen im Zivilrecht Persönlichkeitsrechte subjektive, absolute Rechte auf Selbstbestimmung in

---

39 *Libor*, AfP 2011, 450, 451; vgl. *Sieber*, Straftaten und Strafverfolgung im Internet, Gutachten C zum 69. Deutschen Juristentag, C 28; *Spindler*, Persönlichkeitsschutz im Internet, Gutachten F zum 69. Deutschen Juristentag, F 11.

40 Vgl. nur *Leyendecker/Mascolo*: http://www.sueddeutsche.de/politik/nsa-affaere-kontrolleure-klagen-auf-einsicht-in-selektorenliste-1.2762758 (abgerufen am 15.12.2015).

41 *Pahlow*, UFITA 115 (2006/III), 705; vgl. auch zum Urheberrecht *Ewert*, Das Urheberstrafrecht, S. 1.

42 *Libor*, AfP 2011, 450, 451.

43 *Schwartmann*, Einleitung, K&R 2012/3, 1.

44 Erman/*Klass*, BGB, Anh. § 12 Rn. 1; *Peifer*, JZ 2013, 853 (857); siehe auch schon 1973 *Wronka*, UFITA 69 (1973), 71 (73).

45 *Hubmann*, Das Persönlichkeitsrecht, S. 221.

46 Erman/*Klass*, BGB, § 12 Anh. Rn. 1.

47 *Benkard*, GRUR 1950, 481.

48 *v. Gierke*, Deutsches Privatrecht I (1895), § 81, S. 704 f.

49 MüKo-BGB/*Rixecker*, § 12 Anh. Rn. 4; während es im Zivilrecht gegenüber Privatpersonen eine unmittelbare Wirkung entfalten kann Palandt/*Sprau*, § 823 Rn. 84.

persönlichen Angelegenheiten sind und damit das allgemeine Persönlichkeitsrecht ein subjektives Recht ist, welches seine Wirkung auch gegenüber Privaten entfaltet.[50] Das verfassungsrechtliche und zivilrechtliche allgemeine Persönlichkeitsrecht sind nicht identisch, weshalb das zivilrechtliche sogar über das verfassungsrechtliche hinausgehen kann.[51]

Allgemein kann aber das allgemeine Persönlichkeitsrecht als „das Recht des Einzelnen auf Achtung seiner Menschenwürde und Entfaltung seiner individuellen Persönlichkeit, das sich nicht nur gegen den Staat und seine Organe richtet, sondern auch im Privatrechtsverkehr gegenüber jedermann gilt“[52] angesehen werden. Zivilrechtlich kann das allgemeine Persönlichkeitsrecht folgendermaßen konkretisiert werden: „Recht auf Achtung und auf Nichtverletzung der Person (Individualsphäre), und zwar in ihren unmittelbaren Äußerungen (Erscheinungsbild, Schrift, Rede), ihrer sozialen Geltung (Ehre), und ihrem ihr unmittelbar zugehörigen Daseinsbereich (Privat- und Intimsphäre)“[53]. „Soweit das Persönlichkeitsrecht die Privatsphäre schützt, ist es – nach einer klassischen Formulierung [...] – das ‚right to be let alone', das Recht in Ruhe gelassen zu werden.“[54] Die Individualsphäre (Sozialsphäre) betrifft das Wirken des Einzelnen im öffentlichen, wirtschaftlichen und beruflichen Bereich, und Eingriffe unterliegen niedrigen Zulässigkeitshürden.[55] Mehr Schutz gibt es für die Privatsphäre, die den häuslichen, familiären und der Öffentlichkeit entzogenen Bereich umfasst.[56] Den stärksten Schutz genießt die Intimsphäre als Kernbereich privater Lebensgestaltung.[57]

Diese Versuche einer Definition können und dürfen aber nicht darüber hinwegtäuschen, dass das allgemeine Persönlichkeitsrecht sehr offen und unbestimmt und eine absolute, universale Beschreibung nicht möglich ist.[58] Der Gehalt des Persönlichkeitsrechts kann ebenso wenig abschlie-

---

50 *Götting*, in: *Götting/Schertz/Seitz* (Hrsg.), Handbuch des Persönlichkeitsrechts, § 1 Rn. 16, 29; Palandt/*Sprau*, § 823 Rn. 84.

51 Vgl. nur *Helle*, AfP 2010, 531 (532); sowie Erman/*Klass*, Anh. § 12 Rn. 4; sowie BVerfG NJW 2006, 3409 (3410).

52 So Spindler/Schuster/*Nink*, § 823 BGB Rn. 2; hierzu auch BGHZ 24, 72 (76).

53 Siehe *Linck*, in: *Schaub* (Hrsg.), Arbeitsrechts-Handbuch (15. Aufl.), § 151 Rn. 2 m.w.N.; ähnlich auch MüKo-BGB/*Rixecker*, § 12 Anh. Rn. 2, 35; siehe auch Palandt/*Sprau*, § 823 Rn. 86 ff. m.w.N.

54 *Ohly*, AfP 2011, S. 428 (429 m.w.N.).

55 *Diederichsen*, JURA 2008, 2.

56 *Diederichsen*, JURA 2008, 2.

57 *Diederichsen*, JURA 2008, 2.

58 Erman/*Klass*, BGB, § 12 Anh. Rn. 1.

ßend und absolut umschrieben werden, wie die Persönlichkeit als solche.[59] Wegen des generalklauselartigen Charakters ist dieses Recht sehr vielgestaltig und unüberschaubar.[60] Zu dieser Unüberschaubarkeit führen daneben zwei prägende Funktionen des allgemeinen Persönlichkeitsrechts: eine statische Funktion (Achtung der Menschenwürde) und eine dynamische Funktion (Entfaltung der Persönlichkeit).[61] Zu beachten ist auch, dass das allgemeine Persönlichkeitsrecht von besonderen, meist kodifizierten Persönlichkeitsrechten zu unterscheiden ist. Passend werden die Probleme von *Heuchemer* zusammengefasst: „Das Persönlichkeitsrecht stellt mit allen seinen Ausprägungen ein untrennbar mit verfassungsrechtlichen Wertungen verknüpftes, abstrakt gefasstes und hinsichtlich der Grenzen seiner rechtlichen Schutzwürdigkeit heftig umstrittenes Rechtsgut dar."[62]

Daher soll es nun unter I. um eine Auseinandersetzung mit dem Schutzbereich des allgemeinen Persönlichkeitsrechts gehen.

I. Der Schutzbereich des allgemeinen Persönlichkeitsrechts im Zivilrecht

Mit der Entwicklung der Gesellschaft, insbesondere auch im technischen Bereich, kann in vielen Fällen auch eine Änderung des Schutzbereichs des allgemeinen Persönlichkeitsrechts einhergehen.

Das Persönlichkeitsrecht als dynamisches Recht kann flexibel angepasst oder erweitert werden und befindet sich damit in einem fortlaufenden Entwicklungsprozess.[63] Damit ist zu erklären, dass es, wie schon bei der Definition des allgemeinen Persönlichkeitsrechts, auch keinen feststehenden Schutzbereich gibt und dieser schwer zu benennen oder einzugrenzen ist.[64] Das Internet erschwert eine Abgrenzung des Schutzbereiches zusätzlich, da die Grenzen zwischen privater und öffentlicher Kommunikation

---

59 Erman/*Klass*, BGB, § 12 Anh. Rn. 1.

60 *Diederichsen*, JURA 2008, 1; *Lettmaier*, JA 2008, 566; siehe auch *Hubmann*, Das Persönlichkeitsrecht, S. 136.

61 Erman/*Klass*, BGB, § 12 Anh. Rn. 1.

62 *Heuchemer*, in: *Götting/Schertz/Seitz* (Hrsg.), Handbuch des Persönlichkeitsrechts, § 24 Rn. 1.

63 *Götting/Schertz/Seitz*, in: *Götting/Schertz/Seitz* (Hrsg.), Handbuch des Persönlichkeitsrechts, Vorwort, S. VI hier wird von einem „permanenten dynamischen Entwicklungsprozess" gesprochen.

64 *Lettmaier*, JA 2008, 566 (567); siehe auch MüKo-BGB/*Rixecker*, § 12 Anh. Rn. 12 ff. m.w.N.; *Fuchs/Pauker*, Deliktsrecht, Kapitel 2, S. 42.

immer mehr verwischen.[65] Der Schutzbereich des allgemeinen Persönlichkeitsrechts ist stark durch die Rechtsprechung des BGH und des BVerfG geprägt, was oben unter A auch schon deutlich wurde.[66] Jedoch geht damit eine ständige Rechtsunsicherheit einher, insbesondere da der Schutz des allgemeinen Persönlichkeitsrechts trotz verschiedener Reformbewegungen (1957, 1981, 1990) nicht ausdrücklich ins BGB aufgenommen wurde.[67] Und dies obwohl z.B. *v. Gierke* und *Kohler* schon im 19. Jahrhundert einen deliktischen Schutz für Persönlichkeitsrechte befürworteten.[68] Der Bildnis- und Namensschutz hingegen ist gesetzlich verankert in § 12 BGB und §§ 22 ff. KUG.

Der Schutzbereich des Persönlichkeitsrechts kann grob folgendermaßen eingeteilt werden: Es kann der Schutz vor ideellen und der Schutz vor kommerziellen Persönlichkeitsrechtsverletzungen unterschieden werden.[69] Hierbei ist zu beachten, dass in Einzelfällen ein und dieselbe Handlung beide Interessen gleichzeitig verletzten kann. Die Unterscheidung zwischen der Verletzung ideeller und kommerzieller Interessen ist nicht nur für die Rechtsfolgen relevant, auch bei der Interessenabwägung kann dies eine entscheidende Rolle spielen.[70]

Eine genauere Einteilung bzw. Systematisierung des Schutzbereiches wird unterschiedlich vorgenommen, da es wie bereits angesprochen keinen feststehenden Schutzbereich des allgemeinen Persönlichkeitsrechts gibt. Er kann beispielsweise folgendermaßen unterteilt werden[71]: Indiskretionsschutz; Wahrheitsschutz; Ehrenschutz und Schutz vor Schmähkritik;

65 *Ohly*, AfP 2011, 428 (429).

66 Siehe nur BVerfG NJW 2008, 822; BVerfG GRUR 2007, 1085 (Esra); BVerfG NJW 2004, 999; BGH NJW 2007, 1977 (Caroline I); BGH GRUR 2007, 139 (Rücktritt des Finanzministers); siehe auch MüKo-BGB/*Rixecker*, § 12 Anh. Rn. 1.

67 *Kraenz*, Der strafrechtliche Schutz des Persönlichkeitsrechts, S. 90; auch nicht im Deliktsrecht: *Kötz/Wagner*, Deliktsrecht, S. 146 ff. Rn. 365 ff.; *Martin*, Das allgemeine Persönlichkeitsrecht in seiner historischen Entwicklung, S. 158; MüKo-BGB/*Rixecker*, § 12 Anh. Rn. 1; siehe Anhang bei *Hubmann*, Das Persönlichkeitsrecht, S. 381 ff.; siehe auch die Begründung BT-Drucks. 14/7752 oder BT-Drucks. III Nr. 1237.

68 *V. Gierke*, Deutsches Privatrecht I, § 81, S. 702, 709; *Kohler*, JehringsJb 18 (1880), S. 129 (251 ff.).

69 So bspw. *Lettmaier*, JA 2008, 566 (567); zum kommerziellen Persönlichkeitsrecht siehe etwa *Helle*, JZ 2007, 444 ff.; *ders.*, AfP 2010, 531 ff.

70 *Lettmaier*, JA 2008, 566 (567).

71 In Anlehnung an *Götting/Schertz/Seitz* (Hrsg.), Handbuch des Persönlichkeitsrechts, Inhaltsübersicht, VIII; siehe auch *Larenz/Canaris*, SchuldR BT II/2, § 80 II, S. 498 ff; andere Einteilungsmöglichkeiten bei *Hubmann*, Das Persönlichkeitsrecht, S. 175 ff.; *Schlechtriem*, DRiZ 1975, 65 (66).

Selbstbestimmungsrecht und Recht auf informationelle Selbstbestimmung.

Teilweise werden die unbefugte Kommerzialisierung[72] und der postmortale Persönlichkeitsschutz[73] als weitere Fallgruppen genannt.

Wenn auch die Einteilung des Schutzbereichs unterschiedlich vorgenommen wird, so können dennoch folgende Verletzungen als Beispiele dem Schutzbereich des allgemeinen Persönlichkeitsrechts zugeordnet werden.

Als Beispiele für den Indiskretionsschutz kommen Angelegenheiten in Betracht bei denen der Informationsgehalt typischerweise privat ist, da eine Veröffentlichung als unschicklich oder peinlich anzusehen ist.[74] Wie etwa Berichte über Tagebucheinträge, Arztbesuche, Urlaubsaufenthalte, aber auch unbefugte Bildaufnahmen und dies sogar teilweise in Situationen die in der Öffentlichkeit stattfinden.[75]

Für den Wahrheitsschutz seien hier als ein paar wenige Beispiele nur genannt: verletzende Falschbehauptungen, Bildmanipulation[76] sowie Schutz der Zitattreue und Schutz vor untergeschobenen Äußerungen[77].

Der Ehrenschutz betrifft insbesondere die Schmähkritik und Beleidigungen. Das Beschreiben einer Fernsehmoderatorin als „ausgemolkene Ziege“[78] in einer Zeitschrift ist hierfür ein Beispiel.

Im Rahmen des Selbstbestimmungsrechts geht es neben dem Datenschutz[79] auch um den Autonomieschutz beispielsweise bei ungewollten Werbesendungen[80].

---

72 *Larenz/Canaris*, SchuldR BT II/2, § 80 II, S. 502; dazu kritisch *Peifer*, GRUR 2002, 495 ff.

73 *Kötz/Wagner*, Deliktsrecht, S. 162 ff. Rn. 403 ff.; dazu ausführlicher *Götting*, GRUR 2004, 801 ff.

74 *Wanckel*, in: *Götting/Schertz/Seitz* (Hrsg.), Handbuch des Persönlichkeitsrechts, § 19 Rn. 5.

75 Mit weiteren Beispielen und Urteilen *Wanckel*, in: *Götting/Schertz/Seitz* (Hrsg.), Handbuch des Persönlichkeitsrechts, § 19 Rn. 4 ff.

76 BVerfG NJW 2005, 3271; BGH NJW 2006, 603.

77 *Wanckel*, in: *Götting/Schertz/Seitz* (Hrsg.), Handbuch des Persönlichkeitsrechts, § 20 Rn. 7 mit Hinweis auf BGH NJW 1995, 861 (862) (Caroline I); BVerfG NJW 1980, 2072 (Böll/Walden); BGH NJW 1982, 635 (Böll/Walden II).

78 BGHZ 39, 124 (127 ff.).

79 *Wanckel*, in: *Götting/Schertz/Seitz* (Hrsg.), Handbuch des Persönlichkeitsrechts, § 22 Rn. 1 ff.

80 *Kötz/Wagner*, Deliktsrecht, S. 161 Rn. 402 m.w.N.

Für die unbefugte Kommerzialisierung kann als Beispiel die Nutzung Prominenter als Werbeträger, ohne deren Kenntnis/Einwilligung, herangezogen werden.[81]

Das allgemeine Persönlichkeitsrecht kann auch nach dem Tod von Angehörigen geltend gemacht werden.[82] Bezüglich der Dauer ist zwischen ideellen und materiellen Interessen zu unterscheiden. Die Schutzdauer bei ideellen Interessen ist noch nicht abschließend geklärt.[83] Hinsichtlich der vermögensrechtlichen Interessen hingegen beträgt die Schutzdauer nach dem Tod analog zu § 22 S. 3 KUG 10 Jahre.[84]

Grundsätzlich bedarf es stets einer Interessenabwägung im Einzelfall, um die Rechtswidrigkeit des Eingriffs in § 823 BGB festzustellen.[85] Klassischerweise geht es meist um eine Abwägung der Gewährleistungen der Art. 2 GG und Art. 5 GG.[86] Beispiele für die Abwägung sind: Privatfotos Prominenter (Persönlichkeitsrechte vs. Pressefreiheit Art. 5 I 2 GG); Werke mit Bezug zu realen Personen (Persönlichkeitsrechte vs. Kunstfreiheit Art. 5 III GG); unautorisierte Benutzung zu Werbezwecken (Persönlichkeitsrechte vs. Verwertungsfreiheit, Meinungsfreiheit Art. 5 I 1 GG).[87]

Eine Vertiefung bezüglich der vielfältigen Probleme des Schutzbereichs des allgemeinen Persönlichkeitsrechts muss jedoch an anderer Stelle geschehen[88], da es in der vorliegenden Arbeit maßgeblich um besondere Persönlichkeitsrechte und deren strafrechtlichen Schutz im Bereich des Geistigen Eigentums gehen soll. Grundlagen zum allgemeinen Persönlichkeitsrecht müssen kurz dargelegt werden, damit die Abgrenzung zu den besonderen Persönlichkeitsrechten gelingen kann. Es wird unter II. ein kurzer

---

81 Soergel/*Beater*, § 823 BGB Anh. IV Rn. 111.

82 Siehe dazu nur BGH GRUR 2007, 168 (169) (kinski.klaus.de); MüKo-BGB/*Rixecker*, Anh. § 12 Rn. 31, 33.

83 Länger als 30 Jahre bei einem bekannten Künstler; so BGH GRUR 1995, 668 (670 f.) (Emil Nolde).

84 BGH GRUR 2007, 168 (169) (kinski.klaus.de); siehe Anmerkung *Schack*, JZ 2007, 366.

85 Siehe nur *Götting*, in: *Götting/Schertz/Seitz* (Hrsg.), Handbuch des Persönlichkeitsrechts, § 1 Rn. 2.

86 Erman/*Klass*, BGB, § 12 Anh. Rn. 5; *Kötz/Wagner*, Deliktsrecht, S. 165 f. Rn. 409 m.w.N.

87 *Lettmaier*, JA 2008, 566 ff.

88 So z.B. in *Götting/Schertz/Seitz* (Hrsg.), Handbuch des Persönlichkeitsrechts, 8. Kapitel; *Kötz/Wagner*, Deliktsrecht, S. 150 ff. Rn. 376 ff.; *Larenz/Canaris*, SchuldR BT II/2, § 80 II als Lehrbücher unter vielen; sowie Erman/*Klass*, BGB, § 12 Anh. Rn. 17, 94 ff.; MüKo-BGB/*Rixecker*, § 12 Anh. Rn. 1 ff., 11 ff., 35 ff. als Kommentare unter vielen; ausführlich *Baston-Vogt*, Der sachliche Schutzbereich des zivilrechtlichen allgemeinen Persönlichkeitsrechts.

Überblick über die Rechtsfolgen bei der Verletzung des allgemeinen Persönlichkeitsrecht angeschlossen. Diese Informationen sind später bei der Betrachtung der besonderen Persönlichkeitsrechte hilfreich und zudem bei der Frage nach dem strafrechtlichen Schutz relevant.

II. Rechtsfolgen bei der Verletzung des allgemeinen Persönlichkeitsrechts

1. Zivilrechtliche Rechtsfolgen

Der zivilrechtliche Schutz bei Verletzungen des allgemeinen Persönlichkeitsrechts kann als nahezu umfassend beschrieben werden.

Verschuldensunabhängig gibt es einen Anspruch auf Unterlassung (auch bzgl. drohender Werturteile bzw. zweifelhafter Tatsachenaussagen)[89], mit dem sich der Bedrohte mittlerweile, nicht nur gegen die Wiederholung, sondern auch gegen eine bevorstehende erstmalige Verletzung zur Wehr setzen kann.[90] Dieser Anspruch auf Unterlassen spielt in der Praxis eine große Rolle[91] und wurde von der Rechtsprechung entwickelt. Gestützt wird dieser Anspruch auf § 1004 BGB analog.[92]

Der Anspruch auf Berichtigung und Widerruf kommt bei erwiesen unwahren Tatsachenbehauptungen in Betracht.[93] Und wird aus §§ 823, 1004 BGB analog[94] oder nach a.A. aus §§ 12 S. 2, 862 I 2, 1004 I 2 BGB analog[95] entnommen. Zudem gibt es einen medienrechtlichen Anspruch auf Gegendarstellung, der sich nach dem jeweiligen Landespresserecht richtet.[96]

Als verschuldensabhängigen Anspruch gibt es die Möglichkeit Schadensersatz zu fordern (§ 823 I, II i.V.m. §§ 22 f. KUG, §§ 185 ff. StGB). Dieser gewinnt im gleichen Zug an Bedeutung, wie das Persönlichkeitsrecht

---

89 *Kötz/Wagner*, Deliktsrecht, S. 166 Rn. 411.

90 Siehe dazu *v. Hutten*, in: *Götting/Schertz/Seitz* (Hrsg.), Handbuch des Persönlichkeitsrechts, § 47 Rn. 14.

91 MüKo-BGB/*Wagner*, Vor § 823 Rn. 35; MüKo-BGB/*Rixecker*, § 12 Anh. Rn. 249 ff.

92 MüKo-BGB/*Wagner*, Vor § 823 Rn. 34 ff.

93 *Kamps*, in: *Götting/Schertz/Seitz* (Hrsg.), Handbuch des Persönlichkeitsrechts, § 49 Rn. 1.

94 *Kamps*, in: *Götting/Schertz/Seitz* (Hrsg.), Handbuch des Persönlichkeitsrechts, § 49 Rn. 1; Erman/*Klass*, § 12 Anh. Rn. 293.

95 MüKo-BGB/*Rixecker*, § 12 Anh. Rn. 249.

96 Soergel/*Beater*, § 823 BGB, Anh. IV Rn. 252.

sich vom Abwehrrecht zum Wirtschaftsgut oder vermögenswerten Recht entwickelt.[97]

Die Rechtsfolge beim Schadensersatz ist davon abhängig, ob ideelle oder kommerzielle Interessen betroffen sind. Es ist zunächst bei ideellen Verletzungen zwischen materiellem und immateriellem Schaden zu unterscheiden.[98] Denn beim immateriellen Schaden müssen besondere durch die Rechtsprechung entwickelte Voraussetzungen erfüllt sein.[99] Nur bei einem schwerwiegenden Eingriff, bei dem es keine andere Möglichkeit der Wiedergutmachung gibt, kommt ein Anspruch auf Geldentschädigung aus § 823 I i.V.m. Art. 1, 2 GG in Betracht,[100] wobei die Rechtsnatur dieses Anspruchs nicht unumstritten ist.[101] Bei einem materiellen Schaden kommt § 823 I i.V.m. § 249 BGB zur Anwendung.

Bei kommerziellen Verletzungen kommen drei verschiedene Ansprüche in Betracht: Deliktsrecht mit §§ 249 ff. BGB; Geschäftsführung ohne Auftrag oder Bereicherungsansprüche.[102] Letzteres kann sich bei einer unberechtigten Vermarktung ergeben.[103] Laut BGH sollen auch bei fehlender Vermarktungswilligkeit Ansprüche aus Bereicherungs- und Deliktsrecht in Betracht kommen, da wer Persönlichkeitsmerkmale eines Dritten nutzt und diesen dadurch wirtschaftlichen Wert beimisst sich daran festhalten lassen muss.[104]

2. Strafrechtliche Rechtsfolgen

Problematisch im Bereich des Strafrechts ist nicht nur die Zivilrechtsakzessorietät, sondern vielmehr, dass es im Zivilrecht selbst, wie oben gezeigt, keine klaren Regeln zum allgemeinen Persönlichkeitsrecht gibt auf die Bezug genommen werden kann. Der strafrechtlicher Schutz des allge-

97 *Müller*, in: *Götting/Schertz/Seitz* (Hrsg.), Handbuch des Persönlichkeitsrechts, § 50 Rn. 1.

98 *Müller*, in: *Götting/Schertz/Seitz* (Hrsg.), Handbuch des Persönlichkeitsrechts, § 50 Rn. 1 m.w.N.

99 *Müller*, VersR 2005, 1461 (1470).

100 BGH GRUR 1996, 227 (229) (Wiederholungsveröffentlichung).

101 *Müller*, in: *Götting/Schertz/Seitz* (Hrsg.), Handbuch des Persönlichkeitsrechts, § 51 Rn. 1 ff.

102 *Lettmaier*, JA 2008, 566 (571 m.w.N.).

103 *Müller*, in: *Götting/Schertz/Seitz* (Hrsg.), Handbuch des Persönlichkeitsrechts, § 50 Rn. 3, 35.

104 BGH GRUR 2007, 139 (140) (Rücktritt des Finanzministers).

meinen Persönlichkeitsrechts ist de lege lata und de lege ferenda nicht ausreichend fundiert und systematisiert.[105] Es gibt keinen umfassenden strafrechtlichen Schutz des allgemeinen Persönlichkeitsrechts. Vielmehr sind es nur einzelne, wenige Normen denen der Schutz des allgemeinen Persönlichkeitsrechts zugeschrieben wird.[106] Der strafrechtliche Schutz des Privatlebens kann als „zersplittert“[107] und „dürftig“[108] beschrieben werden. Dies verwundert nicht, da schon zivilrechtlich eine Kodifizierung des allgemeinen Persönlichkeitsrechts abgelehnt wird.[109]

Welche Normen das Persönlichkeitsrecht schützen ist aufwendig festzustellen, denn das jeweils geschützte Rechtsgut ist aufzuspüren und dies gestaltet sich anspruchsvoll,[110] insbesondere da der Schutz des Persönlichkeitsrechts oft vielgestaltig statuiert ist und oft mit anderen Schutzzielen kombiniert oder von diesen überlagert wird.[111]

Anhand einer „Umsicht“ in der Literatur kommt *Kühl* auf folgende Normen im Kernstrafrecht, denen Persönlichkeitsschutz zugeschrieben wird: §§ 185 ff., §§ 201, 201a, 203, 204, 164, 353d, 355 StGB.[112] Im Nebenstrafrecht kommen folgende Normen und Gesetze in Betracht: §§ 106 ff. UrhG, § 33 KUG, Bundesdatenschutzgesetz, Stasi-Unterlagen-Gesetz.[113]

Um den Rahmen dieser Arbeit nicht zu sprengen, wird für die strafrechtlichen Rechtsfolgen bei der Verletzung des allgemeinen Persönlichkeitsrechts keine Untersuchung der einzelnen Normen und ihrer (un-)mit-

---

105 *Kühl*, in: FS Schöch, 2010, S. 419 ff.; *ders.*, in: *Hilgendorf/Ünver* (Hrsg.), Das Strafrecht im deutsch-türkischen Rechtsvergleich, Band IV, S. 177; *Wolf*, Der strafrechtliche Schutz der Persönlichkeit, S. 174.

106 *Heuchemer*, in: *Götting/Schertz/Seitz* (Hrsg.), Handbuch des Persönlichkeitsrechts, § 23 Rn. 1; dies positiv bewertend *Gertzen*, Der strafrechtliche Schutz des Rechts am eigenen Bild, S. 205.

107 So *Kühl*, in: *Hilgendorf/Ünver* (Hrsg.), Das Strafrecht im deutsch-türkischen Rechtsvergleich, Band IV, S. 177.

108 *Heuchemer/Paul*, JA 2006, 616.

109 Vgl. *Diederichsen*, JURA 2008, 1.

110 *Kühl*, in: FS Schöch, 2010, S. 419 (426).

111 *Heuchemer*, in: *Götting/Schertz/Seitz* (Hrsg.), Handbuch des Persönlichkeitsrechts, § 30 Rn. 10, 11 Fn. 33; vgl. auch *Kühl*, in: *Hilgendorf/Ünver* (Hrsg.), Das Strafrecht im deutsch-türkischen Rechtsvergleich, Band IV, S. 177.

112 *Kühl*, in: FS Schöch, 2010, S. 419 (426 f.); hinsichtlich der §§ 185 ff., 201 ff. StGB vgl. *Heuchemer*, in: *Götting/Schertz/Seitz* (Hrsg.), Handbuch des Persönlichkeitsrechts, § 23 Rn. 1; bzgl. § 201a StGB *Bosch*, JZ 2005, 377; vgl. ähnlich *Peglau*, Der Schutz des allgemeinen Persönlichkeitsrechts, S. 28 ff.

113 *Kühl*, in: FS Schöch, 2010, S. 419 (426 f.); zu § 44 BDSG siehe *Heuchemer*, in: *Götting/Schertz/Seitz* (Hrsg.), Handbuch des Persönlichkeitsrechts, § 30 Rn. 11 Fn. 33.

telbaren Rechtsgüter vorgenommen. Nur bei den besonderen Persönlichkeitsrechten im geistigen Eigentum werden die strafrechtlich in Betracht kommenden Normen auf ihr Rechtsgut hin untersucht.

Hinzuzufügen ist noch, dass die praktische Relevanz des strafrechtlichen allgemeinen Persönlichkeitsrechtsschutzes als gering eingestuft wird, insbesondere im Hinblick auf die Kriminalstatistik.[114] Dies kann auch damit zusammenhängen, dass es in der Strafrechtswissenschaft keinen eigenständigen Begriff oder keine eigene Definition des allgemeinen Persönlichkeitsrechts gibt.[115] Die Entwicklung einer derartigen Definition wäre aber die Aufgabe der Strafrechtswissenschaft,[116] auch um die Gefahr eines Verstoßes gegen das Bestimmtheitsgebot (Art. 103 II GG), bei etwaigen Reformen, abzumildern. Allerdings muss der Entwurf einer Definition an anderer Stelle geschehen, da dies eine umfassende unabhängige Arbeit erfordert und nicht in einem Grundlagenkapitel geklärt werden kann.

B Das Verhältnis des allgemeinen Persönlichkeitsrechts zu besonderen Persönlichkeitsrechten

I. Das Verhältnis

Neben dem allgemeinen Persönlichkeitsrecht gibt es noch verschiedene besondere Persönlichkeitsrechte, die ebenfalls zivilrechtlich geschützt werden. Diese sind im Gegensatz zum allgemeinen Persönlichkeitsrecht kodifiziert.[117] Besondere Persönlichkeitsrechte sind beispielsweise das Namensrecht nach § 12 BGB; das Recht am eigenen Bild gemäß §§ 22 ff. KUG; das Urheberpersönlichkeitsrecht nach §§ 12 ff. UrhG sowie das Erfinderpersönlichkeitsrecht gemäß §§ 37, 63 PatG.

Es stellt sich die Frage, in welchem Verhältnis diese besonderen Persönlichkeitsrechte zu dem allgemeinen Persönlichkeitsrecht stehen. Die Frage nach dem Verhältnis der Persönlichkeitsrechte untereinander beschäftigte

---

114 *Heuchemer*, in: *Götting/Schertz/Seitz* (Hrsg.), Handbuch des Persönlichkeitsrechts, § 23 Rn. 28; vgl. auch Bundeskriminalamt, PKS 2015.

115 Siehe so *Kühl*, in: *Bosch/Bung/Klippel* (Hrsg.), Geistiges Eigentum und Strafrecht, S. 115 (120); *ders.*, in: *Hilgendorf/Ünver* (Hrsg.), Das Strafrecht im deutsch-türkischen Rechtsvergleich, Band IV, S. 177.

116 *Kühl*, in: *Bosch/Bung/Klippel* (Hrsg.), Geistiges Eigentum und Strafrecht, S. 115 (120).

117 *Götting*, in: *Götting/Schertz/Seitz* (Hrsg.), Handbuch des Persönlichkeitsrechts, § 11 Rn. 1; Erman/*Klass*, BGB, § 12 Anh. Rn. 12.

schon Ende des 19. Jahrhunderts *v. Gierke*[118] und bis heute konnte keine Einigkeit darüber erzielt werden.

Nach Ansicht der Literatur gehen die besonderen Persönlichkeitsrechte dem allgemeinen Persönlichkeitsrecht vor.[119] Die Frage ist jedoch wie konsequent dies angewendet wird. Während teilweise die besonderen Persönlichkeitsrechte als abschließende *leges speciales* mit Sperrwirkung angesehen werden,[120] vertreten andere, dass jeweils zu prüfen ist, ob der Gesetzgeber eine abschließende Regelung treffen wollte[121]. Dabei ist nach dieser differenzierenden Ansicht entscheidend, dass durch die besonderen Persönlichkeitsrechte das allgemeine Persönlichkeitsrecht nicht geschwächt werden soll.[122] Nach der strikteren Ansicht hingegen hat das allgemeine Persönlichkeitsrecht nur noch eine Auffangfunktion.[123] Allerdings ist diese radikale Auffassung abzulehnen, denn angesichts der überragenden Bedeutung des allgemeinen Persönlichkeitsrechts ist eine solche Schwächung nicht vertretbar und führt zu Wertungswidersprüchen.[124] *Helle* spricht daher von einer limitierten und indizierenden Spezialität, d.h. nur im Tatbestand gehen besondere Persönlichkeitsrechte dem allgemeinen Persönlichkeitsrecht vor, nicht aber bezüglich der Rechtsfolgen (daher „limitierte" Spezialität).[125] Die indizierende Spezialität ergibt sich daraus, dass die Tat-

---

118 *V. Gierke*, Deutsches Privatrecht I, S. 704 ff.

119 Siehe bspw. *Baston-Vogt*, Der sachliche Schutzbereich des zivilrechtlichen allgemeinen Persönlichkeitsrechts, S. 110 ff.; allerdings bilde das allgemeine Persönlichkeitsrecht das „Muttergrundrecht", so *Hubmann*, Das Persönlichkeitsrecht, S. 174; vgl. auch *Schwerdtner*, Das Persönlichkeitsrecht in der deutschen Zivilrechtsordnung, S. 99, 225 f.

120 Siehe dazu *Neumeyer*, Person – Fiktion – Recht, S. 54 m.w.N.; gegen eine ausschließende Wirkung *Hubmann*, Das Persönlichkeitsrecht, S. 172.

121 MüKo-BGB/*Rixecker*, § 12 Anh. Rn. 9; auch *Hubmann* geht davon aus, dass die besonderen Persönlichkeitsrechte nicht das allgemeine ausschließen: *ders.*, Das Persönlichkeitsrecht, S. 172.

122 *Larenz/Canaris*, SchuldR BT II/2, § 80 I 6 a), S. 497.

123 *Götting*, in: *Götting/Schertz/Seitz* (Hrsg.), Handbuch des Persönlichkeitsrechts, § 11 Rn. 7.

124 Siehe dazu *Larenz/Canaris*, SchuldR BT II/2, § 80 I 6 a), S. 497; Soergel/*Beater*, § 823 BGB Anh. IV Rn. 10; *Helle*, Besondere Persönlichkeitsrechte im Privatrecht, S. 41; *Wronka* sieht wegen dieser Bedeutung des allg. Persönlichkeitsrechts gar keinen Raum für sog. besondere Persönlichkeitsrechte *ders.*, UFITA 69 (1973), 71 (91).

125 *Helle*, Besondere Persönlichkeitsrechte im Privatrecht, S. 41; siehe später auch *Funkel*, Schutz der Persönlichkeit durch Ersatz immaterieller Schäden in Geld, S. 40 f.

bestandserfüllung eines besonderen Persönlichkeitsrechts zugleich indiziert, dass der Tatbestand des allgemeinen Persönlichkeitsrechts vorliegt.[126]

Nach Ansicht der Rechtsprechung sind die besonderen Persönlichkeitsrechte Teil des allgemeinen Persönlichkeitsrechts und stellen damit nur einen Ausschnitt des ganzen Rechts dar.[127] Der BGH prüft aber besondere Persönlichkeitsrechte zuerst,[128] ohne jedoch die Anwendbarkeit das allgemeine Persönlichkeitsrecht auszuschließen.[129] Allerdings sind die Entscheidungen des BGH über die Anwendbarkeit des allgemeinen Persönlichkeitsrechts nicht eindeutig.[130] Vertreten wird, dass das allgemeine Persönlichkeitsrecht Vorrang habe, da es eng mit dem Verfassungsrecht verbunden und neuer sei.[131] *Wronka* geht so weit, besondere Persönlichkeitsrechte generell abzulehnen, da jede „Verletzung eines besonderen Persönlichkeitsguts [...] stets die Verletzung des globalen Rechtsguts ‚Persönlichkeit'" sei.[132] Jedenfalls erweitert das allgemeine Persönlichkeitsrecht teilweise sogar die besonderen Persönlichkeitsrechte.[133] Ein Spezialschutz soll aber das allgemeine Persönlichkeitsrecht keinesfalls schwächen, sondern stärken.[134] Zusammenfassend lässt sich mit *Canaris* sagen, dass zwischen dem allgemeinen Persönlichkeitsrecht und besonderen Persönlichkeitsrechten Anspruchskonkurrenz oder Spezialität besteht.[135] Dabei ist es wichtig, zwischen dem Tatbestand und der Rechtsfolgenseite zu unterscheiden,[136] da aufgrund einer Spezialregelung dem Verletzten bzgl. der

---

126 *Helle*, Besondere Persönlichkeitsrechte im Privatrecht, S. 41.

127 BGH NJW-RR 1987, 231; für § 22 KUG schon BGH NJW 1965, 1374 (1375); für das Urheberpersönlichkeitsrecht siehe BGH NJW 1971, 885 (886) (Petite Jaqueline); BGHZ 107, 384 (390).

128 BGHZ 24, 72 (78 ff.); BGHZ 30, 7 (11).

129 Als Beispiel unter vielen BGH NJW 1962, 1004 (1005).

130 *Helle*, Besondere Persönlichkeitsrechte im Privatrecht, S. 29; so auch *Wronka*, UFITA 69 (1973), 71 (73).

131 *Hubmann*, Das Persönlichkeitsrecht, S. 172.

132 *Wronka*, UFITA 69 (1973), 71 (75 ff., 91).

133 Zum KUG bspw. BGH GRUR 1962, 211, (213); BGH GRUR 1957, 494 (497); BVerfGE 35, 202 (224); zu § 12 BGB siehe BGH GRUR 1959, 430; zum Urheberpersönlichkeitsrecht BGHZ 107, 384 (390); siehe auch BGHZ 24, 72 (78); *Hubmann*, Das Persönlichkeitsrecht, S. 172; *Larenz/Canaris*, SchuldR BT II/2, § 80 I 6 a), S. 497.

134 *Funkel*, Schutz der Persönlichkeit durch Ersatz immaterieller Schäden in Geld, S. 41; Erman/*Klass*, BGB, § 12 Anh. Rn. 12 m.w.N.

135 *Larenz/Canaris*, SchuldR BT II/2, § 80 I 6 a), S. 497; a.A. *Wronka*, UFITA 69 (1973), 71 (82 ff.).

136 *Helle*, Besondere Persönlichkeitsrechte im Privatrecht, S. 41; *Larenz/Canaris*, SchuldR BT II/2, § 80 I 6 b), S. 497.

Rechtsfolgen kein Nachteil entstehen darf.[137] Solange ausreichender Schutz durch das besondere Persönlichkeitsrecht besteht, ist dieses spezieller und daher sind die besonderen Persönlichkeitsrechte als erstes zu prüfen. Lücken im Bereich der besonderen Persönlichkeitsrechte können aber durch das allgemeine Persönlichkeitsrecht geschlossen werden (z.B. beim Urheberpersönlichkeitsrecht im Falle der Werkvernichtung, da diese selbst nicht im UrhG geregelt ist) und es können auch beide Rechte nebeneinander treten.[138] Ein Rückgriff auf das allgemeine Persönlichkeitsrecht bleibt also auch dann möglich, wenn der Tatbestand eines besonderen Persönlichkeitsrechts erfüllt ist.[139]

Das allgemeine Persönlichkeitsrecht ist in den Bereichen, in denen es besondere Persönlichkeitsrechte gibt, wie im Bereich des geistigen Eigentums somit nur ergänzend relevant. Daher soll es in dieser Arbeit schwerpunktmäßig um den Schutz der besonderen Persönlichkeitsrechte des geistigen Eigentums durch das Strafrecht gehen. Wichtig ist aber, dass das allgemeine Persönlichkeitsrecht immer dann zur Anwendung kommen kann, wenn besondere Persönlichkeitsrechte keinen Schutz bieten.

II. Die Konsequenzen aus den verschiedenen Betrachtungsweisen

1. Zivilrecht

Die tatsächlichen Konsequenzen der unterschiedlichen Auffassungen sind für die Praxis gering.[140] Bis auf die abzulehnende Ansicht, die von einer strikten Sperrwirkung ausgeht, kommen die Anderen über verschiedene Argumentationsstrukturen dazu, dass bei Lücken das allgemeine Persönlichkeitsrecht eingreifen muss.[141] Das allgemeine Persönlichkeitsrecht fungiert nicht nur als Art Auffangtatbestand, sondern kann, wie oben gezeigt,

---

137 *Larenz/Canaris*, SchuldR BT II/2, § 80 I 6 b), S. 497.

138 Zum Urheberpersönlichkeitsrecht Wandtke/Bullinger/*Bullinger*, UrhR, Vor §§ 12 ff. UrhG Rn. 16 f.; bzgl. des Nebeneinandertretens von allgemeinem Persönlichkeitsrecht und Namensrecht *Klippel*, Der zivilrechtliche Schutz des Namens, 1985, S. 513, 522.

139 *Klippel*, Der zivilrechtliche Schutz des Namens, 1985, S. 513; siehe *Wronka*, UFITA 69 (1973), 71 (83) der das allgemeine Persönlichkeitsrecht immer auch als verletzt ansieht, wenn eine besondere Seite verletzt wurde.

140 *Götting*, in: *Götting/Schertz/Seitz* (Hrsg.), Handbuch des Persönlichkeitsrechts, § 11 Rn. 11.

141 S. o. S. 30 ff.

sogar zu einer Erweiterung der besonderen Persönlichkeitsrechte führen.[142] Der einzige wesentliche Unterschied ist die Kodifizierung der besonderen Persönlichkeitsrechte.[143] Ansonsten sind die „Übergänge fließend" und es überwiegen die Gemeinsamkeiten.[144] Daher kommt zwar eine Systematisierung formal in Betracht, führt allerdings inhaltlich kaum weiter.[145] Selbst das oft fruchtbar gemachte Argument, dass beim allgemeinen Persönlichkeitsrecht die Rechtswidrigkeit durch Abwägung festzustellen ist, wohingegen sie bei den besonderen Persönlichkeitsrechten indiziert wird, erweist sich in der Praxis oft als „graue Theorie".[146] Auch bei den besonderen Persönlichkeitsrechten kann eine solche Abwägung wie beim allgemeinen Persönlichkeitsrecht erforderlich sein.[147]

Die besonderen Persönlichkeitsrechte geben nur eine erste Orientierung, haben aber keine abschließende Funktion, sonst käme es zu einer Schwächung des Persönlichkeitsrechtsschutzes.[148]

Damit kann abschließend festgestellt werden, dass sich keine spürbaren Konsequenzen aus den verschiedenen Betrachtungsweisen ergeben, soweit die strengste Auffassung der absoluten Sperrwirkung richtigerweise[149] abgelehnt wird.

2. Strafrecht

Es bleibt daher zu untersuchen, ob für das Strafrecht Konsequenzen entstehen können.

Auf den ersten Blick mag die Ausschnittstheorie für das Strafrecht im Hinblick auf Art. 103 II GG ungeeigneter erscheinen. Und die Annahme von *leges speciales* kann im ersten Eindruck zu sauberen und deutlicheren Ergebnissen führen.

---

142 S. o. S. 32.

143 Z.B. § 12 BGB; §§ 12 UrhG ff.; §§ 22 KUG ff.

144 *Götting*, in: *Götting/Schertz/Seitz* (Hrsg.), Handbuch des Persönlichkeitsrechts, § 11 Rn. 12.

145 *Götting*, in: *Götting/Schertz/Seitz* (Hrsg.), Handbuch des Persönlichkeitsrechts, § 11 Rn. 12.

146 *Götting*, in: *Götting/Schertz/Seitz* (Hrsg.), Handbuch des Persönlichkeitsrechts, § 11 Rn. 13.

147 So etwa bei § 23 I, II KUG.

148 S. o. S. 32; sowie *Götting*, in: *Götting/Schertz/Seitz* (Hrsg.), Handbuch des Persönlichkeitsrechts, § 11 Rn. 14.

149 S. o. S. 31.

Geht man jedoch davon aus, dass bei der Ausschnittstheorie ein umfassender zivilrechtlicher Schutz und bei den Theorien mit der Spezialität ein nebeneinander der Rechte besteht, so kommt es wohl eher bei den letzteren Ansichten zu Lücken, die dann gegebenenfalls durch das Strafrecht geschlossen werden können. Allerdings kann das Strafrecht auch eingreifen, um die zivilrechtliche Verhaltensnorm zu stärken und nicht nur im Fall von Lücken. Der strafrechtliche Schutz ist gerade zivilrechtsakzessorisch und umfasst daher auch oft Verletzungen, die zivilrechtlich verfolgt werden können, wenn dieser zivilrechtliche Schutz nach einer Gesamtbetrachtung gesamtgesellschaftlich nicht ausreicht.

Ein Unterschied kann somit höchstens mit dem Ultima-ratio-Prinzip begründet werden. Hat das Zivilrecht keine Mittel, um den Verletzten zu schützen, so könnte dies für die Einführung einer Strafrechtsnorm sprechen. Kommt dem Verletzen aber über das allgemeine Persönlichkeitsrecht Schutz bei Lücken der besonderen Persönlichkeitsrechte zu, so bedürfte es für die Einführung einer Strafrechtsnorm einer weitergehenden Begründung.

Wichtig ist aber, dass bei Ablehnung der striktesten Auffassung (absolute Sperrwirkung),[150] grundsätzlich Einigkeit besteht, dass Lücken im zivilrechtlichen Schutz durch das allgemeine Persönlichkeitsrecht geschlossen werden können.[151] Somit kommt es in der zivilrechtlichen Praxis nicht zu unterschiedlichen Ergebnissen.[152] Dann ist es auch für das Strafrecht irrelevant auf welchem dogmatischen Weg der Verletzte geschützt wird. Relevant ist dann nur, dass ein Schutz besteht. Somit haben die verschiedenen Auffassungen keine unmittelbare Auswirkung auf die strafrechtliche Praxis.

Damit lässt sich festhalten, dass die unterschiedlichen Auffassungen über das Verhältnis des allgemeinen Persönlichkeitsrechts und der besonderen Persönlichkeitsrechte auch im Strafrecht nicht zu unterschiedlichen unmittelbaren Konsequenzen führen. Wie gezeigt kann das Verhältnis von Zivil- und Strafrecht nur im Bereich der Frage von Strafwürdigkeit und -bedürftigkeit eine Rolle spielen.

Es entstehen insbesondere auch deshalb keine Probleme im Strafrecht, da es keine strafrechtliche Norm gibt, die generell auf das allgemeine Persönlichkeitsrecht oder auf besondere Persönlichkeitsrechte verweist. Auch

---

150 Wie oben geschehen, siehe S. 31.
151 S. o. S. 30 ff.
152 S. o. S. 34.

strafrechtlich gibt es nur einen lückenhaften Persönlichkeitsrechtsschutz.[153]

Zusammenfassend kann festgestellt werden, dass die unterschiedlichen Ansichten zum Verhältnis des allgemeinen Persönlichkeitsrechts mit den besonderen Persönlichkeitsrechten auch strafrechtlich ohne unmittelbare Folgen bleiben.

153 S. o. S. 28 f.

Kapitel 2 Besondere Persönlichkeitsrechte im geistigen Eigentum

In der vorliegenden Arbeit soll bewusst der Begriff des geistigen Eigentums im Sinne von *Ohly*[154] benutzt werden, um damit den zu untersuchenden Bereich abzugrenzen. Dieser Bereich umfasst das Patent-, Marken und Urheberrecht.[155]

Neben dem Schutz von Verwertungsrechten geht es im Bereich des geistigen Eigentums auch um den Schutz von Persönlichkeitsrechten. Im vorliegenden Kapitel soll es maßgeblich um den zivilrechtlichen Schutz des Urheberpersönlichkeitsrechts und des Erfinderpersönlichkeitsrechts gehen. Dieser zivilrechtliche Bereich ist abzuklären bevor eine strafrechtliche Untersuchung erfolgen kann, da die Normen in diesem Bereich wegen der Zivilrechtsakzessorietät sonst schwer verständlich sind.[156]

A Der zivilrechtliche Schutz des Urheberpersönlichkeitsrechts

I. Das Urheberpersönlichkeitsrecht

Das Urheberrecht stellt eine untrennbare Einheit[157] vermögensrechtlicher und persönlichkeitsrechtlicher Bestandteile dar und dient dem Schutz der Urheber.[158] Nach der monistischen Theorie sind diese beiden Teile untrennbar miteinander verwoben, sodass sich bei sämtlichen Rechten ideelle und materielle Interessen überschneiden.[159] Die monistische Auffassung

154 *Ohly*, JZ 2003, 545 ff.

155 *Ohly*, JZ 2003, 545 (546, 554).

156 *Weber*, Der strafrechtliche Schutz des Urheberrechts, S. 6.

157 Die Zusammensetzung dieser Einheit wird unterschiedlich gesehen: siehe dazu m.w.N. *Windisch*, GRUR 1993, 352 Fn. 2.

158 Dreier/Schulze/*Schulze*, UrhG, § 11 Rn. 1; vgl. auch *Fechner*, Geistiges Eigentum und Verfassung, S. 256.

159 *Wandtke*, in: *Wandtke* (Hrsg.), Urheberrecht, Kap. 1 Rn. 33 m.w.N.; siehe auch *Lutz*, Grundriss des Urheberrechts, Kap. 11 Rn. 198 f.; *Rehbinder/Peukert*, Urheberrecht, § 7 Rn. 130 ff.; Dreier/Schulze/*Schulze*, UrhG, § 11 Rn. 2; siehe insbesondere *Ulmer*, Urheber- und Verlagsrecht, § 9 S. 57 ff., § 18, der die Anfänge bei *Kant* sieht.

findet ihre Rechtfertigung insbesondere in § 11 S. 1 UrhG in dem Wort „und“,[160] woraus zu entnehmen ist, dass die aus dem Werk fließenden Befugnisse des Urheberpersönlichkeitsrechts und der Verwertungsrechte ihre Quelle im einheitlichen Urheberrecht haben.[161] Die entgegenstehende dualistische Theorie, die persönlichkeitsrechtliche Aspekte von den vermögensrechtlichen Bestandteilen trennt, übersieht dagegen die eben beschriebene untrennbare Verknüpfung von ideellen und materiellen Interessen.[162] Der deutsche Gesetzgeber und auch die Rechtsprechung folgen der monistischen Theorie,[163] wenngleich diese theoretische Einheit praktische Probleme mit sich bringt, wie sich noch zeigen wird.[164] Besonders anschaulich formuliert *Ulmer* seine Baumtheorie: Danach ist der Baum das Urheberrecht, die Wurzeln sind die Verwertungsrechte und das Urheberpersönlichkeitsrecht; aber die Äste und Zweige sind die vermögensrechtlichen und urheberpersönlichkeitsrechtlichen Befugnisse des Urhebers, die ihre Kraft „bald ganz oder vorwiegend aus einer Wurzel ziehen“.[165] Der persönlichkeitsrechtlichen Komponente im Urheberrecht wird damit eine große Bedeutung zugewiesen.[166]

1. Begriff

Das Urheberpersönlichkeitsrecht wird als besondere Form aus dem allgemeinen Persönlichkeitsrecht hergeleitet[167] und soll den Urheber als „Schöpfer des Werks“ in seiner „geistigen und persönlichen Beziehung

---

160 *Lettl*, Urheberrecht, § 4 Rn. 2.

161 *Dietz/Peukert*, in: *Loewenheim* (Hrsg.), Handbuch des Urheberrechts, § 15 Rn. 1.

162 *Lutz*, Grundriss des Urheberrechts, Kap. 11 Rn. 199; ein wichtiger Vertreter der dualistischen Theorie ist *Kohler*, Urheberrecht, UFITA 123 (1993), 81 ff.; *ders.*, UFITA 123 (1993) 99 ff. auch der französische Gesetzgeber ist der dualistischen Theorie gefolgt.

163 Vgl. fußend auf Urheberrechtswissenschaftlern wie *Allfeld*, *de Boor*, *Hubmann*, *Ulmer*; siehe hierzu *Wandtke*, in: *Wandtke* (Hrsg.), Urheberrecht, Kap. 1 Rn. 33 f.; siehe auch *Lucas-Schloetter*, GRUR Int. 2002, 809; sowie den Entwurf eines Gesetzes über Urheberrecht und verwandte Schutzrechte UFITA 45 (1965), 240 (257).

164 Vgl. auch *Windisch*, GRUR 1993, 353.

165 *Ulmer*, Urheber- und Verlagsrechte, § 18 S. 116.

166 *Fechner*, Geistiges Eigentum und Verfassung, S. 256.

167 Dazu genauer oben S. 38 ff.

zum Werk" schützen (§ 11 UrhG).[168] Das Urheberpersönlichkeitsrecht kann – wie das allgemeine Persönlichkeitsrecht – unmittelbar aus der Verfassung (Art. 1 I, 2 I GG) entnommen werden.[169] Der Schutz des Werks ist deshalb gerechtfertigt, da sich in diesem die Gefühle, Wahrnehmungen, Ansichten, etc. des Urhebers und damit auch dessen Persönlichkeit spiegelt.[170] Mit dem Urheberpersönlichkeitsrecht sind in erster Linie die Rechtsbeziehungen des Urhebers zu seinem Werk gemeint, die im Gegensatz zu den Verwertungsrechten nicht materieller Natur sind.[171] Vermögensrechtliche Interessen werden allenfalls mitgeschützt, indem sich der Urheber zum Beispiel mit dem Recht auf Anerkennung der Urheberschaft oder dem Entstellungsverbot vor materiellen Nachteilen schützen kann.[172]

Insofern ist der Begriff Urheberpersönlichkeitsrecht auch missverständlich, da eben nicht die Persönlichkeit als solche, sondern nur die Beziehung zwischen dem Urheber und seinem Werk geschützt wird.[173]

Da es um die Beziehung des Urhebers zu seinem Werk geht, ist eine Wertentscheidung im Zweifel zugunsten des Urhebers („in dubio pro auctore") zu treffen.[174] Es ist aber als wichtiges Indiz bei der Beurteilung der Intensität von Eingriffen zu bedenken, dass mit der Veröffentlichung eines Werks die persönliche Beziehung des Urhebers abnimmt.[175]

Der von der Rechtsprechung entwickelte umfassende zivilrechtliche Schutz des Urheberpersönlichkeitsrechts, wird durch das Urheberrechtsgesetz von 1965 zur gesetzlichen Regelung.[176]

Aus dem Urheberpersönlichkeitsrecht wird das Veröffentlichungsrecht (§ 12 UrhG), ein Recht auf Anerkennung der Urheberschaft (§ 13 UrhG) sowie das Recht sich bei Entstellung zur Wehr zu setzen (§ 14 UrhG) abge-

168 *Schack*, Urheber- und Urhebervertragsrecht, § 12 Rn. 353; *Ulmer*, UFITA 45 (1965), 23; mit der Bezeichnung als „geistiges Band" zwischen Urheber und Werk z.B. Fromm/Nordemann/*Dustmann*, UrhR, Vor § 12 UrhG Rn. 2.

169 *Weber*, Der strafrechtliche Schutz des Urheberrechts, S. 394.

170 *Dietz*, in: *Wandtke* (Hrsg.), Urheberrecht, Kap. 3 Rn. 4.

171 Dreyer/Kotthoff/Meckel/*Dreyer*, UrhR, Vor §§ 12 ff. UrhG Rn. 1.

172 Wandtke/Bullinger/*Bullinger*, UrhR, Vor §§ 12 ff. UrhG Rn. 3.

173 *Lucas-Schloetter*, GRUR Int. 2002, 809 f.

174 Fromm/Nordemann/*A. Nordemann*, UrhR, § 1 UrhG Rn. 1; *Gerlach*, GRUR 1976, 613 (615).

175 Feststellungen der Enquete-Kommission Internet und digitale Gesellschaft, *Deutscher Bundestag*, Projektgruppe Urheberrecht, 28. Februar 2011, S. 2 f. http://www.bundestag.de/internetenquete/dokumentation/Urheberrecht/11-02-28_PGUR_Neue_Regelungsansaetze_im_Urheberrecht.pdf (abgerufen am 15.07.2016).

176 *Ulmer*, UFITA 45 (1965), 18 (23).

leitet. Dies kann als Kernbereich des Urheberpersönlichkeitsrechts oder aber auch als das Urheberpersönlichkeitsrecht im engeren Sinne bezeichnet werden.[177]

Zudem kommt das Urheberpersönlichkeitsrecht im weiteren Sinne beispielsweise in folgenden Vorschriften zum Ausdruck: der Zugang zu Werkstücken (§ 25 I UrhG); die Unübertragbarkeit des Urheberrechts (§ 29 UrhG); die Pflicht zur Quellenangabe bei Zitaten (§ 63 UrhG) und der Anspruch auf Ersatz des immateriellen Schadens (§ 97 II 4 UrhG).[178]

2. Übertragbarkeit

Erwähnenswert als weitere Besonderheit des Urheberpersönlichkeitsrechts ist dessen grundsätzliche Unverzichtbarkeit und Unübertragbarkeit, § 29 I UrhG.[179] Die geistige Beziehung zu seinem Werk kann der Urheber nicht beenden und damit ist eine völlige Rechtsentäußerung (Schaffung eines „herrenlosen“ Urheberrechts) nicht denkbar.[180] Stark umstritten ist, inwieweit diese enge Bindung Raum für Rechtsgeschäfte über Urheberpersönlichkeitsrechte lässt.[181] Diese Frage stellt sich im Besonderen im Hinblick auf die Kommerzialisierung einzelner Persönlichkeitsrechte.[182]

Es wird vertreten, dass im Einzelnen inhaltlich spezifizierte und klar begrenzte urheberrechtliche Befugnisse übertragen werden können, wie z.B. auch aus § 29 II und § 39 UrhG geschlossen werden kann.[183] Dabei ist stets genau und sorgfältig zwischen einem unzulässigen Pauschalverzicht und

---

177 *Dietz*, in: *Wandtke* (Hrsg.), Urheberrecht, Kap. 3 Rn. 1; *Götting*, in: *Götting/Schertz/Seitz* (Hrsg.), Handbuch des Persönlichkeitsrechts, § 15 Rn. 3; Dreier/Schulze/*Schulze*, UrhG, Vor § 12 Rn. 2.

178 Mit weiteren Beispielen *Dietz*, in: *Wandtke* (Hrsg.), Urheberrecht, Kap. 3 Rn. 2; *Götting*, in: *Götting/Schertz/Seitz* (Hrsg.), Handbuch des Persönlichkeitsrechts, § 15 Rn. 4.

179 *Dietz/Peukert*, in: *Loewenheim* (Hrsg.), Handbuch des Urheberrechts, § 15 Rn. 17; Dreyer/Kotthoff/Meckel/*Dreyer*, UrhR, Vor §§ 12 ff. UrhG Rn. 4 m.w.N.; Fromm/Nordemann/*Dustmann*, UrhR, Vor § 12 UrhG Rn. 9.

180 *Dietz*, in: *Wandtke* (Hrsg.), Urheberrecht, Kap. 3 Rn. 6 mit dem Hinweis auf BGH GRUR 1995, 673 (675).

181 Dreyer/Kotthoff/Meckel/*Dreyer*, UrhR, Vor §§ 12 ff. UrhG Rn. 5.

182 Dreier/Schulze/*Schulze*, UrhG, Vor § 12 Rn. 10.

183 Fromm/Nordemann/*Dustmann*, UrhR, Vor § 12 UrhG Rn. 9 f.; *Götting*, in: *Götting/Schertz/Seitz* (Hrsg.), Handbuch des Persönlichkeitsrechts, § 15 Rn. 5 ff.

einer zulässigen Einwilligung im Einzelfall zu unterscheiden.[184] Viele Werknutzungsvorgänge machen nämlich nur Sinn, wenn auch eine Überlassung urheberrechtspersönlicher Befugnisse möglich ist.[185] Mit der Einräumung von Nutzungsrechten können also persönlichkeitsrechtliche Befugnisse eingeräumt werden oder zur Ausübung überlassen werden, da die persönlichkeitsrechtlichen Befugnisse mit den vermögensrechtlichen untrennbar verbunden sind und außerdem oft die vereinbarte Nutzung sonst nicht möglich wäre.[186] Die Einräumung des Vervielfältigungs- und Verbreitungsrechts impliziert beispielsweise die Übertragung der hierfür erforderlichen Veröffentlichungsrechte.[187] Ebenfalls kann der Urheber Werkänderungen (§ 14 UrhG) erlauben.[188]

Letztlich muss aber in jedem konkreten Fall die Frage durch einen angemessenen Interessenausgleich geklärt werden, in welchem dann die Wertungen des Werkschutzrechts mit einfließen.[189] Es muss also stets eine differenzierte Antwort gefunden werden.[190] Schwierigkeiten bereitet aber die Rechtsnatur des dafür üblichen Instrumentes der Einwilligung,[191] wobei diese von konstitutiven Rechtsübertragungen, dem Verzicht oder rein schuldrechtlichen Gestattungen zu unterscheiden ist.[192]

Herrschend ist derzeit die „Kerntheorie“[193] wonach nur solche Rechtsgeschäfte zulässig sind, die nicht den zwingend beim Urheber zu verbleiben-

---

184 *Götting*, in: *Götting/Schertz/Seitz* (Hrsg.), Handbuch des Persönlichkeitsrechts, § 15 Rn. 5 f.; *Schricker*, in: FS Hubmann, S. 409 (418); siehe dazu auch Dreier/Schulze/*Schulze*, UrhG, Vor § 12 Rn. 12; mit einem Beispiel für zulässige Einwilligungen Wandtke/Bullinger/*Bullinger*, UrhR, § 14 UrhG Rn 12.

185 *Rehbinder/Peukert*, Urheberrecht, § 27 Rn. 542.

186 Dreier/Schulze/*Schulze*, UrhG, Vor § 12 Rn. 12.

187 Dreier/Schulze/*Schulze*, UrhG, Vor § 12 Rn. 12; Fromm/Nordemann/*Dustmann*, UrhR, Vor § 12 UrhG Rn. 10 mit Hinweis auf BGH GRUR 1955, 201.

188 *Dietz/Peukert*, in: *Loewenheim* (Hrsg.), Handbuch des Urheberrechts, § 15 Rn. 18; mit weiteren Beispielen *Götting*, in: *Götting/Schertz/Seitz* (Hrsg.), Handbuch des Persönlichkeitsrechts, § 15 Rn. 5 ff.; siehe auch Dreier/Schulze/*Schulze*, UrhG, Vor § 12 Rn. 12.

189 *Dietz/Peukert*, in: *Loewenheim* (Hrsg.), Handbuch des Urheberrechts, § 15 Rn. 21; siehe auch *Lutz*, Grundriss des Urheberrechts, Kap. 11 Rn. 208.

190 *Ohly*, „Volenti non fit iniuria“ Die Einwilligung im Privatrecht, S. 269.

191 *Ohly*, „Volenti non fit iniuria“ Die Einwilligung im Privatrecht, S. 267 ff.

192 *Ohly*, „Volenti non fit iniuria“ Die Einwilligung im Privatrecht, S. 271.

193 BVerfG NJW 2001, 600; BGH GRUR 1971, 269 (271); Wandtke/Bullinger/*Bullinger*, UrhR, Vor §§ 12 ff. UrhG Rn. 5; Schricker/Loewenheim/*Dietz/Peukert*, UrhR, Vor §§ 12 ff. Rn. 17, 27 ff.; *Lutz*, Grundriss des Urheberrechts, Kap. 11 Rn. 209; Dreier/Schulze/*Schulze*, UrhG, § 12 Rn. 12.

den Kernbereich der urheberrechtlichen Befugnisse berühren.[194] Ähnliches sah der § 39 des Regierungsentwurfes eines Gesetzes zur Stärkung der vertraglichen Stellung von Urhebern und ausübenden Künstlern[195] vom 23.11.2001 vor.[196] In diesem Entwurf wurden beispielsweise Vereinbarungen über die Veröffentlichung des Werks, über die Urheberbezeichnung und über Änderungen des Werks für zulässig erklärt.[197] Dieser Entwurf war dann aber vom Gesetzgeber nicht in die Urheberrechtsnovelle 2002 übernommen worden.[198] Möglich bleiben damit von vorneherein beschränkte Rechtsübertragungen.[199] Dispositionen über Urheberpersönlichkeitsrechte können also verschiedene Formen annehmen und sollten somit auch, um die Unterschiedlichkeit zu verdeutlichen, nicht einheitlich als Einwilligung bezeichnet werden, auch damit keine Verwechselungsgefahr mit der einseitigen Erlaubnis oder der Zustimmung i.S.d. § 183 BGB entsteht.[200]

3. Vererblichkeit

Das Urheberpersönlichkeitsrecht ist nach § 28 I UrhG vererbbar und braucht daher dafür keine gesonderte Begründung wie der postmortale allgemeine Persönlichkeitsrechtsschutz.[201] Das Urheberrecht und damit auch das Urheberpersönlichkeitsrecht gehen im Wege der gesetzlichen oder gewillkürten Erbfolge (§§ 1922, 1942 BGB) über,[202] wobei daneben auch eine rechtsgeschäftliche Rechtsnachfolge in Betracht (§ 29 I UrhG) kommt.[203]

„Die dem Urheber nach diesem Gesetz zustehenden Rechte" hat nach § 30 UrhG der Rechtsnachfolger des Urhebers.[204] Die Frage ist, nach wessen Interessen die urheberpersönlichkeitsrechtlichen Befugnisse ausgeübt werden sollen. Nach einer Ansicht handelt es sich bei den Urheberpersön-

---

194 Dreyer/Kotthoff/Meckel/*Dreyer*, UrhR, Vor §§ 12 ff. UrhG Rn. 6; Dreier/Schulze/*Schulze*, UrhG, Vor § 12 Rn. 12.

195 BT-Drucks. 14/7564 i.V.m. BT-Drucks. 14/6433.

196 *Hertin*, Urheberrecht, VII Rn. 130.

197 *Ohly*, „Volenti non fit iniuria" Die Einwilligung im Privatrecht, S. 269.

198 *Ohly*, „Volenti non fit iniuria" Die Einwilligung im Privatrecht, S. 269.

199 Dreier/Schulze/*Schulze*, UrhG, Vor § 12 Rn. 12.

200 *Ohly*, „Volenti non fit iniuria" Die Einwilligung im Privatrecht, S. 271.

201 Wandtke/Bullinger/*Bullinger*, UrhR, Vor §§ 12 ff. UrhG Rn. 9.

202 *Dietz*, in: *Wandtke* (Hrsg.), Urheberrecht, Kap. 3 Rn. 7.

203 Vgl. ausführlich zur Rechtsnachfolge im Urheberrecht *Gloser*, Die Rechtsnachfolge in das Urheberrecht.

204 Schricker/Loewenheim/*Dietz/Peukert*, UrhR, Vor §§ 12 ff. Rn. 29.

lichkeitsrechten um höchstpersönliche Rechte, die daher stets im Interesse des Urhebers ausgeübt werden müssen.[205] Gegen diese Ansicht spricht jedoch, dass dann ein voller Rechtseintritt keinen Sinn machen würde.[206] Daher wird in der Literatur vertreten, dass die Rechtsnachfolger die urheberpersönlichkeitsrechtlichen Befugnisse frei ausüben können.[207] Dafür spricht, dass zum einen die Interessen des Urhebers nach dessen Tod oft schwer zu ermitteln sind.[208] Und zum anderen wäre der Rechtsnachfolger beim Auseinanderfallen der Interessen bzgl. der Verwertungsrechte und des Urheberpersönlichkeitsrechts dann in der Ausübung auch der Verwertungsrechte gehindert.[209] Des Weiteren wird das Urheberrecht auch beim Urheber als einheitliches – aus Verwertungsrechten und Urheberpersönlichkeitsrecht bestehendes – Recht gesehen, so dass die Erben die volle Rechtsstellung des verstorbenen Urhebers erlangen.[210] Dabei sollen die Verwertungsrechte eine untrennbare Einheit mit dem Urheberpersönlichkeitsrecht bilden.[211] Will der Urheber den Rechtsnachfolger binden, können dabei Testamentsvollstrecker, Auflagen oder lebzeitige Verfügungen weiterhelfen.[212] Ansonsten sind Einschränkungen der Erben nur beim Vorliegen des § 42 I 1 UrhG (Rückrufsrecht wegen gewandelter Überzeugung) und in der Zwangsvollstreckung (§ 115 UrhG) anzunehmen.[213]

Für die Interessenabwägung gilt, dass bei Geltendmachung urheberpersönlichkeitsrechtlicher Ansprüche durch die Rechtsnachfolger andere Maßstäbe als zu Lebzeiten anzulegen sind, da das maßgebliche Urheberinteresse Jahre oder Jahrzehnte nach dem Tod des Urhebers ein anderes Ge-

---

205 Siehe bspw. BGHZ 15, 249 (Cosima Wagner); Schricker/Loewenheim/*Dietz/Peukert*, UrhR, Vor §§ 12 ff. Rn. 30 der davon ausgeht, dass maßgeblich die geistigen und persönlichen Interessen des verstorbenen Urhebers bleiben; siehe auch *Dietz/Peukert*, in: *Loewenheim* (Hrsg.), Handbuch des Urheberrechts, § 15 Rn. 16; *Rehbinder*, ZUM 1986, 365 (365, 370); *Sattler*, Das Urheberrecht nach dem Tode des Urhebers, S. 58 f.; *Schack*, GRUR 1985, 352 (356).

206 *Dietz*, in: *Wandtke* (Hrsg.), Urheberrecht, Kap. 3 Rn. 9.

207 Siehe nur Dreier/Schulze/*Schulze*, UrhG, Vor § 12 Rn. 11; Wandtke/Bullinger/*Bullinger*, UrhR, Vor §§ 12 ff. UrhG Rn. 12.

208 *Dietz*, in: *Wandtke* (Hrsg.), Urheberrecht, Kap. 3 Rn. 9.

209 *Dietz*, in: *Wandtke* (Hrsg.), Urheberrecht, Kap. 3 Rn. 9.

210 Wandtke/Bullinger/*Bullinger*, UrhR, Vor §§ 12 ff. UrhG Rn. 12.

211 Dreier/Schulze/*Schulze*, UrhG, Vor § 12 Rn. 8; so auch *Schack*, Urheber- und Urhebervertragsrecht, § 12 Rn. 356; *Ulmer*, Urheber- und Verlagsrecht, § 18, S. 118.

212 Dreyer/Kotthoff/Meckel/*Dreyer*, UrhR, Vor §§ 12 ff. UrhG Rn. 30; Schricker/Loewenheim/*Dietz/Peukert*, UrhR, Vor §§ 12 ff. Rn. 30 m.w.N.; *Lettl*, Urheberrecht, § 4 Rn. 6; Dreier/Schulze/*Schulze*, UrhG, Vor § 12 Rn. 11.

213 *Lutz*, Grundriss des Urheberrechts, Kap. 11 Rn. 207; *Sattler*, Das Urheberrecht nach dem Tode des Urhebers, S. 51 f.

wicht haben kann.[214] Während bei literarischen Werken ein solches „Verblassen der Urheberpersönlichkeitsrechte" selten der Fall sein wird, gilt dies verstärkt etwa bei Bauwerken, bei denen der Urheber von Anfang an mit gewissen Änderungen durch Modernisierungs- und Renovierungsarbeiten rechnen muss.[215]

4. Schutzdauer

Bei der Schutzfrist ist zu beachten, dass das Urheberpersönlichkeitsrecht 70 Jahre nach dem Tod des Urhebers (§ 64 UrhG) erlischt und damit das Werk gemeinfrei wird.[216] Gegen die Argumente der Befürworter[217] eines ewigen Urheberrechts spricht, dass das Urheberpersönlichkeitsrecht gerade die Beziehung des Urhebers zu seinem Werk, aber nicht das Werk selbst schützen soll.[218] Schutz erhalten Angehörige nach Ablauf der Schutzfrist nur noch bei schweren Verletzungen des Werks mit Hilfe des postmortalen allgemeinen Persönlichkeitsrechts.[219]

II. Einzelne urheberpersönlichkeitsrechtliche Vorschriften

1. Das Veröffentlichungsrecht, § 12 UrhG

Das Veröffentlichungsrecht aus § 12 UrhG gibt dem Urheber die Möglichkeit selbst zu entscheiden ob, wann und in welcher Form er sein Werk veröffentlicht.[220] Beispielsweise wird das Veröffentlichungsrecht verletzt, wenn der Briefverkehr zwischen einem bekannten Schriftsteller und Re-

---

214 *Dietz*, in: *Wandtke* (Hrsg.), Urheberrecht, Kap. 3 Rn. 10; siehe auch Dreyer/Kotthoff/Meckel/*Dreyer*, UrhR, Vor §§ 12 ff. UrhG Rn. 33; *Sattler*, Das Urheberrecht nach dem Tode des Urhebers, S. 59 ff.; Schricker/Loewenheim/*Dietz/Peukert*, UrhR, Vor §§ 12 ff. Rn. 31; a.A. Wandtke/Bullinger/*Bullinger*, UrhR, Vor §§ 12 ff. UrhG Rn. 10.

215 *Dietz*, in: *Wandtke* (Hrsg.), Urheberrecht, Kap. 3 Rn. 10.

216 *Schack*, Urheber- und Urhebervertragsrecht, § 12 Rn. 358; Schricker/Loewenheim/*Dietz/Peukert*, UrhR, Vor §§ 12 ff. Rn. 33 ff.

217 Siehe dafür z.B. *Leinveber*, GRUR 1964, 364 ff.; *Nordemann*, GRUR 1964, 117 ff.

218 *Schack*, Urheber- und Urhebervertragsrecht, § 12 Rn. 359.

219 *Dietz*, in: *Wandtke* (Hrsg.), Urheberrecht, Kap. 3 Rn. 11 mit Hinweis auf BGH GRUR 1995, 668 (670) (Emil Nolde); OLG München NJW 1999, 1975 (1977).

220 Wandtke/Bullinger/*Bullinger*, UrhR, § 12 UrhG Rn. 1; Dreyer/Kotthoff/Meckel/*Dreyer*, UrhR, § 12 UrhG Rn. 3.

dakteur, der vom besonderen Stil des Autors geprägt ist und sich mit kulturellen Fragen auseinandersetzt, veröffentlicht wird.[221] § 12 UrhG stellt eine Grundnorm des Urheberrechtsschutzes dar und hat somit eine besondere Bedeutung[222] und gehört damit zu den Kernbefugnissen des Urhebers.[223] Daneben steht dem Urheber nach Absatz 2 ein Mitteilungsrecht über Inhalte seines noch unveröffentlichten Werks zu.[224]

Nur der Urheber kann entscheiden wann sein Werk vollendet ist und er bereit ist sich der öffentlichen Kritik auszusetzen.[225] Vor 1965 war dieses Erstveröffentlichungsrecht bereits durch die Rechtsprechung anerkannt.[226]

Nur bei der ersten Veröffentlichung ist § 12 UrhG einschlägig.[227] Bei späteren unautorisierten Veröffentlichungen kann der Urheber nur wegen Verletzung seiner Verwertungsrechte mit anderen urheberrechtliche Vorschriften, wie die §§ 97, 15 ff. UrhG, vorgehen.[228] D.h. das Erstveröffentlichungsrecht ist ein sog. Einmalrecht.[229]

§ 12 UrhG enthält keine Legaldefinition über den Begriff der Veröffentlichung aber aus § 6 UrhG kann entnommen werden, dass eine Veröffentlichung vorliegt, wenn das Werk mit Zustimmung des Urhebers der Öffentlichkeit zugänglich gemacht wurde.[230]

Die Ausübung des Veröffentlichungsrechts ist von der Veröffentlichung (Verwertung) des Werks streng zu unterscheiden;[231] beides kann auch aus-

---

221 *Wandtke*, in: *Wandtke* (Hrsg.), Urheberrecht, Kap. 3 Rn. 14, 24.

222 Schricker/Loewenheim/*Dietz/Peukert*, UrhR, § 12 Rn. 1.

223 Wandtke/Bullinger/*Bullinger*, UrhR, § 12 UrhG Rn. 1.

224 Fromm/Nordemann/*Dustmann*, UrhR, § 12 UrhG Rn. 1, 16; Dreier/Schulze/*Schulze*, UrhG, § 12 Rn. 20.

225 *Dietz*, in: *Wandtke* (Hrsg.), Urheberrecht, Kap. 3 Rn. 16 m.w.N.; Dreyer/Kotthoff/Meckel/*Dreyer*, UrhR, § 12 UrhG Rn. 3; *Lutz*, Grundriss des Urheberrechts, Kap. 11 Rn. 210.

226 BGH GRUR 1955, 201.

227 OLG München NJW-RR 1997, 493 (494); *Dietz*, in: *Wandtke* (Hrsg.), Urheberrecht, Kap. 3 Rn. 17 m.w.N.; Dreyer/Kotthoff/Meckel/*Dreyer*, UrhR, § 12 UrhG Rn. 5; Fromm/Nordemann/*Dustmann*, UrhR, § 12 UrhG Rn. 9; Schricker/Loewenheim/*Dietz/Peukert*, UrhR, § 12 Rn. 10; *Schack*, Urheber- und Urhebervertragsrecht, § 12 Rn. 366; vgl. Dreier/Schulze/*Schulze*, UrhG, § 12 Rn. 6; siehe auch Wandtke/Bullinger/*Bullinger*, UrhR, § 12 UrhG Rn. 9, der generell für solche Situationen auf den Schutz durch andere Vorschriften des UrhG abstellt.

228 *Schack*, Urheber- und Urhebervertragsrecht, § 12 Rn. 366.

229 Wandtke/Bullinger/*Bullinger*, UrhR, § 12 UrhG Rn. 9.

230 Dreyer/Kotthoff/Meckel/*Dreyer*, UrhR, § 12 UrhG Rn. 4; *Lutz*, Grundriss des Urheberrechts, Kap. 11 Rn. 211.

231 *Dietz*, in: *Wandtke* (Hrsg.), Urheberrecht, Kap. 3 Rn. 20.

einanderfallen.[232] Die Veröffentlichung kann der Urheber übertragen (d.h. Dritten überlassen), aber nicht sein Veröffentlichungsrecht.[233]

Die Veröffentlichung führt dazu, dass das Urheberrecht weniger stark geschützt wird, so darf beispielsweise ein Dritter im Rahmen der Schranken das Werk dann ohne Einwilligung des Urhebers nutzen.[234] Auch das Ausstellungsrecht aus § 18 UrhG besteht nur an unveröffentlichten Werken.[235]

Mit der Entscheidung des BGH zu sog. „Thumbnails" hat dieser festgestellt, dass solche Vorschaubilder „bereits den Werkgenuss" zulassen und damit nicht nur eine Inhaltsmitteilung nach § 12 II UrhG vorliegt.[236]

Das Rückrufsrecht wegen gewandelter Überzeugung (§ 42 UrhG) korrespondiert mit dem Veröffentlichungsrecht und ist dem Urheberpersönlichkeitsrecht i.w.S. zuzuordnen.[237] Damit kann der Urheber sein Werk der öffentlichen Diskussion entziehen und die Wirkungen rückgängig machen.[238]

Der Rückruf wegen Nichtausübung (§ 41 UrhG) ist ebenfalls eine urheberpersönlichkeitsrechtliche Vorschrift im weiteren Sinne und steht in enger Verbindung zum Erstveröffentlichungsrecht in § 12 UrhG.[239]

2. Das Recht auf Anerkennung der Urheberschaft, § 13 UrhG

Ein uneingeschränktes Recht auf Anerkennung der Urheberschaft erhält jeder Urheber (Originalurheber, Miturheber, Bearbeiter, Übersetzer, etc.)

---

232 Wandtke/Bullinger/*Bullinger*, UrhR, § 12 UrhG Rn. 2.

233 Wandtke/Bullinger/*Bullinger*, UrhR, § 12 UrhG Rn. 2; *Dietz*, in: *Wandtke* (Hrsg.), Urheberrecht, Kap. 3 Rn. 20; zur Ausübung des Veröffentlichungsrechts im Moment der Übergabe eines Manuskripts an einen Verleger unter Einräumung der Verwertungsrechte Fromm/Nordemann/*Dustmann*, UrhR, § 12 UrhG Rn. 11.

234 *Dietz*, in: *Wandtke* (Hrsg.), Urheberrecht, Kap. 3 Rn. 22; Dreyer/Kotthoff/Meckel/*Dreyer*, UrhR, § 12 UrhG Rn. 3; siehe auch Fromm/Nordemann/*Dustmann*, UrhR, § 12 UrhG Rn. 2.

235 Fromm/Nordemann/*Dustmann*, UrhR, § 18 UrhG Rn. 1.

236 BGH GRUR 2012, 602 (Vorschaubilder II); BGH GRUR 2010, 628 (630) (Vorschaubilder I); Dreyer/Kotthoff/Meckel/*Dreyer*, UrhR, § 12 UrhG Rn. 23; Dreier/Schulze/*Schulze*, UrhG, § 12 Rn. 24.

237 *Lutz*, Grundriss des Urheberrechts, Kap. 11 Rn. 215; siehe auch Wandtke/Bullinger/*Wandtke*, Urheberrecht, § 42 UrhG Rn. 1.

238 *Lutz*, Grundriss des Urheberrechts, Kap. 11 Rn. 215.

239 Schricker/Loewenheim/*Schricker/Peukert*, UrhR, § 41 Rn. 4.

an seinem Werk durch § 13 UrhG und dieser wird damit in der Öffentlichkeit als Schöpfer dieses Werks angesehen.[240] Beispielsweise ist der Name des Architekten einer Stadthalle nach den branchenüblichen Methoden an dieser anzubringen.[241] Dies dient aber nicht nur dem ideellen Interessen, sondern kann auch materielle Bedeutung erlangen. Z.B. kann die Urheberbezeichnung Werbewirkung entfalten, um Folgeaufträge zu bekommen.[242] Neben den Vervielfältigungsstücken werden auch alle körperlichen und unkörperlichen Formen des Werks von § 13 UrhG umfasst.[243]

§ 13 S. 1 UrhG gibt dem Urheber die Möglichkeit sich gegenüber Dritten auf seine Urheberschaft zu berufen und von diesen die Offenlegung der wahren Urheberschaft zu verlangen, wenn sich jemand fälschlicherweise als Urheber ausgibt.[244] Zudem kann er damit durchsetzten, dass sein Werk nur in Verbindung mit seiner Urheberbezeichnung verwertet wird.[245]

Das sog. Namensnennungsrecht ergibt sich aus § 13 S. 2 UrhG und beinhaltet die Bezeichnung des Originals oder eines Vervielfältigungsstückes, die geeignet ist den Urheber als Schöpfer dieses Werks zu kennzeichnen.[246] Eine moderne Form die zu Verletzungen von § 13 S. 2 UrhG (Anerkennungsrecht) führen kann sind sog. Mash-Ups (Sampling).[247] Dabei werden mindestens zwei digitalisierte Musikstücke, Videos, Fotos oder Webanwendungen dergestalt miteinander kombiniert, dass etwas Neues entsteht oder ein Synergieeffekt eintritt.[248] Der EuGH hat kürzlich entschieden das

---

240 Wandtke/Bullinger/*Bullinger*, UrhR, § 13 UrhG Rn. 1; *Dietz*, in: *Wandtke* (Hrsg.), Urheberrecht, Kap. 3 Rn. 27; siehe auch *Lutz*, Grundriss des Urheberrechts, Kap. 11 Rn. 233.

241 Vgl. *Dietz*, in: *Wandtke* (Hrsg.), Urheberrecht, Kap. 3 Rn. 26, 43.

242 Wandtke/Bullinger/*Bullinger*, UrhR, § 13 UrhG Rn. 1 m.w.N.; Fromm/Nordemann/*Dustmann*, UrhR, § 13 UrhG Rn. 1 m.w.N.; *Lutz*, Grundriss des Urheberrechts, Kap. 11 Rn. 230, 232.

243 *Dietz*, in: *Wandtke* (Hrsg.), Urheberrecht, Kap. 3 Rn. 31; Dreier/Schulze/*Schulze*, UrhG, § 13 Rn. 3.

244 Wandtke/Bullinger/*Bullinger*, UrhR, § 13 UrhG Rn. 2; Fromm/Nordemann/*Dustmann*, UrhR, § 13 UrhG Rn. 4; Dreier/Schulze/*Schulze*, UrhG, § 13 Rn. 1, 15.

245 *Dietz*, in: *Wandtke* (Hrsg.), Urheberrecht, Kap. 3 Rn. 28.

246 Dreyer/Kotthoff/Meckel/*Dreyer*, UrhR, § 13 UrhG Rn. 16, 21; Dreier/Schulze/*Schulze*, UrhG, § 13 Rn. 17.

247 *Gelke*, Mashups im Urheberrecht, S. 105 ff.; siehe Ebda. zu Problemen mit § 14 und § 39 II UrhG, S. 107 ff.

248 *Gelke*, Mashups im Urheberrecht, S. 14 ff.

sog. Sampling in engen Grenzen zulässig ist und damit einen jahrzehntelangen Rechtsstreit beendet.[249]

Das Bezeichnungsrecht gibt dem Urheber auch ein negatives Recht auf Anonymität (§ 13 S. 2 Alt. 1 UrhG), d.h. der Urheber kann auch entscheiden, ob sein Werk überhaupt mit einer Urheberbezeichnung versehen wird.[250] Macht er davon Gebrauch, darf sein Werk nicht mit der Urheberbezeichnung benutzt werden, allerdings darf in Werkbesprechungen sein Name genannt werden.[251] Gegen eine solche Nennung kann er sich nur mit Hilfe des allgemeinen Persönlichkeitsrechts schützen (§§ 823 I, 1004 BGB; Art. 1 I, 2 I GG).[252]

Nach § 13 S. 2 Alt. 2 UrhG kann der Urheber neben dem ob, auch über das wie der Bezeichnung entscheiden.[253]

Das Recht auf Anerkennung der Urheberschaft schützt also das geistige und persönliche Band zwischen dem Urheber und seinem Werk.[254]

§ 13 UrhG gibt deshalb auch nur beschränkten Schutz, da dieser sich nur auf die selbstgeschaffenen Werke des Urhebers bezieht (Schöpfungsprinzip).[255] Nur Plagiate im engeren Sinne, also das Anmaßen der Urheberschaft an einem fremden Werk, fallen dann unter § 13 UrhG und der Urheber kann dann die Beseitigung der täuschenden Signatur aus § 13 S. 2 Alt. 1 verlangen.[256] Bei Plagiaten i.e.S. („geistiger Diebstahl") sind meist fremde Werke betroffen, die vorsätzlich zum Teil oder ganz das Original-Werk des Urhebers wiedergeben ohne die wahre Urheberschaft offen zu

249 EuGH, Urt. 29.07.2019, Az. C-476/17.

250 Wandtke/Bullinger/*Bullinger*, UrhR, § 13 UrhG Rn. 10; Schricker/Loewenheim/*Dietz/Peukert*, UrhR, § 13 Rn. 10 f.; Dreyer/Kotthoff/Meckel/*Dreyer*, UrhR, § 13 UrhG Rn. 9, 21; Fromm/Nordemann/*Dustmann*, UrhR, § 13 UrhG Rn. 28 unter Hinweis auf den flankierenden Schutz der Strafnorm § 107 UrhG; *Lutz*, Grundriss des Urheberrechts, Kap. 11 Rn. 231, 234; Dreier/Schulze/*Schulze*, UrhG, § 13 Rn. 32.

251 *Dietz*, in: *Wandtke* (Hrsg.), Urheberrecht, Kap. 3 Rn. 32; Dreier/Schulze/*Schulze*, UrhG, § 13 Rn. 33.

252 *Dietz*, in: *Wandtke* (Hrsg.), Urheberrecht, Kap. 3 Rn. 32.

253 *Lutz*, Grundriss des Urheberrechts, Kap. 11 Rn. 231.

254 Fromm/Nordemann/*Dustmann*, UrhR, § 13 UrhG Rn. 1; *Lutz*, Grundriss des Urheberrechts, Kap. 11 Rn. 232.

255 Wandtke/Bullinger/*Bullinger*, UrhR, § 13 UrhG Rn. 14; *Dietz*, in: *Wandtke* (Hrsg.), Urheberrecht, Kap. 3 Rn. 35; Dreyer/Kotthoff/Meckel/*Dreyer*, UrhR, § 13 UrhG Rn. 11.

256 Wandtke/Bullinger/*Bullinger*, UrhR, § 13 UrhG Rn. 2 m.w.N., 15.

legen.[257] Dies kann eine Kopie (§ 16 UrhG), eine Umgestaltung (§§ 23, 24 UrhG) oder ein ungekennzeichnetes Zitat (§§ 51, 63, 106 UrhG) sein.[258] Gerade in der Literatur gibt es vermehrt solche Fälle, bei denen der Vorwurf besteht, dass ganze Passagen abgeschrieben seien: Als Beispiel seien hier „Tannöd“ oder „Axolotl Roadkill“ genannt.[259] Besondere Probleme entstehen bei Erzählungen die nicht nur auf der Fantasie des Urhebers, sondern auf historischen Ereignissen beruhen, da historische Fakten im Kern nicht schutzfähig sind.[260]

Zur Verdeutlichung welches Verhalten von § 13 UrhG betroffen ist und welches nicht können folgende Konstellationen dienen: Fügt der Fälscher F einem Gemälde des berühmten Künstlers K wenige Bildelemente hinzu und versieht es mit dem Namen des K, so ist § 13 UrhG anwendbar. Kreiert aber F ein eigenes Gemälde im Stil des K und wird daher der Anschein erweckt es stamme von K, dann ist § 13 UrhG nicht einschlägig.[261]

Somit sind §§ 13, 106, 107 UrhG nicht anwendbar, wenn ein neues Werk geschaffen wird und diesem eine falsche Urheberschaft zugewiesen wird.[262] Dann kann allenfalls das allgemeine Persönlichkeitsrecht weiterhelfen.[263] Dieser mangelnde Schutz durch das Urheberrecht wird im Rahmen des § 107 UrhG und der Strafbedürftigkeit von Persönlichkeitsrechtsverletzungen durch das Strafrecht weiter erörtert.

Das Recht aus § 13 UrhG ist im Kern unverzichtbar, wobei eine Vereinbarung (§ 39 I UrhG) über die Nichtausübung möglich und zulässig ist.[264] Solche Vereinbarungen sind jedoch problematisch und können je nach

257 Wandtke/Bullinger/*Bullinger*, UrhR, § 13 UrhG Rn. 14; *Dietz*, in: *Wandtke* (Hrsg.), Urheberrecht, Kap. 3 Rn. 35; Fromm/Nordemann/*Dustmann*, UrhR, § 13 UrhG Rn. 11 der darauf hinweist, dass das *droit de non-paternité* nicht vom Schutzzweck des § 13 UrhG erfasst wird.

258 *Dietz*, in: *Wandtke* (Hrsg.), Urheberrecht, Kap. 3 Rn. 36.

259 Mit weiteren Beispielen *Dietz*, in: *Wandtke* (Hrsg.), Urheberrecht, Kap. 3 Rn. 35.

260 So *Dietz*, in: *Wandtke* (Hrsg.), Urheberrecht, Kap. 3 Rn. 35 unter Hinweis auf BGH ZUM 1999, 644 (Laras Tochter); LG Hamburg ZUM 2003, 403 (Die Päpstin).

261 *Dietz*, in: *Wandtke* (Hrsg.), Urheberrecht, Kap. 3 Rn. 37.

262 Fromm/Nordemann/*Dustmann*, UrhR, § 13 UrhG Rn. 11.

263 Wandtke/Bullinger/*Bullinger*, UrhR, § 13 UrhG Rn. 16; Dreyer/Kotthoff/Meckel/*Dreyer*, UrhR, § 13 UrhG Rn. 49.

264 Wandtke/Bullinger/*Bullinger*, UrhR, § 13 UrhG Rn. 19 ff.; bei sog. Ghostwriter-Verträgen Dreyer/Kotthoff/Meckel/*Dreyer*, UrhR, § 13 UrhG Rn. 12; Fromm/Nordemann/*Dustmann*, UrhR, § 13 UrhG Rn. 12 ff., 19; *Lutz*, Grundriss des Urheberrechts, Kap. 11 Rn. 235 f.; Dreier/Schulze/*Schulze*, UrhG, § 13 Rn. 24 ff.

den Umständen des Einzelfalles insbesondere in Zwangslagen auch sittenwidrig sein.[265]

Beim Zitieren fremder Werke sind die §§ 51, 63, 97, 106 UrhG zu beachten, wobei sich das Zitieren selbst nach den Verkehrsgepflogenheiten richtet.[266]

Auch dem Lichtbildner steht das Recht aus § 13 UrhG zu, vgl. § 72 UrhG.[267]

3. Das Entstellungs- und Änderungsverbot, § 14 UrhG

Das Urheberrecht wird vom Änderungsverbot beherrscht,[268] dabei ist § 14 UrhG die grundlegende, zentrale Norm im Rahmen der änderungsrechtlichen Vorschrift, die dem Urheber Schutz gegen verfälschende und entstellende Eingriffe gewähren kann.[269] Das Änderungsverbot wurde bereits 1912, noch vor der Anerkennung des allgemeinen Persönlichkeitsrechts, durch das RG anerkannt.[270] Geschützt wird hier nicht das Werk, sondern die persönlichen und geistigen Interessen des Urhebers an der Werkintegrität.[271] Der Urheber hat ein Interesse dran, dass die Öffentlichkeit das Werk nur so zu sehen bekommt, wie er es zur Veröffentlichung vorgesehen hat.[272] Weitere änderungsrechtliche Normen finden sich in den §§ 39, 62, 93 I UrhG und § 44 VerlG. Bei § 14 UrhG muss die Entstellung oder Beeinträchtigung geeignet sein die persönlichen und geistigen Interessen

---

265 *Dietz*, in: *Wandtke* (Hrsg.), Urheberrecht, Kap. 3 Rn. 39; Dreyer/Kotthoff/Meckel/*Dreyer*, UrhR, § 13 UrhG Rn. 33 ff.; Fromm/Nordemann/*Dustmann*, UrhR, § 13 UrhG Rn. 19.

266 OLG Hamburg GRUR 1970, 38 (40) (Heintje); Wandtke/Bullinger/*Bullinger*, UrhR, § 13 UrhG Rn. 26.

267 Schricker/Loewenheim/*Dietz/Peukert*, UrhR, § 13 Rn. 1; *Lutz*, Grundriss des Urheberrechts, Kap. 11 Rn. 233; Dreier/Schulze/*Schulze*, UrhG, § 13 Rn. 10.

268 Schricker/Loewenheim/*Dietz/Peukert*, UrhR, § 14 Rn. 2; Dreyer/Kotthoff/Meckel/*Dreyer*, UrhR, § 14 UrhG Rn. 3; Dreier/Schulze/*Schulze*, UrhG, § 14 Rn. 2.

269 Wandtke/Bullinger/*Bullinger*, UrhR, § 14 UrhG Rn. 1; Schricker/Loewenheim/*Dietz/Peukert*, UrhR, § 14 Rn. 1.

270 *Dietz*, in: *Wandtke* (Hrsg.), Urheberrecht, Kap. 3 Rn. 48 mit Hinweis auf RGZ 79, 397 (401); siehe auch Dreyer/Kotthoff/Meckel/*Dreyer*, UrhR, § 14 UrhG Rn. 1; Fromm/Nordemann/*Dustmann*, UrhR, § 14 UrhG Rn. 2.

271 Schricker/Loewenheim/*Dietz/Peukert*, UrhR, § 14 Rn. 1; *Lutz*, Grundriss des Urheberrechts, Kap. 11 Rn. 240.

272 Fromm/Nordemann/*Dustmann*, UrhR, § 14 UrhG Rn. 1.

des Urhebers zu gefährden und eine Abwägung mit Interessen Dritter hat stattzufinden.[273]

Beeinträchtigung ist jede Veränderung des ästhetischen Gesamteindrucks des Werks[274] und umfasst als Oberbegriff auch die Entstellung.[275] Diese wiederum stellte eine besonders schwerwiegende Veränderung dar und liegt vor, wenn die Wesenszüge des Werks verfälscht, verstümmelt oder verdreht werden.[276] Auch positive Veränderungen stellen eine Beeinträchtigung dar, da der Urheber ein Interesse daran haben kann, dass sein Werk unverfälscht bestehen bleibt.[277] Beeinträchtigungen oder Entstellungen können beispielsweise durch Übermalen, Zerteilen, Verstümmelungen, Kürzungen oder Hinzufügungen verwirklicht werden.[278] Auch sog. Vorschaubilder (Thumbnails) stellen eine Beeinträchtigung dar, da ein anderer ästhetischer Gesamteindruck entsteht.[279] Durch die Digitalisierung entstehen auch Probleme im Zusammenhang mit § 14 UrhG etwa bei sog. Mash-Ups.[280] Dabei sind die verschiedenen Arten (Musik, Video, Bild) differenziert zu betrachten und es ist zu fragen, ob eine Genehmigung vorliegt.[281]

Als Beispiel für das Änderungsverbot kann der Fall *Felseneiland mit Sirenen* dienen. Hier hat ein Hauseigentümer aus ästhetischen Gründen ein Fresco im Hausflur eines Mehrfamilienhauses so verändert, dass die Sirenen nun bedeckt erschienen.[282] Durch das teilweise Übermalen liegt ein Verstoß gegen das Änderungsverbot vor.[283]

---

273 Schricker/Loewenheim/*Dietz/Peukert*, UrhR, § 14 Rn. 18; Dreyer/Kotthoff/Meckel/*Dreyer*, UrhR, § 14 UrhG Rn. 34; Fromm/Nordemann/*Dustmann*, UrhR, § 14 UrhG Rn. 14; Dreier/Schulze/*Schulze*, UrhG, § 14 Rn. 8.

274 *Dietz*, in: *Wandtke* (Hrsg.), Urheberrecht, Kap. 3 Rn. 50.

275 Schricker/Loewenheim/*Dietz*, UrhR, § 14 Rn. 19; Fromm/Nordemann/*Dustmann*, UrhR, § 14 UrhG Rn. 12; Dreier/Schulze/*Schulze*, UrhG, § 14 Rn. 5.

276 Wandtke/Bullinger/*Bullinger*, UrhR, § 14 UrhG Rn. 3; Schricker/Loewenheim/*Dietz*, UrhR, § 14 Rn. 19 m.w.N.; Dreyer/Kotthoff/Meckel/*Dreyer*, UrhR, § 14 UrhG Rn. 40; ähnlich auch Dreier/Schulze/*Schulze*, UrhG, § 14 Rn. 7; vgl. darüberhinaus ausführlich zur Entstellung *v. Gruben*, Das urheberrechtliche Entstellungsverbot.

277 Dreyer/Kotthoff/Meckel/*Dreyer*, UrhR, § 14 UrhG Rn. 44, 47; Dreier/Schulze/*Schulze*, UrhG, § 14 Rn. 7.

278 *Dietz*, in: *Wandtke* (Hrsg.), Urheberrecht, Kap. 3 Rn. 51; Dreyer/Kotthoff/Meckel/*Dreyer*, UrhR, § 14 UrhG Rn. 46.

279 *Dietz*, in: *Wandtke* (Hrsg.), Urheberrecht, Kap. 3 Rn. 51 m.w.N.

280 *Gelke*, Mashups im Urheberrecht, S. 107 ff.; siehe auch oben S. 47 f.

281 Ebda; vgl. auch EuGH, Urt. 29.07.2019, Az. C-476/17.

282 RGZ 79, 397.

283 Vgl. *Dietz*, in: *Wandtke* (Hrsg.), Urheberrecht, Kap. 3 Rn. 44, 66.

Die Interessen des Urhebers werden dann nicht gefährdet, wenn dieser die Veränderung erlaubt bzw. eingewilligt hat, ein Bearbeitungsrecht einräumt oder wenn das bearbeitete Werk nicht in die Öffentlichkeit gelangt (§ 23 S. 1 UrhG).[284] Weitere Kriterien innerhalb der Interessenabwägung sind der Grad der schöpferischen Eigenart, der künstlerische Rang, Gebrauchszweck und sog. Werke der reinen Kunst, Irreversibilität des Eingriffs, Grad der Öffentlichkeit und Zumutbarkeit der Rechtsfolgen für den Eigentümer.[285]

Fraglich ist, ob die Werkzerstörung oder Werkvernichtung auch unter § 14 UrhG gefasst werden kann, obwohl dies nicht ausdrücklich genannt ist. So wird vertreten, dass § 14 UrhG erst recht im Falle einer Werkzerstörung eingreifen muss[286] oder aber das § 11 S. 1 UrhG selbst den Schutz vor Werkzerstörung enthält.[287] Es wird auch vertreten, dass es stets auf eine Interessen- und Güterabwägung im Einzelfall ankomme.[288] Von der Rechtsprechung und Teilen der Literatur hingegen wird ein urheberrechtliches Zerstörungsverbot abgelehnt.[289] Wird diese Auffassung bejaht, dann kann nur das allgemeine Persönlichkeitsrecht eingreifen.[290] Für diese Ansicht spricht, dass wenn kein Werk mehr vorhanden ist auch keine Verbindung zu dem Urheber mehr hergestellt werden kann.[291] Und § 14 UrhG schützt gerade das Band zwischen dem Urheber und seinem Werk und das Interesse, dass das Werk so bleibt, wie er es zur Veröffentlichung vorgesehen hat.[292]

---

284 Wandtke/Bullinger/*Bullinger*, UrhR, § 14 UrhG Rn. 12 ff.; *Dietz*, in: *Wandtke* (Hrsg.), Urheberrecht, Kap. 3 Rn. 56; Dreyer/Kotthoff/Meckel/*Dreyer*, UrhR, § 14 UrhG Rn. 53 f.; siehe auch Dreier/Schulze/*Schulze*, UrhG, § 14 Rn. 41.

285 Wandtke/Bullinger/*Bullinger*, UrhR, § 14 UrhG Rn. 15 ff.

286 So z.B. Schricker/Loewenheim/*Dietz/Peukert*, UrhR, § 14 Rn. 38.; *Schack*, Urheber- und Urhebervertragsrecht, § 12 Rn. 397; Dreier/Schulze/*Schulze*, UrhG, § 14 Rn. 2.

287 *Schmelz*, GRUR 2007, 565 ff.; *Dietz*, in: *Wandtke* (Hrsg.), Urheberrecht, Kap. 3 Rn. 61; vertiefend zu der Problematik des Zerstörungsverbotes *Jänecke*, Das urheberrechtliche Zerstörungsverbot gegenüber dem Sacheigentümer.

288 Dreier/Schulze/*Schulze*, UrhG, § 14 Rn. 28; Schricker/Loewenheim/*Wild*, UrhR, § 97 Rn. 186.

289 Siehe hierfür bspw. OLG Schleswig ZUM 2006, 426; LG Hamburg GRUR 2005, 672 (674); und schon das Reichsgericht RGZ 79, 397 (401) (Felseneiland mit Sirenen); Wandtke/Bullinger/*Bullinger*, UrhR, § 14 UrhG Rn. 22 ff.; Fromm/Nordemann/*Dustmann*, UrhR, § 14 UrhG Rn. 32 ff.

290 Wandtke/Bullinger/*Bullinger*, UrhR, § 14 UrhG Rn. 25.

291 Wandtke/Bullinger/*Bullinger*, UrhR, § 14 UrhG Rn. 24; Fromm/Nordemann/*Dust-mann*, UrhR, § 14 UrhG Rn. 32.

292 Fromm/Nordemann/*Dustmann*, UrhR, § 14 UrhG Rn. 32, 1.

Teilweise wird vertreten, dass dringend der fehlende Zerstörungsschutz im Urheberrecht verankert werden muss. Die Zerstörung stellt immerhin den vielleicht stärksten Eingriff in das Integritätsinteresse des Urhebers dar.[293] So kann in Frage gestellt werden, ob die Beziehung des Künstlers zu seinem Werk mit Zerstörung des Werks auch verschwunden ist oder ob nicht eine Beziehung auch darüberhinaus bestehen bleiben kann. Gerade wenn das „urheberpersönlichkeitsrechtliche Band zwischen Urheber und Werk“ als unauflöslich bezeichnet wird.[294]

4. Der Zugang zu Werkstücken, § 25 UrhG

§ 25 UrhG gibt dem Urheber die Möglichkeit den Besitzer eines Originalwerks oder eines Vervielfältigungsstückes zu verpflichten ihm Zugang zu gewähren. § 25 UrhG stärkt das unauflösliche urheberpersönlichkeitsrechtliche Band zwischen dem Urheber und seinem Werk.[295] Dieses Zugangsrecht ist damit Bestandteil des Urheberpersönlichkeitsrechtsschutzes und daher grundsätzlich auch unübertragbar sowie unverzichtbar.[296] Der Urheber soll dadurch die Möglichkeit erhalten vom Original Vervielfältigungsstücke anzufertigen oder Bearbeitungen vorzunehmen.[297] Allerdings dürfen dem Zugangsrecht keine berechtigten Interessen des Besitzers entgegenstehen und diesem entstehen auch keine Erhaltungs- oder Herausgabepflichten, es sei denn die Vervielfältigung kann beispielsweise nur von einem Fachmann anderorts vorgenommen werden.[298]

293 *Dietz*, in: *Wandtke* (Hrsg.), Urheberrecht, Kap. 3 Rn. 62; a.A. Fromm/Nordemann/*Dustmann*, UrhR, § 14 UrhG Rn. 33.

294 Dreier/Schulze/*Schulze*, UrhG, § 25 Rn. 1 m.w.N.

295 Dreier/Schulze/*Schulze*, UrhG, § 25 Rn. 1 m.w.N.

296 Wandtke/Bullinger/*Bullinger*, UrhR, § 25 UrhG Rn. 1, 21; *Lutz*, Grundriss des Urheberrechts, Kap. 11 Rn. 252 f.; Fromm/Nordemann/*A. Nordemann*, UrhR, § 25 UrhG Rn. 1, 3; Dreier/Schulze/*Schulze*, UrhG, § 25 Rn. 2; Schricker/Loewenheim/*Vogel*, UrhR, § 25 Rn. 7.

297 Dreyer/Kotthoff/Meckel/*Dreyer*, UrhR, § 25 UrhG Rn. 9 f., 14; *Lutz*, Grundriss des Urheberrechts, Kap. 11 Rn. 251.

298 *Dietz*, in: *Wandtke* (Hrsg.), Urheberrecht, Kap. 3 Rn. 70, 72; Dreyer/Kotthoff/Meckel/*Dreyer*, UrhR, § 25 UrhG Rn. 12 f.; Schricker/Loewenheim/*Vogel*, UrhR, § 25 Rn. 11; *Lutz*, Grundriss des Urheberrechts, Kap. 11 Rn. 254, 256.

III. Rechtsfolgen bei der Verletzung des Urheberpersönlichkeitsrechts

Dem Urheber stehen, auch wegen der monistischen Betrachtungsweise, bei der Verletzung des Urheberpersönlichkeitsrechts die allgemeinen zivilrechtlichen Ansprüche aus § 97 UrhG zu.[299] Das umfasst Ansprüche auf Beseitigung, Unterlassung und Schadensersatz. Dabei sind sowohl der Unterlassungs- als auch der Beseitigungsanspruch verschuldensunabhängig, wohingegen der Schadensersatzanspruch verschuldensabhängig ist.[300] Die Verschuldensunabhängigkeit beim Beseitigungs- und Unterlassungsanspruch führt dazu, dass diese Ansprüche bei Verletzungen des Urheberpersönlichkeitsrechts eine bedeutende Rolle spielen.[301]

1. Unterlassungs- und Beseitigungsanspruch

Negatorischen Schutz bei Verletzungen des Urheberpersönlichkeitsrechts geben der verschuldensunabhängige Unterlassungs- und Beseitigungsanspruch aus § 97 I UrhG.[302]

Der Unterlassungsanspruch bietet Schutz bei einer Wiederholungs- oder Erstbegehungsgefahr, § 97 I 1, 2 UrhG.[303] Eine Wiederholungsgefahr wird durch eine Rechtsverletzung vermutet und richtet sich dann gegen weitere drohende Rechtsverletzungen;[304] so beispielsweise wenn der Verletzer sein

---

299 *Dietz/Peukert*, in: *Loewenheim* (Hrsg.), Handbuch des Urheberrechts, § 15 Rn. 24; *Hertin*, Urheberrecht, II Rn. 24; vgl. auch Dreyer/Kotthoff/Meckel/*Meckel*, UrhR, § 97 UrhG Rn. 1 f.; Fromm/Nordemann/*J. B. Nordemann*, UrhR, § 97 UrhG Rn. 8, 120; *Wandtke*, in: *Wandtke* (Hrsg.), Urheberrecht, Kap. 10 Rn. 91; Schricker/Loewenheim/*Wild*, UrhR, § 97 Rn. 4; Wandtke/Bullinger/*v. Wolff*, UrhR, § 97 UrhG Rn. 6.

300 Dreier/Schulze/*Dreier/Specht*, UrhG, § 97 Rn. 1; *Hertin*, Urheberrecht, XVII Rn. 722, 733; Dreyer/Kotthoff/Meckel/*Meckel*, UrhR, § 97 UrhG Rn. 41; Fromm/Nordemann/*J. B. Nordemann*, UrhR, § 97 UrhG Rn. 61; Wandtke/Bullinger/*v. Wolff*, UrhR, § 97 UrhG Rn. 1.

301 *Wandtke*, in: *Wandtke* (Hrsg.), Urheberrecht, Kap. 10 Rn. 17.

302 Dreyer/Kotthoff/Meckel/*Meckel*, UrhR, § 97 UrhG Rn. 38; Schricker/Loewenheim/*Wild*, UrhR, § 97 Rn. 131; Wandtke/Bullinger/*v. Wolff*, UrhR, § 97 UrhG Rn. 43.

303 Dreier/Schulze/*Dreier/Specht*, UrhG, § 97 Rn. 39; Dreyer/Kotthoff/Meckel/*Meckel*, UrhR, § 97 UrhG Rn. 42, 46; *Wandtke*, in: *Wandtke* (Hrsg.), Urheberrecht, Kap. 10 Rn. 18; Wandtke/Bullinger/*v. Wolff*, UrhR, § 97 UrhG Rn. 35.

304 Dreyer/Kotthoff/Meckel/*Meckel*, UrhR, § 97 UrhG Rn. 42; Schricker/Loewenheim/*Wild*, UrhR, § 97 Rn. 123; Wandtke/Bullinger/*v. Wolff*, UrhR, § 97 UrhG Rn. 36.

Verhalten als rechtmäßig verteidigt.[305] Eine drohende Erstbegehungsgefahr muss hinreichend konkretisiert sein, wobei alle vorbereitenden Handlungen die eine künftige Rechtsverletzung befürchten lassen in Betracht kommen.[306]

Mit dem Beseitigungsanspruch kann verschuldensunabhängig die Beseitigung einer fortdauernden Störung verlangt werden, so etwa bei der eigenmächtigen Verhüllung oder Übermalung eines Werks.[307] Beim Beseitigungsanspruch kommt es auf die Verhältnismäßigkeit an, d.h. die Beseitigung muss möglich (geeignet), notwendig und zumutbar sein.[308]

2. Schadensersatzanspruch

Mit dem verschuldensabhängigen Schadensersatzanspruch sollen materielle und immaterielle Interessen des Urhebers, durch die Ausgleichs-, Genugtuungs- und Präventionsfunktion des Schadensersatzrechts, geschützt werden.[309] § 97 UrhG unterscheidet dabei zwischen Vermögensschäden (§ 97 II 2 UrhG) und Nichtvermögensschäden (§ 97 II 4 UrhG).

§ 97 II 2 UrhG setzt eine Verletzungshandlung, Rechtswidrigkeit und Verschulden voraus. Daran schließt sich dann die Berechnung des Vermögensschadens an, die sich grundsätzlich nach den §§ 249 ff. BGB richtet.[310] Maßgeblich ist dabei, neben der Wiederherstellung, die Entschädigung in Geld nach §§ 251 I, 252 BGB, da eine Verletzung eines Immaterialgüterrechts nicht im Wege der Naturalrestitution rückgängig gemacht werden

---

305 *Wandtke*, in: *Wandtke* (Hrsg.), Urheberrecht, Kap. 10 Rn. 18.

306 Dreier/Schulze/*Dreier/Specht*, UrhG, § 97 Rn. 43; Wandtke/Bullinger/*v. Wolff*, UrhR, § 97 UrhG Rn. 41.

307 *Wandtke*, in: *Wandtke* (Hrsg.), Urheberrecht, Kap. 10 Rn. 48 mit Hinweis auf RGZ 79, 397.

308 Dreier/Schulze/*Dreier/Specht*, UrhG, § 97 Rn. 48; Dreyer/Kotthoff/Meckel/*Meckel*, UrhR, § 97 UrhG Rn. 39; Wandtke/Bullinger/*v. Wolff*, UrhR, § 97 UrhG Rn. 43.

309 Schricker/Loewenheim/*Wild*, UrhR, § 97 Rn. 149 m.w.N., 171; *Wandtke*, in: *Wandtke* (Hrsg.), Urheberrecht, Kap. 10 Rn. 50; zu Problemen, was die Aufgabe des Zivilrechts ist vgl. unten S. 276 ff.

310 Dreier/Schulze/*Dreier/Specht*, UrhG, § 97 Rn. 58; Dreyer/Kotthoff/Meckel/*Meckel*, UrhR, § 97 UrhG Rn. 54; Wandtke/Bullinger/*v. Wolff*, UrhR, § 97 UrhG Rn. 58.

kann.[311] Der Verletzte kann mit drei Berechnungsarten, die von BGH und BVerfG für das gesamte Immaterialgüterrecht und das kommerzialisierte Persönlichkeitsrecht bestätigt wurden, die zu zahlende Entschädigung berechnen.[312] Bei den Berechnungsarten handelt es sich lediglich um verschiedene Wege den gleichen einheitlichen Schaden zu ermitteln und nicht um Anspruchsgrundlagen.[313]

Der Verletzte kann Ersatz der erlittenen Vermögenseinbuße einschließlich des entgangenen Gewinns (§ 252 BGB), Zahlung einer angemessenen Lizenz (Lizenzanalogie) oder Herausgabe des Verletzergewinns verlangen.[314] Der Verletzte hat ein Wahlrecht.[315] Er kann noch im Verlauf der Schadensersatzklage auf eine andere Berechnungsart übergehen oder diese im Eventualverhältnis geltend machen; allerdings kann er nicht die Berechnungsarten miteinander vermischen, so dass Schadenspositionen doppelt abgegolten würden.[316] Diese besonderen Berechnungsarten ergeben sich aus dem besonderen Schutzbedürfnis des Immaterialgüterrechts, da wegen der immateriellen Natur nur schwer Vorkehrungen gegen Rechtsverletzungen geschaffen werden können und diese oft schwer feststellbar sind.[317]

Die Herausgabe des Verletzergewinns ähnelt dem Herausgabeanspruch aus angemaßter Geschäftsführung ohne Auftrag (§§ 687 II, 684 BGB) und war auch schon vor 1965 als eine Methode der Schadensberechnung aner-

---

311 Dreier/Schulze/*Dreier/Specht*, UrhG, § 97 Rn. 58; Dreyer/Kotthoff/Meckel/*Meckel*, UrhR, § 97 UrhG Rn. 54; *Wandtke*, in: *Wandtke* (Hrsg.), Urheberrecht, Kap. 10 Rn. 68.

312 Schricker/Loewenheim/*Wild*, UrhR, § 97 Rn. 145, 148; *Wandtke*, in: *Wandtke* (Hrsg.), Urheberrecht, Kap. 10 Rn. 70.

313 Dreier/Schulze/*Dreier/Specht*, UrhG, § 97 Rn. 58; Dreyer/Kotthoff/Meckel/*Meckel*, UrhR, § 97 UrhG Rn. 54 f.; *Wandtke*, in: *Wandtke* (Hrsg.), Urheberrecht, Kap. 10 Rn. 70; Wandtke/Bullinger/*v. Wolff*, UrhR, § 97 UrhG Rn. 58.

314 Dreier/Schulze/*Dreier/Specht*, UrhG, § 97 Rn. 58; ähnlich Dreyer/Kotthoff/Meckel/*Meckel*, UrhR, § 97 UrhG Rn. 54; Fromm/Nordemann/*J. B. Nordemann*, UrhR, § 97 UrhG Rn. 68; *Wandtke*, in: *Wandtke* (Hrsg.), Urheberrecht, Kap. 10 Rn. 70; Schricker/Loewenheim/*Wild*, UrhR, § 97 Rn. 145; Wandtke/Bullinger/*v. Wolff*, UrhR, § 97 UrhG Rn. 58.

315 Dreyer/Kotthoff/Meckel/*Meckel*, UrhR, § 97 UrhG Rn. 55 Fromm/Nordemann/*J. B. Nordemann*, UrhR, § 97 UrhG Rn. 69; Schricker/Loewenheim/*Wild*, UrhR, § 97 Rn. 147; Wandtke/Bullinger/*v. Wolff*, UrhR, § 97 UrhG Rn. 59.

316 Wandtke/Bullinger/*v. Wolff*, UrhR, § 97 UrhG Rn. 59; dazu auch Dreyer/Kotthoff/Meckel/*Meckel*, UrhR, § 97 UrhG Rn. 55 f.

317 Dreier/Schulze/*Dreier/Specht*, UrhG, § 97 Rn. 58; *Wandtke*, in: *Wandtke* (Hrsg.), Urheberrecht, Kap. 10 Rn. 71.

kannt.[318] Es handelt sich hierbei lediglich um eine Berechnungsart und nicht um einen Gewinnabschöpfungsanspruch, auch wenn Präventionscharakter vorliegt.[319] Der Verletzergewinn ist streng vom entgangenen Gewinn (§ 252 BGB) zu trennen.[320] Bearbeitet oder entstellt jemand Kunstwerke und verkauft diese, so kann derjenige vom Urheber auf Herausgabe des Verletzergewinns verklagt werden.[321] Bei der Berechnung des Schadensersatzes wird fingiert, „dass der Maler ohne die Rechtsverletzung durch Verwertung seines Schutzrechts den gleichen Gewinn wie der Verletzer erzielt hätte.“ [322]

Der entgangene Gewinn kommt insbesondere im Bereich fester Tarife in Betracht und ist der Gewinn, der nach dem gewöhnlichen Lauf der Dinge mit Wahrscheinlichkeit erwartet werden konnte (§ 252 S. 2 BGB).[323] Diese Beweiserleichterung und auch die des § 287 ZPO beheben aber nicht die Kausalitätsprobleme im Bereich des entgangenen Gewinns.[324]

Auch die sog. Lizenzanalogie war vor ihrer ausdrücklichen Regelung in § 97 II 2 UrhG allgemein anerkannt und hat ihre Grundlage im Bereicherungsrecht,[325] was dazu führt, dass sie auch ohne Verschulden bei Vorliegen aller bereicherungsrechtlichen Voraussetzungen verlangt werden kann.[326] Sie beruht auf der Fiktion, dass der Rechtsinhaber dem Verletzer eine Lizenz eingeräumt hätte und dieser zur Zahlung der üblichen und angemessenen Lizenzgebühr bereit gewesen wäre.[327] Diese sog. Entschädi-

---

318 Dreyer/Kotthoff/Meckel/*Meckel*, UrhR, § 97 UrhG Rn. 58; Schricker/Loewenheim/*Wild*, UrhR, § 97 Rn. 166; Wandtke/Bullinger/*v. Wolff*, UrhR, § 97 UrhG.

319 So Wandtke/Bullinger/*v. Wolff*, UrhR, § 97 UrhG Rn. 66 mit Hinweis auf BT-Drucks. 16/5048, S. 61.

320 Schricker/Loewenheim/*Wild*, UrhR, § 97 Rn. 150.

321 *Wandtke*, in: *Wandtke* (Hrsg.), Urheberrecht, Kap. 10 Rn. 96.

322 *Wandtke*, in: *Wandtke* (Hrsg.), Urheberrecht, Kap. 10 Rn. 96 unter Hinweis auf BGHZ 150, 32 (44); 145, 366 (372).

323 Dreier/Schulze/*Dreier/Specht*, UrhG, § 97 Rn. 60 m.w.N.; Schricker/Loewenheim/*Wild*, UrhR, § 97 Rn. 150; Wandtke/Bullinger/*v. Wolff*, UrhR, § 97 UrhG Rn. 63.

324 Dreier/Schulze/*Dreier/Specht*, UrhG, § 97 Rn. 60; Dreyer/Kotthoff/Meckel/*Meckel*, UrhR, § 97 UrhG Rn. 57; Schricker/Loewenheim/*Wild*, UrhR, § 97 Rn. 150; Wandtke/Bullinger/*v. Wolff*, UrhR, § 97 UrhG Rn. 63.

325 Dreyer/Kotthoff/Meckel/*Meckel*, UrhR, § 97 UrhG Rn. 54; Fromm/Nordemann/*J. B. Nordemann*, UrhR, § 97 UrhG Rn. 68, 86; Schricker/Loewenheim/*Wild*, UrhR, § 97 Rn. 152; vgl. auch im Zusammenhang mit Persönlichkeitsverletzungen ausführlich bei *Ettig*, Bereicherungsausgleich und Lizenzanalogie bei Persönlichkeitsrechtsverletzungen.

326 Dreyer/Kotthoff/Meckel/*Meckel*, UrhR, § 97 UrhG Rn. 54.

327 *Schack*, Urheber- und Urhebervertragsrecht, § 21 Rn. 779.

gungslizenz ist die „einfachste und gebräuchlichste Berechnungsart“, insbesondere auch deshalb, da hier keine Kausalitätsprobleme wie bei § 252 BGB entstehen.[328] Als Beispiel für die Berechnung einer Lizenzgebühr kommt die unterlassene Namensnennung in Betracht.[329] Bei der Lizenzanalogie ist eine Pauschalierung je nach Verschulden möglich. Eine Verdoppelung ist jedoch grundsätzlich nur anwendbar, wenn die leichte Verletzlichkeit musikalischer Aufführungsrechte in Kombination mit der Schwierigkeit der Ermittlung vorliegt (sog. „GEMA-Rechtsprechung“).[330] Mittlerweile hat aber eine Ausdehnung dieser Verdoppelung stattgefunden, sodass auch in anderen Fällen eine doppelte Lizenzgebühr gewährt wurde.[331] Beispielsweise als Sanktion für das Unterlassen eines Bildquellennachweises (§ 13 UrhG) bei der ungenehmigten Veröffentlichung von Werbefotos im Internet.[332] Weitere Beispiele für eine Verdoppelung sind die Verletzung des Namensnennungsrechts des Urhebers einer Fotografie[333] oder eines Autors[334].[335] Die Ausdehnung ist zwar nachvollziehbar, da sonst der rechtswidrig handelnde Verletzer nicht schlechter behandelt wird als derjenige der einen rechtmäßigen Lizenzvertrag abgeschlossen hat, widerspricht aber den Grundsätzen des deutschen Zivilrechts.[336] Denkbar ist darüberhinaus, dass neben einer doppelten Lizenzgebühr auch immaterieller Schadensersatz zu leisten ist.[337]

---

328 Schricker/Loewenheim/*Wild*, UrhR, § 97 Rn. 152; siehe auch Dreier/Schulze/*Dreier/Specht*, UrhG, § 97 Rn. 61 oder Wandtke/Bullinger/*v. Wolff*, UrhR, § 97 UrhG Rn. 63.

329 Vgl. etwa OLG Brandenburg ZUM 2010, 56 (59); LG München I, GRUR-RR 2009, 92 (94).

330 Vgl. BGHZ 59, 286; *Schack*, Urheber- und Urhebervertragsrecht, § 21 Rn. 782 f.; *Wandtke*, in: *Wandtke* (Hrsg.), Urheberrecht, Kap. 10 Rn. 87; zur Problematik des pönalen Charakters siehe unten S. 278 ff.

331 *Schack*, Urheber- und Urhebervertragsrecht, § 21 Rn. 784; vgl. auch OLG Frankfurt, GRUR 1989, 203 ff.

332 OLG Düsseldorf, GRUR-RR 2006, 393 (394); LG München I, GRUR-RR 2009, 92 (94); vgl. aber auch OLG Brandenburg ZUM 2010, 56 (59); für weitere Nachweise vgl. *Schack*, Urheber- und Urhebervertragsrecht, § 21 Rn. 784.

333 LG München I, ZUM 1995, 57; auch geschützt wird der Urheber, wenn sein Werk auf einer Fotografie genutzt wird LG Leipzig, GRUR 2002, 424 (425).

334 OLG München, ZUM 2000, 404 (407).

335 Vgl. *Schack*, Urheber- und Urhebervertragsrecht, § 21 Rn. 784 unter Verweis auf vorstehende; zur Problematik pönaler Elemente im Zivilrecht siehe unten S. 278 ff.

336 Vgl. *Vinck*, in: *Loewenheim* (Hrsg.), Handbuch des Urheberrechts, § 81 Rn. 45; siehe außerdem unten S. 278 ff.

337 Vgl. hierzu *Klein*, GRUR-Prax 2017, 157 (159).

Nach § 97 II 4 UrhG steht dem Urheber, bei der Verletzung seines Urheberpersönlichkeitsrechts auch ein Anspruch auf Ersatz des immateriellen Schadens zu, wenn dies der Billigkeit entspricht.[338] Umstritten ist, ob dieser Anspruch als Anspruch auf „Schmerzensgeld" oder aber als „Anspruch auf Geldentschädigung wegen schwerwiegender Persönlichkeitsrechtsverletzung" zu bezeichnen ist.[339] Billigkeit kann grundsätzlich dann angenommen werden, wenn ein schwerwiegender Eingriff in die persönlichen Rechte des Urhebers vorliegt,[340] wobei es jeweils auf die Gesamtumstände im Einzelfall ankommt.[341] Da dieser Anspruch nicht die Naturalrestitution verfolgt, sondern über Billigkeitserwägungen zur Genugtuung führen soll, kann auch der Gedanke der Prävention wertbestimmend sein, wie auch Grad des Verschuldens, die Motivation des Handelns (z.B. Schädigungsabsicht), das Ausmaß der Verbreitung (bspw. weltweit), die Dauer und Intensität der Verletzung und die Art und Weise des Eingriffs (z.B. Diebstahl).[342] Die Entschädigung muss, auch im Hinblick auf die Genugtuungsfunktion des immateriellen Schadensersatzes, so hoch sein, dass weitere Verletzungshandlungen unattraktiv erscheinen.[343]

Die Verletzungshandlung muss aber nicht nur die §§ 12–14, 75 UrhG betreffen, auch beim Framing kann es zu Schadensersatzansprüchen kommen. „So kann beim Framing eine Verletzung des Urheberpersönlichkeits-

---

338 *Dietz*, in: *Wandtke* (Hrsg.), Urheberrecht, Kap. 3 Rn. 13; Fromm/Nordemann/*J. B. Nordemann*, UrhR, § 97 UrhG Rn. 118, 121; *Wandtke*, in: *Wandtke* (Hrsg.), Urheberrecht, Kap. 10 Rn. 91; Schricker/Loewenheim/*Wild*, UrhR, § 97 Rn. 181.

339 *Wandtke*, in: *Wandtke* (Hrsg.), Urheberrecht, Kap. 10 Rn. 93; unter der Bezeichnung Schmerzensgeld Fromm/Nordemann/*J. B. Nordemann*, UrhR, § 97 UrhG Rn. 117; Schricker/Loewenheim/*Wild*, UrhR, § 97 Rn. 181.

340 Dreyer/Kotthoff/Meckel/*Meckel*, UrhR, § 97 UrhG Rn. 80; Fromm/Nordemann/*J. B. Nordemann*, UrhR, § 97 UrhG Rn. 121; *Dietz*, in: *Wandtke* (Hrsg.), Urheberrecht, Kap. 3 Rn. 13; Schricker/Loewenheim/*Wild*, UrhR, § 97 Rn. 181, 183 mit Beispielen; ebenfalls mit Beispielen Wandtke/Bullinger/*v. Wolff*, UrhR, § 97 UrhG Rn. 86, 89 f.

341 Dreier/Schulze/*Dreier/Specht*, UrhG, § 97 Rn. 75; *Wandtke*, in: *Wandtke* (Hrsg.), Urheberrecht, Kap. 10 Rn. 94.

342 Dreier/Schulze/*Dreier/Specht*, UrhG, § 97 Rn. 75; Dreyer/Kotthoff/Meckel/*Meckel*, UrhR, § 97 UrhG Rn. 82; Fromm/Nordemann/*J. B. Nordemann*, UrhR, § 97 UrhG Rn. 122 f.; *Wandtke*, in: *Wandtke* (Hrsg.), Urheberrecht, Kap. 10 Rn. 94; Schricker/Loewenheim/*Wild*, UrhR, § 97 Rn. 182; zur Problematik der Prävention im Zivilrecht siehe unten S. 278 ff.

343 Dreyer/Kotthoff/Meckel/*Meckel*, UrhR, § 97 UrhG Rn. 82 mit Hinweis auf BGHZ 128, 1 (16) (Caroline von Monaco); Fromm/Nordemann/*J. B. Nordemann*, UrhR, § 97 UrhG Rn. 123; Schricker/Loewenheim/*Wild*, UrhR, § 97 Rn. 182.

rechts verbunden sein, weil eine Verkleinerung des Werks auf der Webseite erscheint. Ebenso ist es möglich, wenn – anders als ‚Thumbnails' – eine Fotoreportage von Google sinnentstellend in Einzelbilder zerlegt und teilweise bildschirmfüllend in großer Auflösung via ‚Hotlinking' dargestellt wird, dass das Urheberpersönlichkeitsrecht des Fotografen verletzt werden kann. Dies muss vor allem bejaht werden, wenn die Bildunterschrift und der Autorenhinweis fehlt."[344]

Zur Verdeutlichung folgen hier Beispiele bei denen immaterieller Schadensersatz für Verletzung der Urheberpersönlichkeit gewährt wurde.

Die verstümmelte Verwertung eines wesentlichen Ausschnitts eines Lichtbildwerks führt zum Anspruch auf immateriellen Schadenersatz.[345] So zum Beispiel der Fall „Petite Jacqueline", in dem der Ausschnitt der Augen aus einem Portrait ohne Wissen und Genehmigung auf einem Buchtitel verwendet wurde.[346]

Eine verkürzte öffentliche Vorführung eines Fernsehfilms ist entstellend und führt damit zu einer Schadensersatzpflicht wegen Verletzung der Urheberpersönlichkeit.[347]

Eine Verletzung des Erstveröffentlichungsrechts liegt auch dann vor, wenn noch keine Veröffentlichung in einem anderen Medium stattgefunden hat (hier: Ausstellung in der Kunsthalle gegenüber Veröffentlichung im Fernsehen)[348] und führt dann zu einem Anspruch auf Ersatz des immateriellen Schadens.[349]

Eine mangelhafte Urheberbenennung eines Fotografen kann beispielsweise einen Ersatzanspruch begründen, wenn der Urheber nicht exakt angegeben ist und damit keine eindeutige Zuordnung möglich ist.[350] So reicht es in einer Kunstzeitschrift nicht aus, dass quer am Rand ein Urhebervermerk gegeben ist oder nur ein Sammelnachweis vorliegt.[351]

Werden Werbefotos ohne Bildquellennachweis im Internet ohne Einwilligung des Urhebers veröffentlicht, liegt eine Verletzung der Urheberpersönlichkeit vor, die zu einem Schadensersatzanspruch führt.[352]

---

344 *Wandtke*, in: *Wandtke* (Hrsg.), Urheberrecht, Kap. 10 Rn. 93; vgl. auch LG Berlin, MMR 2013, 52.

345 BGH GRUR 1971, 525 (526).

346 BGH GRUR 1971, 525; allerdings noch ohne Anwendung des § 97 UrhG.

347 OLG Frankfurt, GRUR 1989, 203 ff.

348 LG Berlin, GRUR 1983, 761.

349 LG Berlin, GRUR 1983, 761 (763).

350 LG München I, ZUM 1995, 57 (58).

351 LG München I, ZUM 1995, 57.

352 OLG Düsseldorf, GRUR-RR 2006, 393.

Auch das Kopieren fremder Beiträge und die zusätzliche Täuschung über die Autorenschaft auf einer Homepage stellen eine Verletzung der Urheberpersönlichkeit dar, die der Urheber nicht zu dulden hat.[353]

Materieller (§ 97 II 1 UrhG) und ideeller (§ 97 II 4 UrhG) Schadensersatzanspruch können nebeneinander treten.[354] Auch § 97 I UrhG ist neben § 97 II 1 UrhG anwendbar.[355] Etwaige materielle Schäden aus einer Urheberpersönlichkeitsrechtsverletzung sind aus § 97 II 1 UrhG zu ersetzen. Da es hier oft zu Nachweisschwierigkeiten kommt, wird oft zusammen mit dem immateriellen Schadenersatz eine Pauschalierung vorgenommen.[356]

Bei der Höhe des immateriellen Schadensersatzes kann gem. § 287 ZPO geschätzt werden, sodass es auch zu Pauschalierungen kommen kann.[357] Da Urheberpersönlichkeitsrechtsverletzungen keine Bagatelldelikte sind, ist zum Beispiel beim immateriellen Schadensersatz ein 100-prozentiger Zuschlag des üblichen Nutzungshonorars bei Verletzungen des Namensrechts aus § 13 S. 2 UrhG möglich.[358] Es kommt beispielsweise auch ein Verletzerzuschlag von 50% wegen unterlassener Quellenangabe in Betracht.[359]

Diese Pauschalierung des Schadensersatzes passt nicht in das deutsche System des Schadensersatzrechts, bei dem es grundsätzlich um Ausgleich und Kompensation des Schadens geht.[360] Schadensrecht ist Ausgleichsrecht, d.h. Wiedergutmachung (Kompensation), aber eigentlich keine Strafe.[361] Anders ist es bspw. in den USA und England, wo sog. *punitive damages* üblich sind.[362] Daher ist die Frage, ob eine solche Pauschalierung beim Schadensersatz in das hier übliche System passt, da eine Pönalisierungs-

---

353 OLG Frankfurt, ZUM 2004, 924 (926).

354 Dreier/Schulze/*Dreier/Specht*, UrhG, § 97 Rn. 73; *Wandtke*, in: *Wandtke* (Hrsg.), Urheberrecht, Kap. 10 Rn. 94.

355 Dreier/Schulze/*Dreier/Specht*, UrhG, § 97 Rn. 73.

356 Dreier/Schulze/*Dreier/Specht*, UrhG, § 97 Rn. 73.

357 Dreier/Schulze/*Dreier/Specht*, UrhG, § 97 Rn. 76.

358 Fromm/Nordemann/*J. B. Nordemann*, UrhR, § 97 UrhG Rn. 124; *Wandtke*, in: *Wandtke* (Hrsg.), Urheberrecht, Kap. 10 Rn. 95 unter Hinweis auf OLG Hamburg, ZUM-RD 2013, 390 (397); vgl. auch LG München I, ZUM-RD 2012, 224 (226).

359 *Wandtke*, in: *Wandtke* (Hrsg.), Urheberrecht, Kap. 10 Rn. 95 unter Hinweis auf LG Berlin, MMR 2013, 52.

360 Schricker/Loewenheim/*Wild*, UrhR, § 97 Rn. 149; siehe auch Wandtke/Bullinger/*v. Wolff*, UrhR, § 97 UrhG Rn. 81 ff.; interessant hierzu auch *Erhardt/Flechsig*, ZRP 2006, 103; siehe außerdem unten S. 286 ff.

361 Schricker/Loewenheim/*Wild*, UrhR, § 97 Rn. 149; siehe auch *Erhardt/Flechsig*, ZRP 2006, 103.

362 Schricker/Loewenheim/*Wild*, UrhR, § 97 Rn. 149.

funktion dem deutschen Schadensersatzrecht sonst eher fremd ist.[363] Allerdings hat gerade im Bereich des Persönlichkeitsrechtschutzes das Schadensersatzrecht auch Genugtuungs-, Sanktions- und Präventionscharakter angenommen.[364] Dabei ist zu kritisieren, dass es wegen des erheblichen Beurteilungsspielraumes keine einheitliche Handhabung geben kann,[365] was zu einer gewissen Rechtsunsicherheit führt. Ebenso ist zu fragen, ob damit nicht das Zivilecht die Funktion des Strafrechts übernimmt und ob dies zulässig ist.[366] Dies wird im Rahmen der Strafbedürftigkeit weiter vertieft.[367]

3. Weitere Ansprüche

Gem. § 102a UrhG kommen weitere gesetzliche Ansprüche in Betracht:[368] Neben Ansprüchen aus den §§ 96, 98 ff. UrhG (Vernichtung, Rückruf und Überlassung)[369] stehen dem Urheber auch allgemeine Vorschriften aus dem BGB zur Verfügung.[370]

So kommen Ansprüche aus Bereicherungsrecht (§ 812 I 1 Alt. 2 BGB) in Betracht,[371] welche den Vorteil haben, dass ein Verschulden nicht nachgewiesen werden muss.[372] Das Erlangte, so stellte der BGH in der „Kunsthohlprofil II"-Entscheidung fest, ist der Gebrauch des immateriellen Schutzgegenstandes.[373]

Daneben kommt § 687 II BGB wegen angemaßter Eigengeschäftsführung in Betracht,[374] wobei dieser Anspruch jedoch wegen des Erfordernis-

363 *Schack*, Urheber- und Urhebervertragsrecht, § 21 Rn. 782.

364 Schricker/Loewenheim/*Wild*, UrhR, § 97 Rn. 149 m.w.N., 171.

365 Dreier/Schulze/*Dreier/Specht*, UrhG, § 97 Rn. 77.

366 Kritisch dazu Flechsig: *Erhardt/Flechsig*, ZRP 2006, 103.

367 Siehe S. 274 ff.

368 Dreier/Schulze/*Dreier*, UrhG, § 102a Rn. 1.

369 *Dietz/Peukert*, in: *Loewenheim* (Hrsg.), Handbuch des Urheberrechts, § 15 Rn. 24; Dreier/Schulze/*Dreier/Specht*, UrhG, § 97 Rn. 1; *Hertin*, Urheberrecht, II Rn. 24.

370 Fromm/Nordemann/*J. B. Nordemann*, UrhR, § 97 UrhG Rn. 2.

371 Dreier/Schulze/*Dreier/Specht*, UrhG, § 97 Rn. 2, § 102a Rn. 1; Fromm/Nordemann/*J. B. Nordemann*, UrhR, § 97 UrhG Rn. 2.

372 Schricker/Loewenheim/*Wild*, UrhR, § 97 Rn. 2; Wandtke/Bullinger/*v. Wolff*, UrhR, § 97 UrhG Rn. 91.

373 BGHZ 82, 299 (306 ff.); Wandtke/Bullinger/*v. Wolff*, UrhR, § 97 UrhG Rn. 92.

374 Dreier/Schulze/*Dreier*, UrhG, § 102a Rn. 1; Fromm/Nordemann/*J. B. Nordemann*, UrhR, § 97 UrhG Rn. 2; Schricker/Loewenheim/*Wild*, UrhR, § 97 Rn. 2; Wandtke/Bullinger/*v. Wolff*, UrhR, § 97 UrhG Rn. 96.

ses des Nachweises der Bösgläubigkeit des Verletzers in der Praxis wenig relevant ist und zudem mittlerweile wie die anderen urheberrechtlichen Ansprüche (§ 102 UrhG) in der regelmäßigen dreijährigen Verjährungsfrist (§ 195 BGB) verjährt.[375]

Die §§ 823 ff. BGB werden überwiegend durch die sonderdeliktsrechtlichen Normen des UrhG verdrängt, es sei denn, sie gehen über die Vorschriften des UrhG hinaus oder betreffen Regelungen für Beteiligte (§§ 830, 831, 832, 840 BGB).[376]

Schwierig kann auch die Abgrenzung zwischen dem Urheberpersönlichkeitsrecht und dem allgemeinen Persönlichkeitsrecht sein, so beispielsweise bei der Frage ob ein Tagebuch Werkeigenschaft besitzt.[377] Danach ist dann zu bestimmen, ob § 97 UrhG oder die §§ 823 ff. BGB anzuwenden sind.

Bei Kunstwerkfälschung ist, mangels eigenem Werk, die Beseitigung nicht aus § 13 S. 1 UrhG zu Verlangen, sondern es kommen §§ 823 I, 1004 BGB i.V.m. Art. 1 I GG in Betracht.[378]

4. Zivilprozessuale Durchsetzung

Aktivlegitimiert ist, wessen Urheberpersönlichkeitsrecht verletzt wurde, d.h. der Urheber oder seine Rechtsnachfolger (§ 30 UrhG)[379]; bzw. beim ausübenden Künstler sind es die Angehörigen (§ 76 S. 3 i.V.m. § 60 II UrhG).[380]

Davon zu unterscheiden ist die Frage der Prozessführungsbefugnis, die gegeben ist, wenn der Kläger berechtigt ist über das behauptete streitige Recht einen Prozess im eigenen Namen zu führen.[381] Eine gesetzliche Pro-

---

375 Dreier/Schulze/*Dreier*, UrhG, § 102a Rn. 10.

376 Dreier/Schulze/*Dreier*, UrhG, § 102a Rn. 11; Schricker/Loewenheim/*Wild*, UrhR, § 97 Rn. 136.

377 *Wandtke*, in: *Wandtke* (Hrsg.), Urheberrecht, Kap. 10 Rn. 100 f.

378 *Wandtke*, in: *Wandtke* (Hrsg.), Urheberrecht, Kap. 10 Rn. 102.

379 Dreier/Schulze/*Dreier/Specht*, UrhG, § 97 Rn. 17; *Hertin*, Urheberrecht, XVII Rn. 714; Dreyer/Kotthoff/Meckel/*Meckel*, UrhR, § 97 UrhG Rn. 16; Fromm/Nordemann/*J. B. Nordemann*, UrhR, § 97 UrhG Rn. 127; Wandtke/Bullinger/*v. Wolff*, UrhR, § 97 UrhG Rn. 7.

380 Dreier/Schulze/*Dreier/Specht*, UrhG, § 97 Rn. 17; *Hertin*, Urheberrecht, XVII Rn. 714; Dreyer/Kotthoff/Meckel/*Meckel*, UrhR, § 97 UrhG Rn. 16; Wandtke/Bullinger/*v. Wolff*, UrhR, § 97 UrhG Rn. 7.

381 *Wandtke*, in: *Wandtke* (Hrsg.), Urheberrecht, Kap. 10 Rn. 7.

zessstandschaft kommt gem. §§ 8 II 3, 10 II, 74 II 2, 80 II UrhG in Betracht.[382]

Unter besonderen Voraussetzungen (bspw. Tod des Urhebers) ist auch eine gewillkürte Prozessstandschaft zulässig, obwohl dies grundsätzlich bei höchstpersönlichen Rechten wie dem Urheberpersönlichkeitsrechts ausgeschlossen ist.[383]

Die Passivlegitimation richtet sich grundsätzlich danach, wer zur Urheberpersönlichkeitsrechtsverletzung einen adäquat-kausalen Beitrag geleistet hat.[384]

Im Immaterialgüterrecht spielt die einstweilige Verfügung (§§ 935, 940 ZPO), insbesondere zur Durchsetzung von Unterlassungsansprüchen, eine wichtige Rolle.[385]

Eine Besonderheit bei Urheberrechtsverletzungen im Zusammenhang mit der einstweiligen Verfügung ist die sog. Schutzschrift.[386] Mit dieser geht die Möglichkeit einher, vor der Entscheidung des Gerichts über eine einstweilige Verfügung rechtliches Gehör zu erhalten, da auch ohne mündliche Verhandlung nach § 937 II ZPO eine einstweilige Verfügung ergehen kann.[387] Diese Schutzschrift ist nicht in der ZPO geregelt, aber allgemein anerkannt und ergibt sich aus dem verfassungsrechtlichen Grundsatz des rechtlichen Gehörs (Art. 103 I GG).[388]

---

382 Dreier/Schulze/*Dreier/Specht*, UrhG, § 97 Rn. 21; Fromm/Nordemann/*J. B. Nordemann*, UrhR, § 97 UrhG Rn. 142.

383 *Wandtke*, in: *Wandtke* (Hrsg.), Urheberrecht, Kap. 10 Rn. 10 mit Hinweis auf BGHZ 107, 384 (389) (Emil Nolde) und BGHZ 250, 133 (137 ff.) (Mephisto); siehe auch Fromm/Nordemann/*J. B. Nordemann*, UrhR, § 97 UrhG Rn. 138 m.w.N.; Dreier/Schulze/*Schulze*, UrhG, Vor § 12 Rn. 13.

384 Dreyer/Kotthoff/Meckel/*Meckel*, UrhR, § 97 UrhG Rn. 26 Fromm/Nordemann/*J. B. Nordemann*, UrhR, § 97 UrhG Rn. 144 f.; Wandtke/Bullinger/*v. Wolff*, UrhR, § 97 UrhG Rn. 14.

385 *Wandtke*, in: *Wandtke* (Hrsg.), Urheberrecht, Kap. 10 Rn. 12; vgl. Fromm/Nordemann/*J. B. Nordemann*, UrhR, § 97 UrhG Rn. 198.

386 *Wandtke*, in: *Wandtke* (Hrsg.), Urheberrecht, Kap. 10 Rn. 49.

387 Dreyer/Kotthoff/Meckel/*Meckel*, UrhR, § 97 UrhG Rn. 84; Fromm/Nordemann/*J. B. Nordemann*, UrhR, § 97 UrhG Rn. 211.

388 Fromm/Nordemann/*J. B. Nordemann*, UrhR, § 97 UrhG Rn. 211; *Wandtke*, in: *Wandtke* (Hrsg.), Urheberrecht, Kap. 10 Rn. 49.

5. Verjährung

Gem. § 102 UrhG verjähren Ansprüche wegen Verletzung des Urheberrechts oder eines anderen im UrhG geschützten Rechts nach den §§ 194 ff. BGB, d.h. grundsätzlich in der regelmäßigen dreijährigen Verjährungsfrist.

IV. Das Verhältnis zum allgemeinen Persönlichkeitsrecht

Hier soll es, anders als im *Kapitel 1 B I.*, nicht um das generelle Verhältnis besonderer Persönlichkeitsrechte mit dem allgemeinen Persönlichkeitsrecht gehen, sondern vielmehr um das spezielle Verhältnis des Urheberpersönlichkeitsrechts zum allgemeinen Persönlichkeitsrecht. Das Urheberpersönlichkeitsrecht soll wie oben gezeigt den Urheber in seiner „geistigen und persönlichen Beziehung zum Werk" schützen.[389]

Ähnlich wie beim generellen Verhältnis des allgemeinen Persönlichkeitsrechts zu besonderen Persönlichkeitsrechten wird vertreten, dass das Urheberpersönlichkeitsrecht nur ein Teil des allgemeinen Persönlichkeitsrechts sei (also „nur ein Ausschnitt des ganzen „Quell-" oder „Muttergrund"-Rechts).[390] Dies wird jedoch in der Literatur überwiegend abgelehnt,[391] insbesondere mit dem Argument, dass das Urheberpersönlichkeitsrecht durch positiv-gesetzliche Konkretisierung in das der Eigentumsgarantie (Art. 14 GG) unterfallende Urheberrecht eingebettet sei und damit als eine besondere Erscheinungsform des Persönlichkeitsrechtsschutzes angesehen werden kann.[392]

---

389 Siehe oben oder auch als eine unter vielen Dreyer/Kotthoff/Meckel/*Dreyer*, UrhR, Vor §§ 12 ff. UrhG Rn. 40.

390 Siehe nur BGH GRUR 1971, 525 (526) (Petite Jacqueline); *Wronka*, UFITA 69 (1973), 71 (71 m.w.N., 91).

391 Wandtke/Bullinger/*Bullinger*, UrhR, Vor § 12 UrhG, Rn. 16 m.w.N; Dreier/Schulze/*Schulze*, UrhG, Vor § 12 ff. Rn. 5; Schricker/Loewenheim/*Dietz/Peukert*, UrhR, Vor §§ 12 ff. Rn. 14; *Dietz/Peukert*, in: *Loewenheim* (Hrsg.), Handbuch des Urheberrechts, § 15 Rn. 8; *Lettl*, Urheberrecht, § 4 Rn. 5; *Neumann-Duesberg*, NJW 1971, 1640 (1642); *Rehbinder/Peukert*, Urheberrecht, § 26 Rn. 540; *Schack*, Urheber- und Urhebervertragsrecht, § 3 Rn. 46.

392 Schricker/Loewenheim/*Dietz/Peukert*, UrhR, Vor §§ 12 ff. Rn. 14 m.w.N.; dieselben nochmals *Dietz/Peukert*, in: *Loewenheim* (Hrsg.), Handbuch des Urheberrechts, § 15 Rn. 8.

Daher wird das Urheberpersönlichkeitsrecht als „rechtlich selbstständige Erscheinungsform des Persönlichkeitsrechts" bezeichnet.[393] Die beiden Rechte stehen nebeneinander, ergänzen sich[394] und sind beide durch Art. 1 I, Art. 2 I GG verbunden, aber haben unterschiedliche Schutzgüter: Das allgemeine Persönlichkeitsrecht bezieht sich auf die biologische Existenz, also die Persönlichkeit als Gesamtheit (Würde des Menschen und seine Entfaltung) und das Urheberpersönlichkeitsrecht bezieht sich auf die Beziehung zum Werk.[395] Anders ausgedrückt ist das Urheberpersönlichkeitsrecht objektbezogen und das allgemeine Persönlichkeitsrecht subjektbezogen.[396]

Grundsätzlich geht also das Urheberpersönlichkeitsrecht (als besonderes Persönlichkeitsrecht) dem allgemeinen Persönlichkeitsrecht vor und verdrängt es soweit es selbst Schutz bietet.[397] Dennoch hat das allgemeine Persönlichkeitsrecht in Fällen, in denen das Urheberpersönlichkeitsrecht nicht einschlägig ist, eine ergänzende Funktion.[398]

Lücken im Bereich des Urheberpersönlichkeitsrechts können somit durch das allgemeine Persönlichkeitsrecht geschlossen werden (z.B. im

---

393 Dreyer/Kotthoff/Meckel/*Dreyer*, UrhR, Vor §§ 12 ff. UrhG Rn. 40; *Götting*, in: *Götting/Schertz/Seitz* (Hrsg.), Handbuch des Persönlichkeitsrechts, § 15 Rn. 8 m.w.N.; so auch die Rechtsprechung: siehe dazu Wandtke/Bullinger/*Bullinger*, UrhR, Vor §§ 12 ff. UrhG, Rn. 16 m.w.N.; *Dietz/Peukert*, in: *Loewenheim* (Hrsg.), Handbuch des Urheberrechts, § 15 Rn. 8; vgl. *Rehbinder/Peukert*, Urheberrecht, § 26 Rn. 540; Dreier/Schulze/*Schulze*, UrhG, Vor § 12 Rn. 5.

394 Vgl. *Schack*, Urheber- und Urhebervertragsrecht, § 3 Rn. 46; mit Beispielen für das Nebeneinandertreten Fromm/Nordemann/*Dustmann*, UrhR, Vor § 12 UrhG Rn. 13; *Rehbinder/Peukert*, Urheberrecht, § 26 Rn. 540.

395 Wandtke/Bullinger/*Bullinger*, UrhR, Vor §§ 12 ff. UrhG, Rn. 16; *Dietz/Peukert*, in: *Loewenheim* (Hrsg.), Handbuch des Urheberrechts, § 15 Rn. 8; Dreyer/Kotthoff/Meckel/*Dreyer*, UrhR, Vor §§ 12 ff. UrhG Rn. 40; ähnlich *Götting*, in: *Götting/Schertz/Seitz* (Hrsg.), Handbuch des Persönlichkeitsrechts, § 15 Rn. 8; *Schack*, Urheber- und Urhebervertragsrecht, § 3 Rn. 46.

396 *Götting*, in: *Götting/Schertz/Seitz* (Hrsg.), Handbuch des Persönlichkeitsrechts, § 4 Rn. 6, § 15 Rn. 8.

397 BGH NJW 1990, 1986 (1987) (Emil Nolde); Schricker/Loewenheim/*Dietz/Peukert*, UrhR, Vor §§ 12 ff. Rn. 15; Dreyer/Kotthoff/Meckel/*Dreyer*, UrhR, Vor §§ 12 ff. UrhG Rn. 41.

398 BGH GRUR 1955, 197 (Schachtbrief bzw. Leserbrief); *Dietz/Peukert*, in: *Loewenheim* (Hrsg.), Handbuch des Urheberrechts, § 15 Rn. 8; Fromm/Nordemann/*Dustmann*, UrhR, Vor § 12 UrhG Rn. 14; *Götting*, in: *Götting/Schertz/Seitz* (Hrsg.), Handbuch des Persönlichkeitsrechts, § 4 Rn. 6; *Lettl*, Urheberrecht, § 4 Rn. 5; *Schack*, Urheber- und Urhebervertragsrecht, § 3 Rn. 46 f.; Dreier/Schulze/*Schulze*, UrhG, Vor § 12 Rn. 5.

Falle der Werkvernichtung, da diese selbst nicht im UrhG geregelt ist).[399] Auch wenn es um Interessen bezüglich des Gesamtwerks (Oeuvres) eines Künstlers geht, ist gegebenenfalls das allgemeine Persönlichkeitsrecht einschlägig.[400] Ebenfalls kommt das allgemeine Persönlichkeitsrecht in Betracht, wenn es um die Tätigkeit des Schaffens an sich geht, da dann noch kein zu schützendes Werk existiert.[401] Als weiteres Beispiel, bei dem nicht das Urheberpersönlichkeitsrecht betroffen ist, kommt das Unterschieben fremder Werke in Betracht, also die Signierung eines Werks mit dem Namen eines anderen Urhebers.[402] Dies bestätigt auch das Urteil des BGH zum Fall Emil Nolde: Hier wurden Aquarelle, die nach Motiven Emil Noldes gemalt und mit seinem Schriftzug versehen waren, veräußert.[403] In solchen Fällen ist das allgemeine Persönlichkeitsrecht betroffen, da es hier nicht um die Beziehung des Urhebers zu seinem eigenen Werk geht.[404] Gerade das letzte Beispiel (sog. droit de non-paternité) zeigt, dass der Schutz des Urhebers, durch einen neben das Urheberpersönlichkeitsrecht tretenden Schutz durch das allgemeine Persönlichkeitsrecht keinesfalls überflüssig ist.[405] Eine Verletzung des allgemeinen Persönlichkeitsrechts, die Ansprüche aus §§ 823 I, 1004 BGB i.V.m. Art. 1 I GG hervorruft, liegt auch in einer unzutreffenden Behauptung, das Werk stamme von einem bestimmten Künstler.[406]

Wichtig ist, dass auch der Urheber selbst das allgemeine Persönlichkeitsrecht Dritter zu beachten hat, wenn er bei seinem Werk deren Persönlichkeitsrechte berührt.[407]

---

399 Wandtke/Bullinger/*Bullinger*, UrhR, Vor §§ 12 ff. UrhG, Rn. 17.

400 *Dietz/Peukert*, in: *Loewenheim* (Hrsg.), Handbuch des Urheberrechts, § 15 Rn. 9 m.w.N.; dieselben siehe auch Schricker/Loewenheim/*Dietz/Peukert*, UrhR, Vor §§ 12 ff. Rn. 16.

401 Schricker/Loewenheim/*Dietz/Peukert*, UrhR, Vor §§ 12 ff. Rn. 16a.

402 *Dietz/Peukert*, in: *Loewenheim* (Hrsg.), Handbuch des Urheberrechts, § 15 Rn. 10.

403 BGHZ 107, 384 ff.

404 BGH GRUR 1995, 668 (670) (Emil Nolde); Dreyer/Kotthoff/Meckel/*Dreyer*, UrhR, Vor §§ 12 ff. UrhG Rn. 42, 48 ff.; Schmid/Wirth/Seifert/*Schmid/Wirth*, UrhG, § 14 Rn. 4.

405 *Dietz/Peukert*, in: *Loewenheim* (Hrsg.), Handbuch des Urheberrechts, § 15 Rn. 10; siehe dazu auch *Hubmann*, Das Persönlichkeitsrecht, S. 237 f.; *Lutz*, Grundriss des Urheberrechts, Kap. 11 Rn. 205; *Rehbinder/Peukert*, Urheberrecht, § 26 Rn. 539; *Schack*, Urheber- und Urhebervertragsrecht, § 3 Rn. 46.

406 *Wandtke*, in: *Wandtke* (Hrsg.), Urheberrecht, Kap. 1 Rn. 63.

407 BVerfG NJW 1987, 2661 (Schweinskarikaturen); BGHZ 84, 237 (Satirische Gedichte); BGHZ 50, 133 (Mephisto); BGH GRUR 1995, 224 (Caroline I); BGH NJW 1996, 1128 (Caroline II); BGH GRUR 1996, 195 (Abschiedsmedaille); BGH GRUR 1997, 125; siehe auch Dreyer/Kotthoff/Meckel/*Dreyer*, UrhR, Vor

B Der zivilrechtliche Schutz des Erfinderpersönlichkeitsrechts

Technische Innovationen werden durch die gewerblichen Schutzrechte innerhalb des Patent-, Design-, Sortenschutz- und Halbleiterschutzrechts geschützt.[408] In diesem Bereich taucht die Individualität der Persönlichkeit wenig auf, da die übergeordnete Rechtfertigung auf dem Schutz unternehmerischer Leistungen und dem Ziel der Innovationsförderung beruht.[409] Im Gegensatz zum Urheberrecht, in welchem meist eine persönlich-geistige Entäußerung steckt, sind die gewerblichen Schutzrechte unabhängig davon, welches Individuum sie hervor gebracht hat.[410] *Peifer* nennt dies eine objektbezogene Individualität und gesteht dem Urheberrecht eine subjektbezogene Individualität zu.[411] Und dennoch haben auch die gewerblichen Schutzrechte einen stärker oder schwächer ausgeprägten „persönlichkeitsrechtlichen Einschlag", der sich bei den technischen Schutzrechten meist auf ein Nennungsrecht reduziert.[412]

Das Patentrecht dient aber auch dem Schutz des geistigen Eigentums,[413] indem neue, auf erfinderischer Tätigkeit beruhende und gewerblich anwendbare Erfindungen diesem unterfallen.[414] Es geht dabei neben der Anerkennung der besonderen schöpferischen Leistung und dem Anreiz für technische Entwicklungen auch darum, eine Gegenleistung für den Verzicht auf die Geheimhaltung zu geben.[415] Der Zweck des Patentrechts wird in vier verschiedenen Ansätzen dargestellt: sog. Belohnungstheorie,

---

§§ 12 ff. UrhG Rn. 47, 57 ff.; *Lettl*, Urheberrecht, § 4 Rn. 5; siehe ausführlich bei *Lindner*, Die Persönlichkeitsverletzung durch Kunst; Dreier/Schulze/*Schulze*, UrhG, Vor § 12 Rn. 6; *Wandtke*, in: *Wandtke* (Hrsg.), Urheberrecht, Kap. 1 Rn. 63 ff.

408 *Götting*, in: *Götting/Schertz/Seitz* (Hrsg.), Handbuch des Persönlichkeitsrechts, § 4 Rn. 7.

409 *Götting*, in: *Götting/Schertz/Seitz* (Hrsg.), Handbuch des Persönlichkeitsrechts, § 4 Rn. 7.

410 *Götting*, in: *Götting/Schertz/Seitz* (Hrsg.), Handbuch des Persönlichkeitsrechts, § 4 Rn. 8.

411 *Peifer*, Individualität im Zivilrecht, S. 328 ff.

412 *Götting*, in: *Götting/Schertz/Seitz* (Hrsg.), Handbuch des Persönlichkeitsrechts, § 4 Rn. 8; vgl. auch *Fechner*, Geistiges Eigentum und Verfassung, S. 256; Pierson/Ahrens/Fischer/*Pierson*, Recht des geistigen Eigentums, § 5 S. 80; *Simon*, Das allgemeine Persönlichkeitsrecht und seine gewerblichen Erscheinungsformen, S. 88.

413 Vgl. *Engels*, Patent-, Marken- und Urheberrecht, Teil 2 Rn. 5 ff.; *Osterrieth*, Patentrecht, 1. Teil I. Rn. 3.

414 *Osterrieth*, Patentrecht, 1. Teil I. Rn. 1.

415 Benkard/*Bacher*, PatG, § 1 Rn. 1b.

Ansporungstheorie, Vertragstheorie (auch Offenbarungstheorie) und Eigentumstheorie.[416] Maßgeblich geht es im Patentwesen darum, den technischen Fortschritt innerhalb einer Gesellschaft zu fördern.[417] Mit Hilfe des Patentschutzes soll eine Anregung von Innovationskraft und technischer Forschungstätigkeit gelingen.[418]

Das Patent ist ein subjektives privates Recht, welches durch öffentlichrechtlichen Akt entsteht.[419] Mit Fertigstellung und Verlautbarung der Erfindung entsteht das Recht auf das Patent (§ 6 PatG), welches dann ideell im Erfinderpersönlichkeitsrecht und materiell im Recht an der Erfindung in Erscheinung tritt.[420] Die zentrale Norm des Patentrechts bildet damit § 9 PatG, der dem Patentinhaber ein Ausschließlichkeitsrecht verleiht, welches ihm seine wirtschaftlichen Interessen absichert und ihm damit ein vermögenswertes Gut zuordnet.[421] Das Recht des Erfinders auf das Patent hat also eine Doppelnatur, indem es neben dem vermögensrechtlichen Bestandteil einen persönlichkeitsrechtlichen Bestandteil (das Erfinderpersönlichkeitsrecht) umfasst.[422]

Als weiteres besonderes Persönlichkeitsrecht im geistigen Eigentum kommt damit das Erfinderpersönlichkeitsrecht des Patentrechts in Betracht. Als weitgehend immaterielles Recht folgt aus dem Erfinderpersönlichkeitsrecht vor allem die Beziehung des Erfinders zu seiner Schöpfung und die daraus folgende persönliche Stellung und Wertschätzung.[423] Die vermögensrechtliche Seite besteht in der Befugnis des Erfinders zu entscheiden, ob und in welcher Weise er seine Erfindung der Öffentlichkeit zugänglich macht.[424]

---

416 Benkard/*Bacher*, PatG, § 1 Rn. 1a ff. m.w.N.; *Osterrieth*, Patentrecht, 1. Teil I. Rn. 5 ff.

417 *Fontaine*, Grund- und Strukturprobleme des § 142 PatG, S. 18.

418 *Fontaine*, Grund- und Strukturprobleme des § 142 PatG, S. 18.

419 Benkard/*Bacher*, PatG, § 1 Rn. 2.

420 Benkard/*Bacher*, PatG, § 1 Rn. 2a; *Fontaine*, Grund- und Strukturprobleme des § 142 PatG, S. 28; *Engels*, Patent-, Marken- und Urheberrecht, Teil 2 Rn. 294.

421 Vgl. *Pfaffinger*, Rechtsgüter und Verhältnismäßigkeit, S. 132 f.

422 *Engels*, Patent-, Marken- und Urheberrecht, Teil 3 Rn. 294; *Kraßer*, in: FS Hubmann, S. 221; *Kraßer/Ann*, Patentrecht, § 19 I 1, S. 354; Benkard/*Mellulis*, PatG, § 6 PatG Rn. 9; *Preu*, in: FS Hubmann, S. 349 (352); *Schmidt*, Erfinderprinzip und Erfinderpersönlichkeitsrecht, S. 1; als „Erfinderimmaterialgüterrecht" und „Erfinderpersönlichkeitsrecht" bezeichnend: *Pahlow*, GRUR 2008, 97 (101).

423 Benkard/*Bacher*, PatG, § 1 Rn. 2a.

424 *Fischer*, Der Schutz von Know-how, S. 295.

Im Vergleich zum Urheberrecht ist die persönlichkeitsrechtliche Seite des Patentrechts, wie eben beschrieben, sehr schwach ausgeprägt.[425] Grund hierfür kann auch die stark gewerbe- und industriepolitische Bedeutung des Patentschutzes sein.[426] Noch schwächer ist die Ausprägung im Gebrauchsmusterrecht, da bei kleineren Erfindungen die persönlichen Interessen hinter dem Verwertungsinteressen zurücktreten.[427]

I. Das Erfinderpersönlichkeitsrecht

Das Erfinderpersönlichkeitsrecht dient dem Schutz der persönlichen Interessen des Erfinders (sog. Erfinderehre).[428] Aus diesem Recht folgt das Recht als Urheber oder Miturheber einer neuen technischen Lehre anerkannt zu werden.[429] Das Erfinderpersönlichkeitsrecht gibt dem Erfinder ein Selbstbestimmungsrecht über seine Erfindung, d.h. er kann entscheiden, ob er die Erfindung veröffentlichen, weiterentwickeln, geheim halten, zum Patent oder Design anmelden oder unbenutzt lassen will.[430]

Das Erfinderpersönlichkeitsrecht zeigt sich maßgeblich in dem Recht des Erfinders auf Nennung durch den Anmelder (§ 37 PatG) und durch das DPMA (§ 63 PatG).[431] Damit sind vor allem die §§ 37, 63 PatG Ausdruck des Erfinderpersönlichkeitsrechts.

So entsteht mit der Schaffung der Erfindung neben dem Recht auf das Patent auch das Erfinderpersönlichkeitsrecht.[432] Das Recht auf Nennung (Anspruch auf Erfinderbenennung), welches in § 63 PatG geregelt ist, ist ein Persönlichkeitsrecht und wird allgemein als „Ausfluss des sog. (Erfin-

---

425 *Götting*, in: *Götting/Schertz/Seitz* (Hrsg.), Handbuch des Persönlichkeitsrechts, § 4 Rn. 11; siehe auch Benkard/*Bacher*, PatG, § 1 Rn. 2a; sowie *Fechner*, Geistiges Eigentum und Verfassung, S. 256.

426 *Fontaine*, Grund- und Strukturprobleme des § 142 PatG, S. 22, 27.

427 *Götting*, Gewerblicher Rechtsschutz, § 18 Rn. 3, S. 170; vgl. *Fechner*, Geistiges Eigentum und Verfassung, S. 256.

428 *Götting*, in: *Götting/Schertz/Seitz* (Hrsg.), Handbuch des Persönlichkeitsrechts, § 4 Rn. 11; *ders.*, Gewerblicher Rechtsschutz, § 18 Rn. 4, S. 158.

429 *Kraßer/Ann*, Patentrecht, § 20 IV, S. 405.

430 *Götting*, Gewerblicher Rechtsschutz, § 18 Rn. 7, S. 171.

431 *Mes*, PatG, § 6 Rn. 15; siehe aber auch die besonderen Regelungen im ArbnErfG; Busse/Keukenschrijver/*Keukenschrijver*, § 6 PatG Rn. 13; vgl. *Schulte*, Patentgesetz mit EPÜ, § 6 Rn. 15 ff.

432 *Mes*, PatG, § 1 Rn. 7; Benkard/*Schäfers/Schwarz*, PatG, § 63 Rn. 2; *Schulte*, Patentgesetz mit EPÜ, § 6 Rn. 15.

der-) Persönlichkeitsrechts verstanden."[433] Allgemeinhin ist anerkannt, dass das Erfinderpersönlichkeitsrecht selbst eine besondere gesetzliche Ausprägung des allgemeinen Persönlichkeitsrechts darstellt.[434] § 63 PatG regelt allerdings nur die Auswirkungen des Persönlichkeitsrechts auf amtliche Druckschriften, obwohl es darauf nicht beschränkt ist und der weitere Inhalt des Erfinderpersönlichkeitsrechts im Wege der Rechtsfortbildung entwickelt wurde.[435]

„Der Erfinder kann verlangen, bei der Unterrichtung der Öffentlichkeit über den Inhalt der Erfindung durch die Veröffentlichung der Patentschrift als solcher genannt zu werden; damit trägt das Gesetz dem berechtigten Interesse des Erfinders an der Anerkennung seiner schöpferischen Leistung Rechnung."[436] „Aus dem Erfinderpersönlichkeitsrecht folgt das Recht des Erfinders, als Urheber oder Miturheber der neuen technischen Lehre anerkannt zu werden".[437]

Der Anmelder, der gerade bei Arbeitnehmererfindungen häufig nicht der Erfinder ist, hat dem DPMA den Erfinder wahrheitsgemäß (§ 124 PatG) mitzuteilen.[438] Die Erfinderbenennung (§ 37 PatG) ist die Grundlage für die amtliche Erfinderbenennung durch das DPMA (§ 63 I PatG).[439] Der Erfinder kann das Unterbleiben der Nennung beantragen.[440] Er kann dies jedoch widerrufen und dadurch die nachträgliche Nennung erreichen (§ 63 I 3, 4 PatG).[441] Ein Verzicht auf Nennung nach § 63 I a.E. PatG ist rechtlich nicht wirksam. Dennoch hat der Erfinder als Ausfluss seines allgemeinen Persönlichkeitsrechts die Möglichkeit, unerkannt zu bleiben.[442] Der Erfinder kann bei fehlender oder unrichtiger Angabe die Zustimmung zur Berichtigung oder Nachholung der Nennung vom Patentsucher oder Patentinhaber verlangen, vgl. § 63 II PatG. Durchsetzen kann der Erfinder diese Ansprüche nur durch Klage vor dem zuständigen ordentlichen Ge-

---

433 Benkard/*Schäfers/Schwarz*, PatG, § 63 Rn. 2.
434 *Jestaedt*, Patentrecht, 5. Kap. Rn. 320.
435 Benkard/*Schäfers/Schwarz*, PatG, § 63 Rn. 2 m.w.N.
436 BGH GRUR 2004, 272 (Rotierendes Schaftwerkzeug).
437 *Kraßer/Ann*, Patentrecht, § 20 IV, S. 405.
438 *Götting*, Gewerblicher Rechtsschutz, § 18 Rn. 4, S. 170.
439 *Kraßer/Ann*, Patentrecht, § 20 IV, S. 405.
440 § 63 I PatG.
441 Benkard/*Schäfers/Schwarz*, PatG, § 63 Rn. 8.
442 BGH GRUR 1994, 104 (Akteneinsicht XIII); *Ahrens*, Gewerblicher Rechtsschutz, § 7 Rn. 151; *Götting*, in: *Götting/Schertz/Seitz* (Hrsg.), Handbuch des Persönlichkeitsrechts, § 4 Rn. 12 mit Hinweis auf §§ 7, 8 PatV vom 1.9.2003; *ders.*, Gewerblicher Rechtsschutz, § 18 Rn. 4, S. 158.

richt (§ 143 PatG).[443] Gegen die genannten Personen besteht auch ein Anspruch aus § 823 BGB.[444]

Obwohl sich § 63 II PatG auf den Fall bezieht, in dem eine amtliche Nennung bereits erfolgt ist, kann schon vorher vom Anmelder die Richtigstellung einer unrichtigen Benennung verlangt werden,[445] denn es besteht schon in diesem Zeitpunkt die Gefahr einer Erfinderpersönlichkeitsrechtsverletzung, der gem. §§ 823 I, 1004 BGB begegnet werden kann.[446]

Das Erfinderpersönlichkeitsrecht ist ein höchstpersönliches Recht, welches nicht verzichtbar, nicht übertragbar und unpfändbar ist.[447] Allerdings wird teils die Unübertragbarkeit bestritten,[448] da im Wege der Erbauseinandersetzung oder zur Ausführung eines Vermächtnisses eine Übertragung möglich sein soll.[449] Hiergegen kann eingewandt werden, dass es nicht um die Übertragbarkeit, sondern um die Vererblichkeit geht, was eine andere Fragestellung betrifft, da es bei der Übertragbarkeit um ein Rechtsgeschäft unter Lebenden geht. Auch soll es dem Erfinder möglich sein, sein Bestimmungsrecht über die Veröffentlichung zu übertragen.[450] Jedoch kann hier, wie im Urheberrecht, angenommen werden, dass nicht das Erfinderpersönlichkeitsrecht selbst übertragen wird, sondern eben nur das Recht zur Bestimmung über die Veröffentlichung. Die Befürworter der Übertragbarkeit ziehen aber eine Grenze, wenn erhebliche persönliche Interessen des Erfinders auf dem Spiel stehen.[451] Eine Abtretung kann nicht in dem Sinne erfolgen, dass der Erwerber sich dann als Erfinder be-

---

443 *Kraßer/Ann*, Patentrecht, § 20 IV, S. 406.

444 *Götting*, in: *Götting/Schertz/Seitz* (Hrsg.), Handbuch des Persönlichkeitsrechts, § 4 Rn. 12.

445 *Kraßer/Ann*, Patentrecht, § 20 IV, S. 406 mit Hinweis auf BGH GRUR 1969, 133 (134) (Luftfilter).

446 *Kraßer/Ann*, Patentrecht, § 20 IV, S. 406.

447 Benkard/*Melullis*, PatG, § 6 Rn. 22; Benkard/*Schäfers/Schwarz*, PatG, § 63 Rn. 2; *Schulte*, Patentgesetz mit EPÜ, § 6 Rn. 17; ähnlich *Osterrieth*, Patentrecht, 3. Teil II. Rn. 414; bzgl. der Unübertragbarkeit *Engels*, Patent-, Marken- und Urheberrecht, Teil 6 Rn. 1496 mit Hinweis auf BGH GRUR 1978, 583 (Motorkettensäge); Busse/Keukenschrijver/*Keukenschrijver*, § 6 PatG Rn. 13; siehe auch BPatG, GRUR 1987, 234.

448 *Ahrens*, Gewerblicher Rechtsschutz, § 7 Rn. 152, 275; *Götting*, Gewerblicher Rechtsschutz, § 26 Rn. 7, S. 226; *Mes*, PatG, § 6 Rn. 15, 17.

449 *Götting*, Gewerblicher Rechtsschutz, § 26 Rn. 7, S. 211; *ders.*, GRUR 2004, 801; siehe bspw. BGHZ 143, 214 = GRUR 2000, 709; a.A. *Osterrieth*, Patentrecht, 3. Teil II. Rn. 414.

450 *Götting*, Gewerblicher Rechtsschutz, § 26 Rn. 7, S. 226.

451 *Götting*, Gewerblicher Rechtsschutz, § 26 Rn. 7, S. 226.

zeichnen darf.[452] Allerdings kann der Erfinder auf seine Nennung außerhalb des § 37 PatG gegenüber dem DPMA nach § 63 I 2 PatG verzichten (ähnlich wie bei Ghostwriter-Verträgen im Urheberrecht)[453] wobei dies nicht als Übertragung i.e.S. des Persönlichkeitsrechts anzusehen ist, da der Erfinder hier nur seine Entscheidungsfreiheit ausübt. Damit wird das Recht des Erfinders respektiert, auf öffentliche Ehrung zu verzichten, was wiederum Ausfluss des allgemeinen (Erfinder)persönlichkeitsrechts ist.[454] Zudem ist dieser Verzicht nicht bindend und kann widerrufen werden.[455] Allerdings ist ein Verzicht gegenüber Dritten unwirksam.[456]

Der Anspruch des § 63 II PatG kann auch von den Erben nach dem Tod des Erfinders nach den Grundsätzen, die für das allg. Persönlichkeitsrecht und das Urheberpersönlichkeitsrecht bestehen, geltend gemacht werden.[457] Dabei ist umstritten, ob das Recht selbst auf die Erben übergeht oder nur die Auswirkungen übergehen.[458] Allerdings führt dieser Streit meist zum selben Ergebnis, da die Vertreter, die eine Vererblichkeit des Rechts annehmen, die Erben dann an den eindeutig erklärten Willen des Erblassers binden.[459]

Aus der Erfinderehre ergibt sich kein Anspruch auf Erfinderbenennung bei öffentlichen Erwähnungen oder Beschreibungen der Erfindung oder auf dem erfinderischen Erzeugnis und auch nicht auf Mitwirkung bei einer Erfinderehrung.[460]

Ebenso gibt das Erfinderpersönlichkeitsrecht kein Recht, die Benutzung der Erfindung zu verhindern, und es entstehen auch keine Schadensersatz- oder Entschädigungsansprüche.[461] Hier gibt es allenfalls, unter vermögens-

---

452 *Götting*, Gewerblicher Rechtsschutz, § 26 Rn. 7, S. 226.

453 *Ahrens*, Gewerblicher Rechtsschutz, § 11 Rn. 275; Busse/Keukenschrijver/*Keuken-schrijver*, § 63 PatG Rn. 12 f.; § 6 Rn. 13 unter Hinweis auf BGH GRUR 1994, 104 (Akteneinsicht XIII).

454 Busse/Keukenschrijver/*Keukenschrijver*, § 63 PatG Rn. 12 unter Hinweis auf BGH GRUR 1994, 104 (Akteneinsicht XIII).

455 Busse/Keukenschrijver/*Keukenschrijver*, § 63 PatG Rn. 20; *Kraßer*, Patentrecht, § 20 IV, S. 405.

456 Busse/Keukenschrijver/*Keukenschrijver*, § 63 PatG Rn. 22.

457 *Kraßer/Ann*, Patentrecht, § 20 IV, S. 406.

458 Busse/Keukenschrijver/*Keukenschrijver*, § 6 PatG Rn. 13; Benkard/*Schäfers/Schwarz*, PatG, § 63 Rn. 3.

459 Vgl. bei Benkard/*Schäfers/Schwarz*, PatG, § 63 Rn. 3; siehe hierzu auch Benkard/*Melullis*, PatG, § 6 Rn. 22.

460 *Götting*, in: *Götting/Schertz/Seitz* (Hrsg.), Handbuch des Persönlichkeitsrechts, § 4 Rn. 12; siehe auch *Kraßer/Ann*, Patentrecht, § 20 IV, S. 408; so bereits 1950 *Ehlers*, GRUR 1950, 359 ff.

461 *Kraßer/Ann*, Patentrecht, § 20 IV, S. 408.

rechtlichen Aspekten, im Rahmen des Geheimnisschutzes die Möglichkeit gegen eine nicht gebilligte Benutzung vorzugehen.[462]

Umstritten ist, ob zum Erfinderrecht auch ein Recht auf Veröffentlichung der Erfindung gehört.[463] Persönlichkeits- und vermögensrechtliche Interessen werden jedenfalls bei einer unbefugten Veröffentlichung einer vom Erfinder noch geheimgehaltenen Erfindung beeinträchtigt.[464] Grundsätzlich ist aber zweifelhaft, ob dem Erfinder auch dann ein Recht zusteht, wenn weder der Tatbestand einer Geheimnisverletzung noch eine unbefugte Schutzrechtsanmeldung vorliegt.[465]

Allerdings kann aus der Erfinderehre ein Recht auf Anerkennung der Erfinderschaft entnommen werden.[466] Damit folgt aus dem Erfinderpersönlichkeitsrecht, das Recht des Erfinders benannt und anerkannt zu werden.[467]

II. Rechtsfolgen bei der Verletzung des Erfinderpersönlichkeitsrechts

Grundsätzlich regelt § 139 PatG Unterlassungs- und Schadensersatzansprüche bei Patentverletzungen, wozu im zivilrechtlichen Bereich des § 139 PatG an ein Patent im formellen Sinne angeknüpft wird.[468]

Da aus der Erfinderehre ein Recht auf Anerkennung der Erfinderschaft entnommen werden kann, hat der Erfinder aber auch die Möglichkeit, gegen Verletzungen seiner Erfinderehre mit der Feststellungsklage sowie der Schadensersatz- und Unterlassungsklage vorzugehen (§ 823 BGB und analog § 1004 BGB).[469] Das Erfinderrecht ist „in seinem persönlichkeitsrechtlichen Bestandteil, ein sonstiges, weil allseitig geschütztes Recht im Sinne

---

462 *Kraßer/Ann*, Patentrecht, § 20 IV, S. 408 f.
463 *Kraßer/Ann*, Patentrecht, § 20 IV, S. 409.
464 Ebda.
465 *Kraßer/Ann*, Patentrecht, § 20 IV, S. 409.
466 *Götting*, in: *Götting/Schertz/Seitz* (Hrsg.), Handbuch des Persönlichkeitsrechts, § 4 Rn. 13.
467 Vgl. *Fischer*, Der Schutz von Know-how, S. 295.
468 *Fontaine*, Grund- und Strukturprobleme des § 142 PatG, S. 40.
469 *Götting*, in: *Götting/Schertz/Seitz* (Hrsg.), Handbuch des Persönlichkeitsrechts, § 4 Rn. 13 m.w.N.; *Jestaedt*, Patentrecht, 5. Kap. Rn. 347; *Kraßer/Ann*, Patentrecht, § 20 IV, S. 407; *Mes*, PatG, § 6 Rn. 16 unter Hinweis auf OLG Frankfurt, GRUR 1987, 886; Benkard/*Mellulis*, PatG, § 6 Rn. 16; vgl. auch mit weiteren Beispielen *Fischer*, Der Schutz von Know-how, S. 55 ff.

dieser Vorschrift".[470] Damit ist es ein absolutes Recht i.S.d. § 823 I BGB.[471] Allseitig bedeutet hier jedoch nur, dass der Schutz gegenüber jedermann und unabhängig von Sonderbeziehungen wirkt; damit ist aber noch keine Aussage getroffen, welche Beeinträchtigungen geschützt werden.[472] Die Reichweite des Erfinderpersönlichkeitsrechts muss maßgeblich aus den patentrechtlichen Bestimmungen entnommen werden, was bedeutet, dass diejenigen Beeinträchtigungen Rechtsverletzungen darstellen, die die speziellen patentrechtlichen Ansprüche auslösen.[473] In erster Linie kann der Erfinder die Wiederherstellung seiner Erfinderehre, durch die Nennung als Erfinder verlangen.[474]

Auch negatorischen Schutz findet das Erfinderpersönlichkeitsrecht.[475] Wie aufgezeigt, kommt nicht nur eine Beseitigung in den patentrechtlich vorgesehenen Formen in Betracht, sondern auch die Unterlassungsklage und bei Verschulden auch Schadensersatz.[476] Sehr schwer wiegende Beeinträchtigungen des Erfinderpersönlichkeitsrechts können zu einem Anspruch auf Geldersatz für immaterielle Schäden, nach den Grundsätzen die für das allgemeine Persönlichkeitsrecht gelten, führen.[477]

Beispielsweise kann sich der Erfinder gegen die Behauptung wehren, seine Erfindung sei alt wie Methusalem.[478] Zudem kann der Erfinder bei unrichtiger Erfinderbenennung Berichtigung vom Anmelder verlangen.[479] Der Erfinder kann auch analog § 1004 BGB vorgehen, wenn jemand seine

470 *Kraßer/Ann*, Patentrecht, § 20 IV, S. 407; siehe BGH GRUR 1979, 145 (148) (Aufwärmvorrichtung) für die vermögensrechtliche Seite.

471 *Benkard*, GRUR 1950, 481 (488); *Jestaedt*, Patentrecht, 5. Kap. Rn. 345; Busse/Keukenschrijver/*Keukenschrijver*, § 6 PatG Rn. 13; *Mes*, PatG, § 6 Rn. 15 unter Hinweis auf BGH GRUR 1979, 145, 148; BGH GRUR 1965, 256 *Gretna Green*; Benkard/*Mellulis*, PatG, § 6 Rn. 16; *Preu*, in: FS Hubmann, S. 349; Benkard/*Schäfers*, PatG, § 63 Rn. 2; siehe auch *Hubmann*, Das Persönlichkeitsrecht, S. 247.

472 *Kraßer/Ann*, Patentrecht, § 20 IV, S. 407.

473 *Kraßer/Ann*, Patentrecht, § 20 IV, S. 407 f.

474 *Pahlow*, GRUR 2008, 97 (102).

475 Für Details siehe Busse/Keukenschrijver/*Keukenschrijver*, § 6 PatG Rn. 14.

476 *Ahrens*, Gewerblicher Rechtsschutz, § 7 Rn. 152; *Kraßer/Ann*, Patentrecht, § 20 IV, S. 387.

477 *Ahrens*, Gewerblicher Rechtsschutz, § 12 Rn. 316; *Jestaedt*, Patentrecht, 5. Kap. Rn. 347; Benkard/*Mellulis*, PatG, § 6 PatG Rn. 16; *Schulte*, Patentgesetz mit EPÜ, § 6 Rn. 15; OLG Frankfurt a.M. GRUR 1964, 561 („Plexiglas"); unter Hinweis auf vorheriges Urteil sowie *Benkard* auch *Kraßer/Ann*, Patentrecht, § 20 IV, S. 408.

478 RG GRUR 1935, 722, 728.

479 *Götting*, in: *Götting/Schertz/Seitz* (Hrsg.), Handbuch des Persönlichkeitsrechts, § 4 Rn. 13.

Erfindung gegen seinen Willen veröffentlichen will; wurde sie unbefugt veröffentlicht kommt Schadensersatz nach § 823 BGB in Betracht.[480] Allerdings muss bei Arbeitnehmererfindungen das Selbstbestimmungsrecht des Erfinders hinter dem Recht des Arbeitgebers zurücktreten.[481]

Prozessstandschaft ist im Zusammenhang mit dem Erfinderpersönlichkeitsrecht wegen dessen Höchstpersönlichkeit nicht möglich.[482]

III. Das Verhältnis zum allgemeinen Persönlichkeitsrecht

Relevant ist auch das Verhältnis des allgemeinen Persönlichkeitsrechts zu dem Erfinderpersönlichkeitsrecht (besonderes Persönlichkeitsrecht). Allerdings ergeben sich hier gegenüber der allgemeinen Diskussion keine Besonderheiten.[483] D.h. das Erfinderpersönlichkeitsrecht ist spezieller, bei Lücken kann auf das allgemeine Persönlichkeitsrecht zurückzugreifen sein.

C Weitere besondere Persönlichkeitsrechte im geistigen Eigentum

Als weiteres gewerbliches Schutzrecht mit persönlichkeitsrechtlichem Einschlag kommt das Gebrauchsmusterrecht in Betracht, welches in engem Zusammenhang zum Patentrecht steht. Daneben kommen außerdem die Designleistung, die sich in Produktgestaltungen äußert und über das Designrecht (früher Geschmacksmusterrecht) geschützt wird, sowie das Markenrecht, das die Kennzeichen für die Vermarktung unternehmerischer Leistung schützt, in Betracht.[484]

I. Gebrauchsmuster

Das Gebrauchsmustergesetz schützt kleine Erfindungen und soll einen schnelleren, billigeren Schutz von Erfindungen als das Patent geben.[485] Es

480 *Götting*, Gewerblicher Rechtsschutz, § 18 Rn. 7, S. 171.
481 *Götting*, Gewerblicher Rechtsschutz, § 17 Rn. 5 ff., S. 165; § 18 Rn. 7, S. 170.
482 Busse/Keukenschrijver/*Keukenschrijver*, § 6 PatG Rn. 13; 37 Rn. 25.
483 Insofern vgl. o. S. 17 ff.
484 *Götting*, in: *Götting/Schertz/Seitz* (Hrsg.), Handbuch des Persönlichkeitsrechts, § 4 Rn. 7.
485 *Engels*, Patent-, Marken- und Urheberrecht, Teil 3 Rn. 529.

wird daher das „Recht der kleinen Erfindungen" genannt.[486] Mittlerweile kann davon gesprochen werden, dass es zum „kleinen Patent" ausgebaut wurde.[487]

Im Gebrauchsmusterrecht fehlt es jedoch an einer Regelung der Benennung,[488] wobei dennoch ein Recht auf Anerkennung der Erfinderschaft auch hier bejaht werden muss.[489] Die fehlende Pflicht einer Benennung des Erfinders schließt nicht persönlichkeitsrechtliche Elemente aus, sodass auch im Falle von Gebrauchsmusterschutz bei Beeinträchtigungen von Persönlichkeitsinteressen Ansprüche aus Unterlassung, Beseitigung und Schadensersatz möglich sind.[490] So können Schmälerungen der sog. Erfinderehre mit den Mitteln des BGB (Unterlassung, Schadensersatz) bekämpft werden.[491] Die geringere Entfaltung des Erfinderpersönlichkeitsrecht kann mit der niedrigeren Erfindungshöhe im Gebrauchsmusterrecht erklärt werden: Der menschliche Erfindungsgeist tritt hier nicht so stark zum Vorschein.[492]

II. Designrecht[493]

Das Designrecht schützt ästhetisch-geschmackliche oder eigenartige Schöpfungen.[494] Das Designrecht steht daher eigentlich dem Urheberrecht näher und wird dennoch zu den gewerblichen Schutzrechten gezählt.[495] Es geht um den Schutz der sog. „kleinen Münze"[496], also um den Schutz persönlich geistiger Schöpfungen, die ein gerade ausreichendes Minimum an Gestaltungshöhe aufweisen.[497] weshalb der Schutzgegenstand qualitativ unterhalb des Urheberrechts steht.[498]

---

486 *Ahrens*, Gewerblicher Rechtsschutz, § 14 Rn. 347.
487 *Götting*, Gewerblicher Rechtsschutz, § 12 Rn. 2, S. 148.
488 *Kraßer/Ann*, Patentrecht, § 20 IV, S. 405.
489 *Götting*, Gewerblicher Rechtsschutz, § 18 Rn. 6, S. 171.
490 *Kraßer/Ann*, Patentrecht, § 20 IV, S. 407.
491 *Ahrens*, Gewerblicher Rechtsschutz, § 18 Rn. 362.
492 *Ahrens*, Gewerblicher Rechtsschutz, § 18 Rn. 362.
493 Seit Inkrafttreten des DesignG am 1.1.2014 ersetzt wurde der Begriff des Geschmacksmusters terminologisch durch Design ersetzt, vgl. auch *Schicker/Haug*, NJW 2014, 726.
494 *Ahrens*, Gewerblicher Rechtsschutz, § 24 Rn. 414.
495 *Ahrens*, Gewerblicher Rechtsschutz, § 24 Rn. 414.
496 *Schack*, Urheber- und Urhebervertragsrecht, § 9 Rn. 292 ff.
497 Schricker/Loewenheim/*Loewenheim*, UrhR, § 2 Rn. 39.
498 *Ahrens*, Gewerblicher Rechtsschutz, § 24 Rn. 414.

Die Entwerferbenennung (§ 10 DesignG) dient dem Schutz ideeller wie materieller Interessen die mit der gestalterischen Leistung verbunden sind.[499] Insoweit wurde von einem Geschmacksmusterentwerferpersönlichkeitsrecht gesprochen werden.[500] Ob aber auch von einem Designentwerferpersönlichkeitsrecht zu sprechen sein wird, ist noch offen. Entwerfern soll dadurch eine angemessene Publizität eröffnet werden, um sich einen Ruf als Mustergestalter machen zu können.[501] Damit soll insgesamt die Stellung der Designer gestärkt werden, was auch dem Sinn und Zweck des Designrecht entspricht die Fortentwicklung des Formenschatzes zu fördern.[502]

III. Markenrecht

In der historischen Entwicklung ist das Markenrecht eng mit dem Namensrecht und daher auch mit dem Persönlichkeitsrecht verknüpft,[503] was sich insbesondere daraus ergibt, dass es eine nahe liegende Möglichkeit ist, Waren oder Dienstleistungen oder das Unternehmen selbst mit dem eigenen Namen zu bezeichnen.[504] Daher wurde das dem Markenrecht vorausgehende Warenzeichenrecht von der Rechtsprechung als „Persönlichkeitsrecht" bezeichnet, welches aber unter bestimmten Voraussetzungen übertragbar war.[505]

Die „Entpersonalisierung" und „Anonymisierung" des Wirtschaftslebens haben dazu geführt, dass der Name an Bedeutung verloren hat und zunehmend „Phantasiebezeichnungen" benutzt werden.[506] Das Markenrecht hat sich daher „von seinen persönlichkeitsrechtlichen Wurzeln gelöst und ist

499 *Götting*, Gewerblicher Rechtsschutz, § 41 Rn. 7, S. 300 f.

500 *Ahrens*, Gewerblicher Rechtsschutz, § 27 Rn. 437.

501 Begr. RegE, BlPMZ 2004, 222 (231).

502 Begr. RegE, BlPMZ 2004, 222 (231).

503 *Götting*, in: *Götting/Schertz/Seitz* (Hrsg.), Handbuch des Persönlichkeitsrechts, § 4 Rn. 9; zum persönlichkeitsrechtlichen Bezug siehe Ekey/Klippel/Bender/*Klippel*, Markenrecht, E1 Rn. 1, 5, 9, 11f., siehe auch *Sosnitza*, Markenrecht, § 3 Rn. 9 m.w.N.

504 *Götting*, Gewerblicher Rechtsschutz, § 53 Rn. 23.

505 *Götting*, in: *Götting/Schertz/Seitz* (Hrsg.), Handbuch des Persönlichkeitsrechts, § 4 Rn. 9.

506 *Götting*, Gewerblicher Rechtsschutz, § 53 Rn. 26.

als selbstständiges Wirtschaftsgut ohne jede Einschränkung übertragbar und damit ein völlig verselbstständigtes Immaterialgüterrecht."[507]

Das Markenrecht kommt heute auf anderen Wegen mit dem Persönlichkeitsrecht in Berührung. Zum einen trifft das Markenrecht heute Regelungen, damit der Name oder das Bildnis einer Person nicht gegen ihren Willen zugunsten eines anderen als Marke geschützt werden können (§ 13 MarkenG).[508] Sollte § 13 II Nr. 1, 2 MarkenG nicht einschlägig sein, kommt das allgemeine Persönlichkeitsrecht als sonstiges Recht i.S.d. § 13 I MarkenG in Betracht.[509] Zum anderen können bekannte Persönlichkeiten ein legitimes Interesse daran haben, ihr Ansehen und ihre Popularität kommerziell zu verwerten, dabei kann Erlangung von Markenschutz eine Rolle spielen.[510] Damit werden diese zu uneingeschränkt disponiblen Rechten (§§ 27, 30 MarkenG), obwohl ihnen eine persönlichkeitsrechtliche Qualität zugrunde liegt.[511] Allerdings kann die postmortale Schutzdauer, die vom BGH auf 10 Jahre beim postmortalen Persönlichkeitsrecht in entsprechender Anwendung des § 22 S. 3 KUG festgelegt wurde,[512] durch das Markenrecht nicht umgangen werden.[513] Der Vorstellung eines Lizenzverhältnisses ist nach Ablauf der 10 Jahres Frist die Grundlage entzogen.[514] Damit sind ab diesem Zeitpunkt die Persönlichkeitsmerkmale des Verstorbenen der Gefahr einer unbegrenzten Kommerzialisierung ausgesetzt.[515] Es entstehen beim Markenrecht deutliche Abweichungen zum persönlichkeitsrechtlichen Schutz, weshalb das Markenrecht den persönlichkeitsrechtlichen Schutz allenfalls ergänzen aber nicht ersetzen kann.[516]

---

507 *Götting*, in: *Götting/Schertz/Seitz* (Hrsg.), Handbuch des Persönlichkeitsrechts, § 4 Rn. 9; ähnlich auch *Sosnitza*, Markenrecht, § 3 Rn. 9; den Schutz einer unternehmerischen Leistung sehend *Ann*, GRUR Int. 2004, 597, 598; anders dagegen *Windisch*, der noch persönlichkeitsrechtliche Elemente sieht, GRUR 1993, 352, 355 ff.

508 *Götting*, in: *Götting/Schertz/Seitz* (Hrsg.), Handbuch des Persönlichkeitsrechts, § 4 Rn. 17; Ströbele/Hacker/*Hacker*, MarkenG, § 13 Rn. 25, 36.

509 Ströbele/Hacker/*Hacker*, MarkenG, § 13 Rn. 36.

510 Ströbele/Hacker/*Ströbele*, MarkenG, § 8 Rn. 254.

511 *Götting*, in: *Götting/Schertz/Seitz* (Hrsg.), Handbuch des Persönlichkeitsrechts, § 4 Rn. 18.

512 BGH GRUR 2007, 168 (kinski.klaus.de); *Schack*, JZ 2007, 365 ff. begrüßt die damit verbundene Absage an ein Persönlichkeitsgüterecht.

513 BPatG, GRUR 2010, 1015 (1016 f.); *Götting*, Gewerblicher Rechtsschutz, § 53 Rn. 25; Ströbele/Hacker/*Ströbele*, MarkenG, § 8 Rn. 254.

514 *Götting*, Gewerblicher Rechtsschutz, § 53 Rn. 25.

515 *Götting*, Gewerblicher Rechtsschutz, § 53 Rn. 25.

516 *Gauß*, in: *Götting/Schertz/Seitz* (Hrsg.), Handbuch des Persönlichkeitsrechts, § 14 Rn. 2.

Es lässt sich aber, wie gezeigt, aus dem Markenrecht selbst kein besonderes Persönlichkeitsrecht entnehmen.

Kapitel 3 Der Schutz von besonderen Persönlichkeitsrechten im Strafrecht des geistigen Eigentums

In diesem Kapitel wird der aktuell bestehende Schutz von besonderen Persönlichkeitsrechten im Strafrecht des geistigen Eigentums überprüft. Strafrecht des geistigen Eigentums meint, bezugnehmend auf den Begriff des geistigen Eigentums nach *Ohly*, die strafrechtlichen Normen, die sich im Bereich des geistigen Eigentums finden.[517] Der strafrechtliche Schutz des geistigen Eigentums wird maßgeblich in immaterialgüterrechtlichen Spezialvorschriften statuiert, wobei der strafrechtliche Schutz meist in seiner Bedeutung hinter zivilrechtlichen Schutzansprüchen zurück bleibt.[518] Zunächst soll in diesem Kapitel ein kurzer Überblick über den aktuellen Zustand des Strafrechts des geistigen Eigentums gegeben werden. Die vorsätzliche Verletzung eines Rechts des geistigen Eigentums ist strafbar nach § 142 PatG, § 25 GebrMG, § 10 HalbleiterschutzG, § 39 SortenschutzG, §§ 106 ff. UrhG, § 51 DesignG und § 143 MarkenG.[519] Maßgeblich geht es vorliegend um strafrechtliche Normen des Urheberrechts sowie des Patentrechts, da hier auch persönlichkeitsrechtliche Aspekte betroffen sein können. Dies kann maßgeblich aus der zivilrechtlichen Überprüfung geschlossen werden, nach der im UrhG und PatG besondere Persönlichkeitsrechte im zivilrechtlichen Bereich zu finden sind.[520]

Welche Normen besondere Persönlichkeitsrechte schützen, bestimmt sich danach, welches Rechtsgut hinter einer Norm steht bzw. was der Sinn und Zweck der Norm ist.[521] Unter Rechtsgütern sind dabei mit *Roxin* „alle Gegebenheiten oder Zwecksetzungen zu verstehen, die für die freie Entfaltung des Einzelnen, die Verwirklichung seiner Grundrechte und das Funktionieren eines auf dieser Zielvorstellung aufbauenden staatlichen Systems notwendig sind".[522] Das Rechtsgut ist durch Auslegung zu ermitteln.[523] Dazu werden zunächst die aktuellen Meinungen und gängigen Auslegun-

517 S. o. S. 38.
518 *Wohlers/Kudlich*, ZStW 119 (2007), 414.
519 *Cremer*, GRUR Int. 2002, 511.
520 S. o. S. 38 ff., 68 ff.
521 Vgl. *Roxin*, AT I, § 2 Rn. 4.
522 *Roxin*, AT I, § 2 Rn. 7.
523 *Bohnert*, JuS 1984, 182 (183); Schönke/Schröder/*Eisele*, Vorbem. §§ 13 ff. Rn. 9a.

gen dargestellt. Aktuell wird den strafrechtlichen Normen des geistigen Eigentums nur wenig persönlichkeitsrechtlicher Schutz zugesprochen. Dabei ist fraglich, ob das zwingend ist oder es an der derzeitigen Auslegung bzw. Interpretation der Normen liegt. Daher werden anschließend noch alternative Auslegungsmöglichkeiten aufgezeigt. Sollten sich andere geeignete Lesarten für aktuell vorhandene Normen ergeben, könnte dies den Schutz von Persönlichkeitsrechten bereits de lege lata verändern oder verbessern. Darüberhinaus ist nach der Klärung der Bestimmtheitsproblematik im *4. Kapitel* zu prüfen, ob der Schutz de lege lata ausreichend ist oder ob Gesetzesänderungen erforderlich sind, um Persönlichkeitsrechte angemessen zu schützen. Erst wenn die Vereinbarkeit zivilrechtsakzessorischer und besonders offener Tatbestände, die Persönlichkeitsrechte schützen, mit dem Bestimmtheitsgrundsatz geklärt ist, kann gefragt werden, wie die Strafwürdigkeit und -bedürftigkeit bei Persönlichkeitsrechtsverletzungen zu beurteilen ist (*5. Kapitel*).

A Aktueller Zustand

Hier erfolgt skizzenhaft eine Beschreibung der Zustandes des Strafrechts des geistigen Eigentums.[524]

Das Strafrecht des geistigen Eigentums befindet sich derzeit in einer besonderen Lage. Die Normen werden nur wenig beachtet und nicht voll ausgeschöpft, dem gegenüber steht eine enorme neue Bedrohungslage für das Geistige Eigentum.

Eine „wachsende immaterielle Wertschöpfung und die daraus resultierende finanzielle Lukrativität dieses ‚Wirtschaftssektors'" werden durch die im Eiltempo voranschreitende technischen Entwicklung und Globalisierung ermöglicht.[525] Die riesigen wirtschaftlichen Gewinne, die durch Verletzungen geistigen Eigentums errungen werden können,[526] führen dazu,

524 Siehe ausführlich dazu *Pfaffinger*, Rechtsgüter und Verhältnismäßigkeit, S. 1 ff., 5 ff.

525 So *Pfaffinger*, Rechtsgüter und Verhältnismäßigkeit, S. 1; Ebda auch zu weiteren Zahlen und Studien.

526 Vgl. *Kann*, Musikpiraterie, S. 1; für eine Übersicht der mutmaßlichen Schäden durch Marken- und Produktpiraterie siehe bspw. eine Übersicht im Forschungsbericht Nr. 579 des Bundesministeriums für Wirtschaft und Technologie S. 48 Tabelle 3.3, http://www.bmwi.de/BMWi/Redaktion/PDF/Publikationen/Dokumentationen/forschungsbericht-579,property=pdf,bereich=bmwi2012,sprache=de,rwb=true.pdf, (abgerufen am 14.10.2015).

dass sich in diesem Bereich Strukturen der organisierten Kriminalität finden.[527] Hinweise auf die Größenordnung bzgl. betroffener Unternehmen und die Schadenshöhe im gesamten Bereich der Marken- und Produktpiraterie finden sich in verschiedenen Studien.[528] Das Ausmaß ist „sowohl qualitativ als auch quantitativ ohne Vorbild".[529] Auch die hohe Anzahl von Arbeitsplätzen die dadurch gefährdet werden stellt eine Studie dar.[530] Allerdings sind diese Zahlen wegen der Berechnungsmethoden und Schadensangaben durch die Rechteinhaber mit Vorsicht zu bewerten.[531]

Auch die „exponentielle Erweiterung technischer Möglichkeiten"[532] und das Internet bieten neue Verletzungsmöglichkeiten. Interessant ist eine Untersuchung von 2013 in England, nach der jeder vierte Download und Stream im Internet illegal sein soll.[533] Dies passt dann zum Jahresbericht 2011 der GVU, nach dem Rund ein Drittel aller deutscher Internetuser In-

527 Schricker/Loewenheim/*Haß*, UrhR, Vor §§ 106 ff. Rn. 1; vgl. *Kann*, Musikpiraterie, S. 1.

528 Bspw. eine Übersicht im Forschungsbericht Nr. 579 des Bundesministeriums für Wirtschaft und Technologie S. 48 Tabelle 3.3 siehe schon Fn. 60; die Zollbilanz 2014 des Bundesfinanzministeriums, http://www.bundesfinanzministerium.de/Content/DE/Monatsberichte/2015/04/Inhalte/Kapitel-3-Analysen/3-3-zollbilanz-2014.html (abgerufen am 14.10.2015); siehe aber auch eine Studie des HABM zu schutzrechtsintensiven Wirtschaftszweigen in der EU vom 30.09.2013, http://ec.europa.eu/internal_market/intellectual-property/docs/joint-report-epo-ohim-final-version_en.pdf (abgerufen am 14.10.2015); *Schwartmann*, Studie über Modelle zur Versendung von Warnhinweisen bei Urheberrechtsverletzungen im Auftrag des Bundesministeriums für Wirtschaft und Technologie I C 4-02 08 15-29/11 https://www.bmwi.de/Redaktion/DE/Downloads/W/warnhinweise-kurz.pdf?__blob=publicationFile&v=3 (abgerufen am 14.10.2015); Studie von BASCAP zum weltweiten Schaden von Produktpiraterie: http://www.iccwbo.org/Advocacy-Codes-and-Rules/BASCAP/BASCAP-Research/Economic-impact/Global-Impacts-Study/ (abgerufen am 14.10.2016).

529 *Pfaffinger*, Rechtsgüter und Verhältnismäßigkeit, S. 1; vgl. auch bei *Sieber*, Straftaten und Strafverfolgung im Internet, Gutachten C zum 69. Deutschen Juristentag, C 30 ff.

530 Studie des Harmonisierungsamtes für den Binnenmarkt zu schutzrechtsintensiven Wirtschaftszweigen in der EU vom 30.09.2013 siehe schon Fn. 62; siehe auch *Vassilaki*, MMR 2003, V f.

531 *Sieber*, Straftaten und Strafverfolgung im Internet, Gutachten C zum 69. Deutschen Juristentag, C 32.

532 *Frehsee*, in: *Schild* (Hrsg.), Der Rechtsstaat verschwindet, S. 352 (366).

533 Siehe Pressebericht des IUM zur Ofcom-Studie: http://www.urheberrecht.org/news/5026/ (abgerufen am 14.10.2015); vgl. z.B. auch die Zahlen der DCN-Studie von GFK, http://www.gvu.de/wp-content/uploads/2015/08/DCN_Studie-2013.pdf (abgerufen am 14.10.2015).

ternetseiten mit illegalen Medieninhalten besuchte.[534] Auch *Haß* verweist auf eine Studie der EU und steigende Zahlen von Fällen des Urheberstrafrechts vor Gericht.[535] Dabei legt *Haß* nicht offen, woher er die steigende Zahl von Fällen vor Gericht entnommen hat. Der polizeilichen Kriminalstatistik von 2015 kann, nach einem Anstieg zwischen 2012 – 2014, eine leichte Abnahme bei den Delikten im Zusammenhang mit Urheberrechtsbestimmungen entnommen werden.[536] Jedoch muss beachtet werden, dass es sich absolut um lediglich 7.669 Fälle handelt, weshalb die praktische Relevanz der strafrechtlichen Urheberrechtsnormen immer noch als gering einzustufen ist.[537] Darunter fallen zudem neben Verletzungen des UrhG auch Verstöße gegen das UWG, MarkenG etc.[538] Lediglich 2.282 Fälle davon betreffen das UrhG.[539] Demgegenüber stehen außerdem im Jahre 2014 nur 135 Personen, die wegen Urheberrechtsverletzungen abgeurteilt wurden.[540] Die geringe praktische Relevanz zeigt sich auch darin, dass es in den meisten Fällen von Verurteilungen nicht zu Freiheitsstrafen (10), sondern in der Regel zu einer Geldstrafe kommt (123).[541] Es ist zudem nahezu unmöglich genaue Zahlen gerade im Zusammenhang mit Persönlichkeitsrechtsverletzungen über Strafanträge und Einstellungen von Verfahren etc.

---

534 GVU Jahresbericht 2011: http://www.gvu.de/gvu-jahresbericht-2011-ab-sofort-online/2196 (abgerufen am 18.11.2015); siehe auch *Sieber*, Straftaten und Strafverfolgung im Internet, Gutachten C zum 69. Deutschen Juristentag, C 30 ff. m.w.N.

535 Schricker/Loewenheim/*Haß*, UrhR, Vor §§ 106 ff. Rn. 1 f. m.w.N.

536 Bundeskriminalamt, PKS 2015.

537 Siehe bspw. *Haß*, in: *Lehmann* (Hrsg.), Rechtsschutz und Verwertung, 1. Teil, XII, Rn. 66 der von der „Magd des Zivilrechts" spricht; siehe zum Problem des Unrechtsbewusstseins im Zusammenhang mit Urheberrechtsdelikten bei *Schwartmann*, Leben im Schwarm, S. 99, 101 f.; ebenfalls zum „Urheberunrechtsbewusstsein" *Wang*, Der strafrechtliche Schutz des Urheberrechts, S. 204 ff.

538 Bundeskriminalamt, PKS 2015.

539 Bundeskriminalamt, PKS 2015.

540 Vgl. die Strafverfolgungsstatistik 2014 des Statistischen Bundesamtes, S. 154, https://www.destatis.de/DE/Publikationen/Thematisch/Rechtspflege/StrafverfolgungVollzug/Strafverfolgung2100300147004.pdf?__blob=publicationFile (abgerufen am 26.05.2016). Siehe dazu schon 1999 im Zweiten Produktpirateriebericht der Bundesregierung (BT-Drucks. 14/2111), S. 10; sowie die E-Mail des Bayerischen Staatsministeriums für Justiz und für Verbraucherschutz im Anhang.

541 Dies ist der Strafverfolgungsstatistik 2014 des Statistischen Bundesamtes zu entnehmen, S. 122, https://www.destatis.de/DE/Publikationen/Thematisch/Rechtspflege/StrafverfolgungVollzug/Strafverfolgung2100300147004.pdf?__blob=publicationFile (abgerufen am 26.05.2016).

zu finden, da die urheberrechtlichen Straftaten meist nicht getrennt nach den einzelnen urheberrechtlichen Tatbeständen in die Statistik aufgenommen werden.[542]

Obwohl eine kontinuierlich steigende Zahl von Rechtsverletzungen im Bereich des geistigen Eigentums zu beobachten ist,[543] muss die praktische Relevanz der strafrechtlichen Normen immer noch als gering eingestuft werden. Dies liegt sicher auch an der häufig vorkommenden Bagatellisierung und am fehlendem Unrechtsbewusstsein bei Verletzungen geistigen Eigentums.[544] So verwundert es nicht, dass es in den meisten Fällen von Verurteilungen nicht zu Freiheitsstrafen, sondern in der Regel zu einer Geldstrafe kommt.[545]

Eine ausführlichere Betrachtung ist hier aber nicht weiterführend, da der Schutz von Persönlichkeitsrechten zwar dem aufgezeigten Problemkreises zuzuordnen ist, aber die Untersuchungen und Statistiken diese nicht eigens aufführen. Oft geht es nämlich bei Persönlichkeitsrechten weniger um materielle Schäden und Gefahren, sondern vielmehr um immaterielle Verluste, die in den aktuellen Studien und Zahlen nicht hinreichend zur Geltung kommen, auch weil meist allgemein von den Normen des geistigen Eigentums ausgegangen wird.

B Aktueller Schutz von besonderen Persönlichkeitsrechten

Welche Normen aktuell dem Schutz von besonderen Persönlichkeitsrechten dienen, steht nicht einheitlich fest. Vielmehr kommt es auf die Auslegung und Interpretationen der einzelnen Normen und ihrer geschützten

542 Siehe dazu schon 1999 im Zweiten Produktpiraterieberichtder Bundesregierung (BT-Drucks. 14/2111), S. 10; vgl. auch Bundeskriminalamt, PKS 2015; sowie die E-Mail des Bayerischen Staatsministeriums für Justiz und für Verbraucherschutz im Anhang.

543 *Pfaffinger*, Rechtsgüter und Verhältnismäßigkeit, S. 1.

544 *Pfaffinger*, Rechtsgüter und Verhältnismäßigkeit, S. 2; vgl. *Pekala*, Markenpiraterie, S. 40; so für das Urheberrecht *Schwartmann*, in: *Schwartmann* (Hrsg.), Leben im Schwarm, S. 99, 101 f.; siehe auch *Wang*, Der strafrechtliche Schutz des Urheberrechts, S. 204 ff.

545 Dies ist der Strafverfolgungsstatistik 2013 des Statistischen Bundesamtes zu entnehmen, zum Urheberrecht S. 122; zum Verhältnis Geldstrafe und Freiheitsstrafe nach MarkenG und PatG siehe S. 120, https://www.destatis.de/DE/Publikationen/Thematisch/Rechtspflege/StrafverfolgungVollzug/StrafverfolgungsstatistikDeutschland.html (abgerufen am 14.10.2015).

Rechtsgüter an.[546] Insofern müssen die verschiedenen strafrechtlichen Normen auf ihr zu schützendes Rechtsgut hin untersucht werden.[547] Nur bei Feststellung des Schutzzweck, bzw. des Rechtsguts der jeweiligen Norm, ist erkennbar ob sie persönlichkeitsrechtlichen Schutz bietet. Unabhängig davon, ob der Rechtsgutslehre eine kritisch-begrenzende[548] Funktion abzusprechen ist, wie dies seit dem „Inzesturteil" des BVerfG[549] verstärkt im Raum steht, ist allgemein anerkannt, dass das Rechtsgut für die Systematisierung innerhalb[550] des Strafrechts eine entscheidende Rolle spielt.[551] Das Strafrecht dient wie die anderen Rechtsgebiete dem Rechtsfriedenschutz, hat dabei aber die Aufgabe des „Rechtsgüterschutzes mit spezifischen Mitteln".[552] Auch wenn diese Aufgabe des Strafrechts grundsätzlich anerkannt ist,[553] bleiben Definition und Funktion des Rechtsguts umstritten. „Der erste Ansatz zur Ermittlung des Unrechtsgehalts einer Strafvorschrift ist das ... Rechtsgut."[554] Bei offenen, unbestimmten Rechtsgütern wie etwa bei Persönlichkeitsrechten kann für die Unrechtstypisierung auch die Festlegung der Verhaltensweisen eine Rolle spielen.[555] Nach

---

546 Vgl. *Bohnert*, JuS 1984, 182 (183); vgl. wiederum *Roxin*, AT I, § 2 Rn. 4.

547 Siehe dazu die Untersuchung bei *Pfaffinger*, Rechtsgüter und Verhältnismäßigkeit, S. 83 ff.

548 Auch unter folgenden Bezeichnungen zu finden: systemkritischer, systemtranszendenter, liberaler, substanzieller oder materialer Rechtsgutsbegriff.

549 BVerfGE 120, 224; aber auch schon vorher in der Cannabis-Entscheidung BVerfGE 90, 145 = NJW 1994, 157 so *Vogel*, StV 1996, 110 (115).

550 Daher auch unter systemimmanenter, teleologischer, methodischer, methodologischer oder hermeneutischer Rechtsgutsbegriff zu finden.

551 Schönke/Schröder/*Eisele*, Vorbem. §§ 13 ff. Rn. 9a f.; *Otto*, Strafrecht AT, § 1 Rn. 41; *Roxin*, AT I, § 2 Rn. 1 ff. insb. Rn. 4; *Theile*, wistra 2012, 285 (286 f.); zur der Problematik der Rechtsgutslehre siehe unten S. 193 ff.

552 *Krey/Esser*, AT, § 1 Rn. 5; *Maurach/Zipf*, AT 1, § 19 Rn. 4.

553 *Dubber*, ZStW 117 (2005), 485 (501 m.w.N.); Schönke/Schröder/*Eser/Hecker*, § 1 Rn. 48; *Frister*, Strafrecht AT, 3. Kap. Rn. 20 ff.; NK-StGB/*Hassemer/Neumann*, Vor § 1 Rn. 108 f.; *Heinrich*, in: FS Roxin, S. 131 ff., 146 ff.; *Jäger*, Strafrecht AT, § 1 Rn. 4; *Jescheck/Weigend*, Strafrecht AT, S. 7 ff.; MüKo-StGB/*Joecks*, Einl. Rn. 26; *Krey/Esser*, AT, § 1 Rn. 5; *Navarrete*, in: FS Roxin, S. 169 (182); *Otto*, in: *Müller-Dietz* (Hrsg.), Strafrechtsdogmatik und Kriminalpolitik, S. 1; siehe auch m.w.N. *Roxin*, AT I, § 2 Rn. 7 Fn. 21, 22; *Roxin/Arzt/Tiedemann*, Einführung, S. 4; SK-StGB/*Rudolphi/Jäger*, Vor § 1 Rn. 3; *Schünemann*, in: *v. Hirsch/Seelmann/Wohlers* (Hrsg.), Mediating Principles, S. 18 ff.; *Steinberg*, in: FS Rüping, S. 91 ff.

554 *Kühl*, in: *Bosch/Bung/Klippel* (Hrsg.), Geistiges Eigentum und Strafrecht, S. 124.

555 *Kühl*, in: *Bosch/Bung/Klippel* (Hrsg.), Geistiges Eigentum und Strafrecht, S. 125.

Schünemann[556] kann es dabei auch auf die Bestimmung der „Angriffsformen“ und auf die „Eingriffstiefe“ ankommen.[557]

Daher sind nun die strafrechtlichen Normen des geistigen Eigentums auf ihr Rechtsgut zu überprüfen. Problematisch ist dabei, dass es an einer Fundierung und Systematisierung des strafrechtlichen Persönlichkeitsrechtsschutzes de lege lata und de lege ferenda fehlt.[558] Welche Normen das Persönlichkeitsrecht schützen, ist nur unter Schwierigkeiten festzustellen, da diese erst „aufgespürt“ werden müssen.[559] Dabei müssen alle in Betracht kommenden Normen überprüft werden, was ebenfalls gerade durch eine fehlende Systematisierung und Fundierung erschwert wird. Zudem ist der Schutz von Persönlichkeitsrechten oft vielgestaltig statuiert, mit anderen Schutzzielen kombiniert oder von diesen überlagert, was zusätzlich die Einordnung einer Norm erschwert.[560]

Somit soll es hier in erster Linie um eine Darstellung der bisher vertretenen Ansichten gehen; erst abschließend soll versucht werden, auch alternativen Auslegungsmöglichkeiten einen Raum zu geben.

Zuvor ist noch darauf einzugehen, ob Persönlichkeitsrechte angesichts ihrer Unbestimmtheit und Offenheit überhaupt als Rechtsgüter in Betracht kommen. Die Strafrechtswissenschaft verfügt jedenfalls nicht über einen eigenen Begriff für das Persönlichkeitsrecht.[561] Der verfassungsrechtliche Begriff („Sphärentheorie“) kann für das Strafrecht ebenso wenig genügen wie der Begriff des Zivilrechts.[562] Es muss für jedes Rechtsgebiet gesondert gesucht werden, da im Öffentlichen Recht das allgemeine Persönlichkeitsrecht ein klassisches Abwehrrecht gegenüber dem Staat darstellt.[563] Zudem kann im Verfassungsrecht der Kerngehalt immer nur durch eine Abwägung und Wertung bestimmt werden.[564] Dagegen sind Persönlichkeitsrechte im Zivilrecht subjektive, absolute Rechte auf Selbst-

---

556 LK-StGB/*Schünemann*, Vor § 201, Rn. 3 m.w.N.

557 *Kühl*, in: *Bosch/Bung/Klippel* (Hrsg.), Geistiges Eigentum und Strafrecht, S. 125; LK-StGB/*Schünemann*, Vor § 201, Rn. 3 m.w.N.

558 *Kühl*, in: FS Schöch, 2010, S. 419 ff.; so auch S. 15 ff.

559 *Kühl*, in: FS Schöch, 2010, S. 419 (426).

560 *Heuchemer*, in: *Götting/Schertz/Seitz* (Hrsg.), Handbuch des Persönlichkeitsrechts, § 30 Rn. 10, 11 Fn. 33; siehe außerdem schon S. 28 f.

561 *Kühl*, in: *Bosch/Bung/Klippel* (Hrsg.), Geistiges Eigentum und Strafrecht, S. 120.

562 *Kühl*, in: *Bosch/Bung/Klippel* (Hrsg.), Geistiges Eigentum und Strafrecht, S. 120; *Schünemann*, ZStW 90 (1978), 11, 17 ff.; so wie auch die verfassungsrechtliche Beurteilung unabhängig von zivilrechtlichen Vorgaben zu erfolgen hat: dazu *Fechner*, Geistiges Eigentum und Verfassung, S. 256.

563 Maunz/Dürig/*Di Fabio*, GG, Art. 2 Rn. 132.

564 *Schünemann*, ZStW 90 (1978), 11, 18.

bestimmung in persönlichen Angelegenheiten, sodass das allgemeine Persönlichkeitsrecht ein subjektives Recht darstellt.[565] Außerdem wird auch im Zivilrecht bei jeder Sphäre auf eine Güter- und Interessenabwägung verwiesen, sodass keine befriedigende Rechtsgutsdefinition erwartet werden kann.[566] Auch wenn das Strafrecht zivilrechtsakzessorisch ist, sind im Strafrecht an einen Begriff oder an ein Rechtsgut andere Bedingungen als im Zivilrecht zu stellen, alleine wegen des im Strafrecht geltenden Bestimmtheitsgrundsatzes[567] (Art. 103 II GG). Das Persönlichkeitsrecht an sich ist sehr unbestimmt, weshalb es selbst nicht ohne weiteres zu einem strafrechtlich geschützten Gut erhoben werden soll.[568] Die Problematik eines eigenen strafrechtlichen Begriffs, die dringend von der Strafrechtswissenschaft angegangen werden muss, sollte Thema einer anderen vertieften Bearbeitung sein.[569] In der vorliegenden Arbeit bleibt nur festzustellen, dass es keinen eigenen strafrechtlichen Begriff für das Persönlichkeitsrecht gibt und somit nur einzelne Teilaspekte geschützt werden, die Persönlichkeitsrechten zugeordnet werden können. Das Strafrecht schützt die Persönlichkeit im Sinne der Würde und Integrität des Einzelnen in fragmentarischer Form (Ausprägungen: physische, psychische Gesundheit, Freiheit, Ehre, Privatsphäre, sexuelle Integrität als personale Individualrechtsgüter).[570]

Schon im Zivilrecht tauchen Probleme wegen der Gegensätzlichkeit von Persönlichkeit und Recht auf.[571] Als eine Gegensätzlichkeit sei hier genannt, dass die Persönlichkeit stets dynamisch und einem Wandel unterworfen ist, wohingegen das Recht eine abstrakte Ordnung darstellt, die an typische Fälle anknüpft.[572] Persönlichkeit ist eigentlich rechtlos, wie Recht auch unpersönlich ist.[573] Um aber der Persönlichkeit die Erfüllung ihrer Aufgaben zu ermöglichen, muss das Recht sie in ihrer Gesamtheit schüt-

---

565 *Götting*, in: *Götting/Schertz/Seitz* (Hrsg.), Handbuch des Persönlichkeitsrechts, § 1 Rn. 16, 29; siehe zu dem S. 9.

566 *Schünemann*, ZStW 90 (1978), 11, 18.

567 Zur Frage wie mit den Begriffen Prinzip, Grundsatz, Postulat, Regel umgegangen werden kann *Trendelenburg*, Ultima ratio?, S. 25 f.

568 *Kühl*, in: FS Schöch, 2010, S. 419 (433).

569 Dies ebenfalls fordernd *Kühl*, in: *Bosch/Bung/Klippel* (Hrsg.), Geistiges Eigentum und Strafrecht, S. 12.

570 *Höpfel*, in: *Koziol/Warzilek* (Hrsg.), Persönlichkeitsschutz gegenüber Massenmedien, S. 545.

571 So bspw. *Hubmann*, Das Persönlichkeitsrecht, S. 67 ff.

572 *Hubmann*, Das Persönlichkeitsrecht, S. 68 f.

573 *Hubmann*, Das Persönlichkeitsrecht, S. 69.

zen und vor Eingriffen bewahren; damit folgt aus dem Zweck des Rechts, dass der verwirklichte Persönlichkeitswert zugleich Rechtsgut ist.[574]

Auch strafrechtlich ist eine ähnliche Betrachtung sinnvoll. Die Offenheit und Unbestimmtheit eines Rechtsguts kann nicht dazu führen, dieses Recht ungeschützt zu lassen; vielmehr muss eine Norm, die das Persönlichkeitsrecht schützt, selbst den Bestimmtheitsanforderungen genügen und daher „bestimmt genug“ gestaltet werden. Der Bestimmtheitsgrundsatz betrifft in erster Linie nämlich eine Norm (förmliches Gesetz) im Ganzen.[575] Zudem werden aktuell nur Teilaspekte der Persönlichkeit geschützt. Somit stellt sich derzeit nicht die Frage, wie eine strafrechtliche Norm zu beurteilen wäre, die generell Verletzungen des Persönlichkeitsrechts bestraft. Damit ist das Strafrecht im Bereich des Persönlichkeitsrechts seinem „fragmentarischen Charakter“ treu.[576] Und dennoch wird im Verlaufe dieser Arbeit zu überprüfen sein, ob ein ausreichender Schutz von Persönlichkeitsrechten besteht, oder ob eine Erweiterung des Schutzes trotz der aufgezeigten Probleme im Rahmen der straf- und verfassungsrechtlichen Regeln möglich und notwendig ist.

I. Zivilrechtsakzessorietät im Strafrecht des geistigen Eigentums

Akzessorietät bedeutet, dass eine Norm in irgendeiner Weise auf eine andere Norm verweist oder von dieser „abhängig“ ist.[577] In Betracht kommen dafür Blankettgesetze, normative Tatbestandsmerkmale und Generalklauseln. Im Strafrecht des geistigen Eigentums sind die strafrechtlichen Tatbestände meist auf das Zivilrecht in Form von Blanketttatbeständen und Verweisungen bezogen.[578] *Binding* hat den Begriff des strafrechtlichen

---

574 *Hubmann*, Das Persönlichkeitsrecht, S. 81.

575 Vgl. Maunz/Dürig/*Schmidt-Aßmann*, GG, Art. 103 II Rn. 183.

576 *Kühl*, in: *Hefendehl/v. Hirsch/Wohlers* (Hrsg.), Geistiges Eigentum und Strafrecht, S. 125; für das Urheberstrafrecht *Kann*, Musikpiraterie, S. 123.

577 *Hohmann*, ZIS 2007, 38, 48; *Rau*, Phänomenologie und Bekämpfung von 'Cyberpiraterie', S. 99.

578 Siehe als Beispiel für eng mit dem Zivilrecht verflochtene Normen nur §§ 106 UrhG ff., § 142 PatG, wobei umstritten ist ob diese als Blankett einzuordnen sind; und für einen Blanketttatbestand § 143 I MarkenG; zu § 106 UrhG Erbs/Kohlhaas/*Kaiser*, UrhG, § 106 Rn. 3; vgl. *Lampe*, UFITA 83 (1978), 15 ff.; *Pfaffinger*, Rechtsgüter und Verhältnismäßigkeit, S. 59 f.; *Rau*, Phänomenologie und Bekämpfung von 'Cyberpiraterie', S. 99.

Blankettgesetzes entwickelt.[579] Nach dem heutigen Verständnis sind Blankettgesetze alle Normen, welche die Voraussetzungen der Norm nicht abschließend selbst im Tatbestand regeln, sondern auf eine andere Norm verweisen.[580] Von Blankettgesetzen im weiteren Sinne wird bei Verweisungen auf Normen der gleichen Instanz, z.B. §§ 331, 332 HGB (sog. unechtes Blankett) gesprochen. Dagegen sind Blankettgesetze im engeren Sinne (sog. echtes Blankett) Normen, die zu ihrer Ausfüllung auf Normen einer anderen Instanz verweisen, z.B. § 34 I AWG.[581]

Demgegenüber setzen normative Tatbestandsmerkmale begrifflich eine Wertung voraus; sie sind „gesetzeszweckbezogen".[582] Der Richter wird konkludent oder ausdrücklich auf Normen und Wertungsmaßstäbe außerhalb des Strafrechts verwiesen, die er zur Wertausfüllung benutzen soll.[583] An sich ist bei einem normativen Tatbestandsmerkmal der Tatbestand aber abgeschlossen; die Strafbarkeit ist schon aus der Norm erkennbar und nicht wie bei einem Blankett erst durch das Zusammenlesen mit einer weiteren Norm.

Die akzessorische Ausgestaltung anhand von Blankettgesetzen ist häufig im Wirtschaftsstrafrecht und gerade im Nebenstrafrecht „kennzeichnend".[584] Die Verfassungswidrigkeit solcher Normen ist jedoch nicht unzweifelhaft gegeben.[585] Es soll aber nicht nur Flexibilität und der Gleichlauf inhaltlicher zusammenhängender Normen erreicht, sondern auch eine Möglichkeit geschaffen werden, sich schnell ändernden Sachlagen an-

579 *Binding*, Die Normen und ihre Übertretung Bd. I, S. 161 f.; Nach ihm sind Blankettstrafgesetze solche, die eine Verweisung auf Normen einer anderen Instanz enthalten.

580 *Enderle*, Blankettstrafgesetze, S. 81 f.; siehe auch bei *Böxler*, Markenstrafrecht, S. 247; LK-StGB/*Dannecker*, § 1 Rn. 148; *Käbisch*, Markenschutz im Strafrecht, S. 189 m.w.N.; *Paulduro*, Die Verfassungsgemäßheit, S. 410; *Wittig*, WiStr, § 6 Rn. 14.

581 Weitere Blankettstrafgesetze: §§ 143, 184a, 315a I Nr. 2, 329 StGB, § 3 WiStG; es wird auch von einer sog. Außenverweisung gesprochen: LK-StGB/*Dannecker*, § 1 Rn. 148.

582 LK-StGB-*Dannecker*, § 1 Rn. 149; *Hobe*, Der Vorsatz bei normativen Tatbestandsmerkmalen, S. 25, 35; *Wittig*, WiStr, § 6 Rn. 17.

583 *Maurach/Zipf*, AT 1, § 20 Rn. 55; vgl. auch *Dinter*, Der Pflichtwidrigkeitsvorsatz, S. 12.

584 Siehe nur *Hüls*, NZWiSt 2012, 12; Schönke/Schröder/*Eser/Hecker*, Vorbem. § 1 Rn. 3; *Paulduro*, Die Verfassungsgemäßheit, S. 410; *Tiedemann*, WiStr AT, Rn. 197; diese seien verfassungsrechtlich zu überprüfen, so *Sinn*, ZJS 2018, 381 (385).

585 Vgl. dazu BVerfG NJW 2016, 3648; sowie *Sinn*, ZJS 2018, 381 (385).

zupassen.[586] So kann generell ein Vergleich zwischen dem Strafrecht des geistigen Eigentums und dem verwaltungsakzessorischen Umweltstrafrecht gezogen werden: [587]

> „Das Strafrecht kann hier nicht ohne Mißachtung einer einheitlichen Wertordnung des Rechts das verwaltungsrechtlich grundsätzlich positiv eingeschätzte Verhalten als grundsätzlich sozialschädlich einstufen und verbieten. Vielmehr muß bereits auf Ebene der Verbotsmaterie Konkordanz zwischen der verwaltungs- und der strafrechtlichen Wertung hergestellt werden. Die wiederum kann zwanglos dadurch erreicht werden, daß das Verwaltungsrecht zum Gegenstand des Deliktstatbestandes und damit zum Bestandteil des strafrechtlichen Unrechts gemacht wird.“[588]

Hier wird auch der wichtige Punkt angesprochen, dass durch akzessorische Normen erreicht werden kann, das die strafrechtlichen Normen nicht über das Zivilrecht hinausgehen.[589] Strafbar kann nur sein, was auch im Übrigen nicht rechtmäßig ist. Darin zeigt sich die Akzessorietät des Strafrechts und macht es damit zu einer sekundären Rechtsordnung.[590] Die Vorteile einer solchen akzessorischen Gestaltung bringen aber auch Nachteile im Bereich der Auslegung und Bestimmtheit (Art. 103 II GG) mit sich.[591] Zu Problemen im Zusammenhang mit dem Bestimmtheitsgrundsatz näher im 4. Kapitel. Trotz dieser Probleme finden sich in Lehrbüchern und Kommentaren kaum Ausführungen zur Zivilrechtsakzessorietät des Strafrechts.[592] Anders ist dies nur im Bereich der Verwaltungsakzessorietät.[593]

---

586 So *Böxler*, Markenstrafrecht, S. 255; siehe dazu auch *Tiedemann*, WiStr AT, Rn. 197.

587 So im Zusammenhang mit dem Markenstrafrecht *Böxler*, Markenstrafrecht, S. 257; zur Geeignetheit des Umweltstrafrechts für Abhandlungen über die Verwaltungsakzessorietät vgl. *Bräutigam-Ernst*, Die Bedeutung von Verwaltungsvorschriften, S. 241 f.

588 *Tiedemann/Kindhäuser*, NStZ 1988, 337 (343).

589 Vgl. *Böxler*, Markenstrafrecht, S. 256.

590 LK-StGB/*Walter*, Vor § 13 Rn. 4.

591 Vgl. BVerfG NJW 2016, 3648; Wandtke/Bullinger/*Hildebrandt/Reinbacher*, UrhR, § 106 Rn. 28.

592 So auch *Hohmann*, ZIS 2007, 38 mit dem Hinweis aber auf einzelne wenige Abhandlungen bzw. in der Habilitationsschrift von Bruns.

593 So z.B. *Bräutigam-Ernst*, Die Bedeutung von Verwaltungsvorschriften, S. 241 ff.; vgl. außerdem bei Schönke/Schröder/*Heine/Hecker*, Vorbem. §§ 324 ff. Rn. 15 ff.;

II. Urheberrechtsgesetz

Die strafrechtlichen Normen im Urheberstrafrecht finden sich in den §§ 106 ff. UrhG und sind zivilrechtsakzessorisch ausgestaltet.[594] Es wird auch von der sog. „Urheberrechtsakzessorietät" gesprochen.[595] Daraus leitet sich auch die Bezeichnung des Urheberstrafrechts als „Magd des Zivilrechts" ab.[596] Im Urheberrechtsgesetz sind dabei die strafrechtlichen Tatbestände auf das zivilrechtliche Urheberrecht bezogen. Beispielsweise auf die Begriffe Werk, Bearbeitung, Umgestaltung, Vervielfältigung Verbreitung oder öffentliche Wiedergabe.[597] Probleme, die aufgrund dieser Akzessorietät mit Art. 103 II GG entstehen, werden im *4. Kapitel* problematisiert, da es vorliegend zunächst um die Frage geht, ob die Normen überhaupt Persönlichkeitsrechte schützen.

Allerdings sind nicht alle zivilrechtlich verfolgbaren Urheberrechtsverletzungen auch strafrechtlich geschützt, so besteht insbesondere für Persönlichkeitsrechte kaum strafrechtlicher Schutz.[598] Sind die Verwertungsrechte nahezu umfassend strafrechtlich geschützt, so sind im Bereich der Persönlichkeitsrechte nach h.M. allenfalls einzelne Verstöße, die die Urheber-Signatur (Anerkennung auf Urheberschaft) betreffen, in § 107 UrhG strafbewehrt.[599] Die anderen Aspekte des zivilrechtlichen Urheberpersönlichkeitsrechts, wie z.B. Veröffentlichungsrecht, Schutz vor Entstellung, Änderungsverbot finden im Strafrecht kein Äquivalent.[600] Auch in Fällen einer Werkzerstörung greift keine persönlichkeitsrechtsschützende strafrechtliche Norm ein.

MüKo-StGB/*Schmitz*, vor §§ 324 ff. Rn. 41 ff. Leipziger Kommentar und für das Kartellrecht MüKo-StGB/*Hohmann*, § 298 Rn. 67.

594 *Dietz*, in: *Wandtke* (Hrsg.), Urheberrecht, Kap. 11 Rn. 4; Wandtke/Bullinger/*Hildebrandt/Reinbacher*, UrhR, § 106 Rn. 1, 6.

595 Dreier/Schulze/*Dreier*, UrhG, § 106 Rn. 4; Fromm/Nordemann/*Ruttke/Scharringhausen*, UrhR, Vor § 106 UrhG Rn. 1.

596 *Haß*, in: *Lehmann* (Hrsg.), Rechtsschutz und Verwertung, 1. Teil, XII, Rn. 66.

597 So auch *Rau*, Phänomenologie und Bekämpfung von 'Cyberpiraterie', S. 99.

598 *Flechsig*, in: *Loewenheim* (Hrsg.), Handbuch des Urheberrechts, § 90 Rn. 2; *Kann*, Musikpiraterie, S. 90, 104; Fromm/Nordemann/*Ruttke/Scharringhausen*, UrhR, Vor § 106 UrhG Rn. 1; § 106 UrhG Rn. 1.

599 *Lampe*, UFITA 83 (1978), 15 (27); Schricker/Loewenheim/*Haß*, UrhR, § 106 Rn. 1; MüKo-StGB/*Heinrich*, Vorbe. UrhG, Rn. 2; Fromm/Nordemann/*Ruttke/Scharringhausen*, UrhR, § 106 UrhG Rn. 1.

600 S. o. S. 44 ff.

Bei allen Normen (außer § 108b UrhG) ist eine Versuchsstrafbarkeit vorgesehen, wobei fahrlässiges Verhalten nicht strafbar ist.[601] Die §§ 106 ff. UrhG „sind Normen des materiellen Strafrechts", auf die daher die §§ 1–79b StGB anwendbar sind.[602]

War das Urheberrechtsstrafrecht jahrelang faktisch bedeutungslos, nimmt heute, wie oben bereits aufgezeigt, die praktische Relevanz, auch aufgrund immer neuer technischer Möglichkeiten, zu.[603] So wird bereits 1983 von einer „Renaissance" der urheberrechtlichen Strafrechtsnormen gesprochen.[604]

Es ist fraglich, ob die zivilrechtlichen Sanktionen allein ausreichen, weshalb das Strafrecht auf den Plan tritt.[605] Trotzdem spielt auch heute wie gezeigt das Urheberstrafrecht weiterhin eine untergeordnete Rolle, was auf geteilte Meinung stößt.[606] So wird teilweise gefordert den urheberrechtlichen Strafrechtsschutz zu verbessern, andere wollen ihn hingegen ganz abschaffen.[607]

Durch die Urheberrechtsreform 1965 entstanden aus den wesentlich älteren Strafvorschriften des LUG und KUG die §§ 106 ff. UrhG.[608] Interessant ist, dass vor Anfang des 20. Jahrhunderts bzw. Ende des 19. Jahrhunderts (1901, 1907) Entscheidungen des deutschen Reichsgerichts zum Urheberrecht im Zivil- und Strafrecht „sich zahlenmäßig die Waage" gehalten haben.[609] Seit 1901, 1907 hat sich dies in die Richtung des Zivilrechts verschoben und nach 1916 gab es nur noch sehr vereinzelt urheberstrafrechtliche Urteile.[610] Eine Erklärung für diese Entwicklung ist, dass seit

---

601 *Dietz*, in: *Wandtke* (Hrsg.), Urheberrecht, Kap. 11 Rn. 3.

602 Fromm/Nordemann/*Ruttke/Scharringhausen*, UrhR, Vor § 106 UrhG Rn. 5.

603 S. o. S. 13 f., 82 ff.; MüKo-StGB/*Heinrich*, Vorbe. UrhG, Rn. 28 m.w.N. in Fn. 1; Wandtke/Bullinger/*Hildebrandt/Reinbacher*, UrhR, § 106 UrhG Rn. 1; *Zabel*, JA 2010, 401.

604 *V. Gravenreuth*, GRUR 1983, 349; siehe auch *Löffler*, NJW 1993, 1421 (1427).

605 MüKo-StGB/*Heinrich*, Vorbe. UrhG, Rn. 28; siehe auch *Pfaffinger*, Rechtsgüter und Verhältnismäßigkeit, S. 2; zum Vorschlag des Versendens von Warnhinweisen durch Internet-Zugangsanbieter siehe schon Fn. 62.

606 Dreier/Schulze/*Dreier*, UrhG, § 106 Rn. 2; gegen eine Vernachlässigung des Urheberstrafrechts *Spautz*, FuR 1978, 96 (99).

607 Für eine Erweiterung des Schutzes: *Dietz*, in: *Wandtke* (Hrsg.), Urheberrecht, Kap. 11 Rn. 1; *Flechsig*, FuR 1980, 345 (351); *ders.*, ZRP 1980, 313 (316 f.); andererseits eine Entkriminalisierung begrüßend Dreier/Schulze/*Dreier*, UrhG, § 106 Rn. 2.

608 *Katzenberger*, GRUR 1982, 715.

609 *Weber*, Der strafrechtliche Schutz des Urheberrechts, S. 2; *Kann*, Musikpiraterie, S. 90 m.w.N.

610 *Katzenberger*, GRUR 1982, 715 m.w.N.

1901, 1907 nur noch vorsätzliche Urheberrechtsverletzungen strafbar sind.[611] Daher muss im Strafrecht Vorsatz nachgewiesen werden, wohingegen im Zivilprozess der Nachweis von Fahrlässigkeit genügt; Ansprüche auf Unterlassung und Vernichtung bzw. Unbrauchbarmachung rechtsverletzender Gegenstände setzen überhaupt kein Verschulden des Verletzers voraus.[612] Damit ist der Zivilprozess teilweise der leichtere Weg, und zudem hat sich im 20. Jahrhundert wegen neuer technischer Sachverhalte die Flexibilität des Zivilrechts gezeigt, welches nicht wie das Strafrecht den engeren Grenzen durch das Analogieverbot unterworfen ist.[613] Mit dem Aufkommen der massiven Wirtschaftskriminalität in den 70er und 80er Jahren zeigt sich aber, dass fraglich ist, ob ein rein zivilrechtlicher Urheberrechtsschutz ausreichen kann.[614]

Die Urheberstraftaten sind relative Antragsdelikte, nur beim gewerbsmäßigen Handeln liegt ein Offizialdelikt vor.[615]

Das Urheberrecht ist, wie oben gezeigt unter Befolgung der monistischen Lehre, ein einheitliches Recht, welches persönlichkeits- und verwertungsrechtliche Elemente (§ 11 UrhG) enthält.[616] Grundsätzlich unterscheidet die h.M. bei den Strafrechtsnormen danach, ob diese Verwertungsrechte oder persönlichkeitsrechtliche Elemente schützen. Der Schutz von Vermögensinteressen des Urhebers (Verwertungsrechte) wird demnach vom Schutz der geistigen oder persönlichen Interessen (Urheberpersönlichkeitsrecht oder droit moral) unterschieden.[617] Das deutsche Strafrecht sanktioniert weitgehend die Verletzung von Verwertungsrechten,[618] wobei die strikte Trennung zwischen Vermögensinteressen und Persönlichkeitsrechtlicheninteressen schon zivilrechtlich schwer durchzuhalten ist, da eine untrennbare Verbundenheit zwischen diesen beiden Rechten

611 *Katzenberger*, GRUR 1982, 715.

612 *Katzenberger*, GRUR 1982, 715.

613 *Katzenberger*, GRUR 1982, 715 f. mit Hinweis auf *Ulmer*, Urheber- und Verlagsrecht, S. 565.

614 *Katzenberger*, GRUR 1982, 715 f. mit Hinweis auf *Spautz*, FuR 1978, 96 (97); vgl. *Weber*, Der strafrechtliche Schutz des Urheberrechts, S. 3; vgl. auch *Kann*, Musikpiraterie, S. 90.

615 *Dietz*, in: *Wandtke* (Hrsg.), Urheberrecht, Kap. 11 Rn. 27.

616 *Weber*, Der strafrechtliche Schutz des Urheberrechts, S. 394; siehe aber auch schon o. S. 102 f.

617 Dokumentation zur deutschen Urheberrechtsreform: Begründung des Regierungsentwurfs – Bundestag-Drucksache IV/270, S. 27 bis 116 – UFITA 45 (1965) 240 (241).

618 Dreier/Schulze/*Dreier*, UrhG, § 106 Rn. 1.

besteht.[619] Es lässt sich nicht ohne weiteres bestimmen, welche Schutzrichtung bei der jeweiligen Norm im Vordergrund steht.[620] Damit wird sich später unter *B* die Frage stellen, ob die Normen nicht auch anders ausgelegt werden können oder sogar müssen.

1. § 106 UrhG

§ 106 UrhG „stellt die unerlaubte Vervielfältigung, Verbreitung oder öffentliche Wiedergabe eines Werks, einer Bearbeitung sowie einer Umgestaltung unter Strafe" und ist damit der strafrechtliche Grundtatbestand, also die zentrale strafrechtliche Norm des Urhebergesetzes.[621] Beispielsweise fallen darunter Fälle in denen urheberrechtlich geschützte Werke kopiert werden (Kopie eines Lehrbuches, Kopieren von CDs, Nachahmung eines Kunstwerks) oder die Beteiligung an einer Musiktauschbörse (Filesharing-System), bei der auch Zugriff auf eigene Teile der Festplatte gestattet wird.[622] Allerdings sind die Schranken des Urheberrechts insbesondere bei (Teil-) Kopien zum Privatgebrauch zu beachten, vgl. § 53 UrhG. Im Bereich der Kunstfälschung fällt unter § 106 UrhG neben der unerlaubten identischen Nachahmung auch die versteckte Nachbildung und das sog. Pasticcio, bei dem aus mehreren Werken eines Künstlers konkrete Teile zu einem neuen Kunstwerk zusammengeführt werden.[623] Nicht ausreichend ist, wenn nur der Stil und der Manier eines Künstlers übernommen werden ohne konkrete Werkelemente zu benutzen, da Kunststil und Manier des Künstlers als solches nicht schutzfähig sind.[624]

Als Beispiele aus der Rechtsprechung zu § 106 UrhG kann das Urteil des LG Leipzig zu der Internetseite K.to dienen. Bei „K.to handelte es sich bis zum 8. Juni 2011 um das größte deutschsprachige Internetportal für Raub-

---

619 *Wandtke*, in: *Wandtke* (Hrsg.), Urheberrecht, Kap. 1 Rn. 33, sowie Kap. 4 Rn. 18.

620 *Heuchemer*, in: *Götting/Schertz/Seitz* (Hrsg.), Handbuch des Persönlichkeitsrechts, § 30 Rn. 10.

621 *Dietz*, in: *Wandtke* (Hrsg.), Urheberrecht, Kap. 11 Rn. 8; Dreier/Schulze/*Dreier*, UrhG, § 106 Rn. 3; *Ewert*, Das Urheberstrafrecht, S. 42 m.w.N.; *Heuchemer*, in: *Götting/Schertz/Seitz* (Hrsg.), Handbuch des Persönlichkeitsrechts, § 30 Rn. 9; *Zabel*, JA 2010, 401 (402).

622 *Dietz*, in: *Wandtke* (Hrsg.), Urheberrecht, Kap. 11 Rn. 7; *Hellmann/Beckemper*, Wirtschaftsstrafrecht § 6 Rn. 605 ff; Achenbach/Ransiek/Rönnau/*Nordemann*, Handbuch Wirtschaftsstrafrecht, S. 1432 ff., 1446.

623 *Katzenberger*, GRUR 1982, 715 (718).

624 *Katzenberger*, GRUR 1982, 715 (718).

kopien von Filmwerken. K.to bot urheberrechtswidrige Kopien und Bearbeitungen von über einhunderttausend unterschiedlichen Filmwerken aus den Bereichen Kinofilme, Dokumentationen und Fernsehserien, sogenannte Raubkopien, den Internetnutzern an."[625] Damit wurde die Tatbestandsvariante der öffentlichen Wiedergabe im Sinne von § 106 UrhG verwirklicht.

§ 106 UrhG bietet damit Schutz vor vorsätzlichen Verletzungen des Verwertungsrechts, durch Verwertungshandlungen, wie Vervielfältigung, Verbreitung oder öffentliche Wiedergabe.[626] Damit ist das Rechtsgut von § 106 UrhG nach allgemeiner Auffassung das Verwertungsrecht des Urhebers.[627] Geschützt wird nicht „das Werk an sich".[628] *Hildebrandt* formuliert anders und nennt als Schutzgut des § 106 UrhG „das geistige Eigentum im Allgemeinen und das Verwertungsrecht des Berechtigten im Besonderen."[629] Das Urheberpersönlichkeitsrecht wird hingegen zumeist vom Anwendungsbereich der Norm ausgenommen.[630] Zu der Frage, ob ein mittelbarer Schutz des Urheberpersönlichkeitsrechts durch § 106 UrhG gewährt wird, unten mehr.[631]

Unabhängig davon, ob es um das Verwerten des Werks in ursprünglicher oder abgeänderter Form geht, ist eine Strafbarkeit gegeben, wenn dies unbefugt geschieht und das Werk urheberrechtlich schutzfähig ist.[632] Auch bei § 106 UrhG wird also die Zivilrechtsakzessorietät des Urheberrechts deutlich. § 106 UrhG stellt eine Blankettnorm dar.[633] Diese sog. Ausfüllungstatbestände sind wie gezeigt Tatbestände deren Strafbarkeitsvor-

---

625 LG Leipzig, ZUM 2013, 338 (339).

626 *Hellmann/Beckemper*, Wirtschaftsstrafrecht § 6 Rn. 611; *Sandmann*, Die Strafbarkeit der Kunstfälschung, S. 55.

627 Schricker/Loewenheim/*Haß*, UrhR, § 106 Rn. 1; Wandtke/Bullinger/*Hildebrandt/Reinbacher*, UrhR, § 106 UrhG Rn. 6; Dreyer/Kotthoff/Meckel/*Kotthoff*, UrhR, § 106 UrhG Rn. 2; so auch *Hellmann/Beckemper*, Wirtschaftsstrafrecht § 6 Rn. 606 unter Hinweis auf die vorherigen.; vgl. auch *Sandmann*, Die Strafbarkeit der Kunstfälschung, S. 55 m.w.N.

628 *Rochlitz*, Der strafrechtliche Schutz des ausübenden Künstlers, S. 248.

629 *Hildebrandt*, Die Strafvorschriften des Urheberrechts, S. 32; vgl. auch Ahlberg/Götting/*Sternberg-Lieben*, BeckOK UrhG § 106 Rn. 1.

630 So Dreier/Schulze/*Dreier*, UrhG, § 106 Rn. 1; *Ewert*, Das Urheberstrafrecht, S. 42 m.w.N.; Schricker/Loewenheim/*Haß*, UrhR, § 106 Rn. 1; Wandtke/Bullinger/*Hildebrandt/Reinbacher*, UrhR, § 106 UrhG Rn. 6; Ahlberg/Götting/*Sternberg-Lieben*, BeckOK UrhG § 106 Rn. 1.

631 So bspw. Wandtke/Bullinger/*Hildebrandt/Reinbacher*, UrhR, § 106 UrhG Rn. 6.

632 *Dietz*, in: *Wandtke* (Hrsg.), Urheberrecht, Kap. 11 Rn. 8.

633 *Sieber*, Straftaten und Strafverfolgung im Internet, Gutachten C zum 69. Deutschen Juristentag, C 51.

aussetzungen erst in Anwendung anderer Normen (hier zivilrechtliche Schutznormen) erkennbar werden.[634] Dabei ist der strafrechtliche Schutz enger als der zivilrechtliche gezogen (vgl. § 97 I UrhG).[635] Es zeigt sich die fragmentarische Gestaltung des Urheberstrafrechts.[636]

Tatobjekt ist das Werk, i.S.d. §§ 2–4 UrhG, welches Erzeugnisse der Kultur- und Informationstechnologie schützt, soweit sie Ausdruck einer persönlichen, geistigen Schöpfung sind (§ 2 II UrhG).[637] Der Werkbegriff des § 106 UrhG ist also am zivilrechtlichen Begriff anzulehnen.[638] Daneben umfasst § 106 UrhG auch Bearbeitungen oder Umgestaltungen.[639]

Vervielfältigen, Verbreiten und die öffentliche Wiedergabe sind die strafrechtlich sanktionierten Verwertungs- und damit die Tathandlungen.[640] Typische Beispiele für die Vervielfältigung sind „die Anfertigung von Fotokopien, die Produktion von Bootlegs oder das Up- und Downloaden bzw. File-Sharing elektronisch verfügbarer (Musik-)Daten.“[641] In der Praxis besonders relevant ist der Unterfall der öffentlichen Wiedergabe: die öffentliche Zugänglichmachung z.B. durch Einstellen von Dateien ins Internet.[642] Darunter fallen aber auch Konzert- oder Filmveranstaltungen.[643]

Auch bei den verschiedenen Tathandlungen des § 106 UrhG zeigt sich wieder die Zivilrechtsakzessorietät des Urheberstrafrechts, da diese überwiegend zivilrechtlich auszulegen sind.[644]

---

634 *Flechsig*, in: *Loewenheim* (Hrsg.), Handbuch des Urheberrechts, § 90 Rn. 11; siehe zu der sich daraus ergebenden grundsätzlichen Problematik oben S. 89 f. sowie unten 184 ff.

635 Vgl. Erbs/Kohlhaas/*Kaiser*, § 106 Rn. 1.

636 *Ewert*, Das Urheberstrafrecht, S. 42.

637 Vgl. *Hellmann/Beckemper*, Wirtschaftsstrafrecht § 6 Rn. 607.

638 Wandtke/Bullinger/*Hildebrandt/Reinbacher*, UrhR, § 106 UrhG Rn. 7.

639 *Hellmann/Beckemper*, Wirtschaftsstrafrecht § 6 Rn. 607.

640 Dreier/Schulze/*Dreier*, UrhG, § 106 Rn. 5; *Hellmann/Beckemper*, Wirtschaftsstrafrecht § 6 Rn. 611; *Sandmann*, Die Strafbarkeit der Kunstfälschung, S. 65; *Zabel*, JA 2010, 401 (402).

641 *Zabel*, JA 2010, 401 (402); siehe für Beispiele auch *Flechsig*, in: *Loewenheim* (Hrsg.), Handbuch des Urheberrechts, § 90 Rn. 15 f.; sowie Fromm/Nordemann/*Ruttke/Scharringhausen*, UrhR, § 106 UrhG Rn. 7 ff.; vgl. auch *Hellmann/Beckemper*, Wirtschaftsstrafrecht § 6 Rn. 621 ff.

642 *Hellmann/Beckemper*, Wirtschaftsstrafrecht § 6 Rn. 626 ff.; Fromm/Nordemann/*Ruttke/Scharringhausen*, UrhR, § 106 UrhG Rn. 17 ff.; vgl. auch LG Leipzig, ZUM 2013, 338 (345).

643 *Zabel*, JA 2010, 401 (402).

644 Siehe nur Wandtke/Bullinger/*Hildebrandt/Reinbacher*, UrhR, § 106 UrhG Rn. 12, 16 f., 20.

Beim Vorliegen von urheberrechtlichen Schranken („gesetzlich zugelassenen Fällen“) gem. §§ 44a bis 63, 69c – e, 87c UrhG fehlt es an einer Urheberrechtsverletzung, da diese Schranken negative Tatbestandsmerkmale sind.[645]

Umstritten ist, wie die „Einwilligung“ i.S.d. § 106 UrhG wirkt. Nach einer Ansicht kommt ihr eine Doppelfunktion zu: die zivilrechtliche Nichtberechtigung als Tatbestandsmerkmal und die allgemeine strafrechtliche Einwilligung als Rechtfertigungsgrund.[646] Andere hingegen gehen davon aus, dass sie entweder tatbestandsausschließend oder aber rechtfertigend wirkt.[647]

Obwohl vielfach vertreten wird, dass die strafrechtliche Einwilligung auch bei § 106 UrhG rechtfertigend wirkt,[648] sprechen die überzeugenderen Argumente für einen Ausschluss der Tatbestandsmäßigkeit.[649] So ist bereits die Erwähnung der Einwilligung im Tatbestand ein – wenn auch

---

645 *Dietz*, in: *Wandtke* (Hrsg.), Urheberrecht, Kap. 11 Rn. 10; Schricker/Loewenheim/*Haß*, UrhR, § 106 Rn. 23; Wandtke/Bullinger/*Hildebrandt/Reinbacher*, UrhR, § 106 UrhG Rn. 21 f.; Fromm/Nordemann/*Ruttke/Scharringhausen*, UrhR, § 106 UrhG Rn. 21.

646 Wandtke/Bullinger/*Hildebrandt/Reinbacher*, UrhR, § 106 UrhG Rn. 24; *ders.*, Die Strafvorschriften des Urheberrechts, S. 152; vgl. auch *Dietz*, in: *Wandtke* (Hrsg.), Urheberrecht, Kap. 11 Rn. 11; Berger/Wündisch/*Kudlich*, Urhebervertragsrecht, § 9 Rn. 20.

647 Für den Ausschluss des Tatbestandes *Dietz*, in: *Wandtke* (Hrsg.), Urheberrecht, Kap. 11 Rn. 11; siehe auch *Flechsig*, in: *Loewenheim* (Hrsg.), Handbuch des Urheberrechts, § 90 Rn. 36; Schricker/Loewenheim/*Haß*, UrhR, § 106 Rn. 28; *Hellmann/Beckemper*, Wirtschaftsstrafrecht § 6 Rn. 612; a.A. Dreier/Schulze/*Dreier*, UrhG, § 106 Rn. 8, der davon ausgeht, dass die Einwilligung nur die Rechtswidrigkeit ausschließt; ebenso Fromm/Nordemann/*Ruttke/Scharringhausen*, UrhR, § 106 UrhG Rn. 25; Dreyer/Kotthoff/Meckel/*Kotthoff*, UrhR, § 106 UrhG Rn. 7 der es für irrelevant hält, ob Tatbestandsausschluss oder Rechtfertigung da in beiden Fällen eine Strafbarkeit entfällt; ähnlich auch *Weber*, Der strafrechtliche Schutz des Urheberrechts, S. 268.

648 Dreier/Schulze/*Dreier*, UrhG, § 106 Rn. 8; differenzierend *Hildebrandt*, Die Strafvorschriften des Urheberrechts, S. 151 f.; Fromm/Nordemann/*Ruttke/Scharringhausen*, UrhR, § 106 UrhG Rn. 25; *Sedlmeier*, Die Auslegung der urheberrechtlichen Straftatbestände, S. 108 f. der gerade die Verzahnung von Verwertungs- und Urheberpersönlichkeitsrecht als dafür relevant hält; Ahlberg/Götting/*Sternberg-Lieben*, BeckOK UrhG, § 106 Rn. 33; *Tiedemann*, WiStr BT, Rn. 648.

649 Vgl. etwa *Dietz*, in: *Wandtke* (Hrsg.), Urheberrecht, Kap. 11 Rn. 11; siehe auch *Flechsig*, in: *Loewenheim* (Hrsg.), Handbuch des Urheberrechts, § 90 Rn. 36; Schricker/Loewenheim/*Haß*, UrhR, § 106 Rn. 28; *Hellmann/Beckemper*, Wirtschaftsstrafrecht § 6 Rn. 612; Achenbach/Ransiek/Rönnau/*Nordemann*, Handbuch Wirtschaftsstrafrecht, S. 1443; *Pfaffinger*, Rechtsgüter und Verhältnismäßigkeit, S. 56.

nicht allein entscheidender – Hinweis, dass sie als Tatbestandsmerkmal anzusehen ist, da sonst die Erwähnung nicht notwendig wäre und im Strafrecht auch unüblich ist.[650] Schon denknotwendig ist eine Verwirklichung des § 106 UrhG nur möglich, wenn ein Handeln gegen den Berechtigten vorliegt.[651] „Das im Tatbestand vertypte Unrecht wird in diesen Fällen durch den Widerspruch zum Willen des Betroffenen begründet."[652] Daher schließt das Vorliegen einer Einwilligung bereits den Tatbestand und nicht erst die Rechtswidrigkeit aus.[653] Außerdem führt es zu absurden Ergebnissen, wenn trotz vorliegender Einwilligung Inhaber der Nutzungsrechte tatbestandsmäßig handeln würden und nur infolge der Einwilligung gerechtfertigt wären.[654]

Im Ergebnis entfällt zwar nach allen Ansichten die Strafbarkeit, allerdings können sich Unterschiede bei Irrtumsfragen und bei der Möglichkeit einer nachträglichen Zustimmung ergeben.[655] So ist es nämlich weiter umstritten, ob eine nachträgliche Zustimmung ausreichen kann.[656] Dagegen spricht, dass eine nachträgliche Zustimmung im Strafrecht grundsätzlich bedeutungslos ist.[657] Trotz der Zivilrechtsakzessorietät des Urheberrechts gelten im Strafrecht die strafrechtlichen Regeln. Gerade die strafrechtlichen Bestimmungen sollen das verfassungsrechtlich gewährte geistige Eigentum auch generalpräventiv schützen.[658] Daher „kann eine vorgenommene zivilrechtliche Einigung das Strafverfahren nicht aushebeln."[659] Eine nachträgliche Einwilligung kann allenfalls als Rücknahme des Straf-

---

650 Vgl. *Hellmann/Beckemper*, Wirtschaftsstrafrecht § 6 Rn. 612; *Pfaffinger*, Rechtsgüter und Verhältnismäßigkeit, S. 56 m.w.N.

651 *Pfaffinger*, Rechtsgüter und Verhältnismäßigkeit, S. 56; vgl. Achenbach/Ransiek/Rönnau/*Nordemann*, Handbuch Wirtschaftsstrafrecht, S. 1443.

652 *Sedlmeier*, Die Auslegung der urheberrechtlichen Straftatbestände, S. 106.

653 Ebda.

654 Achenbach/Ransiek/Rönnau/*Nordemann*, Handbuch Wirtschaftsstrafrecht, S. 1443; *Pfaffinger*, Rechtsgüter und Verhältnismäßigkeit, S. 56.

655 Dreyer/Kotthoff/Meckel/*Kotthoff*, UrhR, § 106 UrhG Rn. 7; Berger/Wündisch/*Kudlich*, Urhebervertragsrecht, § 9 Rn. 20, der von fehlender Ergebnisrelevanz spricht; Fromm/Nordemann/*Ruttke/Scharringhausen*, UrhR, § 106 UrhG Rn. 26 und ausführlicher bzgl. der Irrtümer Rn. 30 f.

656 Dreyer/Kotthoff/Meckel/*Kotthoff*, UrhR, § 106 UrhG Rn. 7 mit Hinweis auf Schricker/Loewenheim/*Haß*, UrhR, § 106 Rn. 28; Wandtke/Bullinger/*Hildebrandt/Reinbacher*, UrhR, § 106 UrhG Rn. 25.

657 Fromm/Nordemann/*Ruttke/Scharringhausen*, UrhR, § 106 UrhG Rn. 27 unter Hinweis auf BGHSt 17, 359; a.A. Wandtke/Bullinger/*Hildebrandt/Reinbacher*, UrhR, § 106 UrhG Rn. 25.

658 Fromm/Nordemann/*Ruttke/Scharringhausen*, UrhR, § 106 UrhG Rn. 27.

659 Fromm/Nordemann/*Ruttke/Scharringhausen*, UrhR, § 106 UrhG Rn. 27.

antrages angesehen werden.[660] Wird aber angenommen, dass die Einwilligung eine tatbestandsausschließende Wirkung hat, dann müsste auch die Möglichkeit einer nachträgliche Zustimmung nach den zivilrechtlichen Möglichkeiten gegeben sein.[661]

Bis auf das Ausstellungsrecht (§ 15 I Nr. 3, 18 UrhG) sind alle Verwertungsrechte von § 106 UrhG erfasst: Verbreitung, öffentliche Wiedergabe und Vervielfältigung (§§ 15 ff. UrhG).[662] Begründet wird dies mit der persönlichkeitsrechtlichen Natur des Ausstellungsrechts und weil der Gesetzgeber § 107 UrhG für ausreichend hielt,[663] bzw. weil grundsätzlich kein strafrechtlicher Schutz für das Urheberpersönlichkeitsrecht vorgesehen ist.[664] Geschützt werden nach herrschender Ansicht von § 106 UrhG somit nur Verwertungsrechte, aber nicht das Urheberpersönlichkeitsrecht.[665] Auch das Veröffentlichungsrecht wird aus diesem Grund als Urheberpersönlichkeitsrecht nicht strafrechtlich geschützt.[666] § 106 UrhG schließt akzessorisch an das Urheberzivilrecht an und schützt fragmentarisch das Geistige Eigentum und die Verwertungsrechte (ausschließliche Vervielfältigungsrechte), nicht aber das Urheberpersönlichkeitsrecht, den Rechtsverkehr oder das Kunstwerk als solches.[667] Dies wird auch deutlich im Falle „Zu Guttenberg“, in dem die Staatsanwaltschaft Hof deutlich macht, dass im § 106 UrhG „im Wesentlichen“ nur die Verwertungsrechte und gerade nicht das Urheberpersönlichkeitsrecht geschützt werden.[668]

---

660 Fromm/Nordemann/*Ruttke/Scharringhausen*, UrhR, § 106 UrhG Rn. 28.

661 Schricker/Loewenheim/*Haß*, UrhR, § 106 Rn. 28; siehe auch Wandtke/Bullinger/*Hildebrandt/Reinbacher*, UrhR, § 106 UrhG Rn. 25.

662 *Dietz*, in: *Wandtke* (Hrsg.), Urheberrecht, Kap. 11 Rn. 9; Dreier/Schulze/*Dreier*, UrhG, § 106 Rn. 5; *Ewert*, Das Urheberstrafrecht, S. 43; Schricker/Loewenheim/*Haß*, UrhR, § 106 Rn. 1; Wandtke/Bullinger/*Hildebrandt/Reinbacher*, UrhR, § 106 UrhG Rn. 11; vgl. *Lampe*, UFITA 83 (1978), 15 (35).

663 So *Dietz*, in: *Wandtke* (Hrsg.), Urheberrecht, Kap. 11 Rn. 9; *Flechsig*, in: *Loewenheim* (Hrsg.), Handbuch des Urheberrechts, § 90 Rn. 9.

664 *Dietz*, in: *Wandtke* (Hrsg.), Urheberrecht, Kap. 11 Rn. 9.

665 *Dietz*, in: *Wandtke* (Hrsg.), Urheberrecht, Kap. 11 Rn. 1; Dreier/Schulze/*Dreier*, UrhG, § 106 Rn. 1; Schricker/Loewenheim/*Haß*, UrhR, § 106 Rn. 1; MüKo-StGB/*Heinrich*, Vorbem. UrhG Rn. 2; *Hildebrandt*, Die Strafvorschriften des Urheberrechts, S. 32; vgl. ausführlich *Pfaffinger*, Rechtsgüter und Verhältnismäßigkeit, S. 158 ff.; Ahlberg/Götting/*Sternberg-Lieben*, BeckOK UrhG § 106 Rn. 1.

666 *Dietz*, in: *Wandtke* (Hrsg.), Urheberrecht, Kap. 11 Rn. 9.

667 Ahlberg/Götting/*Sternberg-Lieben:* BeckOK UrhG § 106 Rn. 1; *Zabel*, JA 2010, 401 (402).

668 Vgl. die Pressemitteilung der Staatsanwaltschaft Hof: http://www.justiz.bayern.de/sta/sta/ho/presse/archiv/2011/03268/ (abgerufen am 12.07.2016).

Der Frage, ob im Verwertungsrecht nicht auch das Urheberpersönlichkeitsrecht (als Persönlichkeitsrest, -annex, oder -anhang) enthalten ist, wird später nachgegangen, wenn es unter *B* um alternative Auslegungsmöglichkeiten geht. Ebenso wie der Frage, ob § 106 UrhG (oder jedenfalls § 106 II UrhG) einen mittelbaren („reflexartigen") Persönlichkeitsrechtsschutz statuiert.[669]

In der Praxis spielt § 106 UrhG eine eher untergeordnete Rolle und bleibt „nachhaltig" hinter dem zivilrechtlichen Schutz zurück.[670] Dies könnte auch daran liegen, dass § 106 UrhG als Privatklagedelikt ausgestaltet ist.[671]

Auch wenn § 106 UrhG für verfassungskonform gehalten wird, kann angesichts seiner Weite und Zivilrechtsakzessorietät eine verfassungskonforme Auslegung notwendig sein.[672] Wie solche Normen mit Art. 103 II GG vereinbar sind wird im *4. Kapitel* zu vertiefen sein. Und im Rahmen der Strafwürdigkeit und -bedürftigkeit im *5. Kapitel* wird dann die Verfassungsmäßigkeit der urheberrechtlichen Strafrechtsnormen bei der Frage nach der Strafwürdigkeit und -bedürftigkeit eine Rolle spielen.

Zusammenfassend gilt, es festzuhalten, dass § 106 UrhG nahezu jede wirtschaftlich relevante Art der unerlaubten Verwertung sanktioniert,[673] aber keinen Schutz des Urheberpersönlichkeitsrechts.[674]

---

669 So *Dietz*, in: *Wandtke* (Hrsg.), Urheberrecht, Kap. 11 Rn. 1; Dreier/Schulze/*Dreier*, UrhG, § 106 Rn. 1 unter Hinweis auf *Weber*, Der strafrechtliche Schutz des Urheberrechts, S. 264; Müller-Guggenberger/*Gruhl*, Wirtschaftsstrafrecht, § 55 Rn. 97; *Heuchemer*, in: *Götting/Schertz/Seitz* (Hrsg.), Handbuch des Persönlichkeitsrechts, § 30 Rn. 9; *Hanser-Strecker*, Das Plagiat in der Musik, S. 166; Wandtke/Bullinger/*Hildebrandt/Reinbacher* UrhR, § 106 UrhG Rn. 6; *Kann*, Musikpiraterie, S. 90 f., 103 f.; vgl. *Letzgus*, in: FS Rebmann, S. 278 f.

670 Dreier/Schulze/*Dreier*, UrhG, § 106 Rn. 2; bzgl. § 106 II UrhG *Heuchemer*, in: *Götting/Schertz/Seitz* (Hrsg.), Handbuch des Persönlichkeitsrechts, § 30 Rn. 9; Dreyer/Kotthoff/Meckel/*Kotthoff*, UrhR, § 106 UrhG Rn. 1.

671 *Zabel*, JA 2010, 401 (402); vgl. Wandtke/Bullinger/*Hildebrandt/Reinbacher*, UrhR, § 106 UrhG Rn. 49.

672 Wandtke/Bullinger/*Hildebrandt/Reinbacher*, UrhR, § 106 UrhG Rn. 28; § 106 UrhG für verfassungsgemäß haltend Erbs/Kohlhaas/*Kaiser*, UrhG, § 106 Rn. 3.

673 Dreier/Schulze/*Dreier*, UrhG, § 106 Rn. 5; Dreyer/Kotthoff/Meckel/*Kotthoff*, UrhR, § 106 UrhG Rn. 2; siehe auch ausführlich *Pfaffinger*, Rechtsgüter und Verhältnismäßigkeit, S. 158 ff.

674 Dreier/Schulze/*Dreier*, UrhG, § 106 Rn. 1; Schricker/Loewenheim/*Haß*, UrhR, § 106 Rn. 1; Ahlberg/Götting/*Sternberg-Lieben*, BeckOK UrhG § 106 Rn. 1.

2. § 107 UrhG

Das Verbot des unzulässigen Anbringens einer zutreffenden Urheberbezeichnung auf dem Original eines Werks der bildenden Kunst ist in § 107 I Nr. 1 UrhG geregelt.[675] Mit dieser Vorschrift soll die ausschließliche Befugnis des Werkschöpfers geschützt werden, sein Werk mit einer Urheberbezeichnung zu versehen (§§ 10, 13 UrhG).[676] Da auch heute noch keine vor Gericht verhandelten Fälle auffindbar sind, werden Beispiele aus der Literatur für die Veranschaulichung vorgestellt.[677] Beispielsweise fällt darunter folgendes Verhalten: Der Händler H bringt auf dem Gemälde des Künstlers K, einem Unikat, den Namen (die Signatur) des K an, da H glaubt, es verkaufe sich so besser.[678] Ein Kunstliebhaber, der ein echtes unsigniertes Gemälde zur eigenen Freude signiert erfüllt den Tatbestand, gleichermaßen wie derjenige der es aus Prestigegründen tut.[679] § 107 Nr. 1 UrhG wird auch durch einen Schüler verwirklicht, der ein unsigniertes Werk seines Meisters signiert, weil er davon ausgeht dieser habe seine Signatur vergessen.[680] Ebenso unterfällt § 107 Nr. 1 UrhG, wenn der Schüler, um seinem Meister zu schaden, ein Werk des Meisters signiert, welches dieser zur Vernichtung bestimmt hat.[681]

Die Bestimmung des Rechtsguts des § 107 UrhG ist „nicht ohne Widersprüche“ möglich.[682] § 107 UrhG schützt das Namensnennungsrecht beziehungsweise Bezeichnungsrecht, also die Künstlersignatur, welche einen wichtigen Aspekt des Urheberpersönlichkeitsrechts darstellt.[683] Wegen dieses Zusammenhangs zur Urheberpersönlichkeit wird § 107 I Nr. 1 UrhG überwiegend persönlichkeitsrechtsschützender Charakter zugesprochen.[684]

---

675 *Dietz*, in: *Wandtke* (Hrsg.), Urheberrecht, Kap. 11 Rn. 16.

676 Müller-Guggenberger/*Gruhl*, Wirtschaftsstrafrecht, § 55 Rn. 125.

677 Siehe schon *Sieg*, Das unzulässige Anbringen der Urheberbezeichnung, S. 62 ff.

678 Vgl. *Dietz*, in: *Wandtke* (Hrsg.), Urheberrecht, Kap. 11 Rn. 15.

679 *Sieg*, Das unzulässige Anbringen der Urheberbezeichnung, S. 62, 64.

680 *Sieg*, Das unzulässige Anbringen der Urheberbezeichnung, S. 63.

681 *Sieg*, Das unzulässige Anbringen der Urheberbezeichnung, S. 63.

682 *Heuchemer*, in: *Götting/Schertz/Seitz* (Hrsg.), Handbuch des Persönlichkeitsrechts, § 30 Rn. 10; vgl. *Sandmann*, Die Strafbarkeit der Kunstfälschung, S. 90 ff.; Ahlberg/Götting/*Sternberg-Lieben*, BeckOK UrhG § 107 Rn. 1.

683 *Löffler*, NJW 1993, 1421; BeckOK/*Sternberg-Lieben*, UrhG § 107 Rn. 1.

684 Dreier/Schulze/*Dreier*, UrhG, § 106 Rn. 1; *Flechsig*, GRUR 1978, 287, 289; *v. Gravenreuth*, Das Plagiat aus strafrechtlicher Sicht, S. 21, 22; Schricker/Loewenheim/*Haß*, UrhR, § 107 Rn. 1; MüKo-StGB/*Heinrich*, Vorbe. UrhG Rn. 29 f. m.w.N.; *Heuchemer*, in: *Götting/Schertz/Seitz* (Hrsg.), Handbuch des Persönlichkeitsrechts, § 30 Rn. 9; *Hildebrandt*, Die Strafvorschriften des Urheberrechts,

Dabei sollen nach der amtlichen Begründung auch „Interessen der Allgemeinheit“ gewahrt werden.[685] Insofern ist das geschütztes Gut auch die „Verlässlichkeit des Beweismittels Signatur“.[686]

§ 107 I Nr. 2 UrhG dient anders als § 107 I Nr. 1 UrhG mehr dem Interesse der Allgemeinheit an der Lauterkeit des Verkehrs bzw. des Kunsthandels.[687] Hier wird bestraft, wer auf dem Vervielfältigungsstück, der Bearbeitung oder der Umgestaltung eines Kunstwerks (wenn dies den Anschein eines Originals erweckt) eine zutreffende Urheberbezeichnung anbringt.[688] Dies ist beispielsweise der Fall, wenn ein Dritter D (oder der Künstler K selbst) Vervielfältigungsstücke eines Werks des K derart mit der Signatur von K versehen, dass dadurch der Anschein erweckt wird, die Kopie oder Nachbildung sei selbst ein Original.[689]

Offen ist, ob der Urheber selbst Täter des § 107 I Nr. 2 UrhG sein kann (bspw. Verkauf eines signierten Drucks als Original).[690] In diesem Kontext steht auch die Frage, ob das Urheberrecht nur den Urheber schützt (dafür spricht das Antragserfordernis) oder ob es auch das kunstinteressierte Publikum vor Täuschung bewahren soll.[691]

S. 175 f. m.w.N.; *Kann*, Musikpiraterie, S. 90 f., 103 f.; Dreyer/Kotthoff/Meckel/*Kotthoff*, UrhR, § 107 UrhG Rn. 1; *Letzgus*, in: FS Rebmann, S. 278; *Lampe*, UFITA 83 (1978), 15 (17 f.); Ahlberg/Götting/*Sternberg-Lieben*, BeckOK UrhG, § 107 Rn. 1; *Rochlitz*, Der strafrechtliche Schutz des ausübenden Künstlers, S. 243; Fromm/Nordemann/*Ruttke/Scharringhausen*, UrhR, Vor § 106 UrhG Rn. 1, § 107 Rn. 1; *Sieg*, Das unzulässige Anbringen der Urheberbezeichnung, S. 85 f.; *Weber*, Der strafrechtliche Schutz des Urheberrechts, S. 252 f.

685 Begründung des Regierungsentwurfs – Bundestag-Drucksache IV/270, S. 27 bis 116 – UFITA 45 (1965), 240 (326).

686 So Schricker/Loewenheim/*Haß*, UrhR, § 107 Rn. 2.

687 *Dietz*, in: *Wandtke* (Hrsg.), Urheberrecht, Kap. 11 Rn. 17; *Flechsig*, in: *Loewenheim* (Hrsg.), Handbuch des Urheberrechts, § 90 Rn. 76; Schricker/Loewenheim/*Haß*, UrhR, § 107 Rn. 1; Dreyer/Kotthoff/Meckel/*Kotthoff*, UrhR, § 107 UrhG Rn. 1; *Löffler*, NJW 1993, 1421 (1426); Fromm/Nordemann/*Ruttke/Scharringhausen*, UrhR, § 107 UrhG Rn. 1.

688 *Dietz*, in: *Wandtke* (Hrsg.), Urheberrecht, Kap. 11 Rn. 17.

689 *Dietz*, in: *Wandtke* (Hrsg.), Urheberrecht, Kap. 11 Rn. 17; *Katzenberger*, GRUR 1982, 715 (719).

690 *Hildebrandt*, Die Strafvorschriften des Urheberrechts, 194, 195; nach *Dietz*, in: *Wandtke* (Hrsg.), Urheberrecht, Kap. 11 Rn. 17 gilt § 107 II UrhG auch für den Urheber selbst; siehe auch Dreier/Schulze/*Dreier*, UrhG, § 107 Rn. 1; Schricker/Loewenheim/*Haß*, UrhR, § 107 Rn. 12; Dreyer/Kotthoff/Meckel/*Kotthoff*, UrhR, § 107 UrhG Rn. 5; *Lampe*, UFITA 83 (1978), 15 (18).

691 Gegen eine Anwendbarkeit auf den Künstler/Urheber *Hildebrandt*, Die Strafvorschriften des Urheberrechts, 194 ff.; a.A. *Sieg*, Das unzulässige Anbringen der Urheberbezeichnung, S. 88 m.w.N.; *Lampe*, UFITA 83 (1978), 15 (18, 22).

Beispielsweise sollen *Chagall* und *Corot* Reproduktionen ihrer eigenen Werke signiert haben, damit bedürftige Schüler oder Kollegen damit einen höheren Verkaufspreis erzielen konnten.[692] Hier geht es um den Schutz des Rechtsverkehrs bzw. des Kunsthandels vor Scheinoriginalen.[693] § 107 I Nr. 2 UrhG ist ein sog. unechtes Blankett und verweist auf Begriffe des ersten Teils des UrhG.[694] Grundsätzlich fällt auch folgendes Beispiel unter § 107 Nr. 2 UrhG: der Händler H lässt Siebdrucke von einem Original Kunstwerk des K anfertigen und H fügt diesen dann die Signatur des K bei, um diese als Original zu verkaufen.[695] Allerdings tritt § 107 Nr. 2 UrhG hier als subsidiär hinter der vollendeten Urkundenfälschung (§ 267 StGB) zurück, die ihrerseits Vorfeldtatbestand für einen Betrug ist.[696]

Schon aus diesen einleitenden Ausführungen lässt sich entnehmen, dass größtenteils der Urheberpersönlichkeit nur in Sonderfällen (§ 107 I Nr. 1 UrhG) strafrechtlicher Schutz zugewiesen wird und ansonsten nur der zivilrechtliche Schutz verbleibt.[697] Zudem hat § 107 UrhG in der Praxis eine geringe Bedeutung.[698]

Auch bei § 107 I Nr. 1 UrhG ist die Wirkung der Einwilligung, mit ähnlichen Argumenten wie bei § 106 UrhG, umstritten und soll aber nach h.A. beim Vorliegen derselben schon zum Ausschluss des Tatbestandes führen.[699] Selbst einige derjenigen, die bei § 106 UrhG von einer rechtfertigenden Einwilligung ausgehen, nehmen bei § 107 UrhG ein tatbestands-

---

692 *Hildebrandt*, Die Strafvorschriften des Urheberrechts, S. 194 m.w.N.

693 Müller-Guggenberger/*Gruhl*, Wirtschaftsstrafrecht, § 55 Rn. 126; vgl. auch Achenbach/Ransiek/Rönnau/*Nordemann*, Handbuch Wirtschaftsstrafrecht, S. 1447 f.

694 Schricker/Loewenheim/*Haß*, UrhR, § 107 Rn. 10.

695 Vgl. *Hamann*, Der urheberrechtliche Originalbegriff, S. 26.

696 *Sieg*, Das unzulässige Anbringen der Urheberbezeichnung, S. 65.

697 Dreier/Schulze/*Dreier*, UrhG, § 106 Rn. 1, § 107 Rn. 2; MüKo-StGB/*Heinrich*, Vorbe. UrhG, Rn. 29 f.; *Sandmann*, Die Strafbarkeit der Kunstfälschung, S. 87.

698 Für weitere Nachweise siehe auch Dreier/Schulze/*Dreier*, UrhG, § 107 Rn. 4 m.w.N.; sowie Wandtke/Bullinger/*Hildebrandt/Reinbacher*, UrhR, § 107 UrhG Rn. 1 m.w.N.; mit weiteren Nachweisen auch *Hildebrandt*, Die Strafvorschriften des Urheberrechts, S. 173; Dreyer/Kotthoff/Meckel/*Kotthoff*, UrhR, § 107 UrhG Rn. 1; *Lampe*, UFITA 83 (1978), 15 ff.; Fromm/Nordemann/*Ruttke/Scharringhausen*, UrhR, § 107 UrhG Rn. 2.

699 Dreier/Schulze/*Dreier*, UrhG, § 107 Rn. 8; *Dietz*, in: *Wandtke* (Hrsg.), Urheberrecht, Kap. 11 Rn. 18; Schricker/Loewenheim/*Haß*, UrhR, § 107 Rn. 7, 12; Erbs/Kohlhaas/*Kaiser*, UrhG, § 107 Rn. 6 m.w.N.; *Sandmann*, Die Strafbarkeit der Kunstfälschung, S. 98; *Zipf*, Einwilligung und Risikoübernahme im Strafrecht, S. 31; vgl. auch allgemeiner *Maurach/Zipf*, AT 1, § 17 Rn. 30 ff.; und oben S. 98 ff.; a.A. sind folgende: *Geppert*, ZStW 83 (1971), 947, 949 f.; Fromm/Norde-

ausschließendes Einverständnis an.[700] Bei § 107 I Nr. 2 UrhG muss die Möglichkeit einer Einwilligung abgelehnt werden, wenn davon ausgegangen wird, dass dieser mehr Allgemeininteressen schützt.[701]

Fraglich ist des Weiteren, ob folgende drei Fälle auch unter § 107 UrhG fallen: eine zusätzliche Urheberbezeichnung wird hinzugefügt, eine vorhandene verändert oder eine unkenntlich gewordene „wiederhergestellt".[702] Als Beispiel ist hier denkbar, dass etwa um bessere Verkaufserlöse zu erzielen, eine ausgebleichte Signatur nachgearbeitet wird oder eine Signatur so verändert wird, dass damit das Kunstwerk einem anderen Schaffenszeitraum des Künstlers zugeordnet werden kann. Bei Bezugnahme von § 107 UrhG auf § 13 UrhG müssten diese drei Fälle darunterfallen, was allerdings zu Problemen mit dem Bestimmtheitsgrundsatz führt.[703] Das Problem von zivilrechtsakzessorischen Normen mit dem Bestimmtheitsgrundsatz wird in einem eigenen *4. Kapitel* zu problematisieren sein. Hier sei nur festgehalten, dass Unklarheit über die Grenzen des Bestimmtheitsgrundsatzes besteht.

Weiterhin ist offen, ob auch das Anbringen einer falschen Urheberbezeichnung unter die Vorschrift fällt, wobei auch hier der Wortlaut der Vorschrift („Urheberbezeichnung") und der Bezug zu § 13 UrhG dagegen

---

mann/*Ruttke/Scharringhausen*, UrhR, § 107 UrhG Rn. 10, § 106 UrhG Rn. 24 ff.; *Sedlmeier*, Die Auslegung der urheberrechtlichen Straftatbestände, S. 124; *Sieg*, Das unzulässige Anbringen der Urheberbezeichnung, S. 113 f.; *Weber*, Der strafrechtliche Schutz des Urheberrechts, S. 251, 265 f.

700 Siehe m.w.N. *Sedlmeier*, Die Auslegung der urheberrechtlichen Straftatbestände, S. 122.

701 So *Dietz*, in: *Wandtke* (Hrsg.), Urheberrecht, Kap. 11 Rn. 18; Schricker/Loewenheim/*Haß*, UrhR, § 107 Rn. 12; siehe auch Dreyer/Kotthoff/Meckel/*Kotthoff*, UrhR, § 107 UrhG Rn. 5; Fromm/Nordemann/*Ruttke/Scharringhausen*, UrhR, § 107 UrhG Rn. 10; *Sandmann*, Die Strafbarkeit der Kunstfälschung, S. 109; *Sedlmeier*, Die Auslegung urheberrechtlicher Straftatbestände, S. 125 unter Verweis auf *Weber*, Der strafrechtliche Schutz des Urheberrechts, S. 265.

702 *Hildebrandt*, Die Strafvorschriften des Urheberrechts, S. 185; die Strafbarkeit verneinend Erbs/Kohlhaas/*Kaiser*, UrhG, § 107 Rn. 11; Schricker/Loewenheim/*Haß*, UrhR, § 107 Rn. 4, der ebenfalls eine Strafbarkeit ablehnt, insbesondere wegen der Bestimmtheit; siehe aber auch *Sieg*, Das unzulässige Anbringen der Urheberbezeichnung, S. 106 f., der sich gegen eine Anwendbarkeit bei einer zusätzlichen Urheberbezeichnung ausspricht; so auch Ahlberg/Götting/*Sternberg-Lieben*, BeckOK UrhG, § 107 Rn. 2.

703 *Sieg*, Das unzulässige Anbringen der Urheberbezeichnung, S. 98 ff., 99 m.w.N.; unter Hinweis auf Sieg auch *Hildebrandt*, Die Strafvorschriften des Urheberrechts, S. 185; vgl. auch Schricker/Loewenheim/*Haß*, UrhR, § 107 Rn. 4.

sprechen.[704] Damit wäre aber der gravierendste Fall der Kunstfälschung, nämlich bei dem das Werk eines Künstlers als das eines anderen ausgegeben wird, nicht von § 107 UrhG erfasst.[705] Beispielsweise bringt der Händler H an das Gemälde des K die Signatur des berühmten M an.[706] Oder der Händler signiert seine eigenen Werke mit dem Namen des bekannten Künstlers K, um die Werke dann zu einem sehr viel höheren Preis verkaufen zu können.[707] Das sog. Unterschieben fremder Werke ist nämlich auch zivilrechtlich nicht durch das Urheberrecht abgedeckt. Dies bestätigt auch das Urteil des BGH zum Fall Emil Nolde, bei dem es um Bildfälschungen mit der Signatur eines anderen Malers geht: Aquarelle die nach Motiven Emil Noldes gemalt und mit seinem Schriftzug versehen und dann veräußert wurden.[708] Zivilrechtlich stellt dies allenfalls eine Verletzung des allgemeinen Persönlichkeitsrechts dar.[709] Es kommt im Rahmen des § 107 UrhG damit zu der Ungereimtheit, dass es nicht ausreicht, wenn Elemente des Künstlers (sein Stil) und seine eigene Signatur benutzt werden.[710] In diesen Fällen bleibt nur der Schutz über das allg. Persönlichkeitsrecht, welches aber strafrechtlich nur in einzelnen wenigen Teilaspekten geschützt ist.[711]

Eine Diskrepanz ergibt sich dadurch, dass wohl die Verletzung für den Künstler schwerer wiegt, wenn sein Name gänzlich „fehlt". Gerade die „schwere" Verletzung wird strafrechtlich nicht eigens geschützt.

So fällt, wie bereits festgestellt, das Unterschieben eines anderen Werks nicht unter § 107 UrhG. Auch werden von § 107 UrhG Fälle nicht geschützt, in denen ein Maler unter ein fremdes Werk seinen eigenen Namen setzt. Eine Interpretation, die auch diese Verletzungen von § 107 UrhG umfasst sieht, ist aus mehreren Gründen nicht möglich. Zum einen kann das Strafrecht nicht weiter als das Zivilrecht gehen, wegen der Akzes-

---

704 *Hildebrandt*, Die Strafvorschriften des Urheberrechts, S. 187; Dreyer/Kotthoff/Meckel/*Kotthoff*, UrhR, § 107 UrhG Rn. 2; dies ablehnend Erbs/Kohlhaas/*Kaiser*, UrhG, § 107 Rn. 5, 11; Fromm/Nordemann/*Ruttke/Scharringhausen*, UrhR, § 107 UrhG Rn. 4.

705 *Hildebrandt*, Die Strafvorschriften des Urheberrechts, S. 187; *Lampe*, UFITA 83 (1978), 15 (17); *Sandmann*, Die Strafbarkeit der Kunstfälschung, S. 112.

706 Sog. droit de non-paternité; vgl. *Dietz/Peukert*, in: *Loewenheim* (Hrsg.), Handbuch des Urheberrechts, § 15 Rn. 10.

707 Vgl. auch bei *Dietz*, in: *Wandtke* (Hrsg.), Urheberrecht, Kap. 11 Rn. 15.

708 BGHZ 107, 384 ff.

709 Vgl. BGHZ 107, 384.

710 *Katzenberger*, GRUR 1982, 715 (718); vgl. *Sandmann*, Die Strafbarkeit der Kunstfälschung, S. 87 ff.; *Löffler*, NJW 1993, 1421 (1427 f.).

711 S. o. S. 28 f.

sorietät und eben auch § 13 UrhG, der diesen Fall nicht umfasst.[712] Zum anderen ist das Analogieverbot (Art. 103 II GG) zu beachten, da mit einer solchen Auslegung die Strafbarkeit zu Lasten des Täters erweitert werden würde.

Obwohl die Kunstfälschung oft im Zusammenhang mit § 107 UrhG steht, finden meist nur die §§ 267, 263 StGB Beachtung.[713] Fraglich ist daher, ob § 107 UrhG für den Bereich der Kunstfälschung überflüssig ist oder nur zu wenig in seiner praktischen Bedeutung für die Bekämpfung des Kunstschwindels beachtet.[714] Jedenfalls bietet § 107 UrhG im Bereich der Kunstfälschungen nur lückenhaften Schutz.[715] So wird die Überflüssigkeit des § 107 UrhG für den Kunstbereich auch damit begründet, dass schon § 106 UrhG Schutz bei Kunstfälschungen biete.[716] Jedoch kann § 107 UrhG in all den Fällen der Kunstfälschung relevant sein, in denen die §§ 263, 267 StGB gerade nicht zur Anwendung kommen: z.B. wenn ein Sammler eine Kopie signiert, um sich vor Bekannten rühmen zu können, er besitze das Original, da auch dann die Gefahr besteht, dass dieses Gemälde in dritte Hände gerät.[717] Damit finden sich auch im Zusammenhang mit Fragen der Kunstfälschung viele Widersprüche.[718]

Das sog. droit moral des Urhebers wird, wie die bisherige Darstellung zeigt, strafrechtlich nicht geschützt, da der zivilrechtliche Schutz über das allgemeine Persönlichkeitsrecht als ausreichend angesehen wird.[719] Ob dies heute, angesichts der technischen Möglichkeiten, noch so ist, wird im *5. Kapitel* im Rahmen der Strafwürdigkeit und -bedürftigkeit zu klären sein.

§ 107 I Nr. 2 UrhG erweist sich laut *Katzenberger* als wichtiger Auffangtatbestand, wenn hinsichtlich der Täuschungsabsicht bei der Urkundenfälschung nach § 267 StGB Probleme auftauchen, da bei § 107 I Nr. 2 UrhG

---

712 Vgl. *Sandmann*, Die Strafbarkeit der Kunstfälschung, S. 89.

713 *Katzenberger*, GRUR 1982, 715 (717 f.); siehe auch *Dietz*, in: *Wandtke* (Hrsg.), Urheberrecht, Kap. 11 Rn. 16; *Flechsig*, in: *Loewenheim* (Hrsg.), Handbuch des Urheberrechts, § 90 Rn. 74; Erbs/Kohlhaas/*Kaiser*, UrhG, § 107 Rn. 5; siehe auch *Löffler*, NJW 1993, 1421 (1423 ff.).

714 *Katzenberger*, GRUR 1982, 715 (718 m.w.N.); unter Hinweis darauf Schricker/Loewenheim/*Haß*, UrhR, § 107 Rn. 9.

715 Dreier/Schulze/*Dreier*, UrhG, § 107 Rn. 3.

716 *Katzenberger*, GRUR 1982, 715 (718) mit genauer Beschreibung was alles unter § 106 UrhG fallen kann.

717 *Flechsig*, in: *Loewenheim* (Hrsg.), Handbuch des Urheberrechts, § 90 Rn. 75.

718 *Lampe*, UFITA 83 (1978), 15 (21).

719 *Flechsig*, in: *Loewenheim* (Hrsg.), Handbuch des Urheberrechts, § 90 Rn. 72.

schon das Anbringen der Signatur ausreicht.[720] Hier ist die Konstellation denkbar, dass Händler H eine Kopie mit einer Signatur versieht, um ihr den Anschein eines Originals zu verleihen, ohne dass aber klar ist, ob H tatsächlich auch vorhat anderen diese Kopie als Original zu zeigen bzw. zu verkaufen. Dann kann § 267 StGB nicht nachgewiesen werden, aber § 107 I Nr. 2 UrhG ist erfüllt. Zugleich ist § 107 I Nr. 2 UrhG wichtig im Vorfeld der Fälschung, was auch der historische Entstehungsgrund ist.[721]

Das Vorliegen der §§ 106 ff. UrhG kann im Prozess einen Vorteil darstellen, da dann die Möglichkeit eines Adhäsionsverfahrens (§§ 403–406c StPO) besteht und mit diesem mehr als nur die Einziehung nach §§ 74 ff. StGB, §§ 430 ff. StPO erfolgen kann. Laut *Katzenberger* hat sich dies aber nicht als wirksam erwiesen,[722] weshalb die Folgen durch das Adhäsionsverfahren, wie die Vernichtung der Fälschung oder der Anspruch auf Unterlassen interessanter sein können.[723]

Im Zusammenhang mit § 107 UrhG ist ebenfalls problematisch, dass nur Werke der bildenden Künste darunterfallen, nicht dagegen die übrigen Schutzobjekte des § 2 UrhG.[724] Insofern könnte hierin ein Verstoß gegen den Gleichheitsgrundsatz Art. 3 GG liegen.[725] *Hildebrandt* bejaht einen Verstoß gegen den Gleichheitsgrundsatz (Art. 3 I GG), da zwischen Werken der bildenden Kunst und Werken der Musik, Literatur oder anderen Gattungen unterschieden wird (gleiches wird ungleich behandelt).[726] *Hildebrandt* verneint daher die Anwendbarkeit des § 107 UrhG.[727] Daher fordert er auch § 107 UrhG wegen seiner zusätzlich praktischen Bedeutungslosigkeit ersatzlos zu streichen.[728] Dagegen wird eingewandt, dass der

---

720 *Katzenberger*, GRUR 1982, 715 (719); unter Hinweis drauf Schricker/Loewenheim/*Haß*, UrhR, § 107 Rn. 9.

721 *Katzenberger*, GRUR 1982, 715 (719).

722 *Katzenberger*, GRUR 1982, 715 (720); vgl. Erbs/Kohlhaas/*Kaiser*, MarkenG, Vorbem. §§ 143 ff., Rn. 12; *Mes*, GRUR 2000, 934 (936) sieht die Gefahr einer Instrumentalisierung als kaum gegeben.

723 Vgl. kritisch zum Adhäsionsverfahren *Emmert*, ZRP 2018, 82 (83 ff.).

724 Dreier/Schulze/*Dreier*, UrhG, § 107 Rn. 2; Dreyer/Kotthoff/Meckel/*Kotthoff*, UrhR, § 107 UrhG Rn. 1; Ahlberg/Götting/*Sternberg-Lieben*, BeckOK UrhG § 107 Rn. 1.

725 Ahlberg/Götting/*Sternberg-Lieben*, BeckOK UrhG § 107 Rn. 1.

726 *Hildebrandt*, Die Strafvorschriften des Urheberrechts, 202; einen solchen Verstoß ebenfalls bejahend *Dietz*, in: *Wandtke* (Hrsg.), Urheberrecht, Kap. 11 Rn. 19.

727 *Hildebrandt*, Die Strafvorschriften des Urheberrechts, 202; siehe auch Wandtke/Bullinger/*Hildebrandt/Reinbacher*, UrhR, § 107 UrhG Rn. 1.

728 Wandtke/Bullinger/*Hildebrandt/Reinbacher*, UrhR, § 107 UrhG Rn. 1 m.w.N.

Strafgesetzgeber Gestaltungsfreiheit und damit seinen Gesetzgebungsspielraum für differenzierte Tatbestandsgestaltungen noch nicht überschritten habe.[729] Auch dies zeigt weiter auf, dass § 107 UrhG in verschiedener Hinsicht eine problematische Strafnorm darstellt, die genauer untersucht werden muss. Dies gilt gerade auch, um Klarheit darüber zu erlangen, wie mit dieser praktisch bedeutungslosen Norm umgegangen werden kann oder muss.[730] Bisher kommt sie in der Praxis kaum zur Anwendung[731] und wird auch in der Literatur weitgehend vernachlässigt oder als praktisch wenig bedeutsam angesehen.[732] Nicht anders ist dies in der Rechtsprechung.[733] Damit verknüpft ist auch die Frage, ob § 107 UrhG wie von manchen gefordert, ersatzlos gestrichen werden soll.[734] Andere aber fordern den Aus-

---

729 Ahlberg/Götting/*Sternberg-Lieben*, BeckOK UrhG § 107 Rn. 1.

730 *Löffler*, NJW 1993, 1421 (1427), der prüft, ob sich hier eine Erweckung aus dem Dörnröschenschlaf lohne; die geringe praktische Bedeutung beschreibend: Dreier/Schulze/*Dreier*, UrhG, § 107 Rn. 4; *Flechsig*, GRUR 1978, 287 (289); Wandtke/Bullinger/*Hildebrandt/Reinbacher*, UrhR, § 107 UrhG Rn. 1 m.w.N.; *v. Gravenreuth*, Das Plagiat aus strafrechtlicher Sicht, S. 23; *Hildebrandt*, Die Strafvorschriften des Urheberrechts, 173 m.w.N.; *Kann*, Musikpiraterie, S. 144; *Lampe*, UFITA 83 (1978), 15 ff.; Fromm/Nordemann/*Ruttke/Scharringhausen*, UrhR, § 107 UrhG Rn. 2; *Sandmann*, Die Strafbarkeit der Kunstfälschung, S. 113; Schmid/Wirth/Seifert/*Schmid/Wirth*, UrhG, § 107; *Sieg*, Das unzulässige Anbringen der richtigen Urheberbezeichnung, S. 51; Ahlberg/Götting/*Sternberg-Lieben*, BeckOK UrhG § 107 Rn. 1.

731 Siehe vorherige Fn sowie nochmals Dreier/Schulze/*Dreier*, UrhG, § 107 Rn. 4 m.w.N.; Erbs/Kohlhaas/*Kaiser*, UrhG, § 107 Rn. 1; Dreyer/Kotthoff/Meckel/*Kotthoff*, UrhR, § 107 UrhG Rn. 1; Fromm/Nordemann/*Ruttke/Scharringhausen*, UrhR, § 107 UrhG Rn. 2.

732 Siehe dafür z.B. die wenigen Literaturangaben bei Dreyer/Kotthoff/Meckel/*Kotthoff*, UrhR, § 107 UrhG; sowie die Kritik von *Sieg*, Das unzulässige Anbringen der richtigen Urheberbezeichnung, S. 51, welche auch heute noch stimmt; vgl. weiter nur Ahlberg/Götting/*Sternberg-Lieben*, BeckOk UrhG, § 107 Rn 1; Fromm/Nordemann/*Ruttke/Scharringhausen*, UrhR, § 107 UrhG Rn. 2; Wandtke/Bullinger/*Hildebrandt/Reinbacher*, UrhR, § 107 UrhG Rn. 1 m.w.N.; Ahlberg/Götting/*Sternberg-Lieben*, BeckOK UrhG § 107 Rn. 1.

733 So schon 1985 *Sieg*, Das unzulässige Anbringen der richtigen Urheberbezeichnung, S. 53, was sich bis heute nicht geändert hat.

734 So etwa Wandtke/Bullinger/*Hildebrandt/Reinbacher*, UrhR, § 107 UrhG Rn. 1 m.w.N.; gegen einen Ausbau des Strafrechts *Burger*, FuR 1978, 796 (801); *Flechsig*, GRUR 1978, 287 (289) der für eine Streichung des § 107 UrhG plädiert und sich auf den AE von 1977 bezieht; *ders.*, in: *Loewenheim* (Hrsg.), Handbuch des Urheberrechts, § 90 Rn. 91; *Kann*, Musikpiraterie, S. 144; vgl. auch *Lampe/Leckner/Stree/Tiedemann/Weber*, Alternativ-Entwurf eines Strafgesetzbuches, Besonderer Teil: Straftaten gegen die Wirtschaft, S. 119; *Sieg*, Das unzulässige Anbrin-

bau des § 107 UrhG oder dessen Beibehaltung.[735] Der fehlende Schutz des Urheberpersönlichkeitsrechts zeigt sich auch daran, dass er strafrechtlich weitestgehend ausgenommen und nur teilweise unzureichend in § 107 UrhG geschützt ist.[736] Darüber kann auch nicht hinweghelfen, dass bei der Strafzumessung einfließen kann, ob durch die Tat auch Urheberpersönlichkeitsrechte verletzt wurden (z.B. die Veröffentlichung entgegen § 12 UrhG).[737] Dies wird mit der Einheitlichkeit des Urheberrechts begründet, d.h. in die Strafzumessung können Urheberpersönlichkeitsrechtsverletzungen berücksichtigt werden, die nicht unter §§ 106 ff. UrhG fallen.[738] Allerdings stellt sich genau wegen dieser Einheit des Urheberrechts die Frage, ob nicht auch Persönlichkeitsrechtsverletzungen jedenfalls mittelbar von den §§ 106 ff. UrhG mitumfasst sind oder ob der Schutz dieser Vorschriften ausgebaut werden muss. Hierauf soll bei den alternativen Auslegungsmöglichkeiten und im Rahmen der Strafwürdigkeit und -bedürftigkeit im *5. Kapitel* eingegangen werden.

Wie bereits gezeigt, ist somit der aktuelle Schutz der Urheberpersönlichkeit gegenüber anderen Rechten nicht nur mit einer rechtspolitisch umstrittenen Norm, sondern auch mit einem vergleichsweise geringen Schutz ausgestaltet. So hat schon der Gesetzgeber 1962/1965 darauf verwiesen, dass die zivilrechtlichen Ansprüche ausreichend erscheinen.[739] Daher sei

---

gen der richtigen Urheberbezeichnung, S. 176, 192 ff., 201; Ahlberg/Götting/*Sternberg-Lieben*, BeckOK UrhG § 107 Rn. 1 m.w.N.; *Wang*, Der strafrechtliche Schutz des Urheberrechts, S. 241.

735 *Dietz*, in: *Wandtke* (Hrsg.), Urheberrecht, Kap. 11 Rn. 2; *Flechsig*, in: *Loewenheim* (Hrsg.), Handbuch des Urheberrechts, § 90 Rn. 75; *Katzenberger*, GRUR 1982, 715 (720); *Letzgus*, in: FS Rebmann, S. 277 (298); *Löffler*, NJW 1993, 1421 (1427, 1429); gegen eine Neugestaltung des Strafrechts *Burger*, FuR 1978, 796, 802; Fromm/Nordemann/*Ruttke/Scharringhausen*, UrhR, § 106 UrhG Rn. 27 hingegen halten grundsätzlich die Wirkung des Strafrechts für einen Schutz geistigen Eigentums für wichtig; *Sandmann*, Die Strafbarkeit der Kunstfälschung, S. 190; vgl. *Weber*, Der strafrechtliche Schutz des Urheberrechts, S. 391 ff.

736 Dreier/Schulze/*Dreier*, UrhG, § 107 Rn. 2; Schricker/Loewenheim/*Haß*, UrhR, § 106 Rn 1.

737 *Hildebrandt*, Die Strafvorschriften des Urheberrechts, 393 unter Hinweis auf *Weber*, Der strafrechtliche Schutz des Urheberrechts, S. 394.

738 So *Hildebrandt*, Die Strafvorschriften des Urheberrechts, 393.

739 Spindler/Schuster/*Gercke*, Vorbe. §§ 106 ff. Rn. 14; Dokumentation zur deutschen Urheberrechtsreform 1965: Begründung des Regierungsentwurfs – Bundestag-Drucksache IV/270, S. 27 bis 116 – UFITA 45 (1965), 240 (327); so auch heute bspw. *Flechsig*, in: *Loewenheim* (Hrsg.), Handbuch des Urheberrechts, § 90 Rn. 2; *Sandmann*, Die Strafbarkeit der Kunstfälschung, S. 112, die von einem vergleichsweise geringen Unrechtsgehalt spricht.

ein strafrechtlicher Schutz des Urheberpersönlichkeitsrechts im Allgemeinen entbehrlich.[740] Allerdings ist diese Aussage nach über 50 Jahren und mit der Kenntnis der heutigen technischen Möglichkeiten doch zu hinterfragen oder jedenfalls zu überprüfen. Dies wird im Rahmen der Frage der Strafwürdigkeit und -bedürftigkeit von Persönlichkeitsrechtsverletzungen aufgegriffen (*5. Kapitel*). Im vorliegenden Abschnitt sollen aber nur die derzeitig vorherrschenden Ansichten dargestellt werden und diese verweisen oft auf die Begründung von 1962/1965.[741] Auch das Werk von *Hildebrandt*, welches 2001 nach *Weber* ein großes Werk zum Urheberstrafrecht darstellt, ist mittlerweile schon 15 Jahre alt.[742] Insofern bedarf es einer erneuten Untersuchung der strafrechtlichen Normen des Urheberstrafrechts, um festzustellen, ob der Schutz zeitgemäß ist und dies insbesondere im Hinblick auf den Schutz von Persönlichkeitsrechten. Dabei muss allerdings darauf hingewiesen werden, dass schon 1976 *Weber* festgestellt hat, dass der Regierungsentwurf des Urheberrechtsgesetzes dem strafrechtlichen Schutz der Urheberpersönlichkeit ablehnend gegenüber steht.[743] Neben dem Argument, dass die zivilrechtlichen Ansprüche als ausreichend gelten, wird zudem auf die mangelnde Bestimmtheit der Verbotsmaterie verwiesen.[744] Insofern wird der enge Schutzbereich des § 107 UrhG teilweise auch damit begründet, dass anders als bei den meisten Formen von Urheberpersönlichkeitsverletzungen der Verletzungstatbestand bzgl. der Signatur eindeutig und klar sei.[745]

Daher muss vor der Frage der Strafwürdigkeit und -bedürftigkeit von Persönlichkeitsrechtsverletzungen (*5. Kapitel*) die Bestimmtheitsproblematik (*4. Kapitel*) behandelt werden.

In der Literatur wird die Tendenz zu einem geringen strafrechtlichen Schutz von Persönlichkeitsrechtsverletzungen größtenteils begrüßt oder je-

740 Dokumentation zur deutschen Urheberrechtsreform 1965: Begründung des Regierungsentwurfs – Bundestag-Drucksache IV/270, S. 27 bis 116 – UFITA 45 (1965), 240 (326).

741 Siehe nur Spindler/Schuster/*Gercke*, Vorbe. §§ 106 ff. Rn. 14.

742 *Hildebrandt*, Die Strafvorschriften des Urheberrechts, 2001; *Weber*, Der strafrechtliche Schutz des Urheberrechts, 1976.

743 *Weber*, Der strafrechtliche Schutz des Urheberrechts, S. 391.

744 Begründung des Regierungsentwurfs – Bundestag-Drucksache IV/270, S. 27 bis 116 – UFITA 45 (1965), 240 (326).

745 *Katzenberger*, GRUR 1982, 715 (719).

denfalls nicht kritisiert.[746] Anderes gilt beispielsweise für *Riedel* der eine sehr undifferenzierte Pönalisierung fordert.[747] *Weber* sieht es als unverständlich an, warum die Literatur dem strafrechtlichen Persönlichkeitsrechtsschutz so ablehnend gegenüber steht, da Eingriffe in das Urheberpersönlichkeitsrecht generell schon als schwerwiegend empfunden werden (Persönlichkeitsrechte werden mindestens bis zum Tode geschützt, § 76 UrhG; die Verwertungsrechte gem. § 82 UrhG nur 50 bzw. 25 Jahre, § 82 UrhG).[748] Die Urheberpersönlichkeit wird strafrechtlich dann aber nur in § 107 UrhG und somit nur in „weniger gravierenden Fällen" oder nur „aus Versehen" oder nur in Verbindung mit anderen Rechtsgütern geschützt.[749] So wird die unerlaubte Signierung, aber nicht die unerlaubte Veröffentlichung geschützt. Ebenso wenig werden die Entstellung oder Zerstörung des Werks (welche ggf. wesentlich bedeutendere Eingriffe in Persönlichkeitsrechte darstellen können) von § 107 UrhG erfasst.[750] „Aus einer ablehnenden Grundhaltung heraus hat der Gesetzgeber lediglich einige traditionelle persönlichkeitsrechtliche Straftatbestände ins UrhG übernommen, und dies nur deshalb, weil sie ‚über den Schutz des Urhebers hinaus auch Interessen der Allgemeinheit wahren sollen' und ‚scharf genug umrissen' sind ‚um den Gegenstand besonderer Strafvorschriften zu bilden'."[751] Die persönlichkeitsrechtlichen Interessen des Urhebers werden von § 107 UrhG „nur in sehr beschränktem Maße" geschützt.[752] Des Weiteren führt wohl auch die Subsidiaritätsklausel zu der aufgezeigten geringen praktischen Bedeutung.[753]

---

746 *Flechsig*, GRUR 1978, 287 (288); *v. Gamm*, UrhG, § 106 Rn. 1, § 107 Rn. 1 f.; *Kann*, Musikpiraterie, S. 144; *Nordemann*, GRUR 1973, 1; Fromm/Nordemann/*Ruttke/Scharringhausen*, UrhR, Vor § 106 UrhG Rn. 1; Ahlberg/Götting/*Sternberg-Lieben*, BeckOK UrhG, § 106 Rn. 1, § 107 Rn. 1; vgl. auch *Lampe/Leckner/Stree/Tiedemann/Weber*, Alternativ-Entwurf eines Strafgesetzbuches, Besonderer Teil: Straftaten gegen die Wirtschaft, S. 119.

747 Vgl. *Weber*, Der strafrechtliche Schutz des Urheberrechts, 392 mit Hinweis auf *Riedel*, UrhG, Vorbem. § 12, S. 3 f.

748 Siehe *Weber*, Der strafrechtliche Schutz des Urheberrechts, 392 m.w.N. Fn. 43.

749 Schricker/Loewenheim/*Haß*, Urheberrecht, § 106, Rn 1; *Weber*, Der strafrechtliche Schutz des Urheberrechts, 393.

750 *Sieg*, Das unzulässige Anbringen der richtigen Urheberbezeichnung, S. 176, 178 ff., 181; *Weber*, Der strafrechtliche Schutz des Urheberrechts, 393; vgl. auch *Ewert*, Das Urheberstrafrecht, S. 42 zum fehlenden Schutz der Entstellung auch in § 106 UrhG.

751 *Weber*, Der strafrechtliche Schutz des Urheberrechts, 393.

752 *Dietz*, in: *Wandtke* (Hrsg.), Urheberrecht, Kap. 11 Rn. 19.

753 Siehe hierzu *Dietz*, in: *Wandtke* (Hrsg.), Urheberrecht, Kap. 11 Rn. 18 und oben S. 84, 104.

Aus den aufgezeigten Gründen wird im Rahmen des 5. Kapitels auch die Frage eine Rolle spielen, ob nicht ein Verstoß gegen das Ultima-ratio-Prinzip oder den Verhältnismäßigkeitsgrundsatz vorliegt, wenn weniger gravierende Fälle (unerlaubte Signierung) geschützt und gravierendere (unerlaubte Veröffentlichung, Entstellung, Zerstörung) nicht geschützt werden.[754]

Schon 1976 hat Weber die Frage gestellt, ob nicht auf § 107 UrhG verzichtet werden sollte, wenn die Pönalisierung von anderen (schwereren) Persönlichkeitsrechtsverletzungen nicht gelingen kann, was im Rahmen des *5. Kapitels* zu prüfen sein wird[755] oder ob eben § 107 UrhG zu ändern ist. Vielleicht geht das durch eine Streichung des § 107 UrhG und die Schaffung einer neuen Norm ggf. im StGB.[756] Zusammenfassend lässt sich feststellen, dass zu klären ist, ob der aktuelle Persönlichkeitsrechtsschutz so bleiben kann oder ob es einer Änderung bedarf. Die aufgezeigten Widersprüche bedürfen einer ausführlichen Untersuchung.[757] Daher wird im *4.* und *5. Kapitel* neben der Frage der Bestimmtheit, die Strafwürdigkeit und die -bedürftigkeit sowie die Vereinbarkeit mit strafrechtlichen Grundsätzen zu überprüfen sein.

3. §§ 108 ff. UrhG

„§ 108 UrhG schützt die unternehmerische Leistung des Berechtigten."[758] Der strafrechtliche Schutz der Verwertungsrechte wird damit auf die Inhaber verwandter Schutzrechte erstreckt (geschütztes Rechtsgut = Leistungsschutzrecht des jeweils Berechtigten), weshalb § 108 UrhG das Pendant zu § 106 UrhG ist.[759] Rechtsgut des § 108 UrhG sind damit die verwertungs-

754 Vgl. *Sieg*, Das unzulässige Anbringen der richtigen Urheberbezeichnung, S. 176, 178 ff., 181.

755 *Weber*, Der strafrechtliche Schutz des Urheberrechts, S. 252; siehe dann auch *Sieg*, Das unzulässige Anbringen der richtigen Urheberbezeichnung, S. 176, 181.

756 Vgl. dazu bspw. *Kann*, Musikpiraterie, S. 144; *Sieg*, Das unzulässige Anbringen der richtigen Urheberbezeichnung, S. 176, 192 ff.; gegen eine Neugestaltung aber *Burger*, FuR 1978, 796 (802).

757 Vgl. *Lampe*, UFITA 83 (1978), 15 (61), der von einer unklaren kriminalpolitischen Konzeption spricht; vgl. auch *Sandmann*, Die Strafbarkeit der Kunstfälschung, S. 90 ff., 177 ff.

758 *Zabel*, JA 2010, 401 (403).

759 *Dietz*, in: *Wandtke* (Hrsg.), Urheberrecht, Kap. 11 Rn. 13; Dreier/Schulze/*Dreier*, UrhG, § 108 Rn. 1; Dreyer/Kotthoff/Meckel/*Kotthoff*, UrhR, § 108 UrhG Rn. 1;

rechtlichen Befugnisse[760] von Inhabern anderer Schutzrechte, welche nicht schöpferische Leistungen i.S.d. UrhG erbracht haben, die aber entweder im Zusammenhang mit urheberrechtlich geschützten Werken erfolgen oder aber „verwandt" sind.[761] Darunter fallen beispielsweise einfache Fotografien (§ 72 UrhG), ausübende Künstler (§ 73 UrhG) und Filmhersteller (§ 94 UrhG).[762] Die einzelnen Tathandlungen des § 108 I Nr. 1 bis 8 UrhG können aus den urheberzivilrechtlichen Vorschriften entnommen werden.[763] Insgesamt haben § 108 I Nr. 4 und 5 UrhG an praktischer Bedeutung gewonnen, da die verstärkte Bekämpfung unzulässiger Bootlegs (Mitschnitte) und Raubkopien von Musikstücken stark gestiegen ist.[764] Nicht geschützt vom Urheberstrafrecht wird die Entstellung trotz des Verweises in § 108 I Nr. 7 UrhG, dafür kommt allenfalls § 185 StGB in Betracht.[765] Die pauschale Bezugnahme von § 108 I Nr. 7 UrhG auf § 94 UrhG wird daher vielmehr als redaktionelles Versehen angesehen, da Leistungsschutzrechte übertragbar sind und Persönlichkeitsrechte gerade nicht.[766] *Dietz* hingegen sieht einen Schutz des Urheberpersönlichkeitsrechtes durch den Verweis des § 108 I Nr. 7 UrhG auf § 94 I 2 UrhG.[767] *Haß* stellt fest, dass daher nicht einschränkungslos an der Aussage festgehalten werden kann, dass es keinen Schutz gegen Entstellung im Urheberrecht gebe.[768] Fraglich ist auch, ob der Persönlichkeitsrechtsschutz aus dem Verweis des § 108 I

Fromm/Nordemann/*Ruttke/Scharringhausen*, UrhR, § 108 UrhG Rn. 1; Ahlberg/Götting/*Sternberg-Lieben*, BeckOK UrhG § 108 Rn. 1.

760 Wandtke/Bullinger/*Hildebrandt/Reinbacher*, UrhR, § 108 UrhG Rn. 2.

761 Achenbach/Ransiek/Rönnau/*Nordemann*, Handbuch Wirtschaftsstrafrecht, S. 1448.

762 Für weitere Beispiele Achenbach/Ransiek/Rönnau/*Nordemann*, Handbuch Wirtschaftsstrafrecht, S. 1448 ff.

763 Wandtke/Bullinger/*Hildebrandt/Reinbacher*, UrhR, § 108 UrhG Rn. 5.

764 *Hellmann/Beckemper*, Wirtschaftsstrafrecht § 6 Rn. 659.

765 Ahlberg/Götting/*Sternberg-Lieben*, BeckOK UrhG § 108 Rn. 1.

766 Dreier/Schulze/*Dreier*, UrhG, § 108 Rn. 5; Schricker/Loewenheim/*Haß*, UrhR, § 108 Rn. 9; Wandtke/Bullinger/*Hildebrandt/Reinbacher*, UrhR, § 108 UrhG Rn. 2; *Hildebrandt*, Die Strafvorschriften des Urheberrechts, S. 204 f. m.w.N.; Ahlberg/Götting/*Sternberg-Lieben*, BeckOK UrhG § 108 Rn. 1.

767 *Dietz*, in: *Wandtke* (Hrsg.), Urheberrecht, Kap. 11 Rn. 1; *Kann*, Muiskpiraterie, S. 104 der einen Urheberpersönlichkeitsschutz bejaht, der durch ein redaktionelles Versehen entstanden sei; a.A. Wandtke/Bullinger/*Hildebrandt/Reinbacher*, UrhR, § 108 UrhG Rn. 2; vgl. Erbs/Kohlhaas/*Kaiser*, UrhG, § 108 Rn. 1 der keinen Schutz persönlicher Interessen sieht.

768 Schricker/Loewenheim/*Haß*, UrhR, § 108 Rn. 9.

Nr. 4 UrhG auf § 75 UrhG geschlossen werden kann.[769] Nr. 7, 8 erweisen sich zudem als bedenklich im Hinblick auf Art. 103 II GG.[770] So wird § 108 I Nr. 7 auf Computerspiele ausgedehnt und Nr. 8 setz keine klaren Grenzen im Umgang mit Datenbanken.[771] § 108 UrhG ist sinnvoll und sachlich geboten, da ausübende Künstler schutzbedürftig sind, gerade wegen immer neuen technischen Entwicklungen.[772] Insbesondere ausübende Künstler können sich angesichts der Digitalisierung und Technisierung kaum selbst gegen ungewünschte Verwertung schützen. Die Einwilligung in § 108 UrhG ist möglich, da nur vermögensrechtliche Interessen betroffen sind.[773] Auch hier kann damit der Einwilligung entweder eine Doppelnatur zu kommen oder sie schließt entweder den Tatbestand oder die Rechtswidrigkeit aus.[774] Hier ist der Gleichlauf zu §§ 106, 107 UrhG zu beachten,[775] weshalb auch hier ein Ausschluss bereits auf Tatbestandsebene bei vorliegender Einwilligung anzunehmen ist.[776]

Vor einer gewerbsmäßigen unerlaubten Verwertung in den Fällen der §§ 106–108 UrhG schützt § 108a UrhG.[777] Damit soll diese Vorschrift „die organisierte und Bandenkriminalität" eindämmen.[778] § 108a UrhG ist eine strafschärfende Vorschrift und stellt einen Qualifikationstatbestand zu

---

769 Dies ebenfalls fragend *Hildebrandt*, Die Strafvorschriften des Urheberrechts, 209 f.

770 *Hellmann/Beckemper*, Wirtschaftsstrafrecht § 6 Rn. 659; Dreyer/Kotthoff/Meckel/*Kotthoff*, UrhR, § 108 UrhG Rn. 3; Berger/Wündisch/*Kudlich*, Urhebervertragsrecht, § 9 Rn. 25; vgl. auch Wandtke/Bullinger/*Hildebrandt/Reinbacher*, UrhR, § 108 UrhG Rn. 3 der daher von einer (derzeitigen) Unanwendbarkeit des § 108 UrhG ausgeht.

771 Vgl. *Hellmann/Beckemper*, Wirtschaftsstrafrecht § 6 Rn. 659; Berger/Wündisch/*Kudlich*, Urhebervertragsrecht, § 9 Rn. 25.

772 AG Hamburg, GRUR 1990, 267 (Bayreuther Orchester); Ahlberg/Götting/*Sternberg-Lieben*, BeckOK UrhG § 108 Rn. 2.

773 Dreier/Schulze/*Dreier*, UrhG, § 108 Rn. 4; *Hildebrandt*, Die Strafvorschriften des Urheberrechts, S. 242; Dreyer/Kotthoff/Meckel/*Kotthoff*, UrhR, § 108 UrhG Rn. 5.

774 *Dietz*, in: *Wandtke* (Hrsg.), Urheberrecht, Kap. 11 Rn. 14; Wandtke/Bullinger/*Hildebrandt/Reinbacher*, UrhR, § 108 UrhG Rn. 7; Erbs/Kohlhaas/*Kaiser*, UrhG, § 108 Rn. 5a m.w.N. der den Ausschluss des Tatbestandes bejaht; siehe auch S. 77 ff.

775 Vgl. *Sedlmeier*, Die Auslegung der urheberrechtlichen Straftatbestände, S. 153, der bei allen Normen von einem Ausschluss auf der Rechtfertigungsebene ausgeht.

776 S. o. S. 98 ff.; vgl. auch Achenbach/Ransiek/Rönnau/*Nordemann*, Handbuch Wirtschaftsstrafrecht, S. 1460.

777 Erbs/Kohlhaas/*Kaiser*, UrhG, § 108a Rn. 1; *Zabel*, JA 2010, 401 (403).

778 BT-Drucks. 10/3360 S. 20.

§§ 106–108 UrhG dar, die die gewerbsmäßige Verletzung mit bis zu fünf Jahren bestraft.[779] Gewerbsmäßigkeit ist hier, wie in anderen strafrechtlichen Vorschriften, die Absicht, sich durch wiederholte Tatbegehung, eine fortlaufende Einnahmequelle von einiger Dauer zu verschaffen.[780] Anders als §§ 106 f. UrhG ist § 108a UrhG ein Offizialdelikt.[781] Als Beispiele aus der Rechtsprechung kann hier das bereits oben aufgezeigte das Urteil des LG Leipzig zu der Internetseite K.to dienen.[782] Durch die bereits geschilderte Handlung hat sich der Angeklagte „wegen gemeinschaftlicher gewerbsmäßiger unerlaubter Verwertung von urheberrechtlich geschützten Werken in drei Fällen, davon in einem Fall in 189.200 tateinheitlichen Fällen, in einem Fall in 105.976 tateinheitlichen Fällen und in einem weiteren Fall in 815.367 tateinheitlichen Fällen jeweils der gewerbsmäßigen unerlaubten Verwertung von urheberrechtlich geschützten Werken gemäß §§ 106 I, 108a I UrhG, 25 II, 53 I, 52 StGB strafbar gemacht."[783]

§ 108b UrhG schützt vordergründig die wirksam technische Maßnahme, aber dahinterstehend ebenfalls die Verwertungsrechte der Urheber bzw. der Rechtsinhaber.[784] Damit ist das Verwertungsrecht des Urhebers bzw. des Rechtsinhabers auch das geschützte Rechtsgut dieser Norm.[785] Dabei ist auch hier mit *Hildebrandt/Reinbacher* wieder vom „Schutz des geistigen Eigentums im Allgemeinen sowie verwertungsrechtlicher Befugnisse im Besonderen" zu sprechen.[786] Die „Umgehung technischer Maßnahmen, die Entfernung oder Veränderung von Informationen für die Rechtewahrnehmung sowie der Vertrieb entsprechend manipulierter Schutzgegenstände" unterfallen dem § 108b UrhG.[787] Damit ist Schutzgegenstand des

---

779 Dreier/Schulze/*Dreier*, UrhG, § 108a Rn. 1; *Flechsig*, in: *Loewenheim* (Hrsg.), Handbuch des Urheberrechts, § 90 Rn. 112; Dreyer/Kotthoff/Meckel/*Kotthoff*, UrhR, § 108a UrhG Rn. 1, 5.

780 *Flechsig*, in: *Loewenheim* (Hrsg.), Handbuch des Urheberrechts, § 90 Rn. 113; Wandtke/Bullinger/*Hildebrandt/Reinbacher*, UrhR, § 108a UrhG Rn. 1; Fromm/Nordemann/*Ruttke/Scharringhausen*, UrhR, § 108a UrhG Rn. 3.

781 *Flechsig*, in: *Loewenheim* (Hrsg.), Handbuch des Urheberrechts, § 90 Rn. 117; Fromm/Nordemann/*Ruttke/Scharringhausen*, UrhR, § 108a UrhG Rn. 10.

782 S. o. S. 95 f.

783 LG Leipzig, ZUM 2013, 338 (345).

784 Schricker/Loewenheim/*Haß*, UrhR, § 108b Rn. 2; Erbs/Kohlhaas/*Kaiser*, UrhG, § 108b Rn. 3.

785 Schricker/Loewenheim/*Haß*, UrhR, § 108b Rn. 2; Erbs/Kohlhaas/*Kaiser*, UrhG, § 108b Rn. 3.

786 Wandtke/Bullinger/*Hildebrandt/Reinbacher*, UrhR, § 108b UrhG Rn. 2.

787 Dreyer/Kotthoff/Meckel/*Kotthoff*, UrhR, § 108b UrhG Rn. 2.

§ 108b UrhG das geschützte Werk.[788] Allerdings sind solche Handlungen ausgeschlossen, die zum privaten Gebrauch geschehen, damit soll eine „Kriminalisierung der Schulhöfe“ und eine Überlastung der Strafverfolgungsbehörden vermieden werden.[789] Auch bei § 108b UrhG zeigt sich neben der Deckung mit dem zivilrechtlichen Schutz wieder die Zivilrechtsakzessorietät durch die Ausfüllungsbedürftigkeit des Tatbestandes deutlich.[790] So wird durch die Verweisungstechnik die Wiederholung zivilrechtlicher Normen vermieden.[791] Allerdings steht gerade diese Verweisungstechnik in der Kritik und diese Problematik wird auch im Rahmen des *4. Kapitels*, im Zusammenhang mit dem Bestimmtheitsgrundsatz und den Bestimmtheitsanforderungen an zivilrechtsakzessorische Normen, aufgegriffen.[792] Dabei wird auch zu klären sein, ob diese Vorschrift auf einen bestimmbaren Kern reduziert werden kann oder nicht.[793] Diese Zivilrechtsakzessorietät führt daneben zu weiteren Problemen, da in § 108b UrhG von „Zustimmung“ und nicht von „Einwilligung“ die Rede ist. Wird die zivilrechtliche Bedeutung von „Zustimmung“ zu Grunde gelegt, so kann auch eine nachträgliche Zustimmung ausreichen, wobei umstritten bleibt, ob überhaupt auf die zivilrechtliche Bedeutung Rückgriff zu nehmen ist.[794] Allerdings ist äußerst fraglich, ob eine unterschiedliche Interpretation von §§ 106, 107 UrhG und § 108b UrhG gewollt sein kann.[795] Des Weiteren ist fraglich, ob das Merkmal „unbefugt“ ein Tatbestandsmerkmal oder aber ein Hinweis auf Rechtfertigungsgründe darstellt.[796] § 108b UrhG ist nach der bisherigen Untersuchung also eine nicht unumstrittene, offene und zivilrechtsakzessorische Norm. Abschließend kann zudem festgestellt werden, dass auch die §§ 108a, b UrhG keine „persönlichkeitsrechtsschützende Dimension“ haben.[797]

---

788 Fromm/Nordemann/*Ruttke/Scharringhausen*, UrhR, § 108b UrhG Rn. 1.

789 Fromm/Nordemann/*Ruttke/Scharringhausen*, UrhR, § 108b UrhG Rn. 3.

790 Dreyer/Kotthoff/Meckel/*Kotthoff*, UrhR, § 108b UrhG Rn. 3; siehe auch Wandtke/Bullinger/*Hildebrandt/Reinbacher*, UrhR, § 108b UrhG Rn. 4.

791 Schricker/Loewenheim/*Haß*, UrhR, § 108b Rn. 2.

792 Für Kritik an der Verweisungstechnik im UrhG siehe beispielsweis *Sieber*, MMR 2002, 701 (702); Erbs/Kohlhaas/*Kaiser*, UrhG, § 108b Rn. 3 hält die Vorschrift für berfassungsmäßig.

793 Schricker/Loewenheim/*Haß*, UrhR, § 108b Rn. 2 m.w.N.

794 Dreyer/Kotthoff/Meckel/*Kotthoff*, UrhR, § 108b UrhG Rn. 5.

795 Dreyer/Kotthoff/Meckel/*Kotthoff*, UrhR, § 108b UrhG Rn. 5.

796 Schricker/Loewenheim/*Haß*, UrhR, § 108b Rn. 12.

797 *Heuchemer*, in: *Götting/Schertz/Seitz* (Hrsg.), Handbuch des Persönlichkeitsrechts, § 30 Rn. 9; dem zustimmend *Dietz*, in: *Wandtke* (Hrsg.), Urheberrecht, Kap. 11 Rn. 1, der aber § 108 I Nr. 7 UrhG herausnimmt.

III. PatG

Der zivilrechtliche Patentschutz wird durch § 142 PatG mit einem strafrechtlichen Schutz ergänzt.[798] § 142 I PatG stellt dabei das Grunddelikt dar und § 142 II PatG die Qualifikation für Fälle der Gewerbsmäßigkeit. In § 142 III PatG wird eine Versuchsstrafbarkeit normiert. Strafbar ist die vorsätzliche Benutzung eines patentierten Produktes oder Verfahrens ohne Zustimmung des Patentinhabers.[799] Beispielsweise würde unter § 142 I Nr. 1, II PatG folgende Konstellation fallen: Jemand verschafft sich Kenntnis über ein patentiertes Dämpfungssystem bei Sportschuhen und produziert daraufhin Schuhe mit exakt diesem Dämpfungssystem, die er dann exklusiv in seinem eigenen Laden verkauft.[800]

Der strafrechtliche Patentschutz drückt den hohen Stellenwert der Rechtsordnung für das Patentrecht aus,[801] der sich auch im Schutz durch Art. 14 GG zeigt.[802] Wie aber auch bei den urheberrechtlichen Strafrechtsnormen kann bei § 142 PatG festgestellt werden, dass nur eine sehr geringe praktische Bedeutung besteht, was auch hier unter anderem daran liegen kann, dass er als Privatklagedelikt ausgestaltet ist.[803] So ist seit mehr als siebzig Jahren keine höchstrichterliche Entscheidung mehr bekannt geworden.[804] Privatklagedelikte können für den Kläger bei fehlendem öffentlichen Interesse ein kostenintensives Verfahren mit sich bringen.[805] Eine erhöhte praktische Relevanz besteht jedoch in Fällen der Gewerbsmäßigkeit (Produktpiraterie) des § 142 II PatG, der auch nicht als Privatklagedelikt ausgestaltet ist.[806]

---

798 Busse/Keukenschrijver/*Keukenschrijver*, § 142 PatG Rn. 1.

799 *Tiedemann*, WiStR BT, Rn. 618.

800 Vgl. den Fall bei *Hellmann/Beckemper*, Wirtschaftsstrafrecht § 6 Rn. 545.

801 *Fontaine*, Grund- und Strukturprobleme des § 142 PatG, S. 47.

802 Ausführlich dazu *Timmann*, Das Patentrecht.

803 *Beukelmann*, NJW-Spezial 2008, 664; *Fontaine*, Grund- und Strukturprobleme des § 142 PatG, S. 15, 49 der darauf hinweist, dass im 19. Jhdt. die Patentverletzung in erster Linie als Straftat aufgefasst wurde; Benkard/*Grabinski/Zülch*, PatG, § 142 Rn. 1; *Kraßer/Ann*, Patentrecht, § 38 I S. 960; *Kröger/Bausch*, GRUR 1997, 321 (325 f.).

804 *Kraßer/Ann*, Patentrecht, § 38 I S. 960.

805 Siehe § 471 StPO.

806 *Kröger/Bausch*, GRUR 1997, 321 (326 f.); vgl. etwa die Pressemitteilung des Kammergerichts Berlin, https://www.berlin.de/gerichte/presse/pressemitteilungen-der-ordentlichen-gerichtsbarkeit/2007/pressemitteilung.425838.php (abgerufen am 12.07.2016).

Die Problematik verschärft sich bei § 142 PatG jedoch zusätzlich, da § 142 PatG nicht den heute bestehenden straf- und verfassungsrechtlichen Grundsätzen genügen könnte, da die Tatbestandsinterpretation von § 142 PatG noch vom Reichsgericht aus dem 19. Jahrhundert stammt.[807] Nach dem Urteil vom 17.1.1881[808] soll es allein auf die formale Erteilung des Patents ankommen und nicht auch auf die materielle Richtigkeit.[809] Allerdings soll eine rückwirkende Nichtigkeitserklärung des Patents auch zum Entfallen der Strafbarkeit führen.[810] Damit wird die zivilrechtliche Systematik des Patentrechts nahezu gleichlaufend auf das Patentstrafrecht übertragen.[811] In der zivilrechtlichen Systematik findet sich allerdings auch ein Schutz des Erfinderpersönlichkeitsrechts. Was die Frage aufwirft, wie das Rechtsgut im Strafrecht aussieht. Es gibt aber so gut wie keine Untersuchungen zur Deliktsstruktur und zum Rechtsgut des § 142 PatG. Eine der wenigen Ausnahmen bildet *Fontaine*, der wiederum aber auch das Fehlen von anderen aussagekräftigen Fundstellen feststellt und daher versucht, dem Abhilfe zu schaffen.[812] Er kommt zu dem Ergebnis, dass das geschütztes Rechtsgut „das geistige Eigentum des Erfinders" ist, in Fällen eines materiell bestandskräftigen Patents.[813] Für diese Auslegung spricht auch, dass die verschiedenen Strafrechtsnormen des UrhG, des PatG, des MarkenG, des GebrMG, des DesignG und des SortenschutzG als Strafrechtsnormen bezeichnet werden, die eine vorsätzliche Verletzung eines Rechts des geistigen Eigentums bestrafen.[814] Geistiges Eigentum ist dann verletzt, wenn die Rechtsposition auch besteht.[815] Zusammenfassend stellt *Fontaine* also fest, dass das Rechtsgut des § 142 PatG somit „das materiell bestandskräftige Patent" ist.[816] Auf den ersten Blick enthält damit auch § 142 PatG kei-

807 *Fontaine*, Grund- und Strukturprobleme des § 142 PatG, S. 15.
808 RGSt 3, 253 ff.
809 RGSt 3, 253 (255); siehe auch *Fontaine*, Grund- und Strukturprobleme des § 142 PatG, S. 53.
810 *Kraßer/Ann*, Patentrecht, § 38 I S. 961.
811 *Fontaine*, Grund- und Strukturprobleme des § 142 PatG, S. 68 f.
812 *Fontaine*, Grund- und Strukturprobleme des § 142 PatG, S. 75; siehe aber nun auch bei *Pfaffinger*, Rechtsgüter und Verhältnismäßigkeit, S. 132 ff.
813 *Fontaine*, Grund- und Strukturprobleme des § 142 PatG, S. 76.
814 So *Cremer*, GRUR Int. 2002, 511.
815 Vgl. *Fontaine*, Grund- und Strukturprobleme des § 142 PatG, S. 57.
816 *Fontaine*, Grund- und Strukturprobleme des § 142 PatG, S. 77; vgl. Benkard/*Grabinski/Zülch*, PatG, § 142 Rn. 3; siehe auch *Hellmann/Beckemper*, Wirtschaftsstrafrecht § 6 Rn. 540.

nen persönlichkeitsrechtlichen Schutz.[817] Ob aber doch ein jedenfalls mittelbarer Schutz des Erfinderpersönlichkeitsrechts mit § 142 PatG verbunden ist, muss im Rahmen der alternativen Auslegung geklärt werden.

Bei § 142 PatG beginnt der Schutz „mit der Veröffentlichung der Patenterteilung und endet mit Außerkrafttreten des Patents".[818] § 142 PatG deckt sich wegen ausdrücklicher Wiederholungen oder Verweisen mit den wichtigsten zivilrechtlichen Tatbeständen.[819] Damit treten auch hier die üblichen Probleme im Zusammenhang mit der Zivilrechtsakzessorietät von Strafnormen auf.

Der Tatbestand des § 142 PatG erfordert das Eingreifen in ein Patent, durch das Benutzen des Erfindungsgedankens.[820] Damit wird als Grunddelikt die unbefugte „Benutzung" eines fremden Patents von § 142 PatG bestraft.[821]

Grundsätzlich ist gem. § 9 PatG nur der Inhaber befugt, die Erfindung zu benutzen, wobei sich die Frage der Verletzung dieses Ausschließlichkeitsrechts nach dem Schutzbereich des Patents bestimmt.[822] Die Bestimmung des Schutzbereichs des Patents ist auch im Strafrecht von großer Bedeutung.[823] Dabei kommt es dann auf den Inhalt der Patentansprüche gem. § 14 S. 1 PatG an.[824] Der Schutzbereich des Patents ist durch Auslegung abzuklären, was wiederum Probleme mit dem Bestimmtheitsgebot aufwerfen kann.[825] Es muss also nach der Feststellung, was zum Schutzbereich gehört, geprüft werden, ob sich der vom Täter hergestellte Gegenstand mit dem der patentierten Erfindung deckt und damit ein Eingriff in das Patent vorliegt.[826] Damit schützt § 142 PatG das patentrechtliche (vermögensrechtliche) Ausschließlichkeitsrecht.[827] Der Verweis auf § 9 PatG macht ausdrücklich deutlich, dass es um den Schutz des (vermögensrecht-

---

817 Vgl. *Lampe*, UFITA 83 (1978), 15 (42); *Pfaffinger*, Rechtsgüter und Verhältnismäßigkeit, S. 135.
818 *Hellmann/Beckemper*, Wirtschaftsstrafrecht § 6 Rn. 541.
819 Benkard/*Grabinski/Zülch*, PatG, § 142 Rn. 2.
820 Benkard/*Grabinski/Zülch*, PatG, § 142 Rn. 2.
821 *Fontaine*, Grund- und Strukturprobleme des § 142 PatG, S. 47.
822 *Hellmann/Beckemper*, Wirtschaftsstrafrecht § 6 Rn. 542.
823 *Hellmann/Beckemper*, Wirtschaftsstrafrecht § 6 Rn. 542.
824 *Hellmann/Beckemper*, Wirtschaftsstrafrecht § 6 Rn. 542.
825 Busse/Keukenschrijver/*Keukenschrijver*, § 142 PatG Rn. 10.
826 Benkard/*Grabinski/Zülch*, PatG, § 142 Rn. 2.
827 Vgl. *Pfaffinger*, Rechtsgüter und Verhältnismäßigkeit, S. 135 ff., die daneben auch den Schutz des überindividuellen Rechtsgutes Innovationswettbewerb von § 142 PatG mit umfasst sieht, S. 158.

lichen) Ausschließlichkeitsrechts geht.[828] Ein Schutz von persönlichkeitsrechtlichen Aspekten kann hier also nach den aktuell vertretenen Auffassungen nicht festgestellt werden. Damit wird das Erfinderpersönlichkeitsrecht strafrechtlich nicht unmittelbar geschützt.[829] Auch hier kann im Rahmen einer alternativen Auslegung unter *B II* geprüft werden, ob es einen mittelbaren Erfinderpersönlichkeitsrechtsschutz geben kann.

IV. MarkenG

Die praktische und wirtschaftliche Bedeutung von „Marken" führt auch nicht dazu, dass das Strafrecht (§§ 143 f. MarkenG) hier eine stärkere Rolle als bei anderen immaterialgüterrechtlichen Schutzgegenständen einnimmt.[830] Auch beim Schutz der Marke spielt das Strafrecht eine untergeordnete Rolle, was sich beispielsweise in der geringen Zahl gerichtlicher Entscheidungen und dem zurückhaltenden Interesse der Literatur zu den §§ 143 f. MarkenG widerspiegelt.[831]

Wie oben bereits festgestellt, schützt das Markenrecht zivilrechtlich nicht ein eigenes besonderes Persönlichkeitsrecht.[832] Die Frage ist, wie sich das MarkenG zum allgemeinen Persönlichkeitsrecht verhält. Das Namensrecht nach § 12 BGB ist ein Persönlichkeitsrecht, soweit es die Privatsphäre des Namensträgers schützt.[833] Kennzeichenrechte im Allgemeinen schützen aber nur dann das Persönlichkeitsrecht, wenn ein Persönlichkeitsbezug zwischen der Bezeichnung und dem Bezeichnungsträger besteht.[834] Im MarkenG fehlt es an diesem Persönlichkeitsbezug und damit dient das MarkenG nicht dem Schutz des allgemeinen Persönlichkeitsrechts.[835] Da-

---

828 *Pfaffinger*, Rechtsgüter und Verhältnismäßigkeit, S. 135.

829 *Lampe*, UFITA 83 (1978), 15 (42); ausführlich zum strafrechtlichen Patentschutz *Pfaffinger*, Rechtsgüter und Verhältnismäßigkeit, S. 132 ff.

830 *Wohlers/Kudlich*, ZStW 119 (2007), 414 (418).

831 So *Wohlers/Kudlich*, ZStW 119 (2007), 414 (418); Beispiele aus der Literatur: *Göpfert*, Die Strafbarkeit von Markenverletzungen; *Käbisch*, Markenschutz im Strafrecht; *Pekala*, Markenpiraterie; *Schulz*, Das deutsche Markenstrafrecht; *Schiwek*, Die Strafbarkeit der Markenpiraterie.

832 S. o. S. 78 ff.

833 Spindler/Schuster/*Müller*, Vorbe.: Allgemeine Grundsätze des Kennzeichenrechts in der Kommunikationsbranche, Rn. 4.

834 Spindler/Schuster/*Müller*, Vorbe.: Allgemeine Grundsätze des Kennzeichenrechts in der Kommunikationsbranche, Rn. 4.

835 Spindler/Schuster/*Müller*, Vorbe.: Allgemeine Grundsätze des Kennzeichenrechts in der Kommunikationsbranche, Rn. 4.

mit können die §§ 143 MarkenG auch keinen strafrechtlichen Persönlichkeitsrechtsschutz entfalten, da auch sie zivilrechtsakzessorisch ausgestaltet sind.[836] Hinzu kommt auch, dass durch eine Marke meist eine unternehmerische Leistung und weniger die Marke selbst geschützt wird, was das Markenrecht näher an das Lauterkeitsrecht heranrückt.[837] Das Markenstrafrecht kann zu den sog. Vermögensdelikten gezählt werden.[838] Insofern ist das Markenstrafrecht mangels Bezugs zu Persönlichkeitsrechten in der vorliegenden Betrachtung und auch bei einer möglichen alternativen Auslegung nicht weiter zu untersuchen.[839]

V. Andere Gesetze

Auch die §§ 25 GebrmG, 51 DesignG, 10 HlSchG, 39 SSchG schützen keine besonderen Persönlichkeitsrechte und fristen ein „vollkommenes Schattendasein“[840].

Die §§ 44 BDSG, 33 KUG, 44 Stasi-Unterlagengesetz werden zwar im Zusammenhang mit dem Schutz von Persönlichkeitsrechten genannt, bleiben in der vorliegenden Bearbeitung aber außer Betracht.[841]

C Alternative Auslegungsmöglichkeiten

Hier soll es darum gehen, ob durch eine andere Auslegung der derzeit geltenden strafrechtlichen Normen des geistigen Eigentums ein abweichendes Ergebnis von der derzeit herrschenden Ansicht erzielt werden kann, nach der kein oder kaum strafrechtlicher Persönlichkeitsrechtsschutz besteht. Dabei soll im Urheberrecht § 107 UrhG ausgenommen bleiben, da

---

836 Ausführlich zum Rechtsgut des strafrechtlichen Markenschutzes *Pfaffinger*, Rechtsgüter und Verhältnismäßigkeit, S. 78, 99 ff.

837 *Ann*, GRUR Int. 2004, 597 f.

838 *Schulz*, Das deutsche Markenstrafrecht, S. 46.

839 Auch in der ausführlichen und gründlichen Untersuchung bei *Pfaffinger*, Rechtsgüter und Verhältnismäßigkeit, S. 99 ff. taucht kein Hinweis auf einen persönlichkeitsrechtlichen Schutz auf.

840 *Beukelmann*, NJW-Spezial 2008, 664.

841 Vgl. bspw. *Kühl*, in: *Bosch/Bung/Klippel* (Hrsg.), Geistiges Eigentum und Strafrecht, S. 115 (121).

dieser schon nach überwiegender Auffassung Persönlichkeitsrechtsschutz entfaltet.[842]

Fraglich ist, ob durch ein anderes Verständnis den Normen ein anderes Schutzgut oder Rechtsgut zugesprochen werden kann. Hierbei geht es maßgeblich darum, ob den derzeit geltenden Vorschriften ein jedenfalls mittelbarer Persönlichkeitsrechtsschutz entnommen werden kann. Dafür sind die Schutzzwecke der Normen, ihre Systematik und die jeweiligen Gesetze zu hinterfragen. Für eine solche alternative Auslegung kommen das UrhG und das PatG in Betracht, da dort jedenfalls zivilrechtlich besondere Persönlichkeitsrechte enthalten sind.[843] Davon ausgehend wird zu klären sein, ob sich diese besonderen Persönlichkeitsrechte entgegen der herrschenden Ansichten (wenn auch gegebenenfalls nur mittelbar) in den strafrechtlichen Normen wiederfinden. Dabei stößt man aber auf eine Schwäche strafrechtlicher Auslegung, dass nämlich entweder vom gesetzlichen Tatbestand auf das Rechtsgut geschlossen werden kann oder aber andersherum vom Rechtsgut herrührend der Tatbestand interpretiert wird.[844] Und dennoch führt kein Weg daran vorbei, sich mit dem Rechtsgut und dem Wortlaut der Norm zu beschäftigen.

I. UrhG

Zu fragen ist, ob die strafrechtlichen Normen im Urheberrecht auch anders, also „persönlichkeitsrechtsfreundlicher“, ausgelegt werden können, ohne dabei aber Art. 103 II GG (Analogieverbot, Bestimmtheitsgrundsatz) zu verletzen. Es ist stets darauf zu achten, die Grenze zur Analogie nicht zu überschreiten, da diese im Strafrecht unzulässig ist (Art. 103 II GG).[845] Dabei kann dennoch eine zulässige Auslegung eben nicht nur zulässig, sondern auch erforderlich sein.[846] Es kann auch eine Auslegung gewählt werden, die für den Täter nachteilig ist, wenn diese selbst auch auf zulässigem Wege, also ohne Verstoß gegen das Analogieverbot, zustande gekommen ist.[847] Allerdings geht es hier bei der Auslegung, nicht um eine Frage der Strafbarkeit oder der Tatbestandsmerkmale als solche, sondern vielmehr

---

842 S. o. S. 95 ff.

843 S. o. S. 37 ff., 68 ff.

844 *Baumann/Weber/Mitsch*, Strafrecht AT, § 9 Rn. 69.

845 Siehe nur MüKo-StGB/*Schmitz*, § 1 Rn. 60 f.

846 Schönke/Schröder/*Esser/Hecker*, § 1 Rn. 36, 54; MüKo-StGB/*Schmitz*, § 1 Rn. 70.

847 MüKo-StGB/*Schmitz*, § 1 Rn. 70.

um die Frage des dahinterstehenden Rechtsguts. Dabei muss aber die Grenze zur Analogie dennoch beachtet werden, da im Zusammenhang mit Fragen der Rechtfertigung oder Konkurrenzen Konsequenzen für den Täter auftreten können.

Nach den bisherigen Feststellungen werden von §§ 106, 108 ff. UrhG nur Verwertungsrechte, aber nicht das Urheberpersönlichkeitsrecht geschützt.[848] Allerdings wird in der Literatur von manchen ein mittelbarer Schutz bejaht, ohne dies jedoch weiter oder tiefer zu begründen.[849] Dies gilt es zu näher zu untersuchen. Fraglich ist, ob eine andere Auslegung überhaupt Konsequenzen hat oder ob dies, wie von Hildebrandt behauptet, keine Auswirkungen zeigt.[850] Folgen kann dies aber insbesondere im Bereich der Einwilligung (§ 106 und § 108 UrhG) haben, da es einen Unterschied macht, ob nur vermögensrechtliche Interessen oder aber persönlichkeitsrechtliche Interessen geschützt werden.[851] Ob eine Einwilligung in die Verletzung von Persönlichkeitsrechten möglich ist, ist dabei ein weiteres Problem. Zudem könnten sich Konsequenzen im Bereich der Konkurrenzen zeigen: denn gerade bei den Konkurrenzen spielen die Rechtsgüter eine entscheidende Rolle. Insbesondere die Frage nach Tateinheit bei verschiedenen Rechtsgutsträgern oder verschiedenen Rechtsgütern spielt eine Rolle.[852] Des Weiteren kann das Rechtsgut im Rahmen der Bestimmtheit (Art. 103 II GG),[853] aber auch für die Fragen der Strafwürdigkeit und -bedürftigkeit eine Rolle spielen.

Nicht alle zivilrechtlich verfolgbaren Urheberrechtsverletzungen sind wie gezeigt auch strafrechtlich geschützt, so besteht insbesondere für Persönlichkeitsrechte kaum strafrechtlicher Schutz.[854] Insofern ist zu fragen, ob durch eine andere Auslegung ein anderes Ergebnis möglich ist oder ob aber bei Vorliegen von Strafwürdigkeit und -bedürftigkeit der strafrechtliche Schutz auszuweiten ist, was dann im *5. Kapitel* zu klären sein wird.

---

848 S. o. S. 95 ff., 113 ff. und nochmals *Hildebrandt*, Die Strafvorschriften des Urheberrechts, 32 m.w.N.

849 Siehe dazu *Dietz*, in: *Wandtke* (Hrsg.), Urheberrecht, Kap. 11 Rn. 1; *Hanser-Strecker*, Das Plagiat in der Musik, S. 166; *Hildebrandt*, Die Strafvorschriften des Urheberrechts, S. 33 Fn. 19 m.w.N.; *Kann*, Musikpiraterie, S. 90, 91, 103 f.; *Weber*, Der strafrechtliche Schutz des Urheberrechts, S. 264; *Wolf*, Der strafrechtliche Schutz der Persönlichkeit, S. 174.

850 So *Hildebrandt*, Die Strafvorschriften des Urheberrechts, S. 32 f.

851 Vgl. wiederum *Hildebrandt*, Die Strafvorschriften des Urheberrechts, S. 242.

852 *Hildebrandt*, Die Strafvorschriften des Urheberrechts, S. 321, 324 f., 327 f.

853 Dazu mehr im *4. Kapitel*.

854 Fromm/Nordemann/*Ruttke/Scharringhausen*, UrhR, Vor § 106 UrhG Rn. 1.

Vorher wird allerdings untersucht, ob nicht durch eine andere Auslegung auch von §§ 106, 108 ff. UrhG der Schutz von Persönlichkeitsrechten mit umfasst ist.

Dabei kommen drei Argumentationsmuster in Betracht, um einer alternativen Auslegung nachzugehen. Damit soll überprüft werden, ob die §§ 106, 108 ff. UrhG (un-)mittelbar auch das Urheberpersönlichkeitsrecht schützen. Ein erster Ansatzpunkt kann das monistische Urheberrecht sein. Des Weiteren kann die Verknüpfung des Werks mit dem Urheberpersönlichkeitsrecht als Ansatzpunkt dienen. Zudem kommt eine Anknüpfung an das Verwertungsrecht selbst in Betracht.[855]

1. Das monistische Urheberrecht

Verwertungsrechte und das Urheberpersönlichkeitsrecht können nicht exakt getrennt werden, vielmehr sind sie untrennbar miteinander verbunden.[856] Dies entspricht der monistischen Auffassung des Urheberrechts, welcher das deutsche Urheberrecht gefolgt ist.[857] Bedeutet das für den strafrechtlichen Schutz, dass dieser nicht auch einheitlichen oder jedenfalls umfassenden Schutz bieten müsste? Die Betonung der Untrennbarkeit von Vermögens- und Persönlichkeitsrechten ist ein Argument für einen „einheitlichen Schutz". Hinter beiden, den Verwertungsrechten und dem Urheberpersönlichkeitsrecht, steht derselbe Schutzgegenstand: das geistige Gut.[858]

Diese Einheitlichkeit und Untrennbarkeit des Urheberrechts könnte somit ein Argument für eine andere Auslegung und damit für Persönlichkeitsrechtsschutz in §§ 106, 108 ff. UrhG sein. Sind Vermögens- und Persönlichkeitsrechte im Urheberrecht untrennbar miteinander verbunden,[859] so ist zu fragen, wieso im Strafrecht dieses untrennbare Urheberrecht separiert wird. Für eine solche Trennung spricht allerdings, dass diese Rechte trotz ihrer „Untrennbarkeit" doch auch getrennt voneinander übertragen werden können.[860]

---

855 *Kann*, Musikpiraterie, S. 91 unter Hinweis auf *Weber*, Der strafrechtliche Schutz des Urheberrechts, S. 264.

856 S. o. S. 37.

857 Ebda.

858 *Rehbinder/Peukert*, Urheberrecht, § 26 Rn. 536.

859 S. o. S. 37.

860 *Hildebrandt*, Die Strafvorschriften des Urheberrechts, S. 326.

Das Auseinanderfallen der beiden Rechte und dem daraus folgenden schwächeren Schutz des Urheberpersönlichkeitsrechts wird der Bedeutung des Urheberpersönlichkeitsrechts für das einheitliche Urheberrecht aber nicht gerecht.[861]

Gegen das Argument der Einheitlichkeit des Urheberrechts für einen Persönlichkeitsrechtsschutz in § 106 UrhG spricht jedoch der Wortlaut von § 106 UrhG der gerade nicht auf das Urheberrecht generell abstellt, sondern auf die unerlaubte Verwertung und damit lediglich auf die vermögensrechtliche Seite des Urheberrechts. Denn Verwertungsrechte ordnen den Urhebern gerade die vermögensrechtliche Nutzung ihrer Werke zu.[862]

Bezugspunkt ist in § 106 UrhG damit nicht das Urheberrecht, sondern das Verwertungsrecht. Wie erwähnt spricht auch die getrennte Übertragbarkeit gegen ein einheitliches „Schutzrecht". Weiter bleibt zu beachten, dass die monistische Betrachtungsweise „eher Aufgabe als Lösung" ist.[863] Somit kann eine alternative Auslegung hier nicht weiterhelfen, da auch der Anknüpfungspunkt in § 106 UrhG eben nicht das Urheberrecht als solches ist. Dennoch wird das Argument des monistischen Urheberrechts im Rahmen des 5. Kapitels wiederaufgegriffen werden, da es für die Frage von Strafwürdigkeit und -bedürftigkeit doch eine Rolle spielen könnte. Nichtsdestotrotz kann weitergehend die Frage gestellt werden, ob das Verwertungsrecht/Vermögensrecht wegen seiner engen Verknüpfung mit dem Urheberpersönlichkeitsrecht doch auch dieses mitschützt. Oder aber es ist zu fragen, ob aus dem Werk i.S.d. §§ 2 ff. UrhG, auf das § 106 UrhG rekurriert, ein solcher Zusammenhang entnommen werden kann.

2. Das Werk als Ansatzpunkt

Tatobjekt des § 106 UrhG ist das Werk, i.S.d. §§ 2–4 UrhG, welches Erzeugnisse der Kultur- und Informationstechnologie schützt, soweit sie Ausdruck einer persönlich-geistigen Schöpfung sind (§ 2 II UrhG).[864] Gerade das Werk als Ausdruck dieser persönlich-geistigen Schöpfung ist auf das engste mit dem Urheberpersönlichkeitsrecht verbunden. Das Urheberpersönlichkeitsrecht verknüpft Werk und Persönlichkeit miteinander. § 106 UrhG kommt nur in Betracht, wenn ein Werk, also eine persönliche

861 *Weber*, Der strafrechtliche Schutz des Urheberrechts, S. 395.
862 *Ulmer*, UFITA 45 (1965), 18 (27).
863 *Windisch*, GRUR 1993, 352, 359.
864 Als einer unter vielen *Zabel*, JA 2010, 401 (402).

Schöpfung vorliegt. Insofern könnte dies gegen eine Verengung auf einen rein vermögensrechtlichen Schutz sprechen.

Ein weiteres Argument im Zusammenhang mit dem Werk, das für einen mittelbaren/reflexartigen Schutz spricht, ist, dass beispielsweise auch bei der unberechtigten Verwertung von Teilen eines Werks darauf abgestellt wird, ob diese Werkteile selbst auch „persönliche geistige Schöpfungen sind bzw. bleiben".[865] Ebenso soll es für Bearbeitungen oder Umgestaltungen darauf ankommen, ob eine „eigenschöpferische Leistung" vorliegt, d.h. eine „persönlich geistige Schöpfung des Bearbeiters" muss vorliegen.[866] Diese Argumentationsweise kann somit darauf hindeuten, dass letztendlich auch hinter § 106 UrhG der Schutz der Urheberpersönlichkeit steht, da diese untrennbar mit dem Werk verbunden ist. An dieser Argumentation ist allerdings kritisch zu sehen, dass das geschütztes Gut von § 106 UrhG nach überwiegender Auffassung nicht das Werk, sondern eben das Verwertungsrecht ist.[867] Das Werk ist vielmehr Tatobjekt. Allerdings ordnen Verwertungsrechte den Urhebern gerade die vermögensrechtliche Nutzung ihrer Werke zu.[868] So ist es möglich, in dem Schutz der Verwertungsrechte einen Schutz des Werks zu sehen. Der Urheber soll in jeder Hinsicht frei sein, über sein Werk zu verfügen. Damit werden seine vermögensrechtlichen Interessen, aber auch die an dem Werk selbst geschützt. An diesen mittelbaren Werkschutz kann dann der Schutz des Urheberpersönlichkeitsrechts anknüpfen. Es stellt sich die Frage, warum ein Urheber nicht will, dass jemand unerlaubt sein Werk verwertet. Zum einen ergibt sich das aus Vermögensinteressen, aber zum anderen doch auch, weil er sein Werk für sich und zur Ausübung seiner eigenen Entscheidungsfreiheit haben möchte. Es geht dabei vielleicht in erster Linie um Vermögensinteressen, aber doch nicht ausschließlich. Auch seine persönlichen Interessen sind durch seine Beziehung zum Werk betroffen, wenn jemand unerlaubt sein Werk verwertet. Somit kann dem Werk eine persönlichkeitsrechtliche Komponente zugesprochen werden. Allerdings ist das Schutzobjekt gerade nicht das Werk selbst, sondern das Verwertungsrecht. Damit ist zu fragen, ob dem Verwertungsrecht selbst ein mittelbarer Schutz des Persönlichkeitsrechts zugesprochen werden kann.

865 *Flechsig*, in: *Loewenheim* (Hrsg.), Handbuch des Urheberrechts, § 90 Rn. 13.
866 Schricker/Loewenheim/*Haß*, UrhR, § 107 Rn. 3.
867 *Rochlitz*, Der strafrechtliche Schutz des ausübenden Künstlers, S. 248.
868 *Ulmer*, UFITA 45 (1965), 18 (27).

3. Das Verwertungsrecht selbst als Ansatzpunkt für einen mittelbaren Schutz

Das Verwertungsrecht selbst kann wiederum in zweierlei Hinsicht als Anknüpfungspunkt für einen reflexartigen oder mittelbaren Persönlichkeitsrechtsschutz dienen.

Zum einen kann für einen reflexartigen Schutz damit argumentiert werden, dass Persönlichkeitsrechtsverletzungen oft mit Verwertungsverstößen einhergehen.[869] Persönlichkeitsrechtliche Belange könnten durch die Strafe nach § 106 UrhG „mitabgegolten" werden und der ideelle Schaden kann im Strafmaß berücksichtigt werden.[870] Damit würde das Persönlichkeitsrecht quasi mitabgedeckt. Der persönlichkeitsrechtliche Schutz würde damit als „Reflex" über die strafrechtliche Sanktionierung bestimmter Verwertungsrechte gewährt werden.[871]

Zweitens könnte ein jedenfalls mittelbarer einheitlicher strafrechtlicher Schutz in Betracht kommen, in dem an das Verwertungsrecht direkt angeknüpft wird. Insofern stellt sich die Frage, ob nicht in den Verwertungsrechten selbst ein „Persönlichkeitsrest" steckt und damit über die Verwertungsrechte mittelbar auch das Urheberpersönlichkeitsrecht geschützt wird.

Hildebrandt spricht bei §§ 106, 108b UrhG vom „Schutz des geistigen Eigentums im Allgemeinen sowie verwertungsrechtlicher Befugnisse im Besonderen".[872] Diese Formulierung könnte einen jedenfalls mittelbaren Schutz auch von Persönlichkeitsrechten zulassen. Wird das geistige Eigentum geschützt und fallen darunter auch immer Persönlichkeitsrechte, dann kann jedenfalls ein mittelbarer Schutz angenommen werden. Fraglich ist, ob dem geistigen Eigentum stets persönlichkeitsrechtliche Aspekte zugeordnet werden können. Dabei ist aber problematisch, was unter dem Begriff „geistiges Eigentum" genau zu verstehen ist. Der Begriff des geistigen Eigentums ist umstritten und es besteht keine Einigkeit darüber, was

---

869 *Hanser-Strecker*, Das Plagiat in der Musik, S. 166; *Kann*, Musikpiraterie, S. 91; vgl. Dreier/Schulze/*Dreier*, UrhG, § 106 Rn. 1; vgl. *Weber*, Der strafrechtliche Schutz des Urheberrechts, S. 264.

870 *Weber*, Der strafrechtliche Schutz des Urheberrechts, S. 394.

871 Erbs/Kohlhaas/*Kaiser*, UrhG, § 106 Rn. 5; *Kann*, Musikpiraterie, S. 91; *Weber*, Der strafrechtliche Schutz des Urheberrechts, S. 264.

872 Wandtke/Bullinger/*Hildebrandt/Reinbacher*, UrhR, § 106 Rn. 6; § 108b UrhG Rn. 2.

genau darunter fällt und ob bzw. wie er angewendet werden soll.[873] Gerade unter Laien, aber auch vielfach unter Juristen liegt oft keine präzise Vorstellung darüber vor, was genau darunter zu verstehen ist.[874] Soll der Begriff nur auf die „unkörperliche“ Natur hinweisen, so deckt er sich mit dem teilweise bevorzugten Begriff des Immaterialgüterrechts.[875] Demnach beschreibt „geistig“ also nicht den Charakter der geschützten Leistung, sondern ist vielmehr als Gegenbegriff zu „gegenständlich“ bzw. „körperlich“ zu verstehen.[876] Dann ist es aber gerade nicht so, dass der Begriff „geistiges Eigentum“ zwingend mit persönlichkeitsrechtlichen Aspekten zu verknüpfen ist. So hat beispielsweise das Markenrecht gerade keinen persönlichkeitsrechtlichen Einschlag mehr.[877] Es ist vielmehr so, dass Sondergesetze des geistigen Eigentums teilweise persönlichkeitsrechtliche Komponenten enthalten können (wie beispielsweise das UrhG), aber nicht müssen.[878] Geistiges Eigentum ist dann als einheitlicher Begriff zu sehen, hinter dem sowohl vermögensrechtliche als auch persönlichkeitsrechtliche Aspekte stehen können.[879]

Andere hingegen verstehen den Begriff des geistigen Eigentums so, dass es um Rechtsgegenstände geht, die durch den menschlichen Geist hervorgebracht werden.[880] Hiernach werden dann persönlichkeitsrechtliche As-

---

873 *Pahlow*, UFITA 115 (2006/III), 705 (707); vgl. kritisch etwa *Rehbinder/Peukert*, Urheberrecht, § 3 Rn. 33 ff., § 7 Rn. 138 ff.; siehe auch kritisch *Rigamonti*, Geistiges Eigentum als Begriff und Theorie des Urheberrechts, S. 144 ff., 157 welcher sich ebenfalls für eine Aufgabe des Begriffes einsetzt; *Beier*, GRUR Int. 1990, 675 (677) der weniger den Inhalt als vielmehr die Frage der Verwendung als kritisch ansieht; *Götting*, Gewerblicher Rechtsschutz, § 1 Rn. 1 ff., S. 1 ff. der sich trotz Kritik für eine Etablierung und Anerkennung des Begriffs einsetzt; vgl. auch *Seifert*, in: FS Piper, S. 769 ff.

874 *Götting*, GRUR 2006, 353.

875 *Götting*, Gewerblicher Rechtsschutz, § 1 Rn. 2, S. 2; *Grünberger*, in: *Hilty/Jaeger/Kitz* (Hrsg.), Geistiges Eigentum, S. 3; *Kraßer/Ann*, Patentrecht, § 2 I, S. 13; *Ohly*, JZ 2003, 545 (550); Pierson/Ahrens/Fischer/*Pierson*, Recht des geistigen Eigentums, § 1 S. 39.

876 *Rigamonti*, Geistiges Eigentum als Begriff und Theorie des Urheberrechts, S. 37 f.; Harte-Bavendamm/Henning-Bodewig/*Sambuc*, UWG, Einleitung G. Rn. 183; vgl. *Troller*, Immaterialgüterrecht, Bd. I, S. 96; siehe auch *Grünberger*, in: *Hilty/Jaeger/Kitz* (Hrsg.), Geistiges Eigentum, S. 8.

877 Harte-Bavendamm/Henning-Bodewig/*Sambuc*, UWG, Einleitung G. Rn. 184.

878 Vgl. Harte-Bavendamm/Henning-Bodewig/*Sambuc*, UWG, Einleitung G. Rn. 193; Pierson/Ahrens/Fischer/*Pierson*, Recht des geistigen Eigentums, § 1 S. 39.

879 *Ohly*, JZ 2003, 545, 550.

880 Vgl. *Kraßer/Ann*, Patentrecht, § 2 I, S. 13.

pekte betont. Damit wäre eine Unterscheidung zwischen dem gewerblichen Rechtsschutz und dem Urheberrecht zu treffen.[881] Zu folgen ist in der vorliegenden Arbeit aber dem Verständnis des „geistigen Eigentums" nach *Ohly*,[882] wonach das geistige Eigentum auch das Markenrecht und damit neben dem Urheberrecht auch den gewerblichen Rechtsschutz umfasst.[883] Damit kann festgehalten werden, dass nach der hier vertretenen Ansicht nicht generell hinter dem geistigen Eigentum ein Persönlichkeitsaspekt stehen muss.[884] Vielmehr ist gerade ein Kritikpunkt am Begriff des geistigen Eigentums in diesem Sinne, dass persönlichkeitsrechtliche Elemente nicht ausreichend beachtet werden.[885] Geistiges Eigentum ist vielmehr als Oberbegriff zu verstehen, der Unterschiede aber gerade auch die Gemeinsamkeiten seiner Untergruppen abdecken soll.[886] Das „geistig" kann dennoch daran erinnern, dass oft persönlichkeitsrechtliche Elemente vorliegen können.[887] So sind im geistigen Eigentum viele persönlichkeitsrechtliche Aspekte enthalten, aber eben nicht zwingend. Damit kann auch aus den Formulierungen, dass eine Norm das geistige Eigentum schütze noch nicht geschlossen werden, dass jedenfalls mittelbar Persönlichkeitsrechte mitgeschützt werden.

Hinter beiden, dem Verwertungsrecht und dem Urheberpersönlichkeitsrecht, steht aber derselbe Schutzgegenstand: das geistige Gut.[888] So könnte also hinter dem Schutz des Verwertungsrechts auch der Schutz der Urheberpersönlichkeit stehen. Wird das Urheberrecht als untrennbare Einheit von vermögens- und persönlichkeitsrechtlichen Interessen gesehen, so könnte dies sehr wohl dafür sprechen, dass mit einem Schutz der Vermö-

---

881 *Ohly*, JZ 2003, 545, 546; *Pahlow*, UFITA 115 (2006/III), 705 (707 m.w.N.).

882 *Ohly*, JZ 2003, 545 ff. siehe außerdem oben S. 37.

883 So auch *Fechner*, Geistiges Eigentum und Verfassung, S. 117; *Götting*, GRUR 2006, 353 f., 358; *Ohly*, JZ 2003, 545 f., 554; *Pahlow*, UFITA 115 (2006/III), 705 (707 ff., 724 ff.); Pierson/Ahrens/Fischer/*Pierson*, Recht des geistigen Eigentums, § 1 S. 39; vgl. *Rigamonti*, Geistiges Eigentum als Begriff und Theorie des Urheberrechts, S. 8, der letztendlich aber den modernen Begriff des geistigen Eigentums ablehnt, S. 157; *Wadle*, Geistiges Eigentum, S. 3.

884 Die Kritik am fehlenden Persönlichkeitsaspekt widerlegend *Götting*, GRUR 2006, 353, 358.

885 *Fechner*, Geistiges Eigentum und Verfassung, S. 121; *Rehbinder/Peukert*, Urheberrecht, § 3 Rn. 44, § 7 Rn. 138 ff.

886 *Ohly*, JZ 2003, 545 (549 f.); *Pahlow*, UFITA 115 (2006/III), 705 (707 f.); siehe auch *Fechner*, Geistiges Eigentum und Verfassung, S. 117, 121; *Götting*, Gewerblicher Rechtsschutz, § 1 Rn. 3, S. 2; *Pahlow*, UFITA 115 (2006/III), 705 (724 ff.); hierzu auch interessant *Troller*, Immaterialgüterrecht, Bd. 1, S. 91 ff.

887 *Fechner*, Geistiges Eigentum und Verfassung, S. 121.

888 *Rehbinder/Peukert*, Urheberrecht, § 7 Rn. 135.

gens- bzw. Verwertungsrechte auch ein Schutz der Urheberpersönlichkeit einhergeht. Die Möglichkeit der Trennung ideeller Interessen von materiellen ist oft nur theoretisch denkbar, aber in der Wirklichkeit nicht umsetzbar.[889] Damit könnte ein Argument für einen mittelbaren Schutz des Urheberpersönlichkeitsrechts gefunden sein. Allerdings ist hieran problematisch, dass die historische Auslegung dem widerspricht. In den Gesetzesmaterialien wird ein strafrechtlicher Schutz der Urheberpersönlichkeit in §§ 106, 108 ff. UrhG abgelehnt, da diese zu unbestimmt und zudem zivilrechtlich ausreichend geschützt sei.[890] Damit stellt sich hier die problematische Frage, in welchem Verhältnis die historische Auslegung zu anderen Auslegungsmethoden steht.

Fraglich ist, wie mit einem Auslegungsergebnis umzugehen ist, wenn sich der Gesetzgeber bewusst dagegen bzw. anders entschieden hat. Werkintegritätsschutz gibt es heute nur noch zivilrechtlich: §§ 14, 39, 93 I UrhG, §§ 97 ff. UrhG, nach dem es früher im LUG und KUG auch strafrechtlichen Schutz gab.[891] Dies hat der Gesetzgeber mit oben genannten Argumenten der Unbestimmtheit und des ausreichenden zivilrechtlichen Schutzes abgelehnt.

Es stellt sich damit die Frage, wie die historische Auslegung sich gegenüber der hier vorgenommenen teleologischen Auslegung verhält.[892] Die teleologische Auslegung fragt nach dem objektiven Sinn einer Norm in der Gegenwart.[893] Gerade die praktische Unbedeutsamkeit der Strafnormen des UrhG lässt Fragen nach dem Sinn entstehen. Allerdings ist an einer telelogischen Auslegung problematisch, dass subjektive Vorstellungen des Rechtsanwenders einfließen, was zu einer Überschneidung mit der eigentlichen Aufgabe des Gesetzgebers führen kann.[894] „Die teleologischen Formen schließlich eröffnen das Feld für die allgemeine rationale praktische Argumentation."[895] Allerdings könnte es gerade eben Aufgabe des Gesetzgebers sein, rechtspolitisch tätig zu werden. Denn was nützt die alternative

---

889 *Troller*, Immaterialgüterrecht, Bd. I, S. 100.

890 Dokumentation zur deutschen Urheberrechtsreform 1965: Begründung des Regierungsentwurfs – Bundestag-Drucksache IV/270, S. 27 bis 116 – UFITA 45 (1965), 240 (326 f.).

891 Schricker/Loewenheim/*Dietz/Peukert*, UrhR, § 14, Rn. 42.

892 Für eine BGH, Entscheidung im Falle eines Konflikts zwischen der historischen (Äußerungen des Ausschusses) und der teleologischen Auslegung (Gesetzeszweck) siehe BGHSt 6, 397.

893 MüKo-StGB/*Schmitz*, § 1 Rn. 81.

894 MüKo-StGB/*Schmitz*, § 1 Rn. 82.

895 *Alexy*, Theorie der jur. Argumentation, 2012, S. 302.

Auslegung eines Einzelnen, wenn dies nicht zu praktischen Konsequenzen führt? Bevor dieser Frage nachgegangen werden kann, ist aber zu klären, in welchen Verhältnis die verschiedenen Auslegungsmethoden zueinander stehen.

Traditionell werden die grammatische, systematische, historische und die teleologische Auslegung unterschieden.[896] Die Frage, ob es eine Hierarchie innerhalb der verschiedenen Auslegungsmethoden gibt, und wenn ja, welche kann nicht klar beantwortet werden.

Nach *Savigny* sind die verschiedenen Auslegungsmethoden gleichwertig und müssen alle berücksichtigt werden.[897] Kein Gesichtspunkt darf also vernachlässigt werden, vielmehr ist das Interpretationsergebnis „umso sicherer, je mehr die verschiedenen Verfahren konvergieren, also zur gleichen Lösung führen".[898] Allerdings kann es – wie auch hier – dazu kommen, dass die verschiedenen Auslegungsmethoden zu unterschiedlichen oder zu konträren Ergebnissen führen.[899] Insofern ist die Kritik von *K. Engisch* an *Savigny* berechtigt, der diesem vorwirft er verdecke „das Problem mit einer gewandten Formulierung".[900] „In konkreten Fällen" kann es also sein, dass „man von diesem Ideal Abstand nehmen muß".[901]

Fest steht damit nur, dass die verschiedenen Auslegungslehren – wie vorliegend – zu widersprechenden Ergebnissen führen können.[902] Die sich anschließende ungeklärte Frage ist aber, ob es eine Meta-Regel gibt oder geben müsste, in welchem Verhältnis oder wann welche Auslegungsmethode anzuwenden ist.[903] Es ist zu fragen, wie sich die Rechtswissenschaft gegenüber „dieser unerträglich erscheinenden Lage" verhält.[904] Es fehlt bis-

896 LK-StGB/*Dannecker*, § 1 Rn. 299 siehe auch schon *v. Savigny*, System des heutigen römischen Rechts, Band 1, 1840, S. 212 ff.

897 *V. Savigny*, System des heutigen römischen Rechts, Band 1, 1840, S. 215.

898 *Coing*, Juristische Methodenlehre, S. 35.

899 *Pavĉnik*, Juristisches Verstehen und Entscheiden, S. 59; siehe auch *Alexy*, Theorie der juristischen Argumentation, 2012, S. 303.

900 *Engisch*, Einführung in das juristische Denken, S. 146.

901 *Pavĉnik*, Juristisches Verstehen und Entscheiden, S. 59; vgl. auch *Engisch*, Einführung in das juristische Denken, S. 146.

902 *Engisch*, Einführung in das juristische Denken, S. 146; Kindhäuser/Neumann/Paeffgen/*Hassemer/Kargl*, StGB, § 1 Rn. 119; *Pavĉnik*, Juristisches Verstehen und Entscheiden, S. 59.

903 Kindhäuser/Neumann/Paeffgen/*Hassemer/Kargl*, StGB, § 1 Rn. 119a; *Krahl*, Die Rechtsprechung des BVerfG und BGH, S. 262; siehe auch schon *Kriele*, Theorie der Rechtsgewinnung, S. 88.

904 *Rahlf*, in: *Neumann/Rahlf/v. Savigny* (Hrsg.), Juristische Dogmatik und Wissenschaftstheorie, S. 14 (15).

her an einer solchen Meta-Regel.[905] Jedenfalls gibt es bisher keine allgemein anerkannte feststehende Rangfolge.[906] So sprechen manchen gar vom „Kardinalproblem" der Methodenlehre.[907] Das liegt auch daran, dass es nur selten zu einer Kollision zwischen zwei der klassischen Auslegungsmethoden kommt und auch daran, dass solche Konflikte, wenn möglich vermieden werden.[908] Insofern wird die Diskussion um eine Rangfolgeregel von *Rahlf* auch als wenig praxisrelevant bezeichnet.[909] Allerdings kann eine solche Meta-Regel kaum aufgestellt werden, solange „kein festes theoretisches Fundament für die Auslegungslehre insgesamt erstellt ist".[910] Umstritten ist nämlich nicht nur das Verhältnis der verschiedenen Auslegungsmethoden zueinander, sondern auch die Anwendung der Methoden selbst.[911] Zudem ist zu berücksichtigen, dass zwar die klassischen Auslegungsmethoden anerkannt sind, diese jedoch nicht sämtliche Argumente abdecken können, weshalb in der Literatur die vier Auslegungsregeln teilweise erweitert werden.[912] Dies erschwert die Problematik zusätzlich.

Fehlt es aber an einer eben genannten Meta-Regel, können die Entscheidungen willkürlich sein oder es kann zu einer Entscheidungsunfähigkeit kommen.[913] Auch rechtsstaatliche Gesichtspunkte, wie Rechtssicherheit und Gesetzlichkeitsprinzip, können für eine einzuhaltende Rangfolge sprechen.[914]

---

905 LK-StGB/*Dannecker*, § 1 Rn. 299, 350; *Hassemer*, in: *Kaufmann/Hassemer/Neumann* (Hrsg.), Einführung in Rechtsphilosophie und Rechtsheorie der Gegenwart, S. 251 (263); *Schwacke*, Juristische Methodik, S. 107.

906 SSW-StGB/*Satzger*, § 1 Rn. 48; MüKo-StGB/*Schmitz*, § 1 Rn. 91; *Esser*, Vorverständnis und Methodenwahl, S. 124 f.; *Rahlf*, in: *Neumann/Rahlf/v. Savigny* (Hrsg.), Juristische Dogmatik und Wissenschaftstheorie, S. 14 (24); siehe zudem vorherige Fn.

907 *Kaufmann*, in: *Kaufmann/Hassmer/Neumann* (Hrsg.), Einführung in die Rechtsphilosophie, S. 26 (115).

908 Siehe zu einer Untersuchung 1971 *Rahlf*, in: *Neumann/Rahlf/v. Savigny* (Hrsg.), Juristische Dogmatik und Wissenschaftstheorie, S. 79 (83, 84 ff., 95 f.).

909 *Rahlf*, in: *Neumann/Rahlf/v. Savigny* (Hrsg.), Juristische Dogmatik und Wissenschaftstheorie, S. 79 (96).

910 *Engisch*, Einführung in das juristische Denken, S. 151 f.

911 LK-StGB/*Dannecker*, § 1 Rn. 299.

912 *Rahlf*, in: *Neumann/Rahlf/v. Savigny* (Hrsg.), Juristische Dogmatik und Wissenschaftstheorie, S. 14 (16).

913 MüKo-StGB/*Schmitz*, § 1 Rn. 90; siehe auch LK-StGB/*Dannecker*, § 1 Rn. 350; sowie Kindhäuser/Neumann/Paeffgen/*Hassemer/Kargl*, StGB, § 1 Rn. 118.

914 Kindhäuser/Neumann/Paeffgen/*Hassemer/Kargl*, StGB, § 1 Rn. 122.

Aus diesem Grund ist mit *Hassemer*, *Kargl* und *Schmitz* dem BVerfG[915] zu widersprechen, wenn es den Vorrang einer Regel vor der anderen ablehnt.[916] Allerdings relativiert das BVerfG diese Aussage selbst auch, in dem es der grammatikalischen Auslegung „eine herausgehobene Bedeutung“[917] zuspricht.[918] Auch wenn die Gleichrangigkeit der Auslegungsmethoden oft angenommen wird, kann dem im Strafrecht keinesfalls zugestimmt werden.[919] Im Strafrecht steht die grammatikalische Auslegung an erster Stelle, da sich auch jede andere Auslegung innerhalb der Wortlautgrenze bewegen muss.[920]

In der Literatur wird von einigen eine bestimmte Rangfolge mit ganz unterschiedlichen Argumenten bejaht,[921] wobei andere eine Rangfolge ablehnen.[922] In der Rechtsprechung des BGH hat sich allerdings eine Vorgehensweise etabliert, bei der es nicht zu einer Konkurrenz verschiedener Auslegungsergebnisse kommt, sondern zu „einer Synthese der Auslegungsregeln“.[923] Dabei wird ausgehend von der grammatikalischen Interpretation versucht mittels der systematischen und subjektiv-historischen Auslegung (sowie unter Einbeziehung objektiv-teleologischer Erwägungen) einem unklaren Wortlaut Kontur zu verleihen.[924] Allerdings sind teleologische Gesichtspunkte wenig geeignet, da sich damit „der Rechtsanwender

---

915 BVerfG wistra 2002, 175 (178).

916 Kindhäuser/Neumann/Paeffgen/*Hassemer/Kargl*, StGB, § 1 Rn. 119a; MüKo-StGB/*Schmitz*, § 1 Rn. 90.

917 BVerfG wistra 2002, 175 (178).

918 So MüKo-StGB/*Schmitz*, § 1 Rn. 90.

919 MüKo-StGB/*Schmitz*, § 1 Rn. 72.

920 MüKo-StGB/*Schmitz*, § 1 Rn. 72; siehe auch *Schwacke*, Juristische Methodik, S. 107.

921 Siehe nur *Jescheck/Weigend*, AT, § 17 IV 1b) S. 156; *Koch/Rüßmann*, Juristische Begründungslehre, S. 176 ff.; *Looschelders/Roth*, Juristische Methodik, S. 192 ff.; *Rüthers/Fischer/Birk*, Rechtstheorie, Rn. 728; *Walter*, JA 2013, 727 (732); für weitere Nachweise siehe die Darstellung bei *Rahlf*, in: *Neumann/Rahlf/v. Savigny* (Hrsg.), Juristische Dogmatik und Wissenschaftstheorie, S. 14 (17 ff.)

922 Siehe bspw. schon *v. Savigny*, System des heutigen römischen Rechts, Band 1, 1840, S. 215; siehe auch *Bydlinski*, Grundzüge der juristischen Methodenlehre, S. 103 ff.; *Larenz/Canaris*, Methodenlehre, S. 163 ff., 166; zur Problematik auch *Kriele*, Theorie der Rechtsgewinnung, S. 85 ff.; vgl. auch die Darstellung bei *Rahlf*, in: *Neumann/Rahlf/v. Savigny* (Hrsg.), Juristische Dogmatik und Wissenschaftstheorie, S. 14 (22 f.).

923 MüKo-StGB/*Schmitz*, § 1 Rn. 91 m.w.N. auf die Entscheidungen des BGH.

924 Dies beschreibend LK-StGB/*Dannecker*, § 1 Rn. 351; MüKo-StGB/*Schmitz*, § 1 Rn. 91.

auf einen Weg subjektiver Deutung", begibt, „die von äußeren Erkenntnisquellen abgeschirmt ist".[925]

Solange keine praxistaugliche Meta-Regel existiert, sollte daher, neben der Wortlautgrenze, der subjektiv-historischen Auslegung der Vorzug vor der teleologischen Auslegung gegeben werden.[926] Ebenso kann aber auch angenommen werden, dass erst im konkreten Fall einer Kollision eine Klärung der Hierarchie möglich ist, denn erst dann „muß Farbe bekannt werden in der Frage, welcher Methode der Vorrang gebühre."[927] Allerdings kann dies zu Rechtsunsicherheit führen, da es dann keine feststehende Meta-Regel gibt, wie mit solchen Kontroversen umgegangen werden soll. Das Auslegungsergebnis ist damit zudem sehr offen und davon abhängig, ob der Konflikt überhaupt entdeckt wird.

Neben die grammatikalische Auslegung soll also primär die historische treten und dahinter hat dann erst die systematische zu treten.[928] Damit soll der „Rechtsanwender auf den Weg äußerer Erkenntnisquellen" verwiesen werden „und ihm damit eine außerhalb seiner schon vorhandenen Überzeugungen liegende Sinndeutung" ermöglicht werden.[929] Dies ist zwar auch keine feste Hierarchie, hilft aber zur Sicherung des Gesetzlichkeitsprinzips und einer praxistauglichen Anwendung der Auslegungsregeln, soweit der Gesetzgeber seinen Zweck ausdrücklich genannt hat.[930]

Im vorliegenden besonderen Konflikt könnte dem aber noch hinzugefügt werden, dass die „historische Auslegung [...] mit der nachlassenden Aktualität des Gesetzes an Überzeugungskraft" verliert.[931] „So soll im Konfliktfall die historische hinter der grammatischen bzw. systematischen Auslegung zurücktreten."[932]

Aber auch *Alexy* stellt die Regel auf, dass „Argumente die eine Bindung an den Wortlaut des Gesetztes oder den Willen des historischen Gesetzge-

---

925 MüKo-StGB/*Schmitz*, § 1 Rn. 92; hingegen die objektiv-teleologische Auslegung in den Vordergrund stellend Schönke/Schröder/*Esser/Hecker*, § 1 Rn. 52.

926 So bspw. MüKo-StGB/*Schmitz*, § 1 Rn. 93 m.w.N.

927 *Rahlf*, in: *Neumann/Rahlf/v. Savigny* (Hrsg.), Juristische Dogmatik und Wissenschaftstheorie, S. 79 (80).

928 So abschließend Kindhäuser/Neumann/Paeffgen/*Hassemer/Kargl*, StGB, § 1 Rn. 122.

929 Kindhäuser/Neumann/Paeffgen/*Hassemer/Kargl*, StGB, § 1 Rn. 122.

930 Kindhäuser/Neumann/Paeffgen/*Hassemer/Kargl*, StGB, § 1 Rn. 122.

931 Kindhäuser/Neumann/Paeffgen/*Hassemer/Kargl*, StGB, § 1 Rn. 119b; siehe auch MüKo-StGB/*Schmitz*, § 1 Rn. 82.

932 Kindhäuser/Neumann/Paeffgen/*Hassemer/Kargl*, StGB, § 1 Rn. 120 unter Hinweis auf BVerfGE 1, 312; BGHSt 17, 23; vgl. *Wessels/Beulke/Satzger*, Strafrecht AT, Rn. 76 f.

bers zum Ausdruck bringen“, anderen Argumenten vorgehen, „es sei denn, es lassen sich vernünftige Gründe dafür anführen, den anderen Argumenten den Vorrang einzuräumen“.[933] Vorliegend ist fraglich, ob dem eindeutig geäußerten Willen des Gesetzgebers, die hier gefundenen Argumente zu einem Vorrang führen können. Insbesondere ist an der hier vorliegenden Argumentation fraglich, inwiefern sie praktisch auch weiterführend ist. Alleine die Feststellung, dass die bereits vorliegenden Normen mittelbaren Urheberpersönlichkeitsrechtsschutz enthalten, verändert nicht das Schutzniveau. Die bestehenden Probleme, insbesondere die geringe praktische Relevanz, werden davon nicht berührt. Allenfalls im Rahmen der Strafwürdigkeit und -bedürftigkeit könnte es eine Rolle spielen, dass bereits ein gewisser Schutz, jedenfalls „auf dem Papier“, besteht.

Zudem darf die Auslegung auch nicht dazu führen, dass der Rechtsanwender sich von dem „vom Gesetzgeber festgelegten Sinn und Zweck des Gesetzes“ entfernt.[934] Denn die Auslegung „darf nicht in rechtspolitische Überlegungen abgleiten.“[935] In den vorliegenden Ausführungen verdichten sich die Hinweise, dass die historische Auslegung, d.h. der Wille des Gesetzgebers, kaum unbeachtet bleiben kann. Ist der Gesetzgeber damit aber als „allwissend“ anzusehen oder kann sich dieser geirrt haben und der Einheit des Urheberrechts nicht genügend entsprochen haben? Es könnte sich aber auch einfach durch den Zeitablauf ein neues Bedürfnis entwickelt haben. Jedenfalls kann eine andere gegen den Gesetzgeberwillen gerichtete Auslegung so nicht erfolgen. Vielmehr wird im *5. Kapitel* zu untersuchen sein, ob rechtspolitisch eine Änderung strafrechtlicher Urheberrechtsnormen angestrebt werden muss. Dazu müsste festgestellt werden, dass Urheberpersönlichkeitsrechtsverletzungen strafwürdig und strafbedürftig sind und das aktuelle Urheberrecht dem nicht ausreichend Rechnung trägt.

Es bestehen jedoch neben den auslegungshierarchischen Bedenken gegen einen mittelbaren Schutz noch weitere Einwände.

Gegen einen sog. „Persönlichkeitsrechtsrest“ spricht auch, dass gerade eine Differenzierung zwischen Verwertungsrechten und Persönlichkeitsrechten vorgenommen wird. Trotz der Einheitlichkeit des Urheberrechts werden die beiden Rechte gerade nicht „in einen Topf geworfen“, sondern

---

933 *Alexy*, Theorie der juristischen Argumentation, 1978, S. 305; *ders.*, dann nochmals Theorie der juristischen Argumentation, 2012, S. 305.

934 Kindhäuser/Neumann/Paeffgen/*Hassemer/Kargl*, StGB, § 1 Rn. 119.

935 LK-StGB/*Dannecker*, § 1 Rn. 319 m.w.N.

differenziert betrachtet. Wobei sich dennoch nicht leugnen lässt, dass es vielgestaltige Überlappungen und Überschneidungen gibt.

Zudem erscheint es unbefriedigend, wenn persönlichkeitsrechtliche Belange „so nebenbei“ abgehandelt werden und außerdem kann § 11 UrhG nur so verstanden werden, dass diese Belange neben den Verwertungsrechten im einheitlichen Urheberrecht gleiches Gewicht haben und kein geringeres.[936] Insbesondere deshalb, weil das Persönlichkeitsrecht Verfassungsrang hat (Art. 2 I, 1 I GG).[937] Auch die Unübertragbarkeit des einheitlichen Urheberrechts zeigt die Bedeutung die das Urheberrecht für den Gesetzgeber gehabt haben muss.[938]

Abschließend bleibt daher weiter zu Bedenken, dass das Urheberrecht ein einheitliches Recht ist, welches persönlichkeitsrechtliche- und verwertungsrechtliche Elemente (§ 11 UrhG) enthält. Häufig „werden Verletzungen des Urheberpersönlichkeitsrechts anläßlich der Vornahme von Verwertungshandlungen erfolgen.“[939] Aber nicht alle strafbaren Verwertungshandlungen gehen „Hand in Hand“ mit Urheberpersönlichkeitsrechtsverletzungen.[940] Teilweise fehlt es sogar an einem solchen mittelbaren oder reflexartigen Schutz.[941] Auch die §§ 13, 14 UrhG werden strafrechtlich nicht geschützt (Missachtung des Anspruchs auf Anerkennung der Urheberschaft, Entstellung, Zerstörung des Werks), und es besteht auch kein mittelbarer Schutz, da sie fast nie in Zusammenhang mit Verwertungshandlungen stehen.[942] Das Urheberpersönlichkeitsrecht wird „nicht annähernd vollständig bereits zusammen mit den Verwertungsrechten strafrechtlich geschützt“, und wo dies der Fall ist, findet dies je nach verfolgter Ansicht allenfalls mittelbar statt.[943] Dies wird jedoch „der Bedeutung des Urheberpersönlichkeitsrechts für das einheitliche Urheberrecht nicht gerecht.“[944] Der strafrechtliche Schutz stellt sich damit als sehr lückenhaft dar.

---

936 *Weber*, Der strafrechtliche Schutz des Urheberrechts, S. 394.
937 *Weber*, Der strafrechtliche Schutz des Urheberrechts, S. 394.
938 *Weber*, Der strafrechtliche Schutz des Urheberrechts, S. 394.
939 *Weber*, Der strafrechtliche Schutz des Urheberrechts, S. 394.
940 *Weber*, Der strafrechtliche Schutz des Urheberrechts, S. 394.
941 *Weber*, Der strafrechtliche Schutz des Urheberrechts, S. 395.
942 *Weber*, Der strafrechtliche Schutz des Urheberrechts, S. 395.
943 Siehe nochmals *Weber*, Der strafrechtliche Schutz des Urheberrechts, S. 395; *Wolf*, Der strafrechtliche Schutz der Persönlichkeit, S. 174; siehe auch bei *Pfaffinger*, Rechtsgüter und Verhältnismäßigkeit, S. 164 f.
944 *Weber*, Der strafrechtliche Schutz des Urheberrechts, S. 395.

Auch bei den §§ 108 ff. UrhG kann aus denselben Argumenten wie bei § 106 UrhG ein mittelbarer/reflexartiger Persönlichkeitsrechtsschutz nicht unzweifelhaft festgestellt werden und muss daher auch nicht weiter gesondert geprüft werden.

Damit kann eine alternative Auslegung, die verstärkt den mittelbaren Schutz des Urheberpersönlichkeitsrechts ins Auge fasst, nicht für einen umfassenderen strafrechtlichen Schutz des Urheberpersönlichkeitsrechts sorgen. Insbesondere gilt dies, weil nur eine andere Auslegung noch nichts an der praktischen Unbedeutsamkeit verändern würde. Damit wird im Rahmen der Strafwürdigkeit und -bedürftigkeit (*5. Kapitel*) zu klären bleiben, inwiefern das Urheberpersönlichkeitsrecht stärkeren strafrechtlichen Schutzes bedarf.[945] Die Frage, also ob dieser lückenhafte Schutz verfassungsrechtlich zulässig oder gar geboten ist wird im *5. Kapitel* zu vertiefen sein.

II. PatG

Einen Ansatzpunkt für eine alternative Auslegung des § 142 PatG zu finden, fällt noch schwerer, da so gut wie nie ein mittelbarer Erfinderpersönlichkeitsrechtsschutz vertreten wird,[946] was wiederum insofern nicht verwunderlich ist, da es in der Literatur kaum ausführlichere Bearbeitungen zum Rechtsgut des § 142 PatG gibt.[947] Zudem betrifft das Erfinderpersönlichkeitsrecht hauptsächlich die Nennung und diese wird gerade nicht von § 142 PatG direkt geschützt. Aber auch die Möglichkeit der Nichtnutzung eines Patents gehört zum Erfinderpersönlichkeitsrecht.[948] Daher kommt bei § 142 PatG allenfalls ein mittelbarer Schutz in Betracht.

Zudem gibt es keine dem monistischen Aufbau des Urheberrechts vergleichbare Situation. Hinzu kommt, dass oben festgestellt wurde, dass selbst die Bejahung eines mittelbaren Schutz von Persönlichkeitsrechten erst einmal nichts am Schutzniveau (wegen der geringen praktischen Bedeutsamkeit der Normen) ändern kann und zudem auch keine angemessene Lösung zum Schutz von Persönlichkeitsrechten darstellt.

---

945 Vgl. *Sieg*, Das unzulässige Anbringen der richtigen Urheberbezeichnung, S. 176, 192 ff.

946 Siehe aber *Pfaffinger*, Rechtsgüter und Verhältnismäßigkeit, S. 135.

947 S. o. S. 119; sowie *Fontaine*, Grund- und Strukturprobleme des § 142 PatG, S. 75; *Pfaffinger*, Rechtsgüter und Verhältnismäßigkeit, S. 132 ff. die beiden vorherigen stellen hier eine Ausnahme dar.

948 RGZ 52, 227, 231.

Als Ansatzpunkt könnte bei § 142 PatG direkt an die Patentverletzung anzuknüpfen sein. Hierbei ist zu fragen, ob der Schutz vor Patentverletzungen, zugleich oder jedenfalls mittelbar oder als Reflex auch dem Schutz der (Erfinder-) Persönlichkeit gelten kann. Ebenfalls kann an die oben aufgezeigte Fragestellung bzgl. des Rechtsguts angeknüpft werden. *Fontaine* kommt zu dem Ergebnis, dass das geschütztes Rechtsgut „das geistige Eigentum des Erfinders“ ist.[949] Für diese Auslegung spricht zudem, dass die verschiedenen Strafrechtsnormen des UrhG, des PatG, des MarkenG, des GebrMG, des DesignG und des SortenschutzG als Strafrechtsnormen bezeichnet werden, die eine vorsätzliche Verletzung eines Rechts des geistigen Eigentums bestrafen.[950]

Wird dem Argument nachgegangen, dass § 142 PatG das geistige Eigentum des Erfinders schützt,[951] was die Frage aufwirft, ob das geistige Eigentum stets auch einen persönlichkeitsrechtlichen Aspekt enthält. So wie oben bereits geschehen, ist dies mit der dortigen Begründung abzulehnen.[952] Geistiges Eigentum kann, aber muss keine persönlichkeitsrechtlichen Elemente enthalten.[953]

Des Weiteren kann gefragt werden, warum es das Patentrecht gibt, beziehungsweise was hinter dem Patentschutz steht. Grundsätzlich geht es darum, den technischen Fortschritt zu fördern.[954] Wie oben kurz angesprochen, sind aber für die Systematik des Patentschutzes die Belohnungstheorie, Anspornungstheorie, Offenbarungstheorie/Vertragstheorie und Eigentumstheorie maßgeblich.[955] Trotz ihrer Unterschiedlichkeit ist ihnen gemeinsam, dass es um die geistige Leistung des Erfinders und ggf. um einen Ausgleich für diese Leistung geht (*Ausschließlichkeitsrecht* nach der Eigentumstheorie; Patent [= wirtschaftlicher Nutzen] als *Belohnung* nach der Belohnungstheorie; nach der Anspornungstheorie als *wirtschaftlicher Vorteil* des Erfinders als Zwischenschritt für das Wohl der Allgemeinheit; Patent als *Gegenleistung* für die Offenbarung nach der Offenbarungs- bzw. Vertragstheorie).[956] Als Art Zwischenziel, um den technischen Fortschritt

949 *Fontaine*, Grund- und Strukturprobleme des § 142 PatG, S. 76.
950 So *Cremer*, GRUR Int. 2002, 511.
951 S. o. S. 119 f.
952 S. o. S. 119 f.
953 Vgl. Harte-Bavendamm/Henning-Bodewig/*Sambuc*, UWG, Einleitung G. Rn. 193.
954 Benkard/*Rogge/Mellulis*, PatG, Einleitung Rn. 1.
955 S. o. S. 68 f.
956 Vgl. Benkard/*Rogge*, PatG, Einleitung Rn. 2; *Osterrieth*, Patentrecht, Rn. 6 f., 8 f.; *Kraßer/Ann*, Patentrecht, § 3 II S. 39 f.

zu gewährleisten, soll dem Erfinder ein Ausgleich für seine Tätigkeit bzw. Leistung zustehen. Hieraus kann nicht unmittelbar der Schutz von persönlichkeitsrechtlichen Aspekten gefolgert werden, insbesondere da damit soweit ersichtlich nirgends argumentiert wird. Dennoch ist klar, dass durch das PatG auch Schutz für „geistige Leistungen" auf dem Gebiet der Technik gewährt werden soll,[957] wobei technische Schutzrechte weniger subjektbezogen sind, wie Urheberrechte.[958] Damit geht es um einen Ausgleich für die geistige (erfinderische) Tätigkeit bzw. Leistung und darin könnte durchaus ein persönlichkeitsrechtlicher Aspekt zu sehen sein. So bezeichnet *Rogge* auch den Schutz der Erfinderpersönlichkeit als weitere Aufgabe des Patentrechts.[959] Hinweis darauf ist auch, dass schon seit dem 19. Jahrhundert in Wissenschaft, Gesetzgebung und Rechtsprechung um einen Ausgleich zwischen Erfinderinteressen und industriell-gewerblichen Ansprüchen gerungen wird.[960] Dafür spricht ideengeschichtlich, dass Urgrund für eine idealistische Rechtfertigung für die Vergabe gewerblicher Schutzrechte der Ehrenschutz und damit das Erfinderpersönlichkeitsrecht ist.[961] So ist 1474 in Venedig das erste Mal ein originäres Erfinderrecht (Nachahmungsschutz für 10 Jahre) explizit aus Gründen des Schutzes der Erfinderehre und nicht nur aus innovationspolitischen Gründen gewährt worden.[962] Allerdings wirkt diese Vorstellung in Deutschland, anders als in Frankreich, nicht nachhaltig. So erfolgt die Installierung einer Patentgesetzgebung allein aus ökonomischen Gründen.[963] Damit haben idealistische Begründungslinien nur eine geringe Bedeutung, die auch durch die Gesetzeslage (es gibt nämlich Bestimmungen zum Erfinderschutz) nicht stark erhöht wird.[964] Es gibt also eine ideelle Wurzel, die jedoch nicht im „Zentrum des Interesses steht" und in aktuellen Diskussionen und Begründungen nicht auftaucht.[965] Fraglich ist, ob dennoch diese Wurzel hier fruchtbar gemacht werden kann oder ob damit dem klaren Willen des Ge-

957 Benkard/*Rogge*, PatG, Einleitung Rn. 1.

958 *Simon*, Das allgemeine Persönlichkeitsrecht und seine gewerblichen Erscheinungsformen, S. 88.

959 Benkard/*Rogge*, PatG, Einleitung Rn. 1.

960 Dazu genauer *Simon*, Das allgemeine Persönlichkeitsrecht und seine gewerblichen Erscheinungsformen, S. 88 ff., 93, 98 ff.

961 *Ann*, GRUR Int. 2004, 597 (600).

962 *Ann*, GRUR Int. 2004, 597 (600).

963 *Ann*, GRUR Int. 2004, 597 (601); siehe auch *Pfaffinger*, Rechtsgüter und Verhältnismäßigkeit, S. 136 ff.

964 *Ann*, GRUR Int. 2004, 597 (601).

965 *Ann*, GRUR Int. 2004, 597 (601, 602, 603).

setzgebers widersprochen wird. Da diese Wurzel sehr weit entfernt ist, könnte sie vielleicht besser für rechtspolitische Überlegungen und Reformen genutzt werden, aber nicht für eine alternative Auslegung der aktuellen Norm. Da auch hier sonst ein Widerspruch zur historischen Auslegung unvermeidbar wäre. Welche Probleme ein solcher Widerspruch auslöst, wird oben näher erläutert.[966]

Wichtig ist aber, dass sich anders als in Werken in einer technischen Lehre die Persönlichkeit des Erfinders eben weniger bis kaum oder gar nicht niederschlägt.[967] Zumal das an der Erfindung bestehende Recht nicht untrennbar mit der Person des Erfinders verbunden ist, sondern vollständig auf Dritte übertragbar ist (§ 15 I PatG).[968] Der Wunsch nach Honorierung ist zwar nachvollziehbar, führt aber noch nicht zu einem solch engen Bezug, der die Basis von Ansprüchen gegen Entstellung rechtfertigt.[969] Wenn schon zivilrechtlich die Bindung zur Persönlichkeit als gering eingestuft wird, so ist dies strafrechtlich nicht anders zu deuten. Gerade wegen der Zivilrechtsakzessorietät kann das Strafrecht nicht weiter gehen.

Damit können auch diese alternativen Ansätze und Gedanken zu § 142 PatG nicht helfen, das aktuelle Schutzniveau von Erfinderpersönlichkeitsrechten im Strafrecht zu verändern, da zudem die aktuellen Normen praktisch so wenig relevant sind und damit eine rechtspolitische Überarbeitung notwendig sein könnte.[970] Ob Strafwürdigkeit und -bedürftigkeit für das Erfinderpersönlichkeitsrecht besteht bleibt im *5. Kapitel* zu klären sein.

III. Zwischenergebnis

Die verschiedenen alternativen Ansätze und Gedanken können weder im Urheber- noch im Patentrecht helfen das aktuelle Schutzniveau von Persönlichkeitsrechten im Strafrecht zu verändern. Abschließend kann erst im Rahmen der Strafwürdigkeit und -bedürftigkeit geklärt werden, welches Schutzniveau im Bereich des strafrechtlichen Persönlichkeitsrechtsschutzes notwendig ist.

---

966 S. o. S. 130 ff.

967 *Jestaedt*, Patentrecht, 1. Kap. Rn. 4; vgl. *Simon*, Das allgemeine Persönlichkeitsrecht und seine gewerblichen Erscheinungsformen, S. 88.

968 Vgl. *Pfaffinger*, Rechtsgüter und Verhältnismäßigkeit, S. 135.

969 *Jestaedt*, Patentrecht, 1. Kap. Rn. 4.

970 S. o. S. 138; deutlich wird dies auch an den wenigen Urteilen zu § 142 PatG; als Beispiel eines der wenigen Urteile OLG Celle 11.08.2010 1 Ws 395/10.

Gerade das Urheberpersönlichkeitsrecht wird „nicht annähernd vollständig bereits zusammen mit den Verwertungsrechten strafrechtlich geschützt“ und wo dies der Fall ist, findet dies je nach verfolgter Ansicht allenfalls mittelbar statt.[971] Dies wird jedoch „der Bedeutung des Urheberpersönlichkeitsrechts für das einheitliche Urheberrecht nicht gerecht.“[972] Der strafrechtliche Schutz stellt sich damit als sehr lückenhaft dar.[973]

Die vorhergehende Untersuchung hat gezeigt, dass zahlreiche Fragen und Probleme im Zusammenhang mit dem strafrechtlichen Schutz von Persönlichkeitsrechten bestehen, welche bisher kaum gestellt und noch weniger befriedigend bearbeitet sind. Die unbefriedigende Situation, dass es dazu noch wenig Literatur und kaum innovative oder hilfreiche Lösungen zum Schutz von Persönlichkeitsrechten im Strafrecht des geistigen Eigentums gibt, kann auch durch eine alternative Auslegung nicht behoben werden. Insofern wird im *5. Kapitel* zu prüfen sein, ob die derzeitige Situation so zu bleiben kann oder ob Änderungen notwendig sind.

Auch die erkannten verfassungsrechtlichen Probleme im Zusammenhang mit §§ 106, 107 UrhG müssen im *4.* und *5. Kapitel* untersucht werden.[974]

In der bisherigen Untersuchung ist damit keine Systematik zu erkennen, was im Bereich der Persönlichkeitsrechte strafrechtlich geschützt wird und was nicht.[975] Es erscheint teils „willkürlich“, als Beispiel sei hier gerade der Schutzumfang von § 107 UrhG genannt.[976] Gerade bei § 107 UrhG ist zu überprüfen, weshalb an dieser praktisch unbedeutsamen Norm mit vielen Problemen festgehalten werden sollte. Damit kann auch der Frage nachgegangen werden, ob dies aus Unbehagen geschieht, da ansonsten nur „profan erscheinende materielle Interessen strafrechtlich“ geschützt würden.[977] Weiterhin kann es durch die zivilrechtsakzessorische Gestaltung der Normen zu Problemen bezüglich der Bestimmtheit kommen, was jedenfalls näher zu untersuchen sein wird. Die fehlende Systematik und die Offen-

971 Siehe nochmals *Weber*, Der strafrechtliche Schutz des Urheberrechts, S. 395.

972 *Weber*, Der strafrechtliche Schutz des Urheberrechts, S. 395.

973 Vgl. auch *Sieg*, Das unzulässige Anbringen der richtigen Urheberbezeichnung, S. 176 ff., 181.

974 Vgl. nur Wandtke/Bullinger/*Hildebrandt/Reinbacher*, UrhR, § 106 UrhG Rn 28 f. m.w.N.

975 Vgl. *Wolf*, Der strafrechtliche Schutz der Persönlichkeit, S. 174.

976 S. o. S. 102 ff.; sowie *Sieg*, Das unzulässige Anbringen der richtigen Urheberbezeichnung, S. 176, 178 ff., 181.

977 Vgl. *Kann*, Musikpiraterie, S. 145.

heit im Strafrecht des geistigen Eigentums führt damit zu zwei Fragen, die im anschließenden Verlauf weiter erörtert werden müssen:

1. Wann sind zivilrechtsakzessorische Normen hinreichend bestimmt im Hinblick auf Art. 103 II GG (*4. Kapitel*)?
2. Besteht bei Verletzungen von Persönlichkeitsrechten Strafwürdigkeit und Strafbedürftigkeit (*5. Kapitel*)?

Die Darstellung des geltenden, also aktuellen Schutzes von besonderen Persönlichkeitsrechten im Strafrecht des geistigen Eigentums im vorliegenden Kapitel ist auch deshalb notwendig, da erst anschließend daran beurteilt werden kann, „inwieweit Rechtspolitik notwendig ist.“[978] Bevor dies aber im Rahmen des *5. Kapitels* untersucht werden kann, muss im *4. Kapitel* geklärt werden, wie mit der Problematik der Offenheit und Zivilrechtsakzessorietät im Bereich des Persönlichkeitsrechtsschutzes umzugehen ist.

978 *Weber*, Der strafrechtliche Schutz des Urheberrechts, S. 4.

Kapitel 4 Die Bestimmtheit zivilrechtsakzessorischer Strafrechtsnormen

Als Hauptargument für den geringen Schutz von Persönlichkeitsrechten wird auf die mangelnde Bestimmtheit dieser Materie verwiesen.[979] Insofern ist die Beschäftigung mit der Bestimmtheitsproblematik im *4. Kapitel* von hoher Bedeutung. Erst wenn diese Problematik untersucht wurde, kann der Frage nach der Strafwürdigkeit und -bedürftigkeit von Persönlichkeitsrechtsverletzungen sinnvoll nachgegangen werden.

Sollen Teile des Persönlichkeitsrechts unter strafrechtlichen Schutz gestellt werden, so sind hohe Anforderungen an die materielle Legitimation und die Ausgestaltung der Norm zu stellen, da ein Spannungsfeld zwischen dem Schutz des Persönlichkeitsrechts und den strafrechtlichen Beschränkungen (wie ultima-ratio[980], Subsidiarität, Bestimmtheit, fragmentarischer Charakter[981]) besteht.[982] Die Anforderungen des Bestimmtheitsgrundsatzes[983] und des Gesetzlichkeitsprinzips (Art. 103 II GG) führen da-

979 Siehe für das Urheberpersönlichkeitsrecht schon die Dokumentation zur deutschen Urheberrechtsreform 1965: Begründung des Regierungsentwurfs – Bundestag-Drucksache IV/270, S. 27 bis 116 – UFITA 45 (1965), 240 (326 f.); *Weber*, Der strafrechtliche Schutz des Urheberrechts, S. 391; vgl. außerdem nur *Kächele*, Der strafrechtliche Schutz vor unbefugten Bildaufnahmen, S. 55 f., 63 ff., 102; *Koch*, GA 2005, 589 (589 ff., 596); *Kühl*, AfP 2004, 190 (192); *ders*., in: *Hefendehl* (Hrsg.), Symposium Schünemann, S. 211 (218); *Obert/Gottschalck*, ZUM 2005, 436; *Sauren*, ZUM 2005, 425 (429 f.); *Schertz*, AfP 2005, 421 (426); *Tillmanns/Führ*, ZUM 2005, 441 (444 f.).

980 Den Aussagegehalt dieses Prinzips in Frage stellend *Wohlers*, in: *v. Hirsch/Seelmann/Wohlers* (Hrsg.), Mediating Principles, S. 54 (69).

981 Heute als Forderung an den Gesetzgeber und „Natur des Strafrechts zu" verstehen *Hefendehl*, JA 2011, 401; *Hirsch*, in: FS Tröndle, S. 19 (38); grundlegend zum fragmentarischen Charakter *Kulhanek*, ZIS 2014, 674; *Maiwald*, in: FS Maurach, S. 9 ff.; *Peters*, ZStW 77 (1965), 470 (475); ursprünglich noch kritisch zum fragmentarischen Charakter *Binding*, Lehrbuch des Gemeinen Deutschen Strafrechts, BT, Bd. 1, S. 20.

982 *Heuchemer*, in: *Götting/Schertz/Seitz* (Hrsg.), Handbuch des Persönlichkeitsrechts, § 24 Rn. 1; vgl. auch *Kühl*, in: *Hilgendorf/Ünver* (Hrsg.), Das Strafrecht im deutsch-türkischen Rechtsvergleich, Band IV, S. 177 (179 f.).

983 Zur Frage wie mit den Begriffen Prinzip, Grundsatz, Postulat und Regel umgegeangen werden kann *Trendelenburg*, Ultima ratio?, S. 25 f.

zu, dass der strafrechtliche Schutz des Persönlichkeitsrechts bestimmt sein muss und außerdem auch fragmentarisch bleibt.[984]

Die bisherigen Normen zum Schutz von besonderen Persönlichkeitsrechten (etwa § 107 UrhG) sind zivilrechtsakzessorisch ausgestaltet, was charakteristisch für das Wirtschaftsstrafrecht und dem diesem unterfallenden Strafrecht des geistigen Eigentums ist.[985] Auch eine gegebenenfalls zu entwickelnde weitergehende Strafbarkeit bei Verletzungen von Persönlichkeitsrechten (insbesondere bei besonderen Persönlichkeitsrechten im Strafrecht des geistigen Eigentums) könnte zivilrechtsakzessorisch erfolgen, da besondere Persönlichkeitsrechte (z.B. das Urheberpersönlichkeitsrecht) derzeit in erster Linie zivilrechtlich ihre Wirkungen entfaltet.[986] Außerdem werden Normen die Persönlichkeitsrechte schützen in gewisser Weise immer offene Tatbestände sein. Damit muss aber vorher überprüft werden, inwieweit zivilrechtsakzessorische Normen mit dem Bestimmtheitsgrundsatz vereinbar sind. Eine Strafbarkeit im Zusammenhang mit Persönlichkeitsrechten wird wegen der den Persönlichkeitsrechten inhärenten Offenheit immer im Grenzbereich liegen, weshalb es sinnvoll ist, Kriterien für die Bestimmtheit von Normen zu suchen, da es bisher keinen Konsens und keine Einigkeit über Kriterien zur Überprüfung der Vereinbarkeit gibt.[987]

Dabei ist die Frage der Umsetzung des Bestimmtheitsgrundsatzes schon Jahrzehnte umstritten.[988] Somit kann der derzeitige Forschungsstand als fast ausufernd bezeichnet werden. Es gibt eine kaum überschaubare Anzahl an Quellen, auch da das Thema über die Grenzen des Strafrechts hin-

---

984 *Heuchemer*, in: *Götting/Schertz/Seitz* (Hrsg.), Handbuch des Persönlichkeitsrechts, § 24 Rn. 1.

985 *Kudlich*, in: *Bosch/Bung/Klippel* (Hrsg.), Geistiges Eigentum und Strafrecht, S. 39 f.; hinsichtlich dem Einsatz von Blankettnormen im Wirtschaftsstrafrecht *Hellmann*, in: FS Krey, S. 169 (181); vgl. *Hüls*, NZWiSt 2012, 12; vgl. auch *Bosch*, in: *Bosch/Bung/Klippel* (Hrsg.), Geistiges Eigentum und Strafrecht, S. 1; vgl. auch *Sinn*, ZJS 2018, 381.

986 Eine andere Vorgehensweise könnte beim Schutz des allgemeinen Persönlichkeitsrechts sein, sich nicht auf den zivilrechtlichen Schutz zu beziehen, sondern einen eigenen strafrechtlichen Schutz zu gewährleisten, für den dann aber eine eigene strafrechtliche Definition des allgemeinen Persönlichkeitsrechts entwickelt werden müsste, vgl. dazu *Kühl*, in: *Bosch/Bung/Klippel* (Hrsg.), Geistiges Eigentum und Strafrecht, S. 115 (120).

987 Vgl. diese unter vielen *Ransiek*, in: FS Tiedemann, S. 171 (174); *Roxin*, AT I, § 5 Rn. 70 ff. m.w.N. und dies schon 1972 feststellend *Sax*, in: *Bettermann/Nipperdey/Scheuner* (Hrsg.), Die Grundrechte, S. 909 (1008).

988 Vgl. einer von vielen *Roxin*, AT I, § 5 Rn. 70 ff. m.w.N.

weg in das Verfassungsrecht hineinragt. Vielmehr wird unterschiedliches vertreten: Vom totgeglaubten Bestimmtheitsgrundsatz[989] als „Utopie"[990] bis hin zu kriminalpolitischen Erwägungen, vor dem Hintergrund der Finanzkrise die „Großen" strafrechtlich bekämpfen zu wollen.[991] Hierin zeigt sich, welches Spannungsverhältnis zwischen den beiden Polen Effektivität und Rechtsstaatlichkeit besteht.[992] So werden die „Gesetzesbindung und die Pflicht zur Einhaltung strenger Formen" sogar als „Feinde von Effizienz, Wirtschaftlichkeit und zügiger Verfahrensführung" gesehen.[993] Auf der einen Seite stehen die flexiblen Lenkungsbedürfnisse des Gesetzgebers und der Politik. Dem gegenüber steht der Rechtsstaat, welcher freiheitsgewährleistende Funktion für den Einzelnen hat.[994] Das Strafrecht ist als ultima ratio gedacht, auch in einer sich rasant entwickelnden und internationalisierenden Gesellschaft.[995]

Die Problematik, ja fast schon Tragik des Bestimmtheitsgrundsatzes verdeutlicht *Schünemann*:

„Bei [...] dem Gebot der *Gesetzesbestimmtheit*, treffen wir schließlich auf den Tiefpunkt des nulla-poena-Satzes. Es ist kaum zu glauben, wie häufig der Gesetzgeber dieses Verbot, das an ihn allein adressiert ist, in letzter

---

989 *Rotsch*, ZJS 2008, 132 (138, 139); vgl. aber auch weitere ähnliche Formulierungen: von einer „schleichenden Entwertung" sprechend *Frehsee*, in: *Schild* (Hrsg.), Der Rechtsstaat verschwindet, S. 352 (354); von „zahnlos" und einem Freibrief für den Gesetzgeber sprechend *Greco*, GA 2012, 452 (458 f.) m.w.N., der als Konsequenz überlegt, ob der Gesetzgeber dann an das Analogieverbot gebunden sei; *Gropp*, in: *Jaeckel/Zabel/Zimmermann* (Hrsg.), Grundrechtspolitik und Rechtswissenschaft, S. 105 (125); *Hammen*, ZIS 2014, 303 (307); den Grundsatz als „labil" bezeichnend *Kempf/Schilling*, NJW 2012, 1849 (1851); dem nicht folgend *Kuhlen*, Die verfassungskonforme Auslegung von Strafgesetzen, S. 103; *Naucke*, Über Generalklauseln und Rechtsanwendung im Strafrecht, S. 3; *Ransiek*, in: FS Tiedemann, S. 171 (175); die geringe Beachtung durch das BVerfG kritisierend *Roxin*, JöR 2011, 1 (24); *Schünemann*, Nulla poena sine lege?, S. 6; ein „trauriges Bild" gibt die Thematik „Bestimmtheitsgebot" ab, so *Simon*, Gesetzesauslegung im Strafrecht, S. 451; *Stächelin*, Strafgesetzgebung im Verfassungsstaat, S. 207, der von einer notwendigen Wiederbelebung spricht; *Süß*, in: *Albrecht/Fabricius/Günther* u.a. (Hrsg.), Vom unmöglichen Zustand, S. 207 (215).

990 So 1968: *Lenckner*, JuS 1968, 249 (256); *Schmidhäuser*, in: GS-Martens, S. 231 (241); Maunz/Dürig/*Schmidt-Aßmann*, GG, Art. 103 II Rn. 185.

991 Dies kritisch beleuchtend: *Schilling*, Fragmentarisch oder umfassend?, S. 212 f.

992 *Volkmann*, ZRP 1995, S. 220.

993 So *Michaelsen/Murmann*, in: *Murmann* (Hrsg.), Recht ohne Regeln?, S. 99.

994 BVerfG NJW 2010, 3209 (3210), Rn. 71.

995 Zu wünschen wäre eine Konkretisierung des Ultima-Ratio-Grundsatzes durch das BVerfG, welche aber etwa bei der Vorlage des Rindfleischetikettierungsgestzes unterbleibt.

Zeit beiseite geschoben und seine Regelungsaufgabe durch inhaltlose Leerformeln auf die Justiz abzuwälzen versucht hat [...] Ich glaube, dass sich schwerlich eine andere Rechtsnorm finden läßt, die *einerseits* in der Normenpyramide unserer Rechtsordnung an so hervorragender Stelle steht, auf eine so imponierende Vergangenheit zurückblickt und in dogmatischer Hinsicht einen so scharfkantigen Eindruck macht, kurz gesagt: die ein so hohes Prestige besitzt, und die doch *andererseits* in der Praxis so häufig missachtet wird.“[996] Daher endet Schünemann mit dem Verweis, „daß wir diesen Fundamentalsatz eines rechtsstaatlichen Strafrechts in Zukunft wieder *ernst nehmen müssen*“.[997]

Aufgrund mangelnder Kriterien zur Klärung der Bestimmtheitsfragen müssen zuvörderst solche entwickelt werden. Den Schwerpunkt dieses Kapitels bildet damit der Versuch Kriterien für einen Prüfungsmaßstab zur Klärung der Bestimmtheit von Normen zu entwickeln. Dies geschieht anhand einer Auswahl und Bewertung von Stimmen aus Rechtsprechung und Literatur. Mit diesem Vorschlag eines Prüfungsmaßstabes wird die Vereinbarkeit von zivilrechtsakzessorischen Normen mit dem Bestimmtheitsgrundsatz überprüft. Dabei werden Generalklauseln, normativen Tatbestandsmerkmalen und Blankettgesetzen, wovon gerade die letzten beiden im Strafrecht des geistigen Eigentums zumeist verwendet werden, in den Fokus genommen.[998] Als Beispiel für diese Zivilrechtsakzessorietät seien etwa die Strafrechtsnormen des Urheberrechtsgesetzes genannt.[999] Ziel dieses Kapitels ist es abstrakt zu klären, ob solche Normen vereinbar mit dem Bestimmtheitsgrundsatz sein können. Weniger soll es um eine Überprüfung der konkreten Normen gehen, da nicht feststeht, welche Normen überhaupt bestehen bleiben oder aber neu entwickelt oder reformiert werden müssten. Insofern ist es hilfreicher zu klären, wann abstrakt Normen mit dem Bestimmtheitsgrundsatz vereinbar sind.

---

996 *Schünemann*, Nulla poena sine lege?, S. 6, 8; zu der Frage, ob die zunehmende Unbestimmtheit des Strafrechts zu vermehrten Absprachen im Strafprozess führt *Kuhlen*, in: *Murmann* (Hrsg.), Recht ohne Regeln?, S. 19 (20); *Roxin*, in: *Hilgendorf* (Hrsg.), Das Gesetzlichkeitsprinzip, S. 113 räumt der Gesetzesbestimmtheit „in der Normenhierarchie des deutschen Strafrechts den höchsten Rang“ ein.

997 *Schünemann*, Nulla poena sine lege?, S. 39.

998 Siehe als Beispiel nur § 106 UrhG, § 143 MarkenG, § 142 PatG; vgl. *Lampe*, UFITA 83 (1978), 15 ff.; sowie bspw. § 106 UrhG, siehe dazu Erbs/Kohlhaas/*Kaiser*, UrhG, § 106 Rn. 3; generell sind im Wirtschaftsstrafrecht akzessorische Tatbestände häufig zu finden vgl. nur *Hüls*, NZWiSt 2012, 12; *Tiedemann*, WiStr AT, Rn. 2.

999 S. o. S. 92 f.; vgl. auch bei Erbs/Kohlhaas/*Kaiser*, UrhG, § 106 Rn. 3.

Um die Kriterien einordnen und bewerten zu können, ist als erstes die Bedeutung, Adressierung, Reichweite und Umsetzung des strafrechtlichen Bestimmtheitsgrundsatzes zu klären.

A Der strafrechtliche Bestimmtheitsgrundsatz

I. Herkunft des strafrechtlichen Bestimmtheitsgrundsatzes

Der Bestimmtheitsgrundsatz ist Teil des Gesetzlichkeitsprinzips, welches sich wortgleich in Art. 103 II GG und § 1 StGB findet. Das Prinzip umfasst vier Grundsätze: das strafrechtliche Bestimmtheitsgebot, das Rückwirkungsverbot, das Analogieverbot und das Verbot von täterfeindlichem Gewohnheitsrecht.[1000] Es taucht schon 1789 in Art. 8 der französischen Menschenrechtserklärung[1001] auf und wird dann von *Feuerbach*[1002] aufgegriffen, der den Satz „nullum crimen, nulla poena sine lege“ prägte.[1003] In seiner heutigen Ausprägung entstammt das Gesetzlichkeitsprinzip allerdings den Gedanken der Aufklärung.[1004] Tragende Fundamente sind der politische Liberalismus, der demokratische Gewaltenteilungsgrundsatz und aus strafrechtlicher Sicht die Generalprävention und das Schuldprinzip.[1005]

1000 Nullum crimen, nulla poena sine lege certa, praevia, stricta, scripta; *Bott/Krell*, ZJS 2010, 694; Schönke/Schröder/*Eser/Hecker*, § 1 Rn. 6; *Jescheck/Weigend*, AT, § 15 I S. 128; *Roxin*, AT I, § 5 Rn. 7 ff.

1001 „La Loi ne doit établir que des peines strictement et évidemment néscessaires.“. Sowie 1776 in den amerikanischen bundesstaatlichen Verfassungen (Virgina, Maryland) und 1787 im österreichischen Strafgesetzbuch *Josephs II.* 1794 dann auch im Preußischen Allgemeinen Landrecht.

1002 *V. Feuerbach*, Lehrbuch des gemeinen in Deutschland gültigen peinlichen Rechts, § 20; siehe vertiefend dazu *Bohnert*, Paul Johann Anselm von Feuerbach, S. 6.

1003 Siehe dazu *Roxin/Arzt/Tiedemann*, Einführung, S. 39: Auch wenn die Zwangstheorien Feuerbach kritisch zu sehen sind, „durch ihre Verknüpfung mit dem Gesetzlichkeitsprinzip hat sie in der Strafrechtswissenschaft [...] bahnbrechend gewirkt.“; vgl. auch *Bohnert*, Paul Johann Anselm von Feuerbach, S. 29 führt dazu weiter aus: Feuerbachs „Begründung des Bestimmtheitsgrundsatzes war eine verschiedene von den heute gegebenen, und mit den Begründungen wechseln die Inhalte. Nur die Aufgabe bleibt.“; ausführlich zur geschichtlichen Entwicklung auch *Schreiber*, Gesetz und Richter.

1004 Erste Andeutungen aber schon um 2000 v. Chr. im Codex Hammurabi in Babylon, so *Krey*, Keine Strafe ohne Gesetz, S. 3 ff.

1005 Vgl. *Duttge*, Zur Bestimmtheit von Fahrlässigkeitsdelikten, S. 147 ff.; siehe auch dazu Schönke/Schröder/*Eser/Hecker*, § 1 Rn. 2; *Krey*, Keine Strafe ohne

Dazu *Roxin* treffend: „Ein unbestimmtes [...] Gesetz kann den Bürger nicht vor Willkür schützen, [...]; es widerspricht dem Grundsatz der Gewaltenteilung, weil es dem Richter beliebige Auslegungen und damit ein Übergreifen in den Bereich der Legislative gestattet; es kann keine generalpräventive Wirkung entfalten, weil der Einzelne nicht erkennen kann, was ihm verboten werden soll; und eben deshalb kann seine Existenz auch nicht Grundlage eines Schuldvorwurfs bieten."[1006] Das Gesetzlichkeitsprinzip ist eine Ausprägung des Rechtsstaatsprinzips[1007], aber auch des Demokratie- und Gewaltenteilungsgrundsatzes.[1008] Ein moderner Rechtsstaat zeichnet sich durch die Bindung staatlicher Machtausübung an Recht und Gesetz aus.[1009] Die staatliche Gewalt soll begrenzt werden, um Schutz vor richterlicher Willkür zu gewährleisten.[1010] Recht wird dadurch voraussehund berechenbar und Rechtssicherheit entsteht.[1011] „Das Strafgesetzbuch ist die magna charta des Verbrechers. Es verbrieft ihm das Recht, nur unter den gesetzlichen Voraussetzungen und innerhalb der gesetzlichen Grenzen gestraft zu werden."[1012] Der Grundsatz ist also eine bedeutende Grundlage des demokratischen Rechtsstaates. Das Gesetzlichkeitsprinzip ist zusätzlich in Art. 7 I 1 EMRK verankert.[1013] Auch den Bestimmtheitsgrundsatz gibt es im Europarecht.[1014]

Gesetz, S. 136 ff.; so *Roxin*, AT I, § 5 Rn. 18 ff; *Schünemann*, Nulla poena sine lege?, S. 9 ff.

1006 *Roxin*, AT I, § 5 Rn. 67; vgl. *Palazzo*, Strafgesetzlichkeit, S. 39.

1007 Art. 20 III GG i.V.m. Art. 19 IV, 1 III GG, vgl. auch Art. 28 I 1 GG.

1008 BVerfGE 73, 206 (234 ff.); 92, 1 (12); *Duttge*, Zur Bestimmtheit von Fahrlässigkeitsdelikten, S. 148 ff.; Schönke/Schröder/*Eser/Hecker*, § 1 Rn. 2; *Jähnke*, ZIS 2010, 463; *Jescheck/Weigend*, AT, § 15 S. 126 ff.; *Kim*, in: FS Roxin, S. 119 (127); *Krey*, Keine Strafe ohne Gesetz, S. 138 f.; Lackner/Kühl/*Kühl*, § 1 Rn. 1; *Mangakis*, ZStW 81 (1969), 997 (1000 f.); *Maurach/Zipf*, AT 1, § 10 Rn. 1 ff.; *Papier/Möller*, AÖR 122 (1997), 178 (179); *Roxin*, AT I, § 5 Rn. 2; *ders.*, in: *Hilgendorf* (Hrsg.), Das Gesetzlichkeitsprinzip, S. 113 (114 ff.); Maunz/Dürig/*Schmidt-Aßmann*, GG, Art. 103 II Rn. 166; *Schroeder*, JZ 1969, 775 (776); Ableitung nur aus Gewaltenteilung und Demokratie, z.B. *Grünwald*, ZStW 76 (1964), 1 (13 ff., 18).

1009 *Jäger*, GA 2006, 615.

1010 *Bott/Krell*, ZJS 2010, 694 (695) m.w.N.; SSW-StGB/*Satzger*, § 1 Rn. 16.

1011 *Kim*, in: FS Roxin, S. 119 (121).

1012 *V. Liszt*, in: Strafrechtliche Aufsätze und Vorträge, Bd. 2, S. 25 (60).

1013 *Kim*, in: FS Roxin, S. 119 (121).

1014 LK-StGB/*Dannecker*, § 1 Rn. 5 ff., 33 ff.; *Hammer-Strnad*, Das Bestimmtheitsgebot als allgemeiner Rechtsgrundsatz des Europäischen Gemeinschaftsrechts, S. 71 f.

II. Inhalt des strafrechtlichen Bestimmtheitsgrundsatzes

Der Bestimmtheitsgrundsatz besagt, dass Gesetze so klar sein müssen, dass jedermann vorhersehen kann, was verboten und mit Strafe bedroht ist, damit er sein Verhalten danach ausrichten kann.[1015] Insofern hat dieser rechtsstaatliche Schutz freiheitsgewährleistende Funktion für den Normadressaten und es soll sichergestellt werden, dass der Gesetzgeber selbst abstrakt-generell regelt, welches Verhalten strafbar ist (gewaltenteilungssichernde Funktion); d.h. Art. 103 II GG enthält einen strengen Gesetzesvorbehalt.[1016] Der Gesetzgeber muss die Entscheidung über strafwürdiges Verhalten selbst treffen, da die Folgen zu den intensivsten Eingriffen in die individuelle Freiheit gehören können.[1017] Die Voraussetzungen der Strafbarkeit sind so konkret festzulegen, dass zu erkennen oder jedenfalls durch Auslegung zu ermitteln ist, welches Verhalten in den Anwendungsbereich fällt.[1018] Nur dann können die Gesetze auch ihre generalpräventive Wirkung entfalten.[1019] Zudem gewährleistet der Bestimmtheitsgrundsatz auch den „fragmentarischen" Charakter des Strafrechts, das nur ultima ratio sein soll.[1020] Der Bestimmtheitsgrundsatz zieht eine Grenze, welche unbestimmten Normen noch zulässig sind.[1021] Der Grundsatz umfasst die Voraussetzungen und Folgen der Strafbarkeit im besonderen Teil des (Wirtschafts-) Strafrechts,[1022] aber auch das Prozessrecht[1023]. Für den allgemeinen Teil wird teilweise eine von der Verfassung gewollte Einschränkung

---

1015 BVerfG NJW 2010, 3209 (3210), Rn. 71 f.; *BVerfG* 75, 329 (341) m.w.N.; BGHSt 23, 167 (171); 37, 226 (230); Jarass/Pieroth/*Pieroth*, Art. 103 Rn. 72; SK-StGB/*Rudolphi/Jäger*, § 1 Rn. 11.

1016 BVerfG NJW 2016, 3648; BVerfG NJW 2010, 3209 (3210) Rn. 71; *BVerfGE* 75, 329 (341); Maunz/Dürig/*Schmidt-Aßmann*, GG, Art. 103 II Rn. 178 ff., 184; siehe auch unter den Begriffen der individualschützenden und kompetenzwahrenden Funktion *Böse*, in: FS Krey, S. 7 (8).

1017 BVerfG NJW 2016, 3648; BVerfG NJW 2010, 3209 (3210) Rn. 70 ff.

1018 BVerfG NJW 2010, 3209 (3210) Rn. 72.

1019 *Roxin/Arzt/Tiedemann*, Einführung, S. 12.

1020 *Bott/Krell*, ZJS 2010, 694 m.w.N.; vgl. *Palazzo*, Strafgesetzlichkeit, S. 38; *Roxin/Arzt/Tiedemann*, Einführung, S. 4; zu Problemen mit dem fragmentarischen Charakter bzw. einer lückenlosen Regulierung siehe *Hammen*, ZIS 2014, 303 (307) und *Kulhanek*, ZIS 2014, 674 ff.

1021 *Hohn*, Die Zulässigkeit materieller Beweiserleichterungen im Strafrecht, S. 133.

1022 *Roxin*, AT I, § 5 Rn. 78, 80; *Kim*, in: FS Roxin, S. 119 (122); Schönke/Schröder/*Eser/Hecker*, § 1 Rn. 16.

1023 *Jäger*, GA, 2006, 615 (616); *Roxin*, in: *Hilgendorf* (Hrsg.), Das Gesetzlichkeitsprinzip, S. 113 (138).

angenommen.[1024] Dies erscheint jedoch bedenklich, denn: „Soll das Gesetzlichkeitsprinzip tatsächlich die Erwartungssicherheit des Bürgers garantieren, so verbietet sich die Frage nach dem gesetzestechnischen Standort der dafür relevanten Regelung!“[1025] Das Analogieverbot ergänzt den Bestimmtheitsgrundsatz, indem es neben täterungünstigen Analogien auch jede über den Wortsinn hinausgehende Auslegung verbietet.[1026] Das Analogieverbot als solches macht nur Sinn, wenn der Bestimmtheitsgrundsatz eingehalten wird. Liegt hingegen ein offenes, unbestimmtes Gesetz vor, so wäre das Analogieverbot unbrauchbar, da dann „alles“ unter den Wortlaut subsumiert werden könnte und der Rückgriff auf eine Analogie gar nicht notwendig würde.[1027] Es folgt also „aus dem Erfordernis gesetzlicher Bestimmtheit [...] ein Verbot analoger oder gewohnheitsrechtlicher Strafbegründung.“[1028] Somit wird es in der vorliegenden Arbeit vorrangig um den Bestimmtheitsgrundsatz als solchen gehen, der die Voraussetzung für ein Analogieverbot sowie für das Verbot der Rückwirkung und des strafbegründenden Gewohnheitsrechts ist.

1024 So bspw. *Roxin*, AT I, § 5 Rn. 78; vielfach wird dies so angenommen, es besteht allerdings keine Einigkeit; siehe nur LK-StGB/*Dannecker*, § 1 Rn. 218 m.w.N.; *ders.*, in: FS Otto, S. 25 ff., 40; eine solche Einschränkung ablehnend *Duttge*, Zur Bestimmtheit von Fahrlässigkeitsdelikten, S. 162 ff.; *ders.*, JZ 2014, 261 (269); *Herzberg*, in: *Hefendehl* (Hrsg.), Symposium Schünemann, S. 31 (37 ff.); *Schmitz*, in: FS Samson, S. 181 (186 m.w.N.); *Sinn*, in: FS Wolter, S. 503 (508); *BVerfG* 96, 68 (97 ff.); BGHSt 42, 235 (236 f.) (= NJW 1997, 138); BGHSt 42, 158 ff. (= NJW 1996, 2663 (2664)).

1025 *Duttge*, JZ 2014, 261 (269 m.w.N.); *ders.*, in: FS Kohlmann, S. 13 (15 ff., 20); siehe nur Maunz/Dürig/*Schmidt-Aßmann*, GG, Art. 103 II Rn. 197; *Köhler*, AT, S. 87; diesen ebenfalls folgend *Colombi Ciacchi*, Fahrlässigkeit und Tatbestandsbestimmtheit, S. 28.

1026 Sachs/*Degenhart*, GG, Art. 103 II Rn. 69.

1027 *Ransiek*, in: FS Tiedemann, S. 171 (174); vgl. *Schuster*, Das Verhältnis von Strafnormen und Bezugsnormen, S. 253; vgl. dazu am Beispiel des § 240 StGB auch *Kuhlen*, in: *Kudlich/Montiel/Schuhr* (Hrsg.), Gesetzlichkeit und Strafrecht, S. 429 (435 f.).

1028 BVerfG NJW 2012, 907 (915); vgl. auch *Saliger*, NJW 2010, 3195.

III. Adressat des Bestimmtheitsgrundsatzes

Grundsätzlich richtet sich der Bestimmtheitsgrundsatz nach klassischem Verständnis an den Gesetzgeber.[1029] Die Rechtsprechung des BVerfG und BGH binden jedoch vermehrt auch den Richter an den Bestimmtheitsgrundsatz.[1030] Damit hat dieser insoweit weitere Bedeutung erlangt, als auch die Auslegung, also die richterliche Anwendung des Bestimmtheitsgrundsatzes an Art. 103 II GG zu messen sein soll.[1031] Zudem weist das BVerfG im Untreue-Urteil 2010 die Instanzgerichte erstmalig deutlich an, Unklarheiten über den Anwendungsbereich von Strafnormen durch Präzisierung und Konkretisierung im Wege der Auslegung auszuräumen (Präzisierungsgebot).[1032] Somit nimmt das BVerfG an, dass sich das Bestimmt-

---

1029 BVerfG NJW 2010, 3209 (3210 f. mit Verweis auf vorhergehende Urteile); BVerfG NJW 2016, 3648; *Basak*, in: *Brunhöber/Höffler/Kaspar* u.a. (Hrsg.), S. 71 (74); *Bott/Krell*, ZJS 2010, 694 (695); Sachs/*Degenhart*, Art. 103 Rn. 67; Schönke/Schröder/*Eser/Hecker*, § 1 Rn. 2, 6; *Greco*, ZIS 2018, 475 (477); NK-StGB/*Hassemer/Kargl*, § 1 Rn. 14; *Jähnke*, ZIS 2010, 463; *Jescheck/Weigend*, AT, § 15 III 3 S. 136 f.; *Kertai*, JuS 2011, 976 (978); *Kühl*, JA 2009, 833 (837); Kühl/Reichold/Ronellenfitsch/*Kühl*, Einführung in die Rechtswissenschaft, § 31 Rn. 36; *Roxin*, AT I, § 5 Rn. 7 ff.; *Saliger*, ZIS 2011, 902 (903); SSW-StGB/*Satzger*, § 1 Rn. 17; Maunz/Dürig/*Schmid-Aßmann*, GG, Art. 103 II Rn. 178, 184; MüKo-StGB/*Schmitz*, § 1 Rn. 39; *ders.*, in: FS Samson, S 181 (183); *Schünemann*, Nulla poena sine lege?, S. 6; AK-StGB/*Wassermann*, § 1 Rn. 14; LK-StGB/*Weigend*, § 1 Rn. 180; a.A. *Kuhlen*, in: FS Otto, S. 89 (91 ff., 100 ff.); *ders.*, in: *Kudlich/Montiel/Schuhr* (Hrsg.), Gesetzlichkeit und Strafrecht, S. 429 (434); *ders.*, in: *Hilgendorf* (Hrsg.), Das Gesetzlichkeitsprinzip, S. 45 (46, 58) der entgegen der klassischen Auffassung (die er als „unrealistisch" bezeichnet) auch den Richter als Adressat ansieht, was er als Erweiterung (Rechtsfortbildung) des verfassungsrechtlichen Bestimmtheitsgrundsatzes ansieht; *Kuhlen Saliger* folgend, in: *Duttge/Ünver* (Hrsg.), Das Gesetzlichkeitsprinzip, S. 179 (183).

1030 So schon *Kuhlen*, in: FS Otto, S. 89 (100 ff. m.w.N.); *ders.*, JR 2011, 246 (249); *Murmann*, in: *Murmann* (Hrsg.), Recht ohne Regeln?, S. 5 (7 ff.); *Ortiz de Urbina Gimeno*, in: *Kudlich/Montiel/Schuhr* (Hrsg.), Gesetzlichkeit und Strafrecht, S. 87 ff., 120; siehe bspw. BVerfG NJW 2010, 3209; siehe auch kritisch SSW-StGB/*Satzger*, § 1 Rn. 19a.

1031 BVerfG NJW 1993, 1457 (1458 f.); *Enderle*, Blankettstrafgesetze, S. 125; *Grünwald*, ZStW 76 (1964), 1 (6 f.); *Kuhlen*, in: FS Otto, S. 89 (103); für eine neuere Entscheidung siehe z.B. BVerfG NJW 2012, 907 ff.; kritisch hierzu MüKo-StGB/*Schmitz*, § 1 Rn. 47.

1032 2. Amtlicher Leitsatz: BVerfG NJW 2010, 3209; ob dieses Gebot ein „Meilenstein auf dem Weg zu einem neuen Verständnis des Gesetzlichkeitsprinzips" ist (so *Kuhlen*, JR 2011, 246 f.) oder aber sich das BVerfG auf „bekanntem Terrain" im Sinne einer Verpflichtung zur verfassungskonformen, restriktiven Auslegung bewegt (*Hüls*, NZWiSt 2012, 12 m.w.N.) ist umstritten; siehe hierheitsgebot auch an den Richter wendet.[1033] „Diese Lesart gewinnt ihr Argument aus der Mehrdeutigkeit des Begriffs ‚Bestimmen' [...] ‚Bestimmen' kann zum einen bedeuten, ‚etwas anordnen', zum anderen ‚eine Anordnung präzise treffen'."[1034] Daher ist es zwar fragwürdig, aber in sich konsequent, wenn das BVerfG auch die richterliche Auslegung an Art. 103 II GG misst.[1035] Das BVerfG gesteht dem Gesetzgeber einen sehr weiten Spielraum zu[1036] und bindet ihn weniger an Art. 103 II GG als die Gerichte; so nimmt das BVerfG 2010 und auch 2012 eine Verletzung des Art. 103 II GG durch die Rechtsprechung und nicht durch den Gesetzgeber an.[1037] Müsste aber nicht vielmehr der Gesetzgeber so bestimmtes Recht schaffen, dass dies nicht passieren kann?[1038] Der Bestimmtheitsgrundsatz soll gerade vor richterlicher Willkür schützen und dem Richter keinen zu großen Spielraum belassen.[1039]

Damit einher geht auch eine Bedrohung des Gewaltenteilungsgrundsatzes.[1040] „Ist Deutschland auf dem Marsch vom Rechtsstaat in einen ‚oligarchischen Richterstaat'"[1041] oder ist gerade ein „Richterstaat" die Konkreti-

---

zu auch *Saliger*, ZIS 2011, S. 902 f. m.w.N.; *ders.*, von einer „spektakulären" Entscheidung sprechend, in: *Duttge/Ünver* (Hrsg.), Das Gesetzlichkeitsprinzip, S. 179 (183).

1033 So auch *Kuhlen*, JR 2011, 246 (249); zu diesem Problem siehe auch *Basak*, in: *Brunhöber/Höffler/Kaspar* u.a. (Hrsg.), S. 71 (79 ff.); sowie NK-StGB/*Hassemer/Neumann*, § 1 Rn. 19; kritisch *Kempf/Schilling*, NJW 2012, 1849 ff.; ebenfalls kritisch MüKo-StGB/*Schmitz*, § 1 Rn. 47.

1034 NK-StGB/*Hassemer/Neumann*, § 1 Rn. 14a; vgl. *Herzberg*, in: *Hefendehl* (Hrsg.), Symposium Schünemann, S. 31 (37); siehe dazu auch *Kuhlen*, in: FS Otto 2007, S. 89 (94); *Saliger*, in: *Duttge/Ünver* (Hrsg.), Das Gesetzlichkeitsprinzip, S. 179 (183).

1035 Vgl. MüKo-StGB/*Schmitz*, § 1 Rn. 47; ebenso konsequent ist dann im nächsten Schritt ein Schutz bei sich nachträglich verändernder gefestigter Rechtsprechung, dazu *Neumann*, in: FS Beulke, S. 197 ff.

1036 BVerfGE 50, 142 (162); 71, 108 (115); 92, 1 (13, 19); grundsätzlich zum Entscheidungsspielraum NK-StGB/*Hassemer/Neumann*, Vorbe. § 1 Rn. 85 ff.; kritisch *Hwang*, ZStW 125 (2013), 209 ff.; siehe auch MüKo/*Schmitz*, § 1 Rn. 42.

1037 BVerfG NJW 2010, 3209 ff.; BVerfG NJW 2012, 907 ff.

1038 Unklarheiten sollten in Berlin und nicht in Karlsruhe oder Leipzig ausgetragen werden, so *Walter*, NStZ 2014, 368.

1039 S. o. S. 148 f.

1040 LK-StGB/*Dannecker* § 1 Rn. 201; *Hassemer*, Strafen im Rechtsstaat, S. 15; vgl. *Hirsch*, in: FS Tröndle, S. 19 (38 f.); Jescheck/*Weigend*, AT, § 15 I 3 S. 129 f.; *Rüthers*, NJW 2005, 2759; MüKo-StGB/*Schmitz*, § 1 Rn. 47.

1041 *Hirsch*, JZ 2007, 853; vgl. dazu auch *Rüthers*, NJW 2005, 2759; vgl. *Palazzo*, in: FS Tiedemann, S. 15 (27 f.).

sierung des Rechtsstaates?[1042] Stellt „Richterrecht“ eine eigenständige Rechtsquelle neben dem Gesetz dar?[1043] Müssen Gesetzgeber und Richter gemeinsam für die Bestimmtheit sorgen?[1044] Für *Hirsch* kann gerade durch diese Funktionseinheit der rasante, gesellschaftliche, ökonomische, technische und wissenschaftliche Wandel ermöglicht werden.[1045] Auch wenn die richterliche Rechtsfortbildung verfassungsrechtlich[1046] grundsätzlich anerkannt ist, sind ihre Grenzen unscharf aber gewichtig.[1047] Das BVerfG hat auch keine klare Formel und hält die Grenzen für „fraglich“.[1048] Können also unbestimmte Gesetze dadurch gerettet werden, dass auch die jeweilige Rechtsprechung an Art. 103 II GG zu messen ist? Oder liegt hierin die Verwässerung wichtiger rechtsstaatlicher Prinzipien, wie des Bestimmtheitsgrundsatzes und des Gewaltenteilungsgrundsatzes?[1049] Diese zahlreichen

---

1042 *Hirsch*, JZ 2007, 853; vgl. vor Richterwillkür warnend *Hilgendorf*, in: *Kudlich/Montiel/Schuhr* (Hrsg.), Gesetzlichkeit und Strafrecht, S. 17 (33); *Hassemer*, in: FS Jung, S. 231 (235 ff.); siehe auch *Kargl*, in: FS Hassemer, S. 849 ff.; zum Problem des Richterrechts im Zivilrecht *Ohly*, AcP 201 (2001), S. 1 ff.

1043 Vertiefend dazu *Neumann*, in: FS Beulke, S. 197 (200).

1044 Ein „arbeitsteiliges Zusammenwirken“ fordern bspw.: *Krey*, Keine Strafe ohne Gesetz, S. 137 f.; *Kuhlen*, Die verfassungskonforme Auslegung von Strafgesetzen, S. 98; *ders.*, in: *Hilgendorf* (Hrsg.), Das Gesetzlichkeitsprinzip, S. 45 (58 f.); *Neumann*, in: FS Beulke, S. 197 (199); *Roxin*, AT I, § 5 Rn. 28; *Saliger*, in: *Duttge/Ünver* (Hrsg.), Das Gesetzlichkeitsprinzip, S. 179 (183 m.w.N.); *Theile*, wistra 2012, 285 (288); vgl. auch NK-StGB/*Hassemer/Neumann*, § 1 Rn. 19; siehe auch kritisch zur Auslegungsarbeit der Gerichte *Krahl*, Die Rechtsprechung des BVerfG und BGH S. 261 f.; zur Frage woher der Richter die demokratische Legitimation dafür nimmt *Kuhlen*, in: *Kudlich/Montiel/Schuhr* (Hrsg.), Gesetzlichkeit und Strafrecht, S. 429 (437).

1045 *Hirsch*, JZ 2007, 853; siehe auch *Schulz*, in: FS Roxin, S. 305 (327), der die Interpretation des Art. 103 II GG im Untreue-Urteil des BVerfG NJW 2010, 3209 als positiv ansieht.

1046 BVerfG NJW 1973, 1221.

1047 Siehe *Kempf/Schilling*, NJW 2012, 1849 (1850) auch für weitere Nachweise; zur kritischen Rechtsfortbildung des Sterbehilfe-Beschluss 2003 des BGH, *Hufen*, ZRP 2003, 248 ff.

1048 BVerfG NJW 1973, 1221 (1225).

1049 Vgl. bspw. LK-StGB/Dannecker § 1 Rn. 201; *Hirsch*, in: FS Tröndle, S. 19 (38 f.); *Kempf/Schilling*, NJW 2012, 1849 (1854); vgl. *Rüthers*, NJW 2005, 2759 ff.; MüKo-StGB/*Schmitz* § 1 Rn. 47; bzw. dem Vorbehalt des Gesetzes nach Art. 103 II GG wie es *Walter*, NStZ 2014, 368 beschreibt; auch das Sondervotum von *Osterloh*, *Di Fabio* und *Voßkuhle* zeigt die gefährdeten Grundsätze auf BVerfG NJW 2009, 1469 (1476 ff.).

Fragen sind nach wie vor umstritten,[1050] müssen aber an anderer Stelle vertieft werden, um ihnen gerecht zu werden. Der Bestimmtheitsgrundsatz ist als „nachdrückliches Votum für den Gesetz- und nicht den Richterstaat“[1051] zu sehen und richtet sich jedenfalls in seiner klassischen Form an den Gesetzgeber.[1052] Sonst droht das Richteramt eine „furchtbare Gewalt“ zu erlangen.[1053] Darüberhinaus müssten bis zum (unklaren) Zeitpunkt des Vorliegens einer gefestigten Rechtsprechung potentielle Straftäter „dafür herhalten, eine unbestimmte Norm ausreichend bestimmt zu machen [...] nur um dem Gesetzgeber die Mühe abzunehmen, präzis formulierte Straftatbestände aufzustellen.“[1054] Darin kann ein Verstoß gegen Art. 1 GG gesehen werden, weil hier der Einzelne schlicht zum Fallbeispiel einer Normauslegung würde.[1055] Ein Verstoß durch die Judikative gegen Art. 103 II GG kommt vielmehr bei Nichtbeachtung des an sie gerichteten Analogieverbotes in Betracht.[1056] Wobei an anderer Stelle zu klären bleibt, ob das neue Prüfprogramm des BVerfG („Präzisierungsgebot“) eine Erweiterung des Analogieverbots oder aber eine Ableitung aus dem Bestimmtheitsgebot ist.[1057] Das Analogieverbot hilft nämlich bei (noch verfassungsmäßigen) unbestimmten Gesetzen wenig weiter, da es bei unklaren Gesetzen kaum

---

1050 *Neumann*, in: FS Beulke, S. 197 (200) m.w.N.; vgl. auch zu Kritik am Präzisierungsgebot des BVerfG folgende: *Basak*, in: *Brunhöber/Höffler/Kaspar* u.a. (Hrsg.), S. 71 (79 ff.); *Duttge*, JZ 2014, 261 (265 unter Verweis auf nachstehende); *Roxin*, in: *Hilgendorf* (Hrsg.), Das Gesetzlichkeitsprinzip, S. 113 (134); *Saliger*, in: *Duttge/Ünver* (Hrsg.), Das Gesetzlichkeitsprinzip, S. 179 (180).

1051 *Duttge*, JZ 2014, 261 (265 unter Verweis auf nachstehende); NK-StGB/*Hassmer/Kargl*, § 1 Rn. 17 m.w.N.; dazu auch *Kargl*, in: FS Hassemer, S. 849 ff.

1052 S. o. S. 152.

1053 *Schünemann*, in: FS Klug Bd. I, S. 169 (181 f.).

1054 MüKo-StGB/*Schmitz*, 3. Aufl. 2017, § 1 Rn. 54.

1055 MüKo-StGB/*Schmitz*, 3. Auf. 2017, § 1 Rn. 54.

1056 So auch MüKo-StGB/*Schmitz*, § 1 Rn. 48; dem Grunde nach so auch das BVerfG NJW 2010, 3209, (3210) m.w.N.: „Art. 103 II GG enthält für die Gesetzgebung ein striktes Bestimmtheitsgebot sowie ein damit korrespondierendes, an die Rechtsprechung gerichtetes Verbot strafbegründender Analogie“.

1057 Vgl. *Saliger*, NJW 20120, 3195 (3196); *ders.*, in: *Duttge/Ünver* (Hrsg.), Das Gesetzlichkeitsprinzip, S. 179 (186 f.); siehe dazu auch *Kuhlen*, in: *Kudlich/Montiel/Schuhr* (Hrsg.), Gesetzlichkeit und Strafrecht, S. 429 ff., der davon ausgeht, dass für den Richter das Präzisierungsgebot neben das Analogieverbot tritt, im Sinne einer Rechtsfortbildung des Bestimmtheitsgrundsatzes; zu sich daraus ergebenden Problemen siehe *Neumann*, in: FS Beulke, S. 197 (206 f.).

„Angriffsfläche" bietet.[1058] In dem vorliegenden Kapitel geht es daher maßgeblich um den Bereich des Bestimmtheitsgrundsatzes, der sich an den Gesetzgeber richtet und darum, ob dieser bei Generalklauseln, normativen Tatbestandsmerkmalen sowie Blankettgesetzen verwirklicht werden kann.

IV. Umsetzung des strafrechtlichen Bestimmtheitsgrundsatzes

Trotz der fundamentalen Bedeutung des Bestimmtheitsgrundsatzes wird ihm in der Praxis nicht immer Rechnung getragen.[1059] Das BVerfG hat nur sehr selten eine Norm wegen Verstoßes gegen den Bestimmtheitsgrundsatz für verfassungswidrig erklärt.[1060] Nur dann, wenn „viel auf dem Spiel"[1061] steht, hat das BVerfG bisher Normen für verfassungswidrig wegen eines Verstoßes gegen Art. 103 II GG erklärt. Anzumerken ist aber, dass es in jüngerer Vergangenheit vermehrt Urteile im Zusammenhang mit Art. 103 II GG gibt.[1062] Auch aufgrund vieler neuer Veröffentlichungen kann von einer „Konjunktur des Bestimmtheitsgrundsatzes" gesprochen werden.[1063]

1058 *Kuhlen*, JR 2011, 246 (249); vgl. *Basak*, in: *Brunhöber/Höffler/Kaspar* u.a. (Hrsg.), S. 71 (86); vgl. auch *Gropp*, in: *Jaeckel/Zabel/Zimmermann* (Hrsg.), Grundrechtspolitik und Rechtswissenschaft, S. 105 (123); sowie *Schuster*, Das Verhältnis von Strafnormen und Bezugsnormen, S. 253.

1059 *Bott/Krell*, ZJS 2010, 694; *Otto*, in: FS Seebode, S. 81; *Roxin*, in: *Hilgendorf* (Hrsg.), Das Gesetzlichkeitsprinzip, S. 113 (133); ähnlich: *Schünemann*, Nulla poena sine lege?, S. 8; *Seebode*, JZ 2004, 305 ff.; *Simon*, Gesetzesauslegung im Strafrecht, S. 432.

1060 § 15 II a FernmG (BVerfGE 78, 374); § 43a StGB (BVerfGE 105, 135 (152)); § 2 PlakatVO, nicht § 366 Nr. 10 StGB a.F. (BVerfGE 23, 265 (270)); § 49 StVO (BVerfGE 14, 254 (255); 16, 211 (213)); § 10 Abs. 1, 3 RiFlEtikettG (BVerfG NJW 2016, 3648); siehe auch BayVerfGHE 4, 194; für einen umfassenden Überblick siehe LK-StGB/*Dannecker*, § 1 Rn. 72 f.; siehe auch bei *Gropp*, in: *Jaeckel/Zabel/Zimmermann* (Hrsg.), Grundrechtspolitik und Rechtswissenschaft, S. 105 (114 ff.); sowie bis 1992 auch *Paulduro*, Die Verfassungsgemäßheit, S. 366 ff.; *Sinn*, ZJS 2018, 381.

1061 *Sinn*, ZJS 2018, 381.

1062 So z.B. BVerfG NJW 2016, 3648; BVerfG NJW 2012, 907; BVerfG NJW 2010, 3209; BGH NJW 2010, 2146; siehe auch folgende Kammerentscheidungen des BVerfG NJW 2006, 3050; NJW 2007, 1666; NJW 2008, 3627; NJW 2009, 2370.

1063 *Schulz*, in: FS Roxin, S. 305 m.w.N.; siehe auch folgende: *Beckemper*, ZJS 2011, 88; *Bott/Krell*, ZJS 2010, 694; vgl. MüKo-StGB/*Dierlamm*, § 266 Rn. 3 ff., 5 ff.; *Hammen*, ZIS 2014, 303; *Kempf/Schilling*, NJW 2012, 1849 ff.; *Küpper*, in: FS Krey, S. 335; *Kuhlen*, in: *Murmann* (Hrsg.), Recht ohne Regeln?, S. 19; *ders.*, JR 2011, 246; *Michaelsen/Murmann*, in: *Murmann* (Hrsg.), Recht ohne Regeln?, S. 99; *Murmann*, in: *Murmann* (Hrsg.), Recht ohne Regeln?, S. 5; *Neumann*, in:

Eine wichtige Entscheidungen der letzten Jahre des BVerfG zum materiellen Strafrecht ist das Urteil[1064] zur Untreue aus dem Jahre 2010.[1065] Darin betont das BVerfG das Erfordernis gesetzlicher Bestimmtheit und dessen hohe Bedeutung.[1066] Zugleich macht es diesen Grundsatz aber „wirkungslos", wenn es die Unbestimmtheit nicht eindämmt.[1067] So verwundert es nicht, dass viele Stimmen den Bestimmtheitsgrundsatz als „Utopie"[1068] oder gar als „tot"[1069] bezeichnen.[1070] *Süß* sieht darin einen „unmöglichen Zustand", dass der Grundsatz nur normativ, aber nicht faktisch umgesetzt ist.[1071] Diese Kritik, an einer „schleichenden Entwertung"[1072], besteht schon seit Jahrzehnten.[1073] Sie richtet sich auch an das BVerfG, das den Grundsatz „nicht mit der erforderlichen Akribie überwacht"[1074]. Insofern ist das Urteil des BVerfG zu § 10 Abs. 1, 3 RiFlEtikettG ein erfreulicher Schritt, wenngleich als „Solitär" anzusehen.[1075] Das Rechtsstaatsprinzip ist

---

FS Beulke, S. 197; *Otto*, in: FS Seebode, S. 81; *Radtke*, GmbHR 2010, 1121; *Rotsch*, ZJS 2008, 132; *Safferling*, NStZ 2011, 376; *Saliger*, NJW 2010, 3195; *ders.*, in: *Duttge/Ünver* (Hrsg.), Das Gesetzlichkeitsprinzip, S. 179 (180 m.w.N.); *Schilling*, Fragmentarisch oder umfassend?, S. 212; *Seebode*, JZ 2004, 305.

1064 BVerfG NJW 2010, 3209 ff.

1065 *Safferling*, NStZ 2011, 376; *Saliger*, NJW 2010, 3195 ff., der das BVerfG als Strafrechtsgeschichte schreibend sieht; anders *Radtke*, GmbHR 2010, 1121 (1125) der das BVerfG in „vertrauten Bahnen seiner Rechtsprechung" sieht.

1066 BVerfG NJW 2010, 3209 (3210), Rn. 69 ff.; *Beckemper*, ZJS 2011, 88 (89); siehe auch BVerfG NJW 2016, 3648.

1067 *Seebode*, JZ 2004, 305 (306 ff.); so sieht auch 2012 das BVerfG NJW 2012, 907 (917) nur einen Verstoß des BGH, gegen Art. 103 II GG und nicht durch die Norm an sich; *Greco*, GA 2012, 452 ff. der als Konsequenz überlegt, ob der Gesetzgeber – wenn schon nicht an der Bestimmtheitsgrundsatz – dann aber an das Analogieverbot gebunden sei; nun wieder an die Bestimmtheit appelierend BVerfG NJW 2016, 3648.

1068 So 1968: *Lenckner*, JuS 1968, 249 (256); m.w.N. schon S. 146 f.

1069 *Rotsch*, ZJS 2008, 132 (139).

1070 Siehe dazu schon oben S. 145 f. m.w.N., S. 157.

1071 *Süß*, in: *Albrecht/Fabricius/Günther* u.a. (Hrsg.), Vom unmöglichen Zustand, S. 207 (215); siehe auch *Kempf/Schilling*, NJW 2012, 1849 (1851), sowie von der weitestgehenden Preisgabe des Grundsatzes sprechend *Schünemann*, Nulla poena sine lege?, S. 8.

1072 *Frehsee*, in: *Schild* (Hrsg.), Der Rechtsstaat verschwindet, S. 352 (354).

1073 *Schünemann* spricht schon 1968 vom „Tiefpunkt" in: Nulla poena sine lege?, S. 6; vgl. auch *Naucke*, KritV 1990, 253, laut dem es nie ein vorbildliches rechtstaatliches Strafrecht gegeben haben soll; *Rotsch*, ZJS 2008, 132 (139).

1074 *Schmitt*, in: FS Jescheck, S. 223 (226); das deutsche Recht für die Zukunft gut aufgestellt sieht *Schulz*, in: FS Roxin, S. 305 (327); den Bestimmtheitsgrundsatz in Gefahr sieht *Greco*, in: *Brunhöber/Höffler/Kaspar* u.a. (Hrsg.), S. 13 (22 f.).

1075 BVerfG NJW 2016, 3648; *Brand/Kratzer*, JR 2018, 422 (433).

in Gefahr, wenn der Grundsatz weiterhin unterminiert wird.[1076] Es besteht die Gefahr, dass der wichtige Grundsatz zu einem „Verbalbekenntnis" herabsinkt[1077] und zu bloßer Semantik verkommt. Als Ursachen für eine geringe faktische Umsetzung werden verschiedene Gründe genannt. Zum einen wird eine „technische Unmöglichkeit" angenommen, die mit der Mehrdeutigkeit der Gesetzessprache einhergeht.[1078] Wie die Gemeinsprache ist auch die Fachsprache anfällig für Mehrdeutigkeit, Vagheit und Porosität.[1079] Dem ist aber entgegenzuhalten, dass inhaltlich „hinreichend bestimmte Strafgesetze [...] möglich" sind.[1080] Die Mehrdeutigkeit der Gesetzessprache „stellt den Gesetzgeber [...] nicht von der Pflicht frei, seine [...] [Entscheidungen] mit höchstmöglicher Präzision in den Tatbestandsmerkmalen zum Ausdruck zu bringen."[1081] Zum anderen ist der rasante gesellschaftliche Wandel ein bedeutender Faktor; aber auch die präventions- und kriminalpolitischen Steuerungsansprüche der Praxis spielen eine Rolle.[1082] Eines der zentralen Probleme des Strafrechts ist damit die Umsetzung des Bestimmtheitsgrundsatzes in einer „widerborstigen Realität".[1083]

B Die Vereinbarkeit mit dem Bestimmtheitsgrundsatz

Fraglich ist, wo die Grenze zwischen noch hinreichend bestimmten und unbestimmten Tatbeständen liegt.[1084] Hier besteht das Paradoxon, dass das

---

1076 *Kim*, in: FS Roxin, S. 119 (143).

1077 *Duttge*, JZ 2014, 261 (264 f.).

1078 NK-StGB-*Hassemer/Kargl*, § 1 Rn. 30; *Roxin*, AT I, § 5 Rn. 69; *Klatt*, in: *Kudlich/Montiel/Schuhr* (Hrsg.), Gesetzlichkeit und Strafrecht, S. 121 ff.; *Schnapp*, JZ 2004, 473 (474 ff.); zu Grenzen die die Sprache setzt *Stächelin*, Strafgesetzgebung im Verfassungsstaat, S. 213; *Vogel*, Norm und Pflicht, S. 328 f.; siehe dazu auch MüKo-StGB/*Schmitz*, § 1 Rn. 40 f. unter Verweis auf vorstehende.

1079 *Schnapp*, JZ 2004, 473 (474 ff.); vgl. auch *Duttge*, Zur Bestimmtheit von Fahrlässigkeitsdelikten, S. 177 f.; NK-StGB/*Hassemer/Kargl*, § 1 Rn. 35 ff.; *Kertai*, JuS 2011, 976 (978).

1080 *Hammen*, ZIS 2014, 303 (307); vgl. auch *Duttge*, JZ 2014, 261 (264 f.) und *Vogel*, Norm und Pflicht, S. 328 f.

1081 NK-StGB/*Hassemer/Neumann*, § 1 Rn. 41.

1082 *Schilling*, Fragmentarisch oder umfassend?, S. 212, 214; vgl. *Theile*, wista 2012, 285 (288 f.).

1083 *Haft*, JuS 1975, 477; siehe auch *Duttge*, JZ 2014, 261 (264); vgl. *Greco*, GA 2012, 452 ff. der als Konsequenz überlegt, ob der Gesetzgeber dann an das Analogieverbot gebunden sei.

1084 *Schünemann*, Nulla poena sine lege?, S. 29; vgl. *Colombi Ciacchi*, Fahrlässigkeit und Tatbestandsbestimmtheit, S. 25; *Kempf/Schilling*, NJW 2012, 1849 (1851).

Kriterium der Gesetzesbestimmtheit selbst schwer definierbar und daher zu unbestimmt sein könnte.[1085] Bisher gibt es keinen allgemein anerkannten Maßstab zur Klärung der hinreichenden Bestimmtheit.[1086] Insbesondere ist eine Norm nicht schon deshalb mit Art. 103 II GG unvereinbar, weil eine bestimmtere, präzisere Formulierung möglich gewesen wäre.[1087] „Wieviel an gesetzlicher Präzision ist [also] erforderlich, damit die Strafvorschriften als verfassungskonform i.S.d. Art. 103 II GG gelten können?“[1088] Es sind Kriterien zu finden, die dabei helfen zu klären, ab wann eine Norm nicht mehr hinreichend bestimmt und damit verfassungswidrig ist.[1089] Eine Norm ist entweder unvereinbar mit Art. 103 II GG und dann nichtig oder aber sie ist anwendbar und für eine verfassungskonforme Auslegung offen.[1090] Es ist eine „schwere Aufgabe“[1091], diese Grenze zu finden. Den Kriterien kann sich durch einen Überblick von Rechtsprechung und verschiedenen Literaturstimmen und deren Bewertung angenähert werden. Vorher ist zu klären, nach welchen Maßstäben und wie eng oder weit der Bestimmtheitsgrundsatz selbst zu interpretieren ist.

I. Vorrang der Verfassungsauslegung

Kommt es bei der Auslegung vorrangig auf die verfassungsrechtliche oder die strafrechtliche oder auf beide Sichtweisen an? Bei dem Bestimmtheitsgrundsatz handelt es sich um materielles Verfassungsrecht mit Grundrechtscharakter.[1092] Deshalb nimmt § 1 StGB selbst, der gegenüber Art. 103 II GG nur deklaratorisch ist, an der verfassungsrechtlichen Garantie teil.[1093] Die Rechtsprechung des BVerfG hat insoweit für das Strafrecht eine umfassende Bedeutung und ist bei der Auslegung des § 1 StGB zu

1085 *Schünemann*, Nulla poena sine lege?, S. 29.

1086 *Duttge*, Zur Bestimmtheit von Fahrlässigkeitsdelikten, S. 174; *Roxin*, in: *Hilgendorf* (Hrsg.), Das Gesetzlichkeitsprinzip, S. 113 (135).

1087 *Colombi Ciacchi*, Fahrlässigkeit und Tatbestandsbestimmtheit, S. 24; *Roxin*, in: *Hilgendorf* (Hrsg.), Das Gesetzlichkeitsprinzip, S. 113 (134 f.).

1088 *Colombi Ciacchi*, Fahrlässigkeit und Tatbestandsbestimmtheit, S. 25.

1089 Vgl. *Colombi Ciacchi*, Fahrlässigkeit und Tatbestandsbestimmtheit, S. 25, welche die Schwelle zwischen „mangelhaft“ und „ausreichend“ sucht.

1090 *Herzberg*, in: *Hefendehl* (Hrsg.), Symposium Schünemann, S. 33.

1091 *Roxin*, AT I, § 5 Rn. 70.

1092 Schmidt-Bleibtreu/Hoffmann/Henneke/*Schmahl*, GG, Art. 103 Rn. 1 f.; Eine Verletzung des Art. 103 II GG ist mit einer Verfassungsbeschwerde angreifbar.

1093 LK-StGB/*Dannecker*, StGB, § 1 Rn. 1.

würdigen.[1094] Es besteht jedoch die Sorge, dass das BVerfG zum höchsten Gericht in Strafsachen wird[1095] und, dass es eine Rolle als Superrevisionsinstanz einnehmen könnte, indem es vollumfänglich strafrechtliche Entscheidungen überprüft.[1096] Tatsächlich nimmt das BVerfG an, dass es „nicht auf eine Vertretbarkeitskontrolle beschränkt“[1097] sei.[1098] Auch 2012 betont das BVerfG, dass die äußerste Grenze von Strafgesetzen die Strafbarkeit an sich und damit die Abgrenzung der Kompetenzen von Judikative und Legislative betreffe und daher vom BVerfG zu überwachen sei.[1099] Dies ist zwar durchaus kritisch zu sehen, aber aus Sicht des BVerfG konsequent, da es dem Richter über das Präzisierungsgebot mehr Gestaltungsmöglichkeiten (ähnlich denen des Gesetzgebers) zugesteht, was dann auch überprüft werden muss.[1100] Um der Forderung nach besserer Verwirklichung des Bestimmtheitsgrundsatzes nachzugehen, ist dem BVerfG eine Kontrollmöglichkeit zuzugestehen, auch um die „Fundamente“ des Strafrechts zu sichern.[1101] Zudem sind die Grundrechte als Teil der „objektiven Werteordnung“ zu sehen und strahlen daher in alle Bereiche aus, gerade auch in das stark vom Verfassungsrecht geprägte Strafrecht.[1102] Der Inhalt des Grundgesetzes ist damit maßgeblich für Reichweite und Auslegung des Art. 103 II GG.[1103] Die Strafrechtsdogmatik hat insoweit teilweise dem

1094 Ebda.

1095 *Tiedemann*, Verfassungsrecht und Strafrecht, Vorwort S. V.

1096 *Basak*, in: *Brunhöber/Höffler/Kaspar* u.a. (Hrsg.), S. 71 (84 m.w.N.); *Becker*, HRRS 2010, 383 (387); *Bosch*, JA 2010, 472 ff; *Gropp*, in: *Jaeckel/Zabel/Zimmermann* (Hrsg.), Grundrechtspolitik und Rechtswissenschaft, S. 105 (123); *Krey*, JR 1994, 265 (273); *Krüger*, NStZ 2011, 369 (372 f.); *Saliger*, NJW 2010, 3195 f. der von einer „spektakulären Ausdehnung“ spricht; eine solche Tendenz ebenfalls betonend *Schlösser*, NStZ 2012, 473 (473, 475 f., 479).

1097 BVerfG NJW 2010, 3209 (3212) Rn. 82; dem weiterfolgend BVerfG NJW 2012, 907 (915).

1098 „Der in Art. 103 Abs. 2 GG zum Ausdruck kommende strenge Gesetzesvorbehalt erhöht die verfassungsgerichtliche Kontrolldichte. [...] Für die Klärung der insoweit aufgeworfenen Fragen ist das Bundesverfassungsgericht zuständig.“ BVerfG NJW 2010, 2309 (2312) Rn. 82; sowie BVerfG NJW 2012, 907 (915); hierzu auch *Schlösser*, NStZ 2012, 473 (473, 475 f., 479).

1099 BVerfG NJW 2012, 907 (915).

1100 *Neumann*, in: FS Beulke, S. 197 (205); vgl. *Saliger*, in: *Duttge/Ünver* (Hrsg.), Das Gesetzlichkeitsprinzip, S. 179 (186).

1101 *Becker*, HRRS 9/2010, 383 (387); jedenfalls beim herkömmlichen Verständnis des Bestimmtheitsgebots kommt man laut *Krüger*, NStZ 2011, 369 (373) nicht an einer vollumfänglichen Prüfungskompetenz des BVerfG vorbei; siehe auch *Kuhlen*, JR 2011, 246 (250, 253).

1102 *Becker*, HRRS 9/2010, 383 (387).

1103 BVerfG NJW 1995, 248 (249); *Enderle*, Blankettgesetze, S. 121.

Grundsatz des Vorrangs der Verfassungsauslegung (§ 31 BVerfGG) zu weichen.[1104]

II. Unbestimmtheit des Bestimmtheitsgrundsatzes

Es stellt sich die Frage, ob Art. 103 II GG eng oder weit zu verstehen ist. Hier wird das Problem vertieft, dass der Bestimmtheitsgrundsatz an sich unbestimmt ist und daher interpretiert werden muss.[1105] Allerdings muss hier Vorsicht walten, da die Interpretation des Art. 103 II GG so zugespitzt werden kann, dass sie entweder an der Praxis scheitert oder aber umgekehrt die Praxis am Bestimmtheitsgrundsatz scheitert.[1106] Vorliegend stehen sich zwei Grundprinzipien gegenüber: Die strafende Staatsmacht trifft auf die Gegenmacht des rechtsstaatlichen Strafrechts.[1107] Ein weites Verständnis wird aufgrund der sich ständig ändernden Bedingungen und dem daraus entstehenden Bedürfnis nach „vagen" Normen im Wirtschaftsstrafrecht gefordert.[1108] Dennoch ist das rechtsstaatliche Strafrecht auch dazu da, den Einzelnen vor Willkür und Freiheitsbeschränkungen zu schützen, so fordert *Kim* provokativ den Vorrang der Rechtssicherheit und verlangt vom Gesetzgeber „klares Recht",[1109] auch wenn der Richter als Mund des Gesetzes sicher ein Ideal bleiben wird.[1110] Dennoch verlangt *Kim* aber ein Mindestmaß an materialer Gerechtigkeit, um die Würde des Menschen zu

1104 BVerfG NJW 1995, 248 (249); *Enderle*, Blankettgesetze, S. 121; *Tiedemann*, Verfassungsrecht und Strafrecht, S. 6 f.

1105 *Schünemann*, Nulla poena sine lege?, S. 29; siehe auch *Duttge*, Zur Bestimmtheit von Fahrlässigkeitsdelikten, S. 174 ff.; *ders.*, JZ 2014, 261 (264 f.); *Kempf/Schilling*, NJW 2012, 1849 (1851) welche fragen „Wie bestimmt ist der Bestimmtheitsgrundsatz"?; *Kuhlen*, in: *Kudlich/Montiel/Schuhr* (Hrsg.), Gesetzlichkeit und Strafrecht, S. 429 (431) „Die Unbestimmtheit des Begriffs ‚Bestimmtheit'"; vgl. *ders.*, in: *Murmann* (Hrsg.), Recht ohne Regeln?, S. 19 (22); *Saliger*, in: *Duttge/Ünver* (Hrsg.), Das Gesetzlichkeitsprinzip, S. 179 (183).

1106 *Jakobs*, AT, 4. Abschn. Rn. 1.

1107 *Naucke*, KritV 1990, 244 (249).

1108 *Herzberg*, in: *Hefendehl* (Hrsg.), Symposium Schünemann, S. 57; *Süß*, in: *Albrecht/Fabricius/Günther* u.a. (Hrsg.), Vom unmöglichen Zustand, S. 207 (219); kritisch hierzu *Rotsch*, ZJS 2008, 132 (138) und *ders.*, ZIS 2008, 1 ff. (8), der eine Annäherung der Wissenschaft an die Praxis und ihre Notwendigkeiten fordert vgl. auch *ders.*, in: FS Samson S. 141 (143).

1109 *Kim*, in: FS Roxin, S. 119 (142); vgl. Dreier/*Schulze-Fielitz*, GG, Art. 103 II Rn. 13.

1110 So die Forderung von Montesquieu: „La bouche qui prononce les paroles de la loi"; vgl. *Schreiber*, Gesetz und Richter, S. 53 ff.

garantieren.[1111] Das Strafrecht muss fragmentarisch und ultima ratio sein.[1112] Ansonsten besteht die Gefahr, dass „Worte wie Rechtsstaat bzw. rechtsstaatliches Strafrecht nichts mehr als Schönrednerei" darstellen.[1113] Problematisch ist, dass (Gesetzes-) Sprache meist mehrdeutig ist.[1114] Trotz des bestehenden Spannungsfeldes zwischen Rechtssicherheit und Praktikabilität muss das Ziel von möglichst bestimmten Normen verfolgt werden. Eine Relativierung des Bestimmtheitsgrundsatzes im Wirtschaftsstrafrecht ist nicht hinzunehmen.[1115] Wird das rechtsstaatliche Strafrecht als Ausgangspunkt genommen, so ist eine enge Auslegung des Art. 103 II GG zu wählen. Der Befürchtung, dass beim Anlegen eines strengen Maßstabes Teile des StGB verfassungswidrig wären,[1116] kann entgegnet werden, dass die Verfassungsmäßigkeit weniger von dem zugrunde gelegten Verständnis als den daraus entwickelten Kriterien abhängt. Diese dürfen dann ihrerseits nicht zu streng sein, sondern müssen den Anforderungen der Praxis gerecht werden ohne Rechtssicherheit aufzugeben. Das Bestimmtheitsgebot fordert nämlich nicht Bestimmtheit um jeden Preis, sondern Verbindung von Präzision und Flexibilität.[1117]

III. Kriterien zur Überprüfung der hinreichenden Bestimmtheit

Im Folgenden werden die allgemeinen Anforderungen der Rechtsprechung und Literatur an das Bestimmtheitsgebot dargestellt und bewertet. Daraus werden Kriterien zur Überprüfung der Vereinbarkeit entwickelt. Diese werden kombiniert mit den besonderen Anforderungen an General-

---

1111 *Kim*, in: FS Roxin, S. 119 (142).

1112 *Kim*, in: FS Roxin, S. 119 (143); zu Problemen mit dem fragmentarischen Charakter im Bereich des Insiderstrafrechts bzw. lückenloser Regulierung siehe *Hammen*, ZIS 2014, 303 (303 ff., 307) und *Kulhanek*, ZIS 2014, 674 ff.

1113 *Kim*, in: FS Roxin, S. 119 (143).

1114 *Duttge*, Zur Bestimmtheit von Fahrlässigkeitsdelikten, S. 177 f.; *ders.*, JZ 2014, 261 (264 f.); *Kertai*, JuS 2011, 976 (978); *Klatt*, in: *Kudlich/Montiel/Schuhr* (Hrsg.), Gesetzlichkeit und Strafrecht, S. 121 ff.; MüKo-StGB/*Schmitz*, § 1 Rn. 40; *Schnapp*, JZ 2004, 473 (474 ff.); siehe auch oben S. 157 f.

1115 *Hammen*, ZIS 2014, 303 (307); vgl. Maunz/Dürig/*Schmidt-Aßmann*, GG, Art. 103 II Rn. 177.

1116 *Herzberg*, in: *Hefendehl (Hrsg.)*, Symposium Schünemann, S. 31 f.; *Jakobs*, AT, 4. Abschn. Rn. 1; MüKo-StGB/*Schmitz*, § 1 Rn. 41.

1117 NK-StGB-Hassemer/*Kargl*, § 1 Rn. 19; *Hassemer*, Grundlagen des Strafrechts, S. 256.

klauseln, normative Tatbestandsmerkmale und Blankettgesetze, um dann deren Vereinbarkeit mit dem Bestimmtheitsgrundsatz abstrakt zu klären.

1. Kriterien der Rechtsprechung

Das BVerfG wie auch der BGH messen dem Bestimmtheitsgrundsatz große Bedeutung zu,[1118] die sich jedoch nicht in einer konsequenten Anwendung widerspiegelt.[1119] Die Kriterien die das BVerfG anwendet, um zu prüfen, ob eine Norm Art. 103 II GG genügt, lassen sich neben anderen Entscheidungen, besonders gut dem Untreue-Urteil aus dem Jahre 2010 entnehmen.[1120] Grundsätzlich soll bereits der Wortlaut einer Strafnorm den Normadressaten erkennen lassen, ob ein Verhalten strafbar ist.[1121] Gleichzeitig wird aber die gebotene Allgemeinheit und die damit zwingend verbundene Abstraktheit von Strafnormen betont, was damit einhergeht, dass es genügen soll, wenn das Risiko einer Strafbarkeit erkennbar ist.[1122] Wegen der „Vielgestaltigkeit des Lebens" muss nicht jeder Straftatbestand detailliert ausgeführt sein, sonst „bestünde die Gefahr, dass die Gesetze zu starr und kasuistisch würden und dem Wandel der Verhältnisse [...] nicht mehr gerecht werden könnten"[1123]. Damit lässt das BVerfG zu, dass es in Einzelfällen zweifelhaft sein kann, ob ein Verhalten noch unter den gesetzlichen Tatbestand fällt.[1124] Das BVerfG erkennt an, dass sich mit diesen „weichen" Anforderungen oft nicht sagen lässt, „welchen Grad an gesetzlicher Bestimmtheit der einzelne Straftatbestand haben muss".[1125] Das rührt auch daher, dass das BVerfG die Bestimmtheit „im Wege einer wertenden Gesamtbetrachtung unter Berücksichtigung möglicher Regelungsalternativen"[1126] überprüft. Das BVerfG gibt also keine allgemeinen Kriterien an, anhand derer die Bestimmtheit eines Tatbestandes zu prüfen

1118 BVerfG NJW 2010, 3209 (3210) Rn. 72; *BGH* NJW 2010, 2146.
1119 *Schünemann*, Nulla poena sine lege?, S. 8.
1120 BVerfG NJW 2010, 3209.
1121 BVerfGE 48 (48, 56 f.); 92, 1 (12).
1122 BVerfG NJW 2010, 3209 (3210 f.) Rn. 74, 76.
1123 BVerfG NJW 2010, 3209 (3210) Rn. 73; vgl. auch BVerfGE 14, 245 (251).
1124 BVerfG NJW 2010, 3209 (3210 f.) Rn. 74.
1125 BVerfGE 28, 175 (183).
1126 BVerfG NJW 2010, 3209 (3211) Rn. 75.

ist.[1127] Vielmehr findet eine Prüfung des jeweiligen Einzelfalles statt.[1128] Laut BVerfG muss das Gesetz umso präziser sein, je schwerer/höher die Strafe ist; auch der Kreis der Normadressaten spielt eine Rolle.[1129] Das BVerfG legt also den Schwerpunkt stärker auf Flexibilität als auf Präzision. Das zeigt sich auch daran, dass nach dem BVerfG ein Gesetz nicht verfassungswidrig ist, „wenn und soweit eine restriktive, präzisierende Auslegung möglich ist"[1130]. Für das BVerfG ist also die Auslegungsfähigkeit ein zentraler Punkt.[1131] Weiterhin soll es genügen, wenn die verfassungsrechtlich bedenkliche Weite durch eine „gefestigte höchstrichterliche Rechtsprechung entkräftet werden"[1132] kann. Mit dem Präzisierungsgebot[1133] im Untreue-Urteil, wonach die Strafgerichte Unklarheiten durch Konkretisierung und Präzisierung beseitigen sollen, geht das BVerfG sogar noch über diesen Ansatz hinaus.[1134] Problematisch daran ist, dass dann ein zu unbestimmter Tatbestand im Nachhinein erst durch die Rechtsprechung „bestimmt" wird.[1135] Wäre Unbestimmtheit damit heilbar und was ist mit den

---

1127 Vgl. *Colombi Ciacchi*, Fahrlässigkeit und Tatbestandsbestimmtheit, S. 25 welche die „extreme Elastizität" kritisiert.

1128 BVerfGE 28, 175 (183).

1129 BVerfG NJW 2010, 3209 (3211) Rn. 75; zur Schwere der Strafe bspw. *Hengst*, Der strafrechtliche Schutz des Rechts am eigenen Bild, S. 59.

1130 BVerfG NJW 2010, 3209 (3211) Rn. 76.

1131 Vgl. *Hüls*, NZWiSt 2012, 12; *Karl*, Der Tatbestand der Nachstellung, S. 59, zu welchen Problemen dies aber führen kann zeigt anschaulich *Hammen*, ZIS 2014, 303 ff.; siehe aber 1986 als das BVerfG NJW 1986, 1671 (1672) davon ausgeht, dass sich die Bestimmtheit aus dem Wortlaut und nicht aus der Auslegung ergeben muss.

1132 BVerfG NJW 2010, 3209 (3211) Rn. 76 m.w.N.; auch hierzu *Hammen*, ZIS 2014, 303 ff.

1133 S. o. S. 152 f.; BVerfG NJW 2010, 3209.

1134 *Kempf/Schilling*, NJW 2012, 1849 (1852); vgl. auch zu Kritik am Präzisierungsgebot des BVerfG folgende: *Basak*, in: *Brunhöber/Höffler/Kaspar* u.a. (Hrsg.), S. 71 (79 ff.); *Duttge*, JZ 2014, 261 (265 unter Verweis auf nachstehenden); *Saliger*, in: *Duttge/Ünver* (Hrsg.), Das Gesetzlichkeitsprinzip, S. 179 (180).

1135 LK-StGB/*Dannecker* § 1 Rn. 201; vgl. auch *Gropp*, in: *Jaeckel/Zabel/Zimmermann* (Hrsg.), Grundrechtspolitik und Rechtswissenschaft, S. 105 (113); *Kempf/Schilling*, NJW 2012, 1849 (1852); vgl. auch v. Münch/Kunig/*Kunig*, GG, Art. 103 Rn. 29; vgl. *Roxin*, in: *Hilgendorf* (Hrsg.), Das Gesetzlichkeitsprinzip, S. 113 (134); *ders.*, JöR 59 (2011), 1 (24); SSW-StGB/*Satzger*, § 1 Rn. 19a; MüKo-StGB/*Schmitz* § 1 Rn. 47; vgl. auch *Schroeder*, JZ 1969, S. 775 (777); *Vogel*, Norm und Pflicht, S. 328; dies nicht als problematisch erachtend *Kuhlen*, Die verfassungskonforme Auslegung von Strafgesetzen, S. 98 ff.

Entscheidungen bis zur Heilung?[1136] Und was passiert bei der Änderung der gefestigten Rechtsprechung?[1137] Gibt es einen Vertrauensschutz bzw. ein Rückwirkungsverbot auch für Gerichtsurteile?[1138] Der etwaige Schutz über ein Rückwirkungsverbot bei Gerichtsurteilen oder den Verbotsirrtum stellen auch keine „sichere" Abhilfe dar.[1139] Zudem ist unklar, was „gefestigt" genau bedeutet.[1140] „Dazu, wann eine Rechtsprechung gefestigt ist, fehlt eine gefestigte Rechtsprechung".[1141] Das BVerfG billigt dem Gesetzgeber sogar einen gewissen Zeitraum zu, in dem sich eine gefestigte Rechtsprechung bilden kann.[1142] Gerade diese Möglichkeit der nachträglichen „Heilung" ist als kritisch zu bewerten[1143] und gleicht einem Freibrief für den Gesetzgeber für einen Verstoß gegen Art. 103 II GG.[1144] Ein Gesetz muss vielmehr von Anfang an hinreichend präzise sein und der Gesetzge-

---

1136 Vgl. LK-StGB/*Dannecker* § 1 Rn. 201; *Kempf/Schilling*, NJW 2012, 1849 (1852); *Kuhlen*, in: FS Otto, S. 89 (104 f.); eine nachträgliche Heilung klar ablehnend MüKo-StGB/*Schmitz*, § 1 Rn. 47 f.; *ders.*, in: FS Schünemann, S. 235 (236).

1137 Zum Problem des Vertrauensschutzes im Rahmen gefestigter Rechtsprechung siehe ausführlicher LK-StGB/*Dannecker*, § 1 Rn. 432 ff.; ausführlich und bejahend *Leite*, GA 2014, 220 ff.; NK-StGB/*Neumann*, § 17 Rn. 51 f.; SSW-StGB/*Satzger*, § 1 Rn. 52 ff.

1138 Vom BVerfG konsequent bejahend siehe bspw. NJW 2010, 3209 (3211); dieses Problem aufwerfend *Basak*, in: *Brunhöber/Höffler/Kaspar* u.a. (Hrsg.), S. 71 (86 f.); *Böse*, JURA 2011, 617 (620 f.); kritisch *Cornelius*, GA 2015, 101 ff.; zustimmend *Kuhlen*, JR 2011, 246 (250); dazu vertiefend *ders.*, in: *Kudlich/Montiel/Schuhr* (Hrsg.), Gesetzlichkeit und Strafrecht, S. 429 (438); *ders.*, in: *Hilgendorf* (Hrsg.), Das Gesetzlichkeitsprinzip, S. 45 (62 f.); ausführlich und bejahend *Leite*, GA 2014, 220 ff.; *Neumann*, in: FS Beulke, S. 197; *ders.*, ZStW 103 (1991), 331 ff.; siehe dazu auch *Roxin*, AT I, § 5 Rn. 61; *ders.*, JöR 59 (2011), 1 (26); vgl. *Saliger*, in: *Duttge/Ünver* (Hrsg.), Das Gesetzlichkeitsprinzip, S. 179 (187 f.).

1139 Vgl. dazu *Colombi Ciacchi*, Fahrlässigkeit und Tatbestandsbestimmtheit, S. 19 f.; vgl. *Simon*, Gesetzesauslegung im Strafrecht, S. 440.

1140 Beginnt „gefestigt" nach 3 oder nach 20 Jahren? Was ist, wenn es eine abweichende Entscheidung gibt?; *Paulduro*, Die Verfassungsgemäßheit, S. 378; siehe im Zusammenhang mit § 13 StGB dazu *Vogel*, Norm und Pflicht, S. 328.

1141 *Kempf/Schilling*, NJW 2012, 1849 (1852).

1142 BVerfGE 90, 145 (191); *Enderle*, Blankettstrafgesetze, S. 141.

1143 *Amelung*, NJW 1995, 2584 (2587); *Colombi Ciacchi*, Fahrlässigkeit und Tatbestandsbestimmtheit, S. 18 f.; *Enderle*, Blankettstrafgesetze, S. 139 f.; kritisch ebenfalls *Krüger*, NStZ 2011, 369 (371); so auch *Kuhlen*, in: FS Otto, S. 89 (104); MüKo-StGB/*Schmitz*, § 1 Rn. 47; *Schünemann*, Nulla poena sine lege?, S. 32 ff.

1144 MüKo-StGB/*Schmitz*, § 1 Rn. 47; im Zusammenhang mit dem Präzisierungsgebot die Gefahr eines „Freibriefs" ebenfalls sehend *Kuhlen*, in: *Kudlich/Montiel/Schuhr* (Hrsg.), Gesetzlichkeit und Strafrecht, S. 429 (437); vgl. aber auch *Greco*,

ber soll sich nicht missbräuchlich auf die Rechtsprechung verlassen.[1145] Dies entspricht auch der Adressierung des Bestimmtheitsgrundsatzes an den Gesetzgeber in der Verfassung.[1146] Sonst liegt auch ein Verstoß gegen den Gewaltenteilungsgrundsatz nahe.[1147] Die „Delegation der Bestimmungsaufgabe auf die Judikative [höhlt aber] nicht nur die kompetenzwahrende, sondern auch die freiheitsgewährende Funktion des Bestimmtheitsgrundsatzes“ aus, da jede Rechtsprechungsänderung für den Täter erst nach seiner Tat die Grenzen der Strafbarkeit bestimmt.[1148] Diese Probleme könnten in dieser Form größtenteils vermieden werden, wenn der Bestimmtheitsgrundsatz besser umgesetzt würde.[1149] Für die Zukunft muss also der Bestimmtheitsgrundsatz „bestmöglich“ umgesetzt werden.[1150] Das Argument der gefestigten Rechtsprechung ist abzulehnen, was auch die vielen bestehenden problematischen und noch ungeklärten Fragen oben gezeigt haben.[1151]

Zusammenfassend kann gesagt werden, dass das BVerfG nach folgenden Kriterien die Bestimmtheit prüft:[1152] 1. Regelungsbereich (relevant sind die strukturellen Besonderheiten), 2. Typ der offenen Norm, 3. Adressatenkreis (richtet sich die Norm an Personen mit Fachkenntnissen) und 4. Schwere der Sanktion.[1153] Als zentrales 5. Kriterium kann die Auslegungsfähigkeit des Tatbestandes hinzugenommen werden.[1154] Diese offenen und

---

in: *Brunhöber/Höffler/Kaspar* u.a. (Hrsg.), S. 13 (22 f.); SSW-StGB/*Satzger*, § 1 Rn. 22.

1145 Aber so *Enderle*, Blankettstrafgesetze, S. 141; ebenfalls dies nicht kritisierend *Schulz*, in: FS Roxin, S. 305 ff.

1146 *Roxin*, in: *Hilgendorf* (Hrsg.), Das Gesetzlichkeitsprinzip, S. 113 (134); *Vogel*, Norm und Pflicht, S. 328; grundsätzlich zur Adressierung s. o. S. 152 ff.

1147 *Duttge*, Zur Bestimmtheit von Fahrlässigkeitsdelikten, S. 173 m.w.N.; *Paulduro*, Die Verfassungsgemäßheit, S. 377; SSW-StGB/*Satzger*, § 1 Rn. 19a.

1148 *Colombi Ciacchi*, Fahrlässigkeit und Tatbestandsbestimmtheit, S. 19.

1149 Denn Probleme mit täterbelastender Rechtsprechungsänderung tauchen insbesondere dann auf, wenn die Änderung einer Rechtsprechung „die ureigene Aufgabe des Gesetzgebers, Strafunrecht durch eine eigene Entscheidung zu bestimmen, wahrnimmt.“ so *Leite*, GA 2014, 220 (238).

1150 MüKo-StGB/*Schmitz* § 1 Rn. 10.

1151 Siehe auch *Colombi Ciacchi*, Fahrlässigkeit und Tatbestandsbestimmtheit, S. 18 ff.; zum vorherigen Problemkreis auch *Duttge*, Zur Bestimmtheit von Fahrlässigkeitsdelikten, S. 170 ff.

1152 *Enderle*, Blankettstrafgesetze, S. 119.

1153 *Enderle*, Blankettstrafgesetze, S. 117; vgl. in Bezug auf das Markenstrafrecht bei *Göpfert*, Die Strafbarkeit von Markenverletzungen, S. 65 ff.; Maunz/Dürig/*Schmidt-Aßmann*, GG, Art. 103 II Rn. 189.

1154 So bspw. BVerfG NJW 2010, 3209 (3210, 3214).

einzelfallbezogenen Kriterien des BVerfG sind Ausdruck einer „Relativierung" des Grundsatzes[1155]. Was sich gerade auch daran zeigt, dass dem BVerfG die Auslegungsfähigkeit eines unbestimmten Tatbestandes genügt.[1156] Selbst wenn diese Methode europaweit akzeptiert ist,[1157] kann eine kritische Würdigung fruchtbar sein.

2. Kritik an den Kriterien der Rechtsprechung

Kritisch sind das 1., 3., 4. und 5. Kriterium.

Das 1. und 3. Kriterium betreffen die Richtung der Strafe und können daher verbunden geprüft werden. In komplexen Gebieten wie dem Wirtschaftsstrafrecht (wozu auch das Strafrecht des geistigen Eigentums gehört[1158]) ist es schwierig, bestimmte Regelungen zu treffen. Aber ist wegen dieser Komplexität und dem besonderen Fachwissens der Adressaten der Bestimmtheitsgrundsatz im Wirtschaftsstrafrecht zu relativieren?[1159] Dagegen spricht, dass dieser Grundsatz Teil der verfassungsrechtlichen Garantie ist, die sich für alle gleich entfalten soll. Auch wenn Adressaten mit Fachwissen ihre Strafbarkeit u.U. besser einschätzen oder absehen können,[1160] so werden die betroffenen Adressaten gegenüber Adressaten aus anderen Gebieten negativ diskriminiert. Das Argument, dass in Fachkreisen die Adressaten besser informiert seien, ist rechtsstaatlich und auch sonst verfassungsrechtlich damit als bedenklich einzustufen.[1161] Die strafrechtlichen Irrtumsregeln (§§ 16, 17 StGB) könnten zwar bei unbestimmten Gesetzen weiterhelfen und den Adressaten geringfügig schützen, jedoch be-

---

1155 So *Enderle* Blankettstrafgesetze, S. 119; siehe auch die „extreme Elastizität" kritisierend *Colombi Ciacchi*, Fahrlässigkeit und Tatbestandsbestimmtheit, S. 25; *Raabe*, Der Bestimmtheitsgrundsatz bei Blankettstrafgesetzen, S. 40; vgl. Maunz/Dürig/*Schmidt-Aßmann*, GG, Art. 103 II GG Rn. 177.

1156 BVerfG NJW 2010, 3209 (3210, 3214); vgl. unter Hinweis darauf *Hüls*, NZWiSt 2012, 12; *Karl*, Der Tatbestand der Nachstellung, S. 59.

1157 V. Mangoldt/Klein/Starck/*Nolte*, Art. 103 II Rn. 139 m.w.N.; oft wird das Vorgehen des BVerfG daher gar nicht erst kritisch hinterfragt siehe bspw. bei *Hengst*, Der strafrechtliche Schutz des Rechts am eigenen Bild, S. 57 ff., 198; *Schuster*, Das Verhältnis von Strafnormen und Bezugsnormen, S. 252 ff.

1158 *Kudlich*, in: *Bosch/Bung/Klippel* (Hrsg.), Geistiges Eigentum und Strafrecht, S. 39 f.

1159 Siehe dazu knapp *Rotsch*, in: FS Samson, S. 141 (155).

1160 Im Rahmen einer Gesamtabwägung den Adressatenkreis für relevant haltend: *Krüger*, NStZ 2011, 369 (371).

1161 Vgl. *Fischer*, StGB, § 1 Rn. 7.

seitigt dies nicht die rechtsstaatlichen Zweifel an einer Relativierung des Bestimmtheitsgrundsatzes.[1162] Zumal gerade die Anforderungen an die Vermeidbarkeit bei § 17 StGB sehr hoch sind.[1163] Regelungsdefizite würden dann zulasten der Täters gewertet und erst im Rahmen der Schuld relativiert.[1164]

Weitere Argumente sprechen dennoch dagegen. Zum einen ist dies mit Art. 3 I GG, nach dem vor dem Gesetz alle gleich sein sollen, schwer vereinbar. Zudem soll die Strafbarkeit für „jedermann" erkennbar sein und nicht nur für denjenigen, an die sie sich richtet bzw. nicht nur für juristisch versierte Normadressaten.[1165] Gleichzeitig tauchen erhebliche Probleme bzgl. etwaiger Teilnehmer auf. Auch Anstifter oder Gehilfen sind Adressaten einer Norm und diesen fehlt es dann u.U. an Fachwissen.[1166] Zweifelsfälle bei der Einschätzung des Risikos der Strafbarkeit würden zu Ungunsten des Täters gelöst. Erkennt er das Risiko eines unbestimmten Gesetzes und handelt im Zweifel nicht, so liegt eine freiheitsbeschränkende Wirkung vor, dies soll aber durch Art. 103 II GG gerade verhindert werden.[1167] Vielmehr müssen solche Konflikte zulasten des Normgebers und nicht zulasten des Normadressaten gelöst werden.[1168] Zudem kann die generalpräventive Wirkung sich nicht entfalten, wenn der Einzelne nicht er-

1162 So aber BVerfGE 75, 329 (340 f.).

1163 *Basak*, in: *Brunhöber/Höffler/Kaspar* u.a. (Hrsg.), S. 71 (85) der die Zurückhaltung der Rechtsprechung bei der Annahme einer Unvermeidbarkeit anspricht; *Cornelius*, GA 2015, 101 ff.; LK-StGB/*Dannecker*, § 1 Rn. 445 m.w.N.; zur Vermeidbarkeit bei § 17 *Reiß*, Verbotsirrtum und Subventionsbetrug, S. 128 ff.; *Simon*, Gesetzesauslegung im Strafrecht, S. 440; siehe zu Problemen des § 17 StGB auch *Zabel*, GA 2008, 33 ff.

1164 Vgl. *Basak*, in: *Brunhöber/Höffler/Kaspar* u.a. (Hrsg.), S. 71 (85); *Cornelius*, GA 2015, 101 ff.; NK-StGB/*Hassemer/Kargl*, § 1 Rn. 58 nennt es „nur die zweitbeste Lösung"; *Kempf/Schilling*, NJW 2012, 1849 (1854) zu den Irrtumsregeln bei ständiger Rechtsprechung.

1165 *Gropp*, in: *Jaeckel/Zabel/Zimmermann* (Hrsg.), Grundrechtspolitik und Rechtswissenschaft, S. 105 (112); *Seebode*, JZ 2004, 305 (309); so auch BVerfG NJW 2010, 3209 (3210) Rn. 71; vgl. *Schmitz*, in: FS Schünemann, S. 235 (236) der fordert eine Norm müsse für alle Normadressaten und nicht nur für juristisch geschulte Norminterpreten verständlich sein.

1166 *Seebode*, JZ 2004, 305 (309).

1167 *Krahl*, Die Rechtsprechung des BVerfG und BGH, S. 380 f.

1168 Ebda; *Enderle*, Blankettstrafgesetze, S. 142 f.; siehe auch *Sinn*, in: FS Wolter, S. 503 (505 f.) nach dem es um die Sicherung von „Kommunikation unter Gleichen (der Bürger) über die Geltung strafrechtlicher Rechte und Pflichten" geht.

kennt, was genau strafbar ist.[1169] Damit sind Einschränkungen hinsichtlich der Bestimmtheit bzgl. des Adressaten- und Regelungskreises, auch im (Wirtschafts-) Strafrecht, abzulehnen.[1170] Die Anwendung einer Strafnorm darf nicht vom individuellen Vorverständnis des Rechtsanwenders abhängen.[1171] Und dies gilt, obwohl nach wohl herrschender Auffassung beispielsweise im Rahmen der Fahrlässigkeit Sonderwissen in der objektiven Sorgfaltspflichtwidrigkeit zu berücksichtigen ist.[1172] Dabei ist aber zu beachten, dass es einen Unterschied macht, ob es schon um die Tatbestandsvoraussetzungen einer Strafrechtsnorm geht oder aber lediglich um die an den individuellen Täter zu richtende Sorgfaltspflicht,[1173] zumal die Fahrlässigkeitsstrafbarkeit auch vielen Fragen und Kritik ausgesetzt ist.[1174]

Gegen das 4. Kriterium spricht, dass die Preisgabe des Rechtsstaats- und Gewaltenteilungsgrundsatzes selbst bei schwachen Sanktionen nicht gewollt sein kann;[1175] dies käme einer „Perversion" des Verhältnismäßigkeitsgrundsatzes gleich.[1176] Der rechtsstaatliche Schutz muss auch für einen „Kleinkriminellen" gelten.[1177] Das 4. Kriterium ist damit ebenfalls abzulehnen.

1169 *Roxin/Arzt/Tiedemann*, Einführung, S. 12, siehe bspw. auch *Hengst*, Der strafrechtliche Schutz des Rechts am eigenen Bild, S. 197.

1170 Vgl. *Colombi Ciacchi*, Fahrlässigkeit und Tatbestandsbestimmtheit, S. 25 f.; gegen eine Relativierung des Bestimmtheitsgrundsatzes im Wirtschaftsstrafrecht *Hammen*, ZIS 2014, 303 (307); *Hütwohl*, Weinstrafrecht, S. 69 f.; Maunz/Dürig/*Schmidt-Aßmann*, GG, Art. 103 II Rn. 177; a.A. *Müller-Dietz*, in: FS Lenckner, S. 179 (190 f. m.w.N.).

1171 *Fischer*, StGB, § 1 Rn. 7.

1172 Siehe nur etwa bei *Greco*, ZStW 117 (2005), 519; Schönke/Schröder/*Sternberg-Lieben/Schuster*, § 15 Rn. 133; aber auch kritisch *Ciacchi*, Fahrlässigkeit und Tatbestandsbestimmtheit, S. 187.

1173 Siehe a.A. *Greco*, ZStW 117 (2005), 519 (553).

1174 Vgl. nur Schönke/Schröder/*Sternberg-Lieben/Schuster*, § 15 Rn. 133; dazu ausführlich bei *Colombi Ciacchi*, Fahrlässigkeit und Tatbestandsbestimmtheit.

1175 *Colombi Ciacchi*, Fahrlässigkeit und Tatbestandsbestimmtheit, S. 25 f.; *Duttge*, Zur Bestimmtheit von Fahrlässigkeitsdelikten, S. 180 m.w.N.; zwar mit anderer Argumentation, aber ebenfalls kritisch *Gropp*, in: *Jaeckel/Zabel/Zimmermann* (Hrsg.), Grundrechtspolitik und Rechtswissenschaft, S. 105 (111 f.); v. Münch/Kunig/*Kunig*, GG, Art. 103 Rn. 29; *Paulduro*, Die Verfassungsgemäßheit, S. 379 f.; *Roxin*, AT I, § 5 Rn. 70; *ders.*, in: *Hilgendorf* (Hrsg.), Das Gesetzlichkeitsprinzip, S. 113 (134); siehe auch schon: *Schünemann*, Nulla poena sine lege?, S. 33; AK-GG-*Wassermann*, Art. 103 II Rn. 52.

1176 *Schroeder*, JZ 1969, 775 (778).

1177 *Duttge*, Zur Bestimmtheit von Fahrlässigkeitsdelikten, S. 180; vgl. *Müller-Dietz*: in FS Lenckner, S. 179 (190 m.w.N.); vgl. *Roxin*, JöR 59 (2011), 1 (24).

Beanstandet werden kann schließlich an dem 5. Kriterium, dass „Auslegungsfähigkeit" uneindeutig ist und sich damit einreiht in die vielen vagen Kriterien, da nahezu jede Norm auslegungsfähig ist. Zwar geht es dem BVerfG um eine begrenzende Auslegung, dem Bestimmtheitsgrundsatz wird damit dennoch nicht genüge getan. Dies gilt besonders, da dann dem Normadressaten zugemutet würde, dass er den Tatbestand auslegen müsste, um zu wissen, wann er sich strafbar macht. Er müsste auch versuchen vorherzusehen, wie Gerichte die Norm dann auslegen würden und ob sein Verhalten darunter fallen würde. Zweifel würden also wiederum zu Lasten des Normadressaten gehen, was vermieden werden soll. Zudem kann wieder eingewendet werden, dass so die generalpräventive Wirkung fehlgehen könnte.[1178]

Es entstehen Konturenlosigkeit und zunehmende Rechtsunsicherheit,[1179] wenn weiterhin unvorhersehbar ist, wie das BVerfG hinsichtlich der Bestimmtheit entscheidet.[1180] Das BVerfG ist daher gefordert, klare Voraussetzungen zu schaffen. Die bisherigen vagen Leitlinien bedürfen einer Konkretisierung.[1181] Damit können diese Kriterien alleine nicht für eine Vereinbarkeitsprüfung dienlich gemacht werden.[1182]

3. Kriterien der Literatur

Es besteht keine Einigkeit in der Literatur hinsichtlich der Kriterien, wann eine Norm hinreichend bestimmt ist.[1183] Daher werden im Folgenden verschiedene Ansätze alphabetisch dargestellt und kritisch bewertet.[1184]

1178 *Roxin/Arzt/Tiedemann*, Einführung, S. 12.

1179 Vgl. *Raabe*, Der Bestimmtheitsgrundsatz bei Blankettstrafgesetzen, S. 40.

1180 *Otto*, in: FS Seebode, S. 81; *Papier/Möller*, AöR 122 (1997), 178 (197).

1181 Siehe *Colombi Ciacchi*, Fahrlässigkeit und Tatbestandsbestimmtheit, S. 25; vgl. auch *Thöle*, Die verfassungsmäßige Bestimmtheit der Marktmanipulation, S. 97.

1182 Ähnlich: *Birkenstock*, Die Bestimmtheit von Straftatbeständen, S. 128.

1183 S. o. S. 145.

1184 Ähnliche bereits bei: *Duttge*, Zur Bestimmtheit von Fahrlässigkeitsdelikten, S. 181 ff.; *Lemmel*, Unbestimmte Strafbarkeitsvoraussetzungen, S. 96 ff.; *Raabe*, Der Bestimmtheitsgrundsatz bei Blankettstrafgesetzen, S. 69; *Roxin*, AT I, § 5 Rn. 71 ff.

a. Herzberg

Herzberg prüft zunächst, wie Art. 103 II GG verstanden werden muss und bezeichnet dies als „Verfassungsinterpretation".[1185] Dazu überprüft er 1. den Wortsinn, 2. den Willen des Gesetzgebers und 3. die Systematik. Diese Prüfung erfolgt in einer abstrakt-konkreten Kombination zwischen Art. 103 II GG und der jeweils konkreten Norm.[1186] Diese Mischung ist aber ungeeignet, um abstrakt die Bestimmtheit zu überprüfen, sodass nur übernommen werden kann, Art. 103 II GG genau zu interpretieren. Vorliegend wird ein enges Verständnis angenommen.[1187] Zudem kann übernommen werden, dass der Wortlaut die Strafbarkeit klar erkennen und der Gesetzgeber seinen Willen eindeutig erkennen lassen muss.

b. Kohlmann

Kohlmann fordert „größtmögliche Bestimmtheit"[1188]. Ähnlich wird vertreten, dass der Gesetzgeber unnötige Unbestimmtheit zu vermeiden hat und er grundsätzlich die genauere Variante zu wählen hat.[1189] Nur wenn die genauere Regelung schwerer zu handhaben ist und der Vorsprung an Exaktheit verloren geht, soll es dem Gesetzgeber freistehen die ungenauere Regelung zu treffen.[1190] Dazu hat *Kohlmann* ein Drei-Stufen-Schema entwickelt. Auf Stufe Eins stehen deskriptive Merkmale, auf Stufe Zwei normative Merkmale, die im Rechtsraum verankert sind, und auf Stufe Drei normative Merkmale, die im außerrechtlichen Raum verankert sind.[1191] Danach ist eine Norm verfassungswidrig, wenn der Gesetzgeber eine Stufe überschritten hat, obwohl dies auch mit der vorherigen Stufe zu regeln gewesen wäre.[1192] Dieser Ansatz ist schärfer und ermöglicht eine bessere Grenzziehung. Gleichzeitig ist jedoch fraglich, ob tatsächlich der Gesetzge-

1185 *Herzberg*, in: *Hefendehl* (Hrsg.), Symposium Schünemann, S. 31 (36).
1186 *Herzberg*, in: *Hefendehl* (Hrsg.), Symposium Schünemann, S. 31 (36 ff.).
1187 S. o. S. 161 ff.
1188 *Kohlmann*, Der Begriff des Staatsgeheimnisses, S. 266; zudem *Roxin*, AT I, § 5 Rn. 71 und *Raabe*, Der Bestimmtheitsgrundsatz bei Blankettstrafgesetzen, S. 71, jeweils m.w.N.; ähnlich z.B. auch *Jakobs*, AT, 4. Abschn. Rn. 25 oder Schönke/Schröder/*Eser*, § 1 Rn. 20.
1189 *Jakobs*, AT, 4. Abschn. Rn. 25 m.w.N.
1190 *Jakobs*, AT, 4. Abschn. Rn. 25.
1191 *Kohlmann*, Der Begriff des Staatsgeheimnisses, S. 267 f.
1192 *Kohlmann*, Der Begriff des Staatsgeheimnisses, S. 266.

ber immer in dieser Stufenfolge handeln muss und ob „jede weniger geglückte Gesetzesfassung eine Vorschrift gleich verfassungswidrig machen kann“[1193]. Zudem setzt er voraus, dass deskriptive Tatbestandsmerkmale immer bestimmter als normative sind. Grundsätzlich sind deskriptive Merkmale solche, die nicht auf Wertungen und Normen außerhalb des eigenen Wortsinns verweisen, sondern vielmehr aus ihrer Stammnorm selbst heraus zu erfassen sind.[1194] Dies mag in vielen Fällen so sein, ist jedoch nicht immer eindeutig. Die Grenzen sind fließend, sodass diese Abgrenzung teilweise ganz abgelehnt wird.[1195] Zudem klärt dieser Ansatz im Sinne eines reinen Optimierungsgebotes nicht die Frage nach dem materiellen Gehalt des Art. 103 II GG.[1196] Auch *Raabe*, der diesen Ansatz im klassischen Strafrecht zwar für sinnvoll hält, steht diesem im Wirtschaftsstrafrecht aber kritisch gegenüber.[1197] Dieser Ansatz ist daher aus genannten Gründen nicht weiterführend.

c. Lemmel

Lemmel beschreibt negativ, wann Gesetze zu unbestimmt sind: wenn eine mangelhafte Wertung durch den Gesetzgeber vorliegt, die Tatbestände zu weit sind, nur der Erfolg beschrieben wird und eine Pönalisierung strafrechtlich nicht greifbaren Verhaltens erfolgt.[1198] Ein Strafgesetz ist also zu unbestimmt, wenn „der Gesetzgeber seiner Pflicht zur Rechtssetzung gar nicht oder nur unzureichend nachgekommen ist“[1199]. Allerdings ist es schwierig, diese Kriterien abstrakt anzuwenden. So geht *Lemmel* davon aus, dass sich nicht generell festlegen lässt, wann ein Tatbestand unbestimmt ist; vielmehr muss jeder problematische Gesetzestatbestand gesondert untersucht werden.[1200] Damit sind die Kriterien nur modifiziert auf eine abstrakte Überprüfung übertragbar. Der Kerngedanke der „Rechtsset-

---

1193 *Roxin*, AT I, § 5 Rn. 71.

1194 *Schlüchter*, Irrtum über normative Tatbestandsmerkmale, S. 20 ff.

1195 *Wessels/Beulke/Satzger*, AT, Rn. 191; *Maurach/Zipf*, AT 1, § 20 Rn. 55; *Fischer*, StGB, § 16 Rn. 4 m.w.N.

1196 *Duttge*, in: FS Kohlmann, S. 13 (24); siehe auch *ders.*, Zur Bestimmtheit von Fahrlässigkeitsdelikten, S. 185 ff.

1197 *Raabe*, Der Bestimmtheitsgrundsatz bei Blankettstrafgesetzen, S. 76.

1198 *Lemmel*, Unbestimmte Strafbarkeitsvoraussetzungen, S. 201.

1199 Ebda.

1200 *Lemmel*, Unbestimmte Strafbarkeitsvoraussetzungen, S. 202.

zungspflicht" des Gesetzgebers kann als hilfreich übernommen werden.[1201]

d. Lenckner

Lenckner nimmt an, dass Bestimmtheit vorliegt, wenn bei einer Abwägung die Belange gerechter Einzelfallentscheidung gegenüber denen der Rechtssicherheit aus Art. 103 II GG überwiegen.[1202] Allerdings wird Art. 103 II GG als grundrechtsgleiches Recht schrankenlos gewährt. Als Schranke kommt nur kollidierendes Verfassungsrecht in Betracht.[1203] Das Garantieelement des Art. 103 II GG darf nicht relativiert werden; es besteht eine sog. „Abwägungssperre".[1204] Bei einer Abwägung mit jeder Einzelfallentscheidung würde dieser Verfassungsentscheidung nicht genügend Rechnung getragen. Daher ist dieses Kriterium abzulehnen, zumal es auch wiederum ein offener und eher schwammiger Vorgang wäre, was sich auch daran zeigt, dass *Seel*, ein weiterer Vertreter einer solchen Abwägungslösung[1205], zu abweichenden Ergebnissen bei gleichen Beispielen gelangt.[1206]

e. Ransiek/Kuhlen

Ransiek und *Kuhlen* gehen davon aus, dass eine Norm nur verfassungswidrig ist, wenn sie nicht (sinnvoll – sprich verfassungskonform) ausgelegt werden kann.[1207] *Ransiek* fordert eine „Zuschreibung eines gemeinsamen Bedeutungsgehaltes" im Sinne einer „intersubjektiven Übereinstim-

---

1201 Vgl. auch *Paeffgen*, in: FS Wolter, S. 125 (128).

1202 *Lenckner*, JuS 1968, 304 (305); *Roxin*, AT I, § 5 Rn. 72.

1203 Jarass/Pieroth/*Pieroth*, Art. 103 Rn. 76.

1204 Maunz/Dürig/*Schmidt-Aßmann*, GG, Art. 103 II Rn. 177; ähnlich bei: *Duttge*, Zur Bestimmtheit von Fahrlässigkeitsdelikten, S. 181 ff. und *Roxin*, AT I, § 5 Rn. 72.

1205 *Seel*, Unbestimmte und normative Tatbestandsmerkmale, S. 127 f.

1206 Siehe nur zum „groben Unfug" *Seel*, Unbestimmte und normative Tatbestandsmerkmale, S. 137 f. und *Lenckner*, JuS 1968, 304 (305) oder zu § 170d StGB a.F. bei *Lenckner*, JuS 1968, S. 304 (306) und bei *Seel*, Unbestimmte und normative Tatbestandsmerkmale, S. 138.

1207 Vgl. *Kuhlen*, in: FS Otto, S. 89 (104 f.); *ders.*, Die verfassungskonforme Auslegung von Strafgesetzen, 2006, S. 94 ff.; *Ransiek*, in: FS Tiedemann, S. 171 (176); vgl. aber zur Auslegungsfähigkeit auch bspw. BVerfG NJW 2010, 3209 (3214).

mung".[1208] „Soweit [...] allgemeine Anschauungen, Regeln zur Bewertung von Verhalten vorhanden sind, sind ‚unbestimmte' Begriffe keineswegs unbestimmt."[1209] Es kommt also für die Bestimmtheit darauf an, ob die jeweilige Bewertung eines Begriffs vom allgemeinen Verständnis getragen wird – es wird auf die Lebenswirklichkeit abgestellt.[1210] Für diese Auslegungsfähigkeit muss allerdings ein Sinnzusammenhang vorliegen. D.h. der Norm muss ein Schutzzweck zugrunde liegen, nach dem eine Auslegung dann überhaupt erfolgen kann.[1211] Zu fragen ist, was oder wen eine Norm vor welcher Beeinträchtigung schützen will.[1212] Am sog. Schurkenparagraphen[1213] kann als Beispiel hier keine Aussage getroffen werden, was oder wer vor welchen Beeinträchtigungen geschützt werden soll.[1214] Dies bleibt gerade offen.[1215] Damit wäre der Paragraph nach diesem Kriterium zu unbestimmt und nicht auslegungsfähig. Nach *Ransiek* wird eine Norm erst über „die Festlegung des Schutzzwecks [...] bestimmbar"[1216].

Kritisiert werden kann an dieser Ansicht, dass „Auslegungsfähigkeit" kein eindeutiges Kriterium ist, sondern sich einreiht in die vielen vagen Kriterien, da nahezu jede Norm auslegungsfähig ist und sich auch eine „allgemeine Übereinkunft", wie von *Ransiek* gefordert, über die Bewertung eines Kriteriums nicht nur schwer finden lässt, sondern auch die Gefahr besteht, dass laxeren Werten/Moral Vorschub geleistet wird.[1217] Damit wird dem Bestimmtheitsgrundsatz nicht genüge getan. Besonders, da dann dem Normadressaten zugemutet würde, dass er den Tatbestand auslegen müsste, um zu wissen, wann er sich strafbar macht.[1218] Das Kriterium des erkennbaren Schutzzwecks kann aber hilfreich und weiterführend für den zu entwickelnden Prüfungsmaßstab sein.

1208 *Ransiek*, Gesetz und Lebenswirklichkeit, S. 72.
1209 Ebda.
1210 *Ransiek*, Gesetz und Lebenswirklichkeit, S. 71 f.
1211 *Ransiek*, in: FS Tiedemann, S. 171 (175).
1212 Ebda.
1213 „Jeder Schurke wird [...] bestraft", *Beling*, Die Lehre vom Verbrechen, S. 22.
1214 *Ransiek*, in: FS Tiedemann, S. 171 (175 f.).
1215 Ebda.
1216 *Ransiek*, in: FS Tiedemann, S. 171 (176).
1217 Zu weiterer Kritik siehe bei *Duttge*, Zur Bestimmtheit von Fahrlässigkeitsdelikten, S. 195 ff. m.w.N.
1218 S. o. S. 167 ff. die Kritik zu den Kriterien des BVerfG.

f. Roxin

Um die Bestimmtheit einer Norm zu klären, nutzt *Roxin* die Grundsätze der Auslegung im Strafrecht.[1219] Er bewertet zuvor andere Ansichten und nimmt diese als Anhaltspunkte.[1220] *Roxin* kommt zu dem Ergebnis, dass sich nicht nur ein gesetzgeberischer Schutzzweck aus dem Tatbestand entnehmen lassen muss; vielmehr muss der Wortlaut einer ausufernden Interpretation Grenzen setzen.[1221] Eine Vorschrift soll also erst dann verfassungswidrig sein, wenn sie nicht auf einen „bestimmbaren Kern“ reduziert werden kann.[1222] Roxin geht davon aus, dass der Bestimmtheitsgrundsatz nicht leer läuft,[1223] sondern anhand dieser Kriterien überprüft werden kann. Mit diesen Kriterien kann eine Einordnung gut erfolgen, da es meist möglich ist zu prüfen, ob der Tatbestand einen Schutzzweck und einen bestimmbaren Kern enthält. Allerdings muss hingenommen werden, dass oft schon die Frage des Schutzzwecks sehr umstritten ist.[1224] Aber es ist feststellbar, ob der Wortlaut Grenzen für die Interpretation setzt und damit „verdient der [...] Rekurs auf den Wortlaut des Gesetzestextes [...] nachdrückliche Unterstützung.“[1225] Daher können diese Kriterien, neben anderen, zur Klärung der hinreichenden Bestimmtheit beitragen und in den neu zu entwickelnden Prüfungsmaßstab übertragen werden.

g. Sax

Auch das Kriterium von Sax, dass ein „Wertverletzungstypus“ vorliegen muss, der inhaltlich eindeutig umrissen sein muss, kann weiterführen.[1226] Es geht in die Richtung des Vorschlags von Roxin, der einen erkennbaren gesetzgeberischen Zweck und die Begrenzung durch den Wortlaut fordert.[1227]

1219 *Roxin*, AT I, § 5 Rn. 75.

1220 *Roxin*, AT I, § 5 Rn. 71 ff.

1221 *Roxin*, AT I, § 5 Rn. 75.

1222 *Roxin*, AT I, § 5 Rn. 77.

1223 *Roxin*, AT I, § 5 Rn. 78.

1224 Zu weiterer Kritik an Roxin siehe *Duttge*, Zur Bestimmtheit von Fahrlässigkeitsdelikten, S. 197 f.

1225 *Müller-Dietz*, in: FS Lenckner, S. 179 (191).

1226 *Sax*, in: *Bettermann/Niperdey/Scheuner* (Hrsg.), Die Grundrechte, S. 909 (1008 f.).

1227 S. o. S. 175.

h. Schroth

Nach *Schroth* kommt es auf die Entwicklung von Bewertungskriterien durch den Normadressaten an. So muss „aus dem Kontext des Regelungszusammenhangs oder aus dem Kontext der gesetzgeberischen Entscheidung eine Bewertungsaufgabe dieser Tatbestandsmerkmale zu erkennen sein, die es erlaubt, Bewertungskriterien zu“ entwickeln.[1228] Bestimmt genug sei eine Norm dann, wenn der Tatbestand „interpretationsfähig ist.“[1229] Allerdings kann es, wie schon angeführt, gerade nicht ausreichen, dass der Normadressat die ganze „Auslegungsarbeit“ leistet. Vielmehr hat der Gesetzgeber selbst Bewertungskriterien zu schaffen.[1230]

i. Schünemann

Schünemann unterteilt Tatbestandsmerkmale in eine gleitende Skala nach dem Grad der Bestimmtheit:[1231] Numerische Begriffe (absolut bestimmte Merkmale), Klassifikationsbegriffe (deskriptive Merkmale), Funktionsbegriffe (normative Merkmale) und reine Wertbegriffe (Generalklauseln). Verfassungswidrigkeit soll vorliegen, wenn mehr als 50 % der Merkmale eines Tatbestands unbestimmt sind.[1232] Problematisch hieran ist, dass Unbestimmtheit schwer messbar ist.[1233] Zudem wäre dann ein zu 49 % unbestimmter Tatbestand noch verfassungsgemäß, was die Frage aufwirft, ob diese Grenze aus Sicht des Bürgers nicht willkürlich wäre.[1234] Zudem wäre auch schwerlich mehr Rechtssicherheit zu erwarten, da auch schon 49 % verfassungswidrig scheinen.[1235] Vielmehr ist anzunehmen, dass schon ein unbestimmtes Tatbestandsmerkmal ausreicht, um den gesamten Tatbestand als zu unbestimmt einzustufen, so dass es nicht abhelfen kann wenn der Gesetzgeber quasi als Ausgleich ein zusätzliches eindeutiges Merkmal

---

1228 *Schroth*, in: *Grewendorf* (Hrsg.), S. 93 (108).
1229 *Schroth*, in: *Grewendorf* (Hrsg.), S. 93 (103).
1230 *Duttge*, Zur Bestimmtheit von Fahrlässigkeitsdelikten, S. 198.
1231 *Schünemann*, Nulla poena sine lege? S. 29 f.
1232 *Schünemann*, Nulla poena sine lege? S. 35.
1233 *Roxin*, AT I, § 5 Rn. 74.
1234 *Roxin*, AT I, § 5 Rn. 74; *Raabe*, Der Bestimmtheitsgrundsatz bei Blankettstrafgesetzen, S. 71.
1235 *Roxin*, AT I, § 5 Rn. 74.

hinzufügt.[1236] Zu bezweifeln ist die Handhabbarkeit dieses Ansatzes.[1237] Jedes einzelne Merkmal muss also bestimmt sein. In gewisser Weise verschiebt *Schünemann* das Problem der Bestimmtheit nur.[1238] Statt dem Tatbestand müsste eben jedes einzelne Merkmal auf seine Bestimmtheit überprüft werden. Die (Un-)Bestimmtheit jedes einzelnen Merkmals dürfte aber „ebenso leicht – oder schwierig – herauszufinden [sein] wie die (Un-)Bestimmtheit des Straftatbestands in toto."[1239] Überzeugender ist es also anzunehmen, dass das Bestimmtheitsgebot 100-prozentige Gültigkeit verlangt.[1240]

Schünemann könnte aber auch so zu verstehen sein, dass „der reine Wertbegriff die anderen Strafbarkeitsvoraussetzungen nicht überwiegen darf"[1241]. Es kommt also darauf an, wann ein Tatbestand „umkippt" und zu unbestimmt wird.[1242] Allerdings gleicht dies einer Abwägung. Die Kriterien sollen aber gerade nicht unklar und selbst unsicher sein. In eine ähnliche Richtung gehend argumentiert *Kuhlen*. Der die Frage der Gesetzesbestimmtheit „typologisch, d.h. mit Hilfe einer Vielzahl graduierbarer Kriterien" zu klären sucht.[1243] Auch dies ist aber mit den gerade genannten Argumenten abzulehnen.

4. Zusammenfassung der Kriterien und Vorschlag eines Prüfungsmaßstabes

Im Folgenden sollen nun die Kriterien der Literatur und Rechtsprechung verknüpft werden, die als überzeugend erachtet werden. Durch die Abhängigkeit vom jeweiligen Regelungsgegenstand gestaltet sich eine solche abstrakte Prüfung der Bestimmtheit von Generalklauseln, normativen Tatbestandsmerkmalen und Blankettgesetzen als anspruchsvoll. Teilweise wird

---

1236 MüKo-StGB/*Schmitz*, § 1 Rn. 41.

1237 Vgl. *Schmitz*, in: FS Schünemann, S. 235 m.w.N.

1238 *Krüger*, NStZ 2011, 369 (371).

1239 *Krüger*, NStZ 2011, 369 (371); vgl. auch *Schroth*, in: *Grewendorf* (Hrsg.), S. 93 (102 in der Fn.).

1240 So MüKo-StGB/*Schmitz*, § 1 Rn. 41 unter Hinweis auf *Duttge*, in: FS Kohlmann, 2003, S. 13 (23); *ders.*, Zur Bestimmtheit von Fahrlässigkeitsdelikten, S. 184 f.; *Colombi Ciacchi*, Fahrlässigkeit und Tatbestandsbestimmtheit, S. 26.

1241 *Herzberg*, in: *Hefendehl* (Hrsg.), Symposium Schünemann, S. 31 (52).

1242 *Herzberg*, in: *Hefendehl* (Hrsg.), Symposium Schünemann, S. 31 (52).

1243 *Kuhlen*, in: *Kudlich/Montiel/Schuhr* (Hrsg.), Gesetzlichkeit und Strafrecht, S. 429 (437).

eine solche Prüfung abstrakter Gruppen als „zu groß"[1244], wenig leistungsfähig oder gar unbrauchbar bezeichnet.[1245] Dies soll nun aber ein abstrakter Vorschlag eines Prüfungsmaßstabes sein, der kombiniert mit den jeweils besonderen Anforderungen bei der Überprüfung der Vereinbarkeit mit dem Bestimmtheitsgrundsatz helfen kann.[1246]

a. Prüfungsmaßstab

Die meisten Kriterien sind ohne scharfe Grenzen und vage. Trotzdem lassen sich auch aus einseitigen Meinungen wertvolle Anhaltspunkte ziehen.[1247] Der Prüfungsmaßstab stellt eine Kombination mehrerer Kriterien dar, die kumulativ vorliegen sollen. Damit soll eine bessere Eingrenzung erreicht werden. Vom BVerfG scheint ein Kriterium hilfreich: Je nach Normtyp sind unterschiedliche Anforderungen an die Bestimmtheit zu stellen, weshalb Generalklauseln, normative Tatbestandsmerkmale und Blankettgesetze getrennt geprüft werden. Überzeugen können auch die drei Kriterien von *Roxin*: der Tatbestand muss einen Schutzzweck und einen bestimmbaren Kern erkennen lassen. Zudem muss der Wortlaut Interpretationen eine Grenze setzen. Diese Kriterien überzeugen gerade wegen ihrer Nachprüfbarkeit. Insbesondere das Kriterium des Schutzzwecks, das neben *Roxin* auch in ähnlicher Weise von *Ransiek/Kuhlen/Sax* gefordert wird, ist hilfreich und zieht eine Verbindung zum Kriterium von *Lemmel*, der fordert, dass der Gesetzgeber seiner „Rechtssetzungspflicht" nachgekommen sein muss.[1248] Aber auch das Kriterium des Wortlauts ist hilfreich, denn „Woran soll man denn [...] den Gesetzgeber sonst nehmen als bei seinem Wort?"[1249] Damit können auch die Kriterien von *Herzberg* hin-

1244 Kritisch zu den verschiedenen Vorschlägen der Literatur *Greco*, ZIS 2018, 475 (477), der aber einen eigenen „bescheidenen" Ansatz verfolgt.

1245 V. Mangoldt/Klein/Starck/*Nolte*, Art. 103 II Rn. 144; vgl. *Karl*, Der Tatbestand der Nachstellung, S. 66; *Lemmel*, Unbestimmte Strafbarkeitsvoraussetzungen, S. 48 f.

1246 Vgl. *Colombi Ciacchi*, Fahrlässigkeit und Tatbestandsbestimmtheit, S. 30 ff., die vorschlägt, dass der Gesetzgeber selbst zusätzliche Vorschriften aufstellt, also Kriterien entwirft um die Bestimmtheit zu wahren, auch durch gesetzliche Definitionen.

1247 Vgl. *Roxin*, AT I, § 5 Rn. 75.

1248 Siehe auch *Paeffgen*, in: FS Wolter, S. 125 (128).

1249 *Müller-Dietz*, in: FS Lenckner, S. 179 (191).

sichtlich des Wortlauts und dem Willen des Gesetzgebers integriert werden.

Ist ein Schutzzweck erkennbar, kann in diesem oft die Rechtssetzung durch den Gesetzgeber gesehen werden. Folgende Kriterien, die kumulativ ineinander verschränkt vorliegen sollen, bilden den Vorschlag eines Prüfungsmaßstab: *Eine Norm ist dann hinreichend bestimmt, wenn der Gesetzgeber seiner Rechtssetzungspflicht nachgekommen ist, indem er der Norm einen erkennbaren Schutzzweck gegeben hat, der Wortlaut eine Interpretationsgrenze setzt und ein bestimmbarer Kern besteht. Daneben sind die Besonderheiten des jeweiligen Normtyps zu berücksichtigen. Hinzukommt ein enges Verständnis des Art. 103 II GG.*

Mit diesem Vorschlag kann überprüft werden, ob der Bestimmtheitsgrundsatz eingehalten wird. Gegenüber den bisher vorliegenden Maßstäben ist ein Vorteil in der Kombination mehrerer Kriterien zu erkennen, wodurch mehr Klarheit und Struktur erreicht werden kann. Gerade die Kombination aus Wortlautgrenze und Schutzzwecksetzung durch den Gesetzgeber erscheint hilfreich. Auch gegenüber dem gelungenen Vorschlag *Roxins* kann das Hinzufügen der Rechtssetzungspflicht durch den Gesetzgeber als weiterer Baustein zu mehr Klarheit gesehen werden. Damit wird auch der gewaltenteilungssichernde Aspekt des Bestimmtheitsgrundsatzes stärker gewürdigt. Die Abgrenzung bestimmter und unbestimmter Gesetze kann damit erleichtert werden. Es reicht nicht, dass irgendein Schutzzweck herausgelesen werden kann, vielmehr muss mit der Setzung desselben der Gesetzgeber seiner Rechtssetzungspflicht nachgekommen sein. Ist ein Schutzzweck erkennbar, entsteht Rechtssicherheit und Vorhersehbarkeit, an welcher der Adressat sein Verhalten ausrichten kann. Zudem kann dann die Generalprävention Wirkung entfalten. Der Gesetzgeber bestimmt selbst, was strafbar ist und wirkt damit Willkür entgegen. Somit ist dem grundlegenden rechtsstaatlichen Prinzip Rechnung getragen. Gleichzeitig ist der Vorschlag auch so offen, dass er den Flexibilitätsanforderungen der Praxis entgegenkommt. Das Bestimmtheitsgebot fordert nämlich nicht Bestimmtheit um jeden Preis, sondern Verbindung von Präzision und Flexibilität.[1250] Dennoch können sehr unbestimmte Normen wie „grober Unfug“[1251] so ausgeschlossen werden; bei „grobem Unfug“ wäre unklar welchen Schutzzweck der Gesetzgeber verfolgt.[1252]

1250 NK-StGB-Hassemer/*Kargl*, § 1 Rn. 19; *Hassemer*, Grundlagen des Strafrechts, S. 256.

1251 § 360 StGB a.F.

1252 *Roxin*, AT I, § 5 Rn. 76.

Die Gestaltung von strafrechtlichen Normen, die Persönlichkeitsrechte schützen sollen, kann über unterschiedliche Wege erfolgen. Dabei sind besonders relevant weite oder zivilrechtsakzessorische Normen, so dass die gefundenen Kriterien nun mit den jeweils besonderen Anforderungen an Generalklauseln, normative Tatbestandsmerkmale und Blankettgesetze verknüpft werden.

b. Generalklauseln und der Bestimmtheitsgrundsatz

Vor der Vereinbarkeitsprüfung sind die besonderen Anforderungen an Generalklauseln herauszuarbeiten und es ist ein Vergleich zum Zivilrecht zu ziehen. Das BVerfG schließt Generalklauseln im Strafrecht nicht grundsätzlich aus und verlangt vom Gesetzgeber keine ausschließliche Verwendung von deskriptiven Merkmalen.[1253] „Verfassungsrechtlich dann nicht zu beanstanden [sind solche Normen], wenn die Norm mit Hilfe der üblichen Auslegungsmethoden eine zuverlässige Grundlage für ihre Auslegung und Anwendung bietet oder wenn sie eine gefestigte Rechtsprechung übernimmt und daraus hinreichende Bestimmtheit gewinnt."[1254] Das BVerfG hat also keine besonderen Anforderungen. Auch in der Literatur wird ähnlich argumentiert.[1255] Generalklauseln werden vielfach nicht automatisch für verfassungswidrig gehalten.[1256] *Enderle* zieht den Schluss, dass der Gesetzgeber jedenfalls denjenigen Grad an tatbestandlicher Präzision aufbringen muss, den der Regelungsbereich zulässt.[1257] Andere fordern eine restriktive Auslegung von Generalklauseln.[1258] Teilweise wird vertreten, dass Generalklauseln nur mit unbestrittenen Wertungen ausgefüllt werden dürfen.[1259] *Järkel* hingegen gibt Generalklauseln auch im Strafrecht eine bedeutende Stellung. So haben diese eine Rezeptionsfunkti-

---

1253 BVerfG NJW 2010, 3209 (3210) Rn. 74; siehe auch BVerfGE 48, 48 (56 f.); 92, 1 (12); 75, 329 (341 f.).

1254 BVerfGE 96, 68 (97 f.).

1255 Siehe dazu: *Fischer*, StGB, § 1 Rn. 16; Jarass/Pieroth/*Pieroth*, Art. 103 Rn. 72; SSW-StGB/*Satzger*, § 1 Rn. 17, 21.

1256 *Kindhäuser*, AT, § 3 Rn. 5; Jarass/Pieroth/*Pieroth*, Art. 103 Rn. 72; *Satzger*, JuS 2004, 943 (946); *Theile*, wistra 2012, 285 (288 f.); *Wessels/Beulke/Satzger*, AT, Rn. 64.

1257 *Enderle*, Blankettstrafgesetze, S. 133.

1258 *Wittig*, WiStr, § 6 Rn. 24 m.w.N.; vgl. *Tiedemann*, WiStr AT, Rn. 114 ff.; *ders.*, Verfassungsrecht, S. 41.

1259 *Hamann*, Grundgesetz und Strafgesetzgebung, S. 89; *Jakobs*, AT, 4. Abschn. Rn. 32 m.w.N; *Tiedemann*, Verfassungsrecht und Strafrecht, S. 41.

on (Verweisungsfunktion), um die Bindung des Richters an die Sozialmoral der Gemeinschaft zu sichern.[1260] Hinzu kommt eine Legitimations- und Delegationsfunktion für die richterliche Rechtsfortbildung, durch die eine Anpassung des Rechts an sich ändernde Wertvorstellungen ermöglich werden soll.[1261] Mit der Flexibilitätsfunktion können neuartige Fallkonstellationen erfasst werden.[1262] Vorgeschlagen wird auch die „Methode der Fallgruppenbildung“[1263], um der Bestimmtheit genüge zu tun. Es ergeben sich keine neuen oder schärferen Gesichtspunkte gegenüber den allgemeinen Anforderungen. Vereinzelt wird aber gegenteilig davon ausgegangen, dass „reine“ Generalklauseln im Strafrecht an sich schon verfassungswidrig seien.[1264] Vorerst kann festgestellt werden, dass keine Einigkeit bzgl. der Verfassungsmäßigkeit von Generalklauseln besteht. Damit existiert der Bedarf einer abstrakten Vereinbarkeitsprüfung.

Im Zivilrecht gibt es eine Vielzahl von Generalklauseln, wie z.B. §§ 138, 242 BGB;[1265] sodass sich ein kurzer Vergleich anbietet. Das Zusammenleben der Menschen richtet sich im Zivilrecht auch über das geschriebene Gesetz hinaus nach den Grundsätzen von „Treu und Glauben“.[1266] Damit sollen Lücken, die entstehen, gefüllt werden. Im Strafrecht jedoch wären generalklauselartige Straftatbestände wie §§ 138, 242, 826 BGB verfassungswidrig.[1267] Der Grundsatz des Art. 103 II GG ist gerade „das Bekenntnis unserer Verfassung zur notwendigen Lückenhaftigkeit des Strafrechts“[1268]. Damit soll, anders als im Zivilrecht, nicht alles geregelt, also strafbar sein. Es darf nur das strafbar sein, was durch den Gesetzgeber geregelt ist. Zu bedenken ist, dass der gegenüber dem allgemeinen Bestimmtheitsgrundsatz strengere Art. 103 II GG nur im Strafrecht Geltung findet.[1269] Strafrecht soll ultima ratio und fragmentarisch sein, da es freiheitsbeschrän-

---

1260 *Järkel*, Die wegen Sittenwidrigkeit rechtswidrige Körperverletzung, S. 9 f.

1261 Ebda.

1262 *Järkel*, Die wegen Sittenwidrigkeit rechtswidrige Körperverletzung, S. 9 f.

1263 *Papier/Möller*, AöR 122 (1997), 178 (204).

1264 Bspw.: *Bott/Krell*, ZJS 2010, 694 (695); *Class*, in: FS E. Schmidt, S. 122 (138); jedenfalls kritisch *Colombi Ciacchi*, Fahrlässigkeit und Tatbestandsbestimmtheit, S. 23 f.; *Rengier*, AT, § 4 Rn. 27.

1265 Zur Problematik von Generalklauseln und Richterrecht im Zivilrecht siehe *Ohly*, AcP 201 (2001), S. 1 – 47; sowie *ders.*, Richterrecht und Generalklausel im Recht des unlauteren Wettbewerbs.

1266 *Hamm*, NJW 2005, 1993.

1267 *Rengier*, AT, § 4 Rn. 27; *Hamm*, NJW 2005, 1993.

1268 *Hamm*, NJW 2005, 1993.

1269 Vgl. *Class*, in: FS E. Schmidt, S. 122.

kend ist.[1270] Aus diesem kurzen Vergleich mit dem Zivilrecht ist zu entnehmen, dass im Strafrecht gerade Lücken bestehen bleiben sollen und eine Rückkopplung zum Gesetzgeber stets möglich bleiben muss. Generalklauseln sind insofern im Strafrecht vorsichtig zu handhaben.

Sodann sind Generalklauseln auf ihre Vereinbarkeit mit dem Bestimmtheitsgrundsatz zu überprüfen. Generalklauseln sind hinreichend bestimmt, wenn der Gesetzgeber seiner Rechtssetzungspflicht nachgekommen ist, indem er der Norm einen erkennbaren Schutzzweck gegeben hat, der Wortlaut eine Interpretationsgrenze setzt und einen bestimmbaren Kern übrig lässt. Dabei sind die Besonderheiten des Normtyps sowie ein enges Verständnis des Art. 103 II GG zu berücksichtigen. Gerade aufgrund dieses engen Verständnisses ist zu fragen, ob Generalklauseln überhaupt einen solch klaren Schutzzweck erkennen lassen können und ob ein bestimmbarer Kern vorliegen kann oder ob es nicht gerade der Charakter einer Generalklausel ist, dass dies fehlt. *Hedemann* spricht bei Generalklauseln von einem „Stück offen gelassener Gesetzgebung“[1271]. Unbestimmte Normen sind ihrem Inhalt nach immer mehrdeutig.[1272] Soll das Strafrecht fragmentarisch und ultima ratio sein und zudem noch der strenge Gesetzesvorbehalt des Art. 103 II GG eingehalten werden, spricht das gegen die Verwendung von Generalklauseln und damit für ihre Verfassungswidrigkeit. Wäre es aber möglich, einen bestimmbaren Kern zu erkennen, so könnte eine hinreichende Bestimmtheit in solchen Fällen bejaht werden. Gerade bei Einbeziehung, dass jedes Wort des Gesetzgebers „unbestimmt“ bzw. auslegbar ist, könnten dem entgegengesetzt auch bestimmbare Generalklauseln existieren. Sprache an sich kann eben nicht nur eindeutig verwendet werden.[1273] Grundsätzlich lassen Worte des Gesetzgebers verschiedene Interpretationsmöglichkeiten zu.[1274] Stets lässt sich nur aus dem jeweiligen Bedeutungszusammenhang und Zweck sowie Funktion der Norm schließen, wie es gemeint sein soll.[1275] So ist beispielsweise § 283 I Nr. 8 StGB zwar ein Auffangtatbestand, kann aber durch einen Vergleich mit den Nr. 1–7 eine Grenze erfahren.[1276] Bei Generalklauseln besteht dennoch die Gefahr, dass der Bestimmtheitsgrundsatz und der darin enthalte-

1270 Siehe dazu bspw. *Walter*, JA 2013, 727 f.

1271 *Hedemann*, Die Flucht in die Generalklauseln, S. 58.

1272 *Class*, in: FS E. Schmidt, S. 122 (133).

1273 MüKo-StGB/*Schmitz*, § 1 Rn. 40; *Schnapp*, JZ 2004, 473 (474 ff.); siehe oben S. 158.

1274 *Roxin*, AT I, § 5 Rn. 69.

1275 *Nastelski*, GRUR 1968, 545.

1276 *Brand/Reschke*, ZIP 2010, 2134 (2135).

ne Gesetzesvorbehalt verletzt werden.[1277] Überlässt der Gesetzgeber die genaue Interpretation den Gerichten, werden zum einen die Rechtssetzungspflicht und zum anderen der Gewaltenteilungsgrundsatz verletzt. Zudem wird die Vorhersehbar- bzw. Berechenbarkeit des staatlichen Handelns verringert.[1278] Dies stellt einen unaufhebbaren Konflikt mit der Idee des Rechtsstaates dar.[1279] Der Gesetzgeber soll gerade nicht seine Verantwortung auf den Richter abwälzen.[1280] Allerdings liegen diese Probleme dann nicht vor, wenn die o.g. Kriterien auch bei Generalklauseln eingehalten werden. Durch ein Zusammenspiel von Generalisierung und Differenzierung muss der Gesetzgeber das strafbare Verhalten herausarbeiten.[1281] Eine von vorneherein erklärte Verfassungswidrigkeit schneidet zudem viele Handlungsmöglichkeiten ab. Ist eine Norm aber verfassungsgemäß, so bleibt eine verfassungskonforme Auslegung möglich.[1282] Zudem muss dem Gesetzgeber ein gewisser Spielraum innerhalb der Grenzen des Art. 103 II GG offen bleiben.[1283] Auch kann der Bestimmtheitsgrundsatz in die andere Richtung ausgedehnt werden, sodass kein Tatbestand mehr bestimmt genug wäre. Dies sind Argumente, die dafür sprechen, Generalklauseln nicht von vorneherein für verfassungswidrig zu erachten. Zu klären bleibt jedoch, ob die Bestimmbarkeit einer Generalklausel erst durch Auslegung oder gefestigte Rechtsprechung möglich sein kann oder ob der Tatbestand als solcher bestimmt genug sein muss. Zulässig ist in jedem Fall ein gewisses Maß an Auslegung, da dies bei jedem Tatbestand notwendig ist. Die Bestimmtheit durch eine gefestigte Rechtsprechung ist aber äußerst fragwürdig.[1284]

Zusammenfassend lässt sich sagen, dass Generalklauseln mit dem Bestimmtheitsgrundsatz vereinbar sind, wenn mit Rechtssetzung durch den Gesetzgeber diese Norm einen bestimmbaren Schutzzweck enthält und der Interpretation durch den Wortlaut Grenzen gesetzt sind. Damit können Generalklauseln verfassungskonform sein, sind aber restriktiv auszulegen. So ist letztendlich dem BVerfG[1285] zu folgen, das die Vereinbarkeit

---

1277 Vgl. *Jescheck/Weigend*, AT, § 15 I 3 S. 129 f.; *Theile*, wistra 2012, 285 (288 f.).

1278 Von fehlender Orientierungssicherheit spricht *Theile*, wistra 2012, 285 (288 f.).

1279 *Class*, in: FS E. Schmidt, S. 122 (135).

1280 *Jescheck/Weigend*, AT, § 15 I 3 S. 129 f.

1281 *Jescheck/Weigend*, AT, § 15 I 3 S. 129 f.

1282 *Herzberg*, in: *Hefendehl* (Hrsg.), Symposium Schünemann, S. 33.

1283 Schon *Schroeder*, JZ 1969, S. 775 (777); grundsätzlich zum Entscheidungsspielraum NK-StGB/*Hassemer/Neumann*, Vorbe. § 1 Rn. 85 ff.

1284 S. o. S. 164 f.

1285 BVerfG NJW 2010, 3209 (3211), Rn. 74 m.w.N.

von Generalklauseln und unbestimmten, wertausfüllungsbedürftigen Rechtsbegriffen im Straf- und Ordnungswidrigkeitenrecht bejaht hat.[1286] Begründet hat das BVerfG dies mit der Notwendigkeit, dem Wandel der Verhältnisse gerecht zu werden.[1287] Generalklauseln können nur dann mit der Idee des Rechtsstaates im Einklang stehen, wenn gewisse Anforderungen erfüllt sind und sie nicht so offen sind, dass sie „wesensfremde Bestandteile"[1288] des Strafrechts darstellen. Daher sollten sie selten benutzt werden.[1289]

c. Normative Tatbestandsmerkmale und der Bestimmtheitsgrundsatz

Bei normativen Tatbestandsmerkmalen ergeben sich Besonderheiten, insoweit als zu fragen ist, ob nur das Merkmal selbst oder auch die ausfüllende, bewertende Norm an Art. 103 II GG zu messen ist. Es lässt sich feststellen, dass überwiegende Einigkeit darüber besteht, dass nur der Tatbestand selbst hinreichend bestimmt sein muss, aber nicht die „wertausfüllenden" Normen.[1290] Dies ergibt sich daraus, dass normative Merkmale abschließend sind und der Sinn bzw. die strafbare Handlung und das Objekt sich schon aus der Norm ergeben.[1291] Die Verweisung ist insofern vertiefend oder erklärend, aber nicht notwendig, um die Strafbarkeit zu erkennen. Dennoch drängt sich die Frage auf, ob nicht auch die ausfüllende Norm an Art. 103 II GG zu messen ist, wie dies bei Blankettstrafgesetzen gefordert wird.[1292] Da die Abgrenzung von normativen Tatbestandsmerkmalen zu Blankettgesetzen schwierig und oft fließend ist,[1293] könnten für beide die gleichen Voraussetzungen an die Bestimmtheit zu fordern sein; dann wäre die Abgrenzungsproblematik entschärft.[1294] Es würde dann nicht

1286 *Enderle*, Blankettstrafgesetze, S. 132.

1287 BVerfG NJW 2010, 3209 (3210 f.) Rn. 72 ff.

1288 *Class*, in: FS E. Schmidt, S. 122 (138); siehe auch *Otto*, ZStW 96 (1984), S. 339 (370 f.).

1289 Zum Wirtschaftsstrafrecht *Grosche*, Die Generalklausel des § 283i Nr. 8 StGB im Deutschen Bankrottstrafrecht, S. 156.

1290 Vgl. BVerfGE 78, 205 (213); *Enderle*, Blankettstrafgesetze, S. 128, 350 f.; *Schuster*, Das Verhältnis von Strafnormen und Bezugsnormen, S. 294 ff., 395; *Ransiek/Hüls*, ZGR 2009, 178 (179).

1291 Vgl. *Enderle*, Blankettstrafgesetze, S. 350 f.

1292 Vertiefend S. 187 ff.; vgl. auch *Dinter*, Der Pflichtwidrigkeitsvorsatz, S. 7.

1293 Vgl. bei *Tiedemann*, WiStr AT, Rn. 179 ff.

1294 So *Rönnau*, ZStW 119 (2007), 887 (905); vgl. zur Abgrenzungsproblematik *Bülte*, JuS 2015, 769 (772 ff.); *Radtke*, GmbHR 2008, 729 (735 f.).

mehr von der Zufälligkeit abhängen, welche Technik der Gesetzgeber gewählt hat.[1295]

Dagegen spricht, dass damit das eigentliche Problem der Abgrenzung auf die Ebene der Bestimmtheit gezogen wird, obwohl es sich um unterschiedliche Fragestellungen handelt.[1296] Es ist sachgerecht, dass normative Tatbestandsmerkmale im Hinblick auf Art. 103 II GG anders behandelt werden. Normative Tatbestandsmerkmale sind strafrechtlich ausreichend erklärend, bei Blankettgesetzen hingegen muss die ausfüllende Norm erst hinzu gelesen werden, um die Strafbarkeit zu erkennen. Deshalb muss die Abgrenzung verbessert werden, nicht aber die Anforderung an die Bestimmtheit. Damit ist ein normatives Tatbestandsmerkmal hinreichend bestimmt, wenn der Tatbestand als solcher bestimmt genug ist. Hier ist jedoch auch zu fragen, ob normative Tatbestandsmerkmale überhaupt im Hinblick auf den Bestimmtheitsgrundsatz zu verwenden sind. Die höchstrichterliche Rechtsprechung und Teile der Literatur bejahen dies.[1297] Allein deskriptive Merkmale reichen dem Gesetzgeber angesichts der heutigen Komplexität des (Wirtschafts-) Lebens nicht aus.[1298] Zwar sind deskriptive Merkmale bestimmter und meist genauer, jedoch kann eine trennscharfe Abgrenzung zu normativen Merkmalen nur teilweise gelingen.[1299] Wenn aber schon die Grenzziehung schwer fällt, wieso soll dann ein Merkmal verfassungswidrig sein und das andere nicht? Somit besteht zwischen diesen beiden Gruppen kein scharfer Gegensatz.[1300] Ansonsten liegen keine Besonderheiten bei normativen Merkmalen vor. Selbst normative Tatbestandsmerkmale, die auf Normen und Begriffe der EU verweisen, sollen unbedenklich sein.[1301] Das BVerfG hat dies bereits bestätigt;[1302] weitere Entwicklungen bleiben abzuwarten. Allerdings ist dies konsequent, wenn nur das normative Merkmal selbst an Art. 103 II GG zu messen ist; die Strafbarkeit ergibt sich dann aus dem Merkmal selbst. „Unionsrecht und nationales Recht der Mitgliedstaaten sind zwar zwei verschiede-

---

1295 *Rönnau*, ZStW 119 (2007), 887 (904 ff.).

1296 Vgl. *Hüls*, NZWiSt 2012, 12 (13).

1297 BVerfG NJW 2010, 2309 ff. Rn. 74, 97; BGHSt 23, 40; *Maurach/Zipf*, AT 1, § 10 II Rn. 13; SSW-StGB/*Satzger*, § 1 Rn. 21 f.; vgl. *Theile*, wistra 2012, 285 (288 f.).

1298 SSW-StGB/*Satzger*, § 1 Rn. 21 f.; vgl. *Theile*, wistra 2012, 285 (288 f.).

1299 *Fischer*, StGB, § 16 Rn. 4 m.w.N.; *Maurach/Zipf*, AT 1, § 20 Rn. 55; *Wessels/Beulke/Satzger*, AT, Rn. 188 ff.

1300 *Jescheck/Weigend*, AT, § 15 I 4 S. 130.

1301 BVerfGE 29, 198 (209 f.); LK-StGB/*Dannecker*, § 1 Rn. 145; *Enderle*, Blankettstrafgesetze, S. 134.

1302 BVerfG wistra 2010, 396 (400) Rn. 39.

ne Rechtsordnungen [...] [Sie] stehen jedoch nicht unverbunden nebeneinander, greifen vielmehr auf mannigfache Weise ineinander. Diese [...] Verschränkung von Unionsrecht und nationalem Recht verbietet es, Verweisungen auf Unionsrecht anders zu beurteilen als Verweisungen auf nationales Recht."[1303]

Sind normative Tatbestandsmerkmale eine Gefahr für den Rechtsstaat? Diese droht, wann immer der Normadressat nicht weiß, ob sein Verhalten strafbar ist oder wenn richterliche Willkür ermöglicht wird. Als Rechtfertigung für die Benutzung normativer Merkmale wird erklärt, dass lediglich flexible Tatbestände mit unbestimmten Begriffen die notwendige Anpassungsfähigkeit garantieren.[1304] Zudem kann die jeweilige Auslegung gewisse Klarheit bieten. Nur weil aber durch juristische Auslegung der Inhalt der Norm ermittelbar ist, heißt das noch nicht, dass das für den „Bürger"/"Laien" erkennbar ist.[1305] Jedoch ist zu bedenken, dass selbst bei deskriptiven Merkmalen, die eine engere Bindung ermöglichen, Zweifelsfälle vorkommen. Anders gesagt kann es sogar „normative Begriffe [...] [geben] die bestimmter als manche deskriptive" sind.[1306] Hierfür kann als Beispiel der normative Begriff der „Fremdheit" dienen, der durch gesetzliche Normen (Erwerb, Übertragung, Erlöschen von Eigentum) eine sehr präzise Deutung erfährt, wohingegen der deskriptive Begriff der „Gewalt" sehr viel mehr Interpretationsspielraum lässt.[1307] Es ist unvermeidbar, dass strafrechtliche Tatbestände auch Allgemeinbegriffe verwenden.[1308] Zumal die Mehrdeutigkeit auch dem Wirklichkeitsbezug des Strafrechts geschuldet ist.[1309] Und selbst bei kasuistischen Tatbeständen wäre die Übereinstimmung der richterlichen Entscheidung mit dem Gesetzessinn nicht verbürgt.[1310] Dennoch soll der Gesetzgeber seine Verantwortung nicht an den Richter abgeben, sondern vielmehr durch ein Zusammenspiel von Generalisierung und Differenzierung das strafbare Verhalten klar herausarbeiten.[1311] Normative Merkmale sind mit Art. 103 II GG vereinbar, wenn der Schutzzweck durch den Gesetzgeber gesetzt wurde, ein bestimmbarer Kern vorliegt und der Interpretation durch den Wortlaut Grenzen gesetzt

---

1303 Ebda.
1304 *Henkel*, Einführung in die Rechtsphilosophie, S. 439.
1305 MüKo-StGB/*Schmitz*, § 1 Rn. 45.
1306 Vgl. *Colombi Ciacchi*, Fahrlässigkeit und Tatbestandsbestimmtheit, S. 29.
1307 So *Colombi Ciacchi*, Fahrlässigkeit und Tatbestandsbestimmtheit, S. 29.
1308 *Jescheck/Weigend*, AT, S. 129.
1309 NK-StGB-*Hassemer/Kargl*, § 1 Rn. 40.
1310 *Jescheck/Weigend*, AT, S. 129.
1311 Ebda.

sind. Insoweit können normative Tatbestandsmerkmale bestimmt genug sein. Denn auch bei normativen Tatbestandsmerkmalen gibt es Abstufungen. So wie Generalklauseln je nach Ausgestaltung bestimmt sein können,[1312] muss dies in besonderem Maße bei den meist bestimmteren normativen Tatbestandsmerkmalen unter Zugrundelegung der obigen Kriterien gelten.[1313] Dennoch muss es das Ziel der Gesetzgebung bleiben, möglichst genau das unter Strafe stehende Verhalten zu umschreiben und „nur dort normative Merkmale zu verwenden, wo der Richter zur Einzelwertung notwendig ist, eine generelle Wertung durch den Gesetzgeber zu grob und ungenügend wäre."[1314] Deskriptive Merkmale sind dem Bestimmtheitsgrundsatz zwar näher, dennoch sind im modernen Strafrecht normative Begriffe verwendbar.[1315]

d. Blankettgesetze und der Bestimmtheitsgrundsatz

Bei Blankettgesetze kommt es darauf an, ob ein Blankett im weiteren oder engeren Sinne vorliegt und worauf es verweist. Hinsichtlich des Bestimmtheitsgrundsatzes können sich unterschiedliche Anforderungen ergeben.

Der Gesetzgeber kann mit einem Blankettstrafgesetz die Beschreibung des Straftatbestandes durch die Verweisung auf eine ergänzende Norm im gleichen oder einem anderen Gesetz ausweiten.[1316] Entscheidend ist aber, dass bei Blankettgesetzen nicht nur der Tatbestand selbst, sondern auch die blankettausfüllende Norm und die Verweisung bestimmt genug sein müssen.[1317] Die Ausfüllungsnorm, die normalerweise nicht strafrechtlichen Grundsätzen genügen muss, wird durch die Verweisung zum Teil einer Strafrechtsnorm.[1318] Außerstrafrechtliche Normen sind daher nach

---

1312 S.o S. 180 f.

1313 Vgl. *Hohmann*, ZIS 2007, 38 (48).

1314 *Baumann/Weber/Mitsch*, AT, § 9 Rn. 15.

1315 *Maurach/Zipf*, AT 1, § 10 II Rn. 13; BGHSt 23, 40.

1316 BVerfG wistra 2010, 396 (402) Rn. 56.

1317 Aktueller hierzu BVerfG NJW 2016, 3648; *Baumann/Weber/Mitsch*, AT, § 9 Rn. 28; *Enderle*, Blankettstrafgesetze, S. 128 f., 350 f.; NK-StGB/*Ransiek*, Vor §§ 324 ff. Rn. 17 ff.; SK-StGB-*Rudolphi/Jäger*, § 1 Rn. 12 m.w.N.; MüKo-StGB/*Schmitz*, § 1 Rn. 49; Maunz/Dürig/*Schmidt-Aßmann*, GG, Art. 103 II Rn. 201; *Schuster*, Das Verhältnis von Strafnormen und Bezugsnormen, S. 301; *Weidenbach*, Die verfassungsrechtliche Problematik der Blankettstrafgesetze, S. 53, 73, 100, 146.

1318 *Otto*, in: FS Seebode, S. 81, 83; a.A. NK-StGB/*Ransiek*, Vor §§ 324 ff. Rn. 17 ff., 24 f.

strafrechtlichen Maßstäben an Art 103 II GG zu messen und auszulegen.[1319] Eine damit einhergehende Normspaltung ist hinzunehmen.[1320] Unterschiede im Hinblick auf die Vereinbarkeit mit dem Bestimmtheitsgrundsatz können sich daraus ergeben, ob Blankettgesetze im engeren und weiteren Sinne vorliegen.

aa. Blankettgesetze i.w.S. (unechtes Blankett)

Vergleichsweise geringe verfassungsrechtliche Probleme entstehen bei dem Verweis auf andere förmliche Gesetze oder Verweise innerhalb desselben Gesetzes, da der Gesetzesvorbehalt beachtet ist.[1321] Beide Normen, Sanktions- und Ausfüllungsnorm, sowie die Verweisung selbst müssen bestimmt genug sein.[1322] Wichtig ist die Klarheit der Verweisung. Lassen diese also einen vom Gesetzgeber gesetzten Schutzzweck erkennen und sind einer Interpretation durch den Wortlaut Grenzen gesetzt, so sind diese hinreichend bestimmt und damit vereinbar mit dem Bestimmtheitsgrundsatz. Der Normadressat kann voraussehen was strafbar sein soll.

bb. Blankettgesetze i.e.S. (echtes Blankett)

(1) Verweisungen auf administrative Rechtssetzung

Als Ausfüllungsnormen kommen Satzungen, Rechtsverordnungen und Verwaltungsvorschriften in Betracht. Hier zeigt sich die sog. Verwaltungsakzessorietät des Strafrechts.[1323] Bei Rechtsverordnungen genügt keine klare Verweisung, vielmehr muss die Strafbarkeit sich unmittelbar aus einem förmlichen Gesetz (meist dem Blankett) ergeben. Dem Verordnungsgeber

---

1319 BVerfGE 48, 48 (60 ff.); vgl. *Tiedemann*, WiStr AT, Rn. 179 f.

1320 Siehe auch *Ewert*, Das Urheberstrafrecht, S. 13 unter Hinweis auf *Haß*, in: *Lehmann* (Hrsg.), Rechtsschutz und Verwertung, 1. Teil, XII, Rn. 70; vgl. *Hildebrandt*, Die Strafvorschriften des Urheberrechts, S. 31.

1321 LK-StGB/*Dannecker*, § 1 Rn. 150; *Otto*, JURA 2005, 538 (539); *ders.*, ZStW 97 (1984), S. 339 (369); Maunz/Dürig/*Schmidt-Aßmann*, GG, Art. 103 II Rn. 207 f.

1322 Maunz/Dürig/*Schmidt-Aßmann*, GG, Art. 103 II Rn. 207.

1323 Vgl. NK-StGB/*Ransiek*, Vor §§ 324 ff. Rn. 17 ff.; Maunz/Dürig/*Schmidt-Aßmann*, GG, Art. 103 II Rn. 209.

dürfen „lediglich gewisse Spezifizierungen [...] überlassen werden“[1324].[1325] Nur so kann Art. 103 II GG gewahrt werden. Insofern ist auch Art. 80 I 2 GG nicht als Lockerung des Art. 103 II GG zu verstehen, sondern vielmehr als strafrechtstypische Verschärfung.[1326] Auch bei Satzungen gilt der in Art. 103 II GG enthaltene Gesetzesvorbehalt. Mindestanforderungen ergeben sich dann aus Art. 20 III GG.[1327] Damit muss auch hier die Strafbarkeit aus einem formellen Gesetz ableit- und erkennbar sein.[1328] Auch dem Satzungsgeber steht nur ein kleiner Ermessenspielraum zu, die eigentliche Strafbarkeit muss sich im Gesetz selbst finden. Bei Verwaltungsvorschriften ergeben sich keine Änderungen, außer dass diese nur in Bezug gesetzt werden dürfen, wenn der Strafgesetzgeber nicht „Rechtsvorschriften“ fordert. Es muss auf die „Verwaltungsvorschriften“ im Gesetz selbst Bezug genommen werden. Daneben müssen die entwickelten Kriterien für eine Vereinbarkeit vorliegen.

(2) Verweisungen auf Verwaltungsakte

Verweisungen auf Verwaltungsakte sind kritisch zu sehen, aber es soll grundsätzlich möglich sein, eine Strafe an Verstöße gegen Verwaltungsakte anzuknüpfen.[1329] Damit der Bestimmtheitsgrundsatz gewahrt ist, muss der Verwaltungsakt bestimmt genug sein und das Gesetz selbst muss Inhalt und Umfang der Strafbarkeit regeln.[1330] Die Verwaltung darf nicht den Inhalt und Umfang der Strafbarkeit regeln.[1331] Neben diesen Anforderungen müssen auch die obigen Kriterien vorliegen, damit ein solches Blankett bestimmt genug ist. Probleme treten auf, wenn die Rechtmäßigkeit des Verwaltungsaktes fraglich ist. Grundsätzlich ist ein bestandskräftiger Verwaltungsakt im Strafverfahren nicht auf seine Rechtmäßigkeit zu

---

1324 BVerfGE 75, 329 (342).

1325 BVerfG NJW 2016, 3648; vgl. mit Beispiel *Böse*, in: FS Krey, S. 7 (9).

1326 Maunz/Dürig/*Schmidt-Aßmann*, GG, Art. 103 II Rn. 210; siehe auch bei *Schuster*, Das Verhältnis von Strafnormen und Bezugsnormen, S. 271 ff.

1327 *Schuster*, Das Verhältnis von Strafnormen und Bezugsnormen, S. 284 ff.

1328 Schmidt-Bleibtreu/Hoffmann/Henneke/*Schmahl*, GG, Art. 103 Rn. 61.

1329 *Enderle*, Blankettstrafgesetze, S. 198; Maunz/Dürig/*Schmidt-Aßmann*, GG, Art. 103 II Rn. 217 f.

1330 LK-StGB/*Dannecker*, § 1 Rn. 153; Maunz/Dürig/*Schmidt-Aßmann*, GG, Art. 103 II Rn. 219.

1331 BVerfGE 78, 374 (389); LK-StGB/*Dannecker*, § 1 Rn. 153; *Weidenbach*, Die verfassungsrechtliche Problematik der Blankettstrafgesetze, S. 100.

überprüfen.[1332] Insoweit sind die verwaltungsrechtlichen Regelungen der Bestandskraft anzuwenden und nicht strafrechtlich zu modifizieren, auch um die von Art. 103 II GG geforderte Rechtssicherheit und Vorhersehbarkeit beizubehalten.[1333] Auch unter dem Gesichtspunkt der Einheit der Rechtsordnung kann nicht gegen einen Verwaltungsakt verstoßen werden und dann strafrechtlich geltend gemacht werden, er wäre rechtswidrig. Dies ist im Verwaltungsrechtsweg zu klären.

(3) Verweisungen auf EU-Recht

Die Verweisung auf das Recht der Europäischen Union durch Strafvorschriften nimmt stetig zu.[1334] Damit entstehen verfassungsrechtliche Bedenken hinsichtlich des Bestimmtheitsgrundsatzes. Nicht nur der Gesetzesvorbehalt, auch die Klarheit der Verweisungen kann betroffen sein. Grundsätzlich sieht das BVerfG keinen Widerspruch in einer Verweisung auf EU-Recht, denn dies ist mit dem deutschen Recht „auf mannigfache Weise“[1335] verbunden. Deshalb sind Verweisungen auf Unionsrecht nicht anders zu beurteilen.[1336] Es entsteht ein „gemeinschaftsakzessorischer Tatbestand“[1337] der an Art. 103 II GG zu messen ist. Die EU-Verordnung selbst kann nur am europarechtlichen Bestimmtheitsgrundsatz[1338] zu messen sein und ist wegen Vorrang des Gemeinschaftsrechts nicht vom BVerfG zu überprüfen; dieses prüft nur die Verweisung.[1339] Dem Gesetzesvorbehalt ist dann genüge getan, wenn aus dem Blankett selbst erkennbar ist, was strafbar ist, der Gesetzgeber eine Entscheidung getroffen hat und die Verweisung deutlich ist.[1340] Damit ergeben sich keine höheren verfas-

1332 Maunz/Dürig/*Schmidt-Aßmann*, GG, Art. 103 II Rn. 221.

1333 Ebda.

1334 *Böse*, in: FS Krey, S. 7; LK-StGB/*Dannecker*, § 1 Rn. 145; u.a. im Wein-, Lebensmittel-, Marken-, Patent-, Steuer-, Zoll-, und Außenwirtschaftsstrafrecht.

1335 BVerfG wistra 2010, 396 (400) Rn. 39.

1336 Ebda.

1337 LK-StGB/*Dannecker*, § 1 Rn. 145.

1338 *Hammer-Strnad*, Das Bestimmtheitsgebot als allgemeiner Rechtsgrundsatz des Europäischen Gemeinschaftsrechts, S. 71 f.

1339 BVerfG wistra 2010, 396 (399) Rn. 27 f., 145; *Enderle*, Blankettstrafgesetze, S. 198 f.

1340 Vgl. hierzu BVerfG NJW 2016, 3648.

sungsrechtlichen Anforderungen bei Verweisungen auf sekundäres Unionsrecht gegenüber Verweisungen auf nationale Normen.[1341]

cc. Dynamische Verweisungen

Im EU- wie auch im nationalen Recht stellt sich immer häufiger das Problem einer dynamischen Verweisung, die auf die jeweils gültige Fassung einer Norm verweist. Solche sollen „evident" unzulässig im Hinblick auf den Bestimmtheitsgrundsatz und das Demokratieprinzip sein.[1342] Andere hingegen wollen Probleme der Bestimmtheit bei dynamischen Verweisungen mithilfe der strafrechtlichen Irrtumsregeln lösen.[1343] Aber dynamische Verweisungen sind mit den rechtsstaatlichen Grundsätzen schwer vereinbar. Der parlamentarische Gesetzgeber soll entscheiden, was strafbar ist. Bei dynamischen Verweisungen gibt er jedoch seine Letztentscheidungskompetenz aus der Hand und „überträgt einen Teil seiner Rechtssetzungsbefugnis in Form einer ‚Blanko-Vollmacht' dem Normgeber des Verweisungsobjekts".[1344] Rechtssicherheit und Vorhersehbarkeit des Rechts sind gefährdet. Hinzukommt eine Verletzung des Gewaltenteilungsgrundsatzes.[1345] Insbesondere bei Verweisungen auf EU-Recht, die oft kompliziert sind, entsteht dann eine Unzumutbarkeit für den Normadressaten, auch weil die EU keine Strafrechtskompetenz hat.[1346] Das BVerfG hingegen nimmt eine Vereinbarkeit an, wenn aus dem Blankett selbst die Strafbarkeit hervorgeht und die dynamische Verweisung lediglich Detailfragen konkretisiert.[1347] Es sei zumutbar, dass sich der Fachkundige mit den aktu-

---

1341 *Böse*, in: FS Krey, S. 7 (18, 25); *Dannecker*, in: *Wabnitz/Janovsky* (Hrsg.), Hdb., 2. Kap. Rn. 123.

1342 LK-StGB/*Dannecker*, § 1 Rn. 146; Schönke/Schröder/*Eser/Hecker*, § 1 Rn. 18; dies für problematisch haltend *Fischer*, StGB, § 1 Rn. 13; NK-StGB-*Hassemer/Kargl*, § 1 Rn. 22; *Ossenbühl*, DVBl 1967, 401 (404, 408); vgl. NK-StGB/*Ransiek*, Vor §§ 324 ff. Rn. 19; a.A. BVerfG wistra 2010, 396 (400) Rn. 40; diesem grundsätzlich folgend: *Niehaus*, wistra 2004, S. 206 (208).

1343 *Schömann*, Die Strafbarkeit der Marktmanipulation gemäß § 38 Abs. 2 WpHG, S. 26.

1344 *Arndt*, JuS 1979, 784 (785); ebenfalls kritisch *Brand/Kratzer*, JR 2018, 422 ff.

1345 *Arndt*, JuS 1979, 784 (787 f.); MüKo-StGB/*Schmitz*, § 1 Rn. 39.

1346 *Satzger*, JuS 2004, 943 (947); *Dannecker*, in: *Wabnitz/Janovsky* (Hrsg.) Hdb., 2. Kap. Rn. 69.

1347 LK-StGB/*Dannecker*, § 1 Rn. 158 m.w.N.; vgl. BVerfG NJW 2016, 3648; eine Grenze zieht das BVerfG bei § 10 Abs. 1,3 RiFlEtikettG, welchen er für verfassungswidrig erklärt: BVerfG NJW 2016, 3648.

ellen Regeln auskennt.[1348] Diese Modifikation ist nachvollziehbar, jedoch im Hinblick darauf, dass Blankettgesetze die Strafbarkeit gerade erst in einem Zusammenlesen beider Normen regeln, praktisch kaum weiterführend. Dies zeigt auch die, durch das BVerfG, festgestellte Verfassungswidrigkeit des § 10 Abs. 1, 3 RiFlEtikettG.[1349] Das Problem des Gesetzesvorbehalts und auch der Klarheit der Verweisung bleiben bestehen. Daher sind dynamische Verweisungen wohl weder im nationalen noch im Europarecht mit dem Bestimmtheitsgrundsatz vereinbar.[1350] Wichtige Argument gegen die Vereinbarkeit sind die Vorhersehbarkeit des Strafrechts und das Demokratieprinzip.[1351]

e. Zwischenergebnis

Damit sind Blankettstrafgesetze bei Vorliegen der o.g. Kriterien und der jeweiligen Anforderungen für förmliche, administrative oder EU-Verweisungen mit dem Bestimmtheitsgrundsatz vereinbar.[1352] Die Entscheidung des BVerfG zu § 10 Abs. 1, 3 RiFlEtikettG ändert daran nichts, da dieser Entscheidung nicht entnommen werden kann, dass alle Blanketttatbestände unvereinbar mit § 103 II GG wären.[1353] Lediglich dynamische Verweisungen sind von vorneherein wohl verfassungswidrig.[1354]

5. Konsequenzen des neuen Prüfungsmaßstabes

Beim Vorliegen der folgenden Voraussetzungen können daher zivilrechtsakzessorische Strafbestände mit Art. 103 II GG vereinbar sein.

1348 BVerfGE 14, 245; 75, 329 (342).

1349 BVerfG NJW 2016, 3648.

1350 Siehe diese als äußerst kritisch einstufend LK-StGB/*Dannecker*, § 1 Rn. 158 ff.; *Otto*, ZStW 96 (1984), S. 339 (370); *Tiedemann*, in: FS Roxin, S. 1401 (1404) m.w.N.; zu Problemen der praktischen Umsetzbarkeit und damit Verfassungswidrigkeit des § 10 Abs. 1,3 RiFlEtikettG BVerfG NJW 2016, 3648.

1351 LK-StGB/*Dannecker*, § 1 Rn. 146.

1352 *Brand/Kratzer*, JR 2018, 422 ff.

1353 Vgl. *Brand/Kratzer*, JR 2018, 422 (433).

1354 Vgl. dazu die Feststellung der Verfassungswidrigkeit des § 10 Abs. 1,3 RiFlEtikettG durch das BVerfG NJW 2016, 3648; m.w.N. *Brand/Kratzer*, JR 2018, 422 ff.

Eine Norm ist hinreichend bestimmt, wenn der Gesetzgeber seiner Rechtssetzungspflicht nachgekommen ist, indem er der Norm einen erkennbaren Schutzzweck gegeben hat, der Wortlaut eine Interpretationsgrenze setzt und ein bestimmbarer Kern besteht. Daneben sind die Besonderheiten des jeweiligen Normtyps zu berücksichtigen. Hinzukommt ein enges Verständnis des Art. 103 II GG.

Der neue Prüfungsmaßstab ist ein Versuch die vielen, teils schwammigen und offenen Kriterien zu strukturieren und zusammenzufassen.

Das gefundene Ergebnis könnte auch in einer anderen bedeutenden Frage weiterführen. Wie oben bereits kurz angesprochen, ist es umstritten, welche Funktion die Rechtsgutslehre übernimmt.[1355] Die nicht unumstrittene Rechtsgutslehre ist mehr und mehr in Frage gestellt worden, auch vom BVerfG.[1356] Zugleich ist die Frage des Rechtsguts gerade im Zusammenhang mit den Persönlichkeitsrechten von enormer Bedeutung. Gerade der systemkritische Rechtsgutsbegriff kann begrenzend wirken, um einer Ausweitung des Strafrechts vorzubeugen. Außerdem ist die Frage des Rechtsguts im Zusammenhang mit der Strafwürdigkeit und -bedürftigkeit von enormer Bedeutung.

Der hier gefundene Maßstab zur Überprüfung der Bestimmtheit könnte auch in dieser Sache fruchtbar gemacht werden. Aus dem vorgeschlagenen Prüfungsmaßstab ist ein Kriterium besonders interessant und zwar das des Schutzzwecks. So könnte hieraus hervorgehen, dass ein Schutzzweck und damit ein Rechtsgut vorliegen muss. Damit wäre auch die Rechtsgutslehre grundlegend für eine Strafnorm, die mit Art. 103 II GG vereinbar ist. Dies soll, da für diese Arbeit und für die Strafrechtswissenschaft von hoher Bedeutung, im nächsten Abschnitt ausführlich beleuchtet werden.

C Die Rechtsgutslehre und der Bestimmtheitsgrundsatz

Setzt man voraus, dass – wie hier vorgeschlagen – für bestimmte Normen i.S.d. Art. 103 II GG ein Schutzzweck (Rechtsgut) vorliegen muss, könnte daraus folgen, dass die Rechtsgutslehre entgegen der Ansicht des BVerfG doch im Grundgesetz und zwar in Art. 103 II GG verankert und damit

1355 S. o. S. 85.

1356 Siehe hierzu BVerfG NJW 2008, 1137 (Inzesturteil); vgl. *Theile*, wistra 2012, 285 (286 f.).

stets zu prüfen und beachten ist. Zunächst sind aber die Probleme im Zusammenhang mit der Rechtsgutslehre überblicksartig zu skizzieren.

Mehr ist im Rahmen dieser Arbeit nicht zu leisten. So kann in vielen Fragen, die das Rechtsgut betreffen, nur ein bescheidener Beitrag gelingen, da in diesem Zusammenhang seit Jahrzehnten „sämtliche strafrechtsdogmatische bzw. strafrechtstheoretischen Fragen [...] bis hin zu Kriminalpolitik und Strafrechtssoziologie" aufgeworfen werden.[1357] Dabei sind aber Zweifel im Zusammenhang mit der Rechtsgutslehre und dem Strafrecht nicht nur vorhanden, sondern sogar notwendig, denn mit dem Strafrecht greift der Staat tief in die Freiheit der Bürger ein.[1358]

Insofern ist der Beitrag nur ein kleiner. Aber er ist der Versuch die Anschlussfähigkeit des Rechtsgutskonzepts an die Verfassung zu zeigen, was dringend notwendig erscheint.[1359] Und in der Frage weiterhilft, ob dem Grundgesetz also „doch eine Antwort zu entlocken ist, wie viel Strafrecht sinnvoll und vor allem legitim ist."[1360]

I. Die Rechtsgutslehre

Zu fragen ist nach der staatlichen Strafbefugnis, also woher der Staat das Recht nimmt, seine Bürger so einschneidenden Sanktionen wie denen des Strafrechts zu unterwerfen.[1361] Diese knüpft nicht wie früher an die Unmoral eines Verhaltens, sondern an dessen Sozialschädlichkeit an.[1362] Dem

---

1357 *Hassemer*, in: *Hefendehl/v. Hirsch/Wohlers* (Hrsg.), Die Rechtsgutstheorie, S. 57; *ders.*, in: FS Androulakis, S. 207 (213); *Trendelenburg*, Ultima ratio?, S. 44, die Literatur als „mehr als umfangreich" bezeichnend.

1358 *Maas*, NStZ 2015, 305.

1359 Insbesondere seit das BVerfG NJW 2008, 1137 die Rechtsgutslehre scheinbar verworfen hat; mehr dazu ab S. 178; siehe aber auch *Hassemer*, in: *Hefendehl/v. Hirsch/Wohlers* (Hrsg.), Die Rechtsgutstheorie, S. 57 (58 ff.); NK-StGB/*Hassemer/Neumann*, Vor § 1 Rn. 119b ff.; *Hefendehl*, Kollektive Rechtsgüter, S. 42, 47; *Kaspar*, Verhältnismäßigkeit und Grundrechtsschutz, S. 218; schon 1996 zur Cannabis-Entscheidung des BVerfGE 90, 145 = NJW 1994, 157; *Vogel*, StV 1996, 110 (115).

1360 *Bunzel*, in: *Hefendehl/v. Hirsch/Wohlers* (Hrsg.), Die Rechtsgutstheorie, S. 96 (118); dies verneinend *Appel*, Verfassung und Strafe, S. 597.

1361 *Roxin/Arzt/Tiedemann*, Einführung, S. 2; siehe dazu auch *Maas*, NStZ 2015, 305 ff.

1362 *Roxin/Arzt/Tiedemann*, Einführung, S. 2; der Strafzweck muss ein rechtlicher und nicht ein sittlicher sein *Walter*, JA 2013, 727 ff. (729).

Staat also „obliegt es [...] sozialschädliches Verhalten zu bekämpfen."[1363] Diese Sozialschädlichkeit kann mit dem Rechtsgüterschutz gleichgesetzt werden, wenn Rechtsgüter als die für unser im Rahmen der Verfassung bewegendes Gesellschaftsleben und damit für die verfassungsgemäße Stellung und die Freiheit der einzelnen Bürger notwendigen sozialen Gegebenheiten verstanden werden.[1364] Aus der Verfassung ergeben sich die Grenzen und Pflichten des Gesetzgebers die notwendigen Lebensbedingungen zu schaffen und zu erhalten, welche für unsere freiheitliche Gesellschaft entscheidend sind.[1365]

Der Lehre vom Rechtsgut, die ihre Wurzeln im Frühliberalismus des 19. Jahrhunderts hat,[1366] begegnet, wenngleich sie als herrschend angesehen werden kann, auch Widerspruch.[1367] Auf diesen soll der Vollständigkeit halber schon kurz an dieser Stelle eingegangen werden.

Jakobs[1368] der davon ausgeht, dass das Strafrecht lediglich die Geltung der Norm schützt ist zu widersprechen. Die Normgeltung ist nämlich kein Selbstzweck, sondern „soll dazu beitragen, dass reale individuelle oder gesellschaftliche Schädigungen (also Rechtsgutsverletzungen) künftig unterbleiben."[1369] Es kann eine Verwechselung von Funktion und Wirkung fest-

---

1363 SK-StGB-*Rudolphi/Jäger*, Vor § 1 Rn. 1 m.w.N.

1364 *Roxin/Arzt/Tiedemann*, Einführung, S. 3; SK-StGB-*Rudolphi/Jäger*, Vor § 1 Rn. 3; der Begriff oder die Definition des Rechtsgutes ist aber umstritten siehe nur MüKo-StGB/*Freund*, Vor §§ 13 ff. Rn. 45 ff.; *Stratenwerth*, in: FS Lenckner, S. 377 (378 ff.).

1365 SK-StGB-*Rudolphi/Jäger*, Vor § 1 Rn. 1 ff.

1366 Ob sie damals schon einen begrenzenden Charakter hat kann dahinstehen, da es um den heutigen Stand geht, so auch *Kaspar*, Verhältnismäßigkeit und Grundrechtsschutz, S. 197; *Roxin*, in: FS Hassemer S. 573 (577 f.); ausführlich zur historischen Entwicklung *Greco*, Lebendiges und Totes in Feuerbachs Straftheorie, S. 316 ff.; *Hefendehl*, Kollektive Rechtsgüter, S. 9 ff.; *Sina*, Die Dogmengeschichte des strafrechtlichen Begriffs „Rechtsgut"; die liberalen Potentiale suchend *Steinberg*, in: FS Rüping, S. 91 ff.; siehe 1972 zur historischen Entwicklung schon *Amelung*, Rechtsgüterschutz und Schutz der Gesellschaft, S. 15 ff.

1367 *Roxin*, AT I, § 2 Rn. 1.

1368 Siehe bspw. *Jakobs*, AT, 2. Abschn. Rn. 2; vgl. auch *Jakobs*, ZStW 97 (1985), S. 751 ff., 784 zur Befürchtung stärkerer Rechtsgüterschutz führe dazu, dass „der Täter als Feind, ohne Internbereich, definiert" wird; *ders.*, HRRS 2004, 88.

1369 *Roxin*, GA 2013, 433 (435); *ders.*, in: *Hefendehl* (Hrsg.), Symposium Schünemann, S. 135 (148 f.); siehe auch *Achenbach*, Strafrechtlicher Schutz des Wettbewerbs, S. 60; *Günther*, in: *Grimm* (Hrsg.), Wachsende Staatsaufgaben, S. 50; vgl. *Heinrich*, in: FS Roxin, S. 131 (150); *Krey/Esser*, AT, § 1 Rn. 5; *Seher*, in: *Hefendehl/v. Hirsch/Wohlers* (Hrsg.), Die Rechtsgutstheorie, S. 39 (40 ff.) der davon

gestellt werden.[1370] „Der Schutz von Rechtsgütern ist die Funktion, die Bestätigung der Normgeltung ist die unmittelbare Wirkung dieser Funktion."[1371] Zudem vermag diese Theorie wenig über die Grenzen des Gesetzgebers bei der Normschöpfung auszusagen,[1372] da dafür der Grund nicht die Verhinderung eines Normgeltungsschadens sein kann.[1373] Damit bleibt die Auffassung in verschiedener Hinsicht unbefriedigend.[1374] Und rechtsvergleichend ist festzustellen, dass dies insbesondere in Südamerika äußerst kritisch und besorgt beurteilt wird.[1375]

Auch *Welzel*[1376] ist zu entgegnen, dass die Stabilisierung von Handlungswerten gerade mit dem Ziel des Rechtsgüterschutzes erfolgt und nicht umgekehrt der Rechtsgüterschutz soziale Aktwerte erhalten soll.[1377] Damit werden auch hier Zweck und Mittel vertauscht.[1378] Zudem kann *Welzel* zwar den Rechtsgüterschutz begründen, es fehlt aber eine Begrenzung dieses Schutzprinzips.[1379] Außerdem führt diese Auffassung zu Ergebnissen, die mit dem Charakter des Strafrechts[1380] und auch dem des Grundgesetzes nicht vereinbar sind.[1381] Im Strafrecht und der Rechtsgutslehre steckt eigentlich ein aufklärerischer Impuls: „Freiheitsräume des Bürgers von

---

ausgeht, dass bei einer solchen Argumentationsweise gar nicht an der Rechtsgutsdebatte teilgenommen wird.

1370 Von einer „zirkulären Argumentation" sprechend *Steinsiek*, Terrorabwehr durch Strafecht?, S. 152.

1371 *Navarrete*, in: FS Roxin, S. 169 (177).

1372 Zum fehlenden Beitrag Jakobs für eine Begrenzung des Strafrechts *Martins*, ZStW 125 (2013), 234 (255 f.).

1373 Dazu und zu weiterer Kritik SK-StGB-*Rudolphi/Jäger*, Vor § 1 Rn. 5; sowie *Roxin*, in: FS Hassemer, S. 573 (593 f.).

1374 *Roxin*, ZStW 116 (2004), 929 (944), vgl. auch *Paeffgen*, in: FS Wolter, S. 125 (129 m.w.N.); *Steinsiek*, Terrorabwehr durch Strafecht?, S. 152.

1375 *Bacigalupo*, in: FS Jakobs, S. 1 m.w.N.

1376 *Welzel*, Das Deutsche Strafrecht, S. 4.

1377 SK-StGB-*Rudolphi/Jäger*, Vor § 1 Rn. 4; vgl. *Heinrich*, in: FS Roxin, S. 131 (150); *Krey/Esser*, AT, § 1 Rn. 5; siehe auch die Kritik bei *Kaspar*, Verhältnismäßigkeit und Grundrechtsschutz, S. 201.

1378 Vgl. *Navarrete*, in: FS Roxin, S. 169 (173 ff., 177) der zwischen Funktion und Wirkung differenziert.

1379 *Hassemer*, Theorie und Soziologie des Verbrechens, S. 96 f.

1380 *Hassemer*, Theorie und Soziologie des Verbrechens, S. 95 f.

1381 Ausführliche Kritik zu Welzel bereits bei *Amelung*, Rechtsgüterschutz und Schutz der Gesellschaft, S. 165 ff., 273 ff.; sowie bei *Hassemer*, Theorie und Soziologie des Verbrechens, S. 87 ff.; siehe auch *Rudolphi*, in: FS Maurach, S. 51 (71 f.); siehe auch die Kritik an Welzel bei *Würtenberger*, Die geistige Situation, S. 50 ff., 59 ff.

staatlicher Bevormundung freizuhalten."[1382] Diese Auffassung führt also ebenfalls nicht zu befriedigenden Ergebnissen.[1383]

Obwohl es auch innerhalb des Rechtsgutskonzepts verschiedene Herleitungen und Definitionen gibt, besteht Einigkeit darüber, dass dem Strafrecht als ultima ratio eine rechtsgüterschützende Aufgabe zukommt.[1384] Damit dient das Strafrecht dem subsidiären Rechtsgüterschutz.[1385] Das würde bedeuten: Strafvorschriften ohne Bezug auf ein *bestimmtes Rechtsgut* gibt es nicht oder darf es nicht geben.[1386] Dabei ist zu beachten, dass zwar jedes Rechtsgut ein Interesse abdeckt, aber eben nicht jedes Interesse schutzwürdig ist und daher auch nicht jedes Interesse zu einem Rechtsgut erhoben werden kann.[1387] Strittig bleibt, ob der Gesetzgeber damit in seinem Gestaltungsspielraum begrenzt ist und ob er nur ein Verhalten bestrafen kann, wenn mit diesem die Entfaltungsmöglichkeiten von anderen beeinträchtigt werden.[1388] Im Zusammenhang mit dem Rechtsgut sind nämlich zwei wichtige Aspekte zu unterscheiden.[1389] Der unumstrittene Aspekt betrifft das Rechtsgut als systeminternes Einteilungskriterium und als

---

1382 *Hassemer*, Theorie und Soziologie des Verbrechens, S. 95 f.; siehe dazu nur Art. 103 II GG.

1383 *Roxin*, ZStW 116 (2004), 929 (944).

1384 *Dubber*, ZStW 117 (2005), 485 (501 m.w.N.); Schönke/Schröder/*Eser/Hecker*, § 1 Rn. 48; *Frister*, Strafrecht AT, 3. Kap. Rn. 20 ff.; *Heinrich*, in: FS Roxin, S. 131 ff., 146 ff.; *Krey/Esser*, AT, § 1 Rn. 5; *Navarrete*, in: FS Roxin, S. 169 (182); *Otto*, in: *Müller-Dietz* (Hrsg.), Strafrechtsdogmatik und Kriminalpolitik, S. 1; siehe auch m.w.N. *Roxin*, AT I, § 2 Rn. 7 Fn. 21, 22; *Roxin/Arzt/Tiedemann*, Einführung, S. 4; *Schünemann*, in: *v. Hirsch/Seelmann/Wohlers* (Hrsg.), Mediating Principles, S. 18 ff.; *Steinberg*, in: FS Rüping, S. 91 ff.

1385 *Roxin/Arzt/Tiedemann*, Einführung, S. 4.; siehe auch *Roxin*, AT I, § 2 Rn. 99, 130; *ders.*, in: FS Volk, S. 601 (605); selbst das BVerfG geht davon aus, dass das „Strafrecht als ‚ultima ratio' des Rechtsgüterschutzes eingesetzt" wird NJW 2008, 1137 (1138); siehe auch *Dubber*, ZStW 117 (2005), 485 (501 m.w.N.).

1386 Siehe nur *Dubber*, ZStW 117 (2005), 485 (501); *Gimbernat Ordeig*, GA 2011, 284, der verschiedene Straftatbestände mit der Rechtsgutstheorie testet; *Roxin*, AT I, § 2 Rn. 1 ff.

1387 *Gimbernat Ordeig*, GA 2011, 284 (287 f.); *Kulhanek*, ZIS 2014, 674.

1388 So *Frister*, Strafrecht AT, 3. Kap. Rn. 32; grundsätzlich zum Entscheidungsspielraum NK-StGB/*Hassemer/Neumann*, Vorbe. § 1 Rn. 85 ff.

1389 *Roxin*, AT I, § 2 Rn. 2, 4 f., 12; vgl. bspw. auch bei *Otto*, Strafrecht AT, § 1 RN. 39 ff.

wichtige Auslegungshilfe.[1390] Äußerst umstritten ist der system- bzw. gesetzgebungskritische Aspekt.[1391]

Es geht dabei um die Frage, ob das Rechtsgut ein (kriminalpolitisches) Kriterium zur Begrenzung des Strafrechts darstellt.[1392] Demnach darf nur bestraft werden, wenn der Schutz eines Rechtsguts bezweckt wird. Dies hängt dann, wie beim materiellen Verbrechensbegriff, vom jeweiligen gesellschaftlichen und sozialen Wertesystem ab und zeigt die Nähe der Rechtsgutslehre zum materiellen Verbrechensbegriff.[1393] Ziel einer systemkritischen Rechtsgutslehre ist es, „dem Strafgesetzgeber ein plausibles und verwendungsfähiges Kriterium seiner Entscheidung an die Hand zu geben und zugleich einen externen Prüfungsmaßstab für die Gerechtigkeit dieser Entscheidungen zu entwickeln".[1394] Dann kann die Rechtsgutstheorie als Legitimitätskriterium für die Strafgesetzgebung angesehen werden.[1395] Die Rechtsgutstheorie sollte in ihrer begrenzenden Funktion als „Nadelöhr" dienen.[1396] Im folgenden sollen nun die verschiedenen Ansichten zur gesetzgebungskritischen Rechtsgutslehre, unter Berücksichtigung des Inzesturteils des BVerfG, skizziert werden.[1397] Während die einen von dem „Bemühen geleitet sind, den Begriff des Rechtsguts auf dem Scheiterhaufen zu

1390 Schönke/Schröder/*Eisele*, Vorbem. §§ 13 ff. Rn. 9a f.; *Roxin*, AT I, § 2 Rn. 1 ff., insb. 4; SK-StGB-*Rudolphi/Jäger*, Vor § 1 Rn. 7; *Theile*, wistra 2012, 285 (286 f.).

1391 *Hassemer*, Theorie und Soziologie des Verbrechens, S. 19 ff.; *Roxin*, AT I, § 2 Rn. 1 ff. insb. 4; SK-StGB-*Rudolphi/Jäger*, Vor § 1 Rn. 8 ff., der einen guten Überblick über den Streitstand gibt; sowie SSW-StGB/*Satzger*, Vor §§ 13 ff. Rn. 5.

1392 Dabei gehen die Meinungen darüber auseinander, ob die Rechtsgutslehre begrenzend oder erweiternd wirkt; siehe zum Phänomen, dass sich sowohl kritisch-liberale als auch positivistische Strafrechtslehren der Rechtsgutslehre bedienen *Hassemer*, Theorie und Soziologie des Verbrechens, S. 98 ff.; sowie *Seher*, in: *Hefendehl/v. Hirsch/Wohlers* (Hrsg.), Die Rechtsgutstheorie, S. 39 (42 ff.); vgl. auch *Frehsee* der von einer *„Inflation* kaum noch konkretisierbarer *Rechtsgüter*" spricht, in: *Schild* (Hrsg.), Der Rechtsstaat verschwindet, S. 260.

1393 SK-StGB-*Rudolphi/Jäger*, Vor § 1 Rn. 8 m.w.N.; *Zipf*, Kriminalpolitik, § 5 Kap. 3.1, S. 107.

1394 NK-StGB/*Hassemer/Neumann*, Vor § 1 Rn. 115; vgl. *v. Hirsch/Wohlers*, in: *Hefendehl/v. Hirsch/Wohlers* (Hrsg.), Die Rechtsgutstheorie, S. 196, die allerdings kritisieren, dass dies bisher noch nicht erreicht wurde; *Otto*, Strafrecht AT, § 1 Rn. 40.

1395 *Kudlich*, ZStW 127 (2915), 635 (653).

1396 Vgl. *Mitsch*, Antidopinggesetz, S. 1, der insgesamt kritisch die Ausdehnung des Rechtsgutsbegriffs beschreibt.

1397 BVerfG NJW 2008, 1137.

verbrennen“[1398] prophezeien andere „der Idee des Rechtsgüterschutzes [...] noch eine große Zukunft“[1399].

II. Die Diskussion um die gesetzgebungskritische Rechtsgutslehre

Die systemkritische Rechtsgutslehre ist schon lange Grundlage kontroverser Diskussionen.[1400] Sie gilt mittlerweile als eine der umstrittensten Grundlagenfragen des Strafrechts,[1401] was sicher auch an „der Komplexität des Gegenstandes“ liegt.[1402] Die Diskussion erlebt seit über zehn Jahren neuen Aufschwung.[1403] Insbesondere das Inzest-Urteil 2008 des BVerfG

1398 *Dalbora*, in: *Dalbora/Vormbaum* (Hrsg.), S. 67 (77); *Paeffgen*, in: FS Wolter, S. 125. kritisiert auch die Tendenz das Rechtsgut „mit Aplomb auf den Kehrichthaufen der Dogmatikgeschichte zu fegen.“.

1399 *Schünemann*, in: *Hefendehl/v. Hirsch/Wohlers* (Hrsg.), Die Rechtsgutstheorie, S. 133; vgl. auch *Hassemer*, in: GS Schlüchter, S. 133 (151 ff., 157); *Heinrich*, in: FS Roxin, S. 131 (146) der zum Kampf aufruft; sowie *Neubacher*, JURA 2000, 514 (518).

1400 Siehe nur *Fischer*, StGB, Vor § 13 Rn. 2; *Wohlers*, GA 2012, 600 (606); vgl. dazu aus den 1970ern und teils auch früher: *Amelung*, Rechtsgüterschutz und Schutz der Gesellschaft S. 330 ff.; *Hassemer*, Theorie und Soziologie des Verbrechens; *Jäger*, Strafgesetzgebung und Rechtsgüterschutz, S. 10 f.; *Lampe*, in: FS Welzel, S. 151 ff.; *Marx*, Zur Definition des Begriffs ‹Rechtsgut›, S. 3; *Naucke*, Zur Lehre vom strafbaren Betrug, S. 38 ff.; *Otto*, in: *Müller-Dietz* (Hrsg.), Strafrechtsdogmatik und Kriminalpolitik, S. 1; *Rudolphi*, in: FS Honig, S. 151 ff.; *Sina*, Die Dogmengeschichte des strafrechtlichen Begriffs „Rechtsgut“; siehe außerdem den § 2 Abs. 1 Alternativentwurf der Strafrechtslehrer: „Strafen und Maßregeln dienen dem Schutz der Rechtsgüter [...] “; sowie Artikel 40-1 des portugiesischen Strafgesetzbuchs, der einen ähnlichen Wortlaut umgesetzt hat, denn dort heißt es, dass „die Anwendung von Strafen und Maßregeln der Besserung und Sicherung dem Schutz der Rechtsgüter und der Resozialisierung des Täters dient“.

1401 SK-StGB-*Rudolphi/Jäger*, Vor § 1 Rn. 8; *Roxin*, in: *Hefendehl* (Hrsg.), Symposium Schünemann, S. 135 (138); siehe auch die wachsende Kritik beschreibend NK-StGB/*Hassemer/Neumann*, Vor § 1 Rn. 116 ff.

1402 *Hefendehl*, GA 2002, 21.

1403 Siehe nur *Roxin*, GA 2013, 433 der auf eine Tagung 2002 und den dazu erschienen Tagungsband von *Hefendehl/v. Hirsch/Wohlers* sowie die Anschlusstagung 2007 verweist; vgl. auch die 36. Tagung der deutschsprachigen Strafrechtslehrerinnen und Strafrechtslehrer 2015 zum Thema „Rechtsstaatliche Grenzen des Straf- und Strafprozessrechts“, insb. *Engländer*, ZStW 127 (2015), 616 ff.; *Kudlich*, ZStW 127 (2015), S. 635 ff.

leistete dazu einen Beitrag.[1404] Bevor dieses Urteil genauer beleuchtet wird, erfolgt eine dieser Arbeit angemessene kurze überblickgebende Darstellung verschiedener Ansichten zum systemkritischen Rechtsgutsbegriff.[1405]

1. Ansichten zum systemkritischen Rechtsgutsbegriff

Gegner eines gesetzgebungskritischen Rechtsgutsbegriffs kritisieren oftmals dieser sei zu vage und unbestimmt.[1406] Außerdem werde die „Leistungsfähigkeit der Rechtsgutslehre maßlos überschätzt".[1407] Auch an ihrer Durchschlagskraft und der Möglichkeit aus „eigener Kraft verbindliche kritische Maßstäbe vorgeben zu können" wird gezweifelt und insofern von einer „Lebenslüge" gesprochen.[1408] So werden teils auch neue, alternative oder ergänzende Theorien errichtet.

Damit „die Frage nach den Bedingungen menschlichen Zusammenlebens" ausreichend Beachtung findet, hat *Amelung* unter Ablehnung der Rechtsgutstheorie eine Theorie der Sozialschädlichkeit entwickelt.[1409] Er

---

1404 BVerfGE 120, 224 ff. = BVerfG NJW 2008, 1137 (Inzesturteil); siehe auch dazu erschienene (teils kontroverse) Veröffentlichungen: *Androulakis*, FS Hassemer, S. 271 ff.; *Bottke*, FS Volk, S. 93 ff.; *Cornils*, ZJS 2009, 85 (87 ff.); *Fröhlich/Siebenhüner*, DRiZ 2012, 344 ff.; *Greco*, ZIS 2008, 234 ff.; Hefendehl, JA 2011, 401 (403 ff.); *Hörnle*, NJW 2008, 2085 ff.; *Hufen/Jahn*, JuS 2008, 550 ff.; *Kaspar*, Verhältnismäßigkeit und Grundrechtsschutz, insb. S. 445 ff.; *Krauß*, FS Hassemer, S. 423 ff; *Kühl*, in: FS Maiwald, S. 433 (insb. 447 ff.); *Noltenius*, ZJS 2009, 15 ff.; *dies.*, in: Grundrechtspolitik und Rechtswissenschaft, S. 93 (102); *Paeffgen*, in: FS Wolter, S. 125 ff.; *Roxin*, StV 2009, 544 ff.; *Swoboda*, ZStW 122 (2010), 24 ff.; *Thurn*, KJ 2009, 74 ff.; *Tischler*, Der Geschwisterinzest, S. 5, 121 ff., 136; *Zabel*, JR 2008, 453 ff.; siehe aber auch andere Urteile, die sich (wenn auch negativ) zumindest mit dem Rechtsgüterschutz auseinandersetzen BVerfGE 39, 1, 47 ff.; OLG Hamburg NJW 2010, 1893 (1897); siehe aber auch schon *Schünemann*, in: *Hefendehl/v. Hirsch/Wohlers* (Hrsg.), Die Rechtsgutstheorie, S. 133 (145 ff.) zur Cannabis-Entscheidung BVerfGE 90, 145 = NJW 1994, 1577; dazu *Vogel*, StV 1996, 110 ff.

1405 Für ausführliche Darstellungen siehe auch Roxin, AT I, § 2 Rn. 2 ff.; SK-StGB-*Rudolphi/Jäger*, Vor § 1 Rn. 8 ff.

1406 Vgl. *Deckert*, Strafwürdigkeit und Strafgesetzgebung, S. 88; *Dubber*, ZStW 117 (2005), 485 (504); *Stuckenberg*, GA 2011, 653 ff. (657); LK-StGB/*Weigend*, Einl Rn. 7.

1407 *Wohlers*, GA 2002, 15.

1408 *Swoboda*, ZStW 122 (2010), 24 (37).

1409 *Amelung*, Rechtsgüterschutz und Schutz der Gesellschaft, S. 330 ff., 393.

betont zugleich auch die Flexibilität des Gesetzgebers.[1410] Wegen Problemen im Zusammenhang mit einem liberalen Strafrecht versucht *Amelung* aber die Theorie des Sozialschadens durch das Grundgesetz (Art. 1, 2 GG) einzuschränken.[1411] Hauptsächlicher Kritikpunkt an dieser Auffassung ist aber, dass der Staat für das Individuum da ist, welches um seiner selbst willen und nicht nur als Teil der Gesellschaft geschützt werden muss.[1412] Zudem gelingt es *Amelung* nicht, „die Fragen nach den Legitimationskriterien strafrechtlicher Normen umfassend im soziologischen Kontext zu reformulieren“.[1413]

Ähnlich wie *Amelung* argumentiert *Jakobs*,[1414] der davon ausgeht, dass es die Funktion des Strafrechts sei, die Normgeltung aufrechtzuerhalten.[1415] Seine Auffassung ist aber aus oben genannten Gründen kritisch zu sehen.[1416] Die Argumentation *Welzels*, auf den die Auffassung *Jakobs* zurückgeht, ist ebenfalls sehr diskussionswürdig, da Zweck und Mittel verwechselt werden.[1417] Anders ausgedrückt: „Der Schutz von Rechtsgütern ist die Funktion, die Bestätigung der Normgeltung ist die unmittelbare Wirkung dieser Funktion.“[1418] Zudem ist der Begriff des Aktwerts bei *Welzel* nicht klarer als der des Rechtsguts und ihm gelingt keine Begrenzungsfunktion.[1419]

1410 *Amelung*, in: *Hefendehl/v. Hirsch/Wohlers* (Hrsg.), Die Rechtsgutstheorie, S. 155 (163).

1411 *Amelung*, Rechtsgüterschutz und Schutz der Gesellschaft, S. 390.

1412 *Achenbach*, Strafrechtlicher Schutz des Wettbewerbs, S. 61; *Anastasopoulou*, Deliktstypen zum Schutz kollektiver Rechtsgüter, S. 15; *Roxin*, AT I, § 2 Rn. 116 unter Hinweis auf *Hassemer*, ZStW 87 (1975), 161 ff.; siehe auch *Seher*, in: *Hefendehl/v. Hirsch/Wohlers* (Hrsg.), Die Rechtsgutstheorie, S. 39 (40 ff.) der davon ausgeht, dass bei einer solchen Argumentationsweise gar nicht an der Rechtsgutsdebatte teilgenommen wird.

1413 *Anastasopoulou*, Deliktstypen zum Schutz kollektiver Rechtsgüter, S. 15.

1414 Vgl. *Jakobs*, HRRS 2004, S. 88 ff.; für weitere Angaben s. o. S. 195 f.

1415 Siehe schon oben S. 194 f.

1416 S. o. S. 194 f.; und vgl. bspw. *Heinrich*, in: FS Roxin, S. 131 (150); sowie *Roxin*, in: *Hefendehl* (Hrsg.), Symposium Schünemann, S. 135 (148 f.).

1417 *Welzel*, Das Deutsche Strafrecht, S. 4 ff.; siehe außerdem oben S. 195 ff.; zu weitergehender Kritik *Hassemer*, Theorie und Soziologie des Verbrechens, S. 92 ff., 96 f.; *Kaspar*, Verhältnismäßigkeit und Grundrechtsschutz, S. 201; *Navarrete*, in: FS Roxin, der eine Verbindung von Rechtsgüterschutz und Bestätigung der Normgeltung aufzeigt, S. 169 (175); SK-StGB-*Rudolphi/Jäger*, Vor § 1 Rn. 10 unter Verweis auf *Roxin*, AT I, § 2 Rn. 106.

1418 *Navarrete*, in: FS Roxin, S. 169 (177); vgl. *Achenbach*, Strafrechtlicher Schutz des Wettbewerbs, S. 59.

1419 *Hassemer*, Theorie und Soziologie des Verbrechens, S. 92, 96 f.

Appel hält dem systemkritischen Rechtsgutsbegriff die gesetzgeberische Einschätzungsprärogative entgegen, indem er davon ausgeht, dass es der strafbegrenzenden Funktion der Rechtsgutslehre in einem demokratischen Verfassungsstaat nicht bedürfe und dem Strafgesetzgeber auch keine weiteren Grenzen außerhalb der Verfassung gesetzt seien.[1420]

Frisch sieht die systemkritische Rechtsgutslehre aus mehreren Gründen kritisch.[1421] Er spricht sich für eine kräftige Relativierung aus und bezweifelt die Leistungsfähigkeit, da schon der Rechtsgutsbegriff so vage sei und daher eine „eher *bescheidene Grenzfunktion*" vorliege.[1422] Er weist auf einen, seiner Ansicht nach, kaum gesehenen weiteren Problembereich hin: „Es ist die in weiten Bereichen *fehlende originäre Entscheidungskompetenz des Strafrechtlers* und insbesondere des Strafgesetzgebers darüber, *ob bestimmte Sachverhalte Rechtsgüter* sind oder nicht."[1423] Zudem sei der Rechtsgutsbegriff überschätzt, da damit gleichzeitig andere Legitimationsfragen vernachlässigt würden.[1424] Wegen der skeptischen Beurteilung der Rechtsgutstheorie, wählt *Frisch* einen Ansatz, der unmittelbar an den tradierten Begriffen der Strafbedürftigkeit und Strafwürdigkeit ansetzt.[1425]

Hirsch entnimmt dem systemkritischen Rechtsgutsbegriff keine Bindung des Gesetzgebers.[1426] Er kommt vielmehr „zu dem Ergebnis, daß es ihn nicht gibt".[1427] „Der Rechtsgutsbegriff bildet für vorgegebene Einschränkungen des Strafrechts keinen tauglichen Ansatz."[1428] Nur die systemimmanente Funktion hält er für „unverzichtbar".[1429]

1420 *Appel*, Verfassung und Strafe, S. 390, 597; siehe dazu SK-StGB-*Rudolphi/Jäger*, Vor § 1 Rn. 10.

1421 *Frisch*, in: *Hefendehl/v. Hirsch/Wohlers* (Hrsg.), Die Rechtsgutstheorie, S. 215 (216); vgl. auch *ders.*, in: FS Stree-Wessels, S. 69 ff.

1422 Ebda.

1423 *Frisch*, in: *Hefendehl/v. Hirsch/Wohlers* (Hrsg.), Die Rechtsgutstheorie, S. 215 (219).

1424 *Frisch*, in: *Hefendehl/v. Hirsch/Wohlers* (Hrsg.), Die Rechtsgutstheorie, S. 215 (222).

1425 *Frisch*, in: FS Stree-Wessels, S. 69 ff.; kritisch hierzu *Kuhlen*, in: Wolter/Freund (Hrsg.), Straftat, S. 77 ff.

1426 *Hirsch*, in: FS Spinellis, S. 425 (429 f., 436, 445).

1427 *Hirsch*, in: FS Spinellis, S. 425 (436).

1428 *Hirsch*, in: FS Spinellis, S. 425 (445); siehe kritisch dazu *Roxin*, in: *Hefendehl* (Hrsg.), Symposium Schünemann, S. 135 (146 f.).

1429 *Hirsch*, in: FS Spinellis, S. 425 (443, 445).

Für *v. Hirsch* kann der Rechtsgutsbegriff alleine keine „adäquate Kriminalisierungstheorie [...] tragen" und ist eventuell durch andere Prinzipien, wie beispielsweise das „Harm Principle" zu ergänzen.[1430]

Obwohl der Rechtsgutsbegriff verschiedene Funktionen zu erfüllen habe, lasse sich – so *Jescheck/Weigend* – „aus dem Begriff des Rechtsguts nichts ableiten", was im Zusammenhang mit kriminalpolitische Fragen weiterhelfen könne.[1431] „Maßgebend ist die rechtspolitische Entscheidung, für die allerdings das Grundgesetz einige Vorgaben (Schutzpflicht des Staates, Subsidiarität des Strafrechts) enthält".[1432] An dieser Auffassung kann kritisiert werden, dass zwar wesentliche Elemente der Rechtsgutslehre enthalten sind, es aber an konkreten Ableitungen fehlt und „die Äußerungen im Stichwortartigen und Unverbindlichen stecken bleiben."[1433]

Lagodny geht von einer weitreichenden Zwecksetzungskompetenz des Gesetzgebers aus und statuiert: „Einen dem Strafgesetzgeber vorgelagerten und *verbindlichen* Rechtsgutsbegriff gibt es nicht."[1434] Des Weiteren stellt er fest, dass das materielle Strafrecht sich einer verfassungsrechtlichen Kontrolle „in nahezu genialer Weise" entzieht.[1435] Er beschäftigt sich daher auch mit der Frage, weshalb die Grundrechte den Strafgesetzgeber kaum bremsen können.[1436] Dabei sei – so *Lagodny* – die Strafzweckdiskussion für das Verfassungsrecht irrelevant.[1437] Straf- und Verfassungsrechtliche Denkweisen liefen demnach auseinander.[1438] *Lagodny* empfiehlt daher den „Fragenkomplex" fachübergreifend anzugehen, damit das Verfassungs- und Strafrecht zusammenfinden können.[1439] Den Verdienst der strafrechtlichen Rechtsgutsdiskussion sieht *Lagodny* als Rechtsgutskeptiker dennoch

---

1430 *V. Hirsch*, in: *Hefendehl/v. Hirsch/Wohlers* (Hrsg.), Die Rechtsgutstheorie, S. 13 ff. (25); *ders.*, GA 2002, 2 ff.; siehe auch *Seher*, in: *Hefendehl/v. Hirsch/Wohlers* (Hrsg.), Die Rechtsgutstheorie, S. 39; *Hefendehl*, GA 2007, 1 (6 ff., 9) und dazu S. 171; zu Kritik am „Harm Principle" *Kahlo*, in: *Hefendehl/v. Hirsch/Wohlers* (Hrsg.), Die Rechtsgutstheorie, S. 26 ff. (31 ff.).

1431 *Jescheck/Weigend*, Strafrecht AT, § 26 I 2 f., S. 258.

1432 *Jescheck/Weigend*, Strafrecht AT, § 26 I 2, S. 258.

1433 *Roxin*, AT I, § 2 Rn. 104.

1434 *Lagodny*, Strafrecht vor den Schranken der Grundrechte, S. 144.

1435 *Lagodny*, Strafrecht vor den Schranken der Grundrechte, S. 536.

1436 *Lagodny*, in: *Hefendehl/v. Hirsch/Wohlers* (Hrsg.), Die Rechtsgutstheorie, S. 83.

1437 *Lagodny*, in: *Hefendehl/v. Hirsch/Wohlers* (Hrsg.), Die Rechtsgutstheorie, S. 83 (85).

1438 *Lagodny*, in: *Hefendehl/v. Hirsch/Wohlers* (Hrsg.), Die Rechtsgutstheorie, S. 83 (85).

1439 *Lagodny*, in: *Hefendehl/v. Hirsch/Wohlers* (Hrsg.), Die Rechtsgutstheorie, S. 83 (88); *ders.*, Strafrecht vor den Schranken der Grundrechte, S. 535.

darin „einen Leitgedanken gefunden zu haben, mit dem man den Gesetzgeber zumindest theoretisch in Argumentationsnot bringen kann."[1440] Darin könne ein wesentlicher Beitrag zu einer rationalen Diskussion der staatlichen Strafbefugnis gesehen werden.[1441]

Stratenwerth kritisiert an der Rechtsgutslehre neben der Vagheit des Begriffs, dass „jede menschliche Gruppe vielfältige kulturell geprägte Verhaltensnormen kennt (und braucht!), bei denen es nicht um mehr oder weniger handfeste ‚Güter' geht."[1442] Für *Stratenwerth* kann es „am Ende keine andere Rechtfertigung als den Rekurs auf den normativen Grundkonsens unserer Gesellschaft" geben und die Rechtsgutslehre sei damit zu verwerfen.[1443] Für *Stratenwerth* reicht es sogar aus, dass die Gesellschaft oder der Gesetzgeber eine Norm aufrechterhalten will oder andererseits ein Verhalten schlicht nicht will.[1444] *Roxin* spricht daher davon, dass für *Stratenwerth* das Strafrecht auf „nicht weiter erklärbaren Verhaltensregeln" beruhe.[1445] Lässt man allerdings etwas „schlicht nicht zu wollen" ausreichen, um eine Strafbarkeit zu begründen, so „gibt man die freiheitlich-liberale Grundlage unseres Strafrechts auf".[1446] Wenngleich der Kritik an der fehlenden Klarheit über den Rechtsgutsbegriff zuzustimmen ist, lässt sich jedoch kritisch einwenden, dass auch der „normative Grundkonsens unserer Gesellschaft"[1447] schwer zu bestimmen ist es und zu einer ähnlich unklaren Situation wie beim Rechtsgutsbegriff kommen würde. Mit dem Verzicht auf den Rechtsgutsgedanken „verzichtete man zugleich [aber] auf ein entscheidendes Potential rechtsstaatlicher Gesetzgebungskritik."[1448]

1440 *Lagodny*, in: *Hefendehl/v. Hirsch/Wohlers* (Hrsg.), Die Rechtsgutstheorie, S. 83 (87).

1441 So *Roxin*, AT I, § 2 Rn. 94.

1442 *Stratenwerth/Kuhlen*, Strafrecht AT, § 2 Rn. 7, 8.

1443 *Stratenwerth/Kuhlen*, Strafrecht AT, § 2 Rn. 8; *Stratenwerth*, in: FS Lenckner, S. 377 (390).

1444 Diskussionsbeitrag von *Stratenwerth*, in: *Hefendehl/v. Hirsch/Wohlers* (Hrsg.), Die Rechtsgutstheorie, S. 297 (299 f.).

1445 *Roxin*, AT I, § 2 Rn. 118, ebenfalls kritisch *Paeffgen*, in: FS Wolter, S. 125 (129 m.w.N.).

1446 *Roxin*, AT I, § 2 Rn. 119 unter Hinweis auf den Diskussionsbeitrag von *Stratenwerth*, in: *Hefendehl/v. Hirsch/Wohlers* (Hrsg.), Die Rechtsgutstheorie, S. 299 f.; vgl. außerdem *Roxin*, in: *Hefendehl* (Hrsg.), Symposium Schünemann, S. 135 (147 f.); siehe auch die Kritik bei *Kaspar*, Verhältnismäßigkeit und Grundrechtsschutz, S. 202.

1447 *Stratenwerth/Kuhlen*, Strafrecht AT, § 2 Rn. 8.

1448 *Roxin*, AT I, § 2 Rn. 119; siehe auch seine Kritik zu Stratenwerth in: FS Hassemer, S. 573 (592 f.); ebenfalls kritisch *Martins*, ZStW 125 (2013), 234 (256).

Stuckenberg relativiert den systemkritischen Rechtsgutsbegriff und kritisiert insbesondere die „inhaltliche Dürftigkeit“ und Vagheit des Begriffs.[1449] Er sieht es als notwendig an, dass die Strafrechtswissenschaft ihren theoretischen Erkenntnissen zu praktischer Relevanz verhelfe, durch einen „theoretischen Beitrag“ zur Überzeugung des Gesetzgebers und durch „die Errichtung einer [...] strafrechtsspezifischen Grundrechtsdogmatik“.[1450]

Wohlers kritisiert einerseits, dass die „Leistungsfähigkeit der Rechtsgutslehre maßlos überschätzt sei, und andererseits [...] die Bedeutung der Tatbestandsstruktur als ein eigenständiges Kriterium richtigen bzw. legitimen Strafrechts unterschätzt“ werde.[1451] Er fordert daher, dass die Legitimität auch an „für den jeweiligen Delikttypus spezifischen Kriterien zu messen“ sei.[1452]

Auch die Befürworter eines systemkritischen Rechtsgutskonzepts stehen diesem nicht unkritisch gegenüber, sondern versuchen diesen zu begrenzen oder zu konkretisieren.[1453]

Hassemer schreibt dem Rechtsgut neben der systemimmanenten Bedeutung auch eine systemkritische zu.[1454] *Hassemer* ordnet das Rechtsgut in das verfassungsrechtliche Übermaßverbot ein und zieht damit enge Verbindungslinien zwischen dem Rechtsgüterschutz und der Verfassung.[1455] Wird ein Verhalten unter Strafe gestellt, welches nicht dem Schutz eines Rechtsguts dient, spricht er von „Staatsterror“.[1456] Mit der Rechtsgutslehre soll „das Bemühen, Strafrecht und Strafjustiz konkret, klar und kritisierbar zu machen“ verfolgt werden.[1457] Für *Hassemer* ist das Rechtsgutskonzept ein „Zukunftskonzept“ und er zeigt, in seinem Gesamtwerk in welchem

1449 *Stuckenberg*, GA 2011, 653 (656 f.).
1450 *Stuckenberg*, GA 2011, 653 (661).
1451 *Wohlers*, GA 2002, 15.
1452 *Wohlers*, GA 2002, 15 (20).
1453 Siehe z.B. die neun Richtlinien von *Roxin*, AT I, § 2 Rn. 13-49; oder das „Drei-Stufen-Schema des Rechtsgüterschutzes“ bei *Heinrich*, in: FS Roxin, S. 131 (148).
1454 *Hassemer*, Theorie und Soziologie des Verbrechens, S. 19 ff.
1455 So *Hefendehl*, GA 2007, 1 (5) unter Hinweis auf *Hassemer*, in: *Hefendehl/v. Hirsch/Wohlers* (Hrsg.), Die Rechtsgutstheorie, S. 57 (59 f.).
1456 *Hassemer*, in: *Hefendehl/v. Hirsch/Wohlers* (Hrsg.), Die Rechtsgutstheorie, S. 57 (64).
1457 *Hassemer*, in: FS Androulakis, S. 207 (210).

das Rechtsgut einen besonderen Platz einnimmt, dass die „Potenz des Denkens am Rechtsgut“ noch nicht ausgeschöpft ist.[1458]

Hefendehl tritt für einen systemkritischen Rechtsgutsbegriff ein.[1459] Er versteht den Rechtsgutsbegriff als Angelpunkt, ohne den „die verfassungsmäßige Überprüfung ebenso wie die Suche nach Deliktsstrukturen“ in der Luft hinge.[1460] *Hefendehl* unterstützt eine Ergänzung des Rechtsgutskonzepts durch weitere strafbarkeitsbegrenzende bzw. -erweiternde Prinzipien im Sinne von sog. *mediating und extending principles*.[1461] Als strafbarkeitsbegrenzende Prinzipien kommen beispielsweise der Maßstab der Verhältnismäßigkeit oder die Subsidiarität des Strafrechts in Betracht.[1462]

Für *Heinrich* ist Rechtsgüterschutz als erste und einzige Aufgabe des Strafrechts zu sehen.[1463] Er stellt „Dreh- und Angelpunkt unseres gesamten Strafrechts“ dar.[1464] Dieser Gedanke bedürfe aber einer „kraftvollen Wiederbelebung“ durch die Bekräftigung und Verfeinerung des Gedankens.[1465] Dafür schreibt er einen „Aufruf zum Kampf“.[1466] Er schlägt ein „Drei-Stufen-Schema des Rechtsgüterschutzes“ vor: „Was und wer soll wovor geschützt werden?“[1467]

H. Jäger ist Vertreter einer systemkritischen Rechtsgutskonzeption, die seinen zwei Grundforderungen zu entnehmen ist. So sei der Gesetzgeber wie der Richter gebunden, da es keine Strafrechtsnorm ohne Rechtsgüterschutz geben könne und im Zweifelsfall dann keine Strafbarkeit.[1468]

Ein „partiell vermittelnder, z.T. aber anders akzentuierender Standpunkt“ wird von *Paeffgen* eingenommen.[1469] Demnach sind Rechtsgüter „gesellschaftlich positiv bewertete Gegebenheiten in der Person des und

---

1458 So *Hefendehl*, GA 2007, 1 (6) unter Hinweis auf *Hassemer*, in: GS Schlüchter, S. 133 (151 ff., 157); NK-StGB/*Hassemer/Neumann*, Vor § 1 Rn. 148; vgl. *Krauß*, in: FS Hassemer, S. 423; dem Verständnis der Rechtsgutslehre Hassemers eine „deutliche Absage“ erteilend *Tischler*, Der Geschwisterinzest, S. 144.

1459 *Hefendehl*, ZIS 2012, 506; *ders.*, GA 2007, 1; *ders.*, in: *Hefendehl/v. Hirsch/Wohlers* (Hrsg.), Die Rechtsgutstheorie, S. 119.

1460 *Hefendehl*, GA 2007, 1 (2, 6); *ders.*, JA 2011, 401 (404); *ders.*, in: *Hefendehl/v. Hirsch/Wohlers* (Hrsg.), Die Rechtsgutstheorie, S. 119, 132.

1461 *Hefendehl*, GA 2007, 1 (6 ff., 9).

1462 SK-StGB-*Rudolphi/Jäger*, Vor § 1 Rn. 10.

1463 *Heinrich*, in: FS Roxin, S. 131 (146).

1464 *Heinrich*, in: FS Roxin, S. 131 (147).

1465 *Heinrich*, in: FS Roxin, S. 131 (146 ff.).

1466 *Heinrich*, in: FS Roxin, S. 131 (146 ff.).

1467 *Heinrich*, in: FS Roxin, S. 131 (148).

1468 *Jäger*, Strafgesetzgebung und Rechtsgüterschutz, S. 123.

1469 *Paeffgen*, in: FS Wolter, S. 125 (131).

im Verhältnis zwischen den Menschen, die zu schützen der Gesetzgeber für so wichtig hält, daß er sie mittels Strafrecht gewährleisten will (*materiale Dimension* des ‚Rechtsguts'-Begriffs). Der Gesetzgeber ist aber nicht völlig frei, derartige Normen zu erlassen. Er bleibt nicht nur eingebunden in die Vorgaben der Verfassung – und der dortigen Idee von Recht, – er ist – in Grenzen – auch eingebunden in eine von ihm einmal eingeschlagene Konzeption (Dogmatik) des Argumentierens. Systematische Binnenrationalität ist also eine wesentliche Voraussetzung für die Anerkennung als ‚Rechtsgut', eine *formal-materielle Zusatzbedingung* [...]"[1470] Eine rechtswirksame Strafrechtsnorm durch den Strafgesetzgeber ist geschaffen, wenn er im Dialog mit dem BVerfG und unter Beobachtung der Fachöffentlichkeit dartun kann, dass ein „gewichtiges sozialschädliches Verhalten vorliegt, dessen ‚Schutzgegenstand' (‚Rechtsgut') sich in den systematischen Kontext des vorhandenen Norm- und Dogmatikbestandes rational [...] eingliedern läßt, [...] und in einer den Anforderungen des Art. 103 II GG genügender Form positiviert wurde".[1471]

Um das staatliche Strafrecht zu begrenzen ist nach *Roxin* die Rechtsgutslehre „sehr wohl tauglich".[1472] *Roxin* versteht die Rechtsgutslehre als systemkritisch oder wie er sagt „gesetzgebungskritisch", da es sich bei Rechtsgütern nicht nur um Auslegungshilfen (systemimmanent) handelt, sondern damit dem Gesetzgeber Grenzen bei der Bestrafung gesetzt werden sollen.[1473] Dabei ist die Rechtsgutslehre „auf gesellschaftsvertraglicher Grundlage aus den Aufgaben des Strafrechts [...] [abzuleiten] und [...] [der] Schutz der verfassungsrechtlichen Grund- und Freiheitsrechte in eine solche Konzeption" einzuarbeiten.[1474] „Eine Strafvorschrift, die kein Rechtsgut schützt, ist unangemessen und ein übermäßiger Eingriff in die Freiheit der Bürger."[1475] *Roxin* betont mit „großer Klarheit" die Bedeutung dieses Prinzips,[1476] das zwar wegen des weiten Ermessensspielraums des Gesetz-

1470 Ebda.

1471 *Paeffgen*, in: FS Wolter, S. 125 (151).

1472 *Roxin*, AT I, § 2 Rn. 50.

1473 *Roxin*, AT I, § 2 Rn. 12.

1474 *Roxin*, AT I, § 2 Rn. 50, 92, der damit „tendenziell" den Befürwortern einer verfassungsrechtlichen Rezeption des Rechtsgutsbegriff zustimmt.

1475 *Roxin*, AT I, § 2 Rn. 92.

1476 *Hefendehl*, GA 2007, 1 (4).

gebers weder zu einem Zwang noch zu Patentlösungen führe, aber doch „ziemlich konkrete Argumentationsrichtlinien" ermögliche.[1477]

Nach *Rudolphi* sind Rechtsgüter solche, die für die verfassungsgemäße Gesellschaft und die verfassungsgemäße Stellung und Freiheit des Einzelnen unverzichtbare „werthafte soziale Funktionseinheiten" darstellen.[1478] Der „auf Grund verfassungsrechtlicher Wertentscheidungen [...] [gebildete] Rechtsgutsbegriff [...] liefert nicht nur dem Strafgesetzgeber verbindliche materielle Kriterien für die Aufstellung von Strafrechtsnormen, sondern er ist auch für die Auslegung der bestehenden Straftatbestände die verbindliche Richtschnur."[1479] Somit nimmt auch *Rudolphi* eine strafgesetzgebungskritische Funktion für seine Lehre in Anspruch, auch wenn es darum geht gesellschaftliche Veränderungen in ihrer Dynamik zu erfassen.[1480]

Schünemann bedauert, dass das BVerfG[1481] die „kritische Potenz des Rechtsgüterschutzes" und damit „im Ergebnis die Strafrechtstheorie auf ein voraufklärerisches Niveau zurückschraubt".[1482] Er prophezeit „der Idee des Rechtsgüterschutzes [...] noch eine große Zukunft" und verteidigt den „Königsweg".[1483] So steht möglicherweise „der eigentliche Ausbau der Rechtsgutstheorie sogar noch bevor."[1484]

Nach *Zipf* hat der „Rechtsgutsbegriff [...] zwei Aspekte [...]: Einen intrasystematischen im geltenden Recht und einen systemkritischen bei der Überprüfung der vorhandenen Strafrechtsordnung."[1485] *Zipf* sieht einen engen Zusammenhang zwischen dem systemkritischen Rechtsgutsbegriff,

---

1477 *Roxin*, AT I, § 2 Rn. 50, 93, 94; vgl. auch *Gimbernat Ordeig*, GA 2011, 284 (294) der *Roxin* seine Anerkennung ausdrückt indem er über „entscheidende Worte" *Roxins* zur Rechtsgutslehre spricht.

1478 *Rudolphi*, FS Honig, S. 151 (163, 166).

1479 *Rudolphi*, FS Honig, S. 151 (166 f.).

1480 Vgl. *Swoboda*, ZStW 122 (2010), 24 (34).

1481 Wobei das Sondervotum Hassemers davon auszunehmen ist.

1482 *Schünemann*, in: *Hefendehl/v. Hirsch/Wohlers* (Hrsg.), Die Rechtsgutstheorie, S. 133 (145); vgl. zur historischen Einordung *Vormbaum*, in: *Dalbora/Vormbaum* (Hrsg.), S. 93 ff.

1483 *Schünemann*, in: *Hefendehl/v. Hirsch/Wohlers* (Hrsg.), Die Rechtsgutstheorie, S. 133 (133, 149); siehe ebenfalls die Zukunft nicht aufgebend [illegible], in: FS Schlüchter, S. 133 (151 ff., 157).

1484 *Schünemann*, in: *Hefendehl/v. Hirsch/Wohlers* (Hrsg.), Die Rechtsgutstheorie, S. 133 (154); dies aufgreifend *Hefendehl*, in: *Hefendehl/v. Hirsch/Wohlers* (Hrsg.), Die Rechtsgutstheorie, S. 286 (290).

1485 *Zipf*, Kriminalpolitik, § 5 Kap. 3.1, S. 106 f.

der die richtige Grenzziehung des Strafrechts ermöglichen soll, und dem materiellen Verbrechensbegriff.[1486]

Die Darstellung der verschiedenen Auffassungen zeigt die großen Unterschiede und damit die Tiefe des Grabens deutlich. Die Spannweite reicht von totaler Ablehnung[1487] über Kritik an der Vagheit des Rechtsgutsbegriffs[1488] bis hin zu den klaren Befürwortern[1489] eines systemkritischen Rechtsgüterschutzes.[1490]

2. Das Inzesturteil des BVerfG 2008 – BVerfGE 120, 224

Obwohl vieles für die systemkritische Rechtsgutstheorie spricht, erlebt sie durch das Inzesturteil des BVerfG 2008 einen (scheinbaren) Rückschlag, indem das BVerfG dort der Rechtsgutstheorie widerspricht.[1491] Wenngleich sich bei genauerer Betrachtung feststellen lässt, dass dieser Rückschlag doch nicht so eindeutig sein muss, wie er auf den ersten Blick scheinen mag.[1492] In dem Urteil stellt das BVerfG fest, dass das systemkritische

---

1486 *Zipf*, Kriminalpolitik, § 5 Kap. 3.1, S. 107.

1487 Siehe dafür nur *Amelung*, Rechtsgüterschutz und Schutz der Gesellschaft, S. 330 ff.; *Appel*, Verfassung und Strafe, S. 381 ff., 390; *Stratenwerth*, in: *Hefendehl/v. Hirsch/Wohlers* (Hrsg.), Die Rechtsgutstheorie, S. 255 ff.; *Welzel*, Das Deutsche Strafrecht, S. 4 ff.; BVerfGE 120, 224 (241 f.).

1488 Siehe hierfür bspw. *Frisch*, in: *Hefendehl/v. Hirsch/Wohlers* (Hrsg.), Die Rechtsgutstheorie, S. 215 (216); *Stratenwerth/Kuhlen*, Strafrecht AT, § 2 Rn. 7; *Dubber*, ZStW 117 (2005), 485 (504); *Romano*, in: FS Roxin, S. 155 (158); *Stuckenberg*, GA 2011, 653 ff. (655 f.).

1489 So *Hassemer*, Theorie und Soziologie des Verbrechens, S. 19 ff.; *Hefendehl*, GA 2007, 1; *Roxin*, AT I, § 2 Rn. 12; *ders.*, GA 2013, S. 433 (436 m.w.N.) unter Hinweis auf weitere Befürworter wie *Schünemann*, *Steinberg*, *M. Heinrich*, *Frister* und *Kaspar*; *Schünemann*, in: *Hefendehl/v. Hirsch/Wohlers* (Hrsg.), Die Rechtsgutstheorie, S. 133 (154).

1490 Siehe den Überblick bei *Swoboda*, ZStW 122 (2010), 24 (33 m.w.N.).

1491 BVerfGE 120, 241 f. = BVerfG NJW 2008, 1137 (1138); vgl. auch schon das Cannabis-Urteil BVerfGE 90, 145= NJW 1994, 1577; *Mitsch* spricht in seinem Vortrag (Antidopinggesetz und strafrechtlicher Rechtsgüterschutz) vom 17.12.2005 auf S. 1 von einer brüchig gewordenen Schranke, http://www.uni-potsdam.de/fileadmin/projects/ls-mitsch/images/Deutsch-russiches_Kolloquium 2015.pdf (abgerufen am 12.04.2016); *Paeffgen*, in: FS Wolter, S. 125 (126) von einem „kardinalen Schlag gegen diese Doktrin“.

1492 Siehe nur SK-StGB-*Rudolphi/Jäger*, Vor § 1 Rn. 12; siehe auch *Hamm*, NJW 2016, 1537 (1540); *Kaspar*, Verhältnismäßigkeit und Grundrechtsschutz, S. 446; *Kühl*, in: *Bosch/Bung/Klippel* (Hrsg.), Geistiges Eigentum und Strafrecht, S. 115 (123 f.); *Paeffgen*, in: FS Wolter, S. 125 (152).

Rechtsgutskonzept „keine inhaltlichen Maßstäbe [...] [bereit stellt], die zwangsläufig in das Verfassungsrecht zu übernehmen wären, dessen Aufgabe es ist, dem Gesetzgeber äußerste Grenzen seiner Regelungsgewalt zu setzen".[1493] Es widerspricht sich allerdings selbst, wenn es nur wenige Zeilen weiter oben noch davon spricht, dass das „Strafrecht [...] als ‚ultima ratio' des Rechtsgüterschutzes eingesetzt" wird.[1494] Neben diesem Widerspruch ist es auch verwunderlich, dass das BVerfG dennoch versucht, die Sozialschädlichkeit mit drei kumulativ vorliegenden Rechtsgütern zu begründen.[1495] Kritisch zu sehen ist zudem, warum drei alleine nicht ausreichende Rechtsgüter dann in „ihrer Gesamtheit" eine Sozialschädlichkeit begründen sollen.[1496] Dies und das folgende Argument können Hinweis darauf sein, dass „den Verfassern der Mehrheitsbegründung [...] wohl bewusst [war], dass die Versuche einer zweckrationalen Begründung des § 173 II 2 StGB nicht restlos überzeugend ausfallen."[1497] Zudem geht das Argument des BVerfG, die Strafbarkeit sei „kulturhistorisch" begründet, in die Richtung eines nicht gewollten Schutzes bloßer Moralvorstellungen.[1498] Es ist des Weiteren nicht überzeugend, wenn das BVerfG argu-

---

1493 BVerfG NJW 2008, 1137 (1138); siehe aber das Sondervotum von *Hassemer*, NJW 2008, 1142 ff.

1494 Ebda.; vgl. auch *Fischer*, StGB, § 173 Rn. 7a; *Hefendehl*, JA 2011, 401 (403); *Kaspar*, Verhältnismäßigkeit und Grundrechtsschutz, S. 446; *Noltenius*, ZJS 2009, 15 (17); *Paeffgen*, in: FS Wolter, S. 125 (126 Fn. 6) „der dissonante ‚Zusammenklang'"; *Roxin*, StV 2009, 54 (545); *ders.*, JöR 2011, 1 (5 f.); *Scheinfeld*, in: FS Roxin, S. 183 der von einer „zirkelhaften" Argumentation spricht.

1495 BVerfG NJW 2008, 1137 (1139); siehe dazu etwa *Kühl*, in: FS Maiwald, S. 433 (449); SK-StGB-*Rudolphi/Jäger*, Vor § 1 Rn. 11 unter Hinweis auf *Roxin*, StV 2009, 544 (546).

1496 BVerfG NJW 2008, 1137 (1139); so auch *Hassemer* in seinem Sondervotum, NJW 2008, 1142 (1144); kritisch auch *Cornils*, ZJS 2009, 85 (88); *Fischer*, StGB, § 173 Rn. 7; *Karst*, Die Entkriminalisierung des § 173 StGB, S. 226, 237; *Hörnle*, NJW 2008, 2085 (2088); MüKo-StGB/*Ritscher*, § 173 Rn. 2 ff., 6; *Roxin*, STV 2009, 544 (548); *Ziethen*, NStZ 2008, 614 (617).

1497 *Hörnle*, NJW 2008, 2085 (2087); von der Argumentation des BVerfG nicht überzeugt MüKo-StGB/*Ritscher*, § 173 Rn. 2 ff.

1498 BVerfG NJW 2008, 1137 (1140); siehe auch *Achenbach*, StraFo 2011, 422 (425); *Bottke*, FS Volk, S. 93 (102); Schönke/Schröder/*Eisele*, Vorbem. §§ 13 ff. Rn. 10a; *Frister*, Strafrecht AT, 3. Kap. Rn. 29 ff.; *Greco*, ZIS 2008, 234 ff.; *ders.*, Lebendiges und Totes in Feuerbachs Straftheorie, S. 108 ff.; im Sondervotum von *Hassemer*, NJW 2008, 1142 (1144); *ders.*, NStZ 1989, 553 (556); *Hefendehl*, Kollektive Rechtsgüter, S. 51 f.; *Karst*, Die Entkriminalisierung des § 173 StGB, S. 237; *Kaspar*, Verhältnismäßigkeit und Grundrechtsschutz, S. 436 ff.; zur Trennung von Recht und Moral *Krey/Esser*, AT, § 1 Rn. 11 ff.; zum Verhältnis von (Straf-)Recht und Moral *Kühl*, in: FS Schünemann, S. 157 ff.; *ders.*, in: GS

mentiert, dass jedenfalls die Kombination aus den kumulativen Strafzwecken und der „kulturhistorischen“ Überzeugung zulässig sei.[1499] Denn entweder „gibt es einen rationalen, den Vorgaben des Grundgesetzes entsprechenden Grund für die Strafbarkeit, oder eben nicht“.[1500] Das Urteil ist also in mehrfacher Hinsicht kritisch zu sehen[1501] und kann als „einen besonderen Tiefpunkt“ in der Judikatur des BVerfG beschrieben werden.[1502]

Die Kritik lässt sich dem Grunde nach auch auf das Urteil des EGMR hierzu übertragen.[1503] Bestätigt wird wieder das Zögern des BVerfG eine Strafrechtsnorm für verfassungswidrig zu erklären.[1504] Rechtsvergleichend ist festzustellen, dass das portugiesische Verfassungsgericht ein Rechtsguts-

---

Meurer, S. 545 ff.; Schönke/Schröder/*Lenckner/Bosch*, § 173 Rn. 1 m.w.N.; zur strafrechtlichen Moralität *Papageorgiou*, Schaden und Strafe; HK-GS/*Rotsch/Gasa*, § 173 Rn. 1; *Roxin*, JöR 2011, 1 (4 ff.); *ders.*, in: *Hefendehl* (Hrsg.), Symposium Schünemann, S. 135 (141, 143); *Rudolphi*, in: FS Honig, S. 151 (161, 166); MüKo-StGB/*Ritscher*, § 173 Rn. 2 ff., 7; *Saliger*, in: *Siep/Gutmann/Jakl* u.a. (Hrsg.), Begründung staatlicher Normen, S. 183 (200 ff.); *Seelmann*, in: *Siep/Gutmann/Jakl* u.a. (Hrsg.), Begründung staatlicher Normen, S. 171 ff.; *ders.*, in: FS Jung, S. 893 (895); *Sternberg-Lieben*, in: *Hefendehl/v. Hirsch/Wohlers* (Hrsg.), Die Rechtsgutstheorie, S. 65 (74 f.); m.w.N. auch SK-StGB/*Rudolphi/Jäger*, Vor § 1 Rn. 11; *Thurn*, KJ 2009, 74 (79 ff., 83); SSW-StGB/*Wittig*, § 173 Rn. 2; zur Moral im Strafrecht auch *Wohlers*, Deliktstypen des Präventionsstrafrechts, S. 262 ff.; *ders.*, SK-StGB, § 173 Rn. 2.

1499 BVerfG NJW 2008, 1137 (Rn. 50); *Cornils*, ZJS 2009, 85 (88); *Hörnle*, NJW 2008, 2085 (2088).

1500 *Hörnle*, NJW 2008, 2085 (2088).

1501 Siehe allein die vielen Veröffentlichungen und Literaturstimmen – ohne Anspruch auf Vollständigkeit – zu diesem Urteil *Androulakis*, FS Hassemer, S. 271 ff.; *Bottke*, FS Volk, S. 93 ff.; *Cornils*, ZJS 2009, 85 (87 ff.); LK-StGB/*Dippel*, § 173 Rn. 15; *Duttge*, in: FS Roxin, S. 227 ff.; *Fischer*, StGB, § 173 Rn. 7a; *Fröhlich/Siebenhüner*, DRiZ 2012, 344 ff.; *Greco*, ZIS 2008, 234 ff.; *Hefendehl*, JA 2011, 401 (403 ff.); *Hörnle*, NJW 2008, 2085 ff.; SK-StGB/*Horn/Wolters*, § 173 Rn. 2; *Hufen/Jahn*, JuS 2008, 550 ff.; *Karst*, Die Entkriminalisierung des § 173 StGB, S. 237 ff.; *Krauß*, in: FS Hassemer, S. 423 ff; Schönke/Schröder/*Lenckner/Bosch*, § 173 Rn. 1; *Noltenius*, ZJS 2009, 15 ff.; MüKo-StGB/*Ritscher*, § 173 Rn. 5 ff.; *Roxin*, StV 2009, 544 ff.; *Swoboda*, ZStW 122 (2010), 24 ff.; *Thurn*, KJ 2009, 74 ff.; SSW-StGB/*Wittig*, § 173 Rn. 2; *Zabel*, JR 2008, 453 ff.; siehe aber auch einzelne Befürworter des Urteils: jedenfalls die Kritik nicht vollumfänglich teilend *Kubiciel*, ZIS 2012, 282 (283 f.); *Rettenmaier*, FD-StrafR 2008, 255414 und *Tischler*, Der Geschwisterinzest, S. 147.

1502 So deutlich bspw. *Paeffgen*, in: FS Wolter, S. 125.

1503 EGMR, FamRZ 2012, 937 ff. dazu *Jung*, GA 2012, 617 ff.; *Kubiciel*, ZIS 2012, 282.

1504 *Kaspar*, Verhältnismäßigkeit und Grundrechtsschutz, S. 863 der die Zurückhaltung des BVerfG kritisiert; ebenso über die Zurückhaltung erstaunt *Hefendehl*,

strafrecht als kritischen Maßstab für den Gesetzgeber sehr wohl anerkennt.[1505] Im materiellen Strafrecht hat das BVerfG bisher kaum „Spuren hinterlassen“,[1506] obgleich es bei anderen Entscheidungen stets die Freiheitsrechte betont.[1507] So legt das BVerfG bei der Speicherung automatisch erfasster Kennzeichnen den Schwerpunkt gerade nicht auf die Autonomie des demokratisch legitimierten Gesetzgebers.[1508] „Vergleicht man das Gewicht der Eingriffe, so kann man die Kontraste nur als paradox bezeichnen. Die Speicherung ihres Autokennzeichens ist für die Betroffenen eine Bagatelle – die Verbüßung einer mehrjährigen Freiheitsstrafe ist dies ganz gewiss nicht. Ausgerechnet dann, wenn zum Schutz der Bürger vor sehr gewichtigen Grundrechtseingriffen eine ernst zu nehmende Kontrolle notwendig wäre, verweigert das BVerfG eine solche.“[1509] Unabhängig davon, welche Ansicht bezüglich der Rechtsgutslehre verfolgt wird, verdeutlicht das Urteil wiederum, dass das BVerfG „für eine Begrenzung der staatlichen Strafgewalt bisher überhaupt kein Konzept entwickelt hat.“[1510]

Trotz der kontroversen Diskussion um den systemkritischen Rechtsgutsbegriff kann – gerade auch durch das Inzesturteil – von einem Aufschwung der Rechtsgutslehre ausgegangen werden.[1511] So könnte die Potenz des Denkens aus dem Rechtsgut noch lange nicht erschöpft sein.[1512] Dadurch dass das BVerfG selbst davon ausgeht, dass das „Strafrecht als ‚ultima ratio' des Rechtsgüterschutzes eingesetzt“ wird hat es den systemkritischen Rechtsgutsbegriff mehr bestätigt als widerlegt.[1513] Dies gilt, auch

---

Kollektive Rechtsgüter, S. 42; *Kudlich*, JZ 2003, 127 (130); *Roxin*, StV 2009, 544 (545); *ders.*, JöR 2011, 1; anders bspw. das portugiesische Verfassungsgericht wie *Figueiredo Dias*, GA 2011, 202 (209 ff.) zeigt, dass auch wegen Verstoßes gegen das Prinzip des Rechtsgutstrafrechts Normen für verfassungswidrig erklärte.

1505 Siehe *Figueiredo Dias*, GA 2011, 202 (209).

1506 *Hefendehl*, JA 2011, 401 (402).

1507 *Hörnle*, NJW 2008, 2085 (2088).

1508 BVerfG NJW 2008, 1505.

1509 *Hörnle*, NJW 2008, 2085 (2088); dazu ebenfalls kritisch *Bottke*, FS Volk, S. 93 (107); *Karst*, Die Entkriminalisierung des § 173 StGB, S. 238.

1510 *Roxin*, StV 2009, 544 (545); anders das portugiesische Verfassungsgericht, welches das Rechtsgutkonzept als kritischen Maßstab für den Gesetzgeber anerkennt: *Figueiredo Dias*, GA 2014, 202 ff.

1511 *Hefendehl*, GA 2007, 1; *ders.*, in: *Hefendehl/v. Hirsch/Wohlers* (Hrsg.), Die Rechtsgutstheorie, S. 286 (290) unter Hinweis auf *Schünemann*, in: *Hefendehl/v. Hirsch/Wohlers* (Hrsg.), Die Rechtsgutstheorie, S. 133 (154).

1512 NK-StGB/*Hassemer/Neumann*, Vorbem. Zu § 1 Rn. 131 ff., 146; darauf verweisend *Hefendehl*, GA 2007, 1.

1513 Siehe BVerfG NJW 2008, 1137 (1138); SK-StGB-*Rudolphi/Jäger*, Vor § 1 Rn. 12.

wenn die Unklarheiten die im Zusammenhang mit der Rechtsgutslehre bestehen nicht geleugnet werden können: „Gleichwohl: Verzichtbar ist das Konzept des Rechtsguts [...] nicht".[1514] Auch in der Auseinandersetzung mit den Rechtsgutsgegnern[1515] gelingt es meist nicht aus deren „Fundamentalkritik Denkanstöße zur Fortentwicklung der Rechtsgutslehre" zu ziehen, da diese meist ganz andere Wege einschlagen und daher „Streng genommen [...] an der Rechtsgutsdebatte gar nicht teil" nehmen.[1516] So bleibt ungeklärt, wo die Verankerung der Rechtsgutslehre in der Verfassung gesehen werden kann.[1517] Ist dem Grundgesetz also „eine Antwort zu entlocken [...], wie viel Strafrecht sinnvoll und vor allem legitim ist."[1518] Der Gesetzgeber hat grundsätzlich frei zu entscheiden, ob und in welchem Umfang ein bestimmtes Rechtsgut mit den Mitteln des Strafrechts geschützt werden soll.[1519] Der Gesetzgeber ist aber nicht gänzlich frei, sondern hat selbst die Grenzen der Verfassung sowie ungeschriebene Verfassungsgrundsätze und Grundentscheidungen des Grundgesetzes zu beachten.[1520] Somit kann die systemkritische Rechtsgutslehre nur weiterhelfen, wenn eine Verankerung ihrer selbst in der Verfassung gefunden werden kann.[1521] Das Rechtsgut muss dabei aber „auf seinen traditionellen negativen und strafrechtskritischen Kern konzentriert werden".[1522] Der Anschluss der systemkritischen Rechtsgutslehre an die Verfassung könnte damit der Schlüssel sein und auch vieler Kritik den Wind aus den Segeln

---

1514 *Theile*, wistra 2012, 285 (287).

1515 S. o. S. 200 ff.

1516 *Seher*, in: *Hefendehl/v. Hirsch/Wohlers* (Hrsg.), Die Rechtsgutstheorie, S. 39 (40 ff.).

1517 Vgl. *Hassemer*, in: *Hefendehl/v. Hirsch/Wohlers* (Hrsg.), Die Rechtsgutstheorie, S. 57 (58 ff.); *Hufen/Jahn*, JuS 2008, 550 (551) fragen sich als Grundproblem des Strafrechts, wo und worin die Legitimation der Strafrechtsnormen zu sehen ist.

1518 *Bunzel*, in: *Hefendehl/v. Hirsch/Wohlers* (Hrsg.), Die Rechtsgutstheorie, S. 96 (118); dies verneinend *Appel*, Verfassung und Strafe, S. 597.

1519 BVerfG NJW 2008, 1137 (1138).

1520 BVerfG NJW 2008, 1137 (1138).

1521 Vgl. *Frister*, Strafrecht AT, 3. Kap. Rn. 32, der davon ausgeht, dass die Rechtsgutslehre bereits bestehende verfassungsrechtliche Grenzen in einem anschaulichen Begriff zusammenbringt.

1522 *Hassemer*, in: *Hefendehl/v. Hirsch/Wohlers* (Hrsg.), Die Rechtsgutstheorie, S. 57; *ders.*, in: FS Androulakis, S. 207 (213); *ders.*, NStZ 1989, 553 (556); siehe zum Phänomen, dass sich sowohl kritisch-liberale als auch positivistische Strafrechtslehren der Rechtsgutslehre bedienen *Hassemer*, Theorie und Soziologie des Verbrechens, S. 98 ff.

nehmen.[1523] Es soll also versucht werden, „die Verfassung, die wie geschaffen dafür [...] scheint, dem schärfsten Eingriffsinstrumentarium eines Rechtsstaates, dem Strafrecht, Grenzen einzuziehen“[1524] mit der Rechtsgutslehre zu verbinden.

III. Die Verankerung der Rechtsgutslehre in der Verfassung

Neben der Frage, ob die Rechtsgutslehre den Gesetzgeber bindet, tritt die Frage, was passiert, wenn der Rechtsgutsbezug fehlt. Kann dies zur Unwirksamkeit einer Norm führen?[1525] Grundsätzlich kann der Gesetzgeber nur durch die Verfassung gebunden werden und nicht durch wissenschaftliche Theorien/Prinzipien.[1526] Und nur das kann auch durch das Verfassungsrecht überprüft werden. Insofern verwundert es nicht, dass sich die Diskussion in der Rechtswissenschaft seit dem Inzesturteil 2008 mehr mit der Anschlussfähigkeit der Rechtsgutslehre an die Verfassung beschäftigt.[1527]

„Die Notwendigkeit und Möglichkeit einer Anknüpfung der gesetzgebungskritischen Rechtsgutslehre an die Verfassung kann inzwischen als herrschend angesehen werden.“[1528] Besteht also Einigkeit, dass kein neben

---

1523 *Dubber*, ZStW 117 (2005), 485 (506) der kritisiert, dass oft unklar bleibt aus welchen verfassungsrechtlichen Grundsätzen die Rechtsgutstheorie abzuleiten sei.

1524 *Hefendehl*, JA 2011, 401 (402).

1525 Siehe *Roxin*, GA 2013, 433 (448), der darauf hinweist, dass ausländische Verfassungsgerichte in solchen Fällen zu Nichtigkeitserklärungen kamen.

1526 *Roxin*, GA 2013, 433 (449); siehe dazu auch das BVerfG NJW 2008, 1137 (1138).

1527 *Dubber*, ZStW 117 (2005), 485 (506 f., 516); im Ergebnis kritisch *Engländer*, ZStW 127 (2015), 616 (624 ff., 633 f.); *Hufen/Jahn*, JuS 2008, 550 (551); *Stuckenberg*, in: *Menzel/Müller-Terpitz*, Verfassungsrechtsprechung, S. 846, 849 f.; so schon 2006 *Roxin*, AT I, § 2 Rn. 86 ff.; *Wohlers*, GA 2012, S. 600, 606 m.w.N.; siehe auch ähnlich schon *Hassemer*, in: *Hefendehl/v. Hirsch/Wohlers* (Hrsg.), Die Rechtsgutstheorie, S. 57 (58 ff.); vgl. *Frister*, Strafrecht AT, 3. Kap. Rn. 32, der davon ausgeht, dass die Rechtsgutslehre nur bereits bestehende verfassungsrechtliche Grenzen in einem anschaulichen Begriff zusammenbringt; *Trendelenburg*, Ultima ratio?, S. 232; siehe auch schon 2003 *Bottke*, in: FS Lampe, S. 463 (488).

1528 *Roxin*, GA 2013, 433 (450); *ders.*, in: FS Hassemer, S. 573 (577); *ders.*, in: *Hefendehl* (Hrsg.), Symposium Schünemann, S. 135 (144); vgl. dazu auch folgende: *Bottke*, in: FS Lampe, S. 463 (488); *Dubber*, ZStW 117 (2005), 485 (506 f.) der kritisiert, dass oft unklar bleibt aus welchen verfassungsrechtlichen Grundsätder Verfassung bestehendes Konzept vorliegen soll, so ist dennoch die Begründung unterschiedlich.[1529] Gemein ist ihnen aber, dass es „um einen verfassungsrechtlich moderat aufgeladenen Rechtsgutsbegriff“[1530] geht; anders ausgedrückt um eine verfassungsrechtliche „Materialisierung des Rechtsguts von unten“[1531].

Bisher wird oft eine Verknüpfung mit dem Verhältnismäßigkeitsgrundsatz und über das daraus abgeleitete Übermaßverbot hergestellt.[1532] Das Übermaßverbot selbst (und damit die Frage der Rechtsgutslehre) ist dann im Rahmen der Angemessenheit zu problematisieren.[1533]

In einer „negativen Variante passt das Prinzip des Rechtsgüterschutzes fugenlos in die verfassungsrechtliche Tradition des Übermaßverbots.“[1534] Der weite und komplexe Spielraum des Gesetzgebers bei Strafnormen ist wichtig. Daher kann die Rechtsgutslehre nur im negativen Sinne weiter-

---

zen die Rechtsgutstheorie abzuleiten sei; vgl. *Hassemer*, in: FS Androulakis, S. 207 (214 f.); vgl. auch *Hefendehl*, ZIS 2012, 506 insb. Fn. 7; *ders.*, Kollektive Rechtsgüter, S. 42, 47; *ders.*, GA 2002, 21 (22); kritisch *Hirsch*, in: FS Spinellis, S. 425 (433 m.w.N.); ebenfalls kritisch dazu LK-StGB/*Weigend*, Einl Rn. 7; *Wohlers*, in: *Hefendehl/v. Hirsch/Wohlers* (Hrsg.), Die Rechtsgutstheorie, S. 281 f.; die Möglichkeit der Verfassungsanbindung ohne Belege bezweifelnd *Tischler*, Der Geschwisterinzest, S. 143.

1529 Das Strafrecht ist kein eigenständiges System: *Bunzel*, in: *Hefendehl/v. Hirsch/Wohlers* (Hrsg.), Die Rechtsgutstheorie, S. 96, (109 f.).

1530 *Hefendehl*, JA 2011, 401 (403 m.w.N.).

1531 Ebda. m.w.N.

1532 Vgl. *Bottke*, in: FS Lampe, S. 463 (488); *Bunzel*, in: *Hefendehl/v. Hirsch/Wohlers* (Hrsg.), Die Rechtsgutstheorie, S. 96 ff.; Schönke/Schröder/*Eisele*, Vorbem. §§ 13 ff. Rn. 10a; *Greco*, ZIS 2008, 234 (238); *Hassemer*, in: *Hefendehl/v. Hirsch/Wohlers* (Hrsg.), Die Rechtsgutstheorie, S. 57 (59 f.); *ders.*, in: FS Androulakis, S. 207 (217, 220); vgl. auch *Hirsch*, in: FS Spinellis, S. 425 (434) der eine Begrenzung durch den Verhältnismäßigkeitsgrundsatz aber ohne die Rechtsgutslehre vertritt; *Kaspar*, Verhältnismäßigkeit und Grundrechtsschutz, S. 210 im Speziellen, sowie 51 ff. 193 ff., 351 ff.; *Roxin*, AT I, § 2 Rn. 92; *ders.*, in: *Hefendehl* (Hrsg.), Symposium Schünemann, S. 135 (144); *ders.*, FS *Hassemer*, S. 573 (586) unter Verweis auch auf Hassemer und Stächelin; *Saliger*, in: *Siep/Gutmann/Jakl* u.a. (Hrsg.), Begründung staatlicher Normen, S. 183 (185 m.w.N.); *Scheinfeld*, in: FS Roxin, S. 183 (184); *Stächelin*, Strafgesetzgebung im Verfassungsstaat, S. 163 ff.; *Steinsiek*, Terrorabwehr durch Strafecht?, S. 158.

1533 *Hefendehl*, JA 2011, 401 (404 f.); vgl. *Kudlich*, JZ 2003, 127 (130); vgl. auch *Saliger*, in: *Siep/Gutmann/Jakl* u.a. (Hrsg.), Begründung staatlicher Normen, S. 183 (213).

1534 *Hassemer*, in: *Hefendehl/v. Hirsch/Wohlers* (Hrsg.), Die Rechtsgutstheorie, S. 57 (61).

helfen, dass eine Norm nicht zulässig ist, die kein Rechtsgut schützt.[1535] Es ergibt sich daraus aber kein Gebot für den Gesetzgeber von Kriminalisierung und Strafandrohung.[1536]

Meist wird als Bezugspunkt für die Verhältnismäßigkeit das Rechtsgut als Voraussetzung angesehen.[1537] So bedarf eine sinnvolle Verhältnismäßigkeitsprüfung als Aufhänger der Rechtsgutstheorie.[1538] Eine verfassungsmäßige Überprüfung von Strafnormen hinge ohne Rechtsgut in der Luft.[1539] Das Verhältnismäßigkeitsprinzip ersetzt auch nicht etwa die Rechtsgutslehre.[1540] Vielmehr greifen bei „der Frage, welche Zwecke mit der Strafgesetzgebung verfolgt werden können, [...] Rechtsgutslehre und verfassungsrechtliche Anforderungen [...] ineinander; das Verhältnismäßigkeitsprinzip setzt als Bezugspunkt seinerseits ein zu schützendes Gut voraus".[1541] Im Rahmen der Verhältnismäßigkeitsprüfung muss ein Eingriff „geeignet und erforderlich sein, um etwas zu erreichen, und muss angemessen im Vergleich zu etwas sein."[1542] „Denn es gibt ja keine Verhältnismäßigkeit an sich, sondern es muss notwendigerweise der strafrechtliche Eingriff zu den dadurch bezweckten Zielen ins Verhältnis gesetzt werden."[1543] Dafür kann „die Rechtsgutslehre Anhaltspunkte liefern [...], ohne

1535 Vgl. *Hassemer*, in: *Hefendehl/v. Hirsch/Wohlers* (Hrsg.), Die Rechtsgutstheorie, S. 57 (61); vgl. auch *Roxin*, in: FS Hassemer, S. 573 (584).

1536 *Hassemer*, in: *Hefendehl/v. Hirsch/Wohlers* (Hrsg.), Die Rechtsgutstheorie, S. 57 (61).

1537 Schönke/Schröder/*Eisele*, Vor §§ 13 ff. Rn. 10a; siehe bspw. die Verknüpfung der Verhältnismäßigkeitsprüfung mit dem Rechtsgüterschutz bei MüKo-StGB/*Freund*, Vorbem. §§ 13 ff. Rn 163 ff.; *Greco*, ZIS 2008, 234 (238); *Hassemer*, in: *Hefendehl/v. Hirsch/Wohlers* (Hrsg.), Die Rechtsgutstheorie, S. 57 (60); *Hefendehl*, JA 2011, 401 (404); *Roxin*, StV 2009, 544 (545); darauf verweisend SK-StGB-*Rudolphi/Jäger*, Vor § 1 Rn. 11.

1538 Schönke/Schröder/*Eisele*, Vorbem. §§ 13 ff. Rn. 10a; *Ellbogen/Bonnin*, JR 2019, 11 (15); vgl. dazu *Hassemer*, in: *Hefendehl/v. Hirsch/Wohlers* (Hrsg.), Die Rechtsgutstheorie, S. 57 (60) und darauf bezugnehmend *Greco*, ZIS 2008, 234 (238); differenzierend *Kaspar*, Verhältnismäßigkeit und Grundrechtsschutz, S. 242.

1539 *Hefendehl*, in: *Hefendehl/v. Hirsch/Wohlers* (Hrsg.), Die Rechtsgutstheorie, S. 119 (132); *ders.*, JA 2011, 401 (404); *Roxin*, StV 2009, 544 (545); vgl. auch bei NK-StGB/*Hassemer/Neumann*, Vorbe. § 1 Rn. 119d; grundsätzlich zwar kritisch aber dies bestätigend *Trendelenburg*, Ultima ratio?, S. 246 f.

1540 *Roxin*, GA 2013, 433 (449 f.) der kritisch auf LK-StGB/*Weigend*, Einl Rn. 7 verweist.

1541 Schönke/Schröder/*Eisele*, Vorbem. §§ 13 ff. Rn. 10a.

1542 *Greco*, ZIS 2008, 234 (238).

1543 *Roxin*, GA 2013, 433 (450).

dass damit freilich das Ergebnis einer verfassungsrechtlichen Prüfung vorgegeben wäre.“[1544]

Im Zusammenhang mit der Verhältnismäßigkeitsprüfung kommt es jedoch oft zu Schwierigkeiten. Gerade die bisherige lose Handhabung des Verhältnismäßigkeitsgrundsatzes durch das BVerfG, welches „irgendeine denkbare verhaltenssteuernde oder normstabilisierende Wirkung“ durch das zu prüfende Gesetz ausreichen lässt, ist äußerst kritisch zu sehen.[1545] Die Verhältnismäßigkeitsprüfung kann nicht viel bewirken, wenn fast jeder Zweck als verfassungsgemäß angesehen wird.[1546] Mit der „Vielzahl seiner potenziellen Strafzwecke“ entzieht das Strafrecht sich oft einer verfassungsgerichtlichen Kontrolle.[1547] „Reinen Verwaltungsnormen würde das BVerfG in der Verhältnismäßigkeitsprüfung viel strenger begegnen als den gerade ganz besonders eingriffsintensiven Strafgesetzen.“[1548] Die zergliederte Prüfung des BVerfG (Verhaltensverbot, Sanktionsbewehrung und Strafzumessung) lassen eine Gesamtabwägung nicht zu und darin sei „der Grundstein für das Scheitern des BVerfG“ zu sehen, welches die ultima-ratio-Behauptung damit zum „bloßen Argumentationstopos verkommen lässt.“[1549] Denn die Besonderheit und auch die Verhältnismäßigkeit erlangt eine Norm auch durch das Zusammenspiel von Verhaltens- und Sanktionsnorm.[1550]

Ein erhöhtes Maß an Transparenz durch das BVerfG wäre wünschenswert und sogar dringend notwendig.[1551] Allerdings werden die Probleme

---

1544 Schönke/Schröder/*Eisele*, Vorbem. §§ 13 ff. Rn. 10a.

1545 *Swoboda*, ZStW 122 (2010), 24 (47); siehe auch *Hefendehl*, Kollektive Rechtsgüter, S. 83; *ders.*, JA 2011, 401 (404); zur Zurückhaltung des BVerfG siehe schon S. 211 f.

1546 So *Lagodny*, in: *Hefendehl/v. Hirsch/Wohlers* (Hrsg.), Die Rechtsgutstheorie, S. 83 (84); siehe auch *Appel*, Verfassung und Strafe, S. 390.

1547 *Swoboda*, ZStW 122 (2010), 24 (48); siehe auch *Lagodny*, Strafrecht vor den Schranken der Grundrechte, S. 536; *Roxin*, AT I, § 2 Rn. 89.

1548 *Swoboda*, ZStW 122 (2010), 24 (48 m.w.N.); dazu auch *Bunzel*, in: *Hefendehl/v. Hirsch/Wohlers* (Hrsg.), Die Rechtsgutstheorie, S. 96, (104 f.); vgl. auch *Karst*, Die Entkriminalisierung des § 173 StGB, S. 237 ff.

1549 *Swoboda*, ZStW 122 (2010), 24 (48 f.); vgl. dazu auch *Bunzel*, in: *Hefendehl/v. Hirsch/Wohlers* (Hrsg.), Die Rechtsgutstheorie, S. 96, (104 ff.); vgl. dazu differenzierend *Hefendehl*, Kollektive Rechtsgüter, S. 85, ff., 380; vgl. auch *Kudlich*, JZ 2003, 127 (129, 130); *ders.*, JA 2008, 549 (552) der die Gefahr beschreibt, dass durch eine solche Trennung von Verhaltens und Sanktionsnorm die scharfe strafrechtliche Durchsetzung aus dem Blick zu geraten droht.

1550 *Trendelenburg*, Ultima ratio?, S. 81.

1551 *Swoboda*, ZStW 122 (2010), 24 (49); *Hefendehl*, JA 2011, 401 (404) der eine präzise Definition der Komponenten fordert.

im Zusammenhang mit der Verhältnismäßigkeit durch das BVerfG oft gelöst, indem es die weite Einschätzungsprärogative des Gesetzgebers bei Strafnormen betont, ohne sicherzustellen wann dieser Spielraum überschritten ist.[1552]

Richtig ist dabei, dass die Gestaltungsmacht des Gesetzgebers ihre Grenzen nur in der Verfassung findet.[1553] Die Verfassungsmäßigkeit einer Strafrechtsnorm hängt derzeit oft davon ab, ob der Gesetzgeber sich im Rahmen seines Einschätzungsspielraum bewegt hat oder nicht.[1554] Warum können die Grundrechte den Strafgesetzgeber nur selten bremsen?[1555] Es stellt sich die Frage, warum das BVerfG meist vor der Einschätzungsprärogative des Strafgesetzgebers stehen bleibt.[1556] Die Erklärung könnte sein, dass das BVerfG Strafgesetze per se als Mittel der Abschreckung sieht und die generalpräventive Effizienz einer Strafnorm damit schon von vorneherein quasi feststeht.[1557] „Eine Verhältnismäßigkeitsprüfung, die methodisch auf der Grundlage ansetzt, dass gerade strafbewehrte Regelungen in besonderem Maße geeignet sind, Einfluss auf die Wertvorstellungen und die Verhaltensweisen der Bevölkerung zu nehmen, nimmt in ihrem Ausgangspunkt auch schon das Ergebnis der Prüfung, namentlich die Eignung und Erforderlichkeit strafbewehrter Verbote vorweg."[1558] So bleibt Verwunderung darüber übrig, dass das BVerfG zwar „die besondere Schärfe des sozialethischen Unwerturteils von Strafgesetzen betont", aber dann bei der Prüfung „keine Kritik am Strafgesetzgeber zulässt."[1559]

Teilweise werden als Anknüpfungspunkt an die Verfassung neben dem Verhältnismäßigkeitsgrundsatz auch einzelne Grundrechte (z.B. die Meinungsfreiheit) oder andere verfassungsrechtliche Grenzen, wie der Kernbe-

---

1552 *Bunzel*, in: *Hefendehl/v. Hirsch/Wohlers* (Hrsg.), Die Rechtsgutstheorie, S. 96, (104 f.); kritisch auch *Hwang*, ZStW 125 (2013), 209 ff.; *Roxin*, AT I, § 2 Rn. 87; *Swoboda*, ZStW 122 (2010), 24 (47).

1553 BVerfGE 120, 224 (242); darauf verweisend *Roxin*, GA 2013, 433 (450).

1554 *Stuckenberg*, GA 2011, 653; vgl. dazu auch NK-StGB/*Hassemer/Neumann*, Vorbe. § 1 Rn. 85 ff.; *Hwang*, ZStW 125 (2013), 209 ff.

1555 Das fragt sich auch *Lagodny*, in: *Hefendehl/v. Hirsch/Wohlers* (Hrsg.), Die Rechtsgutstheorie, S. 83.

1556 Vgl. *Kudlich*, JZ 2003, 127.

1557 *Swoboda*, ZStW 122 (2010), 24 (47 f.).

1558 *Swoboda*, ZStW 122 (2010), 24 (48).

1559 *Swoboda*, ZStW 122 (2010), 24 (48) unter Hinweis auf *Hörnle*, Grob anstößiges Verhalten, S. 31; vgl. auch *Bunzel*, in: *Hefendehl/v. Hirsch/Wohlers* (Hrsg.), Die Rechtsgutstheorie, S. 96, (104 f.); sowie *Neumann*, in: *v. Hirsch/Seelmann/Wohlers* (Hrsg.), Mediating Principles, S. 128 ff.

reich privater Lebensgestaltung genannt.[1560] Aber auch hier entstehen ähnliche wie die aufgezeigten Probleme.

Auch wenn die Rechtsgutstheorien viele Nachteile – insbesondere ihre Vagheit und fehlende Verfassungsanbindung – haben, sind sie dennoch gesetzgebungskritisch.[1561] Rechtsguts- und Rechtsverletzungstheorien können eine Wertung abgeben, was strafwürdig, strafbedürftig ist, was beide unverzichtbar für eine rechtspolitische Leitlinienfunktion macht.[1562] Um diese bestehenden Nachteile auszugleichen und der Rechtsgutslehre ein Wirken über eine Leitlinienfunktion hinaus zu ermöglichen, könnte der Anschluss der Rechtsgutslehre an die Verfassung weiterhelfen.

Die Verknüpfung des Rechtsguts mit dem Verhältnismäßigkeitsgrundsatz ist dabei zwar eine wichtige Stufe zur Anbindung an die Verfassung und die Verhältnismäßigkeitsprüfung an sich soll auch keinesfalls in Frage gestellt werden.[1563] Und dennoch wird diese Verknüpfung beispielsweise vom BVerfG so noch nicht angenommen und die gesamte Verhältnismäßigkeitsprüfung oft sehr intransparent gehandhabt.[1564]

Zusammenfassend kann festgestellt werden, dass die Ergebnisse im Zusammenhang mit dem Verhältnismäßigkeitsgrundsatz oft unbefriedigend sind.[1565] Trotz der bestehenden Probleme ist der Verhältnismäßigkeitsgrundsatz nicht „einfach aus dem Bestand verfassungsrechtlicher Prinzipien zu streichen."[1566] Der Verhältnismäßigkeitsgrundsatz sollte aber ob der

---

1560 Siehe zusammenfassend *Roxin*, GA 2013, 433 (450 ff.); vgl. aber auch *Böse*, in: *Hefendehl/v. Hirsch/Wohlers* (Hrsg.), Die Rechtsgutstheorie, S. 89; den Kernbereich privater Lebensgestaltung besonders betonend *Greco*, ZIS 2008, 234 (237 f.).

1561 *Swoboda*, ZStW 122 (2010), 24 (50).

1562 *Swoboda*, ZStW 122 (2010), 24 (49).

1563 Ausführlich zum Verhältnismäßigkeitsgrundsatz *Kaspar*, Verhältnismäßigkeit und Grundrechtsschutz.

1564 S. o. S. 215 f.

1565 S. o. S. 215 f.; siehe dazu auch *Bunzel*, in: *Hefendehl/v. Hirsch/Wohlers* (Hrsg.), Die Rechtsgutstheorie, S. 96, (104 ff., 107); *Hassemer*, in: *v. Hirsch/Seelmann/Wohlers* (Hrsg.), Mediating Principles, S. 121, 124 ff.; *Hefendehl*, Kollektive Rechtsgüter, S. 83 ff.; *ders.*, JA 2011, 401 (402, 404); *Hörnle*, Grob anstößiges Verhalten, S. 22 ff.; *Kühl*, JA 2009, 833 (838); *ders.*, in: *Bosch/Bung/Klippel* (Hrsg.), Geistiges Eigentum und Strafrecht, S. 115 (123 f.); *Neumann*, in: *v. Hirsch/Seelmann/Wohlers* (Hrsg.), Mediating Principles, S. 128 ff., 135 f. m.w.N.; *Noltenius*, in: *Jaeckel/Zabel/Zimmermann* (Hrsg.), Grundrechtspolitik und Rechtswissenschaft, S. 93 (94); *Roxin*, AT I, § 2 Rn. 87; schon 1996 *Vogel*, StV 1996, S. 110 (113 f.); LK-StGB/*Weigend*, Einl Rn. 7, 3.

1566 *Neumann*, in: *v. Hirsch/Seelmann/Wohlers* (Hrsg.), Mediating Principles, S. 128 (136).

gezeigten Mängel nicht als „Allzweckwaffe“ eingesetzt werden.[1567] Er kann daher auch nicht die Rechtsgutslehre ersetzen.[1568] Die Probleme im Rahmen der Verhältnismäßigkeit können aber schwerlich durch ein „weiteres Feilen am (personalen) Rechtsgutskonzept“[1569] gelöst werden. Vielmehr ist eine Verankerung derselben in der Verfassung zu finden.[1570] Denn ohne Anbindung der Rechtsgutslehre an die Verfassung kann eine Norm ohne Rechtsgutsbezug nicht nichtig sein.[1571]

Kann dem Grundgesetz entnommen werden, wieviel Strafrecht sinnvoll und legitim ist?[1572] Es steht möglicherweise wie von *Schünemann* formuliert „der eigentliche Ausbau der Rechtsgutstheorie sogar noch bevor.“[1573] Der oben erstellte Vorschlag eines Prüfungsmaßstabes[1574] könnte dabei helfen, den Ausbau der Rechtsgutstheorie voranzutreiben, indem ein weiterer wichtiger Anschluss an das Grundgesetz gefunden wird. Denn klar ist, dass das Rechtsgutskonzept an die Verfassung angeschlossen sein muss, wenn es wirksam sein soll.[1575] Und der Anschluss über den Verhältnismäßigkeitsgrundsatz liefert bisher unbefriedigende Ergebnisse.[1576] Nur durch den Anschluss der Rechtsgutslehre an die Verfassung kann der teils kritisch gesehenen „Verfassungsferne“[1577] im Strafrecht begegnet werden.[1578] Das Strafrecht ist kein in sich abgeschlossenes System, sondern ist

1567 *Hassemer*, in: *v. Hirsch/Seelmann/Wohlers* (Hrsg.), Mediating Principles, S. 121 (126); ebenfalls kritisch zur „Allzweckwaffe“ *Greco*, in: *Brunhöber/Höffler/Kaspar* u.a. (Hrsg.), S. 13 (22f.); *Paeffgen*, in: FS Wolter, S. 125 (163, 165) der diejenigen kritisiert, „die den Verhältnismäßigkeitsgrundsatz hypostasieren, wenn nicht gar hypertrophieren.“.

1568 Kritische Darstellung bei *Hörnle*, Grob anstößiges Verhalten, S. 21, 22 ff.

1569 *Sternberg-Lieben*, in: *Hefendehl/v. Hirsch/Wohlers* (Hrsg.), Die Rechtsgutstheorie, S. 65 (82).

1570 Vgl. *Figueiredo Dias*, GA 2011, 202 (203), der das Rechtsgutsprinzip als „implizites Verfassungsprinzip“ bezeichnet.

1571 Vgl. *Roxin*, GA 2013, 433 (450).

1572 *Bunzel*, in: *Hefendehl/v. Hirsch/Wohlers* (Hrsg.), Die Rechtsgutstheorie, S. 96 (118); dies verneinend *Appel*, Verfassung und Strafe, S. 597.

1573 *Schünemann*, in: *Hefendehl/v. Hirsch/Wohlers* (Hrsg.), Die Rechtsgutstheorie, S. 133 (154); dies aufgreifend *Hefendehl*, in: *Hefendehl/v. Hirsch/Wohlers* (Hrsg.), Die Rechtsgutstheorie, S. 286 (290).

1574 S. o. S. 177 f.

1575 *Roxin*, GA 2013, 433 (449 ff.); vgl. auch *Bunzel*, in: *Hefendehl/v. Hirsch/Wohlers* (Hrsg.), Die Rechtsgutstheorie, S. 96, (109 f.).

1576 S. o. S. 215 f.

1577 *Stuckenberg*, GA 2011, 653 (654 f.).

1578 Vgl. bei *Bunzel*, in: *Hefendehl/v. Hirsch/Wohlers* (Hrsg.), Die Rechtsgutstheorie, S. 96, (109 f.).

vielmehr an die verfassungsrechtlichen Vorgaben in ihrer Gesamtheit gebunden.[1579] Die Rechtsgutslehre müsste sich also „als Vorschlag zur Verfassungsrechtsanwendung darstellen lassen".[1580] Im Bestimmtheitsgrundsatz könnte die Lösung stecken. Der Bestimmtheitsgrundsatz ist über Art. 103 II GG in der Verfassung verankert und gehört damit zu den eindeutigen verfassungsrechtlichen Begrenzungspostulaten.[1581] Aus Art. 103 II GG als äußerst wichtigen Aspekt unseres Rechtsstaats kann das Bedürfnis nach Vorliegen eines Rechtsguts entnommen werden.[1582] Das ist so dem oben entwickelten Prüfungsmaßstab zu entnehmen, der die Setzung eines Schutzzwecks durch den Gesetzgeber vorschlägt. Gerade der Bestimmtheitsgrundsatz als eine „der wenigen Vorschriften des Grundgesetzes, die sich unmittelbar zur Strafgesetzgebung äußert",[1583] ist ein geeigneter Ort zur Verankerung der Rechtsgutslehre. Art. 103 II GG soll den Gesetzgeber beschränken. Insofern ist die hier gefundene Lösung als Vertiefung oder Differenzierung der Beschränkung des Gesetzgebers durch Art. 103 II GG zu verstehen.

Muss dann wie oben[1584] vorgeschlagen für eine bestimmte Norm i.S.d. Art. 103 II GG ein Schutzzweck, sprich Rechtsgut, erkennbar sein, wäre über Art. 103 II GG ein direkter Anschluss der Rechtsgutslehre an die Verfassung gefunden.[1585] Dies wäre also eine konkrete Anknüpfung an eine bestehende Norm des Verfassungsrechts.[1586] Dabei schadet es nicht, dass das Wort Rechtsgut selbst nicht in der Verfassung auftaucht, da viele wichtige Sätze aus dem Grundgesetz entwickelt wurden, ohne dass die Worte dort zu finden waren.[1587] Dabei kann die Rechtsgutslehre ihr kritisches Po-

---

1579 *Bunzel*, in: *Hefendehl/v. Hirsch/Wohlers* (Hrsg.), Die Rechtsgutstheorie, S. 96, (109 f.); *Lagodny*, Strafrecht vor den Schranken der Grundrechte, S. 535; vgl. auch zur Annährung zwischen Straf- und Verfassungsrecht *Hassemer*, in: *Brunhöber/Höffler/Kaspar* u.a. (Hrsg.), S. 5 (6 f.).

1580 *Stuckenberg*, GA 2011, 653 (657).

1581 *Bunzel*, in: *Hefendehl/v. Hirsch/Wohlers* (Hrsg.), Die Rechtsgutstheorie, S. 96 (103).

1582 S. o. S. 177 f.; interessant auch die Argumentation des portugiesischen Verfassungsgerichts, das sich in einem Urteil bei fehlendem Rechtsgut ebenfalls auf den demokratischen Rechtsstaat beruft, *Figueiredo Dias*, GA 2014, 202 (210).

1583 *Stächelin*, Strafgesetzgebung im Verfassungsstaat, S. 207.

1584 S. o. S. 177 f.

1585 Das Rechtsgutsprinzip als „implizites Verfassungsprinzip" bezeichnend *Figueiredo Dias*, GA 2011, 202 (203).

1586 Wie bspw. gefordert von *Trendelenburg*, Ultima ratio?, S. 232.

1587 So z.B. zum Embryonenschutz oder der „Funktionsfähigkeit der Strafrechtspflege" wie gezeigt bei *Schünemann*, in: *Hefendehl/v. Hirsch/Wohlers* (Hrsg.), Die Rechtsgutstheorie, S. 133 (142).

tential aber nur entfalten, wenn der Rechtsgutsbegriff eng verstanden – den Gesetzgeber begrenzend – und der Begriff nicht zur Erweiterung des Strafrechts genutzt wird.[1588] Das Rechtsgut muss daher „auf seinen traditionellen negativen und strafrechtskritischen Kern konzentriert werden".[1589]

Aus dieser Verankerung der Rechtsgutslehre in der Verfassung ergeben sich verschiedene Konsequenzen für die Praxis und die Gestaltung neuer Gesetze.

Das BVerfG weist einen verfassungsrechtlichen Geltungsanspruch der Rechtsgutslehre zurück, wohingegen es die Verankerung des Gesetzlichkeitsprinzip in der Verfassung betont.[1590] Die Verknüpfung der Rechtsgutslehre über den Bestimmtheitsgrundsatz mit dem Gesetzlichkeitsprinzip könnte ein Anstoß zum Umdenken sein. Die gesetzgeberische Entscheidung, über das *Ob* der Strafbarkeit wird vom BVerfG bisher nur bei Überschreitung der äußersten verfassungsrechtlichen Grenze beanstandet. Einziger Prüfungsgegenstand bleibt das *Wie* der Strafbarkeit: Gleichheitsgebot des Art. 3 GG, Bestimmtheitsgrundsatz Art. 103 II GG und der Verhältnismäßigkeitsgrundsatz.[1591] Unter Zugrundelegung der bisherigen Untersuchung, nach die Rechtsgutslehre im Bestimmtheitsgrundsatz enthalten ist, wäre auch diese in der Verfassung verankert und folglich vom Gesetzgeber zu beachten und damit auch vom BVerfG zu überprüfen. Dies ist die vielleicht gewichtigste Konsequenzen aus einer Verfassungsanbindung, dass also auch der Gesetzgeber und das BVerfG zwingend die Rechtsgutslehre zu beachten haben.

Der Gesetzgeber ist nämlich nicht gänzlich frei, sondern hat selbst die Grenzen der Verfassung sowie ungeschriebene Verfassungsgrundsätze und Grundentscheidungen des Grundgesetzes zu beachten.[1592] Die Rechtsguts-

---

1588 Vgl. bspw. bei *Roxin*, AT I, § 2 Rn. 2, 5, 12.

1589 *Hassemer*, in: *Hefendehl/v. Hirsch/Wohlers* (Hrsg.), Die Rechtsgutstheorie, S. 57; *ders.*, in: FS Androulakis, S. 207 (213); siehe zum Phänomen, dass sich sowohl kritisch-liberale als auch positivistische Strafrechtslehren der Rechtsgutslehre bedienen *Hassemer*, Theorie und Soziologie des Verbrechens, S. 98 ff.; siehe bei *Greco*, Lebendiges und Totes in Feuerbachs Straftheorie, S. 333 zur Frage, ob die Rechtsguts- oder Verletzungstheorie angemessener für ein liberales Strafrecht sei.

1590 *Kuhlen*, in: *Kudlich/Montiel/Schuhr* (Hrsg.), Gesetzlichkeit und Strafrecht, S. 429 (430).

1591 *Swoboda*, ZStW 122 (2010), 24 (45).

1592 BVerfG NJW 2008, 1137 (1138); *Stuckenberg*, GA 2011, 653 (658).

lehre kann daher auch als Antwort der liberalen Strafrechtslehre darauf zu verstehen sein, welche Maßstäbe für den Gesetzgeber gelten.[1593]

Die bisherige sehr lose Handhabung des Verhältnismäßigkeitsgrundsatzes durch das BVerfG, welches „irgendeine denkbare verhaltenssteuernde oder normstabilisierende Wirkung" für Geeignetheit, Erforderlichkeit ausreichen lässt, könnte gerade durch die Rechtsgutslehre (wie hier vorgeschlagen über Art. 103 II GG in der Verfassung verankert) begrenzt werden.[1594] Damit würden auch der Vielzahl an potentiellen Strafzwecken eine – wenn auch schmale – Grenze gesetzt werden.[1595] Darüber hinaus verspricht die verfassungsrechtliche Orientierung des Strafrechts, hier durch die Verankerung der Rechtsgutslehre in der Verfassung, eine erhöhte Verbindlichkeit.[1596]

In der heutigen Zeit, die „durch eine nie gekannte Expansion des Strafrechts geprägt ist"[1597], kann der hier vorgestellte Vorschlag zudem zu einer gewünschten Begrenzung des Strafrechts und damit zur Erhaltung des fragmentarischen Charakters beitragen.[1598] Dies kann somit auch als Beitrag verstanden werden, der Rechtsgutslehre zu helfen ihr „kritisches Potential" zu nutzen.[1599] Dies wiederum kann im *5. Kapitel* bei der Betrachtung der Strafwürdigkeit und -bedürftigkeit von Persönlichkeitsverletzungen einbezogen werden, insbesondere wenn es um eine Betrachtung de lege ferenda und von Reformvorschlägen geht. Dabei ist es von hoher Bedeutung, dass stets der Schutz eines Rechtsgutes bezweckt und gerade im

1593 *Hassemer*, in: GS Schlüchter, S. 133 (152).

1594 *Swoboda*, ZStW 122 (2010), 24 (47, 49); vgl. *Kudlich*, JZ 2003, 127 (130).

1595 Siehe *Lagodny*, in: *Hefendehl/v. Hirsch/Wohlers* (Hrsg.), Die Rechtsgutstheorie, S. 83 (84); *Swoboda*, ZStW 122 (2010), 24 (48).

1596 Siehe zur Verbindlichkeit bei Verankerung strafrechtlicher Thesen in der Verfassung und daraus resultierenden Problemen *Greco*, in: *Brunhöber/Höffler/Kaspar* u.a. (Hrsg.), S. 13 (20 ff.).

1597 *Vormbaum*, in: *Dalbora/Vormbaum* (Hrsg.), S. 93 (116 f.); vgl. dazu *Frehsee* der von einer „*Inflation* kaum noch konkretisierbarer *Rechtsgüter*" spricht, in: *Schild* (Hrsg.), Der Rechtsstaat verschwindet, S. 260; sowie *Seher*, in: *Hefendehl/v. Hirsch/Wohlers* (Hrsg.), Die Rechtsgutstheorie, S. 39.

1598 Vgl. *Noltenius*, ZJS 2009, 15 (21); zum Streit darüber, ob die Rechtsgutslehre begrenzend oder erweiternd wirkt siehe oben S. 193 ff.; vgl. auch *Saliger*, in: *Siep/Gutmann/Jakl* u.a. (Hrsg.), Begründung staatlicher Normen, S. 183 (209 ff.) zur Fragmentarität als strafrechtsbegrenzender Grundsatz.

1599 Siehe *Vormbaum*, in: *Dalbora/Vormbaum* (Hrsg.), S. 93 (117); und kann auch das liberale Strafrecht unterstützen vgl. *Saliger*, in: *Siep/Gutmann/Jakl* u.a. (Hrsg.), Begründung staatlicher Normen, S. 183 ff.; siehe auch in anderem Zusammenhang die Möglichkeit einer strafrechtsbegrenzenden Wirkung durch eine Rechtsgutslösung *Gaede*, ZIS 2014, 489 ff. (503).

Bereich des strafrechtlichen Persönlichkeitsschutzes ein solches herausgearbeitet werden muss.

Gelingt eine Anknüpfung der Rechtsgutslehre an die Verfassung, kann damit einer „längst überfälligen [Errichtung einer] strafrechtsspezifischen Grundrechtsdogmatik mit dem Ziel, die verfassungsrechtlichen Grenzen der Strafgesetzgebung schärfer zu konturieren" entgegen gegangen werden.[1600] Eine Verbindung von Straf- und Verfassungsrecht ist „nicht nur plausibel [...] zeitgerecht und nahe liegend"[1601], sondern wurde viel zu lange „stiefmütterlich behandelt"[1602]. Damit könnte wohl auch der systemkritischen Rechtsgutslehre bei Kritikern zu neuer Stärke verholfen werden.[1603] Dann kann einer Unterschätzung der verfassungsrechtlichen Relevanz „der Fragen der Strafbegründung und Strafbegrenzung im demokratischen Verfassungsstaat" entgegengewirkt werden.[1604]

Der Rechtsgutslehre demokratieferne[1605] zu bezeugen, wird jedenfalls erschwert, wenn die Rechtsgutslehre als im Bestimmtheitsgrundsatz verankert angesehen wird. Der Bestimmtheitsgrundsatz – als Teil des Gesetzlichkeitsprinzip – ist eine Ausprägung des Rechtsstaatsprinzips und des Gewaltenteilungsgrundsatzes.[1606] Der demokratische Gesetzgeber bliebe ja frei in seiner Entscheidung, wäre aber durch die Verfassung und damit dann auch durch die Rechtsgutslehre in der Wahl der Zwecke gebunden. Das Argument der Gesetzgeber sei frei in seiner Entscheidung und nur an die Verfassung gebunden, weshalb die Rechtsgutslehre keine Grenzen aufzeigen kann, verliert seinen Sinn, wenn die Rechtsgutslehre als in der Verfas-

---

1600 *Stuckenberg*, GA 2011, 653 (657,661); *ders.*, in: *Menzel/Müller-Terpitz*, Verfassungsrechtsprechung, S. 846, 849 f; siehe auch zur Überfälligkeit von Verbindung straftheoretischer und verfassungsrechtlicher Traditionen *Hassemer*, in: FS Androulakis, S. 207 (214).

1601 *Hassemer*, in: FS Androulakis, S. 207 (214); vgl. *Trendelenburg*, Ultima ratio?, S. 230, der davon spricht, dass es zwingend sei „den Kontakt zur Grundrechtsdogmatik zu halten".

1602 *Hamann*, Grundgesetz und Strafgesetzgebung, S. 11.

1603 Vgl. etwa *Stuckenberg*, GA 2011, 653 (661).

1604 *Stuckenberg*, GA 2011, 653 (661).

1605 *Stuckenberg*, GA 2011, 653 (658 m.w.N.); vgl. auch *Gärditz*, Der Staat 49 (2010), S. 331 ff. (insb. 334 f.); teilweise kritisch dazu *Paeffgen*, in: FS Wolter, S. 125 (127) der auf die Argumentation von *Zaczyk*, Der Staat 50 (2011), S. 295 f. verweist; *Maas*, NStZ 2015, 305 (306) der vom Demokratie-Defizit der Rechtsgutslehre spricht; die Demokratieferne bezweifelnd NK-StGB/*Hassemer/Neumann*, Vor § 1 Rn. 119a; ausführlich auch *Martins*, ZStW 125 (2013), 234 ff.

1606 S. o. S. 148 f.; zum Rechtsgüterschutz und Rechtsstaat NK-StGB/*Hassemer/Neumann*, Vor § 1 Rn. 151.

sung verankert angesehen werden kann.[1607] Sind die Rechtsgutslehre und die Verfassung nicht zu trennen, so ist der Gesetzgeber daran gebunden, ohne aber etwas an seiner grundsätzlichen Einschätzungsprärogative einzubüßen.[1608]

Dann müsste die Rechtswissenschaft nicht nur beratend oder leitliniengebend ihre Erkenntnisse mitteilen.[1609] Die Verankerung in Art. 103 II GG könnte damit auch dazu führen, dass nicht mehr, wie bisher üblich, die Rechtsgutslehre hauptsächlich von der Wissenschaft angewandt wird, während sie von der Rechtsprechung und Gesetzgebung nur zögerlich behandelt wird.[1610] Vielleicht kann dies insofern auch ein Beitrag sein, dass die „Praxis" sich einem systemkritischen Rechtsgutskonzept mehr öffnen kann.

Die vielen vorangestellten Argumente und Konsequenzen zeigen, dass eine Anknüpfung an die Verfassung hilfreich ist, wenngleich keine Lösung aller Probleme erreicht werden kann. So ist mit diesen Argumenten dennoch auch Vertretern zu widersprechen, die zur Vorsicht bei der Verknüpfung von Verfassungs- und Strafrecht mahnen.[1611] Allerdings ist der Wunsch, durch Verfassungsanbindung erhöhte Verbindlichkeit zu erreichen, immer auch von der Umsetzung durch das BVerfG abhängig und dadurch in Gefahr, in Misskredit zu geraten.[1612] Dabei müsste sich für das BVerfG in seiner Prüfungsweise wenig ändern, es könnte die übliche gerichtliche Verhältnismäßigkeitsprüfung durch rechtsgüterschützende Erwägungen ergänzen.[1613]

„Das Rechtsgutskonzept ist [...] auf ein intellektuelles und soziales Klima angewiesen, das es trägt und seine Durchsetzung ermöglicht."[1614] Der „Ablauf der Zeit, die Fähigkeit zur Diskussion und die gemeinsame Arbeit der Juristen" werden entscheiden, wie es mit dem Rechtsgut weiter-

1607 Siehe dazu bspw. die Kritik von *Stuckenberg*, GA 2011, 653 (658 ff.).

1608 *Lagodny*, Strafrecht vor den Schranken der Grundrechte, S. 535, der schon damals vor einem Denken in isoliert nebeneinander stehenden Rechtsgütern warnt.

1609 *Roxin*, AT I, § 2 Rn. 50; *Stuckenberg*, GA 2011, 653 (660).

1610 *Swoboda*, ZStW 122 (2010), 24; vgl. *Vormbaum*, in: *Dalbora/Vormbaum* (Hrsg.), S. 93 (117).

1611 So bspw. *Greco*, in: *Brunhöber/Höffler/Kaspar* u.a. (Hrsg.), S. 13 ff.; vgl. auch *Kuhlen*, Die verfassungskonforme Auslegung, S. 74 ff.

1612 *Greco*, in: *Brunhöber/Höffler/Kaspar* u.a. (Hrsg.), S. 13 (20).

1613 *Ott*, Strafwürdigkeit und Strafbedürftigkeit des Selbstdopings, S. 127 m.w.N.

1614 *Neumann*, in: *Neumann/Prittwitz* (Hrsg.), „Personale Rechtsgutslehre" und „Opferorientierung", S. 85 (95).

geht.[1615] *Heinrichs* „Aufruf zum Kampf" für den Gedanken des Rechtsguts wird mit dieser Arbeit gefolgt.[1616] Es soll zu einer Bekräftigung und mehr Klarheit im Zusammenhang mit der Rechtsgutslehre beigetragen werden. Insofern kann der hier vorgestellte Vorschlag als Bemühen um das Rechtsgut gesehen werden, mit der zugleich einer Expansion des Strafrechts entgegengewirkt werden soll. Diese Arbeit kann in vielen Fragen, die das Rechtsgut betreffen, nur einen bescheidenen Beitrag leisten, da in diesem Zusammenhang seit Jahrzehnten „sämtliche strafrechtsdogmatische bzw. strafrechtstheoretische Fragen [...] bis hin zu Kriminalpolitik und Strafrechtssoziologie" aufgeworfen wurden.[1617] Auch wenn das Anknüpfungsproblem an die Verfassung damit gelöst sein könnte, bleibt das große Definitionsproblem „umso brisanter".[1618] Es gibt derzeit keine Einigkeit über den Maßstab für einen akzeptablen Begriff des Rechtsguts. Im folgenden daher zumindest drei hilfreiche Kriterien *Hassemers* „denen ein hinreichender Begriff des Rechtsguts heute genügen sollte: Der Begriff [...] sollte realitätsnah [...] [und] abgrenzend scharf sein [...] Endlich sollte der Begriff eines Rechtsguts allgemein verständlich sein: Er muss die demokratische Kontrolle des Strafgesetzgebers erleichtern [...]"[1619] Solange sich in der strafrechtlichen Diskussion zum Rechtsgutskonzept nicht „ein wenigstens grundsätzlicher Konsens" finden lässt, „wird kein Gericht etwas mit ihm anfangen können."[1620] Daher bleiben Zweifel an der Funktionsfähigkeit der Rechtsgutslehre nicht nur bestehen, sondern sind auch notwendig, wenn das Strafrecht als tiefgreifendes Mittel der Staatsgewalt begriffen wird. Insofern unterscheidet sich die Rechtsgutstheorie als rechtliche Grundannahme nicht von anderen, deren Berichtigungen, Grenzen und Konsequenzen ebenfalls vielfach umstritten sind.[1621] „Dieser Zweifel, dieses In-Frage-Stellen des eigenen Tuns, ist in keiner anderen Teildisziplin

---

1615 Vgl. *Dalbora*, in: *Dalbora/Vormbaum* (Hrsg.), S. 67 (77); sowie *Vormbaum*, in: *Dalbora/Vormbaum* (Hrsg.), S. 93 (117).

1616 *Heinrich*, in: FS Roxin, S. 131 (146 ff.).

1617 *Hassemer*, in: *Hefendehl/v. Hirsch/Wohlers* (Hrsg.), Die Rechtsgutstheorie, S. 57; siehe schon oben S. 193 ff.

1618 Vgl. *Greco*, ZIS 2008, 234 (238), der aber das Begründungsproblem anders löst, nämlich über die Autonomie des Bürgers und daher über den unantastbaren Kernbereich privater Lebensgestaltung; vgl. gar *Stratenwerth*, in: FS Lenckner, S. 377 (388), der davon ausgeht, dass das Definitionsproblem „gar nicht lösbar" sei.

1619 *Hassemer*, in: FS Androulakis, S. 207 (224).

1620 *Roxin*, AT I, § 2 Rn. 93.

1621 *Kudlich*, ZStW 127 (2015), 635 (653).

des Rechts so notwendig wie im Strafrecht.“[1622] Insofern ist der Beitrag als Versuch zu verstehen, die Anschlussfähigkeit des Rechtsgutskonzepts an die Verfassung zu zeigen, was – wie dargestellt – dringend notwendig erscheint.[1623] Der Absage des BVerfG an die Rechtsgutslehre ist daher entgegenzuhalten, dass diese nichts neues, der Verfassung fremdes an den Gesetzgeber herantragen will, sondern dass diese nur bereits in der Verfassung enthaltene Grenzen in einem anschaulichen Begriff zusammenfasst.[1624] Dies konnte gerade durch die Verknüpfung mit dem Bestimmtheitsgrundsatz gezeigt werden. Gerade die Anschlussfähigkeit an die Verfassung kann ein Schritt in die Richtung eines grundsätzlichen Konsenses sein. Vielleicht kann damit doch „der Idee des Rechtsgüterschutzes [...] noch eine große Zukunft“ prophezeit werden.[1625] So bleibt mit *Hassemer* zu sagen: „Wir haben die [...] Möglichkeit und auch die Verpflichtung, die Lehre vom Rechtsgüterschutz zu verbessern und sie dem Wandel der Welt anzupassen; aber die Option das Prinzip des Rechtsgüterschutzes gänzlich aufzugeben, eröffnet sich nicht.“[1626]

D Ergebnis

Zivilrechtsakzessorische Normen sind mit dem Bestimmtheitsgrundsatz also vereinbar, wenn der oben vorgeschlagene Prüfungsmaßstab erfüllt ist. Die Rechtssetzungspflicht muss erfüllt sein, ein Schutzzweck (bestimmbarer Kern) vorliegen und der Wortlaut muss eine Interpretationsgrenze setzen. Es liegt ein „Ja, aber...“-Ergebnis vor, welches der Abstraktheit und Unabgrenzbarkeit der einzelnen Gruppen geschuldet ist. Auch dass es nach über 60 Jahren Streit weder in der Rechtsprechung noch in der Literatur hinsichtlich der Umsetzung des Bestimmtheitsgrundsatzes klare Kri-

---

1622 *Maas*, NStZ 2015, 305.

1623 Siehe auch *Hassemer*, in: *Hefendehl/v. Hirsch/Wohlers* (Hrsg.), Die Rechtsgutstheorie, S. 58, der betont das Verhältnis von Straf- und Verfassungsrecht müsse endlich diskutiert werden; vgl. *Hefendehl*, Kollektive Rechtsgüter, S. 42, 47; *Lagodny*, Strafrecht vor den Schranken der Grundrechte, S. 535.

1624 *Frister*, Strafrecht AT, 3. Kap. Rn. 32.

1625 *Schünemann*, in: *Hefendehl/v. Hirsch/Wohlers* (Hrsg.), Die Rechtsgutstheorie, S. 133; siehe auch *Hassemer*, in: GS Schlüchter, S. 133 (151 ff., 157); *Heinrich*, in: FS Roxin, S. 131 (146) der zum Kampf aufruft; vgl. schon *Neubacher*, JURA 2000, 514 (518) der davon spricht, dass das Rechtsgut als regulatives und freiheitserhaltendes Prinzip nichts an seiner Bedeutung einbüßen wird.

1626 *Hassemer*, in: GS Schlüchter, S. 133 (151).

terien gibt, zeigt, wie umfassend und komplex diese Problematik ist. Letztendlich bleibt es unumgänglich, die Besonderheiten des jeweiligen Tatbestandes zu berücksichtigen[1627], gerade weil jeweils ein konkreter Schutzzweck zu suchen ist. Das abstrakte Ergebnis kann aber eine Orientierungshilfe sein. Der Schutz von Persönlichkeitsrechten im Strafrecht ist also nicht von vorneherein ausgeschlossen, sondern muss sich an die gefundenen engen Voraussetzungen anpassen. Die Kriterien und insbesondere die Frage nach dem Schutzzweck der Norm können auch in einer weiteren Frage Hilfe leisten. So kann damit hoffentlich der schon verloren geglaubten Rechtsgutslehre zu neuer Legitimation verholfen werden und eine Verankerung in der Verfassung aufgezeigt werden. Damit wird sich zwei brisanten Problembereichen angenähert: der Bestimmtheitsgrundsatz erhält klarere Kriterien und die Rechtsgutslehre wird fest in der Verfassung verankert. Beide stehen in der Kritik zu vage und unbestimmt zu sein und werden teilweise wegen der offenen Probleme gänzlich abgelehnt.[1628] Allerdings ist „Wissenschaft nicht dazu da [...], den Ist-Zustand für gut zu befinden, sondern ihn stets kritisch zu hinterfragen."[1629] Der vorgeschlagene neue Maßstab soll dazu führen, dass beiden fundamental wichtigen Grundsätzen zu mehr Stärke, durch neue Klarheit, verholfen wird und beide angemessene Beachtung finden. Die Rechtsgutslehre kann damit „die Entscheidung des Strafgesetzgebers über Schutzumfang und Schutztechnik gerechter, durchsichtiger und plausibler machen".[1630]

Auch der Bestimmtheitsgrundsatz hat eine „Wiederbelebung" nötig.[1631] Werden die Worte *Schünemanns* ernst genommen, der vom „Tiefpunkt des nulla-poena-Satzes" spricht, der zwar „hohes Prestige besitzt, und [...] doch *andererseits* in der Praxis so häufig missachtet wird."[1632] Und dann mit dem Verweis endet, „daß wir diesen Fundamentalsatz eines rechtsstaatlichen Strafrechts in Zukunft wieder *ernst nehmen müssen*".[1633] Dann sollte dem Bestimmtheitsgrundsatz selbst wieder zu mehr Wirkkraft verholfen wer-

1627 Dreier/*Schulze-Fielitz*, GG, Art. 103 II Rn. 45.

1628 S. o. S. 145 f., 157, 198 ff.

1629 *Schmitz*, in: FS Samson, S. 181 (198).

1630 NK-StGB/*Hassemer/Neumann*, Vor § 1 Rn. 114 m.w.N.; siehe ähnlich *Hassemer*, in: FS Androulakis, S. 207 (210).

1631 *Stächelin*, Strafgesetzgebung im Verfassungsstaat, S. 207; zur nötigen Wiederbelebung der Rechtsgutstheorie *Hassemer*, in: FS Androulakis, S. 207 (212); siehe zudem oben S. 146 f., 157.

1632 *Schünemann*, Nulla poena sine lege?, S. 6, 8.

1633 *Schünemann*, Nulla poena sine lege?, S. 39.

den.[1634] Die oben entwickelten Kriterien können auch einer Ausweitung der Unbestimmtheit entgegen wirken und zu mehr Klarheit und Transparenz führen. Auch wenn das moderne Wirtschaftsstrafrecht ein unübersichtliches Gebiet ist,[1635] muss allein wegen dem Rechtsstaatsprinzip, als „fundamentales Gerechtigkeitsprinzip“[1636], das Ziel bestimmter Normen weiter verfolgt werden. Der Gesetzgeber hat für bestimmte Gesetze zu sorgen und die Rechtsprechung wiederum muss sich an einer restriktiven Auslegung orientieren. Auch Staatsanwälte und Strafverteidiger schenken ihm wenig Beachtung, was ihre Grundlage mitunter in der gegenwärtigen Juristenausbildung haben könnte.[1637] Deshalb sind auch Literatur und Lehre gefordert, das jetzige „Schattendasein“ des Art. 103 II GG (§ 1 StGB) z.B. in Lehrbüchern und im Studium zu beenden.[1638] Die Grenzen des Geltungsbereichs des rechtsstaatlichen Strafrechts sollte jeder kennen, um diesem Grundsatz treu sein zu können.[1639] Insofern kann der Nutzen dieses 4. Kapitels auch ein Beitrag dazu sein, die Bedeutung des Bestimmtheitsgrundsatzes und damit das Rechtsstaatsprinzip in den Fokus zu rücken und nicht angesichts der Komplexität gemäß dem Motto „die gesetzliche Unbestimmtheit ist nicht hinnehmbar, aber was soll man machen“[1640] zu resignieren. Vielmehr soll eine mutige Wieder-„Entdeckung und Pflege des Bestimmtheitsgrundsatzes“[1641] gewagt werden, damit dieser eben nicht utopisch wird. Auch wenn der Bestimmtheitsgrundsatz als Ideal unerreichbar sein mag, so sind ihm doch „zu einem kleinen, aber durchaus vorhandenen Teil ganz konkrete Verhaltensweisen“ zu entnehmen.[1642]

1634 Und nicht wie bspw. von *Greco*, GA 2012, 452 ff. vorgeschlagen, wegen der schlechten Umsetzung des Bestimmtheitsgrundsatzes das Analogieverbot auf den Gesetzgeber erweitert werden. Denn wieso sollte der Gesetzgeber sich dann daran halten.

1635 *Kühl*, in: FS Seebode, S. 61 (63); vgl. auch *Hellmann*, in: FS Krey, S. 169 (169, 181).

1636 *Rusteberg*, StraFo 2010, 407 (412).

1637 So *Süß*, in: *Albrecht/Fabricius/Günther* u.a. (Hrsg.), Vom unmöglichen Zustand, S. 207 (218).

1638 Ähnlich *Bott/Krell*, ZJS 2010, 694, 700; *Hohmann*, ZIS 2007, 38; *Süß*, in: *Albrecht/Fabricius/Günther* u.a. (Hrsg.), Vom unmöglichen Zustand, S. 207 (218).

1639 *Bott/Krell*, ZJS 2010, 694 (700).

1640 *Herzberg*, in: *Hefendehl* (Hrsg.), Symposium Schünemann, S. 31.

1641 *Paeffgen*, StraFo 2007, 441 (442).

1642 *Greco*, ZIS 2018, 475 (483).

Die „Kernforderung nach strenger Gesetzlichkeit nach strenger Gesetzlichkeit [...] [ist] deshalb nach wie vor hoch aktuell."[1643]

Gerade für den Bereich des Strafrechts des geistigen Eigentums sind die beiden Bereiche des Bestimmtheitsgrundsatzes und der Rechtsgutslehre von hoher Bedeutung. Zum einen ist das so, da gerade im Zusammenhang von Strafrecht und geistigen Eigentum immer wieder Fragen mit der Bestimmtheit auftreten und zum anderen kann diesem immer wieder reformbedürftigen Bereich durch den Prüfungsmaßstab und die Rechtsgutslehre eine Grenze und Anhaltspunkte für die Gestaltung gegeben werden.

Ob und welcher Handlungsbedarf bezüglich einzelner Bereiche zum Schutz von Persönlichkeitsrechten besteht, kann nun mit diesem erarbeitetem Hintergrund im *5. Kapitel* im Rahmen der Strafwürdigkeit und -bedürftigkeit von Persönlichkeitsrechtsverletzungen geprüft werden.

1643 *Hilgendorf*, in: *Kudlich/Montiel/Schuhr* (Hrsg.), Gesetzlichkeit und Strafrecht, S. 17 (33).

Kapitel 5 Die Strafwürdigkeit und Strafbedürftigkeit von Persönlichkeitsrechtsverletzungen

Nachdem die Vereinbarkeit zivilrechtsakzessorischer und besonders offener Tatbestände mit dem Bestimmtheitsgrundsatz untersucht wurde, ist die Strafwürdigkeit und -bedürftigkeit bei Verletzungen von Persönlichkeitsrechten zu beurteilen. Dabei geht es zum einen darum, ob das Strafrecht überhaupt geeignet ist, solche Verletzungen zu bekämpfen und ob der aktuelle Schutz ausreichend ist oder ob der Schutz von Persönlichkeitsrechten erhöht werden muss. Dies betrifft also Fragen im rechtstheoretischen und zugleich rechtsphilosophischen Sinn. Es geht um die Legitimität strafrechtlicher Normen.[1644] Auch wenn das Strafrecht grundsätzlich „unverzichtbar" ist, muss es ob seiner Schärfe strengen Grenzen unterworfen werden.[1645] Dabei spielen unter anderem folgende Aspekte eine Rolle, die in diesem Kapitel näher bearbeitet werden: Strafwürdigkeit und -bedürftigkeit, das Ultima-ratio-Prinzip, der Subsidiaritätsgrundsatz, der Rechtsgüterschutz, der fragmentarische Charakter und der Verhältnismäßigkeitsgrundsatz. Der ebenfalls bedeutende Bestimmtheitsgrundsatz wurde im vorstehenden Kapitel bereits näher beleuchtet.

Die aktuellen Normen werden ebenso in den Blick genommen, wie etwaige notwendige Veränderungen des strafrechtlichen Persönlichkeitsrechtsschutzes. Es geht kurz gesagt um die Frage, ob das Zivilrecht in der Lage ist Persönlichkeitsverletzungen wiederherzustellen und ob bzw. ab wann das Strafrecht eingreifen muss, denn nur die „soziale Notwendigkeit" kann das Strafrecht rechtfertigen.[1646] Die Legitimation des Strafrechts ergibt sich also aus der Notwendigkeit für ein friedliches und geordnetes Gemeinschaftsleben.[1647] Dabei soll es maßgeblich um die Persönlichkeits-

---

1644 Siehe unter diesem Begriff *Böxler*, Markenstrafrecht, S. 396 ff.; *Kuhlen*, in: *Wolter/Freund* (Hrsg.), Straftat, S. 77; *Pfaffinger*, Rechtsgüter und Verhältnismäßigkeit, S. 214 ff.

1645 *Kaspar*, Verhältnismäßigkeit und Grundrechtsschutz, S. 27.

1646 NK-StGB/*Hassemer/Neumann*, Vor § 1 Rn. 105; vgl. *Müller-Dietz*, Strafe und Staat, S. 32 f.; *Otto*, AT, § 1 Rn. 48; vgl. bei *Sax*, in: *Bettermann/Niperdey/Scheuner* (Hrsg.), Die Grundrechte, S. 909 (924); siehe unter Hinweis auf vorstehende auch bei *Böxler*, Markenstrafrecht, S. 463.

1647 *Sternberg-Lieben*, in: *Hefendehl/v. Hirsch/Wohlers* (Hrsg.), Die Rechtsgutstheorie, S. 65.

rechte im Bereich des geistigen Eigentums gehen, denen aber das allgemeinen Persönlichkeitsrecht zur vergleichenden Betrachtung gegenübergestellt wird. Dabei wird auch anhand von Beispielen und Anwendungsfällen gezeigt, wem eine Verringerung des Schutzes schaden und wem eine Verschärfung nutzen würde.

A Grundlagen zur Strafwürdigkeit und -bedürftigkeit von Persönlichkeitsrechtsverletzungen

I. Begriffsannäherung

Da „kein allgemein anerkanntes Modell existiert, an welchem die Legitimation einer Strafvorschrift geprüft werden könnte"[1648] herrscht „tiefster undurchdringlicher Nebel", bei der Suche nach den Grenzen der Rechtswidrigkeit.[1649] Auch das BVerfG hat bisher keine Antwort darauf gefunden, was der Staat unter Strafe stellen darf.[1650] Das BVerfG prüft nach den Kriterien des Verhältnismäßigkeitsgrundsatzes, was alleine aber nicht ausreichen kann, da „auch das vom Gesetzgeber verfolgte Ziel selbst einer verfassungsrechtlichen Legitimation bedarf."[1651]

Wer sich mit der Frage nach dem „Staatlichen Strafen" befasst, „wird die Erfahrung machen, daß es hier keine einfachen Lösungen gibt (vielleicht auch nicht geben kann)."[1652] Dies liegt auch an dem weiten Spielraum des verfassungsrechtlich legitimierten Gesetzgebers.

Stets ist aber mit *Roxin* zu bedenken, dass das Strafrecht „nur die letzte unter allen in Betracht kommenden Schutzmaßnahmen" sein soll.[1653] Es darf „nur dann eingesetzt werden, wenn andere Mittel der sozialen Problemlösung [...] versagen."[1654] So sollte die Suche nach etwas „das besser

---

1648 *Pfaffinger*, Rechtsgüter und Verhältnismäßigkeit, S. 216; siehe auch *Frisch*, in: FS Stree-Wessels, S. 69; vgl. zudem *Günther*, JuS 1978, 8; LK-StGB/*Weigend*, Einl Rn. 3.

1649 *Binding*, Die Normen und ihre Übertretung Bd. II 1, S. 160 f.; vgl. ausführlicher zur Schwierigkeit der Legitimation des Strafrechts *Naucke*, Strafrecht, S. 32 ff.

1650 *Roxin*, JöR 59 (2011), 1 (3).

1651 *Roxin*, JöR 59 (2011), 1 (3); kritisch zum Verhältnismäßigkeitsgrundsatz *Noltenius*, in: *Jaeckel/Zabel/Zimmermann* (Hrsg.), Grundrechtspolitik und Rechtswissenschaft, S. 93 (102 f.).

1652 *Müller-Dietz*, Strafe und Staat, S. 55.

1653 *Roxin*, AT I, § 2 Rn. 97.

1654 *Roxin*, AT I, § 2 Rn. 97.

als Strafrecht, das sowohl klüger wie menschlicher als das Strafrecht wäre"[1655] fortgeführt werden. Strafe darf es nur geben, wenn ein geringeres Mittel nicht ausreichend ist (Verhältnismäßigkeit, Ultima-ratio-Prinzip und Subsidiaritätsgrundsatz).[1656]

Strafrecht muss also ultima ratio sein und sich gegen sozialschädliches Verhalten richten.[1657] Dies darf aber nicht zur Leerformel werden; es braucht vielmehr Anhaltspunkte für die Strafwürdigkeit und die -bedürftigkeit zum Schutz eines Rechtsgutes.[1658] Wichtige Anhaltspunkte sind aus der Verfassung und dem Vergleich zu anderen Rechtsgütern zu entnehmen.[1659]

Das Strafrecht sollte also darauf begrenzt sein, was unbedingt notwendig für menschliches Zusammenleben ist und ist damit auf seinen Kernbereich zu beschränken.[1660] Lücken gehören zum Strafrecht dazu, was aber nicht heißt, sie dürften nicht geschlossen werden (nur nicht mit dem alleinigen Argument der Lückenschließung).[1661] Liegt aber strafwürdiges und strafbedürftiges Verhalten vor, dürfen Lücken auch geschlossen werden.[1662]

Aufgrund des Mangels eines anerkannten Modells zur Prüfung der Legitimation einer Strafvorschrift[1663] soll in dieser Arbeit dazu die, zugegebenermaßen nicht unumstritten, Begriffe der Strafwürdigkeit und -bedürftigkeit Hilfe leisten.[1664]

Bevor daher eine vertiefte Auseinandersetzung mit den Fragen der Strafwürdigkeit und -bedürftigkeit von Persönlichkeitsrechtsverletzungen erfolgt, muss zunächst geklärt werden, was unter diesen beiden Begriffen zu verstehen ist, beziehungsweise wie in dieser Arbeit die beiden Begriffe

---

1655 *Radbruch*, in: Gustav-Radbruch-Gesamtausgabe, Bd. 2, S. 211, (403).

1656 *Hirsch*, in: FS Spinellis, S. 425 (434).

1657 *Weber*, Der strafrechtliche Schutz des Urheberrechts, S. 396 m.w.N. Fn. 65, 66.

1658 *Weber*, Der strafrechtliche Schutz des Urheberrechts, S. 396.

1659 *Weber*, Der strafrechtliche Schutz des Urheberrechts, S. 396.

1660 *Neumann*, in: *Neumann/Prittwitz* (Hrsg.), Kritik und Rechtfertigung des Strafrechts, S. 89 (106).

1661 *Kühl*, in: FS Schöch S. 419 (432).

1662 *Kühl*, in: FS Schöch S. 419 (432); zweifelnd zur Strafwürdigkeit und -bedürftigkeit *Frisch*, in: FS Stree-Wessels, S. 69 (71).

1663 Vgl. bei *Pfaffinger*, Rechtsgüter und Verhältnismäßigkeit, S. 216.

1664 Kritisch zur Benutzung der Strafwürdigkeit und -bedürftigkeit *Kaspar*, Verhältnismäßigkeit und Grundrechtsschutz, S. 264, der daher eine Prüfung im Rahmen der Verhältnismäßigkeit in Bezug auf das Verfassungsrecht bevorzugt; kritisch zur „Überbetonung des Verfassungsrechts" *Greco*, in: *Brunhöber/Höffler/Kaspar* u.a. (Hrsg.), S. 13 (14).

Strafwürdigkeit und -bedürftigkeit verstanden werden.[1665] „Der Begriff Strafwürdigkeit ist einigermaßen diffus [...]“[1666], sowie nicht klar ist, was genau unter Bedürftigkeit zu verstehen ist.[1667] Auch die Abgrenzung zwischen beiden Begriffen ist nicht klar und wird verschieden gehandhabt,[1668] obgleich diese beiden Begriffe seit gut 200 Jahren zur Eingrenzung des Strafrechts genutzt werden.[1669] „Man kann darüber streiten, ob eine begriffliche Unterscheidung, zwischen Strafwürdigkeit und Strafbedürftigkeit notwendig ist.“[1670] Hier sollen die Begriffe aber zu einer Strukturierung und Differenzierung der Betrachtung beitragen, was trotz ihrer Schwächen möglich scheint.[1671] Sie können damit als „Kriterien für die Interpretation und die Legitimation der einzelnen Straftatbestände [...] [dienen und bei der] Schaffung neuer Tatbestände [sind sie] eine wichtige Stütze für die Kriminalpolitik“.[1672] Sie werden nicht als absolute Begriffe, sondern als Arbeitsgrundlage und Orientierung verstanden. Dabei können sie also „als *Kriterien für die Interpretation, die Bestätigung und die Korrektur*

1665 Denn eine abschließende Klärung was unter diesen Begriffen zu verstehen ist kann in dieser Arbeit nicht geleistet werden.

1666 *Volk*, ZStW 97 (1985), 871 (872 m.w.N.); vgl. *Altpeter*, Strafwürdigkeit und Straftatsystem, S. 37; *Appel*, Verfassung und Strafe, S. 395 ff.; vgl. auch bei *Deckert*, Strafwürdigkeit und Strafgesetzgebung, S. 50, 54, 72 ff.; *Kaspar*, Verhältnismäßigkeit und Grundrechtsschutz, S. 254; siehe auch zu verschiedenen Auslegungen des Begriffs S. 258 ff.; *Paulduro*, Die Verfassungsgemäßheit, S. 110; *Trendelenburg*, Ultima ratio?, S. 57.

1667 *Appel*, Verfassung und Strafe, S. 403.

1668 *Altpeter*, Strafwürdigkeit und Straftatsystem, S. 37 f.; *Alwart*, Strafwürdiges Versuchen, S. 55 f.; *Bloy*, Die dogmatische Bedeutung, S. 228 ff.; vgl. *ders.*, Die Beteiligungsform als Zurechnungstypus, S. 30 ff.; *Costa Andrade*, in: Coimbra-Symposium für Roxin, S. 121 (122 f.); bspw. beides unter Strafwürdigkeit fassend *Sax*, in: *Bettermann/Niperdey/Scheuner* (Hrsg.), Die Grundrechte, S. 909 (924); *Volk*, ZStW 97 (1985), 871 (872 ff.).

1669 *Frisch*, in: FS Stree-Wessels, S. 69 (77).

1670 *Roxin*, AT I, § 23 Rn. 38; kritisch generell zur Benutzung der Strafwürdigkeit und -bedürftigkeit *Appel*, Verfassung und Strafe, S. 395 ff.; siehe ausführlich NK-StGB/*Hassemer/Neumann*, Vor § 1 Rn. 49 ff.; siehe ebenfalls kritisch *Kaspar*, Verhältnismäßigkeit und Grundrechtsschutz, S. 264 unter Hinweis auf *Freund*, in: *Wolter/Freund* (Hrsg.), Straftat, S. 43 (52); *Kasper*, Die Erheblichkeitsschwelle im Bereich des Umweltstrafrechts, S. 25 f.; vgl. *Sax*, in: *Bettermann/Niperdey/Scheuner* (Hrsg.), Die Grundrechte, S. 909 (924).

1671 Die Stärken betonend *Costa Andrade*, in: Coimbra-Symposium für Roxin, S. 121 (131 f.); siehe zu den Problemen mit den Begriffen und ihrer Funktion *Frisch*, in: FS Stree-Wessels, S. 69 (77 ff.); NK-StGB/*Hassemer/Neumann*, Vor § 1 Rn. 49 ff., 54 ff.; sowie *Volk*, ZStW 97 (1985), 871 ff.

1672 *Romano*, in: Coimbra-Symposium für Roxin, S. 107 (118).

des gesamten Strafrechtssystems“ dienen.[1673] Brauchbar erscheinen diese Kriterien also „für die Kontrolle und Kritik von Gesetzen, die man schaffen oder abschaffen will.“[1674] Genau darum soll es in diesem Kapitel bei der Beurteilung von Persönlichkeitsrechtsverletzungen gehen. Neben der Untersuchung des Zustandes de lege lata, soll es auch um eine Betrachtung de lege ferenda gehen.[1675]

Bei der Frage der Strafwürdigkeit geht es maßgeblich um Gerechtigkeitsaspekte oder wie *Roxin* es nennt um eine „Bestrafungsmöglichkeit“[1676].[1677] Es geht also um die Wertung der Sozialschädlichkeit eines Verhaltens.[1678] Dies ergibt sich insbesondere daraus, ob es sich um gravierende Rechtsgutsbeeinträchtigungen handelt.[1679] Die Schwere kann sich aus dem beeinträchtigten Rechtsgut selbst (beispielsweise bei grundrechtlich verankertem Schutz) oder der besonderen Sozialgefährlichkeit ergeben.[1680] Strafwürdigkeit setzt also ein Rechtsgut voraus.[1681] Strafwürdigkeit erfordert dabei mehr als „nur“ rechtswidriges Verhalten.[1682] Das Verhalten muss ein Maß an Sozialgefährlichkeit oder Sozialschädlichkeit erreichen, dass es geeignet ist, die Beziehungen innerhalb der Gesellschaft erheblich zu gefährden.[1683] Strafwürdigkeit ist eine Konsequenz des aus dem Rechtsstaatsprinzip hergeleiteten Verhältnismäßigkeitsgrundsatzes.[1684] Un-

1673 *Romano*, in: Coimbra-Symposium für Roxin, S. 107 (108).

1674 *Volk*, ZStW 97 (1985), 871 (898).

1675 Sie sollen aber nicht ins Straftatsystem übertragen werden, vgl. auch *Lüderssen*, in: *Lüderssen/Sack* (Hrsg.), Abweichendes Verhalten II, S. 215 (221); sowie *Volk*, ZStW 97 (1985), 871 (897).

1676 *Roxin*, AT I, § 23 Rn. 38.

1677 Vgl. *Roxin*, AT I, § 23 Rn. 34 ff., 38; siehe auch bei *Böxler*, Markenstrafrecht, S. 464; NK-StGB/*Hassemer/Neumann*, Vor § 1 Rn. 52; *Otto*, Strafrecht AT, § 1 Rn. 50.

1678 *Otto*, Strafrecht AT, § 1 Rn. 50; *ders.*, in: GS Schröder, S. 53 (56); *ders.*, JURA 1989, 24 (27); vgl. kritisch auch *Appel*, Verfassung und Staat, S. 392 ff., 395 ff.; siehe dazu auch *Böxler*, Markenstrafrecht, S. 464; vgl. *Costa Andrade*, in: Coimbra-Symposium für Roxin, S. 121 (129); NK-StGB/*Hassemer/Neumann*, Vor § 1 Rn. 70; *Jescheck/Weigend*, Strafrecht AT, § 7 I 1 a), S. 51; *Müller-Dietz*, Strafe und Staat, S. 33; vgl. *Streng*, Strafrechtliche Sanktionen, Rn. 7; *Tiedemann*, Kartellrechtsverstöße, S. 95 f.; *Trendelenburg*, Ultima ratio?, S. 58.

1679 *Otto*, Strafrecht AT, § 1 Rn. 50; *ders.*, JURA 1989, 24 (27).

1680 *Otto*, Strafrecht AT, § 1 Rn. 50.

1681 Zu Fragen die Rechtsgutslehre betreffend, s. S. 161 ff.

1682 *Kühl*, in: FS Schöch S. 419 (432).

1683 *Altpeter*, Strafwürdigkeit und Straftatsystem, S. 30 ff.; *Fürhoff*, AG 2003, 80 (81); *Otto*, Strafrecht AT, § 1 Rn. 49; *ders.*, in: GS Schröder, S. 53 (54); *ders.*, ZStW 96 (1984), S. 339 (347 f.); *ders.*, NJW 1979, 681 (683).

1684 *Günther*, JuS 1978, 8 (13).

ter Strafwürdigkeit werden in diesem Abschnitt Fragen im Zusammenhang mit der Schwere der Beeinträchtigung und dem Grundrechts- und Verfassungszusammenhang aufgeworfen.

Die Strafbedürftigkeit betrifft dagegen mehr Zweckmäßigkeitsaspekte.[1685] Ein strafwürdiges Verhalten ist nur dann strafbedürftig, „wenn eine präventive Notwendigkeit der Bestrafung hinzukommt."[1686] Hierbei können „kriminalpolitische Gesichtspunkte" Beachtung finden.[1687] Die Strafe muss „das einzige Mittel sein [...], um die Gemeinschaftsordnung gegen Angriffe [...] zu schützen"[1688]. Es soll also um Fragen der Verhältnismäßigkeit, der Fragmentarität, der Subsidiarität und der Ultima-ratio-Funktion des Strafrechts gehen.[1689] Das Subsidiaritätsprinzip kann als „negativer Ausdruck" der Strafbedürftigkeit verstanden werden.[1690] Dabei geht es dann auch, um die Frage, inwiefern „bloße Ordnungswidrigkeit oder zivil- und verwaltungsrechtliche Maßnahmen" ausreichenden Schutz bieten können[1691] oder inwiefern ein zumutbarer Selbstschutz durch die Opfer erwartet werden und damit ausreichen kann.

Mit den beiden Begriffen der Strafwürdigkeit und -bedürftigkeit können auch die unterschiedlichen Sichten des Straf- und Verfassungsrecht zusammengebracht werden.[1692] Insbesondere die Verhältnismäßigkeit kann im Rahmen der Strafbedürftigkeit die für die verfassungsrechtlichen Vorgaben entscheidende strafrechtslimitierende Kontrolle ausüben.[1693] Bevor die

---

1685 *Achenbach*, Strafrechtlicher Schutz des Wettbewerbs, S. 113; *Bloy*, Die dogmatische Bedeutung, S. 235; *Bosch*, in: FS Otto, S. 845; *Böxler*, Markenstrafrecht, S. 464; vgl. *Frisch*, in: FS Stree-Wessels, S. 69 (77 ff.); vgl. *Günther*, JuS 1978, 8 (11); NK-StGB/*Hassemer/Neumann*, Vor § 1 Rn. 52, der aber sowohl die Gerechtigkeits- wie die Zweckmäßigkeitsaspekte unter Strafwürdigkeit i.w.S. fasst siehe dazu Rn. 53 ff., 57 ff. sowie ähnlich auch *Deckert*, Strafwürdigkeit und Strafgesetzgebung, S. 70; *Otto*, Strafrecht AT, § 1 Rn. 50; *ders.*, in: GS Schröder, S. 53 (57); *ders.*, GRUR 1982, 274 (276); *ders.*, ZStW 97 (1984), 339 (348); *Roxin*, AT I, § 23 Rn. 38; *Streng*, Strafrechtliche Sanktionen, Rn. 7; *Trendelenburg*, Ultima ratio?, S. 58.

1686 Vgl. *Roxin*, AT I, § 23 Rn. 38.

1687 *Stratenwerth/Kuhlen*, AT, § 7 Rn. 29.

1688 *Jescheck/Weigend*, Strafrecht AT, § 7 I 1 a), S. 50.

1689 *Baumann/Weber/Mitsch*, AT, § 3 Rn. 19; vgl. zum Markenstrafrecht *Böxler*, Markenstrafrecht, S. 397, 481; *Krey/Esser*, AT, § 1 Rn. 17 f.; siehe überblicksartig bei Lackner/Kühl/*Kühl*, Vor § 13 Rn. 3; *Otto*, AT, § 1 Rn. 49 f.

1690 So *Lampe*, UFITA 87 (1980), 107 (118).

1691 *Kaspar*, Verhältnismäßigkeit und Grundrechtsschutz, S. 255.

1692 *Pfaffinger*, Rechtsgüter und Verhältnismäßigkeit, S. 215 ff.

1693 *Pfaffinger*, Rechtsgüter und Verhältnismäßigkeit, S. 217; vgl. auch *Krey/Esser*, AT, § 1 Rn. 16.

Strafwürdigkeit und -bedürftigkeit genauer geprüft wird, erfolgt ein kurzer Überblick zu den Aufgabe der Strafe und des Strafrechts. Nur wenn dies eingeordnet wird, kann geklärt werden, wann überhaupt Strafe Sinn macht und zu welchem Zweck das Strafrecht eingreifen darf.

II. Was ist Strafe und was die Aufgabe des Strafrechts? – Ein Überblick

Eine endgültige Antwort auf die Frage, was Strafe und was die Aufgabe des Strafrechts ist, kann im Rahmen dieser Arbeit aber nicht geleistet werden und wird vielleicht auch immer mehr ein Weg als Ziel bleiben. Damit kann die Frage als konkrete Utopie i.S.v. *E. Bloch* verstanden werden. Jenseits eines Kernbereiches „gibt es keine verbindlichen Kriterien für die Entscheidung der Frage, ob ein Interesse des strafrechtlichen Schutzes bedarf."[1694] Daher soll es hier darum gehen, einen Überblick über Begriffs- und Definitonsversuche zu geben, die dann zur Einordnung der Strafwürdigkeit und -bedürftigkeit einen Beitrag leisten können. Dabei ist die Frage: „Was ist Strafe?" von der Frage nach der Aufgabe des Strafrechts zu unterscheiden.[1695]

Bei einer Annäherung an die Grenzen des Strafrechts, muss man „sich dementsprechend zunächst klar werden über das, was [...] [man] mit der Strafe verbindet – vielleicht auch verbinden muss."[1696] „Die Frage nach dem Sinn der staatlichen Strafe stellt sich in allen Zeiten neu."[1697]

1. Strafzwecke und Straftheorien

In diesem Zusammenhang taucht auch die folgende Frage auf: Was ist Strafe? Strafe wird beschrieben als „eine staatliche Übelszufügung auf Grund eines vorwerfbaren, in erhöhtem Maße sozialschädlichen Verhaltens".[1698] Mit *Liszt* ausgedrückt „Rechtsgüterschutz durch Rechtsgüterverletzung".[1699] *Hegel* beschreibt, dass durch die Straftat das Recht negiert

1694 LK-StGB/*Weigend*, Einl Rn. 3; vgl. auch *Günther*, JuS 1978, 8; *Kasper*, Die Erheblichkeitsschwelle im Umweltstrafrecht, S. 8.

1695 Siehe auch LK-StGB/*Weigend*, Einl Rn. 62.

1696 *Frisch*, in: FS Stree-Wessels, S. 69 (81); *Günther*, JuS 1978, 8 (9).

1697 So schon 1966 *Roxin*, JuS 1966, 377.

1698 *Roxin*, in: FS Volk, S. 601 (604); siehe den weitreichenden Überblick zur Frage was Strafe ist ab S. 601 ff.

1699 *V. Liszt*, in: Strafrechtliche Aufsätze und Vorträge, Bd. 1, S. 126 (161).

wird und daher Strafe als „Negation der Negation des Rechts" zu verstehen sei.[1700] Allerdings vertreten *Hegel* und andere damit die Auffassung, dass der Zweck des Strafrechts nur der Schutz der Geltung der jeweils bestehenden Rechtsnormen sei,[1701] was aber aus oben bereits genannten Gründen abzulehnen ist.[1702] Strafe darf nämlich kein Selbstzweck sein, vielmehr müssen darüber für die Gesellschaft und den Täter wichtige zukünftige Zwecke erfüllt werden.[1703] „Eine absolute Straftheorie, die allein das staatliche Strafen erklärt, ist heute schon vor dem Hintergrund des geltenden Rechts nicht mehr haltbar."[1704] Schon seit der Antike gibt es ein gewichtiges Argument gegen die Annahme einer rein absoluten Straftheorie:[1705] Kein vernünftiger Mensch straft, weil gesündigt wurde, sondern damit in Zukunft nicht gesündigt werde (Nemo prudens punit, quia peccatum est sed ne peccetur).[1706]

Was aber gibt dem Staat die Berechtigung zum Strafen? Ein Aspekt betrifft dabei die Verwirklichung von Gerechtigkeitserwägungen.[1707] In einem demokratischen Rechtsstaat liegt jedoch stets eine anspruchsvolle Situation vor, da ein Ausgleich zwischen zwei konträren Interessen zu suchen ist: Zwischen dem Interesse der Bürger, durch den Rechtsstaat vor privaten Eingriffen geschützt zu werden und andererseits dem Interesse vor staatlichen Übergriffen durch einen möglichst geringen Einsatz des Strafrechts geschützt zu sein.[1708] Beides kann als Schutzauftrag aus dem Grundgesetz entnommen werden beziehungsweise ergibt sich aus der dort festgelegten Staatsform, nach der jedem Bürger substantielle Rechte garantiert werden wie das fundamentale Recht auf Entfaltung der Persönlichkeit.[1709] Daraus ergibt sich aber eben auch, dass der Staat strafen darf, um

---

1700 Dazu und zur eigentlichen Fundstelle in der Hegelschen Straftheorie: nämlich hinzugefügt durch *Hegels* Schüler *Gans*: *Roxin*, AT I, § 3 Rn. 4; siehe zu Fragen der Vergeltung und Gerechtigkeit auch *Kant* in der „Metaphysik der Sitten" (1798).

1701 LK-StGB/*Weigend*, Einl Rn. 6.

1702 S. o. S. 200 ff.

1703 Vgl. BVerfGE 72, 105 ff.; BVerfGE 39, 1 (46).

1704 MüKo-StGB/*Joecks*, Einl. Rn. 54.

1705 *Streng*, Strafrechtliche Sanktionen, Rn. 10.

1706 Vgl. *Hassemer*, Warum Strafe sein muss, S. 50 ff., 57.

1707 LK-StGB/*Weigend*, Einl Rn. 65.

1708 *Baurmann*, in: *Baurmann/Kliemt* (Hrsg.), Die moderne Gesellschaft im Rechtsstaat, S. 109 (111).

1709 *Baurmann*, in: *Baurmann/Kliemt* (Hrsg.), Die moderne Gesellschaft im Rechtsstaat, S. 109 (111).

seine Bürger zu schützen.[1710] Daher folgt das „Recht des Staates zu Strafen [...] aus den Prinzipien der Verfassung und den in ihr enthaltenen Grundrechtsgarantien des Einzelnen."[1711]

Diese Frage geht über in die folgenden Fragen: Was ist der Zweck des Strafens? Und was die Aufgabe des Strafrechts? Ziel des Strafens nach dem BVerfG ist es, „die Gesellschaft vor sozialschädlichem Verhalten zu bewahren und die elementaren Werte des Gemeinschaftslebens zu schützen".[1712] „Aufgabe bzw. Funktion des Strafrechts ist [damit auch] die Verbrechenskontrolle. Dabei wird überwiegend die Aufgabe im Schutz von Rechtsgütern vor Gefährdung oder Verletzung gesehen."[1713] „Das Strafrecht dient [also] dem Schutz von Interessen, die der Rechtsgemeinschaft wichtig sind."[1714]

Die Diskussion, warum es Strafe geben soll, ist also stark beeinflusst von den relativen und absoluten Straftheorien.[1715] Geht man der Frage nach den Strafzwecken, der Aufgabe und Funktion des Strafrechts nach „so gelangt man unweigerlich zur Grundfrage des Sinn und Zwecks staatlichen Strafens und damit zu den Straftheorien und Strafzwecklehren."[1716]

a. Absolute Straftheorien

Absoluten Straftheorien[1717] (auch Vergeltungstheorien genannt) können mit dem Konzept der Vergeltung gleichgesetzt werden,[1718] da hiernach die Strafe die begangene Unrechtstat „in gerechter Weise vergilt, ausgleicht, sühnt."[1719] Rechtsgrund und Sinn der Strafe liegt demnach allein darin, dass durch sie dem Täter ein gerechter Ausgleich für das begangene Un-

---

1710 Zu dieser nicht einfachen Frage *Roxin/Arzt/Tiedemann*, Einführung, S. 2 ff.

1711 *Kempf*, NJW 1997, 1729 (1730).

1712 BVerfGE 45, 187 (254) = NJW 1977, 1525 ff.

1713 MüKo-StGB/*Joecks*, Einl. Rn. 26.

1714 LK-StGB/*Weigend*, Einl Rn. 1.

1715 *V. Hirsch*, in: *Neumann/Prittwitz* (Hrsg.), Kritik und Rechtfertigung des Strafrechts, S. 58.

1716 *Böxler*, Markenstrafrecht, S. 412 m.w.N.

1717 Ausführlich zu den Straftheorien und ihren Ausprägungen *Streng*, Strafrechtliche Sanktionen, Rn. 10 ff.

1718 *V. Hirsch*, in: *Neumann/Prittwitz* (Hrsg.), Kritik und Rechtfertigung des Strafrechts, S. 57 und seine Kritik daran S. 57 ff.

1719 *Roxin*, AT I, § 3 Rn. 2.

recht widerfährt und dadurch Gerechtigkeit wiederhergestellt wird.[1720] Eine reine Vergeltungstheorie kann keine inhaltliche Begründung liefern, was und warum der Staat strafen darf.[1721] Sie lässt „die Voraussetzungen der Strafbarkeit ungeklärt [...], [ist] in ihren Grundlagen ungesichert und als irrationales und zudem anfechtbares Glaubensbekenntnis unverbindlich".[1722]

Die Kritik an absoluten Theorien ist vielfältig und schon alt.[1723] Neben der Kritik, dass Strafe nicht Selbstzweck sein darf[1724], wird auch die fehlende Begründung, Unklarheit, und die fehlende Rechtfertigung für die Zuständigkeit des Strafrechts, sowie die Universalität kritisiert.[1725] Auch wenn einer Strafe an sich etwas vergeltendes anhaftet,[1726] ist die Vergeltungstheorie „heute wissenschaftlich nicht mehr haltbar."[1727]

b. Relative Straftheorien

Relative Straftheorien beziehen sich auf den mit der Strafe verfolgten Zweck und damit auf die Verbrechensvorbeugung, die Strafe wird auf einen bestimmten (sozialen) Zweck bezogen, es geht um die Verhütung künftiger Straftaten.[1728] Relative Straftheorien sind damit auf Verbrechensverhinderung gerichtet, es geht um Rehabilitation, Abschreckung und „Unschädlichmachung".[1729]

1720 MüKo-StGB/*Joecks*, Einl. Rn. 48; LK-StGB/*Weigend*, Einl Rn. 58; vgl. dazu schon *Kant* in der „Metaphysik der Sitten" (1798).

1721 *Roxin*, JuS 1966, 377 (378).

1722 *Roxin*, JuS 1966, 377 (378 f.).

1723 S. o. S. 237 ff. dazu schon die Kritik in der Antike: Nemo prudens punit, quia peccatum est sed ne peccetur.

1724 S. o. S. 195, 238.

1725 *V. Hirsch*, in: *Neumann/Prittwitz* (Hrsg.), Kritik und Rechtfertigung des Strafrechts, S. 57 (58 ff.); vgl. *Achenbach*, StraFo 2011, 422 (423).

1726 Vgl. *Naegeli*, Die Gesellschaft und die Kriminellen, S. 67.

1727 *Roxin*, AT I, § 3 Rn. 8; vgl. auch *Freund*, in: *Wolter/Freund* (Hrsg.), Straftat, S. 43 (44); *Kaspar*, Verhältnismäßigkeit und Grundrechtsschutz, S. 861; siehe ausführlich und differenzierend *Klocke/Müller*, StV 2014, 370 ff.

1728 MüKo-StGB/*Joecks*, Einl. Rn. 56; LK-StGB/*Weigend*, Einl Rn. 58.

1729 *V. Hirsch*, in: *Neumann/Prittwitz* (Hrsg.), Kritik und Rechtfertigung des Strafrechts, S. 57.

Bei den relativen Theorien ist fraglich, ob als Hauptgrundlage der Existenz der Strafe Prävention in Betracht kommen kann,[1730] denn bei Strafe ist es so, dass sie „immer zu spät kommen" würde im Hinblick auf eine aktuelle Tat.[1731]

Innerhalb der relativen Theorien werden insbesondere die General- und Spezialprävention unterschieden.[1732]

Die positive Spezialprävention betrifft den Aspekt der Resozialisierung, insbesondere durch Erziehung.[1733] Auch sozialpädagogische Gründe können ausnahmsweise den Einsatz des Strafrechts rechtfertigen, allerdings muss dabei beachtet werden, dass das Strafrecht nicht nur den Wert eines Rechtsguts verdeutlichen, sondern auch das Zusammenleben besser regeln soll.[1734] Die Sicherung der Allgemeinheit und Abschreckung des Täters vor weiteren Taten ist die sog. negative Spezialprävention.[1735] Kritisiert an der Spezialprävention wird die fehlende Möglichkeit einer inhaltlichen Begrenzung des Strafrechts.[1736] Der eigentlich bedeutsame Gedanke der Resozialisierung gestaltet sich auch in der Praxis oft schwierig. Im Gefängnis können durch Kontakte neue künftige Straftaten entstehen, aber gleichzeitig kann damit vorerst eine Sicherung gelingen, denn, wer im Gefängnis ist, hat es schwer Straftaten zu begehen.[1737] Es ist bisher weder erwiesen, dass Resozialisierung gelingt, noch dass der Strafvollzug das Gegenteil bewirkt.[1738] Ein großes Problem im Zusammenhang mit der Resozialisierung stellen auch die hohen Rückfallquoten dar.[1739] Zudem entstehen Probleme mit Tätern, die nicht resozialisierungsbedürftig oder für eine Resozialisierung nicht zu gewinnen sind.[1740] Und dennoch ist die Resozialisie-

---

1730 *V. Hirsch*, in: *Neumann/Prittwitz* (Hrsg.), Kritik und Rechtfertigung des Strafrechts, S. 57 (61); vgl. auch *Achenbach*, StraFo 2011, 422 (423); *Roxin*, AT I, § 3 Rn. 11.

1731 *Noltenius*, in: *Jaeckel/Zabel/Zimmermann* (Hrsg.), Grundrechtspolitik und Rechtswissenschaft, S. 93 (100).

1732 Siehe dazu bei *Roxin*, AT I, § 3 Rn. 11 ff., 21 ff.; siehe kritisch *Achenbach*, StraFo 2011, 422 ff.

1733 MüKo-StGB/*Joecks*, Einl. Rn. 57; kritisch zum Begriff der Resozialisierung *Naegeli*, Die Gesellschaft und die Kriminellen, S. 33 f.

1734 *Wolf*, Der strafrechtliche Schutz der Persönlichkeit, S. 183.

1735 Vgl. *Achenbach*, StraFo 2011, 422 (423 f.).

1736 *Roxin*, JuS 1966, 377 (379); *ders.*, AT I, § 3 Rn. 16.

1737 Vgl. *Achenbach*, StraFo 2011, 422 (424); *Trendelenburg*, Ultima ratio?, S. 265.

1738 NK-StGB/*Hassemer/Neumann*, Vor § 1 Rn. 275; kritisch zum Begriff der Resozialisierung *Naegeli*, Die Gesellschaft und die Kriminellen, S. 33 f.

1739 *Streng*, Strafrechtliche Sanktionen, Rn. 324 ff.

1740 *Roxin*, AT I, § 3 Rn. 19, 39.

rung und damit die Spezialprävention neben der „sozialstaatlichen Komponente unserer Verfassung [...] ein wesentlicher Beitrag zur Versöhnung des Strafrechts mit der Humanität."[1741]

Die negative Generalprävention soll die Allgemeinheit und den Täter abschrecken und abhalten.[1742] Umstritten ist, ob das Strafrecht eine solch abschreckende Wirkung hat.[1743] Allerdings soll gerade die Entdeckungswahrscheinlichkeit, also das Risiko gefasst zu werden, eine Rolle spielen.[1744] Dies gilt aber nur bei guter Durchsetzung der Normen,[1745] sodass für generalpräventive Erfolge weniger eine Verschärfung der Strafandrohungen, sondern vielmehr die Intensivierung der Strafverfolgung sinnvoll sein kann.[1746] „Das Unrechtsbewusstsein des Bürgers, womöglich gar ein Glaube an die ‚Unverbrüchlichkeit des Rechts', leidet sichtlich, wenn eindeutige Normabweichungen ohne staatliche Reaktion blieben".[1747] Der „Dreh- und Angelpunkt der Kriminalitätsbekämpfung" soll die Verurteilungswahrscheinlichkeit darstellen.[1748] Solange aber fraglich ist, ob die Abschreckungsprävention gelingt, bleibt es auch schwierig damit eine Strafverschärfung zu rechtfertigen,[1749] zumal auch diese Theorie nicht in der Lage ist „ethische Grenzen der Zuerkennung von Sanktionen abzustüt-

1741 *Roxin*, in: *Neumann/Prittwitz* (Hrsg.), Kritik und Rechtfertigung des Strafrechts, S. 175 (179); vgl. auch zur Humanität *Achenbach*, StraFo 2011, 422 (424).

1742 *Trendelenburg*, Ultima ratio?, S. 264; als bisher am populärsten beschreibend *Streng*, Strafrechtliche Sanktionen, Rn. 23.

1743 Vgl. dazu bei folgenden: *Curti*, ZRP 1999, 234 ff.; *Naegeli*, Die Gesellschaft und die Kriminellen, S. 64; *Roxin*, AT I, § 3 Rn. 25.

1744 Vgl. *Böxler*, Markenstrafrecht, S. 486; *Dölling/Entorf/Herrmann* u.a., Soziale Probleme 17 Heft 2 (2006), 193 (206); für Nachweise siehe auch *Greco*, Lebendiges und Totes in Feuerbachs Straftheorie, S. 364 ff.; *Hefendehl*, ZStW 119 (2007), 816 (828); vgl. *Roxin*, AT I, § 3 Rn. 25.

1745 *Trendelenburg*, Ultima ratio?, S. 266; zu Problemen, wenn die staatliche Reaktion ausbleibt *Hanssen/Otto*, ZRP 2002, 318 (319).

1746 *Roxin*, AT I, § 3 Rn. 25 unter Verweis auf *Curti*, Abschreckung durch Strafe, S. 173 ff., 177 f.; *ders.*, ZRP 1999, 234 der neben einer Strafverschärfung gerade die Verurteilungswahrscheinlichkeit betont, da sie eine viermal so starke Wirkung erreichen kann.

1747 *Hanssen/Otto*, ZRP 2002, 318 (319).

1748 *Curti*, Abschreckung durch Strafe, S. 178.

1749 Vgl. NK-StGB/*Hassemer/Neumann*, Vor § 1 Rn. 283 ff.; eine Abschreckungswirkung bejahend *Curti*, Abschreckung durch Strafe, S. 177.

zen."[1750] Bei dem Aspekt der Abschreckung bleibt noch zu beachten, dass die geringe Zahl an Überzeugungstaten, Leidenschaftstaten und Taten aufgrund pathologischer Grundlage damit nicht verringert werden kann.[1751]

Bei der positiven Generalprävention geht es um eine Verstärkung der Normtreue, um die Stärkung des Normvertrauens.[1752] Die positive Generalprävention gewinnt an Bedeutung[1753] und wird als eine der wichtigsten Aspekte der Strafe beschrieben, so kann die „bloße Existenz einer [...] Strafdrohung [...] Einfluss auf die Wertvorstellungen und die Verhaltensweisen der Bevölkerung" haben.[1754] Normen hingegen die zu straffremden Zwecken „missbraucht" werden, führen dazu, dass der Staat am „Normentwertungskarussel" teilnimmt.[1755] Daher ist es wichtig, dass die Strafe als gerecht empfunden wird.[1756] Generalprävention und schuldangemessene Bestrafung lassen sich also verbinden und gerade von einer als gerecht empfundenen, schuldproportionalen Strafe soll „die beste generalpräventive Wirkung" ausgehen.[1757] Dabei erfolgt eine „Begrenzung strafrechtlicher Verantwortlichkeit auf schuldhaftes Handeln des Täters."[1758]

Allerdings kann auch die Generalprävention allein den Bereich des Strafbaren nicht begründen.[1759] Zudem ist kritisch zu sehen, dass sie den Täter „benutzt" als Mittel zum Zweck der Generalprävention.[1760] Da wir

---

1750 *V. Hirsch*, in: *Neumann/Prittwitz* (Hrsg.), Kritik und Rechtfertigung des Strafrechts, S. 57 (61); siehe dazu auch bei *Greco*, Lebendiges und Totes in Feuerbachs Straftheorie, S. 364 ff. der nicht den vielen Stimmen folgt, dass eine Abschreckungswirkung nicht nachweisbar sei.

1751 *Streng*, Strafrechtliche Sanktionen, Rn. 55.

1752 *Trendelenburg*, Ultima ratio?, S. 264; siehe kritisch und die positive Generalprävention als „Vergeltungstheorie" bezeichnend *Kalous*, Positive Generalprävention durch Vergeltung, S. 251.

1753 *Streng*, Strafrechtliche Sanktionen, Rn. 24.

1754 BVerfGE 39, 1 (37).

1755 *Hanssen/Otto*, ZRP 2002, 318 (320).

1756 Vgl. *Roxin*, in: FS Bockelmann, S. 279 (305).

1757 LK-StGB/*Weigend*, Einl Rn. 60 m.w.N.; vgl. auch *Achenbach*, StraFo 2011, 422 (425); kritisch dazu *v. Hirsch*, in: *Neumann/Prittwitz* (Hrsg.), Kritik und Rechtfertigung des Strafrechts, S. 57 (64); *Hörnle*, Tatproportionale Strafzumessung, S. 93 m.w.N.; *Roxin*, in: FS Bockelmann, S. 279 (305).

1758 *V. Hirsch*, in: *Neumann/Prittwitz* (Hrsg.), Kritik und Rechtfertigung des Strafrechts, S. 57 (62 m.w.N.); zum Verhältnis des Schuldprinzips und dem Verhältnismäßigkeitsgrundsatz *Frisch*, NStZ 2013, 249 ff.

1759 *Roxin*, JuS 1966, 377 (380).

1760 *Achenbach*, StraFo 2011, 422 (423); vgl. auch *v. Hirsch*, in: *Neumann/Prittwitz* (Hrsg.), Kritik und Rechtfertigung des Strafrechts, S. 57 (62); *Roxin*, JuS 1966, 377 (380).

außerdem „wenig darüber wissen, wie und in welchem Maße Strafe die Selbstdisziplinierung verstärkt, so ist das eine unsichere Grundlage für die moralischen Grenzen des Strafrechts."[1761] Allein „auf der Basis der positiven Generalprävention eine Strafzumessungstheorie zu entwickeln", ist nicht durchführbar.[1762] Damit „kann unter dem Gesichtspunkt positiver Generalprävention nicht mehr erwartet werden als die Abstützung von Werten und Normen, welche die Bürger von vorneherein zu akzeptieren bereit sind."[1763] Interessant ist, dass selbst Opfer schwerer Straftaten nicht unbedingt Genugtuung für wichtig halten, sondern auch die „Normverdeutlichung", also die Bestätigung dass ihnen Unrecht widerfahren ist und nicht nur ein Unglück.[1764] Die zentrale Aufgabe des Strafrechts: kann damit jedenfalls auch als Normbewährung beschrieben werden.[1765]

c. Vereinigungstheorien

Gelangt man zu der „Grundfrage des Sinn und Zwecks staatlichen Strafens und damit zu den Straftheorien und Strafzwecklehren"[1766], kann festgestellt werden, dass es nicht einen Strafzweck oder eine Straftheorie geben kann, sondern diese vielmehr miteinander kombiniert i.s. einer Vereinigungstheorie werden.[1767] Über diese Vereinigung wird versucht, die bestehenden Schwächen und Einseitigkeiten zu verringern.[1768]

1761 *V. Hirsch*, in: *Neumann/Prittwitz* (Hrsg.), Kritik und Rechtfertigung des Strafrechts, S. 57 (64); vgl. auch *Hanssen/Otto*, ZRP 2002, 318 (320).

1762 *Hörnle*, Tatproportionale Strafzumessung, S. 95.

1763 *Streng*, Strafrechtliche Sanktionen, Rn. 8, 66.

1764 Siehe dazu *Achenbach*, StraFo 2011, 422 (425 m.w.N.), der sich auf das Entführungsopfer Reemtsma bezieht; vgl. auch *Wolf*, Der strafrechtliche Schutz der Persönlichkeit, S. 183.

1765 *Achenbach*, StraFo 2011, 422 (426).

1766 *Böxler*, Markenstrafrecht, S. 412 m.w.N.

1767 *Böxler*, Markenstrafrecht, S. 414 m.w.N.; vgl. auch *v. Hirsch*, in: *Neumann/Prittwitz* (Hrsg.), Kritik und Rechtfertigung des Strafrechts, S. 57 (58); *Naucke*, Strafrecht, S. 39; *Roxin*, in: *Neumann/Prittwitz* (Hrsg.), Kritik und Rechtfertigung des Strafrechts, S. 175 (178); zur Aufgliederung in vergeltende und präventive Vereinigungstheorien, *ders.*, AT I, § 3 Rn. 33 ff.; *Streng*, Strafrechtliche Sanktionen, Rn. 46; siehe dazu das BVerfGE 45, 187 (253); BVerfG NJW 2004, 739 (745) = BVerfGE 109, 133.

1768 LK-StGB/*Weigend*, Einl Rn. 60; siehe auch MüKo-StGB/*Joecks*, Einl. Rn. 71; kritisch zur Vereinigungstheorie *Roxin*, JuS 1966, 377 (381).

Die Vereinigungstheorie soll aber nicht darüber hinwegtäuschen, dass vielfach bei den verschiedenen Straftheorien auch Gegensätze aufeinanderprallen.[1769] So verlangt der Gedanke der Abschreckung besonders harte Strafen, wohingegen der Gedanke der Resozialisierung bzw. die Vermeidung von Entsozialisierung milde oder keine Sanktionen erfordern würde,[1770] weshalb auch von der „Antinomie der Strafzwecke“[1771] oder vom Strafrecht als Recht „der vielen Widersprüche“[1772] gesprochen werden kann. Stets bleibt zu bedenken, dass die Rechtfertigung und der Zweck der Strafe auf schwankendem philosophischem und sozialwissenschaftlichem Grund stehen.[1773]

Ein gewisse Skepsis ist auch deshalb angebracht, da es keinen eindeutigen Nachweis über die Leistungsfähigkeit des Strafrechts gibt, was wiederum dazu führt, dass oftmals konträres vertreten wird.[1774] Die Frage ist, ob das Strafrecht den Menschen überhaupt beeinflusst,[1775] da die „empirischen Befunde für Verbrechensverhütung durch Bestrafung [...] insgesamt wenig eindrucksvoll“[1776] sind und bisher nur selten durchgeführt wurden.[1777] Drei größere Projekte konnten zeigen, dass die Schwere der Strafe sich als bedeutungslos erwies, wohingegen das wahrgenommen Entdeckungsrisiko sich immerhin bei einigen leichten Delikten als etwas relevant erwies.[1778] Die Entdeckungswahrscheinlichkeit scheint gegenüber der Höhe der Strafandrohung eine größere Bedeutung zu haben.[1779] Viel wich-

1769 *Streng*, Strafrechtliche Sanktionen, Rn. 34; vgl. ausführlich *Naegeli*, Die Gesellschaft und die Kriminellen, S. 9 ff.

1770 *Streng*, Strafrechtliche Sanktionen, Rn. 46; vgl. zu den Nachteilen der sich widersprechenden Ziele der Freiheitsstrafe *Waldmann*, Zielkonflikte in einer Strafanstalt, S. 1 f., 6.

1771 *Streng*, Strafrechtliche Sanktionen, Rn. 46.

1772 *Naegeli*, Die Gesellschaft und die Kriminellen, S. 93.

1773 *Weber*, FuR 1980, 335 (338).

1774 *Trendelenburg*, Ultima ratio?, S. 264 f.

1775 Dazu *Walter*, JA 2013, 727 (729).

1776 LK-StGB/*Weigend*, Einl Rn. 59 m.w.N. unter Verweis auf *Eisenberg*, Kriminologie, §§ 41, 42; siehe zu Problemen mit empirischen Theorien auch *Hörnle*, Tatproportionale Strafzumessung, S. 95.

1777 *Streng*, Strafrechtliche Sanktionen, Rn. 59; zu Problemen mit der Auswertung *Dölling/Entorf/Herrmann* u.a., Soziale Probleme 17 Heft 2 (2006), 193 (206 f.); *Roxin*, in: *Neumann/Prittwitz* (Hrsg.), Kritik und Rechtfertigung des Strafrechts, S. 175 (181 f.).

1778 *Streng*, Strafrechtliche Sanktionen, Rn. 59 m.w.N.; vgl. zu diesem Zusammenhang auch *Dölling/Entorf/Herrmann* u.a., Soziale Probleme 17 Heft 2 (2006), 193 (206).

1779 *Dölling/Entorf/Herrmann* u.a., Soziale Probleme 17 Heft 2 (2006), 193 (206).

tiger ist die wahrgenommene Verbindlichkeit der Strafnorm bzw. die Strafnormakzeptanz, was auf die Bedeutung der Normbestätigung im Rahmen der Generalprävention hinweist, „ohne allerdings schon den eigentlichen Beweis für die Wirksamkeit positiver Generalprävention zu verkörpern.“[1780] Somit bleibt es dabei, vor einer Überinterpretation solcher empirischer Daten zu warnen, insbesondere da die „friedliche“ Befragungssituation nur bedingt mit einer konkreten Versuchssituation vergleichbar ist.[1781] Auch kriminalistische Studien führen zu ähnlich unsicheren Ergebnissen,[1782] wie auch Studien im Zusammenhang mit der Todesstrafe in den USA keine eindeutigen Ergebnisse belegen können.[1783] Auch wenn für eine Theorie empirische Befunde herangezogen werden, so zeigt sich doch, dass an der ein oder anderen Stelle auf normative Fragen eingegangen werden muss.[1784] Die Probleme, die bei der Verbindung von Strafrecht und Empirie entstehen, veranlassen *Jakobs* zu der Aussage, dass die Bestätigung der gesellschaftlichen Identität durch die Strafe nicht empirisch fassbar und nicht Folge des Verfahrens, sondern seine Bedeutung sei.[1785]

Grundlage eines Verbrechensvorwurfs ist die Freiheitlichkeit des Handelns im geltenden Strafrecht.[1786] Das StGB und seine Auslegung ist geprägt von der Vorstellung einer Schuld als persönliche Vorwerfbarkeit.[1787] „Das ‚Andershandelnkönnen' ist Grundvoraussetzung jeder Zurechnung“.[1788] Neben den genannten Strafzwecken und Aufgaben des Strafrechts nimmt damit der Schuldgrundsatz eine große Bedeutung ein.[1789] Er ist grundgesetzlich verankert (Art. 1 I und 2 I GG, Würde und Eigenver-

---

1780 *Streng*, Strafrechtliche Sanktionen, Rn. 59.

1781 *Streng*, Strafrechtliche Sanktionen, Rn. 60; vgl. zu Problemen mit der Datenauswertung auch *Dölling/Entorf/Herrmann* u.a., Soziale Probleme 17 Heft 2 (2006), 193 (206 f.).

1782 *Streng*, Strafrechtliche Sanktionen, Rn. 62.

1783 *Streng*, Strafrechtliche Sanktionen, Rn. 62; vgl. auch *Dölling/Entorf/Herrmann* u.a., Soziale Probleme 17 Heft 2 (2006), 193 (202).

1784 *Hörnle*, Tatproportionale Strafzumessung, S. 95.

1785 So schlussfolgernd *Roxin*, in: *Neumann/Prittwitz* (Hrsg.), Kritik und Rechtfertigung des Strafrechts, S. 175 (181).

1786 Vgl. *Noltenius*, in: *Jaeckel/Zabel/Zimmermann* (Hrsg.), Grundrechtspolitik und Rechtswissenschaft, S. 93 (95); *Hillenkamp*, ZStW 127 (2015), 10 ff.; sowie zur Hirnforschung und Fragen der Willensfreiheit *Schiemann*, NJW 2004, 2056 ff.

1787 Vgl. *Trendelenburg*, Ultima ratio?, S. 327; dazu auch *Roxin*, AT I, § 3 Rn. 51 ff.

1788 *Trendelenburg*, Ultima ratio?, S. 327.

1789 Vgl. *Roxin*, AT I, § 3 Rn. 51 ff.; *ders.*, in: FS Bockelmann, S. 279 (305); siehe auch *Gallas*, ZStW 80 (1968), 1 (3 f.); *Streng*, Strafrechtliche Sanktionen, Rn. 34 ff.

antwortlichkeit des Menschen sowie Art. 20 II, 28 I GG, Rechtsstaatsprinzip).[1790] Der Schuld-Sühne-Gedanke beruht auf dieser Idee der Willensfreiheit. Dabei bleibt aber fraglich, ob der Mensch in der jeweiligen Situation anders handeln konnte. Ungereimtheiten in diesem Zusammenhang können der sog. „Hirnforschungsdebatte" entnommen werden.[1791] Dabei ist aber zu beachten, dass es nicht darum geht, wie die menschliche Freiheit „seinsmäßig beschaffen ist"[1792], sondern lediglich darum, „dass der Mensch vom Staat prinzipiell als frei und verantwortungsfähig behandelt werden sollte."[1793]

Diese vielen ungeklärten und teils paradoxen Fragen bilden Anlass zu teils scharfer Kritik. Auch heute noch besteht die Gefahr, die *Wiener* anprangerte: „Solange wir uns in der Gemeinschaft nicht entschieden haben, ob das, was wir wirklich wollen, Sühne ist oder Absonderung oder Besserung oder die Abschreckung kriminell Veranlagter, werden wir nichts von alledem erreichen, sondern nur ein Wirrwarr, in dem Verbrechen weitere Verbrechen zeugt. Jedes Gesetzbuch, das sich aufbaut zu einem Viertel [...] auf das Hängen, zu einem Viertel auf der Fernhaltung des Verbrechers von der Gesellschaft, zu einem Viertel auf einer lauwarmen Besserungstheorie und zu einem Viertel auf dem Versuch mit einer toten Krähe die anderen verscheuchen zu wollen, führt uns zu gar nichts. Anders ausgedrückt: die erste Pflicht des Rechts [...] ist zu wissen was es will."[1794]

Neben diesen mehr theoretischen Legitimationsfragen ist das Strafrechts vielen tatsächlichen Problemen ausgesetzt wie den materiellen Belastungen des Betroffenen, der entsozialisierenden Wirkung der Freiheitsstrafe und den Kosten für den Staat.[1795]

Die Suche nach etwas, „das besser als Strafrecht, das sowohl klüger wie menschlicher als das Strafrecht wäre",[1796] wird daher weiter eine Rolle spielen. Die „Vermenschlichung des Strafwesens [ist] identisch [...] mit den Anstrengungen um eine menschlichere Gesellschaft"[1797], was „den

---

1790 BVerfGE 20, 323 (331); *Streng*, Strafrechtliche Sanktionen, Rn. 43.
1791 Dazu bei *Schiemann*, NJW 2004, 2056 ff.
1792 *Roxin*, AT I, § 3 Rn. 55.
1793 *Roxin*, AT I, § 3 Rn. 55.
1794 Zitiert nach *Naegeli*, Die Gesellschaft und die Kriminellen, S. 9 f.
1795 *Kuhlen*, in: *Neumann/Prittwitz* (Hrsg.), Kritik und Rechtfertigung des Strafrechts, S. 109 (110).
1796 *Radbruch*, in: Gustav-Radbruch-Gesamtausgabe, Bd. 2, S. 211, (403).
1797 *Naegeli*, Die Gesellschaft und die Kriminellen, S. 47.

Vorstellungen des modernen Sozialstaats und den ethischen Anschauungen einer sozial denkenden Gesellschaft" besser entsprechen würde.[1798]

Trotz der Kritik an den Straftheorien und der Rechtfertigung des Strafrechts, wird es am „Ende [...] weder möglich noch zweckmäßig sein, auf Strafrecht im Sinne einer letzten Instanz ultimativer Verhaltenskontrolle und sein Prinzip der individuellen Zurechnung völlig zu verzichten."[1799] Gerade die aufgezeigten Schwierigkeiten und Unwägbarkeiten führen dazu, dass es nicht den einen Weg gibt, um die Legitimation von Strafrechtsnormen zu prüfen.

Auch das BVerfG hat sich in der Beurteilung der Straftheorien „große Zurückhaltung auferlegt"[1800]: „Das geltende Strafrecht und die Rechtsprechung der deutschen Gerichte folgen weitgehend der so genannten Vereinigungstheorie, die – allerdings mit verschiedenen gesetzten Schwerpunkten – versucht, sämtliche Strafzwecke in ein ausgewogenes Verhältnis zueinander zu bringen. Dies hält sich im Rahmen der dem Gesetzgeber von Verfassungs wegen zukommenden Gestaltungsfreiheit, einzelne Strafzwecke anzuerkennen, sie gegeneinander abzuwägen und miteinander abzustimmen. Demgemäß hat das BVerfG in seiner Rechtsprechung nicht nur den Schuldgrundsatz betont, sondern auch die anderen Strafzwecke anerkannt. Es hat als allgemeine Aufgabe des Strafrechts bezeichnet, die elementaren Werte des Gemeinschaftslebens zu schützen. Schuldausgleich, Prävention, Resozialisierung des Täters, Sühne und Vergeltung für begangenes Unrecht werden als Aspekte einer angemessenen Strafsanktion bezeichnet".[1801]

Roxin sieht die zwei folgenden Punkte als wichtige Voraussetzung für Strafe an: „Das Strafrecht ist subsidiärer Natur" und der Strafgesetzgeber darf nur rechtsgüterverletzendes Verhalten bestrafen.[1802] „Auf diese Weise wäre die gesamte Rechtsordnung durchzuprüfen mit dem Ziel, das Strafrecht nur für den Schutz bedeutender Rechtsgüter und die Sicherung existenznotwendiger Leistungsaufgaben dort einzusetzen, wo weniger eingreifende Mittel zu ihrer Gewährleistung nicht ausreichen."[1803] „Denn begreif-

1798 *Naegeli*, Die Gesellschaft und die Kriminellen, S. 111.

1799 *Frehsee*, in: *Schild* (Hrsg.), Der Rechtsstaat verschwindet, S. 253 (270); zu Alternativen Konzepten bei der Umsetzung der Strafe siehe *Naegeli*, Die Gesellschaft und die Kriminellen, S. 9 ff.

1800 Kritisch *Roxin*, JöR 59 (2011), 1 (10 f.); vgl. auch *Ott*, Strafwürdigkeit und Strafbedürftigkeit des Selbstdopings, S. 120 m.w.N.

1801 BVerfGE 45, 187 (253).

1802 *Roxin*, JuS 1966, 377 (382).

1803 Ebda.

licherweise fördert nichts die Kriminalität so sehr wie die Pönalisierung jeglichen Bagatellunrechts."[1804] Im Zusammenhang mit der doppelten Einschränkung des subsidiären rechtsgüter- und leistungssichernden Strafrechts kann der Zweck der Strafbestimmung generalpräventiver Art sein.[1805] *Roxin* spricht auch von der „schuldbegrenzten Prävention"[1806].

Daher soll im Folgenden, nach einem kurzen Blick auf den Verbrechensbegriff und den Rechtsgüterschutz, unter Strafwürdigkeit (II.) die Beeinträchtigung eines bedeutenden Rechtsguts geprüft werden und im Rahmen der Strafbedürftigkeit (III.) die Subsidiarität des Strafrechts gewürdigt werden.

2. Materieller und formeller Verbrechensbegriff

Was unter der Aufgabe des Strafrechts verstanden wird, hat auch Auswirkungen auf die Frage nach seinem Zweck und der damit verfolgten Ziele. „Ungeachtet der verfassungsrechtlichen Implikation ist nämlich auch die Frage mitbestimmt, was denn eigentlich kriminelles Verhalten bzw. Verbrechen ist."[1807] Dafür ist zu fragen, was unter einem Verbrechen zu verstehen ist.[1808]

Nach dem formellen Verbrechensbegriff ist ein Verbrechen jedes Verhalten, welches die geltenden Normen verletzt.[1809] Daraus lassen sich weder Voraussetzungen für die Legitimation noch für eine Begrenzung des Strafrechts entnehmen.

„Als allgemeine Leitlinien für die Begrenzung des Strafrechts finden sich [...] vor allem die Grundkriterien des *materiellen Verbrechensbegriffs*."[1810] Danach hängt die Strafbarkeit von jeweils geltenden Verhaltensreglementierungen ab, die nicht an konkrete Räume und Zeiten (also nicht positivrechtlich verankert) gebunden sind.[1811] Der materiale/materielle Verbrechensbegriff versteht kriminelles Verhalten als Rechtsgutsverlet-

1804 *Roxin*, JuS 1966, 377 (382).
1805 *Roxin*, JuS 1966, 377 (382 f.).
1806 *Roxin*, AT I, § 3 Rn. 60.
1807 MüKo-StGB/*Joecks*, Einl. Rn. 26.
1808 Ausführlich zu verschiedenen Verbrechensbegriffen MüKo-StGB/*Freund*, Vor §§ 13 ff. Rn. 1 ff.
1809 Vgl. MüKo-StGB/*Freund*, Vor §§ 13 ff. Rn. 31; *Roxin*, AT I, § 2 Rn. 1.
1810 *Frisch*, in: FS Stree-Wessels, S. 69.
1811 MüKo-StGB/*Freund*, Vor §§ 13 ff. Rn. 29.

zung[1812] und „liefert dem Gesetzgeber einen kriminalpolitischen Maßstab dafür, was er bestrafen darf"[1813]. Das ergibt sich aus der Aufgabe des Strafrechts, die auf subsidiären Rechtsgüterschutz gerichtet ist.[1814]

3. Rechtsgüterschutz

Die Aufgabe des Strafrechts wird zumeist als subsidiärer Rechtsgüterschutz bezeichnet, während der Zweck oder das Ziel der Strafe mit den Vereinigungstheorien (General- und Spezialprävention) beschrieben wird.[1815]

Die grundlegende Problematik im Zusammenhang mit der Rechtsgutslehre wurde bereits oben aufgezeigt, verbunden mit einer Verankerung derselben im Bestimmtheitsgrundsatz und damit im Grundgesetz.[1816] Hier soll es darum gehen, die Grenzen der Strafgesetzgebung und die Aufgabe des Strafrechts zu verdeutlichen. Der Gesetzgeber ist bei seiner Entscheidung nicht frei, sondern beschränkt durch „die sich aus unserer Verfassung ergebende Zielsetzung staatlichen Strafrechts".[1817] Die Verankerung der Rechtsgutslehre im Bestimmtheitsgrundsatz und damit in der Verfassung führt dazu, dass diese sowohl vom Gesetzgeber, wie auch vom BVerfG zwingend zu beachten ist, denn aus den im Grundgesetz verankerten Grundrechten und Verfassungsgrundsätzen ergeben sich Schranken für den Gesetzgeber.[1818] Durch die Verknüpfung der Rechtsgutslehre mit dem Bestimmtheitsgrundsatz, kann dem BVerfG hinsichtlich seiner Absage an die Rechtsgutslehre entgegengehalten werden, dass diese gerade nichts verfassungsfremdes an den Gesetzgeber herantragen will, sondern nur bereits in der Verfassung enthaltene Grenzen in einem anschaulichen Begriff zusammenfasst.[1819] In dieser Arbeit muss also bei der Frage nach der Strafwürdigkeit und -bedürftigkeit von Persönlichkeitsrechtsverletzungen zwingend die Grenzen der Rechtsgutslehre beachtet werden.

1812 MüKo-StGB/*Joecks*, Einl. Rn. 29; *Roxin*, AT I, § 2 Rn. 1.; teils werden aber das Naturrecht oder sozialschädliches Verhalte als relevant angesehen.

1813 *Roxin*, AT I, § 2 Rn. 1; vgl. auch MüKo-StGB/*Freund*, Vor §§ 13 ff. Rn. 29.

1814 MüKo-StGB/*Joecks*, Einl. Rn. 29; *Roxin*, AT I, § 2 Rn. 1.

1815 S. o. S. 244.

1816 S. o. S. 214 ff.

1817 SK-StGB/*Rudolphi/Jäger*, Vor § 1 Rn. 13.

1818 LK-StGB/*Weigend*, Einl Rn. 15.

1819 Siehe oben schon S. 212 ff.; vgl. auch bei *Frister*, Strafrecht AT, 3. Kap. Rn. 32.

Zu fragen ist also, woher der Staat das Recht nimmt, seine Bürger so einschneidenden Sanktionen wie denen des Strafrechts zu unterwerfen.[1820] Daher ist nach der staatlichen Strafbefugnis zu fragen, [1821] welche nicht wie früher an die Unmoral eines Verhaltens, sondern an dessen Sozialschädlichkeit anknüpft.[1822] Diese Sozialschädlichkeit kann mit dem Rechtsgüterschutz gleichgesetzt werden.[1823]

Das bedeutet: „Der Kreis der möglichen strafrechtlichen Schutzgüter ist dem Strafgesetzgeber vorgegeben. Bestimmt ist er sowohl durch die tatsächlichen gesellschaftlichen Verhältnisse, wie sie sich auf Grund der unterschiedlichen faktischen und normativen Faktoren, nicht zuletzt aber auch auf Grund der gesellschaftsgestaltenden Kraft der Verfassung und des Rechts selbst entwickelt haben und noch entwickeln, als auch der verfassungsrechtlichen Entscheidung, dass Aufgabe des Strafrechts allein ist, die bestehende Gesellschaft vor sozialschädlichem Verhalten zu schützen."[1824] Somit bezweckt das Strafrecht den Rechtsgüterschutz.[1825]

Die oben aufgezeigte Verankerung der Rechtsgutslehre in der Verfassung kann in diesem Kapitel also weiterführend sein, indem sie (dem Strafgesetzgeber) Grenzen aufzeigt. Auch im Bereich des geistigen Eigentums ist der Gesetzgeber damit in der Wahl seiner Mittel beschränkt und muss die zu schützenden Rechtsgüter genau feststellen. Die Rechtsgutslehre führt daher zu einer Begrenzung des Strafrechts und kann damit in diesem Kapitel zu einer Einschränkung insbesondere bei der Betrachtung de lege ferenda und für etwaige Reformen führen. Als Grundlage für eine Gesetzesänderung muss also auch ein schützenswertes Rechtsgut vorliegen, denn wenn „das Strafrecht [...] nur als äußerstes Mittel des Rechtsgüterschutzes in Betracht kommt, kann ein Verhalten, das kein Rechtsgut verletzt, sinnvollerweise nicht Gegenstand einer Strafdrohung sein."[1826] Es gibt keine „fruchtbarere Verbrechensdeutung" als die der Rechtsgutsverletzung, wie sie auch dem Besonderen Teil des StGB zugrunde liegt.[1827]

„Wollten wir Sinn und Grenzen des Strafrechts in einem Satz umreißen, so könnten wir seine Aufgaben charakterisieren als subsidiären Schutz von

---

1820 *Roxin/Arzt/Tiedemann*, Einführung, S. 2.
1821 *Roxin/Arzt/Tiedemann*, Einführung, S. 2.
1822 *Roxin/Arzt/Tiedemann*, Einführung, S. 2.
1823 Vgl. *Roxin/Arzt/Tiedemann*, Einführung, S. 3.
1824 SK-StGB/*Rudolphi/Jäger*, Vor § 1 Rn. 14.
1825 *Günther*, JuS 1978, 8 (9).
1826 *Roxin*, JöR 59 (2011), 1 (4).
1827 Vgl. *Baumann/Weber/Mitsch*, § 3 Rn. 17; siehe auch kritisch *Stratenwerth/Kuhlen*, AT, § 2 Rn. 5 ff. m.w.N.

Rechtsgütern [...] durch persönlichkeitswahrende General- und Spezialprävention in dem durch das Maß der individuellen Schuld abgesteckten Rahmen."[1828] Nur damit kann der sozialen Problematik im Spannungsfeld von Individuum und Gesamtheit, aber auch zwischen der Idee und der empirischen Erscheinung des Menschen Rechnung getragen werden.[1829]

Zusammenfassend kann also festgestellt werden, dass die Aufgabe des Strafrechts als subsidiärer Rechtsgüterschutz angesehen werden kann, während der Zweck der Strafe selbst als „schuldbegrenzte Prävention"[1830] beschrieben werden kann. Dem Rechtsgüterschutz kann damit durch „die Klugheit der Beschränkung" besondere Wirkkraft zu kommen.[1831] Das Recht des Staates zu Strafen.

Daher soll im Folgenden nun unter Strafwürdigkeit (III.) die Beeinträchtigung eines bedeutenden Rechtsguts geprüft werden und im Rahmen der Strafbedürftigkeit (IV.) unter anderem die Subsidiarität des Strafrechts gewürdigt werden.

III. Strafwürdigkeit

Bei der Frage der Strafwürdigkeit geht es also maßgeblich um Gerechtigkeitsaspekte.[1832] Strafwürdig ist ein Verhalten, dass „deshalb sozialethisch zu mißbilligen ist, weil es geeignet ist, die sozialen Beziehungen innerhalb der Rechtsgesellschaft erheblich zu gefährden oder zu schädigen."[1833] Gefragt werden muss also nach einer Bewertung der Sozialschädlichkeit eines Verhaltens.[1834] Dies kann sich zum einen aus der Schwere der (massiven und gravierenden) Rechtsgutsbeeinträchtigung ergeben,[1835] der Verwerf-

---

1828 *Roxin*, JuS 1966, 377 (387) zur sog. dialektische Vereinigungstheorie.

1829 *Roxin*, JuS 1966, 377 (387).

1830 *Roxin*, AT I, § 3 Rn. 60.

1831 *Kulhanek*, ZIS 2014, S. 674 (675) unter Verweis auf *Zaczyk*, ZStW 123 (2011), 691 ff.

1832 Für Nachweise s. o. S. 235 f.

1833 *Otto*, in: GS Schröder, S. 53 (54).

1834 Für Nachweise s. o. S. 235 f.

1835 Vgl. *Günther*, JuS 1978, 8 (12); NK-StGB/*Hassemer/Neumann*, Vor § 1 Rn. 70; *Jescheck/Weigend*, Strafrecht AT, § 7 I 1 a), S. 50 f.; *Kaspar*, Verhältnismäßigkeit und Grundrechtsschutz, S. 255 m.w.N.; *Müller-Dietz*, Strafe und Staat, S. 33; *Otto*, AT, § 1 Rn. 49 f.; *ders.*, in: GS Schröder, S. 53 (54 f.); *ders.*, ZStW (97) 1984, S. 339 (347, 375); *ders.*, NJW 1979, 681 (683); *Rudolphi*, FS Honig, S. 159 ff.; *Sax*, in: *Bettermann/Niperdey/Scheuner* (Hrsg.), Die Grundrechte, S. 909 (927).

lichkeit der Tätergesinnung oder aber aus der besonderen Sozialgefährlichkeit (Gefährlichkeit des Angriffs).[1836] Unerträgliche Angriffe auf den Gemeinschaftsfrieden müssen die Verhaltensweisen darstellen.[1837] In diesem Abschnitt werden Fragen im Zusammenhang mit der Schwere der Beeinträchtigung und dem Grundrechts- und Verfassungsbezug bearbeitet. Es muss sich eine besondere Schutzwürdigkeit des betroffenen Rechtsguts ergeben und zugleich muss das Verhalten als drastisch sozialschädlich eingestuft werden.[1838]

Hier soll die Sozialschädlichkeit von Persönlichkeitsrechtsverletzungen untersucht werden, was insofern problematisch ist, als dass es bisher keine ausreichende Fundierung und Systematisierung des strafrechtlichen Persönlichkeitsschutzes gibt.[1839]

Oben wurde bereits gezeigt, dass das Persönlichkeitsrecht als Rechtsgut überhaupt in Betracht kommt.[1840] „Das Persönlichkeitsrecht stellt mit allen seinen Ausprägungen ein untrennbar mit verfassungsrechtlichen Wertungen verknüpftes, abstrakt gefasstes und hinsichtlich der Grenzen seiner rechtlichen Schutzwürdigkeit heftig umstrittenes Rechtsgut dar.“[1841] Deshalb ist es auch notwendig im *4. Kapitel* zu klären, dass der Bestimmtheitsgrundsatz trotz der Offenheit des Persönlichkeitsrechts grundsätzlich bei Einhaltung der Kriterien gewahrt werden kann.

Für die Bejahung der Strafwürdigkeit muss die Beeinträchtigung „eines hinreichend gewichtigen Rechtsguts“ vorliegen.[1842] Daneben soll es in diesem Abschnitt nicht um konkrete, einzelne Verhaltensweisen gehen, sondern vielmehr um die Bedeutung des Rechtsguts der Persönlichkeit. Gerade im Zusammenhang mit dem allgemeinen Persönlichkeitsrecht sind äußerst viele verletzende Verhaltensweisen denkbar. Wegen dem hohen Verfassungsrang soll es hier aber schwerpunktmäßig um die Bedeutung des

---

1836 Vgl. NK-StGB/*Hassemer/Neumann*, Vor § 1 Rn. 62 ff., 70; *Jescheck/Weigend*, Strafrecht AT, § 7 I 1 c), S. 51; *Ott*, Strafwürdigkeit und Strafbedürftigkeit des Selbstdopings, S. 115; *Otto*, AT, § 1 Rn. 49 f.; *Streng*, Strafrechtliche Sanktionen, Rn. 7; *Wolf*, Der strafrechtliche Schutz der Persönlichkeit, S. 175.

1837 *Kasper*, Die Erheblichkeitsschwelle im Umweltstrafrecht, S. 28.

1838 *Costa Andrade*, in: Coimbra-Symposium für Roxin, S. 121 (129).

1839 *Kühl*, in: FS Schöch, S. 419 (421); *Wolf*, Der strafrechtliche Schutz der Persönlichkeit, S. 174.

1840 S. o. S. 85 ff.

1841 *Heuchemer*, in: *Götting/Schertz/Seitz* (Hrsg.), Handbuch des Persönlichkeitsrechts, § 24 Rn. 1.

1842 *Böxler*, Markenstrafrecht, S. 465.

Rechtsgutes an sich gehen. Umso höher dies einzuordnen ist, umso weniger relevant ist die einzelne Art der verletzenden Handlung.[1843]

Um zu klären, ob eine gravierende Sozialschädlichkeit vorliegt, muss „in einem Beurteilungsverfahren ermittelt werden, das sich mit den sozialethischen Grundentscheidungen der Gesellschaft [...] bewertend auseinandersetzt [...] [Dabei] kommt der Grundrechtsordnung unseres Grundgesetzes entscheidende Bedeutung zu [...] Je höher der Rang eines Rechtsguts in dieser Werteordnung ist, umso eher wird jede erhebliche Gefährdung oder Verletzung des Rechtsguts strafwürdig erscheinen. Je geringer dieser Rang ist, umso mehr wird es angemessen sein, nur einzelne Angriffe [...] , denen nämlich ein besonderes Maß an Sozialunwert zukommt, [...] als strafwürdig einzuordnen [...][1844]

Es ist zu prüfen, ob die Rechtsgutsbeeinträchtigungen so gravierend sind, dass Strafwürdigkeit vorliegt. Dafür wird zum einen eine besondere Schutzwürdigkeit gefordert und zum anderen eine besonders gravierende Beeinträchtigung. In zwei Punkten wird dies hier geprüft: Neben der Frage, wie bedeutsam das Rechtsgut ist, muss die Sozialgefährlichkeit in die Betrachtung einbezogen werden.[1845]

Die hier gefundenen Kriterien für eine gravierende Beeinträchtigung sollen nun im Folgenden auf die Besonderheiten im geistigen Eigentum und dann beim allgemeinen Persönlichkeitsrecht angewendet werden.

1. Das geistige Eigentum

Derzeit findet der strafrechtliche Schutz des geistigen Eigentums maßgeblich nur im Nebenstrafrecht statt, was eine geringe Achtung des Gesetzgebers ausdrücken könnte, obwohl geistiges Eigentum sowohl für den Schutzrechtsinhaber, wie auch für die Gesellschaft prinzipiell ein dem materiellen Eigentum „ebenbürtiges Rechtsgut“ darstellt und wie dies unter dem Schutz von Art. 14 GG steht.[1846] Das geistige Eigentum ist nämlich

---

1843 Vgl. *Otto*, in: GS Schröder, S. 53 (56).

1844 *Otto*, in: GS Schröder, S. 55 f.; vgl. auch *Wolf*, Der strafrechtliche Schutz der Persönlichkeit, S. 175.

1845 Vgl. auch *Böxler*, Markenstrafrecht, S. 466 ff., der noch einen eigenen Punkt der besonderen verwerflichen Gesinnung prüft; vgl. auch *Wolf*, Der strafrechtliche Schutz der Persönlichkeit, S. 175.

1846 *Fontaine*, Grund- und Strukturprobleme des § 142 PatG, S. 162; vgl. auch BVerfGE 31, 229; BVerfGE 31, 248; BVerfGE 31, 270; BVerfGE 31, 275; BVerfGE 49, 382; BVerfGE 79, 1; BVerfGE 79, 29; BVerfGE 81, 12.

wegen der Nähe zu Art. 14 GG ein wichtiges, aber nicht ein wichtigstes Rechtsgut, wie beispielsweise Leben oder körperliche Unversehrtheit.[1847] Grundsätzlich schützt das Grundgesetz das körperliche und geistige Eigentum gleichermaßen.[1848] Das geistige Eigentum ist jedoch stark normgeprägt und daher nicht dem Kernbereich des Art. 14 GG zu zuordnen.[1849] Dadurch, dass die Verletzungshandlung nicht so offensichtlich und gut identifizierbar geschieht, ist in der Bevölkerung zudem ein geringeres Unrechtsbewusstsein zu verzeichnen.[1850] Es fehlt oft an einer „Überzeugung von der moralischen Verwerflichkeit von Immaterialgüterrechtsverletzungen",[1851] weshalb es dringend erforderlich erscheint, insbesondere das Urheberrecht den Menschen wieder näher zu bringen.[1852] Ein solches Bewusstsein fehlt wohl auch bei den Staatsanwaltschaften zur Begründung eines öffentlichen Interesses (§ 109 UrhG).[1853] Dennoch ist zu bedenken: „Nicht körperliches – also geistiges Eigentum – ist aber nicht weniger wertvoll und nicht weniger schutzwürdig als ein körperliches Gut."[1854] Teils wird daher die Angleichung der Strafrahmen an das materielle Eigentum gefordert.[1855] Dennoch kann aus dem Schutz des geistigen Eigentums über Art. 14 GG keine Parallele zu den Eigentumsdelikten (§§ 242, 246 StGB) entnommen werden.[1856]

1847 Vgl. *Jescheck/Weigend*, Strafrecht AT, § 7 I 1 b), S. 51.

1848 Vgl. auch *Krings*, K&R 2012/3, 1 (3); die strafrechtliche Gleichsetzung mit dem Schutz des Sacheigentums fordernd *Flechsig*, FUR 1980, 345 (349); *ders.*, ZRP 1980, 313 (316 f.).
Krings, K&R 2012/3, 1 (3); *Schwartmann*, promedia, S. 28.

1849 *Böxler*, Markenstrafrecht, S. 466.

1850 *Schwartmann*, promedia, S. 28; siehe auch *Pfaffinger*, Rechtsgüter und Verhältnismäßigkeit, S. 26, 47, 234; *Wolf*, Der strafrechtliche Schutz der Persönlichkeit, S. 179 der solche Verletzungen als problematisch da nicht „faßbar" bezeichnet; vgl. *Kudlich*, in: *Bosch/Bung/Klippel* (Hrsg.), Geistiges Eigentum und Strafrecht, S. 39 (40, 41 Fn. 5).

1851 *Schack*, Urheber- und Urhebervertragsrecht, § 22 Rn. 846.

1852 *Geiger*, Tagung des MPI 2006 zum „Interessenausgleich im Urheberrecht – Teil 2", 4. Teil: Dogmatische „Wildwüchse".

1853 *Bosch*, in: *Bosch/Bung/Klippel* (Hrsg.), Geistiges Eigentum und Strafrecht, S. 1 f.

1854 *Schwartmann*, promedia, S. 28 (29); vgl. auch *Krings*, K&R 2012/3, 1 (3).

1855 So für das Patentrecht *Fontaine*, Grund- und Strukturprobleme des § 142 PatG, S. 163.

1856 Vgl. *Weber*, FuR 1980, 335 (339); kritisch auch *Hildebrandt*, Die Strafvorschriften des Urheberrechts, S. 537; siehe auch zum Gesetz zur Bekämpfung der Produktpiraterie, BlPMZ 1990, 173 (179) und dazu kritisch *Fontaine*, Grund- und Strukturprobleme des § 142 PatG, S. 163 Fn. 568.

Das Strafrecht wird wegen seiner generalpräventiven Wirkung als unverzichtbar für effektiven Schutz des geistigen Eigentums angesehen.[1857] So kann das Strafrecht notwendig sein, um die rechtliche Gesinnung der Bevölkerung zu stabilisieren.[1858] Zudem heißt es auch in der Abschlusserklärung der G8 Justiz- und Innenminister: „Der Kampf gegen Produkt- und Markenpiraterie ist eine strafrechts-, ordnungs-, wirtschafts- und verbraucherpolitische Aufgabe ersten Ranges."[1859] Der Gesetzgeber hat, neben seiner verfassungsrechtlichen Schutzpflicht für das geistige Eigentum auch die Aufgabe, die Industrie und Wirtschaft zu schützen.[1860] Zudem verpflichtet die Mitgliedschaft in der WTO Deutschland über das TRIPS-Abkommen, „geistige Leistungen auf [...] [seinem] Staatsgebiet effektiv zu schützen."[1861] Auch die Richtline 2004/48/EG ist Ausdruck dafür, dass die Rechte des geistigen Eigentums vehement zu schützen und verschärft durchzusetzen sind.[1862]

Davon ist aber die Strafwürdigkeit und Sozialschädlichkeit konkret bei Verletzungen der Urheberpersönlichkeit zu unterscheiden, die im Folgenden zu klären ist.

a. Das Urheberpersönlichkeitsrecht

Auch wenn *Lampe* zufolge insbesondere geschichtliche, soziologische und anthropologische Gründe für eine Strafwürdigkeit sprechen,[1863] wird im Zusammenhang mit dem Urheberpersönlichkeitsrecht dies teils bezweifelt.[1864] Für den Schutz der Urheberpersönlichkeit sei das allgemeine Strafrecht oder auch das Zivilrecht ausreichend wird argumentiert.[1865] *Bur-*

1857 Vgl. Fromm/Nordemann/*Ruttke/Scharringhausen*, UrhR, § 106 Rn. 27.

1858 *Wolf*, Der strafrechtliche Schutz der Persönlichkeit, S. 180.

1859 Bundesministerium des Innern, http://www.bmi.bund.de/SharedDocs/Pressemitteilungen/DE/2007/Einzelseiten/g8_muenchen_ministererklaerung2_abschluss_de.html (abgerufen am 09.06.2016).

1860 *Sieber*, MMR 2002, 701.

1861 *Ann*, GRUR Int. 2004, 597.

1862 Vgl. *Klein*, GRUR-Prax 2017, 159 (159).

1863 *Lampe*, UFITA 87 (1980), 107 (115 ff.); vgl. dazu S. 222.

1864 *Hildebrandt*, Die Strafvorschriften des Urheberrechts, S. 527 f. m.w.N.; vgl. etwa *Sieg*, Das unzulässige Anbringen der richtigen Urheberbezeichnung, S. 62 ff.; siehe dazu schon oben S. 110 f.

1865 S. o. S. 110 f.

ger[1866] geht davon aus, dass das Strafrecht keinen sinnvollen Schutz bieten kann. So befinden die Vertreter der Gegenansicht[1867] das Strafrecht nicht als adäquaten Ort zum Schutz des Urheberrechts und des Urheberpersönlichkeitsrechts. Geistiges Eigentum sei trotz seiner Parallelen zum Eigentum anders und bedürfe daher auch eines anderen Schutzes.[1868] Viele der bisherigen Argumente[1869] sind schon einige Jahre alt und müssen heute nicht gleiche Geltung oder überhaupt noch Geltung haben, [1870] weshalb vielmehr zu prüfen ist, ob sie auch heute noch Überzeugungskraft besitzen.[1871]

Für einen strafrechtlichen Schutz wird eingewendet, dass es immer schwarze Schafe gibt und dagegen ausreichender Schutz nur durch das Strafrecht erfolgen kann.[1872] Autoren die den strafrechtlichen Schutz des Urheberpersönlichkeitsrechts für geboten halten, wollen insbesondere die Zerstörung des Werks, die unerlaubte Werkveröffentlichung und die Vorenthaltung in den strafrechtlichen Schutz miteinbeziehen.[1873]

Es ist zunächst zu prüfen, ob Verletzungen des Urheberpersönlichkeitsrechts so gravierend sind, dass Strafwürdigkeit vorliegt. Dafür wird zum einen eine besondere Schutzwürdigkeit gefordert und eine besonders gravierende Beeinträchtigung. Zu prüfen ist, die Bedeutsamkeit des Rechtsguts und die Sozialgefährlichkeit einer Beeinträchtigung desselben.

aa. Bedeutung des Rechtsguts

Die Strafwürdigkeit kann sich aus dem Rechtsgut und aus der Schwere des Eingriffs ergeben. Dabei ist zu beachten, dass desto höher der Rang eines Rechtsguts ist, umso eher jede erhebliche Gefährdung oder Verletzung die-

---

1866 *Burger*, FuR 1978, S. 796, 801 f.

1867 Siehe bspw. *Hildebrandt*, Die Strafvorschriften des Urheberrechts; siehe auch *Burger*, FuR 1978, S. 796 ff.

1868 Die Parallelen zum Eigentum als kritisch betrachtend *Hildebrandt*, Die Strafvorschriften des Urheberrechts, S. 537.

1869 Vgl. etwa bei *Hildebrandt*, Die Strafvorschriften des Urheberrechts; *Weber*, Der strafrechtliche Schutz des Urheberrechts; oder in der Gesetzesbegründung zum Urheberrechtsgesetz.

1870 Vgl. *Pahlow*, UFITA 115 (2006/III), 705 ff., 726.

1871 *Pahlow*, UFITA 115 (2006/III), 705, 726.

1872 *Weber*, FuR 1980, 335 (340).

1873 Vgl. dazu so *Hildebrandt*, Die Strafvorschriften des Urheberrechts, S. 517 m.w.N. Fn. 219, der dem aber selbst kritisch gegenübersteht.

ses Rechtsguts strafwürdig erscheint.[1874] Das Urheberrecht im Ganzen ist in mehrfacher Hinsicht mit dem Verfassungsrecht verbunden, was damit für eine Strafwürdigkeit des darin geschützten Urheberpersönlichkeitsrechts sprechen kann. Zum einen ist das Urheberrecht als Recht im Bereich des geistigen Eigentums dem Art. 14 GG zuzuordnen (vermögensrechtlicher Schutz) und zum anderen als besonderes Persönlichkeitsrecht dem Art. 2 GG (freie Entfaltung der Persönlichkeit),[1875] daneben kann es einen Schutz der ideellen Interessen über Art. 5 III GG (Kunstfreiheit) und Art. 5 I GG (Meinungsfreiheit) geben.[1876] Das Urheberrecht hat also ein „verfassungsrechtliches Fundament".[1877] Die Schutzbedürftigkeit des Urheberstrafrechts kann sich aber nicht allein wegen seiner Parallelen zum Sacheigentum ergeben,[1878] zumal auch die Vergleichbarkeit umstritten ist.[1879] Auch das Anerkennen von Parallelen sagt noch nichts über die Schutzbedürftigkeit hinsichtlich einzelner Aspekte des Urheberrechts aus, denn selbst das von Art. 14 GG definitiv umfasste Sacheigentum ist nicht in jede Richtung vollumfänglich geschützt,[1880] zumal es vorliegend um den Schutz der Urheberpersönlichkeit geht, welche vielmehr dem Art. 2 GG zuzuordnen ist, da persönlichkeitsrechtliche Belange hierüber abgedeckt werden.[1881] Das Urheberpersönlichkeitsrecht kann selbst – wie das allgemeine Persönlichkeitsrecht – unmittelbar aus der Verfassung (Ausfluss der Menschenwürde, Art. 1 I GG und des Rechts auf freie Entfaltung der Persönlichkeit, Art. 2 I GG) entnommen werden.[1882]

Bei Verletzungen eines grundrechtlich geschützten (Vermögens-)Wertes ist die Eignung, den Rechtsfrieden zu stören, als sehr hoch anzusehen.[1883] Verletzungen von Rechtsgütern können auf unterschiedlichste Weise geschehen, neben substanziellen Verletzungen sind auch andere Verletzungen relevant, die den Betroffenen in gleichem Maße an der Ausübung seiner Rechte hindern.[1884] Ebenso stellt es sich beim Urheberpersönlichkeitsrecht dar, welches nicht nur bei Zerstörung des Werks, sondern gerade bei

1874 *Otto*, in: GS Schröder, S. 53 (56).
1875 Vgl. *Krings*, K&R 2012/3, 1 (3).
1876 Vgl. *Kopp*, Die Freiheit der Idee, S. 163.
1877 *Krings*, K&R 2012/3, 1 (3).
1878 Vgl. dazu bei *Hildebrandt*, Die Strafvorschriften des Urheberrechts, 537 m.w.N.
1879 *Hildebrandt*, Die Strafvorschriften des Urheberrechts, 537 m.w.N.
1880 Vgl. *Kühl*, in: FS Schöch S. 419 (429); *Weber*, FuR 1980, 335 (339).
1881 Vgl. auch *Kopp*, Die Freiheit der Idee, S. 165.
1882 *Weber*, Der strafrechtliche Schutz des Urheberrechts, S. 394, 397.
1883 Vgl. *Böxler*, Markenstrafrecht, S. 466.
1884 *Kindhäuser*, in: FS Krey, S. 249 (257 f.)

anderen Handlungen stark beeinträchtigt sein kann. Zu denken ist dabei nur an Veränderungen an einem Kunstwerk, Veröffentlichung ohne Einwilligung oder auch Nennung des Künstlers, obwohl er lieber anonym bleiben möchte oder auch das ungewollte Kopieren von Werken.

Der Verfassungsrang eines Rechtsguts (hier: Art. 1 I, 2 I GG) ist, wie gezeigt, ein wichtiger Anhaltspunkt für die strafrechtliche Schutzwürdigkeit, wenngleich daraus allein noch nicht auf die strafrechtliche Schutzwürdigkeit geschlossen werden darf.[1885] Denn es gilt nicht die Gleichung Verfassungsschutz = Strafrechtsschutz,[1886] da dem Staat bzw. dem Gesetzgeber verschiedene Wege offen stehen, um seinen Schutzpflichten nachzukommen.

Dürig forderte „den strafrechtlichen Schutz der Rechtsgüter in eine Rangordnung nach ihrer jeweiligen Beziehung zur Menschenwürde [...] zu bringen."[1887] Dies ist wichtig, da das Strafrecht darüber einen Ausspruch trifft, was sozial verwerflich ist[1888] oder jedenfalls wird das vom Strafrecht erwartet.[1889] Dies kann als weiteres Argument angesehen werden, warum das Urheberpersönlichkeitsrecht mit seinem persönlichkeitsrechtlichen Einschlag und der daraus folgenden Nähe zur Menschenwürde als strafwürdig anzusehen ist.

Aus der Verfassungsnähe kann dennoch kein Rundumschutz abgelesen werden. Auch andere Verfassungsgüter werden nicht vollumfänglich über das Strafrecht geschützt. Beispielsweise ist auch der Schutz des Vermögens oder Eigentums nicht lückenlos gewährt,[1890] was wegen dem fragmentarischen Charakters des Strafrechts auch nicht erwünscht sein kann. Eine solche Automatik besteht nicht einmal beim Rechtsgut Leben:[1891] Der Staat hat zwar eine Schutzpflicht die sich auch auf das werdende Leben bezieht, es steht ihm dabei aber frei (Ultima-ratio-Prinzip), welche Mittel er wählt (Beratung der Mutter, präventive Unterstützung etc.).[1892] Im Rahmen der Strafbedürftigkeit bleibt die konkrete Ausgestaltung, und das etwaige Ausreichen des Zivilrechts, zu prüfen.

1885 NK-StGB/*Hassemer/Neumann*, Vor § 1 Rn. 65; vgl. *Lampe*, UFITA 87 (1980), 107 (113 f.); *Weber*, FuR 1980, 335 (339).

1886 *Weber*, FuR 1980, 335 (339).

1887 Siehe *Weber*, Der strafrechtliche Schutz des Urheberrechts, S. 397 unter Hinweis auf die Ausgaben 1958 ff.: Maunz/Dürig/*Herzog*, GG, Art 1 Abs. 1 Rn. 33.

1888 *Weber*, Der strafrechtliche Schutz des Urheberrechts, S. 397.

1889 *Weber*, Der strafrechtliche Schutz des Urheberrechts, S. 397.

1890 *Kühl*, in: FS Schöch S. 419 (429); *Weber*, FuR 1980, 335 (339).

1891 *Kühl*, in: FS Schöch S. 419 (428); *Weber*, FuR 1980, 335 (339).

1892 *Weber*, FuR 1980, 335 (339).

Das Urheberpersönlichkeit kann als bedeutendes Rechtsgut bezeichnet werden, was sich insbesondere aus der gezeigten Verbindung zum Verfassungsrecht entnehmen lässt.

Daher kommt es hier nicht auf einzelne, konkrete Verletzungshandlungen an, da bei Rechtsgütern die in der Werteordnung einen hohen Rang einnehmen, wie das Urheberpersönlichkeitsrecht, jedes erhebliche Verletzungsverhalten relevant sein kann.[1893]

Das Rechtsgutskonzept verbindet die Strafwürdigkeitsbestimmung mit der Verfassung und auch mit der sozialen Wirklichkeit.[1894] Ein gewichtiges mit der Verfassung verknüpftes Rechtsgut ist bei Verletzungen des Urheberpersönlichkeitsrechts also betroffen, welches aber auch in der sozialen Wirklichkeit eine hohe Bedeutung haben muss. Es muss ein gesteigerter gesellschaftlicher Bedarf vor Verletzungen desselben bestehen. Mit einer gewissen Häufigkeit muss es zu Gefährdungen oder Verletzungen kommen und dies muss auch „reale Bedrohungsgefühle" hervorrufen.[1895] Dies wird im nächsten Abschnitt zu klären sein.

bb. Sozialgefährlichkeit und Sozialschädlichkeit der Rechtsgutsverletzung

Allein die aufgrund seiner Verfassungsnähe hohe Bedeutung des Urheberpersönlichkeitsrechts reicht für eine Pönalisierung nicht aus, sodass eine besondere Sozialgefährlichkeit oder Sozialschädlichkeit hinzukommen muss. Die Frage ist, woran sich eine solche Sozialgefährlichkeit bzw. Sozialschädlichkeit zeigt und wie es festgestellt werden kann.

Nach *Otto* kann dies in Fällen vorliegen, bei denen es um Täuschung, Gewalt oder Vertrauensmissbrauch geht.[1896] Diese Punkte aber sind bei Verletzung der Urheberpersönlichkeit eher weniger betroffen. Das Urheberpersönlichkeitsrecht betrifft das Verhältnis des Urhebers zu seinem Werk, welches zumeist durch unerwünschte Veröffentlichung, Veränderung, Entstellung oder Nichtanerkennung der Urheberschaft verletzt sein wird und weniger durch Gewalt, Täuschung oder ein besonderes Vertrauensverhältnis gekennzeichnet sein wird.

1893 S. o. S. 256.

1894 NK-StGB/*Hassemer/Neumann*, Vor § 1 Rn. 63.

1895 NK-StGB/*Hassemer/Neumann*, Vor § 1 Rn. 63.

1896 So *Böxler*, Markenstrafrecht, S. 467 unter Hinweis auf *Otto*, AT, § 1 Rn. 49; vgl. auch *ders.*, NJW 1979, 681 (683).

Allerdings kann unter der Sozialgefährlichkeit/Sozialschädlichkeit auch weitaus mehr gefasst werden. Es können darunter alle Rechtsgutsbeeinträchtigungen fallen, die soziale Beziehungen innerhalb der Gesellschaft erheblich gefährden.[1897] *Böxler* fasst dies unter einem weiteren Punkt der besonders verwerflichen Gesinnung zusammen, welche immer vorliegen soll, wenn Grundwerte des sozialen Zusammenlebens missachtet werden.[1898] Dies soll in der vorliegenden Arbeit unter dem Punkt der Sozialgefährlichkeit/Sozialschädlichkeit gemeinsam geprüft werden.

Eine solch besonders verwerfliche und damit sozialgefährliche Gesinnung kann bei vorsätzlicher unberechtigter Verwendung fremder (Vermögens-) Werte vorliegen, da sich darin eine deutliche Missachtung des (immateriellen) Eigentums anderer zeigt.[1899] Veröffentlicht ein Dritter ungefragt das Werk eines anderen, verändert oder entstellt gar jemand ein solches Werk, so zeigt in diesen Fällen der Handelnde, dass die Werte des anderen nicht geachtet werden.

Prinzipiell besteht Konsens, dass das Recht des Urhebers sein Werk wirtschaftlich zu verwerten, strafrechtlichen Schutzes bedarf.[1900] Die persönlich geistige Schöpfung, die das Werk charakterisiert verdient hohe Achtung und die Schutzbedürftigkeit gegen die unerlaubte Verwertung zeigt sich in der Schutzlosigkeit, wenn er sein Werk übergeben hat. Urhebern und Werknutzern ist oft die Ermittlung von Tätern/Verletzern unmöglich, daher bedürfen sie der Hilfe durch die Strafverfolgung.[1901] Allerdings kann das letzte Argument nicht allein ausschlaggebend für den Strafrechtsschutz sein,[1902] da es sonst zu einer Instrumentalisierung des Strafrechts kommt. Obwohl die persönlichkeitsrechtliche Komponente noch nicht in gleichem Maße ins Bewusstsein gedrungen ist wie die verwertungsrechtliche Seite,[1903] wird der persönlichkeitsrechtlichen Komponente im Urheberrecht grundsätzlich eine große Bedeutung zugewiesen.[1904] „An erster Stel-

---

1897 Vgl. dazu folgende *Altpeter*, Strafwürdigkeit und Straftatsystem, S. 30 ff.; *Fürhoff*, AG 2003, 80 (81); *Jescheck/Weigend*, AT, § 7 I 1 a), S. 51; *Otto*, Strafrecht AT, § 1 Rn. 49; *ders.*, in: GS Schröder, S. 53 (54); *ders.*, ZStW 96 (1984), S. 339 (347 f.); *ders.*, NJW 1979, 681 (683).

1898 *Böxler*, Markenstrafrecht, S. 467; siehe dazu schon *Jescheck/Weigend*, AT, § 7 I 1 a), S. 51.

1899 Vgl. *Böxler*, Markenstrafrecht, S. 467.

1900 *Weber*, FuR 1980, 335 (340).

1901 Ebda.

1902 *Weber*, FuR 1980, 335 (340).

1903 *Weber*, Der strafrechtliche Schutz des Urheberrechts, S. 397.

1904 *Fechner*, Geistiges Eigentum und Verfassung, S. 256.

le“ wird im Urheberrechtsgesetz das Urheberpersönlichkeitsrecht (droit moral) geregelt und es dient, wie es im Gesetz heißt, dem Schutz des Urhebers in seinen geistigen und persönlichen Beziehungen zum Werk.[1905] Wird dem Urheberpersönlichkeitsrecht eine solche Bedeutung („An erster Stelle ... “) zugestanden, spricht dies auch für dessen Strafwürdigkeit.

Eine Missachtung solch bedeutender Werte ist ein erster Hinweis auf die Sozialschädlichkeit einer derartigen Rechtsgutsbeeinträchtigung. Die gegenseitige Achtung der Rechte anderer ist ein Grundwert einer freiheitlichen demokratischen Gesellschaft. Werden bedeutende Werte anderer in einer Gesellschaft nicht geachtet, die von hoher Bedeutung sind, so sind die Grundwerte des sozialen Zusammenlebens betroffen und stark beeinträchtigt.

Das Urheberpersönlichkeitsrecht ist – als Ausfluss des allgemeinen Persönlichkeitsrechts – wie dieses durch die Verfassung geschützt und stellt zudem ein leicht verletzliches Recht dar, woraus sich ein weiterer Bedarf ergibt, dieses Recht zu schützen.

Damit sind bei Verletzungen der Urheberpersönlichkeit Grundwerte des sozialen Zusammenlebens betroffen.

Weiteren Aufschluss könnte die Häufigkeit solcher Verletzungen oder die Höhe der Schäden geben. Jedoch ist es, wie bereits oben gezeigt, kaum möglich, gesonderte Kriminaltätszahlen nur für die Verletzung des Urheberpersönlichkeitsrechts zu finden.[1906] Allerdings ist zu beobachten, dass die Zahl von Rechtsverletzungen im Bereich des geistigen Eigentums kontinuierlich steigt.[1907] Mit Verletzungen im Bereich des geistigen Eigentums gehen Verletzungen von (Urheber-) Persönlichkeitsrechten oft einher.[1908] Zumindest kann nicht ausgeschlossen werden, dass eine erhöhte Verletzlichkeit aufgrund eines erhöhten Gefährdungspotentials gegeben ist.[1909] Ebenso ist es nicht möglich, genaue Zahlen über konkrete Schadenszahlen bei Urheberpersönlichkeitsrechtsverletzungen zu ermitteln. Zudem ist eine Bezifferung bei Verletzungen von (Urheber-) Persönlichkeitsrechten besonders schwierig, da der Schaden oft ein ideeller ist.[1910] Jedenfalls wird

1905 *Ulmer*, UFITA 45 (1965), 18 (23).

1906 S. o. S. 83 f.; schon 1999 im Zweiten Produktpiraterieberichtder Bundesregierung (BT-Drucks. 14/2111), S. 10; sowie die E-Mail des Bayerischen Staatsministeriums für Justiz und für Verbraucherschutz im Anhang.

1907 S. o. schon S. 82 ff.; sowie bei *Pfaffinger*, Rechtsgüter und Verhältnismäßigkeit, S. 1.

1908 S. o. S. 81 ff.

1909 Ebda.

1910 Vgl. *Flechsig*, ZRP 1980, 313 (314 f.).

aber das Ausmaß an Schäden im gesamten Bereich des geistigen Eigentums für die Gesamtwirtschaft und den Steuerfiskus als „sowohl qualitativ als auch quantitativ ohne Vorbild“[1911] beschrieben.[1912]

Zu beachten ist dabei, dass der Wert des Rechtsguts nicht mit dem materiell entstandenen Schaden gleichzusetzen wäre, vielmehr geht es um die Bedeutung „die das beeinträchtigte ideelle Interesse für das Zusammenleben in der Gemeinschaft besitzt.“[1913] Und dieses ideelle Interesse an der Achtung von wichtigen (Vermögens-) Werten anderer hat, wie gezeigt, für das Zusammenleben eine hohe Bedeutung.

Des Weiteren kann ein reales Bedrohungsgefühl seitens der Betroffenen weiterführend sein. Dies ist jedoch vorliegend kaum zu beobachten. Vielmehr verwundert es, warum sich die Praxis nicht nachdrücklicher für einen besseren Schutz der Urheberpersönlichkeit einsetzt.[1914]

Ein weiteres Argument für einen strafrechtlichen Schutz und damit auch für die Strafwürdigkeit könnte aber auch das monistische Urheberrecht sein. Verwertungsrechte und das Urheberpersönlichkeitsrecht sind untrennbare Rechte, weshalb es verwundert, wie der unterschiedliche

---

1911 *Pfaffinger*, Rechtsgüter und Verhältnismäßigkeit, S. 1.

1912 Für eine Übersicht der mutmaßlichen Schäden durch Marken- und Produktpiraterie siehe bspw. eine Übersicht im Forschungsbericht Nr. 579 des Bundesministeriums für Wirtschaft und Technologie S. 48 Tabelle 3.3, http://www.bmwi.de/BMWi/Redaktion/PDF/Publikationen/Dokumentationen/forschungsbericht-579,property=pdf,bereich=bmwi2012,sprache=de,rwb=true.pdf (abgerufen am 14.10.2015); bspw. eine Übersicht im Forschungsbericht Nr. 579 des Bundesministeriums für Wirtschaft und Technologie S. 48 Tabelle 3.3 siehe schon Fn. 60; die Zollbilanz 2014 des Bundesfinanzministeriums, http://www.bundesfinanzministerium.de/Content/DE/Monatsberichte/2015/04/Inhalte/Kapitel-3-Analysen/3-3-zollbilanz-2014.html (abgerufen am 14.10.2015); siehe aber auch eine Studie des HABM zu schutzrechtsintensiven Wirtschaftszweigen in der EU vom 30.09.2013, http://ec.europa.eu/internal_market/intellectual-property/docs/joint-report-epo-ohim-final-version_en.pdf (abgerufen am 14.10.2015); *Schwartmann*, Studie über Modelle zur Versendung von Warnhinweisen bei Urheberrechtsverletzungen im Auftrag des Bundesministeriums für Wirtschaft und Technologie I C 4-02 08 15-29/11 https://www.bmwi.de/Redaktion/DE/Downloads/W/warnhinweise-kurz.pdf?__blob=publicationFile&v=3 (abgerufen am 14.10.2015); Studie von BASCAP zum weltweiten Schaden von Produktpiraterie http://www.iccwbo.org/Advocacy-Codes-and-Rules/BASCAP/BASCAP-Research/Economic-impact/Global-Impacts-Study/ (abgerufen am 14.10.2016); schon 1980 beschrieb *Flechsig*, ZRP 1980, 313 (314 f.) die Schäden in Milliarden Höhe und gab auch die immateriellen Schäden zu bedenken.

1913 *Jescheck/Weigend*, Strafrecht AT, § 7 I 1 a), S. 51.

1914 Vgl. *Sieg*, Das unzulässige Anbringen der richtigen Urheberbezeichnung, S. 65.

Strafrechtsschutz zu rechtfertigen ist.[1915] Das Urheberpersönlichkeitsrecht ist also, trotz aller Fragen, ein gewichtiges Rechtsgut mit hoher Schutzwürdigkeit. Der enorme Unrechtsgehalt und der sozialschädliche Charakter von Verletzungen desselben wurden vorliegend aufgezeigt.[1916] Strafwürdigkeit bei erheblichen Verletzungen des Urheberpersönlichkeitsrechts ist damit gegeben.

Der aktuell bestehende strafrechtliche Schutz des Urheberrechts findet daher auch überwiegend Akzeptanz[1917], insbesondere wegen des hohen Werts des Rechtsguts mit Verfassungsrang.[1918] *Lampe* zufolge sprechen insbesondere geschichtliche, soziologische und anthropologische Gründe für eine Strafwürdigkeit.[1919] Historisch betrachtet zeigt sich, dass das „Recht auf die vorsätzliche Verletzung von wichtigen Wirtschaftspositionen, wie sie das Geistesgut heute darstellt, stets mit Strafe reagiert hat".[1920] Allerdings ist dieses Argument nicht sehr hilfreich, denn nur weil es schon immer so war, heißt das nicht, dass es richtig war oder ist. Soziologisch gesehen sollen gerade die Arbeitskraft und ihre Produkte, also auch Geisteswerke eine besondere Bedeutung haben.[1921] Und die Anthropologie soll zeigen, „wie sehr der heutige Mensch sich als Schöpfer und damit als Eigner seiner Werke, folglich auch seiner Geisteswerke, fühlt."[1922] In diesen drei Argumenten sieht *Lampe* die Bedeutung des rechtlichen Schutzes von Geisteswerken und auch die Rechtfertigung zum Einsatz des Strafrechts.[1923] Aber gerade durch die persönlichkeitsrechtliche Ausprägung können sich Besonderheiten ergeben. Ein adäquater Schutz kann gegebenenfalls besser über das Zivilrecht erfolgen. Dies betrifft dann aber Fragen der Strafbedürftigkeit, die es im Folgenden zu klären gilt. Die Strafwürdigkeit bei Verletzungen von besonderen Persönlichkeitsrechten im geistigen Eigentum sagt nämlich noch nichts über die Strafbedürftigkeit aus. Im Rahmen der Strafbedürftigkeit bleibt zu klären, ob der aktuelle strafrechtliche Schutz ausreichend und gelungen ist oder ob er reduziert, ausgebaut

---

1915 Siehe schon unter alternative Auslegung *3. Kapitel B I 1.*

1916 Allgemein zu Schutzrechtsverletzungen *Pfaffinger*, Rechtsgüter und Verhältnismäßigkeit, S. 321.

1917 *Hildebrandt*, Die Strafvorschriften des Urheberrechts, 536.

1918 *Hildebrandt*, Die Strafvorschriften des Urheberrechts, 536; *Weber*, Der strafrechtliche Schutz, S. 424.

1919 *Lampe*, UFITA 87 (1980), 107 (115 ff.).

1920 *Lampe*, UFITA 87 (1980), 107 (142).

1921 Ebda.

1922 *Lampe*, UFITA 87 (1980), 107 (142).

1923 Ebda.

oder verändert werden sollte. Weiterhin gilt nämlich: Nur weil der strafrechtliche Schutz grundsätzlich befürwortet wird, heißt das nicht, dass die Normen nicht verbesserungswürdig oder reformbedürftig sind.[1924] Damit bleibt es bei dem Ergebnis, dass jedenfalls Strafwürdigkeit bei Verletzungen des Urheberpersönlichkeitsrechts besteht.[1925]

b. Das Erfinderpersönlichkeitsrecht

Im Patentrecht gilt grundsätzlich wie im Urheberrecht, dass das Grundgesetz das körperliche und geistige Eigentum gleichermaßen schützt.[1926] Insofern ist den vorherigen Ausführungen kaum noch etwas hinzuzufügen. Auch das Patentrecht erfährt in vermögensrechtlicher Hinsicht durch Art. 14 GG jedenfalls teilweise Schutz aus der Verfassung.[1927] Das Erfinderpersönlichkeitsrecht selbst wird durch Art. 2 I i.V.m. Art. 1 I GG geschützt.[1928] Die überragende Bedeutung der Persönlichkeitsrechte, die sich gerade durch den verfassungsrechtlichen Schutz zeigt, gilt damit auch für das Erfinderpersönlichkeitsrecht.

Auch wenn die Verfassungsnähe alleine nicht für die Strafwürdigkeit ausreicht, ist hier wegen der Bedeutung des Erfinders für das Patentrecht und damit den Wirtschaftsstandort Deutschland anzunehmen, dass Verletzungen des Erfinderpersönlichkeitsrechts ein hohes Rechtsgut treffen. Das Patentrecht wird mit dem Allgemeininteresse an Fortschritt und Innovationen begründet,[1929] weshalb Verletzungen der Erfinderpersönlichkeit das soziale Zusammenleben beeinträchtigen können. Solche Verletzungen betreffen die sozialen Beziehungen, da dadurch Werte anderer missachtet werden, die aber für die Grundordnung (siehe nur Art. 14, 2, 1 GG) relevant sind.

Ebenso wie beim Urheberpersönlichkeitsrecht bleibt aber nicht nur die Häufigkeit solcher Verletzungen und die Höhe der Schäden, sondern auch fraglich, warum die Betroffenen keinen strafrechtlichen Schutz fordern.

1924 Vgl. *Weber*, FuR 1980, 335 (341).

1925 *Lampe*, UFITA 87 (1980), 107 (114); vgl. *Weber*, Der strafrechtliche Schutz des Urheberrechts, S. 399.

1926 *Schwartmann*, promedia, S. 28; vgl. auch *Krings*, K&R 2012/3, 1 (3); *Timmann*, Das Patentrecht, S. 4 ff.

1927 Siehe dazu BVerfGE 18, 85; BVerfGE 36, 281; BVerfG GRUR 2001, 43; unter Verweis hierauf ausführlich *Timmann*, Das Patentrecht, S. 4 ff., 15, 24 ff.

1928 *Timmann*, Das Patentrecht, S. 15.

1929 *Timmann*, Das Patentrecht, S. 15 m.w.N.

Dies kann aber nicht ausreichen, um eine Strafwürdigkeit in Frage zu stellen.

Somit ist dem Erfinderpersönlichkeitsrecht damit Strafwürdigkeit zuzuerkennen. Aber auch hier gilt, dass damit noch keine Aussage über die Strafbedürftigkeit getroffen ist.

2. Das allgemeine Persönlichkeitsrecht

Schwierigkeiten bei der Beantwortung der Frage nach der Strafwürdigkeit von Verletzungen des allgemeinen Persönlichkeitsrechts ergeben sich auch daraus, dass es bisher keine ausreichende Fundierung und Systematisierung des strafrechtlichen Persönlichkeitsschutzes gibt.[1930] Verletzungen von Persönlichkeitsrechten sind schwer fassbar, was auch das in diesem Bereich vorherrschende geringe Unrechtsbewusstsein erklären kann.[1931] Sowohl im Bereich des geistigen Eigentums wie auch beim allgemeinen Persönlichkeitsrecht sind Eingriffe zumeist „unkörperlich".[1932]

Wie aber bereits ausgeführt „gilt, dass je höher der Rang eines Rechtsguts in [...] [der] Werteordnung ist, umso eher wird jede erhebliche Gefährdung oder Verletzung dieses Rechtsguts strafwürdig erscheinen."[1933] Das allgemeine Persönlichkeitsrecht hat in der Werteordnung der Verfassung einen besonderen Rang, da es als „höchstpersönliches Individual-Rechtsgut über den materiellen Individualrechtsgütern" steht.[1934] Seine

---

1930 Siehe schon oben S. 28; siehe auch *Kühl*, in: FS Schöch, S. 419 (421); *Wolf*, Der strafrechtliche Schutz der Persönlichkeit, S. 174.

1931 *Wolf*, Der strafrechtliche Schutz der Persönlichkeit, S. 179; vgl. auch *Kudlich*, in: *Bosch/Bung/Klippel* (Hrsg.), Geistiges Eigentum und Strafrecht, S. 39 (40).

1932 *Wolf*, Der strafrechtliche Schutz der Persönlichkeit, S. 179.

1933 *Otto*, in: GS Schröder, S. 53 (56).

1934 *Kühl*, in: *Bosch/Bung/Klippel* (Hrsg.), Geistiges Eigentum und Strafrecht, S. 118 (124); vgl. *Tillmanns/Führ*, ZUM 2005, 441 (442).

verfassungsrechtliche Verankerung findet es in Art. 2 I, 1 I GG,[1935] während die materielle Seite durch Art. 14 GG geschützt ist.[1936]

Wie bereits angesprochen fordert *Dürig* den „strafrechtlichen Schutz der Rechtsgüter in eine Rangordnung nach ihrer jeweiligen Beziehung zur Menschenwürde [...] zu bringen“.[1937] Ist dies schon als Argument anzusehen, warum das Urheberrecht mit seinem persönlichkeitsrechtlichen Einschlag und der daraus folgenden Nähe zur Menschenwürde als strafwürdig anzusehen ist, so muss dies erst Recht für das allgemeine Persönlichkeitsrecht gelten, welches aufs engste mit der Menschenwürde (Art. 1 I, 2 I GG) verknüpft ist.[1938]

Dem Schutzbereich des allgemeinen Persönlichkeitsrechts unterfallen verschiedene dieses konkretisierende Aspekte, beispielsweise der höchstpersönliche Lebensbereich (§ 201a StGB).[1939] Diese unterschiedlichen Gesichtspunkte, die das allgemeine Persönlichkeitsrecht konkretisieren, stellen anerkannte Rechtsgüter dar, welche „zu den am gesichertsten Rechtsgütern – den Individualrechtsgütern –“ gehören.[1940]

Insofern sind die Ausführungen zur Strafwürdigkeit hier auch kurz zu halten, da jedenfalls die überragende Bedeutung des Rechtsguts nicht in Frage steht.[1941]

Jedoch reicht der Verfassungsrang allein, wie oben gezeigt, noch nicht für die Bejahung der Strafwürdigkeit aus. Vielmehr müssen Verletzungen

---

1935 So erstmals BGHZ 13, 334 (338) (Schachtbrief bzw. Leserbrief); vgl. zum Zivilrecht Ermann/*Klass*, BGB, Anh. § 12 Rn. 1 ff.; Palandt/*Sprau*, § 823 Rn. 84; vgl. auch BVerfGE 34, 238 (246); BVerfGE 80, 367 (373 f.); BVerfGE 97, 228 (268 ff.); BVerfGE 101, 361 (380); kritisch *Höfling*, JuS 1995, 857 (862); auch auf die Unterschiede zwischen dem Verfassungs- und Zivilrecht eingehend *Hufen*, Staatsrecht II, S. 175 ff. Rn. 1 ff.; *Ipsen*, Staatsrecht II, Rn. 315; *Staake/v. Bressensdorf*, JuS 2015, 683; v. Mangoldt/Klein/Starck/*Starck*, Art. 1 Abs. 1 Rn. 117; Art. 2 Abs. 1 Rn. 86, 245; *Pieroth/Schlink/Kingreen* u.a., StaatsR II, Rn. 408; MüKo-BGB/*Rixecker*, § 12 Anh. Rn. 2; vgl. *Tettinger*, JuS 1997, 769 (770).

1936 *Wolf*, Der strafrechtliche Schutz der Persönlichkeit, S. 175.

1937 Siehe *Weber*, Der strafrechtliche Schutz des Urheberrechts, S. 397 unter Hinweis auf die Ausgaben 1958 ff.: Maunz/Dürig/*Herzog*, GG Art. 1 Abs. 1 Rn. 33.

1938 *Lampe*, UFITA 87 (1980), 114; vgl. auch *Tettinger*, JuS 1997, 769 (770).

1939 Vgl. *Kühl*, in: *Bosch/Bung/Klippel* (Hrsg.), Geistiges Eigentum und Strafrecht, S. 118 (124); *Linkens*, Der strafrechtliche Schutz vor unbefugten Bildaufnahmen, S. 6; LK-StGB/*Valerius*, § 201a Rn. 5.

1940 *Kühl*, in: *Bosch/Bung/Klippel* (Hrsg.), Geistiges Eigentum und Strafrecht, S. 118 (124); vgl. *ders.*, in: FS Schöch, S. 419 (433); sowie *ders.*, AfP 2004, 190 (193); kritisch hingegen zum Rechtsgut des § 201a NK-StGB/*Kargl*, § 201a Rn. 2 f.

1941 Vgl. auch *Wolf*, Der strafrechtliche Schutz der Persönlichkeit, S. 175.

des allgemeinen Persönlichkeitsrechts auch eine Sozialgefährlichkeit oder Sozialschädlichkeit entfalten.

Angesichts der neuen Bedrohungslage für die Persönlichkeit aufgrund der rasanten Entwicklung der Technik kann Verhalten, das das allgemeine Persönlichkeitsrecht bedroht, geeignet sein, das soziales Zusammenleben zu gefährden.[1942] Ein Klima des Misstrauens kann entstehen, wenn an jedem Ort befürchtet werden muss, dass beispielsweise Bilder heimlich aufgenommen werden oder solche, die mit Zustimmung aufgenommen wurden später weitergegeben, werden. Dabei spielen, wie bereits angesprochen, gerade die zunehmende Verfügbarkeit (insbesondere das Internet, Smartphones), die Digitalisierung sowie die Miniaturisierung eine entscheidende Rolle.[1943] Im Bereich des allgemeinen Persönlichkeitsrechts führte dies daher beispielsweise zur Etablierung des § 201a StGB. Es kann daher eine besondere Schutzbedürftigkeit für das allgemeine Persönlichkeitsrecht festgestellt werden. Es ist als elementarer Wert des Gemeinschaftslebens zu bezeichnen,[1944] dessen gegenseitige Beachtung für das Zusammenleben von hoher Bedeutung ist. Da das allgemeine Persönlichkeitsrecht also nicht nur eine überragende Stellung in der Verfassung hat, sondern eine solche auch für die Gesellschaft einnimmt und zudem noch besonders schutzbedürftig ist, sind Verletzungen desselben geeignet, die sozialen Beziehungen zu gefährden. Damit kann eine Sozialschädlichkeit bzw. -gefährlichkeit angenommen werden.

Das Persönlichkeitsrecht ist in materieller und ideeller Hinsicht dem Strafrecht würdig.[1945] Gerade der Wert des Rechtsgutes begründet die Schutzwürdigkeit.[1946] Die Strafwürdigkeit bei erheblichen Verletzungen des allgemeinen Persönlichkeitsrechts ist damit wegen seiner hohen Bedeutung in der Werteordnung, aber auch für die Gesellschaft zu bejahen. Die ungleich schwierigeren Fragen stellen sich dann im Zusammenhang mit der Strafbedürftigkeit bei Verletzungen desselben.

1942 Vgl. oben S. 82 ff.; siehe nur *Gertzen*, Der strafrechtliche Schutz am eigenen Bild, S. 1; vgl. *Kächele*, Der strafrechtliche Schutz vor unbefugten Bildaufnahmen, S. 61; *Kühl*, in: *Hefendehl/v. Hirsch/Wohlers* (Hrsg.), Symposium Schünemann, S. 211 (215); LK-StGB/*Schünemann*, Vor § 201 Rn. 11.

1943 Siehe schon S. 20 f. und vgl. die dortigen Nachweise.

1944 Vgl. BVerfGE 80, 367 (373 f.); *Pieroth/Schlink*, StaatsR II, § 8 Rn. 373; *Höfling*, JuS 1995, 857 (864); *Tettinger*, JuS 1997, 769 (770); außerdem *Linkens*, Der strafrechtliche Schutz vor unbefugten Bildaufnahmen, S. 11.

1945 *Wolf*, Der strafrechtliche Schutz der Persönlichkeit, S. 180.

1946 *Wolf*, Der strafrechtliche Schutz der Persönlichkeit, S. 180.

IV. Strafbedürftigkeit

Bei der Strafbedürftigkeit geht es um Zweckmäßigkeitsaspekte.[1947] Die Strafe „muss ein unerlässliches Mittel [...] [sein], um die Gesellschaft vor strafwürdigen Rechtsgutsbedrohungen oder -verletzungen zu schützen."[1948] Dies fehlt beispielsweise, „wenn andere, weniger gravierende Eingriffe als die Pönalisierung des Verhaltens [...] [die] einen besseren oder zumindest den gleichen Erfolg versprechen, zur Verfügung stehen."[1949] Neben kriminalpolitischen Gesichtspunkten geht es um das Bedürfnis des Staates strafend eingreifen zu können.[1950] Wichtig ist es auch, vom Schutzbedürfnis (Strafwürdigkeit) nicht auf ein Strafbedürfnis zu schließen, da der Schutz gegebenenfalls auch mit anderen als strafrechtlichen Mitteln erreicht werden kann.[1951] Allein die Strafwürdigkeit reicht also noch nicht dafür aus, dass der Staat eingreifen darf.[1952] „Der Schutz der Persönlichkeit findet nicht nur und schon gar nicht in erster Linie im Strafrecht statt. Dass das so sein soll, ergibt sich aus dem Subsidiaritätsprinzip, nach dem das Strafrecht ultima ratio ist und erst dann eingreift, wenn das zu ‚bekämpfende' Phänomen mit milderen Mitteln als der Strafe ebenso gut geregelt werden kann."[1953]

In diesem Abschnitt soll es daher bei der Strafbedürftigkeit von Verletzungen des Persönlichkeitsrechts darum gehen, ob neben der Verhältnismäßigkeit der fragmentarische Charakter des Strafrechts und die Subsidiarität des Strafrechts hinreichend berücksichtigt werden.[1954] Es geht um einen effektiven Schutz gewichtiger Rechtsgüter. Das Strafrecht darf als ultima ratio erst greifen, wenn andere Mittel (z.B. polizei- oder zivilrechtliche Maßnahmen sowie Selbstschutzmöglichkeiten durch die Opfer) versagen.[1955] Dabei ist auch zu klären, ob ein strafrechtlicher Schutz flankierend zu den zivilrechtlichen Maßnahmen sinnvoll bzw. notwendig ist oder ob

1947 Für Nachweise s. o. S. 236 f.
1948 *Otto*, Strafrecht AT, § 1 Rn. 50.
1949 *Otto*, Strafrecht AT, § 1 Rn. 50.
1950 Vgl. *Stratenwerth/Kuhlen*, AT, § 7 Rn. 29.
1951 Siehe dazu bei *Böxler*, Markenstrafrecht, S. 482.
1952 *Böxler*, Markenstrafrecht, S. 480.
1953 *Kühl*, in: FS Schöch, S. 419 (423).
1954 Vgl. zum Markenstrafrecht *Böxler*, Markenstrafrecht, S. 481.
1955 Vgl. *Achenbach*, StraFo 2011, 422 (428); *Kempf*, NJW 1997, 1729 (1729 f., 1735 f.).

Regelungen im Zivilrecht ausreichen können.[1956] Neue Medien, die „exponentielle Erweiterung technischer Möglichkeiten“[1957] und die Globalisierung führen zu neuen Bedrohungen für das Persönlichkeitsrecht, weshalb in diesem Zusammenhang die Frage auftaucht, ob die traditionellen Rechtsvorschriften ausreichen können.[1958] Denn das Recht darf sich nicht der Technik unterordnen,[1959] vielmehr muss der Mensch „das Maß aller Dinge“ sein und bleiben.[1960]

1. Grundlagen

a. Fragmentarität, Subsidiarität und Ultima-ratio-Funktion

Strafbedürftigkeit liegt nur vor, wenn kein Schutz durch das Zivilrecht, das Verfassungsrecht oder das Ordnungswidrigkeitenrecht (Subsidiaritätsgedanke) möglich ist, der Verhältnismäßigkeitsgrundsatz gewahrt ist und auch kein zumutbarer Selbstschutz des Opfers ausreichend ist. Denn das Strafrecht soll, wegen seines starken Eingriffs nur das allerletzte Mittel sein. Dem Kriminalisierungsdiskurs wird Rationalität und Legitimität durch die Strafbedürftigkeit verliehen, welche das Prinzip der Subsidiarität und der ultima ratio des Strafrechts zum Ausdruck bringt.[1961] „Das Strafrecht darf nur eingreifen, wenn der Rechtsgüterschutz nicht durch Mittel erzielt werden kann, die weniger schwerwiegende Folge[n] für die Freiheit haben.“[1962] Je „gewichtiger ein Problem, desto legitimer scheint der Einsatz des Instruments Strafrecht.“[1963] Gerade aber weil das Strafrecht subsidiär und ultima ratio sein soll, ist sein fragmentarischer Charakter zu erhalten.

1956 Siehe dazu auch NK-StGB/*Hassemer/Neumann*, Vor § 1 Rn. 72, allerdings unter dem Stichwort Strafwürdigkeit.

1957 *Frehsee*, in: *Schild* (Hrsg.), Der Rechtsstaat verschwindet, S. 352 (366); *Hilgendorf/Wolf*, K&R 2006, 541; siehe auch *Peifer*, JZ 2013, 853 ff.

1958 *Libor*, AfP 2011, 450, 451.

1959 Vgl. BGH NJW 1966, 2353.

1960 *Vassalli*, ZStW 74 (1962), 111 (117).

1961 *Costa Andrade*, in: Coimbra-Symposium für Roxin, S. 121 (131).

1962 *Costa Andrade*, in: Coimbra-Symposium für Roxin, S. 121 (131).

1963 *Prittwitz*, in: *Neumann/Prittwitz* (Hrsg.), Kritik und Rechtfertigung des Strafrechts, S. 131 (161).

Strafrechtsbegrenzende Prinzipien haben trotz ihrer Verschiedenheiten auch oft Überschneidungspunkte.[1964] So lassen sich gerade zwischen dem Subsidiaritätsprinzip, dem Ultima-ratio-Gedanken und der Fragmentarität Gemeinsamkeiten finden, da es bei allen dreien um einen zurückhaltenden und begrenzenden Einsatz des Strafrechts geht.[1965]

aa. Fragmentarischer Charakter des Strafrechts

Fragmentarischer Charakter des Strafrechts meint, dass „eine gewisse Lückenhaftigkeit des Schutzes [...] in Kauf genommen“ wird.[1966] Das Strafrecht als „schärfstes Schwert“ soll nur als letztes Mittel eingesetzt werden.[1967] Im Gegensatz zu *Binding*, der den Begriff (noch negativ)[1968] prägte, wird dieser heute positiv verstanden und „soll (zumindest) eine legitime, wenn nicht sogar wünschenswerte Eigenschaft des Gesamtsystems strafrechtlicher Normen bezeichnen.“[1969] Dabei ist aber zu beachten, dass die Fragmentarität vor allem den Charakter des Strafrechts beschreibt, unabhängig davon, ob ihr eine weitere begrenzende Funktion zugewiesen werden kann.[1970] Sie kann als Begründung dienen, dass der Gesetzgeber die Möglichkeit hat einen Bereich von Strafe frei zu halten, wenn diese verfassungsrechtlich nicht zwingend geboten, aber dennoch zulässig wäre.[1971] Die Fragmentarität kann aus dem Verhältnismäßigkeitsgrundsatz oder aber aus dem Bestimmtheitsgrundsatz abgeleitet werden.[1972]

1964 *Trendelenburg*, Ultima ratio?, S. 42.

1965 Vgl. *Saliger*, in: *Siep/Gutmann/Jakl* u.a. (Hrsg.), S. 183 (208); auch bei *Pfaffinger*, Rechtsgüter und Verhältnismäßigkeit, S. 221 f.

1966 *Kaspar*, Verhältnismäßigkeit und Grundrechtsschutz, S. 251; vgl. *Hefendehl*, JA 2011, 401 ff.

1967 *Hefendehl*, JA 2011, 401; vgl. auch bei *Noll*, Die ethische Begründung, S. 3.

1968 Siehe nur *Zaczyk*, ZStW 123 (2011), 691.

1969 *Kaspar*, Verhältnismäßigkeit und Grundrechtsschutz, S. 251; vgl. *Krüger*, NStZ 2011, 369 (372).

1970 *Kaspar*, Verhältnismäßigkeit und Grundrechtsschutz, S. 253; vgl. *Kulhanek*, ZIS 2014, S. 674 ff.; vgl. *Hefendehl*, JA 2011, 401 (405); aber auch *Saliger*, in: *Siep/Gutmann/Jakl* u.a. (Hrsg.), S. 183 (209); eine Strafrechtsbegrenzung ablehnend *Appel*, Verfassung und Strafe, S. 409.

1971 *Kaspar*, Verhältnismäßigkeit und Grundrechtsschutz, S. 252 f. dies als Korridor zwischen Untermaß- und Übermaßverbot bezeichnend; kritisch zur Verwendung des Begriffs fragmentarischer Charakter *Appel*, Verfassung und Strafe, S. 409; sowie *Trendelenburg*, Ultima ratio?, S. 52.

1972 *Kühl*, in: FS Schöch S. 419 (431).

Gerade der aktuelle strafrechtliche Persönlichkeitsschutz kann als gutes Beispiel für den fragmentarischen Charakter des Strafrechts gesehen werden.[1973] So findet der Schutz der Persönlichkeit in erster Linie nicht im Strafrecht statt, woran sich nicht nur die Fragmentarität, sondern auch die Subsidiarität des Strafrechts und sein Einsatz als ultima ratio zeigt.[1974] Es gibt keine Norm, die das allgemeine Persönlichkeitsrecht umfassend schützt, und die anderen Normen schützen nur bestimmte Ausschnitte oder Angriffsformen.[1975] Auch die Urheberpersönlichkeit als besonderes Persönlichkeitsrecht wird nur in § 107 UrhG (fragmentarisch) geschützt.[1976] Der fragmentarische Schutz zeigt sich aber auch bei anderen Rechtsgütern[1977] und selbst bei dem höchsten Rechtsgut Leben gibt es nur einen nahezu „Rund-um-Schutz".[1978]

Da das Strafrecht zuweilen fast als „ein zu scharfes Instrument" erscheint, sollte auch der Schutz des Persönlichkeitsrechts weiter fragmentarisch bleiben,[1979] was aber nicht heißt, dass der Schutz nicht geändert werden kann oder sollte. Auch wenn Lücken, wie gezeigt, zum Strafrecht gehören, dürfen sie dennoch geschlossen werden, wenn strafwürdiges und strafbedürftiges Verhalten vorliegt.[1980]

Die Fragmentarität wendet sich gegen „jede Form von Strafrechtsperfektion [...] [und] verbindet sich [...] mit den Grundsätzen in dubio pro libertate und ultima ratio."[1981]

bb. Das Ultima-ratio-Prinzip

Die Härte des Strafrechts ergibt sich insbesondere aus der Freiheitsstrafe, aber auch aus der mit der Strafe verbundenen Stigmatisierung und öffentlichen Missbilligung.[1982] „Strafrechtliche Maßnahmen sollen [daher] nach

---

1973 *Kühl*, in: FS Schöch S. 419 (426).
1974 *Kühl*, in: FS Schöch S. 419 (423).
1975 *Kühl*, in: FS Schöch S. 419 (427).
1976 MüKo-StGB/*Heinrich*, Vorbe. UrhG, Rn. 30.
1977 Vgl. *Kühl*, in: FS Schöch S. 419 (428 f.).
1978 Vgl. *Kühl*, in: FS Schöch S. 419 (428); *ders.*, in: FS Tiedemann, S. 29 (41).
1979 *Kühl*, in: FS Schöch S. 419 (431).
1980 *Kühl*, in: FS Schöch S. 419 (432).
1981 *Saliger*, in: *Siep/Gutmann/Jakl* u.a. (Hrsg.), S. 183 (209).
1982 *Trendelenburg*, Ultima ratio?, S. 331, 495; vgl. auch *Appel*, Verfassung und Strafe, S. 404; *Baumann/Weber/Mitsch*, AT, § 3 Rn. 11; *Kann*, Musikpiraterie, S. 125 ff. unter Hinweis auf *Jescheck/Weigend*, Strafrecht AT, § 1 I 1, S. 2; *Noll*, Die ethische Begründung, S. 3.

einhelliger und soweit ersichtlich, nirgends grundsätzlich in Zweifel gezogener Meinung nur als ‚ultima ratio' in Betracht kommen."[1983] Der Staat muss, bevor er zum scharfen Schwert des Strafrechts greift, mildere Mittel erwägen und hat diese bei gleicher Eignung zu bevorzugen, dies gilt dabei sowohl für den Gesetzgeber wie auch für den Rechtsanwender.[1984]

Der ultima-ratio-Gedanke folgt aus dem Verhältnismäßigkeitsgrundsatz, der wiederum aus der Verfassung abgeleitet wird.[1985] Das ultima-ratio-Prinzip deckt sich außerdem zugleich mit der Frage der Erforderlichkeit im Rahmen der Verhältnismäßigkeit.[1986] „Im äußersten Fall, wenn nämlich der von der Verfassung gebotene Schutz auf keine andere Weise zu erreichen ist, kann der Gesetzgeber verpflichtet sein, [...] das Mittel des Strafrechts einzusetzen."[1987]

Auch die Rechtsgutslehre lässt sich gut mit dem Ultima-ratio-Prinzip ergänzen.[1988] Nur zum Schutz relevanter Rechtsgüter darf der Staat zum harten Strafrecht, als ultima-ratio greifen. Das Strafrecht dient dem subsidiären Rechtsgüterschutz, an den Stellen, an denen es notwendig ist, um ein friedliches und materiell gesichertes Zusammenleben der Bürger zu sichern.[1989] Anerkannt ist das Strafrecht als Mittel zur Aufrechterhaltung eines friedlichen und freiheitlichen Zusammenlebens in der Gesellschaft.[1990] Der Gesetzgeber hat auch die Leistungsfähigkeit außerstrafrechtlicher Regulierungsalternativen zu prüfen und darf nicht vorschnell auf das Strafrecht setzen.[1991] „‚Ultima ratio' deutet an, daß Strafrecht nicht als monolithischer Block neben den anderen Rechtsgebieten betrachtet werden sollte, sondern im Kontext sämtlicher Maßnahmen sozialer Kontrolle. Auf

---

1983 *Kaspar*, Verhältnismäßigkeit und Grundrechtsschutz, S. 243 m.w.N.; vgl. *Saliger*, in: *Siep/Gutmann/Jakl* u.a. (Hrsg.), S. 183 (211); *Streng*, Strafrechtliche Sanktionen, Rn. 8; vgl. auch BVerfGE 39, 46 f.

1984 *Kaspar*, Verhältnismäßigkeit und Grundrechtsschutz, S. 243; LK-StGB/*Weigend*, Einl Rn. 1; vgl. *Maas*, NStZ 2015, 305 ff.; siehe auch ausführlich *Trendelenburg*, Ultima ratio?, S. 27 ff.

1985 Vgl. dazu unten mehr S. 294 ff.; sowie *Kaspar*, Verhältnismäßigkeit und Grundrechtsschutz, S. 102 ff.; *Kasper*, Die Erheblichkeitsschwelle im Umweltstrafrecht, S. 5 m.w.N.

1986 *Kaspar*, Verhältnismäßigkeit und Grundrechtsschutz, S. 245; siehe dazu mehr unten S. 294 ff.

1987 BVerfGE 39, 46 f.

1988 *Trendelenburg*, Ultima ratio?, S. 44 ff., 47.

1989 *Roxin/Arzt/Tiedemann*, Einführung, S. 4; siehe bspw. auch *Roxin*, in: FS Volk, S. 601 (605).

1990 Vgl. *Kaspar*, Verhältnismäßigkeit und Grundrechtsschutz, S. 27.

1991 *Theile*, wistra 2012, 285 (287).

diese Weise wird es vergleichbar mit Alternativen",[1992] wenngleich das Betrachten von Alternativen nicht das Strafrecht selbst gänzlich in Frage stellen muss.[1993] Als Alternativen können, wenn auch nicht unproblematisch, in Betracht kommen: nichtstaatliche (gesellschaftliche) Reaktionen; staatliche Interventionen mit rein präventivem Charakter (beispielsweise Erziehungsmaßnahmen); retributive staatliche Reaktionen unterhalb der Schwelle der Kriminalstrafe.[1994]

Das Strafrecht ist also ultima-ratio und damit subsidiär zu anderen Maßnahmen.[1995]

cc. Die Subsidiarität des Strafrechts

Die Subsidiarität deckt sich teilweise mit dem ultima-ratio-Prinzip, soweit es „um den sparsamen Rückgriff auf strafrechtliche Mittel bei Vorliegen wirksamer, milderer Alternativen geht, kann Deckungsgleichheit angenommen werden."[1996] Das Strafrecht soll nur zum Einsatz zu kommen, wenn ein Konflikt nicht anders bewältigt werden kann.[1997] Der ultima-ratio Gedanke geht darüber hinaus, wenn er seine „wertende Stellungnahme" abgibt, dass „strafrechtliche Mittel tendenziell nur ausnahmsweise und buchstäblich als letztes Mittel einzusetzen"[1998] sind. Das Subsidiaritätsprinzip enthält dagegen keine Wertung, sondern besagt nur, dass „die nächsthöhere Einheit" eine staatliche Aufgabe nur erfüllen kann, wenn die „untere (kleinere) Einheit [...] die Aufgabe nicht hinreichend [...] zu erfüllen vermag".[1999] Das Subsidiaritätsprinzip geht also nicht über die Erforderlichkeit hinaus, wohingegen das Ultima-ratio-Prinzip in die Angemes-

1992 *Lüderssen*, in: *Lüderssen/Nestler-Tremel/Weigend* (Hrsg.), Modernes Strafrecht, S. 11.

1993 Zu Problemen bei Betrachtung von Alternativen *Trendelenburg*, Ultima ratio?, S. 137 ff., 139.

1994 *Neumann*, in: *Neumann/Prittwitz* (Hrsg.), Kritik und Rechtfertigung, S. 89 (92).

1995 *Roxin/Arzt/Tiedemann*, Einführung, S. 4; *Roxin*, AT I, § 2 Rn. 97; siehe auch *Kindhäuser*, in: *Lüderssen/Nestler-Tremel/Weigend* (Hrsg.), Modernes Strafrecht, S. 29.

1996 *Kaspar*, Verhältnismäßigkeit und Grundrechtsschutz, S. 248.

1997 *Kühl*, in: *Bosch/Bung/Klippel* (Hrsg.), Geistiges Eigentum und Strafrecht, S. 115 (135); vgl. *Appel*, Verfassung und Strafe, S. 414; *Tiedemann*, Kartellrechtsverstöße, S. 95 f.

1998 *Kaspar*, Verhältnismäßigkeit und Grundrechtsschutz, S. 248.

1999 *Kaspar*, Verhältnismäßigkeit und Grundrechtsschutz, S. 248 f.; kritisch zum Grundsatz der Subsidiarität *Appel*, Verfassung und Strafe, S. 414 f.

senheit übergreift.[2000] Der Gewinn, der sich aus dem Subsidiaritätsprinzip schließen lässt, ist gering, da er entweder deckungsgleich mit dem ultima-ratio Gedanken ist bzw. teils sogar hinter ihm zurück bleibt.[2001] Obgleich die Bedeutung des verfassungsrechtlichen Subsidiaritätsprinzips betont wird.[2002]

Die oben schon beschriebene Fragmentarität wird durch die Subsidiarität des Strafrechts ergänzt in dem Sinne, dass die Strafe ihren „Sondercharakter" bewahrt, wenn der Anwendungsbereich auf „besonders hervorstechende (= fragmentarische) rechtswidrige Verhaltensweisen beschränkt bleibt."[2003]

Der Subsidiaritätsgedanke entlastet den Staat insofern, als er nur eingreifen muss, wenn Bürger bestimmte Aufgaben nicht selbst bewältigen können.[2004] Ein Kriterium der Subsidiarität ist damit der Selbstschutz.[2005] Das Strafrecht als ultima-ratio hat dann keinen Platz, wenn das Opfer keinen Schutz verdient, da es genügend Selbstschutzmöglichkeiten hat („viktimodogmatisches Prinzip").[2006] Gerade beim Persönlichkeitsrecht sind die Selbstschutzmöglichkeiten aber oft sehr eingeschränkt oder nicht vorhanden. So ist beispielsweise bei § 201a StGB zu fragen, ob der Rückzug auf die Sonnenbank im Keller für „Sonnenhungrige" eine Alternative sein kann, um sich gegen Blicke und Aufnahmen draußen zu schützen.[2007] Besonders schwerwiegende Probleme ergeben sich auch beim Selbstschutz im Internet, da „Straftaten im Internet ein existentielles Risiko für die moderne Informationsgesellschaft" darstellen.[2008] Gerade im Internet geben

2000 *Kaspar*, Verhältnismäßigkeit und Grundrechtsschutz, S. 245, 249.

2001 *Kaspar*, Verhältnismäßigkeit und Grundrechtsschutz, S. 249; vgl. ähnlich *Trendelenburg*, Ultima ratio?, S. 55 ff.

2002 Siehe nur *Kühl*, in: *Bosch/Bung/Klippel* (Hrsg.), Geistiges Eigentum und Strafrecht, S. 115 (135); *ders.*, in: FS Schöch S. 419 (431).

2003 *Kühl*, in: FS Schöch S. 419 (431).

2004 *Kaspar*, Verhältnismäßigkeit und Grundrechtsschutz, S. 250.

2005 *Kühl*, in: *Bosch/Bung/Klippel* (Hrsg.), Geistiges Eigentum und Strafrecht, S. 115 (128).

2006 *Kühl*, in: *Bosch/Bung/Klippel* (Hrsg.), Geistiges Eigentum und Strafrecht, S. 115 (128); *ders.*, AfP 2004, 190 (193); vgl. auch *Kächele*, Der strafrechtliche Schutz vor unbefugten Bildaufnahmen, S. 106 f.; Schünemann, ZStW 90 (1978), 11 (54 ff.); kritisch dazu *Cancio Meliá*, in: FS Schünemann, S. 313 ff.

2007 *Kühl*, in: *Bosch/Bung/Klippel* (Hrsg.), Geistiges Eigentum und Strafrecht, S. 115 (128); zu weiteren Probleme im Zusammenhang mit dem Selbstschutz *Kühl*, in: *Asada/Assmann/Kitagawa* u.a. (Hrsg.), S. 165 (174); *ders.*, AfP 2004, 190 (193).

2008 *Sieber*, Straftaten und Strafverfolgung im Internet, Gutachten C zum 69. DJT, C 9.

Millionen von Nutzern teilweise intimste Geheimnisse preis.[2009] Dabei ist fraglich, was im Rahmen des Selbstschutzes zumutbar sein kann, ohne die Vorteile des Internets zu sehr zu verlieren. Oder muss hier die Frage nach „globaler Politik des Internets" gestellt werden?[2010] Hinzu kommt nämlich das Problem über die Kontrolle der Internet-Inhalte, da der derzeit herrschende „laissez-faire-Liberalismus" eine Verbreitung und Vermarktung „von beliebigen Inhalten" erlaubt.[2011] Diese Prägung kann als „Individualismus und Marktwirtschaft" bezeichnet werden,[2012] in der ein Selbstschutz oft schwer zu erreichen ist, wenn kein kompletter Rückzug gewählt wird. Fraglich ist, ob eine Selbstregulierung durch die Nutzer trotz der Marktbeherrschung der Anbieter erreicht werden kann.[2013]

Das Zivilrecht kann das Strafrecht nicht ersetzen, wie die oben angeführten Argumente und Fragen zeigen.[2014] Inwieweit kann aber zuvor ein Selbstschutz des Opfers gefordert werden?[2015] Selbstschutz, Subsidiarität und Verhältnismäßigkeit spielen insofern im Strafrecht eine Rolle, als das Strafrecht nur das allerletzte Mittel sein soll.[2016] Das Strafrecht als das härteste Mittel des Staates muss daher zurückhaltend eingesetzt werden.[2017] Zunächst, vor allen anderen Maßnahmen ist das Opfer auf Selbstschutz zu verweisen.[2018] Das Zivil- und oder Strafrecht muss allerdings dennoch oft greifen, wenn damit der Schutz wichtiger Güter nicht möglich ist oder potentielle Opfer durch Selbstschutzmaßnahmen zu sehr eingeschränkt werden.

2009 Vgl. oben S. 20.

2010 *Herzog*, in: *Neumann/Prittwitz* (Hrsg.), Kritik und Rechtfertigung des Strafrechts, S. 117 (123).

2011 *Herzog*, in: *Neumann/Prittwitz* (Hrsg.), Kritik und Rechtfertigung des Strafrechts, S. 117 (122 f.).

2012 *Herzog*, in: *Neumann/Prittwitz* (Hrsg.), Kritik und Rechtfertigung des Strafrechts, S. 117 (123).

2013 *Spindler*, Persönlichkeitsschutz im Internet, Gutachten F zum 69. DJT, F 103 f.

2014 Vgl. *Schünemann*, in: *v. Hirsch/Seelmann/Wohlers* (Hrsg.), Mediating Principles, S. 18 (23 ff.).

2015 *Schünemann*, in: *v. Hirsch/Seelmann/Wohlers* (Hrsg.), Mediating Principles, S. 18 (30 ff.); *Hörnle*, in: *v. Hirsch/Seelmann/Wohlers* (Hrsg.), Mediating Principles, S. 36 ff.

2016 *V. Hirsch/Seelmann/Wohlers*, in: *v. Hirsch/Seelmann/Wohlers* (Hrsg.), Mediating Principles, S. 13 (15 f.).

2017 Zur Zurückhaltung *Hassemer*, in: *Neumann/Prittwitz* (Hrsg.), Kritik und Rechtfertigung des Strafrechts, S. 9 (11).

2018 Zur Viktimodogmatik *Roxin*, AT I, § 14 Rn. 15 ff. m.w.N.; vgl. auch bei *Kächele*, Der strafrechtliche Schutz vor unbefugten Bildaufnahmen, S. 106 f.

Neben dem Selbstschutz sind außerrechtliche und außerstrafrechtliche Maßnahmen des Zivilrechts, Ordnungswidrigkeitenrechts und Verwaltungsrechts als Alternativen zu prüfen. Dies wird hier in dieser Arbeit jeweils konkret bei der Frage der Strafbedürftigkeit der besonderen und des allgemeinen Persönlichkeitsrechts geprüft werden.

Die gerade genannten strafrechtsbegrenzenden Prinzipien haben trotz ihrer Verschiedenheiten, auch viele Überschneidungspunkte.[2019] Gemein ist ihnen, dass sie alle zu einem „Weniger" an Strafrecht führen sollen.[2020] Allerdings betrifft der Gedanke des fragmentarischen Charakters mehr die Ebene der Gesetzgebung, wohingegen Subsidiarität und der ultima-ratio-Gedanke auch flexible Verhaltensweisen des Richters begründen können.[2021] Zwischen dem Ultima-ratio-Prinzip, dem Subsidiaritätsgedanken und der Strafbedürftigkeit lassen sich „im Hinblick auf die Strafbegrenzung keine Unterschiede feststellen, die als entscheidend bewertet werden können."[2022] Insofern können diese im Rahmen der vorliegenden Arbeit gemeinsam unter dem jeweiligen Punkt der Subsidiarität innerhalb der Strafbedürftigkeit geprüft werden.

b. Das Verhältnis von Straf- und Zivilrecht

Die Frage, ob derzeit eine „Krise des Strafrechts"[2023] oder aber ein „Boom" desselben festzustellen ist kann wohl nicht im Ganzen beantwortet werden, sondern muss jeweils auf Teilbereiche des Strafrechts bezogen werden.[2024] Die derzeitige Ausdehnung des (Wirtschafts-)Strafrechts wird sogar als „Hyperthrophie" kritisiert.[2025] Im Bereich des Persönlichkeitsrechts

---

2019 *Trendelenburg*, Ultima ratio?, S. 42; vgl. *Saliger*, in: *Siep/Gutmann/Jakl* u.a. (Hrsg.), S. 183 (208).

2020 *Kaspar*, Verhältnismäßigkeit und Grundrechtsschutz, S. 252; vgl. *Saliger*, in: *Siep/Gutmann/Jakl* u.a. (Hrsg.), S. 183 (208).

2021 *Kaspar*, Verhältnismäßigkeit und Grundrechtsschutz, S. 252; zum fragmentarischen Charakter *Trendelenburg*, Ultima ratio?, S. 47 f. m.w.N.

2022 *Trendelenburg*, Ultima ratio?, S. 69.

2023 *Frehsee*, in: *Schild* (Hrsg.), Der Rechtsstaat verschwindet, S. 254 m.w.N.

2024 Vgl. kritisch zur „Vielstraferei" *Krey/Esser*, AT, § 1 Rn. 22; und etwa zum Strafprozessrecht *Scheffler*, GA 1995, S. 449 (458); vgl. *Hanssen/Otto*, ZRP 2002, 318; *Kuhlen*, in: *Murmann* (Hrsg.), Recht ohne Regeln?, S. 19 (24).

2025 *Kuhlen*, in: *Murmann* (Hrsg.), Recht ohne Regeln?, S. 19 (24); siehe auch *Rotsch*, ZIS 2008, 1; *ders.*, in: FS Samson, S. 141 (143); vgl. den Ruf nach mehr Strafrecht nicht unterstützend *Hefendehl*, ZStW 119 (2007), 816 (847); vgl.

gibt es derzeit wenig strafrechtliche Normen und wenn sind diese praktisch nur selten relevant.[2026]

Bemerkenswert daran ist, dass im 18. und 19. Jahrhunderts die Ansicht verbreitet war, es bedürfe keines Schutz von Persönlichkeitsrechten (beispielsweise Ehrenschutz) im Zivilrecht, da das Strafrecht zuständig sei.[2027] Mit dem Inkrafttreten des Reichsstrafgesetzesbuches 1872 und dem Einführungsgesetz zur StPO 1877 hat die Injurienklage und damit das Zivilrecht bezüglich Ehrverletzungen bis zum Inkrafttreten des BGB seinen Geltungsbereich verloren.[2028]

Heute verhält es sich eher umgekehrt, sodass bei Verletzungen von Persönlichkeitsrechten meist das Zivilrecht mit Schadensersatzansprüchen in Betracht kommt und das Strafrecht lediglich eine untergeordnete Rolle spielt.[2029] Es stellt sich die Frage, ob heute – angesichts der aktuellen technisierten und globalisierten Welt – wieder mehr Strafrecht notwendig sein könnte.

Grundsätzlich kann die Aufgabe des Zivilrechts als Schadensausgleich[2030] beschrieben werden, wohingegen die Aufgabe des Strafrechts in der Verhaltenskontrolle besteht.[2031] Das Zivilrecht ist vorrangig für die Restitution des Schadens zuständig und nicht für die Stabilisierung der Verhaltensnormen.[2032] Streng genommen stellt das Zivilrecht kein Mittel der Sozialkontrolle dar, sondern ist als „aliud" zu betrachten.[2033]

Ausgleich und Prävention im Zivilrecht müssen sich aber nicht gegensätzlich gegenüber stehen, sondern können sich auch ergänzen.[2034] Bereits aktuell tritt neben die Ausgleichsfunktion ein präventives Element, ohne damit aber den Schadensersatz schon zu einem Strafschadensersatz zu ma-

---

Kempf, NJW 1997, 1729 (1730 f., 1735); ebenfalls kritisch *Krey/Esser*, AT, § 1 Rn. 22.

2026 S. o. S. 104, sowie u. S. 358 f..

2027 Vgl. *Martin*, Das allgemeine Persönlichkeitsrecht in seiner historischen Entwicklung, S. 95 ff.

2028 *Martin*, Das allgemeine Persönlichkeitsrecht in seiner historischen Entwicklung, S. 97 ff.

2029 Vgl. LK-StGB/*Valerius*, § 201a Rn. 48.

2030 Vgl. § 249 I BGB; statt vieler *Lange/Schiemann*, Hdb. des Schuldrechts, Schadensersatz, 9 ff.

2031 *Frehsee*, in: *Schild* (Hrsg.), Der Rechtsstaat verschwindet, S. 38 (47).

2032 *Vogel*, GA 1990, 241 (257).

2033 *Vogel*, GA 1990, 241 (257).

2034 *Klüber*, Persönlichkeitsschutz und Kommerzialisierung, S. 283; vgl. auch *Böxler*, Markenstrafrecht, S. 403, 409; vgl. *Medicus*, JZ 2006, 805 (809).

chen.[2035] Jüngere Gesetzesänderungen[2036] und auch neuere Rechtsprechung[2037] zeigen eine Entwicklung hin zu mehr präventiven oder pönalen Elementen im Zivilrecht.[2038] Die vorhandene Verankerung des Präventionsgedankens im Zivilrecht zeigt sich auch an Schadensersatzansprüchen und besonders im Rahmen von (vorbeugenden) Unterlassungsansprüchen und der Gefährdungshaftung.[2039] Das präventive Element in der derzeitigen Gestaltung des Zivilrechts ist dabei gerade nicht als Hauptzweck, sondern als Nebeneffekt der Ausgleichsfunktion anzusehen.[2040] Die Prävention ist damit nur ein „erwünschtes Nebenprodukt".[2041] Bei der Berechnung des Schadensersatzes sind Aspekte der Prävention äußerst zurückhaltenden einzubeziehen, da sonst die Gefahr besteht einen Strafschadensersatz ins deutsche Zivilrecht einzuführen.[2042]

Grundsätzlich haben also das Zivil- und Strafrecht unterschiedliche Aufgaben und Funktionen, wenngleich es zu Überschneidungen oder Ähnlichkeiten kommen kann.[2043] Die Verknüpfung von Straf- und Zivilrecht zeigt sich an anderer Stelle z.B. im StGB. So gibt es beispielsweise einen Schutz des Rechtsinhabers und Schutz des Verletzers vor doppelter Inanspruchnahme im StGB. § 73 StGB (Verfall), sorgt dafür, dass keine Vorteile aus der Tat dem Verletzer verbleiben, wenn nicht der Rechtsinhaber selbst einen Anspruch darauf hat, wobei aber Schmerzensgeld darauf nicht anzurechnen ist.[2044] § 74 StGB (Einziehung) trifft Regelungen dafür, dass nicht

---

2035 *Böxler*, Markenstrafrecht, S. 406 f.; grundsätzlich kritisch zu präventiven Elementen *Maier-Reimer*, Abteilung Zivilrecht, Verhandlungen des 66. DJT 2006, L 33, der allerdings beim allgemeinen Persönlichkeitsrecht eine Ausnahme sieht L 35.

2036 Siehe nur §§ 241a, 288, 611a BGB.

2037 BGHZ 17, 376; 59, 286; zwar den Strafcharakter ablehnend und von Prävention ausgehend vgl. auch BGH NJW 2005, 215 ff.

2038 *Schäfer*, AcP 202, S. 397 (398 f., 434); vgl. auch *Hefendehl*, ZStW 119 (2007), 816 (825); *Schlobach*, Das Präventionsprinzip, S. 57 ff., 264; *Wagner*, AcP 206, 352 (355); BGH GRUR 1996, 227 (229).

2039 *Böxler*, Markenstrafrecht, S. 409 f.

2040 Siehe *Böxler*, Markenstrafrecht, S. 406 m.w.N. unter Hinweis auf BGH NJW 1992, 3096 (3103); vgl. auch *Bohn*, Der Sanktionsgedanke, S. 23.

2041 *Larenz*, SchuldR I, § 27 I, S. 423; vgl. MüKo-BGB/*Oetker*, § 249 Rn. 9.

2042 *Böxler*, Markenstrafrecht, S. 406 m.w.N.

2043 Die Grenzen als weniger fließend als vermutet beschreibend *Höpfel*, in: *Koziol/Warzilek* (Hrsg.), Persönlichkeitsschutz gegenüber Massenmedien, S. 545 (560); im Geistigen Eigentum scheint die Grenze zwischen zivil- und strafverfahrensrechtlicher Durchsetzung aufgehoben, so *Bosch*, in: *Bosch/Bung/Klippel* (Hrsg.), Geistiges Eigentum und Strafrecht, S. 1 (2).

2044 Vgl. *Hoppe*, GRUR 2004, 990 (995); vgl. auch *Sauren*, ZUM 2005, 425 (431 f.).

der Rechtsinhaber selbst aufgrund zivilrechtlicher Vernichtungsansprüche die „Ware“ vernichten lassen kann. Zudem kann über § 46a StGB beispielsweise beim Bemühen um Schadensersatz die Strafe gemildert werden.[2045]

In der StPO spielt insbesondere das strafprozessuale Akteneinsichtsrecht nach § 406e StPO eine Rolle.[2046] Zudem kann ein Adhäsionsverfahren (§§ 403 ff. StPO) interessant sein, bei welchem vor dem Strafgericht Schadensersatzansprüche geltend gemacht werden können, wenngleich die praktische Bedeutung als gering einzuschätzen ist.[2047]

Fraglich ist, wie die beiden Rechtsgebiete zueinander stehen und wann welches gebraucht wird. Damit verbunden ist die Frage, ob aktuell für den Schutz der Persönlichkeit die Mittel des Zivilrechts ausreichen.[2048] Allerdings müsste das Strafrecht auch tatsächlich Wirksamkeit zeigen.[2049] Der Ruf nach dem Strafrecht wird immer dann laut, wenn das Zivilrecht (zumindest vermeintlich) keinen ausreichenden Schutz bieten kann, insbesondere gilt dies für teils gravierende Verletzungen des Urheberpersönlichkeitsrechts.[2050] Im Bereich der Persönlichkeitsrechte spielt das Strafrecht dennoch eine eher untergeordnete Rolle, was teils begrüßt und teils kritisiert wird.[2051] Aktuell ist dabei das Problem, dass Delikte im Zusammenhang mit der Persönlichkeit und insbesondere mit dem geistigen Eigentum meist als „Kavaliersdelikte“ wahrgenommen werden, was ein Aspekt für die damit einhergehende geringere abschreckende Wirkung sein kann.[2052] Konkret für das geistige Eigentum und das allgemeine Persönlichkeitsrecht wird dies in den nächsten Abschnitten behandelt werden.[2053]

In Fällen in denen das Strafrecht dieselbe Funktion wie das Zivilrecht hat, nämlich die Bekräftigung der weiterbestehenden Gültigkeit der Norm und in denen der Schadensersatz auch der Sicherung des Rechtsvertrauens

---

2045 *Naucke*, Strafrecht, S. 39.

2046 Ahlberg/Götting/*Sternberg-Lieben*, BeckOK UrhG, § 106 Rn. 4.

2047 Siehe zum Adhäsionsverfahren *Ebert*, Pönale Elemente, S. 532 ff.; zu Problemstellungen in diesem Zusammenhang *Emmert*, ZRP 2018, 82 (83 ff.).

2048 *Kann*, Musikpiraterie, S. 128 f.

2049 *Kann*, Musikpiraterie, S. 131; zum Problem des mangelnden Nachweises über die Effizienz des Strafrechts *Tiedemann*, Verfassungsrecht und Strafrecht, S. 51.

2050 *Letzgus*, in: FS Rebmann, S. 277 (298); *Weber*, FuR 1980, 335 ff.

2051 MüKo-StGB/*Heinrich*, Vorbe. UrhG, Rn. 28 m.w.N.

2052 *Kann*, Musikpiraterie, S. 132; zu Problemen des Unrechtsbewusstseins im Urheberrecht siehe S. 14 f., 84 f., 255, 307, 314 ff., 382.

2053 Siehe *A IV, B*.

dient, „muß [...] [das Strafrecht] sich die zivilrechtliche Stabilisierungsfunktion anrechnen lassen, indem es grundsätzlich hinter die zivilrechtliche Abwicklung zurücktritt und ihren Erfolg konsequent anerkennt."[2054] „Das Strafrecht kann nicht „alles richten" und deshalb sollte die Rechtspolitik ihm auch nicht Aufgaben zuschreiben, die meist erst infolge des Versagens anderer Ordnungsinstrumente entstehen."[2055]

Der Einsatz des Strafrechts ist nur erforderlich, wenn andere Maßnahmen des öffentlichen Rechts und des Zivilrechts keinen hinreichenden Schutz geben können. Als Alternativen zum Strafrecht kommt auch die technische Prävention in Betracht, die wegen ihres punktuellen Ansatzes ebenfalls sehr effektiv sein kann.[2056] Es wird stets nach Alternativen zum scharfen Schwert des Strafrechts gesucht.[2057] Diese Suche nach Alternativen – auch „Subsidiaritätswissenschaft"[2058] genannt – ist bisher allerdings noch nicht erfolgreich.[2059] „Alternativen zum Strafrecht sind immer vorzuziehen, weil sie die sozial schädlichen Wirkungen des Strafrechts [...] bis zu einem erheblichen Grad vermeiden können."[2060] Diese Aussage stimmt allerdings nur, solange alle rechtsstaatlichen Grundsätze gewahrt werden, ansonsten treten andere als die sozialschädlichen Wirkungen des Strafrechts ein, welche auch zu erheblichen Beeinträchtigungen führen können. Beispielsweise ist das Zivilrecht nicht an die gleichen rechtsstaatlichen Bestrafungsvoraussetzungen gebunden.[2061]

Insofern kann nicht pauschal davon ausgegangen werden, dass das Strafrecht das schärfste Mittel und deshalb alle anderen Reaktionen – insbesondere das Zivilrecht – stets vorzugswürdig seien.[2062] Das Zivilrecht muss al-

---

2054 *Frehsee*, in: *Schild* (Hrsg.), Der Rechtsstaat verschwindet, S. 11 (19).

2055 *Hamm*, NJW 2016, 1537 (1542).

2056 *Trendelenburg*, Ultima ratio?, S. 276; vgl. *Kempf*, NJW 1997, 1729 (1729 f., 1735 f.).

2057 Vgl. *Hefendehl*, JA 2011, 401.

2058 *Kuhlen*, in: *Wolter/Freund* (Hrsg.), Straftat, S. 77 unter Verweis auf *Roxin*, in: *Neumann/Prittwitz* (Hrsg.), Kritik und Rechtfertigung des Strafrechts, S. 175 (183 f.).

2059 Sodass wohl auf das Strafrecht nicht verzichtet werden kann, vgl. dazu *Frehsee*, in: *Schild* (Hrsg.), Der Rechtsstaat verschwindet, S. 253 (270); *Naegeli*, Die Gesellschaft und die Kriminellen, S. 9 ff.

2060 *Roxin*, in: *Neumann/Prittwitz* (Hrsg.), Kritik und Rechtfertigung des Strafrechts, S. 175 (183).

2061 *Frehsee*, in: *Schild* (Hrsg.), Der Rechtsstaat verschwindet, S. 11; vgl. *Trendelenburg*, Ultima ratio?, S. 322; *Wolf*, Der strafrechtliche Schutz der Persönlichkeit, S. 161.

2062 Vgl. *Höpfel*, in: *Koziol/Warzilek* (Hrsg.), Persönlichkeitsschutz gegenüber Massenmedien, S. 545 (547).

so nicht immer das mildere Mittel darstellen, obwohl dort jedenfalls nicht der soziale Makel eines Strafverfahrens oder einer Verurteilung droht. Insbesondere wenn es um hohe Schadensersatzsummen geht, kann das Zivilrecht sehr einschneidend für den Verletzer sein und zugleich für den Verletzten attraktiver als die strafrechtlichen Rechtsfolgen.[2063] Somit gilt, dass nicht zwingend das Zivilrecht den geringeren Eingriff bedeuten muss. Für diese Beurteilung kommt es auch auf die Blickrichtung an, also aus wessen Sicht das bestimmt werden soll.[2064] Strafrecht kann zudem bei anderer Betrachtung auch als schwächeres Instrument im Vergleich zu zivilrechtlichen oder öffentlich-rechtlichen Maßnahmen gesehen werden, wenn nämlich das Strafrecht als eine spezifische konkrete Folge für den Einen und Beschränkungen des Zivil- oder Verwaltungsrechts als Einschränkungen für die Gesamtheit verstanden werden.[2065] Daher kann in Einzelfällen das Strafrecht milder sein, beispielsweise im Gegensatz zu „flächendeckenden" Kontrollmaßnahmen.[2066] Die Prämisse „von der Strafe als der schärfsten und einschneidendsten [ist daher] nicht ohne weiteres haltbar".[2067]

Gerade aber aus Opfersicht können die Rechtsfolgen des Zivilrechts interessanter sein.[2068] So sind Verletzte meist mehr an Schadensersatz über das Zivilrecht interessiert.[2069] Ebenfalls misst die Rechtsprechung den Schadensersatzansprüchen wegen Persönlichkeitsrechtsverletzungen eine hohe Bedeutung bei.[2070] So verwundert es nicht, dass in der Praxis bei Urheberrechtsverletzungen regelmäßig der Zivilrechtsweg eingeschlagen wird.[2071] Aber auch bei Verletzungen des allgemeinen Persönlichkeitsrechts spielt das Zivilrecht eine entscheidende Rolle. Die zivilrechtliche Regulation genügt dem Rechtsgutsträger oft oder bringt ihm manchmal mehr.[2072] Im Delikts- und Haftungsrecht wird ein Potential für Ausgleich

2063 *Trendelenburg*, Ultima ratio?, S. 314.
2064 Vgl. *Trendelenburg*, Ultima ratio?, S. 284 ff., 322 (im Zivilrecht, S. 313).
2065 Vgl. *Prittwitz*, in: *Neumann/Prittwitz* (Hrsg.), Kritik und Rechtfertigung des Strafrechts, S. 131 (170).
2066 *Kaspar*, Verhältnismäßigkeit und Grundrechtsschutz, S. 161.
2067 *Appel*, Verfassung und Strafe, S. 403.
2068 Vgl. *Heuchemer*, in: *Götting/Schertz/Seitz* (Hrsg.), Handbuch des Persönlichkeitsrechts, § 24 Rn. 15; vgl. *Kudlich*, in: *Bosch/Bung/Klippel* (Hrsg.), Geistiges Eigentum und Strafrecht, S. 39 (40); LK-StGB/*Valerius*, § 201a Rn. 48.
2069 *Ernst*, ZUM 2001, 620.
2070 LK-StGB/*Valerius*, § 201a Rn. 48 m.w.N.
2071 *Spautz*, FuR 1978, 96.
2072 *Hefendehl*, JA 2011, 401 (406).

und Prävention gesehen.[2073] Dies könnten Argumente für einen stärkeren Einsatz des Zivilrechts sein.

Allerdings treten dort verschiedene Probleme auf: Beweisnot (insbesondere hinsichtlich eines Verschuldens), fehlende finanzielle Mittel auf Klägerseite, Desinteresse der Kläger, fehlende wirtschaftliche Identität zwischen Haftendem und durch die haftungsauslösende Handlung Begünstigtem, Schadensfeststellung und -berechnung.[2074]

Insbesondere bei zahlungsunfähigen Tätern entstehen Probleme, da diese nämlich von zivilrechtlichen Tatbeständen nicht abgeschreckt werden.[2075] Aber auch bei sehr zahlungskräftigen Tätern kann es beispielsweise im Pressebereich vorkommen, dass etwaige Schadensersatzforderungen wegen Persönlichkeitsrechtsverletzungen von vorneherein miteinkalkuliert werden, weshalb auch hier kaum abschreckende Wirkung durch das Zivilrecht zu erreichen sein wird.[2076] Zumal die Schadensersatz- und Schmerzensgeldsummen in Deutschland nicht besonders hoch sind.[2077] Im Strafrecht hingegen kann eine generalpräventive Wirkung in solchen Fällen erfolgen.[2078] Für den Verletzten besteht im Falle der Vermögenslosigkeit des Verletzers sonst das Risiko, dass die Vollstreckung im Zivilverfahren ausschließlich Kosten mit sich bringt und der Geschädigte damit schutzlos bleibt.[2079] Außerdem kann ein zivilrechtliches Vorgehen daran scheitern, dass die Verletzer mit eigenen Mitteln nicht ausfindig gemacht werden können und ohne Benennung dann kein Zivilverfahren möglich ist.[2080] Gerade das Prozessrisiko, die Nachteile gegenüber einer Amtsermittlung und die fehlende Strenge des Zivilverfahrens gegenüber einem

---

2073 *Trendelenburg*, Ultima ratio?, S. 272 m.w.N.; *Staake/v. Bressensdorf*, JuS 2015, 683 (687); vgl. LK-StGB/*Valerius*, § 201a Rn. 48.

2074 *Trendelenburg*, Ultima ratio?, S. 273; vgl. auch bei *Linkens*, Der strafrechtliche Schutz vor unbefugten Bildaufnahmen, S. 46 ff.; *Sternberg-Lieben*, Musikdiebstahl, S. 141; sowie knapp dazu LK-StGB/*Valerius*, § 201a Rn. 48.

2075 *Hildebrandt*, Die Strafvorschriften des Urheberrechts, S. 538.

2076 Vgl. folgende *Braun*, Produktpiraterie, S. 329; *Vogel*, GA 1990, 241 (258); *Käbisch*, Markenschutz im Strafrecht, S. 367; *Schrader/Lewalter*, NJW aktuell 31/2009, S. XII; *Peglau*, Der Schutz des allgemeinen Persönlichkeitsrechts, S. 45; *Pfaffinger*, Rechtsgüter und Verhältnismäßigkeit, S. 231; vgl. *Schertz*, AfP 2005, 421 (426); *Wolf*, Der strafrechtliche Schutz der Persönlichkeit, S. 178.

2077 *Schertz*, AfP 2005, 421 (426); vgl. auch *Hirsch*, in: FS Engisch, S. 304 (319).

2078 Vgl. *Spautz*, FuR 1978, S. 96 (97).

2079 *Linkens*, Der strafrechtliche Schutz vor unbefugten Bildaufnahmen, S. 46; *Spautz*, FuR 1978, 96 (97).

2080 *Spautz*, FuR 1978, 96 (97).

Strafverfahren zeigen, dass auch der Einsatz des Zivilrechts nicht unproblematisch ist.

Die genannten Schwierigkeiten im Zivilrecht und -verfahren sprechen jedenfalls gegen eine vollständige Abschaffung des Strafrechts (im geistigen Eigentum). Grundsätzlich kann das Strafrecht nicht ersetzt werden, solange keine Ersatzinstitution gefunden ist, die die Funktion der Normstabilisierung übernehmen könnte.[2081] Die Rechtsstaatlichkeit des Strafrechts und des Strafverfahrens sind von hoher Bedeutung, so dass das Strafrecht trotz aller kritischen Einzelfragen „als notwendiges Mittel zur Aufrechterhaltung eines friedlichen und freiheitlichen Zusammenlebens in der Gesellschaft anerkannt"[2082] ist. Auch wenn das Strafrecht als „unverzichtbar" angesehen wird, muss es wegen seiner Schärfe strengen Grenzen unterworfen werden.[2083] Die Eignung und Besonderheit des Strafrechts beruht dabei auf zwei Säulen: der generalpräventiven Wirkung von Strafrechtsnormen und der Institution des Strafverfahrens.[2084] Von Strafe geht eine höhere Abschreckungswirkung aus als von Schadensersatz- oder Schmerzensgeldgeldnormen.[2085]

Weiterhin ist fraglich, ob angesichts der technischen Neuerungen die Rechtsordnung ihr Versprechen noch einhalten kann, das geistige Eigentum, insbesondere das Urheberrecht effektiv zu schützen.[2086] Ein weiteres Mittel zur Einhaltung von staatlichen Regeln ist der Einsatz von Zwang durch den Staat, was in unterschiedlicher Weise erfolgen kann.[2087] Vorgeschlagen wird daher beispielsweise die Verschärfung zivilrechtlicher Regeln, beispielsweise durch die Einführung eines doppelten Schadensersatzes für Urheber.[2088] Die „GEMA-Rechtsprechung" bei der Verletzung musikalischer Urheberrechte verdeutlicht bereits die Anerkennung pönaler

---

2081 *Neumann*, in: *Neumann/Prittwitz* (Hrsg.), Kritik und Rechtfertigung des Strafrechts, S. 89 (105); vgl. ausführlich dazu *Hassemer*, Warum Strafe sein muss.

2082 *Kaspar*, Verhältnismäßigkeit und Grundrechtsschutz, S. 27.

2083 *Kaspar*, Verhältnismäßigkeit und Grundrechtsschutz, S. 27.

2084 *Schünemann*, ZStW 90 (1978), 11 (40 f.).

2085 Vgl. *Kächele*, Der strafrechtliche Schutz vor unbefugten Bildaufnahmen, S. 118 f.; vgl. auch *Wolf*, Der strafrechtliche Schutz der Persönlichkeit, S. 178.

2086 *Erhardt/Flechsig*, ZRP 2006, 103; vgl. *Hilgendorf/Wolf*, K&R 2006, 541.

2087 *Brox/Walker*, BGB AT, Rn. 1.

2088 Siehe bspw. *Erhardt/Flechsig*, ZRP 2006, 103; wobei umstritten ist, ob dies schon als Einführung eines Strafschadensersatzes angesehen werden kann, siehe dazu *Böxler*, Markenstrafrecht, S. 404 ff., 410.

oder jedenfalls präventiver Zwecke.[2089] Dies zeigt sich auch in der Erhöhung der Summen in Persönlichkeitsrechtsverletzungsprozessen, um einen sog. „echten Hemmungseffekt" zu erreichen, der wiederum weiteren Persönlichkeitsverletzungen vorbeugen soll.[2090] Schon jetzt sorgt auf diese Weise das Zivilrecht mit höheren Streitwerten (Stichwort: dreifache Schadensberechnung)[2091] für generalpräventive Vorsorge,[2092] obgleich die Zulässigkeit von zivilrechtlichen Sanktionen äußerst umstritten ist.[2093] Es kann jedoch solange nicht von Strafe gesprochen werden, als die Summe nicht über das hinausgeht, was noch zum Schaden gerechnet werden kann (wie z.B. bei Gradationssystemen).[2094]

Es ergeben sich schon angesprochene Fragen: Darf das Zivilrecht überhaupt generalpräventive bzw. strafrechtliche Zwecke verfolgen? Kann das wiederum gerade bei sensiblen Persönlichkeitsrechten ausreichen? Ist dies überhaupt mit den Grundsätzen unseres Rechtsstaats vereinbar? Oder darf das Strafrecht gar seine Funktion nicht mehr wahrnehmen, wenn dies bereits durch das Zivilrecht geschieht?[2095]

Exzessive oder horrende Schadensersatzforderungen könnten das Strafrecht ersetzen, da diese auch eine abschreckende Wirkung entfalten und damit eine präventive Funktion durch das Interventionsrecht hätten.[2096] „Gerade im Wirtschaftsrecht wäre ein Strafschadensersatz ein äußerst geeignetes Mittel der Generalprävention."[2097] Beim Strafschadensersatz ist Hauptzweck dann nicht mehr der Ausgleich, sondern die Bestrafung des

2089 Vgl. BGHZ 59, 286 (287); 17, 376; 59, 286; *Schäfer*, AcP 202, S. 97 (418 f.); siehe hierzu auch *Medicus*, JZ 2006, 805 (810); zu einer Ausdehnung über Umwege vgl. *Schack*, Urheber- und Urhebervertragsrecht, § 21 Rn. 782.

2090 *Staake/v. Bressensdorf*, JuS 2015, 683 (687 m.w.N.); vgl. auch *Böxler*, Markenstrafrecht, S. 410; *Hoppe*, Persönlichkeitsschutz, S. 26; *Linkens*, Der strafrechtliche Schutz vor unbefugten Bildaufnahmen, S. 43; siehe zudem BGHZ 128, 1, 16 (NJW 1995, 861).

2091 Bsp. Streitwert von 10.000 € pro Song sei angemessen: LG Köln, MMR 2008, 126; vgl. auch *Schlobach*, Das Präventionsprinzip, S. 264.

2092 Das pönale Element bezweifelnd *Schäfer*, AcP 202, S. 397 (417 f.); vgl. aber auch *Sieber*, Straftaten und Strafverfolgung im Internet, Gutachten C zum 69. DJT, C 48 ff.

2093 *Bohn*, Der Sanktionsgedanke, S. 23; *Wagner*, AcP 206, 352 (373 ff.).

2094 *Medicus*, JZ 2006, 805 (809).

2095 Kritisch zu diesen Fragen *Erhardt/Flechsig*, ZRP 2006, 103; siehe aber auch *Naucke*, Strafrecht, S. 38 f.

2096 *Neumann*, in: *Neumann/Prittwitz* (Hrsg.), Kritik und Rechtfertigung des Strafrechts, S. 89 (101 f.).

2097 *Böxler*, Markenstrafrecht, S. 486; dies bezweifelnd *Haft/Donle/Ehlers/Nack*, GRUR Int. 2005, 403 f.

Verletzers durch Zahlungen, die den Schaden um ein Vielfaches übersteigen.[2098] Damit könnte Ähnliches wie mit dem Strafrecht erreicht werden, aber ohne das retributive Element.[2099] Die Einführung könnte ein geeignetes und effektives Mittel sein.[2100]

Allerdings ist umstritten, ob das Zivilrecht immer auch das mildere und weniger eingriffsintensive Mittel darstellt.[2101] Dies könnte zudem eine Art Rückentwicklung zur „Privatstrafe" bewirken,[2102] wobei äußerst fraglich ist, ob dies gewünscht sein kann.[2103] „Die ganze rechtskulturelle Ausdifferenzierung von Strafe und Schadensersatz [...] [würde] ohne rationale Rechtfertigung durch einen Rückfall in archaische Rechtsepochen rückgängig gemacht; und dies zugleich unter Preisgabe aller wohlbegründeten rechtsstaatlichen Bestimmtheitsanforderungen an die Straftatbestände und die Strafandrohungen."[2104] Dabei ist insbesondere zu kritisieren, dass wegen des erheblichen Beurteilungsspielraumes des Richters beim Strafschadensersatz keine einheitliche Handhabung geben kann,[2105] was daher zu vermehrter Rechtsunsicherheit führen würde.

Grundsätzlich hat das deutsche Zivilrecht keine Straffunktion, vielmehr hat es die Aufgabe für Ausgleich bzw. Wiedergutmachung sprich Kompensation zu sorgen.[2106] Im Unterschied zum Zivil- oder öffentlichen Recht

---

2098 *Böxler*, Markenstrafrecht, S. 486.

2099 *Neumann*, in: *Neumann/Prittwitz* (Hrsg.), Kritik und Rechtfertigung des Strafrechts, S. 89 (103).

2100 So *Böxler*, Markenstrafrecht, S. 486; *Haft/Donle/Ehlers/Nack*, GRUR Int. 2005, 403 bezweifeln die Notwendigkeit im Bereich des geistigen Eigentums, da im Bereiche von Lizenzen derzeit schon die Verletzergewinne von 30–50 % des Umsatzes Lizenzsätzen von 1–10 % gegenüberstehen.

2101 S. o. S. 280 ff.

2102 Siehe dazu *Arzt*, Der strafrechtliche Schutz der Intimsphäre, S. 311 m.w.N., 313.

2103 *Hirsch*, in: FS Engisch, S. 304 (327); eine Privatstrafe befürwortend *Kern*, AcP 191, 247 ff.

2104 *Bydlinski*, AcP 204, S. 309 (345).

2105 Dreier/Schulze/*Dreier/Specht*, UrhG, § 97 Rn. 77.

2106 So ist es erklärtes Ziel des BGB-Gesetzgebers „ein von pönalen Elementen freies Privatrecht zu schaffen", so *Ebert*, Pönale Elemente, S. 248; vgl. *Bohn*, Der Sanktionsgedanke, S. 23; Erman/*Ebert*, BGB, Vor §§ 249–253 Rn. 1; *Erhardt/Flechsig*, ZRP 2006, 103; Palandt/*Grüneberg*, Vorb v § 249 Rn. 2; *Lange/Schiemann*, Hdb. des Schuldrechts, Schadensersatz, 9 ff.; *Medicus*, JZ 2006, 805; *Maier-Reimer*, Abteilung Zivilrecht, Verhandlungen des 66. DJT 2006, L 33; *Müller*, Abteilung Zivilrecht, Verhandlungen des 66. DJT 2006, L 9 (L 22); MüKo-BGB/*Oetker*, § 249 Rn. 8; *Schäfer*, AcP 202, S. 397 (399 f.); vgl. auch BGH NJW 1992, 3096 (3103); Schricker/Loewenheim/*Wild*, UrhR, § 97 Rn. 149; *Wolf*, Der strafrechtliche Schutz der Persönlichkeit, S. 184.

spricht das Strafrecht auch einen rechtsethischen Tadel für das Verhalten aus.[2107] Eine Pauschalierung des Schadensersatzes oder Strafschadensersatz passt daher nicht in das jetzige deutsche System des Schadensersatzrechts.[2108] Andere Regelungen finden sich beispielsweise in den USA oder England, wo sog. *punitive damages* üblich sind.[2109] Fraglich ist daher, ob eine solche Pauschalierung bzw. Erhöhung beim Schadensersatz in das hier übliche System eingefügt werden kann, da eben eine Pönalfunktion dem deutschen Schadensersatzrecht sonst eher fremd ist.[2110] Allerdings sind dem deutschen Zivilrecht pönale Elemente nicht ganz unbekannt, wie beispielsweise die Vertragsstrafe der §§ 336 ff. BGB, das Verbot des Bereicherungsausgleichs § 817 S. 2 BGB, § 611a BGB, die Verzugszinsen gem. § 288 BGB, § 241a BGB oder § 661a BGB zeigen.[2111] Zudem hat gerade im Bereich des Persönlichkeitsrechtschutzes das Schadensersatzrecht auch Genugtuungs-, Sanktions- und Präventionscharakter angenommen.[2112] So wird mittlerweile auch offen über zivilrechtliche Sanktionen und die Übernahme präventiver Aufgaben gesprochen.[2113]

Insbesondere das Schmerzensgeld bzw. der immaterielle Schadensersatz stellt also eine gewisse Ausnahme dar, da es eine Doppelfunktion hat, indem es für Ausgleich und Genugtuung sorgen soll.[2114] Gerade eine solche

---

2107 *Kindhäuser*, in: Madrid-Symposium für Klaus Tiedemann, S. 125.

2108 Schricker/Loewenheim/*Wild*, UrhR, § 97 Rn. 149; siehe auch Wandtke/Bullinger/*v. Wolff*, UrhR, § 97 UrhG Rn. 81 ff.; interessant hierzu auch *Erhardt/Flechsig*, ZRP 2006, 103.

2109 Schricker/Loewenheim/*Wild*, UrhR, § 97 Rn. 149; anders hingegen gehört Strafschadensersatz nicht zum Kernbestand gemeineuropäischen Privatrechts, so *Wagner*, Neue Perspektiven im Schadensersatzrecht, A 69.

2110 *Schack*, Urheber- und Urhebervertragsrecht, § 21 Rn. 782.

2111 *Klüber*, Persönlichkeitsschutz und Kommerzialisierung, S. 279 f. m.w.N.; siehe aber auch ausführlich *Ebert*, Pönale Elemente, S. 252 ff.; vgl. *Kern*, AcP 191, 247 (264 f.); *Schäfer*, AcP 202, S. 97 (427 f.); *Wagner*, AcP 206, 352 (364 ff.).

2112 Schricker/Loewenheim/*Wild*, UrhR, § 97 Rn. 149 m.w.N., 171; vgl. Palandt/*Grüneberg*, Vorb v § 249 Rn. 2; *Hoppe*, Persönlichkeitsschutz, S. 26 f.; vgl. *Maier-Reimer*, Abteilung Zivilrecht, Verhandlungen des 66. DJT 2006, L 33 (L 35, L 44 ff.); kritisch *Taupitz*, Abteilung Zivilrecht, Verhandlungen des 66. DJT 2006, L 57; siehe nur BGH GRUR 1996, 227 (229); *Wagner*, AcP 206, 352 (380 ff.).

2113 *Spindler*, Persönlichkeitsschutz im Internet, Gutachten F zum 69. DJT, F 128 ff.

2114 *Wolf*, Der strafrechtliche Schutz der Persönlichkeit, S. 157; vgl. auch bei *Kern*, AcP 191, 247 (250 ff.); *Medicus*, JZ 2006, 805 (807); MüKo-BGB/*Oetker*, § 253 Rn. 11; *Schäfer*, AcP 202, S. 97 (419 ff.); BGH GRUR 1996, 227 (229).

Genugtuungsfunktion ist dem Zivilrecht fremd,[2115] weshalb diese Doppelfunktion auch kritisiert wird, da damit die Grenzen zwischen dem Straf- und Zivilrecht „verwischt“ werden.[2116]

Dies trifft zusammen mit der schon lange bestehenden Klage, dass „der strafrechtliche Persönlichkeitsschutz lückenhaft ist“.[2117] Fraglich ist, ob das Zivilrecht im Bereich der immateriellen Schäden schon eine Aufgabe des Strafrechts übernommen hat. Grundsätzlich müsste der Schutz bei immateriellen Einbußen weitgehend vom Strafrecht abgedeckt werden, vor allem wegen der Fremdheit der Genugtuung für das Zivilrecht. Daran kann aber aktuell gezweifelt werden. Anders als beim Ehrenschutz, bei dem das Zivil- und Strafrecht ineinandergreift, ist es im Bereich des allgemeinen Persönlichkeitsrechts und Urheberpersönlichkeitsrechts zweifelhaft, ob ein ausreichender strafrechtlicher Schutz besteht.[2118]

Die Einführung von *punitive damages* erscheint nur unter Schwierigkeiten möglich, so müssen etwa die Grenzen der Verantwortlichkeit bzw. des Verschuldens beachtet werden.[2119] Außerdem können weiterreichende urheberzivilrechtliche Ansprüche oder *punitive damages* Urheberstrafrecht nur dann ersetzen, wenn zudem die Formstrenge des Strafverfahrens auch eingehalten würde.[2120] Das Zivilrecht ist aber gerade nicht an die gleichen rechtsstaatlichen Bestrafungsvoraussetzungen gebunden.[2121]

Probleme könnten damit die Sicherheit des Verfahrens und damit die Rechtsstaatlichkeit sein.[2122] Das Zivilrecht droht als Art Hilfsstrafrecht zu

---

2115 Von einem Fremdkörper sprechend *Wolf*, Der strafrechtliche Schutz der Persönlichkeit, S. 159; siehe auch *Hoppe*, Persönlichkeitsschutz, S. 193.

2116 *Wolf*, Der strafrechtliche Schutz der Persönlichkeit, S. 157; vgl. auch *Arzt*, Der strafrechtliche Schutz der Intimsphäre, S. 313 ff.; sowie von „Vermengung“ sprechend *Haft/Donle/Ehlers/Nack*, GRUR Int. 2005, 403 (404); *Hefendehl*, ZStW 119 (2007), 816 (826); *Naucke*, Strafrecht, S. 38 f. zum Verwischen der Grenzen verschiedener Sanktionsformen: *Wagner*, AcP 206, 352 (355).

2117 *Hirsch*, in: FS Engisch, S. 304 (319).

2118 *Arzt*, Der strafrechtliche Schutz der Intimsphäre, S. 313; vgl. auch *Hirsch*, in: FS Engisch, S. 304 (319).

2119 Ausführlich *Bohn*, Der Sanktionsgedanke, siehe im Ergebnis S. 228; vgl. *Schäfer*, AcP 202, S. 397 (405 f.); *Trendelenburg*, Ultima ratio?, S. 273; vgl. auch *Klüber*, Persönlichkeitsschutz und Kommerzialisierung, S. 282.

2120 Ahlberg/Götting/*Sternberg-Lieben*, BeckOK UrhG, § 106 Rn. 4; vgl. auch *Sieber*, Straftaten und Strafverfolgung im Internet, Gutachten C zum 69. DJT, C 11 f.

2121 *Frehsee*, in: *Schild* (Hrsg.), Der Rechtsstaat verschwindet, S. 11.

2122 *Neumann*, in: *Neumann/Prittwitz* (Hrsg.), Kritik und Rechtfertigung des Strafrechts, S. 89 (101 f.); vgl. *Bydlinski*, AcP 204, S. 309 (345); vgl. auch *Hirsch*, in: FS Engisch, S. 304 (327).

fungieren.[2123] Die Einführung eines Strafschadensersatzes wäre insofern riskant, als dann der Abbau des Strafrechts zu einer stärkeren Pönalisierung im Zivilrecht führen würde, welcher aber gerade nicht an die gleichen rechtsstaatlichen Bestrafungsvoraussetzungen gebunden ist.[2124] Außerdem würde gerade mit den Mitteln eine Verhaltenssteuerung versucht, die im Strafrecht schon versagt hat.[2125]

Auch das Prozessrisiko ist ein anderes, wie auch die Grundwerte im Zivilrecht (Billigkeit, Abwägung, Wiedergutmachung, Ausgleich etc.) andere als im Strafrecht sind.[2126] Des Weiteren wird Art. 103 III GG wegen der Gefahr einer Doppelbestrafung und § 103 II GG bei richterrechtlicher Rechtsfortbildung als bedroht angesehen.[2127] Durch einen zweckentfremdeten Schadensersatz würde dann „nach Regeln entschieden, denen die Garantien des Art. 103 Abs. 2 und 3 GG fremd sind."[2128] Damit würden zivilrechtliche „Strafen" eingeführt, um dann zu argumentieren, dass auf diese Art. 103 GG nicht anwendbar sei.

Aktuell gibt es einen solchen Strafschadensersatz nicht und damit keinen umfänglichen Schutz der Persönlichkeit durch das Zivilrecht. Der insofern fehlende zivilrechtliche Schutz macht das Strafrecht wegen der Bedeutung des Rechtsguts „unabdingbar".[2129] Eine Erweiterung des zivilrechtlichen Schutzes würde gegebenenfalls zu einem weiterem Abschreckungs- und Genugtuungseffekt beim Schmerzensgeld nach § 97 II UrhG führen, wobei wie oben gezeigt fraglich ist, ob dies zulässig und überhaupt sinnvoll ist.[2130] Zum Strafschadensersatz muss daher gesagt werden, dass das derzeitige System des deutschen Schadensrechts einen solchen nicht beinhaltet. Diese Alternative kann in der aktuellen Betrachtung keinen

2123 Vgl. etwa bei *Steffen*, NJW 1997, 10; sowie *ders.*, in: FS Odersky, S. 723 ff.

2124 *Frehsee*, in: *Schild* (Hrsg.), Der Rechtsstaat verschwindet, S. 11; *Wolf*, Der strafrechtliche Schutz der Persönlichkeit, S. 161.

2125 *Hefendehl*, ZStW 119 (2007), 816 (826).

2126 Zum Prozessrisiko siehe *Kächele*, Der strafrechtliche Schutz vor unbefugten Bildaufnahmen, S. 118; sowie bei *Kühl*, in: FS Schöch, S. 419 (436); *ders.*, in: *Hefendehl* (Hrsg.), Symposium Schünemann, S. 211 (215).

2127 *Bohn*, Der Sanktionsgedanke, S. 216 der jedoch kritisch anmerkt, ob diese Verfassungsgrundsätze auf das Zivilrecht zu übertragen sind; *Hirsch*, in: FS Engisch, S. 304 (325 ff.); *Koch*, JZ 1999, 922 (928) der diese als Grenzen aber nicht als Verbote für einen Strafschadensersatz beschreibt; Art. 103 GG in diesen Fällen nicht für einschlägig haltend *Wagner*, AcP 206, 352 (433).

2128 *Medicus*, JZ 2006, 805 (809).

2129 So *Weber*, Der strafrechtliche Schutz des Urheberrechts, S. 406.

2130 Siehe schon *Weber*, Der strafrechtliche Schutz des Urheberrechts, S. 406.

Hinweis zum Strafbedürfnis geben, da dies sich ja stets nach der aktuellen Rechtslage richtet.[2131]

Zwei gewichtige Argumente sind bei der Frage nach Einführung eines Strafschadensersatzes also zu bedenken: Erstens es gibt aktuell einen solchen nicht. Damit könnte dies allenfalls für die Zukunft (de lege ferenda) relevant sein, sozusagen als Einführung eines Gesamtpaketes mit weniger Strafrecht und härterem Zivilrecht. Zweitens ist aber wie oben gezeigt zu bezweifeln, ob dies wirklich ein milderes Mittel darstellt, da im Zivilrecht der Schutz des Verfahrens viel geringer ausfällt und für den Verletzten mit mehr Risiken einhergeht. Dem deutschen Zivilrecht ist ein Strafschadensersatz, wie aufgezeigt, fremd und wird daher auch überwiegend von Rechtsprechung und Literatur abgelehnt.[2132] „Sanktionen, die der Bestrafung und Abschreckung [...] dienen, [fallen] nach deutscher Auffassung grundsätzlich unter das Strafmonopol des Staates".[2133] Es droht sonst ein Aushebeln des „in-dubio-pro-reo-Grundsatzes", Verstöße gegen Art. 103 GG wären möglich und auch der Resozialisierungsgedanke fände keine Berücksichtigung.[2134] Hinzuzufügen ist, dass wenn eine stärkere Betonung auf Prävention im Zivilrecht erwünscht ist dies auch gesetzlich umgesetzt werden müsste, damit mehr Rechtssicherheit und Rechtsklarheit bestehen kann.[2135]

Ein anderer interessanter Aspekt betrifft die Wirksamkeit von *punitive damages*, die wegen ihres präventiven Effekts beispielsweise zu einer besseren Sorgfalt von Unternehmen führen sollten. Doch trotz der teils gigantischen Summen, die in den USA an *punitive damages* gezahlt werden, kann dieser Effekt nicht festgestellt werden.[2136]

2131 Vgl. etwa *Böxler*, Markenstrafrecht, S. 487.

2132 Vgl. nur m.w.N. bei *Böxler*, Markenstrafrecht, S. 402; Palandt/*Grüneberg*, Vorb v § 249 Rn. 2; *Haft/Donle/Ehlers/Nack*, GRUR Int. 2005, 403; *Hoppe*, Persönlichkeitsschutz, S. 28, 193; befürwortend *Bohn*, Der Sanktionsgedanke, S. 235; in Ausnahmefällen zur Gewinnabschöpfung für möglich haltend *Müller*, Abteilung Zivilrecht, Verhandlungen des 66. DJT 2006, L 9 (L 20); a.A. *Grossfeld*, Die Privatstrafe, S. 113; differenzierend *Wagner*, Neue Perspektiven im Schadensersatzrecht; vgl auch BGH NJW 2005, 215 (216), der mit seiner Begründung immaterieller Schadensersatz sei keine Strafe zeigt, dass auch der BGH keinen Strafschadensersatz im eigentlichen Sinne einführen will.

2133 BGHZ 118, 312 (344) (= NJW 1992, 3096 (3103)); siehe dazu auch *Müller*, Abteilung Zivilrecht, Verhandlungen des 66. DJT 2006, L 9 (L 20).

2134 *Weber*, Der strafrechtliche Schutz des Urheberrechts, S. 399.

2135 Vgl. *Schlobach*, Das Präventionsprinzip, S. 268, 489.

2136 Vgl. *Reuter*, Abteilung Zivilrecht, Verhandlungen des 66. DJT 2006, L 99 (L185 f.); siehe auch *Hefendehl*, ZStW 119 (2007), 816 (826).

Das Strafrecht als utlima ratio mit größerer Abschreckungswirkung kann eingreifen, wenn das Zivilrecht mit seinen Mitteln, also dem Schadensausgleich nicht mehr ausreichend Wirkung entfalten kann.[2137] Der Einsatz des Strafrechts ist gerade auch dann sinnvoll, wenn sonst das Bedürfnis nach rechtlichen Sanktionen über das Zivilrecht in die Rechtsordnung getragen würde, nämlich dann ohne die rechtsstaatlichen Sicherungen des Strafrechts.[2138] Insbesondere die Garantie des Art. 103 II GG könnte durch die Verlagerung ins Zivilrecht umgangen werden.[2139] Zudem kann eine Verschiebung der Generalprävention in das Zivilrecht zu einer nachhaltigen Schwächung des Strafrechts führen.[2140] Geradezu paradox erscheint, dass im Zivilrecht bei Einführung von Strafschadensersatz, mit genau den Mitteln eine Verhaltenssteuerung bewirkt werden soll, die im Strafrecht schon versagt haben.[2141]

Geht es bei Persönlichkeitsverletzungen gerade nicht um einen finanziellen Ausgleich, sondern um persönliche Genugtuung, die durch ein sozialethisches Unwerturteil und die Abschreckungswirkung des Strafrechts erfolgen soll, kann das Zivilrecht nicht ausreichen.[2142] Hohe Schadensersatzsummen, die über einen Ausgleich hinausgehen, bevorteilen das Opfer „privatrechtsfremd" und helfen ihm doch bei gewissen irreversiblen Verletzungen der Persönlichkeit beispielsweise im Internet kaum oder nicht weiter.[2143] Zu denken ist an Verbreitung von Nacktbildern im Internet o.ä., die teils nicht mehr rückgängig zu machen sind.[2144] Hohe Summen bei Persönlichkeitsrechtsverletzungen führen zudem zu der bedenklichen

---

2137 Vgl. *Wolf*, Der strafrechtliche Schutz der Persönlichkeit, S. 161; unter Verweis auf *Hirsch*, in: FS Engisch, S. 304 (318); vgl. auch *Kächele*, Der strafrechtliche Schutz vor unbefugten Bildaufnahmen, S. 118 f.

2138 *Wolf*, Der strafrechtliche Schutz der Persönlichkeit, S. 161.

2139 *Arzt*, Der strafrechtliche Schutz der Intimsphäre, S. 314 f.; *Koch*, JZ 1999, 922 (928) der Art. 103 GG und andere Verfassungsgrundsätze als Grenzen aber nicht als Verbote für einen Strafschadensersatz beschreibt; *Ebert*, Pönale Elemente, S. 529 und *Wagner*, Neue Perspektiven im Schadensersatzrecht, A 75 f., A 77, A 80 f. gehen von einer Verfassungsmäßigkeit aus.

2140 *Wolf*, Der strafrechtliche Schutz der Persönlichkeit, S. 161; vgl. auch *Arzt*, Der strafrechtliche Schutz der Intimsphäre, S. 332, 334.

2141 *Hefendehl*, ZStW 119 (2007), 816 (826).

2142 *Wolf*, Der strafrechtliche Schutz der Persönlichkeit, S. 162; siehe auch *Kächele*, Der strafrechtliche Schutz vor unbefugten Bildaufnahmen, S. 118 f.

2143 Vgl. *Bydlinski*, AcP 204, S. 309 (344); siehe auch *Hoppe*, Persönlichkeitsschutz, S. 26 der von einer überkompensatroischen Bereicherung der Kläger spricht.

2144 Zum ernstzunhemenden Phänomen des Cybermobbings *Heckmann/Paschke*, DRiZ 2018, 144.

Wahrnehmung, dass Persönlichkeitsverletzungen „käuflich“ wären.[2145] Das Zivilrecht soll sich aber auf den Ausgleich von Konflikten konzentrieren, wohingegen das Strafrecht für darüberhinausgehende sozialethische Verurteilungen und Abschreckung verantwortlich sein soll.[2146] Des Weiteren muss die besondere Rechtsstaatlichkeit des Strafrechts beachtet werden, weshalb nicht „der Strafe vergleichbare Rechtsfolgen in andere rechtliche Subsysteme [...] [abgeschoben werden sollen], deren Sicherung weniger weitgehend sind.“[2147] Die in diesem Abschnitt aufgezeigten Schwierigkeiten bestätigen damit, dass „das strikte Auseinanderhalten von Strafrecht und Zivilrecht eine der Säulen der Rechtsstaatlichkeit darstellt.“[2148] „Die Kriminalpolitik wird [sonst] leicht zur Farce, wenn das, was die Strafgesetzgebung für nicht strafwürdig [oder strafbedürftig] ansieht und deshalb straflos läßt, dann eben im Zivilrecht seine pönale Erledigung findet.“[2149] Diese Entwicklung ist somit äußerst kritisch zu sehen, auch da es dabei zu einer überkompensatorischen Bereicherung der Kläger kommen kann und die Beträge auch außer Verhältnis zu Summen bei Körperverletzungen stehen.[2150]

Ein weiteres Problem, welches das Verhältnis des Straf- und Zivilrechts betrifft, ist die Gefahr der Instrumentalisierung des Strafrechts. Eine gewisse Funktionalisierung des Strafrechts für zivilrechtliche Zwecke kann z.B. in einem „ausermitteln“ durch die Staatsanwaltschaft gesehen werden.[2151] So kann es den Verletzen beispielsweise auch darum gehen über § 406e StPO (Akteneinsichtsrecht) Unterlagen für den Zivilprozess zu erlangen und dann den Strafantrag wieder zurück zu ziehen.[2152] Außerdem kommt es vor, dass mit der Drohung einer Strafverfolgung die Leistung von Scha-

---

2145 *Wolf*, Der strafrechtliche Schutz der Persönlichkeit, S. 162.

2146 *Wolf*, Der strafrechtliche Schutz der Persönlichkeit, S. 163; auch bei einer Betrachtung von *punitive damages* als ultima ratio, ist für Fälle völligen Versagens staatlichen Rechtsgüterschutzes (auch durch das Strafrecht), dennoch erst das Strafrecht weiter auf Möglichkeiten des Rechtsgüterschutzes zu überprüfen und ggf. auszubauen; vgl. hierzu aber *Mörsdorf-Schulte*, NJW 2006, 1184 ff.

2147 *Trendelenburg*, Ultima ratio?, S. 322; vgl. auch *Hirsch*, in: FS Engisch, S. 304 (320).

2148 *Hirsch*, in: FS Engisch, S. 304 (327).

2149 *Hirsch*, in: FS Engisch, S. 304 (324).

2150 *Hoppe*, Persönlichkeitsschutz, S. 26.

2151 Ahlberg/Götting/*Sternberg-Lieben*, BeckOK UrhG, § 106 Rn. 4.; vgl. *Heuchemer*, in: *Götting/Schertz/Seitz* Handbuch des Persönlichkeitsrechts, § 24 Rn. 15; Wandtke/Bullinger/*Hildebrandt/Reinbacher*, § 106 UrhG Rn. 4.

2152 Vgl. dazu *Heuchemer*, in: *Götting/Schertz/Seitz* (Hrsg.), Handbuch des Persönlichkeitsrechts, § 24 Rn. 15 m.w.N., 27; Wandtke/Bullinger/*Hildebrandt*, § 106

densersatz veranlasst wird.[2153] „Das Strafrecht als bloßes ‚Vehikel' zivilrechtlicher Rechtsdurchsetzung“[2154] ist kritisch zu sehen, da diese Funktionalisierung über klassische Strafzwecke weit hinausgehen dürfte.[2155] Zudem wird damit das Zivilprozessrecht hintergangen, was auch nicht gewollt sein kann.

Abschließend kann festgestellt werden, dass das Verhältnis von Straf- und Zivilrecht nicht konfliktfrei ist und die Meinungen über die Grenze der jeweiligen Funktion des Straf- bzw. Zivilrechts weit auseinandergehen. So wird bei neuen Herausforderungen stets erneut abzuwägen sein, welche Mittel angemessen sind und sich harmonisch ins System einfügen lassen. Außerdem müssen sich aber Änderungen an der Grundausrichtung im Gesetz wiederspiegeln und nicht nur durch die Rechtsprechung eingeführt werden.[2156]

c. Verhältnismäßigkeit

Das Strafrecht ist aber nicht nur in seiner Zielsetzung begrenzt, sondern auch in der Wahl seiner Mittel.[2157] Es müssen angemessene Mittel zur Verbrechensbekämpfung sein, „d.h. die jeweilige Verhaltensnorm und die angedrohten Sanktionen müssen dem Grundsatz der Verhältnismäßigkeit genügen.“[2158] Unter Verhältnismäßigkeit geht es um das vom Staat eingesetzte Mittel und den damit verfolgten Zweck, welcher geeignet, erforderlich und angemessen sein muss.[2159] Die Strafe als schwerste staatliche Sanktion darf nur bei schwerwiegenden Verletzungen wichtiger Rechtsgüter eingesetzt werden.[2160] Die Begründung der Strafe erfordert also eine bestimmte

---

UrhG Rn. 4; Ahlberg/Götting/*Sternberg-Lieben*, BeckOK UrhG, § 106 Rn. 4; zum Versagen des Akteneinsichtsrechts *Dietz*, in: *Wandtke* (Hrsg.), Urheberrecht, Kap. 11 Rn. 35 ff.

2153 Ahlberg/Götting/*Sternberg-Lieben*, BeckOK UrhG, § 106 Rn. 4.

2154 *Heuchemer*, in: *Götting/Schertz/Seitz* (Hrsg.), Handbuch des Persönlichkeitsrechts, § 24 Rn. 15.

2155 Wandtke/Bullinger/*Hildebrandt/Reinbacher*, § 106 UrhG Rn. 4.

2156 Vgl. *Schlobach*, Das Präventionsprinzip, S. 489.

2157 SK-StGB/*Rudolphi/Jäger*, Vor § 1 Rn. 22.

2158 SK-StGB/*Rudolphi/Jäger*, Vor § 1 Rn. 22 m.w.N.

2159 *Kaspar*, Verhältnismäßigkeit und Grundrechtsschutz, S. 101.

2160 Siehe dazu ausführlich oben S. 248 ff.; sowie bei *Fontaine*, Grund- und Strukturprobleme des § 142 PatG, S. 147 f.; *Roxin*, in: FS Volk, S. 601 (605).

Qualität der Unrechtstat.[2161] Der Einsatz des Strafrechts ist nur dann erforderlich, wenn andere Maßnahmen des öffentlichen Rechts und Zivilrechts keinen hinreichenden Schutz geben können. Die Kriminalstrafe ist als ultima ratio anzusehen und ihre Aufgabe des subsidiären Rechtsgüterschutzes hat unter steter Beachtung des Verhältnismäßigkeitsgrundsatzes gem. Art. 20 III GG zu erfolgen.[2162] Der Grundsatz der Verhältnismäßigkeit des Strafrechts und von Strafen lässt sich also aus der Verfassung ableiten.[2163] Wobei umstritten ist, ob diese Ableitung aus dem Wesen der Grundrechte, dem Rechtstaatsprinzip, der Wesensgehaltsgarantie des Art. 19 II GG, der Menschenwürde oder dem Gleichheitssatz erfolgt.[2164] Die heute wohl vorherrschende Meinung leitet ihn direkt aus dem Wesen der Grundrechte ab.[2165] Das ultima-ratio-Prinzip wird als Synonym für die Geltung des Verhältnismäßigkeitsgrundsatzes im Strafrecht gesehen.[2166] Allerdings bestimmt der Verhältnismäßigkeitsgrundsatz den Gesetzgeber nur geringfügig, da ihm innerhalb dessen ein weiter Spielraum zugestanden wird.[2167]

Fraglich ist aber, ob der Verhältnismäßigkeitsgrundsatz selbst zur Legitimation von Strafe geeignet ist. Bei der Begründung von Strafe geht es darum, dass die Unrechtstat eine bestimmte Qualität aufweisen muss, aber gerade nicht um die Abwägung kollidierende Rechtsgüter, weshalb der Verhältnismäßigkeitsgrundsatz auch nicht zur Legitimation von Strafe geeignet erscheint.[2168] Der Verhältnismäßigkeitsgrundsatz selbst kann zudem nicht zur Begründung von Strafe herangezogen werden, da er diese bereits voraussetzt.[2169] Für die Strafbegründung liefert er damit keine Hinweise.

2161 *Noltenius*, in: *Jaeckel/Zabel/Zimmermann* (Hrsg.), Grundrechtspolitik und Rechtswissenschaft, S. 93 (102).

2162 *Fontaine*, Grund- und Strukturprobleme des § 142 PatG, S. 148; *Roxin*, AT I, § 2, Rn. 97 ff. S. 45 f.; *ders.*, in: FS Volk, S. 601 (605).

2163 BVerfGE 6, 389 (439); BVerfGE 23, 127 (133).

2164 *Kaspar*, Verhältnismäßigkeit und Grundrechtsschutz, S. 102 ff.; vgl. auch BVerfGE 6, 389 (439); BVerfGE 16, 194 (201 f.); BVerfGE 17, 306 (313 f.); BVerfGE 23, 127 (133); andere leiten diesen direkt aus dem Rechtsstaatsprinzip oder der Wesensgehaltsgarantie des Art. 19 II GG, der Menschenwürde oder dem Gleichheitssatz ab; siehe dazu auch *Kasper*, Die Erheblichkeitsschwelle im Umweltstrafrecht, S. 5 m.w.N.

2165 *Kaspar*, Verhältnismäßigkeit und Grundrechtsschutz, S. 105 m.w.N.

2166 *Trendelenburg*, Ultima ratio?, S. 17, 69, 70 ff.

2167 MüKo-StGB/*Joecks*, Einl. Rn. 22.

2168 *Noltenius*, in: *Jaeckel/Zabel/Zimmermann* (Hrsg.), Grundrechtspolitik und Rechtswissenschaft, S. 93 (102).

2169 *Noltenius*, in: *Jaeckel/Zabel/Zimmermann* (Hrsg.), Grundrechtspolitik und Rechtswissenschaft, S. 93 (100, 102).

Nichtsdestoweniger ist der Verhältnismäßigkeitsgrundsatz dennoch „in vielfacher Hinsicht der verfassungsrechtliche Fluchtpunkt der Strafrechtsbegrenzung“[2170], obgleich es auch bei dessen Anwendung zu Ungereimtheiten kommt.[2171] Dennoch erscheint die „Idee, klassische Begrenzungsprinzipien als ‚Verhältnismäßigkeit + X‘ zu verstehen, [...] sinnvoll“.[2172]

Bei allen Überlegungen und Untersuchungen muss stets klar bleiben, dass oftmals „verschiedene, möglicherweise sogar konträre gesetzgeberische Entscheidungen als verfassungsmäßig und kriminalpolitisch vertretbar erscheinen können“.[2173] Insbesondere die Schwierigkeit, dass „im Einzelfall andere Möglichkeiten zur Bekämpfung sozialschädlichen Verhaltens bestehen, [und] wie ihre Realisierungs- und Erfolgschancen zu beurteilen sind, mag selbst dann Sache subjektiver Bewertung sein, wenn eine hinreichende Erforschung der sozialen Wirklichkeit vorausgegangen ist.“[2174]

Die genauen Definitionen und die Prüfung erfolgt jeweils konkret bei den besonderen Persönlichkeitsrechten und dem allgemeinen Persönlichkeitsrecht.

2. Die Strafbedürftigkeit von Verletzungen der Urheberpersönlichkeit

Die oben erarbeiten Grundfragen zur Strafbedürftigkeit werden hier auf das Urheberpersönlichkeitsrecht bezogen.[2175] Bei der Strafbedürftigkeit geht es, wie gezeigt, um den Zweckmoment der Strafe.[2176] Es ist zu fragen, ob de lege lata andere weniger gravierende Eingriffe zur Verfügung stehen, die einen besseren oder zumindest den gleichen Erfolg versprechen,[2177] denn der Einsatz des Strafrecht muss verhältnismäßig sein, d.h. subsidiär und ultima ratio.[2178] Lösungen de lege ferenda sind gesondert zu prüfen und sollen unter *Ausblick* aufgeworfen werden.

Auch wenn die Strafwürdigkeit bei Verletzungen besonderer Persönlichkeitsrechte bejaht wurde, ist fraglich ob auch Strafbedürftigkeit vor-

---

2170 *Trendelenburg*, Ultima ratio?, S. 25, 494.
2171 S. o. S. 218 f.; vgl. auch *Trendelenburg*, Ultima ratio?, S. 59, 66.
2172 *Trendelenburg*, Ultima ratio?, S. 59.
2173 *Müller-Dietz*, Strafe und Staat, S. 37.
2174 *Müller-Dietz*, Strafe und Staat, S. 36.
2175 S. o. S. 269 ff.
2176 S. o. S. 236, 269.
2177 *Otto*, NJW 1979, 681 (683); *ders.*, JURA 1989, 24 (27).
2178 S. o. S. 231 ff.

liegt. Bisher kann kaum eine präventive Wirkung durch die aktuellen strafrechtlichen Normen festgestellt werden und alternative Schutzmöglichkeiten sind stärker in den Blick zu nehmen.[2179] Gerade bei einer Orientierung am aktuellen Schutz im geistigen Eigentum und den Gesetzgebungsmaterialien ist der strafrechtliche Schutz der besonderen Persönlichkeitsrechte als kaum vorhanden einzustufen. Für diesen geringen Schutz spricht auf den ersten Blick, dass das Zivilrecht vieles abdecken kann und es – wie auch der Gesetzesbegründung zu entnehmen – schwierig ist bestimmte Normen im Bereich der Persönlichkeitsrechte zu formulieren. In dem Zusammenhang taucht dann auch die Frage auf, ob der Schutz de lege lata ausreichend ist oder ob der strafrechtliche Schutz abzubauen ist (*D Ausblick*). Nur wenn das Urheberstrafrecht eine eigenständige Bedeutung oder Funktion hat, welche nicht mit anderen Mitteln zu erreichen ist, kann es gerechtfertigt werden.[2180]

a. Subsidiarität

Das Strafrecht ist dann nicht erforderlich, wenn dem Staat zum Rechtsgüterschutz ein weniger belastendes Mittel zu Verfügung steht.[2181] Nur als ultima ratio ist das Strafrecht einzusetzen. Daraus ergibt sich auch der fragmentarische Charakter des Strafrechts. Andere Mittel der sozialen Problemlösung und zum Rechtsgüterschutz, wie das Zivil- oder Polizei- und Ordnungswidrigkeitenrecht oder nichtstrafrechtliche Sanktionen sind grundsätzlich zu bevorzugen.[2182] Zu prüfen ist hier, ob andere Mittel als das Strafrecht zur Verfügung stehen, um das Urheberpersönlichkeitsrecht als bedeutendes Rechtsgut[2183] angemessen zu schützen. Schwerpunkt ist dabei, ob nicht durch das Zivilrecht ein hinreichender Schutz möglich ist.

Der Begriff der Subsidiarität stellt eine andere Formulierung für Erforderlichkeit dar, weshalb unten für den Punkt der Erforderlichkeit weitestgehend auf nachfolgende Erläuterungen verwiesen werden kann.[2184]

2179 *Hildebrandt*, Die Strafvorschriften des Urheberrechts, S. 537.

2180 Vgl. zum Markenstrafrecht bei *Böxler*, Markenstrafrecht, S. 486.

2181 Siehe schon oben S. 269 m.w.N.; weiterführend vgl. *Tiedemann*, Kartellrechtsverstöße, S. 95 f. m.w.N.

2182 Vgl. *Achenbach*, StraFo 2011, 422 (428); *Kempf*, NJW 1997, 1729 (1729 f., 1735 f.).

2183 S. o. zur Strafwürdigkeit S. 256 ff.

2184 Vgl. *Kasper*, Die Erheblichkeitsschwelle im Umweltstrafrecht, S. 14.

aa. Selbstschutz

Prinzipiell ist als erster Schritt ein gewisser Selbstschutz zu fordern. Weshalb zunächst fraglich ist, inwieweit Selbstschutz möglich und zumutbar ist. Dies darf allerdings nicht zu einer starken Einschränkung von grundgesetzlich gewährten Rechten führen. Gerade im Zusammenhang mit dem Urheberpersönlichkeitsrecht, aber auch mit dem allgemeinen Persönlichkeitsrecht ist zu betonen, dass ein Selbstschutz nur in geringem Maße möglich und auch zumutbar ist.[2185] Insbesondere da durch den Staat die Entfaltung der Persönlichkeit gewährleistet werden soll (Art. 2 I, 1 I GG), welche aber bei zu hohen Anforderungen kaum mehr gewährleistet werden kann.

Ein Problem im Zusammenhang mit dem Internet stellt die Kontrolle der Inhalte dar, da der vorherrschende „laissez-faire-Liberalismus" eine Verbreitung und Vermarktung „von beliebigen Inhalten" erlaubt.[2186] Geprägt ist dies durch „Individualismus und Marktwirtschaft".[2187] Im Internet ist daher mit konventionellen Mitteln der Persönlichkeitsrechtsschutz nicht mehr zu gewährleisten.[2188] Es ist also am Gesetzgeber dies per Gesetz oder durch Medienerziehung zu ändern.[2189] Gerade im Bereich des Internets ist dennoch auf einen verstärkten Selbstschutz und Selbstregulierung (sog. Smart Privacy-Management) hinzuwirken.[2190] Auf einen solchen Rechtsschutz zweiter Ordnung kann durch einen Tetralog zwischen Politik, Wirtschaft, Gesellschaft und Wissenschaft hingewirkt werden.[2191]

Selbstschutz ist im Zusammenhang mit dem Urheberpersönlichkeit oftmals sehr schwierig. Nicht nur, dass durch das Internet und immer neue technische Möglichkeiten eine Verbreitung bzw. Verwertung schwer zu stoppen ist, sondern auch eine damit einhergehende stärkere Einschrän-

---

2185 S. o. S. 275 ff.

2186 *Herzog*, in: *Neumann/Prittwitz* (Hrsg.), Kritik und Rechtfertigung des Strafrechts, S. 117 (122 f.); als Beispiel siehe auch immer wieder auftauchende Probleme mit zu löschenden Inhalten u.a. bei Facebook: *Reinbold/Rosenbach*, http://www.spiegel.de/netzwelt/web/facebook-neues-loesch-team-geht-gegen-hasskommentare-vor-a-1072175.html (abgerufen am 02.02.2016); *Kühl*, http://www.zeit.de/digital/internet/2015-11/facebook-hasskommentare-fluechtlinge-drohung-loeschen (abgerufen am 02.02.2016).

2187 *Herzog*, in: *Neumann/Prittwitz* (Hrsg.), Kritik und Rechtfertigung des Strafrechts, S. 117 (123).

2188 *Libor*, AfP 2011, 450, 451.

2189 *Libor*, AfP 2011, 450, 451.

2190 *Libor*, AfP 2011, 450, 451.

2191 *Libor*, AfP 2011, 450, 451.

kung der bedeutenden Rechte wie der Entfaltung der Persönlichkeit (Art. 2 I GG) und der Kunstfreiheit (Art. 5 III GG) nicht erstrebenswert sein kann.

bb. Zivilrecht

Der Schwerpunkt dieses Abschnitts ist die Frage, ob aktuell durch das Zivilrecht ein ausreichender Schutz der Urheberpersönlichkeit gegeben ist. Denn Strafrecht soll nur ultima ratio und subsidiär sein.

Die grundsätzlichen Vor- und Nachteile von Zivil- und Strafrecht, oben unter *IV. 1. c.* dargestellt, werden hier auf das Urheberpersönlichkeitsrecht bezogen. Oben wurde bereits festgestellt, dass die durch das Zivilrecht erzielbaren Rechtsfolgen oftmals besser dem Interesse des Opfers entsprechen, aber insbesondere der Zivilprozess auch Risiken mit sich bringt.[2192]

(1) Schutzmöglichkeiten des Zivilrechts

Ein großer Vorteil des Zivilrechts scheint darin zu liegen, dass Betroffenen oft an Schadenersatzzahlungen gelegen ist.[2193] Aus Opfersicht stellen sich damit die Rechtsfolgen des Zivilrechts als interessanter dar.[2194] Ist nämlich schon bei Vermögensdelikten fraglich, ob dem Opfer durch das Strafrecht überhaupt geholfen werden kann,[2195] stellt sich diese Frage bei Persönlichkeitsrechten noch verschärft.[2196]

In der Praxis wird bei Urheberrechtsverletzungen regelmäßig der Zivilrechtsweg eingeschlagen,[2197] da die zivilrechtliche Regulation dem Rechtsgutsträger oft zu genügen scheint oder ihm sogar manchmal mehr

---

2192 S. o. S. 281 f.; sowie *Heuchemer*, in: Götting/Schertz/Seitz (Hrsg.), Handbuch des Persönlichkeitsrechts, § 24 Rn. 4.

2193 S. o. S. 282; vgl. auch *Heuchemer*, in: *Götting/Schertz/Seitz* (Hrsg.), Handbuch des Persönlichkeitsrechts, § 24 Rn. 15; *Ernst*, ZUM 2001, 620; vgl. LK-StGB/*Valerius*, § 201a Rn. 48.

2194 *Heuchemer*, in: *Götting/Schertz/Seitz* (Hrsg.), Handbuch des Persönlichkeitsrechts, § 24 Rn. 15; auch die Rechtsprechung misst Schadensersatzansprüchen eine erhebliche Bedeutung zu LK-StGB/*Valerius*, § 201a Rn. 48.

2195 *Weber*, FuR 1980, 335 (338).

2196 *Heuchemer*, in: *Götting/Schertz/Seitz* (Hrsg.), Handbuch des Persönlichkeitsrechts, § 24 Rn. 4.

2197 *Spautz*, FuR 1978, S. 96.

nutzt.[2198] Im Delikts- und Haftungsrecht wird ein Potential für Ausgleich und Prävention gesehen.[2199]

Allerdings bestehen im Zivilverfahren Probleme, die insbesondere das Prozessrisikos und die Kosten betreffen.[2200] Für den „normalen“ Menschen ist das Zivilrecht daher oft keine realistische Alternative, im Gegensatz zu Prominenten, welchen mit Staranwälten dieser Weg leichter zugänglich ist.[2201] Im Vergleich zum Strafprozess wird außerdem deutlich, das dieser wesentlich besser vor einer ungerechtfertigten Verurteilung schützt.[2202] Neben den Problemen die sich aus dem Zivilprozess ergeben, ist auch fraglich inwiefern materiell-rechtlich ausreichender Schutz für das Urheberpersönlichkeitsrecht gegeben ist.

In der aktuellen Ausgestaltung des Zivilrechts gibt es zum Schutz der Urheberpersönlichkeit verschiedene Vorschriften. Diese wurden bereits oben ausführlich dargestellt, sodass hier nur einzelne Aspekte aufgegriffen, sowie die Lücken und Schwierigkeiten aufgezeigt werden.[2203] Dem Urheber stehen bei der Verletzung des Urheberpersönlichkeitsrechts die allgemeinen zivilrechtlichen Ansprüche aus § 97 UrhG zu, wovon Ansprüche auf Beseitigung, Unterlassung und Schadensersatz umfasst sind.[2204] Der zivilrechtliche Schutz des Urheberpersönlichkeitsrechts ist grundsätzlich wie der des allgemeinen Persönlichkeitsrechts mit „Unsicherheitsfaktoren“ behaftet (beispielsweise Billigkeitsklausel des § 97 II UrhG) und außerdem gibt es keine verlässlichen Richtlinien für die Höhe des zu gewährenden Ausgleichs.[2205]

Maßgeblich ist dabei, neben der Wiederherstellung, Entschädigung in Geld nach §§ 251 I, 252 BGB, da eine Verletzung eines Immaterialgüterrechts nicht im Wege der Naturalrestitution rückgängig gemacht werden kann.[2206] Der Verletzte kann mit drei Berechnungsarten, die von BGH und BVerfG für das gesamte Immaterialgüterrecht und das kommerzialisierte

2198 *Hefendehl*, JA 2011, 401 (406).
2199 *Trendelenburg*, Ultima ratio?, S. 272 m.w.N.; vgl. LK-StGB/*Valerius*, § 201a Rn. 48.
2200 *Kühl*, in: FS Schöch, S. 419 (436); knapp dazu LK-StGB/*Valerius*, § 201a Rn. 48, vgl. auch oben S. 283 ff..
2201 *Kühl*, in: FS Schöch, S. 419 (436).
2202 *Trendelenburg*, Ultima ratio?, S. 319.
2203 Siehe oben S. 37 ff., insbesondere 44 ff.
2204 S. o. S. 54 ff.; vgl. auch als einer von vielen *Dietz/Peukert*, in: *Loewenheim* (Hrsg.), Handbuch des Urheberrechts, § 15 Rn. 24.
2205 Vgl. schon *Weber*, Der strafrechtliche Schutz des Urheberrechts, S. 398; siehe ausführlich oben S. 55 ff.
2206 S. o. S. 55 f.; sowie bspw. bei Dreier/Schulze/*Dreier/Specht*, UrhG, § 97 Rn. 58.

Persönlichkeitsrecht bestätigt wurden, die zu zahlende Entschädigung berechnen.[2207] Der Verletzte hat ein Wahlrecht im Rahmen des § 97 II 2 UrhG, ob er Ersatz der erlittenen Vermögenseinbuße einschließlich des entgangenen Gewinns (§ 252 BGB), Zahlung einer angemessenen Lizenz (Lizenzanalogie) oder Herausgabe des Verletzergewinns verlangen möchte.[2208] Diese besonderen Berechnungsarten ergeben sich aus dem besonderen Schutzbedürfnis des Immaterialgüterrechts, da wegen der immateriellen Natur nur schwer Vorkehrungen gegen Rechtsverletzungen geschaffen werden können und diese oft schwer feststellbar sind.[2209] Schwierigkeiten ergeben sich dabei insbesondere bei der Höhe der jeweiligen Ansprüche, da die Verletzung der Urheberpersönlichkeit oft schwierig in Zahlen festzusetzen ist.

Eine Verdoppelung der Lizenzgebühr mit pönalem Charakter gibt es grundsätzlich nur im Rahmen der „GEMA-Rechtsprechung“.[2210] Als Beispiel für die Berechnung einer Lizenzgebühr kommt mittlerweile auch die unterlassene Namensnennung in Betracht,[2211] da eine Ausdehnung der doppelten Lizenzgewährung stattgefunden hat.[2212] Als weitere Beispiele sind auch die Verletzung der Namensnennungsrechte eines Autors oder des Urhebers eines fotografierten Werks zu nennen,[2213] oder das Unterlassen eines Bildquellennachweises (§ 13 UrhG) bei einer Veröffentlichung ohne Einwilligung des Urhebers.[2214]

2207 Dabei es sich lediglich um verschiedene Wege den gleichen einheitlichen Schaden zu ermitteln und nicht um Anspruchsgrundlagen; siehe oben S. 55 ff.; vgl. ausführlich *Ettig*, Bereicherungsausgleich und Lizenzanalogie bei Persönlichkeitsrechtsverletzungen; *Wandtke*, in: *Wandtke* (Hrsg.), Urheberrecht, Kap. 10 Rn. 70; Schricker/Loewenheim/*Wild*, UrhR, § 97 Rn. 145, 148.

2208 S. o. S. 55 ff.; vgl. auch ähnlich Dreyer/Kotthoff/Meckel/*Meckel*, UrhR, § 97 UrhG Rn. 54 f.; Fromm/Nordemann/*J. B. Nordemann*, UrhR, § 97 UrhG Rn. 68 f.

2209 Für Nachweise s. o. S. 56.

2210 BGHZ 59, 286; *Schack*, Urheber- und Urhebervertragsrecht, § 21 Rn. 782 f.; vgl. oben S. 58, 284.

2211 Vgl. etwa OLG Brandenburg ZUM 2010, 56 (59); LG München I, GRUR-RR 2009, 92 (94).

2212 Siehe auch für weitere Beispiele oben S. 58 f.; sowie *Schack*, Urheber- und Urhebervertragsrecht, § 21 Rn. 784.

2213 LG Leipzig, GRUR 2002, 424 (425); OLG München, ZUM 2000, 404 (407); LG München I, ZUM 1995, 57.

2214 OLG Düsseldorf, GRUR-RR 2006, 393 (394); LG München I, GRUR-RR 2009, 92 (94); für weitere Nachweise vgl. *Schack*, Urheber- und Urhebervertragsrecht, § 21 Rn. 784.

Bearbeitet oder entstellt jemand Kunstwerke und verkauft diese, so kann derjenige vom Urheber auf Herausgabe des Verletzergewinns verklagt werden,[2215] denn der Verletzer hätte ohne die Rechtsverletzung nicht den Gewinn gemacht.[2216] Bei der Berechnung des Schadensersatzes wird fingiert, „dass der Maler ohne die Rechtsverletzung durch Verwertung seines Schutzrechts den gleichen Gewinn wie der Verletzer erzielt hätte."[2217]

Diese und auch oben genannte Beispiele zeigen, dass das Urheberpersönlichkeitsrecht sehr empfindlich und leicht verletzlich ist. Vor allem mit den Möglichkeiten der heutigen Technik sind Verletzungen in diesem Bereich neuen Gefahren ausgesetzt. So verwundert es nicht, dass Immaterialgüter „aufgrund ihres Charakters als ‚öffentliche Güter' [als] verletzungsanfälliger"[2218] beschrieben werden.

Das Urheberpersönlichkeitsrecht (als besonderes Persönlichkeitsrecht) geht dem allgemeinen Persönlichkeitsrecht vor und verdrängt es soweit es selbst Schutz bietet.[2219] In Fällen in denen das Urheberpersönlichkeitsrecht nicht einschlägig ist hat das allgemeine Persönlichkeitsrecht eine ergänzende Funktion.[2220]Lücken im Bereich des Urheberpersönlichkeitsrechts können somit durch das allgemeine Persönlichkeitsrecht geschlossen werden. Solche können beispielsweise im Falle der Werkvernichtung entstehen, da diese selbst nicht im UrhG geregelt ist.[2221] Wenn es um Interessen bezüglich des Gesamtwerks (Oeuvres) eines Künstlers geht, kann ebenfalls das allgemeine Persönlichkeitsrecht einschlägig sein.[2222] Zudem kommt das allgemeine Persönlichkeitsrecht in Betracht, wenn es um die Tätigkeit des Schaffens an sich geht, da dann noch kein zu schützendes Werk existiert.[2223] Eine weitere Lücke ergibt sich beim Unterschieben fremder Werke: im Falle einer Signierung eines Werks mit dem Namen eines anderen Urhebers.[2224] Im Urteil des BGH zu Emil Nolde geht es um

2215 Vgl. *Wandtke*, in: *Wandtke* (Hrsg.), Urheberrecht, Kap. 10 Rn. 79.
2216 *Wandtke*, in: *Wandtke* (Hrsg.), Urheberrecht, Kap. 10 Rn. 79.
2217 *Wandtke*, in: *Wandtke* (Hrsg.), Urheberrecht, Kap. 10 Rn. 96 unter Hinweis auf BGHZ 150, 32 (44); 145, 366 (372).
2218 *Grünberger*, in: *Hilty/Jaeger/Kitz* (Hrsg.), Geistiges Eigentum, S. 9.
2219 Siehe dazu nur BGH NJW 1990, 1986 (1987) (Emil Nolde); sowie oben S. 30 ff.
2220 Vgl. nur BGH GRUR 1955, 197 (Schachtbrief bzw. Leserbrief); sowie oben S. 33.
2221 Vgl. nur Wandtke/Bullinger/*Bullinger*, UrhR, Vor §§ 12 ff. UrhG, Rn. 17.
2222 Siehe nur *Dietz/Peukert*, in: *Loewenheim* (Hrsg.), Handbuch des Urheberrechts, § 15 Rn. 9 m.w.N.
2223 Siehe Schricker/Loewenheim/*Dietz/Peukert*, UrhR, Vor §§ 12 ff. Rn. 16a.
2224 Sog. droit de non-paternité; vgl. *Dietz/Peukert*, in: *Loewenheim* (Hrsg.), Handbuch des Urheberrechts, § 15 Rn. 10.

Bildfälschungen mit der Signatur eines anderen Malers (es geht um Aquarelle die nach Motiven Emil Noldes gemalt und mit seinem Schriftzug versehen und dann veräußert wurden).[2225] § 13 S. 1 UrhG ist hier wiederum nicht einschlägig, sondern das allgemeine Persönlichkeitsrecht, da es kein Werk gibt, zu dem die Beziehung des Urhebers besonders geschützt werden kann.[2226] Um ein „Unterschieben“ eines anderen Werks geht es auch im Fall, in dem ein Verlag einen Kalender in gleicher Aufmachung veröffentlicht ohne Angabe eines Autors, was den Eindruck vermittelt die früher verantwortlichen Autoren stünden hinter dem Werk, obwohl nicht mehr die gleichen Autoren zuständig waren.[2227]

In den genannten Fallgruppen ist das allgemeine Persönlichkeitsrecht betroffen, da es hier nicht um die Beziehung des Urhebers zu seinem eigenen Werk geht.[2228] Gerade das letzte Beispiel (sog. droit de non-paternité) zeigt, dass der Schutz des Urhebers durch einen neben das Urheberpersönlichkeitsrecht tretenden Schutz durch das allgemeine Persönlichkeitsrecht keinesfalls überflüssig ist.[2229]

Der Schutz der Urheberpersönlichkeit ist als sehr weitreichend anzusehen, wenn der Schutz über das allgemeine Persönlichkeitsrecht miteinbezogen wird. Es bleibt fraglich, ob nicht die genannten Problemfälle selbst durch das Urheberrecht mitaufgegangen werden müssten oder ob gerade in diesen Bereichen das Strafrecht notwendig wäre, um beispielsweise der Werkzerstörung ihre notwendige Beachtung zu schenken.[2230]

Noch schwieriger wird es, wenn wie in § 97 II 4 UrhG vorgesehen der Urheber, bei der Verletzung seines Urheberpersönlichkeitsrechts, auch ein Anspruch auf Ersatz des immateriellen Schadens geltend macht.[2231] Da dieser Anspruch nicht die Naturalrestitution verfolgt, sondern über Billigkeitserwägungen zur Genugtuung führen soll, kann auch der Gedanke der

---

2225 BGHZ 107, 384 ff.

2226 BGHZ 107, 384 (390); vgl. aber dazu a.A. LG München I, ZUM 2006, 664 (665).

2227 LG München I, ZUM 2006, 664 ff.; im Ergebnis aber strittig und dem BGH widersprechend.

2228 Siehe nur BGH GRUR 1995, 668 (670) (Emil Nolde); BGHZ 107, 384 (390); für weitere Nachweise siehe oben S. 38 f.

2229 *Dietz/Peukert*, in: *Loewenheim* (Hrsg.), Handbuch des Urheberrechts, § 15 Rn. 10; siehe dazu auch *Hubmann*, Das Persönlichkeitsrecht, S. 237 f.; *Lutz*, Grundriss des Urheberrechts, Kap. 11 Rn. 205; *Rehbinder/Peukert*, Urheberrecht, § 26 Rn. 539; *Schack*, Urheber- und Urhebervertragsrecht, § 3 Rn. 46.

2230 Vgl. *Weber*, Der strafrechtliche Schutz des Urheberrechts, S. 416; siehe auch unten S. 362 f.

2231 S. o. S. 59 ff.; vgl. auch Schricker/Loewenheim/*Wild*, UrhR, § 97 Rn. 181.

Prävention wertbestimmend sein, wie auch der Grad des Verschuldens, die Motivation des Handelns und das Ausmaß der Verbreitung.[2232] Beispiele für die Gewährung eines immateriellen Schadensersatzes bei Verletzung der Urheberpersönlichkeit sind: verstümmelte Verwertung eines wesentlichen Ausschnitts eines Lichtbildwerks[2233]; entstellende, weil verkürzte Vorführung eines Fernsehfilms[2234]; Verletzung des Erstveröffentlichungsrechts[2235]; mangelhafte Urheberbenennung eines Fotografen[2236] oder bei der Täuschung über die Autorenschaft.[2237]

Die Entschädigung muss, aus Sicht der Praxis, auch im Hinblick auf die Genugtuungsfunktion des immateriellen Schadensersatzes so hoch sein, dass weitere Verletzungshandlungen unattraktiv erscheinen.[2238] Gerade aber die Prävention und Genugtuung sind keine Kernaufgaben des Zivilrechts.[2239]

Materieller (§ 97 II 1 UrhG) und ideeller (§ 97 II 4 UrhG) Schadensersatzanspruch können auch nebeneinander treten.[2240] Häufig tritt eine Verletzung der Urheberpersönlichkeit zusammen mit der von Verwertungsrechten auf. Da es hier zu Nachweisschwierigkeiten kommen kann, wird oft zusammen mit dem immateriellen Schadenersatz eine Pauschalierung vorgenommen.[2241] Gerade in Fällen unterbliebener Namensnennung, wenn es um entgangene Folgeaufträge geht, ist der Nachweis schwierig, sodass es häufig zu einer Pauschalierung in Verbindung mit dem immateriellen Schadenersatz kommt.[2242]

Bei der Höhe des immateriellen Schadensersatzes kann zudem gem. § 287 ZPO geschätzt werden, sodass es ebenfalls zu Pauschalierungen kommt.[2243] Da Urheberpersönlichkeitsrechtsverletzungen keine Bagatelldelikte sind, ist zum Beispiel beim immateriellen Schadensersatz ein 100%

2232 S. o. S. 59; zur Prävention im Zivilrecht S. 277 f.
2233 BGH GRUR 1971, 525 ff.
2234 OLG Frankfurt, GRUR 1989, 203 ff.
2235 LG Berlin, GRUR 1983, 761.
2236 LG München I, ZUM 1995, 57 (58).
2237 OLG Frankfurt, ZUM 2004, 924 ff.
2238 Gerade dies ist im deutschen Schadensersatzrecht problematisch, vgl. S. 278 f.; siehe auch schon oben S. 59 ff.; sowie Dreyer/Kotthoff/Meckel/*Meckel*, UrhR, § 97 UrhG Rn. 82 mit Hinweis auf BGHZ 128, 1 (16) (Caroline von Monaco).
2239 S. o. S. 286 ff.
2240 Für Nachweise S. o. S. 61.
2241 Dreier/Schulze/*Dreier/Specht*, UrhG, § 97 Rn. 73; zu Problemen mit der Pauschalierung vgl. S. 61 f.
2242 Dreier/Schulze/*Dreier/Specht*, UrhG, § 97 Rn. 73.
2243 Dreier/Schulze/*Dreier/Specht*, UrhG, § 97 Rn. 76.

Zuschlag des üblichen Nutzungshonorars bei Verletzungen des Namensrechts aus § 13 S. 2 UrhG möglich.[2244] Es kommt beispielsweise auch ein Verletzerzuschlag von 50% wegen unterlassener Quellenangabe in Betracht.[2245]

Eine Pauschalierung des Schadensersatzes passt, wie auch die doppelte Lizenzgebühr, aber grundsätzlich nicht in das deutsche System des Schadensersatzrechts, bei dem es vorwiegend um Ausgleich und Kompensation des Schadens geht.[2246] Die Ausdehnung der doppelten Lizenz ist zwar grundsätzlich nachvollziehbar, da sonst der rechtswidrig handelnde Verletzer nicht schlechter behandelt wird als derjenige der einen rechtmäßigen Lizenzvertrag abgeschlossen hat.[2247] Jedoch sollte diese Schwäche der aktuellen Gesetzeslage nicht unter Umgehung der zivilrechtlichen Grundsätze aufgefangen werden.

(2) Straf- oder Zivilrecht?

Damit gibt es zwar ein weites Spektrum an Möglichkeiten wie das Zivilrecht Urheberpersönlichkeitsverletzungen begegnen kann, allerdings ist neben bestehenden Lücken zusätzlich eine zivilrechtsfremde Entwicklung zu beobachten. Insbesondere, wenn es um Hemmeffekte und Genugtuung geht, ist die Grenze des Zivilrechts mit seiner Ausgleichsfunktion, in seiner klassischen Betrachtung überschritten.[2248] Immer öfter zeigt sich eine Ausweitung des zivilrechtlichen Schadensersatzes in Richtung eines präventiven, pönalen, sanktionierenden Vorgehens, gerade im Bereich der Persönlichkeitsrechte.[2249] Auch die Ausdehnung der Gewährung einer doppelten Lizenz zeigt klar, dass das Zivilrecht mit seinen klassischen Mitteln keine Lösungen parat hat, wenngleich nachvollziehbar ist, dass der rechtswidrig handelnde Verletzer nicht gleich demjenigen behandelt wer-

---

2244 Vgl. Fromm/Nordemann/*J. B. Nordemann*, UrhR, § 97 UrhG Rn. 124; *Wandtke*, in: *Wandtke* (Hrsg.), Urheberrecht, Kap. 10 Rn. 95 f. unter Hinweis auf OLG Hamburg, ZUM-RD 2013, 390 (397); LG München I, ZUM-RD 2012, 224 (226).

2245 *Wandtke*, in: *Wandtke* (Hrsg.), Urheberrecht, Kap. 10 Rn. 95 unter Hinweis auf OLG München, ZUM-RD 2014, 165 (166); LG Berlin, MMR 2013, 52.

2246 Für Nachweise siehe oben S. 61 f.; sowie eingehender zur Problematik S. 284 ff.

2247 Vgl. *Vinck*, in: *Loewenheim* (Hrsg.), Handbuch des Urheberrechts, § 81 Rn. 45.

2248 Zu dieser Problematik s. o. S. 286 ff.

2249 S. o. S. 58, 61, 284 f., 303, 341 f.; vgl. auch bei *Schlobach*, Das Präventionsprinzip, S. 57 ff.

den soll, der einen rechtmäßigen Lizenzvertrag abgeschlossen hat.[2250] Dennoch ist die Einführung eines klassischen Strafschadensersatzes mit der obigen Begründung abzulehnen.[2251] In der derzeitigen Gestaltung macht es den Anschein, als könne das Zivilrecht mit seinen eigenen Mitteln keinen ausreichenden Schutz bieten. Anders lässt sich die Ausweitung im Rahmen des Schadensersatzes kaum erklären. Hier ist wiederum die Frage zu klären, ob es besser ist ein Zivilrecht mit pönalen bzw. präventiven Elementen zu akzeptieren und das Strafrecht fragmentarischer zu halten oder, ob nicht der sauberere Weg die Verbesserung des strafrechtlichen Schutzes sein müsste, damit das Zivilrecht sich um den Ausgleich bemühen kann und nicht in den Bereich des Strafrechts hineinwirken muss.

Die Schwierigkeit dieser Fragestellung verschärft sich dadurch, dass äußerst umstritten ist, ob das Zivilrecht bei einer solch pönalen Gestaltung tatsächlich ein milderes Mittel gegenüber dem Strafrecht mit seinem rechtsstaatlichen Verfahren darstellt. Zugespitzt formuliert ist fraglich, ob es für den Verletzer härter ist einer hohen Schadensersatzsumme bei unsichererem Verfahren ausgesetzt zu sein oder aber einer Freiheitsstrafe in einem besonders abgesicherten strafrechtlichen Verfahren. Hinzutritt die abstrakte Frage, ob es überhaupt zulässig ist, dass das Zivilrecht bei einer solchen Vorgehensweise teilweise die Aufgabe des Strafrechts übernimmt.

Auch ein Strafverfahren an sich kann für das Opfer belastend sein, allein dadurch, dass es in die Opferrolle verbleibt (sog. sekundäre Viktimisierung).[2252] Zudem bleibt zu fragen, ob dem Opfer durch das Strafverfahren wirklich geholfen wird, denn einen Zahlungsanspruch kann es auch darüber bei Vermögenslosigkeit des Verletzers nicht mehr erwirken. Zumal ein Strafverfahren bei einer Geldstrafe gegebenenfalls sogar kontraproduktiv für etwaige Schadensersatzforderungen sein kann.[2253] Opfer sind dann nicht unbedingt an einer Bestrafung des Täters interessiert, da mit einer Geldstrafe die Solvenz des Täters gefährdet werden kann.[2254] Oft wollen Opfer mit einer Strafanzeige nur bewirken, dass damit Ersatzforderungen

2250 Vgl. *Vinck*, in: *Loewenheim* (Hrsg.), Handbuch des Urheberrechts, § 81 Rn. 45.
2251 S. o. S. 290 ff.
2252 *Frehsee*, in: *Schild* (Hrsg.), Der Rechtsstaat verschwindet, S. 38 (39).
2253 *Heuchemer*, in: *Götting/Schertz/Seitz* (Hrsg.), Handbuch des Persönlichkeitsrechts, § 24 Rn. 9.
2254 *Frehsee*, in: *Schild* (Hrsg.), Der Rechtsstaat verschwindet, S. 38 (39).

möglich werden, da manche Versicherungen eine Anzeigeerstattung als Voraussetzung für Ersatzleistungen statuieren.[2255]

Aus Sicht des Opfers erscheint auf den ersten Blick das Zivilrecht und eine hohe Schadensersatzzahlung als attraktivere Lösung, wobei es auch Hinweise darauf gibt, dass das Opfer erst über das Strafrecht wahre Genugtuung und die Bestätigung „im Recht zu sein" erhält.[2256]

Neben dieser abstrakten Frage, wie sich das Straf- und Zivilrecht zueinander zu verhalten haben, spielen auch wie gezeigt Schwierigkeiten im Zivilprozess eine Rolle. Diese gezeigten Unsicherheiten im Zivilverfahren sind aus rechtsstaatlichen Gesichtspunkten bedenklich.[2257]

Hinzu kommt die Gefahr, dass sich die Inkaufnahme zivilrechtlicher Rechtfolgen wirtschaftlich lohnen kann.[2258] Wie oben gezeigt kann es gerade bei zahlungskräftigen Tätern vorkommen, dass diese etwaige Schadensersatzforderungen wegen Persönlichkeitsrechtsverletzungen von vorneherein miteinkalkulieren, weshalb hier dann kaum eine abschreckende Wirkung durch das Zivilrecht zu erreichen sein wird.[2259] Zumal die Schadensersatz- und Schmerzensgeldsummen in Deutschland nicht besonders hoch sind.[2260] Aber auch bei zahlungsunfähigen Tätern entstehen Probleme, da diese ebenfalls von zivilrechtlichen Tatbeständen nicht abgeschreckt werden.[2261] In solchen Fällen kann nur das Strafrecht noch abschreckende Wirkung entfalten.[2262]

Die gefundenen kritischen Punkte sprechen jedenfalls gegen eine gänzliche Abschaffung des Strafrechts im geistigen Eigentum. Den aufgezeigten Schwachstellen des Zivilrechts kann entnommen werden, dass das Strafrecht einen eigenen sinnvollen Bereich abdeckt. Beispielsweise auch dann, wenn der Täter nicht auffindbar ist, da er heimlich vorgegangen ist, um Ansprüchen zu entgehen; wenn er sich bewusst einer Inanspruchnahme

---

2255 *Frehsee*, in: *Schild* (Hrsg.), Der Rechtsstaat verschwindet, S. 38 (39); siehe außerdem schon S. 292 f. zur Instrumentalisierung/Funktionalisierung des Strafverfahrens.

2256 S. o. S. 281 f., 298, 333.

2257 Vgl. *Weber*, Der strafrechtliche Schutz des Urheberrechts, S. 398.

2258 Siehe schon oben S. 283 m.w.N.; sowie *Pfaffinger*, Rechtsgüter und Verhältnismäßigkeit, S. 231.

2259 Vgl. oben S. 283 f. m.w.N.

2260 *Schertz*, AfP 2005, 421 (426); vgl. auch *Hirsch*, in: FS Engisch, S. 304 (319).

2261 *Hildebrandt*, Die Strafvorschriften des Urheberrechts, S. 538.

2262 *Pfaffinger*, Rechtsgüter und Verhältnismäßigkeit, S. 231.

entzieht oder er trotz vorheriger Abmahnung die Rechtsverletzung fortsetzt oder wiederholt.[2263]

Insgesamt lehnen viele daher auch einen Ersatz des Strafrechts durch das Zivilrecht ab.[2264] So wurde schon 1978 festgestellt, dass nach dem damals bestehenden Stand der Technik jeder Werkexemplare herstellen kann und deshalb Urheber und ausübende Künstler auf Schutz durch die Rechtsordnung angewiesen sind.[2265] Dies ist mit dem heutigen Stand der Technik exponentiell verschärft worden.[2266] Dem Strafrecht kommt wegen seiner abschreckenden Wirkung neben dem Zivilrecht eine eigenständige Bedeutung zu.[2267]

(3) Funktion des Strafrechts

Auch wenn das Zivilrecht zwar teils dem Einzelnen Betroffenen mehr Nutzen mag, so hat das Strafrecht darüberhinaus eine eigene Funktion der Sittenerhaltung und Abschreckung.[2268] Die Signalwirkung des Strafrechts trägt zur Bewusstseinsschärfung stärker bei, als das Zivilrecht und kann durch den Tadelcharakter die Prävention verbessern und Hemmschwellen erhöhen.[2269] Das Zivilrecht kann oder darf eine solche abschreckende und sittenerhaltende Funktion gerade nicht selbst übernehmen.[2270]

Im Zusammenhang mit der Normgeltung, der Respektierung der Gesetze und der Generalprävention tauchen im Bereich des geistigen Eigentums und damit dem Urheberpersönlichkeitsrecht Probleme auf, die sich vor allem aus einem geringen Unrechtsbewusstsein ergeben.[2271] Andersherum erklärt sich das geringe Unrechtsbewusstsein auch daher, da Verletzungen der Urheberpersönlichkeit schwer fassbar sind.[2272] Sowohl im Bereich des geistigen Eigentums wie auch beim allgemeinen Persönlichkeitsrechts sind

2263 *Lampe*, UFITA 87 (1980), 107 (137).
2264 Vgl. *Weber*, Der strafrechtliche Schutz des Urheberrechts, S. 398 f.
2265 *Spautz*, FuR 1978, S. 96 (99).
2266 Vgl. *Frehsee*, in: *Schild* (Hrsg.), Der Rechtsstaat verschwindet, S. 352 (366).
2267 *Spautz*, FuR 1978, S. 96 (99).
2268 Vgl. kritisch *Spautz*, FuR 1978, S. 96 (99); Ahlberg/Götting/*Sternberg-Lieben*, BeckOK UrhG, § 106 Rn. 2; auch wenn die Funktionen des Strafrechts umstritten bleiben, siehe dazu oben schon S. 284 ff., 289 ff.
2269 *Kächele*, Der strafrechtliche Schutz vor unbefugten Bildaufnahmen, S. 118.
2270 S. o. zur Funktion und Aufgabe von Straf- und Zivilrecht.
2271 S. o. S. 14 f., 84, 255.
2272 *Wolf*, Der strafrechtliche Schutz der Persönlichkeit, S. 179; vgl. auch *Kudlich*, in: *Bosch/Bung/Klippel* (Hrsg.), Geistiges Eigentum und Strafrecht, S. 39 (40).

Eingriffe zumeist „unkörperlich".[2273] Zudem verfügen nur wenige in der Bevölkerung über immaterialgüterrechtliche Rechtspositionen wie Patente, Marken und geldwerte Urheberrechte.[2274] Die Aufgabe des Strafrechts neben der Abschreckung ist es auch einen gesellschaftlichen Minimalkonsens über ein sozial-ethisch unerträgliches Verhalten festzuschreiben (positive Generalprävention).[2275] Genau dieser Konsens fehlt im Urheberstrafrecht oft, insbesondere bei der privaten Nutzung geschützter Werke. [2276] So kann das Strafrecht erst Recht notwendig sein, um das rechtliche Bewusstsein der Bevölkerung zu stabilisieren.[2277] Das Zivilrecht an sich entfaltet meist keine abschreckende Wirkung.[2278] Deshalb verwundert es nicht, dass es im Zivilrecht mittlerweile, um Persönlichkeitsverletzungen effektiver Abzuschrecken zu immer höheren Schmerzensgeldern kommt.[2279] Allerdings ist eben fraglich, ob das Aufgabe des Zivilrechts sein kann, denn eigentlich hat dies eine reine Ausgleichsfunktion.[2280] Es zeigt sich damit eine Überforderung des Zivilrechts Persönlichkeitsverletzungen angemessen zu schützen.[2281] Gerade bei ideellen Verletzungen kann das Zivilrecht oft keine Abhilfe leisten, da solche Verletzungen oft nicht mehr zu beseitigen sind.[2282] Ob aber neben dem Zivilrecht auch das Strafrecht angebracht ist, bestimmt „sich allein nach dem Wert des auf dem Spiel stehenden Rechtsguts".[2283]

2273 *Wolf*, Der strafrechtliche Schutz der Persönlichkeit, S. 179.

2274 *Kudlich*, in: *Bosch/Bung/Klippel* (Hrsg.), Geistiges Eigentum und Strafrecht, S. 39 (40).

2275 Ahlberg/Götting/*Sternberg-Lieben*, BeckOK UrhG, § 106 Rn. 2.

2276 Ahlberg/Götting/*Sternberg-Lieben*, BeckOK UrhG, § 106 Rn. 2.

2277 *Wolf*, Der strafrechtliche Schutz der Persönlichkeit, S. 180.

2278 Siehe bspw. den Fall „Wiederholungsveröffentlichung" bei dem es trotz einstweiliger Verfügung und Unterwerfungserklärung zu weiteren Veröffentlichungen kam, BGH GRUR 1996, 227, 228.

2279 So schon 1999 *Wolf*, Der strafrechtliche Schutz der Persönlichkeit, S. 183.

2280 Siehe schon oben S. 55, 61, 277 ff., , 303; *Wolf*, Der strafrechtliche Schutz der Persönlichkeit, S. 184.

2281 *Wolf*, Der strafrechtliche Schutz der Persönlichkeit, S. 184.

2282 Vgl. *Wolf*, Der strafrechtliche Schutz der Persönlichkeit, S. 184.

2283 *Hildebrandt*, Die Strafvorschriften des Urheberrechts, S. 537.

(4) Ökonomisierung des Urheberrechts

Trotz der hohen Bedeutung des Urheberpersönlichkeitsrechts,[2284] muss neben der aktuellen technischen Entwicklung auch die aktuelle Ökonomisierung des geistigen Eigentums in die Betrachtung miteinbezogen werden. Dies kann verdeutlichen, dass oft finanzielle oder kommerzielle Interessen betroffen sind und immer weniger der Kern der Persönlichkeit. Es kommt zu einer immer stärkeren Kommerzialisierung immaterieller Güter.[2285]

Dies könnte ein Argument dafür sein, dass trotz aller Schwierigkeiten der angemessene Ort das Zivilrecht ist, um einen Ausgleich zwischen den maßgeblich finanziellen Interessen herzustellen.

So wie allgemein zu beobachten ist, findet auch im Bereich des geistigen Eigentums eine immer stärkere „Verwirtschaftlichung" bzw. „Ökonomisierung" statt.[2286] Ein zunehmende wirtschaftliche Bedeutung des Urheberrechts und die damit verbundenen wirtschaftlichen Interessen waren schon 1988 zu erkennen.[2287] Die Rentabilität, Vermarktung und finanzielle Interessen geraten immer stärker in den Fokus.[2288]

Hinweise auf eine Ökonomisierung klingen schon in der Neuen Institutionenökonomik (Property Rights) und im Begriff des geistigen Eigentums an. So weisen diese schon in ihrer Begrifflichkeit auf das Eigentums hin und betonen gerade nicht den Persönlichkeitskern bzw. den Persönlichkeitsaspekt.[2289]

2284 S. o. bspw. S. 256 ff.

2285 Vgl. schon bei *Weber*, Der strafrechtliche Schutz des Urheberrechts, S. 41, 399.

2286 *Dietz*, in: *Dittrich* (Hrsg.), Woher kommt das Urheberrecht und wohin geht es?, S. 200 (202 f.); kritisch hinsichtlich reduktionistisch ökonomischen Modellen *Ohly*, in: *Eifert/Hoffmann-Riem* (Hrsg.), Geistiges Eigentum und Innovation, S. 279 (290, 297); siehe aber auch bei *Ohly*, in: *Depenheuer/Peifer* (Hrsg.), Geistiges Eigentum, S. 141 (141, 160); *Pahud*, Die Sozialbindung, S. 46; *Peifer*, in: *Depenheuer/Peifer* (Hrsg.), Geistiges Eigentum, S. 12 unter Verweis auf Ohly; siehe auch bei *Pfaffinger*, Rechtsgüter und Verhältnismäßigkeit, S. 159, 165, 181, 182 ff.; *Wandtke*, in: *Wandtke* (Hrsg.), Urheberrecht, Kap. 1 Rn. 88.

2287 Vgl. *Dietz*, in: *Dittrich* (Hrsg.), Woher kommt das Urheberrecht und wohin geht es?, S. 200 (202).

2288 Vgl. zur Rentabilität *Dittrich*, in: *Dittrich* (Hrsg.), Woher kommt das Urheberrecht und wohin geht es?, S. 214; vgl. aber auch bei *Ohly*, in: *Depenheuer/Peifer* (Hrsg.), Geistiges Eigentum, S. 141; *ders.*, in: *Eifert/Hoffmann-Riem* (Hrsg.), Geistiges Eigentum und Innovation, S. 279 (290).

2289 Vgl. etwa Pierson/Ahrens/Fischer/*Pierson*, Recht des geistigen Eigentums, § 1 S. 39.

Weiterhin ist eine Ökonomisierung auch daran zu erkennen, dass aus urheberrechtlicher Sicht unter der sog. digitalen Revolution, durch das illegale Nutzen von Inhalten wie Filmen, Musik, Audiobuchdateien, in erster Linie die Wirtschaft leidet.[2290] Das Urheberrecht bringt mehr und mehr Marktprodukte hervor und entwickelt sich so sukzessive zum Wirtschaftsrecht.[2291] Weniger stehen die Interessen des einzelnen Urhebers im Mittelpunkt, da ein Wandel hin zu einer Professionalisierung statt gefunden. Viele Künstler (Urheber) sind heute in ihrem Bereich tätig, um davon zu leben, weshalb auch bei Ihnen wirtschaftliche Interessen mehr in den Mittelpunkt rücken.[2292] Der im Rahmen eines Arbeitsvertrages arbeitende Werkschöpfer ist heute weit häufiger als der freischaffende unabhängige Künstler.[2293] Die Entwicklung scheint hin zu wirtschaftlichen Motiven zu gehen, weg von dem Gedanken, dass ein Künstler tätig ist, weil in ihm „ein Feuer brennt".[2294] Obgleich der autonom schaffende Werkschöpfer ursprünglich im Zentrum des Urheberschutzinteresses stand.[2295] Das Urheberrecht von 1965 basiert aber auf den einem auf den einzelnen Urheber bezogenen Modell.[2296] Es macht heute fast „den Anschein, als sei vom Urheber als schöpferische Persönlichkeit und von seinem geistigen Eigentum dabei nur die Rede, um den wirtschaftlichen Interessen der Verwerter einen sympathischen Anstrich zu verleihen."[2297] Allerdings ist dem hinzuzufügen, dass Verwerter nicht nur kritisch zu sehen sind. Verwerter sind notwendig, um Autoren bei ihrer Veröffentlichung zu unterstützen und

2290 *Schwartmann*, K&R 2012/3, 8 (10); vgl. auch bei *Ohly*, in: *Depenheuer/Peifer* (Hrsg.), Geistiges Eigentum, S. 141.

2291 Vgl. *Ohly*, in: *Depenheuer/Peifer* (Hrsg.), Geistiges Eigentum, S. 141.

2292 Vgl. *Ohly*, in: *Depenheuer/Peifer* (Hrsg.), Geistiges Eigentum, S. 141 (144), der sich auf das Zitat von *Samuel Johnson* bezieht: „No man but a blockhead ever wrote except for money".

2293 *Dietz*, in: *Dittrich* (Hrsg.), Woher kommt das Urheberrecht und wohin geht es?, S. 200 (206).

2294 Vgl. *Ohly*, in: *Eifert/Hoffmann-Riem* (Hrsg.), Geistiges Eigentum und Innovation, S. 279 (289) Luigi Ubertazzi zitierend.

2295 *Dietz*, in: *Dittrich* (Hrsg.), Woher kommt das Urheberrecht und wohin geht es?, S. 200 (207); vgl. auch *Ohly*, in: *Eifert/Hoffmann-Riem* (Hrsg.), Geistiges Eigentum und Innovation, S. 279 (289).

2296 *Pfaffinger*, Rechtsgüter und Verhältnismäßigkeit, S. 182; *Wandtke*, in: *Wandtke* (Hrsg.), Urheberrecht, Kap. 1 Rn. 88.

2297 *Ohly*, in: *Depenheuer/Peifer* (Hrsg.), Geistiges Eigentum, S. 141; vgl. bei *Maas*, ZUM 2016, 207 (210).

erfüllen eine wichtige kulturvermittelnde Aufgabe.[2298] Die Verschiebung weg von der Schutzrichtung des Urhebers hin zu Verwertern und Verbrauchern bleibt äußerst kritisch zu bewerten.[2299]

Daneben führt der Einfluss des anglo-amerikanischen Copyright-Denkens und der Harmonisierungsdruck dazu, dass wirtschaftliche Interessen vermehrt in den Fokus geraten.[2300]

Deshalb kann von einer Verwirtschaftlichung des Urheberrechts gesprochen werden, während die Persönlichkeitsrechte kaum mehr eine Rolle spielen.[2301] Neben neuen Formen der Werkschöpfung spielt auch ein gewandeltes Verständnis des Werks bei der „Entpersönlichung des Werkes" eine Rolle.[2302] Insbesondere der Schutz der „kleinen Münze" hat sich weit entfernt vom Schutz großer literarischer, künstlerischer oder wissenschaftlicher Werke.[2303] Schutzfähig sind beispielsweise auch Computerprogramme und AOK-Merkblätter für einen Stadtplan.[2304] Es „nimmt [...] [damit schon] absurde Züge an, wenn man versucht, den Schutz eines Flaschenöffners, einer Adressendatenbank, eines Formulars oder einer Preisliste mit dem Schutz der Persönlichkeit des Urhebers zu begründen."[2305]

Die Entwicklung geht weg vom Kultur- hin zu einem Wirtschaftsrecht.[2306] Wenngleich wirtschaftliche Bestandteile des Urheberrechts an Bedeutung zu nehmen, bleibt das „Urheberrecht [...] ein Recht mit persönlichkeits- und wirtschaftsrechtlichen Elementen."[2307]

2298 *Schack*, Urheber- und Urhebervertragsrecht, § 1 Rn. 13; zu Problemen für Verlage nach dem neuen BGH Urteil von 2016 zur VG-Wort vgl. BGH WM 2016, 884 vgl. dazu auch *Porombka*, http://www.zeit.de/kultur/literatur/2016-04/bgh-vg-wort-verlage-kommentar (abgerufen am 28.04.2016).

2299 Vgl. *Wandtke*, in: *Wandtke* (Hrsg.), Urheberrecht, Kap. 1 Rn. 88.

2300 *Pfaffinger*, Rechtsgüter und Verhältnismäßigkeit, S. 186 m.w.N.; *Wandtke*, in: *Wandtke* (Hrsg.), Urheberrecht, Kap. 1 Rn. 52 m.w.N.

2301 *Dietz*, in: *Dittrich* (Hrsg.), Woher kommt das Urheberrecht und wohin geht es?, S. 200 (204).

2302 *Dietz*, in: *Dittrich* (Hrsg.), Woher kommt das Urheberrecht und wohin geht es?, S. 200 (205); vgl. auch *Pfaffinger*, Rechtsgüter und Verhältnismäßigkeit, S. 184.

2303 *Ohly*, in: *Depenheuer/Peifer* (Hrsg.), Geistiges Eigentum, S. 141 (150).

2304 *Ohly*, in: *Depenheuer/Peifer* (Hrsg.), Geistiges Eigentum, S. 141 (150); vgl. dort auch für weitere Beispiele und Nachweise.

2305 *Geiger*, Tagung des MPI 2006 zum „Interessenausgleich im Urheberrecht – Teil 2", 4. Teil: Dogmatische „Wildwüchse".

2306 *Pfaffinger*, Rechtsgüter und Verhältnismäßigkeit, S. 188; vgl. auch *Ohly*, in: *Depenheuer/Peifer* (Hrsg.), Geistiges Eigentum, S. 141 (141, 160); sowie *Pahud*, Die Sozialbindung, S. 46.

2307 *Ohly*, in: *Depenheuer/Peifer* (Hrsg.), Geistiges Eigentum, S. 141 (160).

Ob aus Gründen dieser Ökonomisierung das Zivilrecht der geeignetere Ort ist Probleme zu lösen oder ob gerade das Strafrecht notwendig ist, um das Unrechtsbewusstsein zu schärfen und die Normgeltung zu betonen, ist eine Frage, die anspruchsvoll in ihrer Beantwortung ist. Damit einher geht die Frage, ob das Recht sich der aktuellen Lage anpassen oder es die aktuelle Situation verbessern müsste. Müssen „die Zeichen der Zeit [...] [erkannt werden, um nicht] vom Strom der Geschichte hinweggespült“[2308] zu werden oder muss gerade einer zu starken Ökonomisierung entgegengewirkt werden.

Problematisch am rein zivilrechtlichen Ausgleich bleibt auch, dass wie beim allgemeinen Persönlichkeitsrecht „sich der Nutzen oder Schaden eines Urheberrechts oft nicht ökonomisch beziffern lässt“.[2309]

Zu fragen ist, ob das Strafrecht im Bereich des Urheberpersönlichkeitsrechts dennoch erforderlich bleibt, obwohl es wegen seiner Freiheitsstrafen und der öffentlichen Mißbilligung einen starken Eingriff[2310] darstellt. Zumal gerade wegen der maßgeblich wirtschaftlichen Interessen eine Wiedergutmachung durch Schadensersatz und Feststellung des eigentlichen Urhebers bzw. Erfinders möglich scheint. Dies ist wohl auch der Grund, warum es in der Praxis meist nicht zu Strafverfahren kommt. Die finanziellen Interessen können oft schon über außergerichtliche oder zivilrechtliche Vergleiche befriedigt werden.

Selbst wenn persönlichkeitsrechtliche Interessen betroffen sind, ist das Bedürfnis nach dem Strafrecht schwach ausgeprägt.[2311] Im Gegenteil, wenn wirtschaftliche Interessen nicht berührt sind, besteht meist auch kein Strafbegehren beim Urheber.[2312]

Die Herleitung des Urheberrechts ist umstritten[2313] und doch steht hinter „dem naturrechtlichen Argument [...] allerdings [...] [auch] das wirtschaftliche Interesse, das die Gesetzgeber der Industriestaaten dazu gedrängt hat, relativ umfassende Strafrechtsnormen für die wichtigsten Be-

2308 *Ohly*, in: *Eifert/Hoffmann-Riem* (Hrsg.), Geistiges Eigentum und Innovation, S. 279 (280).

2309 *Schack*, in: *Depenheuer/Pfeifer* (Hrsg.), Geistiges Eigentum S. 123 (138).

2310 Vgl. *Kaspar*, Verhältnismäßigkeit und Grundrechtsschutz, S. 157; sowie bei *Noll*, Die ethische Begründung, S. 3.

2311 S. o. etwa S. 282 f., 298 ff.

2312 *Lampe*, UFITA 87 (1980), 107 (131).

2313 Siehe auch S. 24 f., 73; außerdem ausführlich *Schack*, in: *Depenheuer/Pfeifer* (Hrsg.), Geistiges Eigentum S. 123 ff.; vgl. auch *Geiger*, Tagung des MPI 2006 zum „Interessenausgleich im Urheberrecht – Teil 2“, 4. Teil: Dogmatische „Wildwüchse“.

fugnisse zu schaffen, um den Gewinn bei der durch neue Druck- sowie sonstige Medientechnik ermöglichten Massenproduktion und Massenverbreitung von Urheberrechtsinhalten zu sichern".[2314]

Dies zeigt sich auch daran, dass das Urheberstrafrecht primär nicht das Urheberpersönlichkeitsrecht schützen will, sondern vielmehr „den Erhalt der wirtschaftlichen Nutzbarkeit des Werks" zum Ziel hat.[2315] Diesen wirtschaftlichen Aspekt (§§ 15 ff. UrhG) sieht der Gesetzgeber durch die technische Entwicklung gefährdet.[2316] Der Gesetzgeber hat neben seiner verfassungsrechtlichen Schutzpflicht für das geistige Eigentum, auch die Aufgabe die Industrie und Wirtschaft zu schützen.[2317]

Aufgrund der Ökonomisierung im Bereich des geistigen Eigentums und der teils vergleichsweise geringen Eingriffsintensität (im Vergleich beispielsweise bei Verletzungen des allgemeinen Persönlichkeitsrechts[2318]) ist zu fragen, ob nicht ein hinreichend effektiver Rechtsschutz ohne strafrechtliche Mittel zu erreichen wäre. Zumal beim Urheber meist kein Strafbegehren entsteht, wenn – wie oft im Bereich des Urheberpersönlichkeitsrechts – wirtschaftliche Interessen nicht berührt werden.[2319]

(5) Zusammenfassung

Zusammenfassend sind folgende Punkte mit in die Betrachtung einzubeziehen.

Der Eingriff des Strafrechts ist als schärfste Waffe des Staates gegenüber dem Bürger anzusehen.[2320] Gerade eine Freiheitsstrafe ist einer der stärksten Eingriffe in das Leben eines Bürgers.[2321] Die Stigmatisierung als Folge von Strafprozessen und Strafe sorgt dafür, dass „stets ein gewisser Abstand zwischen Strafe und Alternativen bleibt".[2322] Daher ist der Einsatz des

---

2314 So *Wang*, Der strafrechtliche Schutz des Urheberrechts, S. 222 unter Hinweis auf *Lampe*, UFITA 87 (1980), 107 (115 f.).

2315 *Sedlmeier*, Die Auslegung der urheberrechtlichen Straftatbestände, S. 10, historischer Überblick S. 3 ff.

2316 *Sedlmeier*, Die Auslegung der urheberrechtlichen Straftatbestände, S. 10.

2317 *Sieber*, MMR 2002, 701 (702).

2318 Mehr unter *C. Schlussfolgerungen*.

2319 *Lampe*, UFITA 87 (1980), 107 (131).

2320 S. o. S. 16, 279, 276, 281.

2321 Vgl. etwa S. 272 f.

2322 *Trendelenburg*, Ultima ratio?, S. 322.

Strafrechts nur als letztes Mittel sinnvoll, wenn weniger einschneidende (subsidiäre) Maßnahmen keinen Erfolg versprechen.

Dennoch ist das Zivilrecht nicht automatisch als positives Gegenteil anzusehen. Kritisch an einer zivilrechtlichen Lösung können folgende Faktoren sein. Neben den Kosten und mit diesen zusammenhängend spielt insbesondere das Prozessrisiko mit den Problemen bei der Beweisführung eine große Rolle. Auch die Unsicherheiten hinsichtlich der Schadensberechnung sind nicht zu unterschätzen.[2323] Daneben ist der Punkt äußerst problematisch, dass es sich je nach Ausgangslage für den Verletzer lohnen oder rechnen kann das Risiko der zivilrechtlichen Inanspruchnahme einzugehen, was durch verhältnismäßig noch geringe Summen an Ersatzansprüchen in Deutschland verstärkt wird.[2324] Weiterhin ist problematisch das gerade im Bereich des Urheberpersönlichkeitsrechts das schwache Unrechtsbewusstsein durch das Zivilrecht nicht verbessert werden, geschweige denn eine wirkliche Abschreckung gelingen kann.[2325]

Jedoch ist in diesem Bereich fraglich, ob das Strafrecht selbst diese abschreckende Wirkung entfalten kann. Bisher spielen die strafrechtlichen Urheberrechtsnormen in der Praxis kaum eine Rolle, auch andere Reformen im Strafrecht des geistigen Eigentums konnten die erwünschten Erfolge bisher nicht herbeiführen.[2326] Zum Beispiel kam es durch die Einführung des Pirateriegesetzes zu keiner Schärfung des Unrechtsbewusstseins bei den Tätern, jedenfalls ist dies dem Zweiten Produktpiraterieberichtder Bundesregierung 1999 zu entnehmen.[2327] Selbst wenn einer – grundsätzlich kritisch zu betrachtenden Sittenbildung durch das Strafrecht zugestimmt würde – wäre problematisch, dass dies aktuell im Urheberstrafrecht nicht zu funktionieren scheint.[2328]

Dadurch entstehen auch Probleme im Zusammenhang mit dem Urheberstrafrecht, da es oft erst sittenbildend wirkt, obwohl der eigentlich Zweck des Strafrechts sittenerhaltend sein sollte.[2329] Dies zeigt sich an den

---

2323 S. o. S. 283, 289, 299.

2324 S. o. S. 306.

2325 Vgl. zum fehlenden Unrechtsbewusstsein S. 14 f., 84 f., 255, 307, 314 ff., 382.

2326 Vgl. *Pfaffinger*, Rechtsgüter und Verhältnismäßigkeit, S. 3.

2327 Vgl. den Zweiten Produktpiraterieberichtder Bundesregierung (BT-Drucks. 14/2111), S. 2.

2328 Zu Problemen mit dem Unrechtsbewusstsein und der schlechten Akzeptanz des Urheberrechts siehe schon S. 14 f., 84 f., 255, 307, 314 ff., 382; sowie *Wang*, Der strafrechtliche Schutz des Urheberrechts, S. 204 ff.

2329 Ahlberg/Götting/*Sternberg-Lieben*, BeckOK UrhG, § 106 Rn. 2; vgl. auch dazu *Kunz*, ZStW 98 (1986), 823 (832 f.).

Umsetzungsproblemen und am geringen Unrechtsbewusstsein in der Bevölkerung bei Delikten im Zusammenhang mit dem Urheberrecht und ganz besonders dem Urheberpersönlichkeitsrecht.[2330] Das fehlende Unrechtsbewusstsein kann eng mit der Wahrnehmung der Delikte als Kavaliersdelikte zusammenhängen und wird auch vom geringen Strafmaß beeinflusst sein.[2331] Zudem führt auch die teils doch geringe Verfolgung und Rechtsdurchsetzung zu dem Bild des Kavalierdelikts. Die Betrachtung als Kavaliersdelikte und hohe Anzahl der Rechtsverstöße (Massenphänomen) darf nicht zur Delegitimation des Urheberstrafrechts führen, wie auch massenhafte Ladendiebstähle nicht zur Unanwendbarkeit von § 242 StGB führen.[2332] Es droht sonst eine schleichende Entkriminalisierung der Verletzung geistigen Eigentums[2333] Fraglich ist, ob deshalb Strafrecht notwendig ist, um die rechtliche Gesinnung der Bevölkerung zu stabilisieren[2334] oder ob die Gesetze diesem neuen Rechtsempfinden angepasst werden müssten. Es bleibt also bei der schwierigen Frage, ob Gesetze an das Rechtsempfinden anzupassen sind oder das Rechtsempfinden durch Gesetze oder andere Maßnahmen zu prägen ist („Erziehung").[2335]

Gerade die notwendige Bewusstseinsbildung ist zu beachten, denn Persönlichkeitsrechte hinken Vermögensrechten hinterher und daher kann das Strafrecht für Bewusstseinsbildung entscheidend sein.[2336] Die persönlichkeitsrechtliche Komponente ist noch nicht in gleichem Maße im Bewusstsein angekommen, wie die verwertungsrechtliche Seite.[2337] Dem Strafrecht könnte damit eine stärkere Rolle zur Bewusstseinsbildung zukommen.[2338] Allerdings wird dies wie oben festgestellt bisher oft verfehlt,

---

2330 Vgl. *Pfaffinger*, Rechtsgüter und Verhältnismäßigkeit, S. 2; vgl. *Pekala*, Markenpiraterie, S. 40; so für das Urheberrecht *Schwartmann*, in: *Schwartmann* (Hrsg.), Leben im Schwarm, S. 99, 101 f.; *ders.*, promedia, S. 28; siehe auch *Wang*, Der strafrechtliche Schutz des Urheberrechts, S. 204 ff.; Ahlberg/Götting/*Sternberg-Lieben*, BeckOK UrhG, § 106 Rn. 2.

2331 Vgl. auch zu diesen und den folgenden Fragen Ahlberg/Götting/*Sternberg-Lieben*, BeckOK UrhG, § 106 Rn. 2.

2332 Ahlberg/Götting/*Sternberg-Lieben*, BeckOK UrhG, § 106 Rn. 2; vgl. auch Fromm/Nordemann/*Ruttke/Scharringhausen*, UrhR, Vor § 106 UrhG Rn. 9.

2333 Fromm/Nordemann/*Ruttke/Scharringhausen*, UrhR, Vor § 106 UrhG Rn. 9.

2334 *Wolf*, Der strafrechtliche Schutz der Persönlichkeit, S. 180.

2335 Ausführlich und differenzierend zur „Erziehung" durch den Staat *Volkmann*, Darf der Staat seine Bürger erziehen?.

2336 *Weber*, Der strafrechtliche Schutz, S. 397.

2337 *Weber*, Der strafrechtliche Schutz des Urheberrechts, S. 397.

2338 *Weber*, Der strafrechtliche Schutz des Urheberrechts, S. 397.

weshalb eine könnte Bewusstseinsbildung mit anderen Mitteln verfolgt werden könnte.[2339]

Das Strafrecht erfüllt den Zweck der Bewusstseinsbildung nämlich nicht automatisch und wohl insbesondere dann nicht, wenn es schon vorher an einem Unrechtsbewusstsein in diesem Bereich fehlt. Dies hat sich bereits bei anderen Reformen gezeigt, zumal das Strafrecht nicht sittenbildend sein soll und umso besser seine Wirkung entfalten kann, umso näher es an den Wertvorstellungen der Bürger ist.[2340] Passen aber Normen und Wertvorstellungen bzw. Unrechtsbewusstsein nicht zusammen kann sich dies sogar kontraproduktiv auswirken.[2341] Es ist in solchen Fällen auch fraglich, ob überhaupt ein wirksamer Strafschutz bestehen kann, wenn es im Rechtsbewusstsein keine Stütze findet.[2342] In solchen Fällen könnte es sinnvoll sein, vor oder parallel zu einer Einführung einer solchen Strafrechtsnorm an der Bewusstseinsschärfung zu arbeiten. Dazu können wichtige meinungsbildende Gruppen, wie Medien, Verbände, Gewerkschaften und politische Parteien einen Beitrag leisten.[2343]

Eine Lösung könnte also sein, dass im Bereich des Urheberpersönlichkeitsrechts und des ganzen geistigen Eigentums zunächst durch „erzieherische Maßnahmen“ die Bedeutung von geistigem Eigentum und Persönlichkeitsrechten verdeutlicht wird, um dann in einem zweiten Schritt dies durch strafrechtliche Normen zu untermauern. Nur wenn in der Bevölkerung Klarheit herrscht, dass auch geistige Werke und Persönlichkeitsrechte ebenso wie beispielsweise das Eigentum an Sachen zu achten ist, kann durch Strafrechtsnormen eine normstabilisierende Wirkung erreicht werden. Von hoher Bedeutung ist also die Schärfung des Unrechtsbewusstseins für den Respekt des persönlichen Lebensbereiches anderer Personen.[2344] In gleicher Weise wie es eine Selbstverständlichkeit ist, dass das Eigentum anderer geachtet wird, müsste dies auch für das geistige Eigentum gelten. Sonst droht eine Preisgabe von letzterem.

Das Problem dabei bleibt, dass „geistiger Diebstahl“ anders als Diebstahl im klassischen Sinne ist. Bei einem geistigen Gegenstand wie einem Lied, Buch, Gemälde etc. verbleibt dem Urheber etwas.[2345] „Wer eine Idee von

2339 Zivilrechtlich oder durch Aufklärungskampagnen und Erziehungsmaßnahmen bspw. an Schulen.

2340 *Günther*, JuS 1978, 8 (11); vgl. *Kunz*, ZStW 98 (1986), 823 (832).

2341 S. o. S. 242 f.

2342 *Lampe*, UFITA 87 (1980), 107 (112).

2343 Siehe im Zusammenhang mit § 218 a.F. StGB *Günther*, JuS 1978, 8 (11).

2344 Vgl. *Kühl*, AfP 2004, 190 (193).

2345 *Wang*, Der strafrechtliche Schutz des Urheberrechts, S. 213 m.w.N.

mir empfängt, mehrt dadurch sein Wissen, ohne meines zu mindern, ebenso wie derjenige, der seine Kerze an meiner entzündet, dadurch Licht empfängt ohne mich der Dunkelheit auszusetzen."[2346]

Das könnte eine Erklärung für ein anderes Unrechtsbewusstsein sein und die geringe Akzeptanz von den Worten wie geistiger Diebstahl, Raubkopieren, Piracy, Theft und Diebstahl erklären.[2347] Das traditionelle Eigentumsverständnis lässt sich nicht nahtlos übertragen.[2348] Erschwerend kommt hinzu, dass bei geistigem Eigentum oft auch das noch schwerer zu fassende Persönlichkeitsrecht mitbetroffen ist.

Das Strafrecht hat eine sozial-pädagogische Funktion beim Schutz des Persönlichkeitsrechts zu übernehmen, insbesondere da eine Orientierung an traditionellen Wertentscheidungen nicht möglich ist.[2349]

„Normkonformes Verhalten wird nicht durch Strafangst gesteuert, sondern, so das psychologische Begründungsmuster, durch ein komplexes Bedingungsgefüge von gewachsener Individual- und Sozialstruktur; die Bereitschaft eine Norm zu akzeptieren, resultiert, abgesehen von psychopathologischem Verhalten, primär aus Sinnverstehen und Eingebung."[2350] Insofern ist es noch wichtiger vor oder parallel zur Änderung des Strafrechts das Verständnis und die Bedeutung des geistigen Eigentums und von Persönlichkeitsrechten zu verschärfen oder überhaupt ein Unrechtsbewusstsein zu bilden. „Die massenhafte Nichtbeachtung des Urheberrechtes in der Öffentlichkeit scheint die Aktualität dieser These zu bestätigen. Es ist daher dringend erforderlich, das Urheberrecht den Menschen wieder näher zu bringen, indem man es an die Grundwerte unseres Rechtssystems bindet: die Grund- und Menschenrechte."[2351]

Um Verletzungen des Urheberpersönlichkeitsrechts zu verhindern bzw. auszugleichen, kann in weiten Teilen das Zivilrecht einen großen Beitrag leisten. Allerdings muss gerade die Abschreckungswirkung wegen des geringen Unrechtsbewusstseins erhöht werden, weshalb eine rein zivilrechtliche Lösung kaum ausreichend erscheint, soll nicht das Zivilrecht in seiner jetzigen Form als Ausgleichsinstrument hin zu einer stärker präventiven Funktion verändert werden. Im Zivilrecht steht der Ausgleichsgedanke im

2346 So *Wang*, Der strafrechtliche Schutz des Urheberrechts, S. 213, *Thomas Jefferson* zitierend.

2347 *Wang*, Der strafrechtliche Schutz des Urheberrechts, S. 213.

2348 *Wang*, Der strafrechtliche Schutz des Urheberrechts, S. 213.

2349 *Wolf*, Der strafrechtliche Schutz der Persönlichkeit, S. 179.

2350 *Hanssen/Otto*, ZRP 2002, 318 (320).

2351 *Geiger*, Tagung des MPI 2006 zum „Interessenausgleich im Urheberrecht – Teil 2", 4. Teil: Dogmatische „Wildwüchse".

Vordergrund, weshalb es auch nicht in der Lage ist die Aufgabe der Abschreckung in gleicher Weise zu erfüllen wie das Strafrecht.[2352] Der Unterschied ist, dass das Zivilrecht meist weniger hart und weniger diskriminierend ist und auch kein „sozialethisches Unwerturteil" zum Ausdruck kommt.[2353] Damit ist es aber auch weniger geeignet, auf das gesellschaftliche Rechtsbewusstsein Einfluss auszuüben.[2354] Die Präventionskraft des Zivilrechts ist als geringer einzuschätzen.[2355] Zudem kann das Strafrecht wegen der Möglichkeit einer Versuchsstrafbarkeit zusätzlich präventive Effekte erzielen.[2356] Gerade auch die Lücken im Bereich der Urheberpersönlichkeit, die über das allgemeine Persönlichkeitsrecht abgefangen werden müssen, können für einen Einsatz des Strafrechts sprechen.

Damit kann als Zwischenergebnis festgehalten werden, dass das Zivilrecht allein den sensiblen Bereich des Urheberpersönlichkeitsrechts jedenfalls bei schwerwiegenden Verletzungen nicht regeln kann.[2357] Zum einen führen die gezeigten Schwächen und Unsicherheitsfaktoren im Zivilrecht dazu, dass das Schutzniveau des Strafrechts nicht mit dem grundsätzlich milderen Zivilrecht erreicht werden kann. Außerdem ist für die Gewährleistung der Normbewährung im Bereich der Urheberpersönlichkeit das Strafrecht erforderlich.[2358] Zudem zeigen die genannten Beispiele im Zusammenhang mit dem Urheberpersönlichkeitsrecht, deutlich die Empfindlichkeit und Verletzlichkeit, gerade auch durch technische Möglichkeiten sind Verletzungen in diesem Bereich Tür und Tor geöffnet. Selbst wenn die starke Ökonomisierung in die Betrachtung miteinbezogen wird, kann dies nicht zu einer Aufgabe des Urheberpersönlichkeitsschutzes führen, wenngleich dies nur für schwerwiegende Verletzungen gelten kann, da bei beispielweise einfachen Lizenzverletzungen der zivilrechtliche Ausgleich genügt.

Für schwerwiegende Verletzungen des Urheberpersönlichkeitsrecht findet sich damit kein allein ausreichender Schutz im Zivilrecht, sodass der Grundsatz der Subsidiarität diesbezüglich gewahrt wird.

2352 *Pfaffinger*, Rechtsgüter und Verhältnismäßigkeit, S. 230 m.w.N.

2353 *Pfaffinger*, Rechtsgüter und Verhältnismäßigkeit, S. 230; siehe auch schon *Braun*, Produktpiraterie, S. 329.

2354 *Pfaffinger*, Rechtsgüter und Verhältnismäßigkeit, S. 230.

2355 *Braun*, Produktpiraterie, S. 329.

2356 *Braun*, Produktpiraterie, S. 329.

2357 *Letzgus*, in: FS Rebmann, S. 277 (298); *Weber*, FuR 1980, 335 (340); vgl. zum allgemeinen Persönlichkeitsrecht LK-StGB/*Schünemann*, Vor § 201 Rn. 6.

2358 Vgl. zur Normbewährung als Aufgabe des Strafrechts *Achenbach*, StraFo 2011, 422 (426 f.); vgl. auch oben S. 312 f.

cc. Verwaltungsrecht, Ordnungswidrigkeitenrecht

Derzeit findet sich kein Schutz von Persönlichkeitsrechten über das Verwaltungs- und Ordnungswidrigkeitenrecht, weshalb hieraus kein subsidiärer Schutz abzuleiten ist.[2359] Gerade bei höchstpersönlichen Rechtsgütern sind Ordnungswidrigkeiten keine denkbare Alternative.[2360] Auch der Schutz des Vermögens findet im Strafrecht und nicht durch das Ordnungswidrigkeitenrecht statt.[2361] Zumal grundsätzlich Bedenken gegen einen „überhandnehmenden Umfang des Ordnungswidrigkeitenrecht" bestehen,[2362] da insbesondere fraglich ist, ob es sich tatsächlich um ein mildere Sanktion handelt.[2363]

Zudem können gegenüber dem Strafrecht verwaltungsrechtliche Kontrollmaßnahmen als schärfer anzusehen sein, da sie jeden betreffen und Strafe nur denjenigen, der die Verbotsnorm missachtet.[2364]

dd. Zwischenergebnis

Damit steht einer Strafbedürftigkeit bei Verletzungen des Urheberpersönlichkeitsrechts die Subsidiarität nicht entgegen. Aktuell können Selbstschutz, Zivilrecht und Verwaltungsrecht keinen ausreichenden Schutz für die Urheberpersönlichkeit gewähren. Unsicherheitsfaktoren, Schwachstellen und die Problematik der Abschreckung durch das Zivilrecht haben deutlich gezeigt, dass das Strafrecht einen eigenen notwendigen Anwendungsbereich hat.

Die Frage, ob das Zivilrecht, wenn es einen pönalisierenden Charakter annimmt, das Strafrecht ersetzen könnte,[2365] ist, wie die oben gefundenen Argumente zeigen, abzulehnen. Gerade auch die rechtsstaatliche Unsicherheit gegenüber dem Strafverfahren ist ein gewichtiges Argument gegen die Einführung eines Strafschadensersatzes. Es droht zudem ein Aushebeln des „in-dubio-pro-reo-Grundsatzes", Verstöße gegen Art. 103 II GG wären möglich und auch der Resozialisierungsgedanke fände keine Berücksichti-

2359 Zu § 35 GewO siehe *Sternberg-Lieben*, Musikdiebstahl, S. 142 f.

2360 *Kühl*, in: *Bosch/Bung/Klippel* (Hrsg.), Geistiges Eigentum und Strafrecht, S. 115 (135).

2361 *Sternberg-Lieben*, Musikdiebstahl, S. 143.

2362 *Sternberg-Lieben*, Musikdiebstahl, S. 143.

2363 Vgl. *Hildebrandt*, Die Strafvorschriften des Urheberrechts, S. 507.

2364 *Hefendehl*, JA 2011, 401.

2365 Vgl. dazu auch *Weber*, Der strafrechtliche Schutz des Urheberrechts, S. 399.

gung.[2366] Die Einführung eines Strafschadensersatzes ist insofern riskant, als dann der Abbau des Strafrechts zu einer stärkeren Pönalisierung im Zivilrecht führen würde.[2367] Jedenfalls gibt es de lege lata im Bereich des Urheberpersönlichkeitsrechts keinen klassischen Strafschadensersatz.[2368] Damit ist dies eine Frage die allenfalls für Lösungen de lege ferenda relevant ist.

b. Verhältnismäßigkeit

Bei staatlichen Eingriffen bedürfen Mittel und Ziel einer sachlichen Begründung.[2369] Der Verhältnismäßigkeitsgrundsatz und das Übermaßverbot ergeben sich nach heute wohl vorherrschender Meinung aus dem Wesen der Grundrechte.[2370]

Legitimität von Mittel und Zweck werden hier vorwegnehmend festgestellt. So ist der Schutz des Urheberpersönlichkeitsrechts, welches ein bedeutendes Individual-Rechtsgut mit enger Verbindung zur Verfassung darstellt, ein legitimer Zweck, was mit dem Mittel des grundsätzlich anerkannten Strafrechts verfolgt werden kann. [2371]

aa. Geeignetheit

Der strafrechtliche Eingriff muss geeignet sein, d.h. den erstrebten Erfolg (legitimen Zweck) fördern können.[2372] Geeignetheit liegt vor, wenn die Erreichung des Ziels jedenfalls gefördert wird. Es genügt die „abstrakte Möglichkeit der Zweckerreichung".[2373] Es reicht also aus, wenn die Wahrscheinlichkeit der Zweckerreichung erhöht wird.[2374] Hinzukommt, dass

---

2366 *Weber*, Der strafrechtliche Schutz des Urheberrechts, S. 399 m.w.N.

2367 *Frehsee*, in: *Schild* (Hrsg.), Der Rechtsstaat verschwindet, S. 11; siehe ausführlich oben S. 287 ff.

2368 In diese Richtung geht allerdings die dreifache Schadensberechnung und die Lizenzberechnung; vgl. auch bei *Wagner*, AcP 206, 352 (373 ff.).

2369 *Achenbach*, Strafrechtlicher Schutz des Wettbewerbs, S. 115.

2370 S. o. S. 294; sowie *Kaspar*, Verhältnismäßigkeit und Grundrechtsschutz, S. 105, 102 ff.

2371 Vgl. auch schon oben S. 257 ff.

2372 *Achenbach*, Strafrechtlicher Schutz des Wettbewerbs, S. 116.

2373 *Pfaffinger*, Rechtsgüter und Verhältnismäßigkeit, S. 226.

2374 *Hefendehl*, JA 2011, 401.

dem Gesetzgeber ein nur begrenzt überprüfbarer Beurteilungsspielraum[2375] zusteht, was die Einschätzung und Prognose der drohenden Gefahren betrifft.[2376] Im Strafrecht muss die Strafnorm und ihre Sanktion geeignet sein zukünftige Rechtsgutsverletzungen zu verhindern.[2377]

Der Punkt der Geeignetheit ist zumeist wenig weiterführend, da äußerst viele Maßnahmen zur Förderung des gewünschten Zwecks einen Betrag leisten können und dazu dem Gesetzgeber ein weiter Ermessensspielraum zusteht.

Die einzig aktuell das Urheberpersönlichkeitsrecht schützende Strafrechtsnorm ist § 107 UrhG. Ist eine Norm bereits eingeführt, müsste eigentlich empirisch geprüft werden, ob die Norm ihren Zweck erfüllt. Dies ist jedoch im Rahmen dieser Arbeit nicht möglich. Insofern muss auf bestehende Kriminalstatistiken zurückgegriffen werden.[2378] Deren Ergebnisse sind jedoch unbefriedigend, zumal § 107 UrhG nicht getrennt von anderen Urheberstrafrechtstaten aufgeführt wird.[2379] Damit ist keine verlässliche Aussage möglich, ob die Norm ihren Zweck erfüllt. Getreu dem Motto – „Das Strafrecht ist dann am erfolgreichsten, wenn es zur Unterlassung des verbotenen Handelns führt."[2380] – könnte der niedrige Anteil in der Statistik aber auch bedeuten, dass der Respekt vor der Urheberpersönlichkeit doch höher als gedacht ist.[2381] Dies erscheint aber angesichts der generellen Haltung in der Bevölkerung zu Urheberrechtsdelikten, insbesondere dem geringen Unrechtsbewusstsein nicht plausibel.[2382] Vielmehr scheinen die Strafverfolgungsbehörden wenig einzugreifen, beziehungsweise werden auch wenig Anträge gestellt.[2383]

Der Gesetzgeber kann mit einer Strafrechtsnorm aber bessere general- und spezialpräventive Effekte bewirken.[2384] Außerdem kann es zu einer

---

2375 BVerfGE 90, 145; BVerfGE 92, 327.

2376 SK-StGB/*Rudolphi/Jäger*, Vor § 1 Rn. 23; vgl. auch *Kaspar*, Verhältnismäßigkeit und Grundrechtsschutz, S. 126.

2377 SK-StGB/*Rudolphi/Jäger*, Vor § 1 Rn. 23.

2378 Siehe auch schon oben S. 29 f., 83 ff.

2379 Vgl. schon S. 84.

2380 *Kühl*, in: *Asada/Assmann/Kitagawa* u.a. (Hrsg.), Das Recht vor den Herausforderungen neuer Technologien, S. 165 (176).

2381 Vgl. zu § 201a StGB *Kühl*, in: *Asada/Assmann/Kitagawa* u.a. (Hrsg.), Das Recht vor den Herausforderungen neuer Technologien, S. 165 (176); sowie Bundeskriminalamt, PKS 2015 und oben S. 29 f., 83 ff.

2382 Siehe oben die Zahlen zu Delikten im Internet S. 83 f., sowie zum geringen Unrechtsbewusstsein, S. 14 f., 84 f., 255, 307, 314 ff., 382.

2383 S. o. S. 84.

2384 *Achenbach*, Strafrechtlicher Schutz des Wettbewerbs, S. 117.

Schärfung des Bewusstseins in der Bevölkerung führen, dass das Urheberpersönlichkeitsrecht auch strafrechtlich geschützt wird. Es kann damit jedenfalls nicht ausgeschlossen werden, dass strafrechtliche Normen Täter abschrecken.[2385] Es ist also denkbar, dass § 107 UrhG die Zweckerreichung fördert, beziehungsweise damit die Wahrscheinlichkeit der Zweckerreichung erhöht wird. Auch nach Auffassung des europäischen Gesetzgebers sind strafrechtliche Sanktionen geeignete Mittel zur Durchsetzung des Rechts am geistigen Eigentum zusätzlich zu zivil- und verwaltungsrechtlichen Verfahren, Maßnahmen und Rechtsbehelfen.[2386]

Das Gleiche gilt für etwaige zu schaffende Normen. Wobei hier sogar ein noch weiterer Maßstab gilt, da es ausreicht, wenn der Gesetzgeber davon ausgehen darf, dass die Maßnahme das Erreichen des angestrebten Zweckes fördern wird.[2387]

bb. Erforderlichkeit

Erforderlich ist eine Norm dann, wenn dem Gesetzgeber keine anderen, gleich wirksamen, aber weniger belastenden Mittel zur Zielerreichung zur Verfügung stehen.[2388] Auch hier steht dem Gesetzgeber ein Beurteilungsspielraum zu. Liegt ein milderes oder gleich geeignetes Mittel vor, muss das mit dem geringeren Grundrechtseingriff gewählt werden.[2389]

Es besteht kein Zweifel daran, das geistiges Eigentum schutzbedürftig ist.[2390] Die Frage ist nur, ob dafür das Strafrecht zwingend erforderlich ist. Wie oben gezeigt enthält auch das Zivilrecht Schutzmöglichkeiten, auch für das Urheberpersönlichkeitsrecht.[2391] Die Frage ist, ob diese Maßnahmen auch mindestens gleich wirksam wie eine Strafrechtsnorm sind. Da bei § 107 UrhG die Wirksamkeit sehr fraglich ist[2392], könnte ein Argument

2385 *Pfaffinger*, Rechtsgüter und Verhältnismäßigkeit, S. 226.

2386 *Flechsig*, in: *Loewenheim* (Hrsg.), Handbuch des Urheberrechts, § 90 Rn. 2 mit Hinweis auf RL.

2387 *Achenbach*, Strafrechtlicher Schutz des Wettbewerbs, S. 118.

2388 *Achenbach*, Strafrechtlicher Schutz des Wettbewerbs, S. 116.

2389 *Kaspar*, Verhältnismäßigkeit und Grundrechtsschutz, S. 163 f.

2390 Vgl. Fromm/Nordemann/*Ruttke/Scharringhausen*, UrhR, Vor § 106 UrhG Rn. 10.

2391 S. o. S. 37 ff.

2392 Insbesondere wegen ihrer fehlenden praktischen Relevanz, siehe dazu etwa S. 84, 104.

vorliegen, dass das Zivilrecht jedenfalls gleich wirksam oder vielleicht sogar besseren Schutz leisten kann.

„Die Erforderlichkeit des Strafrechts hängt schließlich davon ab, daß kein milderes und ebenso geeignetes Mittel zum Rechtsgüterschutz zur Verfügung steht. Als milderes Mittel ist vor allem der Selbstschutz des potentiellen Opfers zu nennen, an zweiter Stelle die staatliche Sozialpolitik und drittens die Kontrolle durch andere Rechtsgebiete, die gegenüber dem Strafrecht mildere Eingriffe vorsehen."[2393] Diese Punkte wurden oben im Rahmen der Subsidiarität ausführlich geprüft. Da der Begriff der Subsidiarität eine andere Formulierung für Erforderlichkeit darstellt,[2394] kann hier für den Punkt der Erforderlichkeit weitestgehend auf vorherige Erläuterungen verwiesen werden.[2395]

Im Rahmen der Subsidiarität kam das Ergebnis zustande, dass das Strafrecht einen eigenen Anwendungsbereich hat und damit jedenfalls in der aktuellen Rechtslage notwendig, d.h. erforderlich ist, um einen umfassenden Schutz des bedeutenden Urheberpersönlichkeitsrechts zu gewährleisten. Gerade die zur Verfügung stehenden zivilrechtlichen Mittel weisen erhebliche Schwachstellen und Lücken auf. Daraus kann geschlossen werden, dass das Zivilrecht kein dem Strafrecht vergleichbares Schutzniveau bietet.[2396] Allerdings wurde auch festgestellt, dass das Strafrecht an Schwächen leidet.[2397] Wie der strafrechtliche Schutz auszugestalten wäre und ob eine Reform sinnvoll ist wird aber erst im Rahmen des *Ausblicks* zu betrachten sein. Derzeit geht es lediglich um eine Betrachtung de lege lata.

Bei einer konkret neu einzuführenden Norm müsste ebenfalls nachgewiesen werden, dass diese wirksamer als die zivilrechtlichen Möglichkeiten ist. Zudem müssen die Normen die Strafe nicht erfordern bzw. rechtfertigen geändert und reformiert werden. Es muss direkt bei den einzelnen De-

---

2393 *Schünemann*, ZStW 90 (1978), 11 (41).

2394 Vgl. *Kasper*, Die Erheblichkeitsschwelle im Umweltstrafrecht, S. 14; siehe aber auch *Appel*, Verfassung und Strafe, S. 401; *Deckert*, Strafwürdigkeit und Strafgesetzgebung, S. 60; vgl. *Frisch*, in: FS Stree-Wessels, S. 69 (70); vgl. bei *Günther*, JuS 1978, 8 (14); *Kaspar*, Verhältnismäßigkeit und Grundrechtsschutz, S. 244, 246, 256 m.w.N.; *Krey/Esser*, AT, § 1 Rn. 18, 22; *Paulduro*, Die Verfassungsgemäßheit, S. 115 f.; *Pfaffinger*, Rechtsgüter und Verhältnismäßigkeit, S. 222, 227.

2395 S. o. S. 296 ff.

2396 Siehe auch bei *Pfaffinger*, Rechtsgüter und Verhältnismäßigkeit, S. 233.

2397 S. o. S. 272 ff.

likten ansetzten werden.[2398] Ein Überblick über derzeit vorgeschlagene Änderungen des Urheberstrafrechts findet sich unter *Ausblick*.

Das Zivilrecht und andere Mittel können derzeit keinen gleich geeigneten Schutz bieten, damit liegt Erforderlichkeit vor, weshalb derzeit eine Abschaffung des Strafrechts im Bereich des geistigen Eigentums nicht in Frage kommt.

cc. Angemessenheit (Verhältnismäßigkeit i.e.S.)

Im Rahmen der Angemessenheit ist die Verhältnismäßigkeit i.e.S. bzw. das Übermaßverbot zu prüfen.[2399] Es sollen „extreme Missgriffe verhindert" werden, weshalb die Angemessenheitsprüfung nur ausnahmsweise relevant ist.[2400]

Nicht jede Strafandrohung, die geeignet und erforderlich ist, wäre gerechtfertigt, vielmehr muss im Rahmen der Angemessenheit nach dem „Prinzip des überwiegenden Interesses"[2401] eine Rechtfertigung erfolgen.[2402] Die mit der Maßnahme verbundene Beeinträchtigung muss in einem angemessenen Verhältnis zu dem mit dem Eingriff verfolgten Zweck stehen.[2403] Hier geht es anders als bei der Erforderlichkeit, nicht um Zweckmäßigkeit (Ökonomie, Effizienz), sondern um die Verwirklichung „des normativen Maßstabs der Gerechtigkeit."[2404] „Sowohl das Gewicht der verfolgten Zwecke als auch die Intensität der damit verbundenen Grundrechtseingriffe müssen zueinander in Beziehung gesetzt"[2405] und abgewogen werden. Für das Gewicht der verfolgten Zwecke kann maßgeblich auf die Ausführungen zur Strafwürdigkeit des Urheberpersönlichkeitsrechts verwiesen werden. Die Angemessenheit (Verhältnismäßigkeit i.e.S.) deckt sich weitgehend mit der Strafwürdigkeit.[2406]

2398 *Frisch*, in: FS Stree-Wessels, S. 69 (106).

2399 *Achenbach*, Strafrechtlicher Schutz des Wettbewerbs, S. 116; *Hefendehl*, JA 2011, 401 (405).

2400 *Kaspar*, Verhältnismäßigkeit und Grundrechtsschutz, S. 170.

2401 SK-StGB/*Rudolphi/Jäger*, Vor § 1 Rn. 24.

2402 SK-StGB/*Rudolphi/Jäger*, Vor § 1 Rn. 24.

2403 *Pfaffinger*, Rechtsgüter und Verhältnismäßigkeit, S. 233.

2404 *Kasper*, Die Erheblichkeitsschwelle im Umweltstrafrecht, S. 7.

2405 *Kaspar*, Verhältnismäßigkeit und Grundrechtsschutz, S. 169; vgl. *Hefendehl*, JA 2011, 401 (405).

2406 *Kaspar*, Verhältnismäßigkeit und Grundrechtsschutz, S. 259 unter Hinweis auf *Appel*, Verfassung und Strafe, S. 395 ff.; siehe auch *Deckert*, Strafwürdigkeit und Strafgesetzgebung, S. 51, 70 die davon ausgeht, dass sich aus der Strafwürdig-

Außerdem kommt der ultima ratio Gedanke zum Tragen, denn nur, wenn ein besonders gravierender Eingriff vorliegt, kann es zu einer Abwägung kommen. Die besondere Eingriffsschwere durch Strafrecht und Strafe ist stets zu berücksichtigen.[2407]

Es stehen sich hier also die Strafe als schwerer Eingriff und das Urheberpersönlichkeitsrecht gegenüber.

Wie oben gezeigt, ist das Urheberpersönlichkeitsrecht ein Rechtsgut mit Verfassungsrang, welches auch aufgrund der technischen Entwicklung stark gefährdet ist,[2408] zumal gerade vorsätzliche Verletzungen und schwerwiegende Eingriffe mit einer hohen Sozialschädlichkeit verbunden sind.[2409]

Der Verfassungsrang des Urheberrechts und die besondere Verletzlichkeit für sich genommen können noch kein Argument für einen strafrechtlichen Schutz darstellen.[2410] Wie aber gezeigt, können die derzeitigen zivilrechtlichen Mittel keinen ausreichenden Schutz bieten, sodass nun eine Abwägung als letzter Prüfungspunkt übrig bleibt.

Bei der Abwägung sind das Gewicht des drohenden Rechtsgüterschadens sowie die Zweifel an der Wirksamkeit der nichtstrafrechtlichen Alternative zu berücksichtigen.[2411] Denn Maßnahmen, die zweifelhaft in ihrer Wirkung sind, haben nicht die gleiche Eignung wie eine Kriminalisierung.[2412] Aber sind die Zweifel an der Wirksamkeit über zivilrechtlichem Schadensersatz nicht als ganz hoch einzuschätzen, ist zu beachten, dass auch im Falle einer Kriminalisierung die Wirksamkeit fraglich ist. Denn auch die Wirksamkeit des Strafrechts selbst kann nicht zweifelsfrei bewiesen werden.[2413] Im Fall der Urheberpersönlichkeit bestehen jedoch im Zivilrecht bereits Lücken, Schwierigkeiten und Probleme im Bereich der Abschreckung, welche die starken Zweifel ob des alleinigen Ausreichens des Zivilrechts rechtfertigen.

---

keit das verfassungsrechtliche Prinzip der Verhältnismäßigkeit ableiten lässt; *Frisch*, in: FS Stree-Wessels, S. 79; *Kasper*, Die Erheblichkeitsschwelle im Bereich des Umweltstrafrechts, S. 26; *Paulduro*, Die Verfassungsgemäßheit, S. 115 f.; *Pfaffinger*, Rechtsgüter und Verhältnismäßigkeit, S. 222; unter Verweis auf *Krey/Esser*, AT, § 1 Rn. 17.

2407 *Kaspar*, Verhältnismäßigkeit und Grundrechtsschutz, S. 245.

2408 S. o. S. 13 f., 82 ff.

2409 *Pfaffinger*, Rechtsgüter und Verhältnismäßigkeit, S. 234.

2410 *Lampe*, UFITA 87 (1980), 107 (113 f.).

2411 Vgl. *Günther*, JuS 1978, 8 (12).

2412 *Günther*, JuS 1978, 8 (12).

2413 S. o. S. 280 ff.

Wenngleich dem Strafrecht grundsätzlich eine freiheitsbeschränkende Wirkung zukommt, kann es auch zu einer Freiheitsgewährleistung führen.[2414] Die Frage lautet also stets: „Im Zweifel für wessen Freiheit“[2415] – welche Freiheit wird also stärker gewichtet. Dabei spielen verschiedene Faktoren eine Rolle: das Ausmaß des drohenden Schadens, die Intensität des bewirkten Grundrechtseingriffs und der Grad der Wahrscheinlichkeit des Schadenseintritts.[2416]

Grundsätzlich gilt für Straftaten, dass der „Täter [...] das Opfer bewusst zum Objekt“[2417] macht. Dies geschieht durch den Missbrauch des Vertrauens des Verletzten, „als Subjekt behandelt und nicht zum bloßen Objekt degradiert zu werden.“[2418] Der Täter behandelt das Opfer nicht als gleichwertig und verletzt damit das gegenseitige Anerkennungsverhältnis.[2419] Gerade in Fällen von Persönlichkeitsrechtsverletzungen zeigt sich eine besondere Missachtung des anderen Subjekts. Hier verletzt der Täter nicht nur die gegenseitige Anerkennung, sondern greift sogar den Kern der Persönlichkeit des Opfers an. Für Fälle der vorsätzlichen Urheberrechtsverletzung ist darüber hinaus anzunehmen, dass der drohende Schaden, nicht nur für den Urheber, sondern auch für die Gesellschaft ein großes Ausmaß annehmen kann, von dem eine nicht zu bestreitende Sozialschädlichkeit ausgeht.[2420] Nur im Falle einer solchen Sozialschädlichkeit bzw. sozialen Erheblichkeit kann der Eingriff des Strafrechts angemessen sein. Bei Verletzungen der Urheberpersönlichkeit wird ein elementarer Gemeinschaftswert bedroht, der daher mit dem Strafrecht erforderlich und angemessen zu schützen ist.

Somit ist die Angemessenheit einer Strafnorm für Verletzungen der Urheberpersönlichkeit festzustellen. Über die genaue Gestaltung einer solchen Norm gehen die Meinungen weit auseinander. Zunächst sollte hier nur geprüft werden, ob Strafwürdigkeit und -bedürftigkeit und auch Ver-

---

2414 Siehe dazu mit Beispielen *Günther*, JuS 1978, 8 (10).

2415 *Günther*, JuS 1978, 8 (10).

2416 *Günther*, JuS 1978, 8 (10).

2417 *Noltenius*, in: *Jaeckel/Zabel/Zimmermann* (Hrsg.), Grundrechtspolitik und Rechtswissenschaft, S. 93 (97).

2418 *Noltenius*, in: *Jaeckel/Zabel/Zimmermann* (Hrsg.), Grundrechtspolitik und Rechtswissenschaft, S. 93 (97); die sich dabei auf folgenden bezieht *Wolff*, in: *Hassemer* (Hrsg.), Strafrechtspolitik, S. 137 (213).

2419 *Noltenius*, in: *Jaeckel/Zabel/Zimmermann* (Hrsg.), Grundrechtspolitik und Rechtswissenschaft, S. 93 (97).

2420 S. o. S. 258 ff.; vgl. auch *Pfaffinger*, Rechtsgüter und Verhältnismäßigkeit, S. 236.

hältnismäßigkeit besteht, was zu bejahen ist. Der Einsatz des Strafrechts zum Schutz des bedeutsamen Rechtsguts Urheberpersönlichkeitsrecht ist bei schwerwiegenden Verletzungen angemessen und damit auch verhältnismäßig. Fragen, die die Ausgestaltung der Strafrechtsnormen betreffen, werden im Rahmen eines Überblicks über aktuelle Reformvorhaben aufgeworfen und vertieft.

c. Zwischenfazit

Im vorhergehenden Abschnitt wurde festgestellt, dass trotz vieler Schwierigkeiten und teils unbeantworteter Fragen das Urheberpersönlichkeitsrecht bedeutend und jedenfalls bei der derzeitigen Gesetzeslage auch strafwürdig und -bedürftig ist.[2421] Gerade wegen des persönlichkeitsrechtlichen Einschlags des Urheberrechts sind zum Schutz von Persönlichkeitsrechten bei schwerwiegenden Eingriffen strafrechtliche Maßnahmen zu rechtfertigen.[2422]

Auch die fortschreitende Ausweitung pönaler Elemente im Zivilrecht zeigt das Bedürfnis nach strafenden, abschreckenden und hemmenden Elementen. Dies wird derzeit, wie gezeigt, über das Zivilrecht gelöst, obwohl dies eigentlich Aufgabe des Strafrechts wäre. Auch wenn die „Zeiten" sich ändern, ist eine Ausweitung des Zivilrechts äußerst kritisch zu betrachten. Es sollten andere Lösungen gefunden werden, damit der parallel voranschreitenden Ökonomisierung Rechnung getragen werden kann. Daran ist anzusetzen und weiter zu klären, wie das Strafrecht diese Aufgabe wahrnehmen kann. Wie konkrete Normen aussehen müssten, die einen sinnvollen strafrechtlichen Schutz gewähren können, ist äußerst fraglich. Auch wenn ein starkes Bedürfnis zum Schutz von Persönlichkeitsrechten besteht, kann kein genereller Schutz derselben geschaffen werden, da vielmehr nur „besonders schwere und tatbestandsmäßig klar zu erfassende Verletzungen zu pönalisieren" sind.[2423] „Ein anderer Weg verbietet sich schon wegen der Uferlosigkeit des allgemeinen Persönlichkeitsrechts [...] [und außerdem müsste eine] pauschale Pönalisierung [...] zu einer straf-

---

2421 Vgl. auch *Lampe*, UFITA 87 (1980), 107 (114); vgl. *Sternberg-Lieben*, Musikdiebstahl, S. 162; vgl. auch differenzierend *Weber*, Der strafrechtliche Schutz des Urheberrechts, S. 400 ff.

2422 Vgl. *Böxler*, Markenstrafrecht, S. 554 f.

2423 *Weber*, Der strafrechtliche Schutz des Urheberrechts, S. 400.

rechtlichen Hypertrophie führen."[2424] Der Frage eines angemessenen strafrechtlichen Persönlichkeitsschutzes wird sich im Rahmen des *Ausblicks* durch einen kurzen Überblick über vorhandene Reformvorschläge angenähert, dabei sollen auch die aktuellen strafrechtlichen Normen wegen ihrer bereits aufgezeigten Schwachstellen hinterfragt werden.[2425] Zuvor ist aber ein Vergleich zum allgemeinen Persönlichkeitsrecht zu ziehen, um Gemeinsamkeiten und Unterschiede aufzuzeigen.

Der Vollständigkeit halber erfolgt im Anschluss zunächst noch die Prüfung der Strafbedürftigkeit bei Verletzungen der Erfinderpersönlichkeit.

3. Die Strafbedürftigkeit von Verletzungen der Erfinderpersönlichkeit

Die oben erarbeiteten Grundlagen zur Strafbedürftigkeit werden hier auf das Erfinderpersönlichkeitsrecht bezogen.[2426] Allerdings kann dies überblicksartig erfolgen, da die meisten Aspekte bereits im vorherigen Abschnitt, im Rahmen des Urheberpersönlichkeitsrechts geklärt wurden und hier darauf verwiesen werden kann. Das Erfinderpersönlichkeitsrecht unterfällt wie das Urheberpersönlichkeitsrecht dem Bereich des geistigen Eigentums.

So ist festzustellen, dass auch im Bereich des Patentrechts eine weitergehende Entwicklung hin zu einer Professionalisierung zu beobachten ist. Die meisten Erfinder sind heute in ihrem Bereich tätig, um davon zu leben, weshalb auch bei ihnen wirtschaftliche Interessen mehr in den Vordergrund rücken.[2427] Der im Rahmen eines Arbeitsvertrages arbeitende Erfinder ist heute wohl der Normalfall.[2428]

Hat sich im Rahmen der fortschreitenden Ökonomisierung schon das Urheberrecht weg von seinem persönlichkeitsrechtlichen Kern entwickelt, so gilt dies in noch stärkerem Maße für das Patentrecht, in welchem dies von Anfang an viel schwächer ausgeprägt war.[2429] Wenn schon zivilrechtlich die Bindung zur Persönlichkeit als gering eingestuft wird, so ist dies

---

2424 *Weber*, Der strafrechtliche Schutz des Urheberrechts, S. 400.
2425 Zu § 107 UrhG siehe etwa S. 108 ff., 141 ff.
2426 S. o. S. 269 ff.
2427 Vgl. zum Urheberrecht *Ohly*, in: *Depenheuer/Peifer* (Hrsg.), Geistiges Eigentum, S. 141 (144), der sich auf das Zitat von *Samuel Johnson bezieht*: „No man but a blockhead ever wrote except for money".
2428 Zum Urheberrecht *Dietz*, in: *Dittrich* (Hrsg.), Woher kommt das Urheberrecht und wohin geht es?, S. 200 (206).
2429 S. o. S. 118 ff., 138 ff.

strafrechtlich nicht anders zu bewerten. Nicht umsonst wird im Bereich des Patent- und Markenrechts das Strafrecht kaum für notwendig gehalten, insbesondere da hier der Bezug zu Persönlichkeitsrechten ungleich schwächer als im Urheberrecht ausgeprägt ist.[2430] Der Schutz über das Zivilrecht kann hier in viel stärkerem Maße Abhilfe schaffen.[2431] Lücken und Probleme in dem Ausmaß wie im Bereich des Urheberpersönlichkeitsrechts lassen sich nicht feststellen.[2432] Auch die Problematik des fehlenden Unrechtsbewusstseins ist im Bereich des Patentrechts schwächer ausgeprägt, da Patente für sehr viel weniger Menschen zugänglich sind.[2433] Unabhängig davon ist eine Bewusstseinsschärfung auch im Bereich von Patentverletzungen sicher von Vorteil.[2434]

Zudem finden sich auch in der Literatur keine Forderungen nach einem strafrechtlichen Schutz des Erfinderpersönlichkeitsrechts.

Damit reichen im Bereich des weniger stark persönlichkeitsrechtlich geprägten Patentrechts die zivilrechtlichen Möglichkeiten zum Schutz der Erfinderpersönlichkeit aus. Damit liegt keine Strafbedürftigkeit vor.

4. Zusammenfassung

Strafwürdigkeit und -bedürftigkeit besteht im Bereich des Urheberpersönlichkeitsrechts für schwerwiegende Eingriffe, während für das Erfinderpersönlichkeitsrecht eine Strafbedürftigkeit nicht begründet wird.[2435] Ein maßgeblicher Unterschied kann mit der Bedeutung der persönlichkeitsrechtlichen Aspekte im Urheberrecht erklärt werden, welche sich so nicht im gewerblichen Rechtsschutz wiederfinden.[2436] Zudem ist das Urheberrecht durch die Digitalisierung noch stärker gefährdet und hat in der Rechtspraxis eine „ungleich höhere Bedeutung als das sonstige Immaterialgüterstrafrecht."[2437]

2430 Siehe nur bei *Böxler*, Markenstrafrecht, S. 548 ff., 554.

2431 S. o. S. 68 ff., 78 ff.

2432 Ebda.

2433 Probleme tauchen hier eher wegen des fehlenden Unrechtsbewusstseins in anderen Ländern (z.B. Herstellungsländern) auf.

2434 Siehe zur Bewusstseinsschärfung im gesamten Bereich des geistigen Eigentums und von Persönlichkeitsrechten etwa S. 14 f., 84 f., 255, 307, 314 ff., 382.

2435 S. o. S. 327, 328 f.

2436 *Böxler*, Markenstrafrecht, S. 554 f.

2437 *Böxler*, Markenstrafrecht, S. 555.

B Gegenüberstellung bei Verletzungen des allgemeinen Persönlichkeitsrechts

Vorhergehend wurde festgestellt, dass die Begründung einer Strafbedürftigkeit bei Verletzungen der besonderen Persönlichkeitsrechte im geistigen Eigentum zwar Schwierigkeiten mit sich bringt, am Ende für das Urheberpersönlichkeitsrecht in schwerwiegenden Fällen aber zu bejahen ist. Zwei Punkte sind dabei besonders problematisch: Zum einen die Frage, ob nicht die wohl milderen Mittel des Zivilrechts ausreichen, auch wenn sich dadurch im Zivilrecht die Ausgleichsfunktion in Richtung Abschreckungsfunktion verschiebt. Zum anderen haben derzeitige strafrechtliche Normen in der Praxis kaum Bedeutung erlangt, womit die Frage einhergeht, was das Strafrecht zu leisten vermag.

Fraglich ist nun, ob diese Schwierigkeiten ebenso bei einem Vergleich mit der Strafbedürftigkeit des allgemeinen Persönlichkeitsrechts bestätigt werden können. Dabei ist eine Untersuchung des strafrechtlichen Schutzes des allgemeinen Persönlichkeitsrechts gerade auch deshalb interessant, da bei Lücken im Urheberrecht auf das allgemeine Persönlichkeitsrecht zurückgegriffen wird.

Die Strafwürdigkeit bei Verletzungen des Persönlichkeitsrechts wurde oben bejaht. Zu klären bleibt aber, ob Verletzungen desselben strafbedürftig sind. Trotz der Hochrangigkeit des Rechtsguts ist insbesondere kritisch zu prüfen, ob Schutz durch das Strafrecht notwendig ist oder zivilrechtliche Maßnahmen ausreichen können.[2438]

Die oben erarbeiteten Grundfragen zur Strafbedürftigkeit werden hier auf das allgemeine Persönlichkeitsrecht bezogen.[2439] Das Strafrecht muss ultima ratio sein und sich gegen sozialschädliches Verhalten richten.[2440] Das darf aber keine Leerformel werden, es braucht vielmehr Anhaltspunkte für die Strafwürdigkeit und die Strafbedürftigkeit zum Schutz eines Rechtsgutes.[2441] Wichtig ist dafür der Verfassungsrang und der Vergleich zu anderen Rechtsgütern, weshalb sich hier der Vergleich zwischen den besonderen Persönlichkeitsrechten des geistigen Eigentums und dem allgemeinen Persönlichkeitsrecht anschließt.

2438 Vgl. *Obert/Gottschalck*, ZUM 2005, 436.

2439 S. o. S. 269 ff.

2440 *Weber*, Der strafrechtliche Schutz des Urheberrechts, S. 396 m.w.N. Fn. 65, 66; vgl. auch *Kächele*, Der strafrechtliche Schutz vor unbefugten Bildaufnahmen, S. 105.

2441 *Weber*, Der strafrechtliche Schutz des Urheberrechts, S. 396.

I. Subsidiarität des Strafrechts

Im Rahmen der Prüfung der Strafbedürftigkeit spielt vor allem die Subsidiarität des Strafrechts eine große Rolle und dabei insbesondere, ob nicht das Zivilrecht ausreichenden Schutz bieten kann. Daneben kommen vorrangig Selbstschutz und andere Maßnahmen, wie das Verwaltungsrecht in Betracht.

1. Selbstschutz

Aus dem Subsidiaritäts-Gedanken geht hervor, dass der Staat nur eingreifen muss, wenn Bürger bestimmte Aufgaben nicht selbst bewältigen können, insofern wird der Staat also entlastet.[2442] Als erste Möglichkeit ist daher zu klären, ob nicht der Bürger auf einen Selbstschutz zu verweisen ist, da dies das mildeste Mittel sein könnte, jedenfalls was die Intensität staatlicher Eingriffe betrifft.[2443] Insbesondere das Internet eröffnet neben zahlreichen Möglichkeiten auch Gefahren durch die (un-)freiwillige Preisgabe von Informationen.[2444] Im Internet ist ein gewisser Selbstschutz zwar möglich, zu meist aber unter Einschränkungen der Nutzungsmöglichkeiten. Aber auch außerhalb des Internets drohen durch die Digitalisierung und Miniaturisierung (Handykameras) neue Gefahren, die zunehmend schwieriger zu verhindern sind. Gerade das Vermeiden von unerwünschten Aufnahmen mit Handy- oder Minikameras ist heute nahezu unmöglich,[2445] wenn nicht der Rückzug aus der Öffentlichkeit gewählt wird.[2446] Fraglich bleibt, wie das Strafrecht auf solche neuen Gefährdungen eingehen kann und muss.[2447]

Es ist daher besonders für das allgemeine Persönlichkeitsrecht zu betonen, dass ein Selbstschutz nur in geringem Maße möglich und auch zumutbar ist. Gerade dadurch, dass grundsätzlich durch den Staat die Entfaltung der Persönlichkeit gewährleistet werden soll (Art. 2 I, 1 I GG), würde die Forderung nach mehr Selbstschutz durch die Opfer konträres bewirken: Ist das potentielle Opfer stark mit seinem Selbstschutz beschäftigt, ist

---

2442 *Kaspar*, Verhältnismäßigkeit und Grundrechtsschutz, S. 250.

2443 S. o. S. 269 f., 275 ff., 297 f.; vgl. *Kächele*, Der strafrechtliche Schutz vor unbefugten Bildaufnahmen, S. 106.

2444 S. o. S. 20 f.

2445 Vgl. *Mitsch*, JURA 2006, 117; zum Internet generell *Peifer*, JZ 2013, 853 ff.

2446 *Linkens*, Der strafrechtliche Schutz vor unbefugten Bildaufnahmen, S. 19 f.

2447 *Mitsch*, JURA 2006, 117.

schon dadurch die freie Entfaltung erheblich eingeschränkt.[2448] Im Zweifel müsste das potentielle Opfer sich in einem fensterlosen Raum aufhalten, was nicht zumutbar wäre.[2449]

Selbstschutzmöglichkeiten im Zusammenhang mit dem allgemeinen Persönlichkeitsrecht sind damit als äußerst gering zu bewerten, da sonst eine zu starke Beeinträchtigung dieses bedeutenden Gutes zu befürchten ist.[2450] Damit steht der Selbstschutz einer strafrechtlichen Norm zum Schutz von Aspekten des allgemeinen Persönlichkeitsrechts nicht entgegen.[2451]

2. Zivilrecht

Grundsätzlich gilt, dass der zivilrechtliche Persönlichkeitsschutz mittlerweile gut durch die Rechtsprechung ausgebaut ist und teils zu relativ hohen Schadensersatzsummen und Schmerzensgeld führen kann,[2452] obwohl er bis heute nicht gesetzlich im BGB verankert ist.[2453]

Früher sah das Recht keinen immateriellen Schadensersatz in der heutigen Form vor.[2454] Erst durch die „Entdeckung" des allgemeinen Persönlichkeitsrechts wurde klar, dass „mit dem herkömmlichen Arsenal der Rechtsfolgen des Zivilrechts allein" dies nicht wirksam zu schützen ist.[2455] Ähnliche Probleme gab es im Bereich des Ehrenschutzes, wobei dort das Zusammenspiel zwischen Zivil- und Strafrecht besser funktioniert, weshalb heute ein relativ umfassender Schutz möglich ist.[2456] Gerade dieser strafrechtlich ergänzende Schutz ist beim allgemeinen Persönlichkeitsrecht nicht in dem Maße vorhanden.[2457]

2448 Vgl. *Kühl*, in: FS Schöch, S. 419 (436); sowie *Linkens*, Der strafrechtliche Schutz vor unbefugten Bildaufnahmen, S. 19 f.

2449 Vgl. *Kächele*, Der strafrechtliche Schutz vor unbefugten Bildaufnahmen, S. 106.

2450 Vgl. *Kühl*, in: *Bosch/Bung/Klippel* (Hrsg.), Geistiges Eigentum und Strafrecht, S. 118 (128, 135 f.).

2451 Vgl. zum Schutz vor Bildaufnahmen *Linkens*, Der strafrechtliche Schutz vor unbefugten Bildaufnahmen, S. 20.

2452 *Kühl*, in: *Bosch/Bung/Klippel* (Hrsg.), Geistiges Eigentum und Strafrecht, S. 118 (128).

2453 S. o. S. 19.

2454 *Arzt*, Der strafrechtliche Schutz der Intimsphäre, S. 312.

2455 *Arzt*, Der strafrechtliche Schutz der Intimsphäre, S. 312.

2456 *Arzt*, Der strafrechtliche Schutz der Intimsphäre, S. 312 f.

2457 *Arzt*, Der strafrechtliche Schutz der Intimsphäre, S. 313.

Es wird dennoch vertreten, dass der zivilrechtliche Schutz ausreichend sei und für hinreichend effektiven Schutz sorge.[2458] So sei vor einem strafrechtlichen Ausbau erst das Zivilrecht zu verbessern. Auch die Geldentschädigung habe demnach eine abschreckende Wirkung und übe auf Täterseite soziale Prävention aus.[2459] Ein „Hemmungseffekt" könne demnach über das Zivilrecht zu erreichen sein, um weitere Persönlichkeitsverletzungen vorzubeugen.[2460]

Fraglich ist dabei, ob das Zivilrecht der richtige Ort ist, um schwere Verletzungen zu behandeln und ob Geld überhaupt weiterhilft, in Fällen in denen eine Verletzung nicht rückgängig zu machen ist, wie etwa bei heimlich aufgenommenen und ggf. sogar veröffentlichten Bildern. Hilft es beispielsweise dem Opfer tatsächlich, wenn es für mehrere heimlich aufgenommene und gespeicherte Nacktbilder durch den behandelnden Gynäkologen 1.000 Euro Entschädigung zugesprochen bekommt?[2461] Wiedergutmachung ist bei ideellen Fällen oft schwer möglich.[2462] Dann könnte die strafrechtliche Genugtuung hilfreich sein, die dem Opfer etwas Ruhe verschafft, wie in Fällen des Angehörigenschmerzensgeldes.[2463] Bei ideellen Verletzungen kann für das Opfer der staatliche Ausspruch der Missbilligung entscheidend sein, der sich nur durch ein Strafrechtsurteil erreichen lässt.[2464]

Die zivilrechtlichen Normen im KUG und BDSG können derzeit keinen ausreichenden Schutz bieten.[2465] Sie sind aber bei etwaigen Reformvorschlägen miteinzubeziehen.

2458 *Obert/Gottschalck*, ZUM 2005, 436 (441); vgl. *Tillmanns/Führ*, ZUM 2005, 441 (442).

2459 *Obert/Gottschalck*, ZUM 2005, 436 (441); vgl. *Staake/v. Bressensdorf*, JuS 2015, 683 (687).

2460 *Staake/v. Bressensdorf*, JuS 2015, 683 (687 m.w.N.).

2461 Vgl. etwa 2013 OLG Zweibrücken, 4 U 123/12 http://www3.mjv.rlp.de/rechtspr/DisplayUrteil_neu.asp?rowguid=%7B82771CBF-4862-4521-86A5-BF6E995F7F8F%7D (abgerufen am 30.05.2016).

2462 *Wolf*, Der strafrechtliche Schutz der Persönlichkeit, S. 184.

2463 Vgl. *Jungk*, Abteilung Zivilrecht, Verhandlungen des 66. DJT 2006, L 99 (L 143 f.).

2464 *Wolf*, Der strafrechtliche Schutz der Persönlichkeit, S. 183.

2465 Vgl. *Kächele*, Der strafrechtliche Schutz vor unbefugten Bildaufnahmen, S. 111 ff.; *Linkens*, Der strafrechtliche Schutz vor unbefugten Bildaufnahmen, S. 33 ff., 40 ff.; zu notwendigen Reformen des Datenschutzstrafrechts zum Persönlichkeitsschutz *Sieber*, Straftaten und Strafverfolgung im Internet, Gutachten C zum 69. DJT, C 93 ff.

Auch das Zivilrecht mit seinen Ansprüchen auf Unterlassung, Beseitigung, Widerruf, Gegendarstellung, Herausgabe, Schadensersatz und Schmerzensgeld (vgl. nur §§ 823 ff., 249 ff. BGB) kann kaum ausreichenden Schutz bieten, da die aufgezeigten Schwierigkeiten des Prozessrisikos und der fehlenden Abschreckungswirkung auch hier auftreten.[2466] Hinzu kommt, dass gerade zivilrechtliche Beseitigungsansprüche oft keinen umfassenden Persönlichkeitsschutz bieten können.[2467] Zudem führt nicht jede Persönlichkeitsrechtsverletzung zu einer Entschädigung in Geld, da ein finanzieller Ausgleich nur in Fällen einer besonders schweren Verletzung des allgemeinen Persönlichkeitsrechts zu gewähren ist, in denen ein anderer Ausgleich nicht möglich ist. Die Fälle, in denen dies gewährt wird, richten sich maßgeblich nach gefestigter höchstrichterlicher Rechtsprechung, was weitere Unsicherheiten mit sich bringt.

Das Konzept des Persönlichkeitsschutzes ist aufwändiger, variantenreicher und abwägungsintensiver geworden und daher nur bedingt geeignet, die Herausforderungen die durch das Internet entstehen zu bewältigen.[2468]

Auch wenn die Einführung eines Strafschadensersatzes nicht zu befürworten ist,[2469] könnte es dennoch wünschenswert sein, den Verletzten höhere Summen zuzusprechen, aber dann im Zusammenhang mit der Einstufung, ob eine Verletzung fahrlässig oder vorsätzlich erfolgt.[2470] Allerdings ist dies dem deutschen Zivilrecht fremd, so spielt der Verschuldensgrad beim Umfang der Ersatzpflicht grundsätzlich keine Rolle.[2471] Äußerst bemerkenswert ist, dass die häufig abgelehnte Pönalisierung und Genugtuung im Zivilrecht gerade im Bereich des allgemeinen Persönlichkeitsrechts immer mehr zu nimmt.[2472] Die Frage ist sogar, ob diese Ausdehnung des Zivilrechts verfassungswidrig ist und ein Verstoß gegen Art. 103 GG droht, wenn eine Strafe im materiell-rechtliche Sinne geschaffen wird, ohne aber

---

2466 Vgl. *Kächele*, Der strafrechtliche Schutz vor unbefugten Bildaufnahmen, S. 117 f.; *Linkens*, Der strafrechtliche Schutz vor unbefugten Bildaufnahmen, S. 42 ff.

2467 Vgl. dazu *Hoppe*, Persönlichkeitsschutz, S. 43.

2468 *Peifer*, JZ 2013, 853 (864).

2469 Siehe dazu oben S. 290 ff.

2470 Vgl. zu einem 1,5 bis 2-fachen Lizenzsatz *Haft/Donle/Ehlers/Nack*, GRUR Int. 2005, 403.

2471 *Wagner*, Neue Perspektiven im Schadensersatzrecht, A 14.

2472 Vgl. *Schäfer*, AcP 202, S. 97 (419 ff., 434); *Schlobach*, Das Präventionsprinzip, S. 57 ff., 264; das ist auch im Urheberrecht zu beobachten, s. o. S. 58, 284.

den grundgesetzlichen Voraussetzungen öffentlicher Bestrafung zu genügen.[2473]

Fraglich ist, ob dies so hinzunehmen ist oder als Zeichen gewertet werden kann, dass dieser Bereich neu geregelt werden muss. Das Zivilrecht müsste nicht derart scharf eingreifen, wenn ein ausreichender strafrechtlicher Schutz bestünde. In diesem Zusammenhang könnte durch die Stärkung des strafrechtlichen Schutzes eine Bereinigung des Zivilrechts und Rückkehr zur Ausgleichsfunktion erfolgen. Allerdings ist umstritten, ob dies überhaupt gewollt ist. Vielerseits wird dies als Zustand hingenommen, den man zwar „aus rechtspolitischer Perspektive bedauern“ mag, aber nicht „eskamotieren“ kann.[2474] Dem ist insofern zuzustimmen, als das sich dieser Zustand derzeit so vorfinden lässt. Allerdings ist damit noch keine Aussage darüber zu treffen, ob dieser Zustand erwünscht ist oder nicht besser zu ändern oder reformieren wäre. Dies trifft zusammen mit der schon lange bestehenden Klage, dass „der strafrechtliche Persönlichkeitsschutz lückenhaft ist“.[2475]

Zudem bestehen auch hier, die oben gezeigten Risiken, die das Zivilrecht grundsätzlich mit sich bringt. Genannt seien hier insbesondere das Risiko des Prozessverlustes sowie die Kosten, was dazu führen kann, dass nur „gut Betuchte“ diese Unwägbarkeit überhaupt eingehen können.[2476] Dadurch, dass im Zivilrecht allein das Opfer für die Verfolgung von Persönlichkeitsverletzungen zuständig ist und dass Prozessrisiko trägt, kann das Strafrecht notwendig werden.[2477] Hier kann eine staatliche strafrechtliche Verfolgung und Aufklärung oft bessere Ergebnisse erreichen und ist außerdem geeigneter, eine abschreckende Wirkung zu entfalten.[2478] Außerdem kann eine strafrechtliche Norm im Bereich des Persönlichkeitsschutzes bestenfalls zu mehr Respekt für den höchstpersönlichen Lebensbereich führen.[2479] Da Verletzungen von Persönlichkeitsrechten schwer

2473 *Frehsee*, in: *Schild* (Hrsg.), Der Rechtsstaat verschwindet, S. 11 (15 f.).
2474 *Schäfer*, AcP 202, S. 97 (434).
2475 *Hirsch*, in: FS Engisch, S. 304 (319).
2476 Vgl. dazu knapp *Kühl*, in: *Bosch/Bung/Klippel* (Hrsg.), Geistiges Eigentum und Strafrecht, S. 118 (128); *ders.*, in: *Hefendehl* (Hrsg.), Symposium Schünemann, S. 211 (216); vgl. auch *Sauren*, ZUM 2005, 425 (426); siehe auch *Kächele*, Der strafrechtliche Schutz vor unbefugten Bildaufnahmen, S. 118.
2477 *Kühl*, in: *Asada/Assmann/Kitagawa* u.a. (Hrsg.), S. 165 (168); *ders.*, in: *Hefendehl* (Hrsg.), Symposium Schünemann, S. 211 (215).
2478 Vgl. *Kühl*, in: *Asada/Assmann/Kitagawa* u.a. (Hrsg.), S. 165 (168).
2479 *Kühl*, in: *Asada/Assmann/Kitagawa* u.a. (Hrsg.), S. 165 (169); *ders.*, in: *Hefendehl* (Hrsg.), Symposium Schünemann, S. 211 (216).

fassbar sind, ist auch in diesem Bereich ein geringes Unrechtsbewusstsein festzustellen.[2480] So kann das Strafrecht notwendig sein, um die rechtliche Gesinnung der Bevölkerung zu stabilisieren.[2481] Die Schärfung des Unrechtsbewusstseins für den Respekt des persönlichen Lebensbereiches anderer Personen ist von hoher Bedeutung angesichts der aktuellen rasanten technischen Entwicklung.[2482]

Zudem fehlt es bei rein zivilrechtlichen Maßnahmen an einer sozialethischen Missbilligung, welche nur durch das Strafrecht zum Ausdruck kommt.[2483] Die Signalwirkung des Strafrechts trägt zu einer Bewusstseinsschärfung stärker bei als das Zivilrecht.[2484] Durch den Tadelcharakter kann das Strafrecht die Prävention verbessern und Hemmschwellen erhöhen.[2485] Nur so kann das Strafrecht seine eigentliche Aufgabe, durch gerechte Reaktion die Gültigkeit der verletzten Verhaltensnorm zu erweisen, erfüllen.[2486]

Gegen einen rein zivilrechtlicher Schutz sprechen damit das Prozessrisiko und außerdem die sonst fehlende abschreckende Wirkung durch das Strafrecht.[2487] Das Zivilrecht allein kann keine Normstärkung bzw. Normbewährung bewirken, dafür ist das Strafrecht maßgeblich zuständig.[2488] Allein die unterschiedlichen Funktionen der Rechtsgebiete können daher neben einem zivilrechtlichen auch einen strafrechtlichen Schutz begründen.[2489] So ist jedenfalls die Parallelität von Zivil- und Strafrechtsschutz keine Ausnahme und alleine noch kein Grund Strafrechtsschutz abzulehnen.[2490]

Trotz aller Kritik kann die Lösung aber nicht in einer „Totalpönalisierung“ liegen,[2491] vielmehr ist im Rahmen des *Ausblicks* differenzierend

---

2480 *Wolf*, Der strafrechtliche Schutz der Persönlichkeit, S. 179; vgl. auch *Kudlich*, in: *Bosch/Bung/Klippel* (Hrsg.), Geistiges Eigentum und Strafrecht, S. 39 (40).
2481 *Wolf*, Der strafrechtliche Schutz der Persönlichkeit, S. 180.
2482 *Kühl*, AfP 2004, 190 (193).
2483 *Kühl*, in: *Bosch/Bung/Klippel* (Hrsg.), Geistiges Eigentum und Strafrecht, S. 118 (128); *Wolf*, Der strafrechtliche Schutz der Persönlichkeit, S. 183.
2484 *Kächele*, Der strafrechtliche Schutz vor unbefugten Bildaufnahmen, S. 118.
2485 *Kächele*, Der strafrechtliche Schutz vor unbefugten Bildaufnahmen, S. 118.
2486 *Achenbach*, StraFo 2011, 422 (429).
2487 *Kächele*, Der strafrechtliche Schutz vor unbefugten Bildaufnahmen, S. 118; *Kühl*, in: *Asada/Assmann/Kitagawa* u.a. (Hrsg.), S. 165 (168 f.); *ders.*, in: *Hefendehl* (Hrsg.), Symposium Schünemann, S. 211 (215).
2488 Vgl. *Achenbach*, StraFo 2011, 422 (426 f.).
2489 *Wolf*, Der strafrechtliche Schutz der Persönlichkeit, S. 181.
2490 *Wolf*, Der strafrechtliche Schutz der Persönlichkeit, S. 181.
2491 *Hirsch*, in: FS Engisch, S. 304 (321).

nach Lösungsmöglichkeiten für die aktuellen Konflikte zu suchen. Der strafrechtliche Schutz des Persönlichkeitsrechts sollte fragmentarisch bleiben und möglichst auf das Zivilrecht setzten, damit die Entfaltung der Persönlichkeit möglich bleibt und ein sog. Bumerangeffekt vermieden wird.[2492]

Dennoch kann festgestellt werden, dass auch im Bereich des allgemeinen Persönlichkeitsrechts das Zivilrecht allein keinen ausreichenden Schutz bietet, weshalb der Subsidiaritätsgrundsatz bei strafrechtlichen Normen im Bereich des allgemeinen Persönlichkeitsrechts gewahrt wird.[2493]

3. Andere Maßnahmen

Derzeit findet sich kein Schutz von Persönlichkeitsrechten über das Verwaltungs- und Ordnungswidrigkeitenrecht, weshalb hieraus aktuell kein subsidiärer Schutz abzuleiten ist.[2494] Gerade bei höchstpersönlichen Rechtsgütern sind Ordnungswidrigkeiten keine denkbare Alternative,[2495] zumal auch hier vor einem zu starken Ausbau gewarnt werden muss.[2496] Das KUG, GewSchG und BDSG bieten derzeit ebenfalls keinen ausreichenden alternativen Schutz an.[2497]

II. Verhältnismäßigkeit

Der Einsatz des Strafrechts zum Schutz des allgemeinen Persönlichkeitsrechts muss verhältnismäßig sein,[2498] denn bei staatlichen Eingriffen bedürfen Mittel und Ziel stets einer sachlichen Begründung.[2499] Wie oben geschehen, werden Legitimität von Mittel und Zweck hier vorwegnehmend festgestellt. So ist auch der Schutz des allgemeinen Persönlichkeitsrechts als bedeutendes Individual-Rechtsgut mit Verfassungsrang ein legiti-

2492 *Kühl*, in: *Asada/Assmann/Kitagawa* u.a. (Hrsg.), S. 165 (169).
2493 Vgl. LK-StGB/*Schünemann*, Vor § 201 Rn. 6.
2494 Vgl. schon oben S. 319.
2495 *Kühl*, in: *Bosch/Bung/Klippel* (Hrsg.), Geistiges Eigentum und Strafrecht, S. 115 (135).
2496 S. o. S. 319.
2497 *Kächele*, Der strafrechtliche Schutz vor unbefugten Bildaufnahmen, S. 111 ff.
2498 Vgl. etwas bei *Tillmanns/Führ*, ZUM 2005, 441 (442 f.).
2499 *Achenbach*, Strafrechtlicher Schutz des Wettbewerbs, S. 115.

mer Zweck, welches mit dem Mittel des grundsätzlich anerkannten Strafrechts verfolgt werden kann.[2500]

1. Geeignetheit

Der strafrechtliche Eingriff muss geeignet sein, d.h. den erstrebten Erfolg (legitimen Zweck) fördern können.[2501] Da es genügt, wenn die Wahrscheinlichkeit der Zweckerreichung erhöht wird, kann davon ausgegangen werden, dass eine Strafrechtsnorm die Wahrscheinlichkeit erhöht, dass das allgemeine Persönlichkeitsrecht besser vor Verletzungen geschützt wird.[2502]

2. Erforderlichkeit

Erforderlich ist eine Norm dann, wenn dem Gesetzgeber keine anderen, gleich wirksamen, aber weniger belastende Mittel zur Zielerreichung zur Verfügung stehen.[2503] Der Begriff der Subsidiarität stellt eine andere Formulierung für Erforderlichkeit dar,[2504] weshalb hier im Rahmen der Erforderlichkeit weitestgehend auf vorherige Erläuterungen zur Subsidiarität verwiesen werden kann.[2505]

Bei der Prüfung der Subsidiarität konnte festgestellt werden, dass das Strafrecht zum Schutz des allgemeinen Persönlichkeitsrechts einen eigenen Anwendungsbereich hat und damit jedenfalls in der aktuellen Rechtslage notwendig, d.h. erforderlich ist, um einen umfassenden Schutz des bedeutenden allgemeinen Persönlichkeitsrechts zu gewährleisten. Dies ergibt sich insbesondere daraus, dass die aktuell zur Verfügung stehenden zivil-

---

2500 Vgl. oben S. 293 f., 320.

2501 *Achenbach*, Strafrechtlicher Schutz des Wettbewerbs, S. 116.

2502 Vgl. oben S. 320 ff.; vgl. auch *Linkens*, Der strafrechtliche Schutz vor unbefugten Bildaufnahmen, S. 175 f.

2503 *Achenbach*, Strafrechtlicher Schutz des Wettbewerbs, S. 116.

2504 Vgl. *Kasper*, Die Erheblichkeitsschwelle im Umweltstrafrecht, S. 14; siehe aber auch *Appel*, Verfassung und Strafe, S. 401; *Deckert*, Strafwürdigkeit und Strafgesetzgebung, S. 60; vgl. *Frisch*, in: FS Stree-Wessels, S. 69 (70); vgl. bei *Günther*, JuS 1978, 8 (14); *Kaspar*, Verhältnismäßigkeit und Grundrechtsschutz, S. 244, 246, 256 m.w.N.; *Krey/Esser*, AT, § 1 Rn. 18, 22; *Paulduro*, Die Verfassungsgemäßheit, S. 115 f.; *Pfaffinger*, Rechtsgüter und Verhältnismäßigkeit, S. 222, 227.

2505 S. o. S. 331 ff.

rechtlichen Mittel erhebliche Schwachstellen und Lücken aufweisen.[2506] Das Zivilrecht kann im Bereich des allgemeinen Persönlichkeitsrechts kein dem Strafrecht vergleichbares Schutzniveau bieten. Zudem hat das Strafrecht eine eigene Funktion der Normerhaltung und Abschreckung, die das Zivilrecht nicht in gleicher Weise gewährleisten kann.[2507] Daher sind Strafnormen zum Schutz des allgemeinen Persönlichkeitsrechts, mangels milderen gleich geeigneten Mittels grundsätzlich als erforderlich anzusehen.

3. Angemessenheit (Verhältnismäßigkeit i.e.S.)

Im Rahmen der Angemessenheit ist die Verhältnismäßigkeit i.e.S. bzw. das Übermaßverbot zu prüfen, da nicht jede Strafandrohung, die geeignet und erforderlich ist, gerechtfertigt ist.[2508] Vielmehr hat eine Rechtfertigung im Rahmen der Angemessenheit nach dem „Prinzip des überwiegenden Interesses"[2509] zu erfolgen.[2510] „Sowohl das Gewicht der verfolgten Zwecke als auch die Intensität der damit verbundenen Grundrechtseingriffe müssen zueinander in Beziehung gesetzt"[2511] und abgewogen werden. Die Angemessenheit deckt sich weitestgehend mit den Fragen der Strafwürdigkeit.[2512] Für das Gewicht der verfolgten Zwecke kann hier daher auf die Ausführungen zur Strafwürdigkeit des allgemeinen Persönlichkeitsrechts verwiesen werden.[2513] Auch hier sind die Ausführungen kurz zu halten, da die überragende Bedeutung des Rechtsguts allgemeines Persönlichkeitsrecht nicht in Frage steht.[2514]

Das Persönlichkeitsrecht, welches über Art. 2 I, 1 I GG Verfassungsrang hat, ist in materieller und ideeller Hinsicht eines strafrechtlichen Schutzes würdig. Gerade der hohe Wert des Rechtsgutes begründet diese Schutz-

---

2506 Vgl. auch *Linkens*, Der strafrechtliche Schutz vor unbefugten Bildaufnahmen, S. 176.

2507 S. o. S. 306 f.

2508 Vgl. für Nachweise oben S. 324 ff.

2509 SK-StGB/*Rudolphi/Jäger*, Vor § 1 Rn. 24.

2510 Vgl. oben S. 324 ff.

2511 *Kaspar*, Verhältnismäßigkeit und Grundrechtsschutz, S. 169; vgl. *Hefendehl*, JA 2011, 401 (405).

2512 Siehe oben S. 324 ff. für Nachweise.

2513 Siehe dazu oben S. 266 ff.

2514 Siehe schon oben S. 266 und nochmals *Wolf*, Der strafrechtliche Schutz der Persönlichkeit, S. 175.

würdigkeit.[2515] Damit ist der Zweck, also der Schutz des allgemeinen Persönlichkeitsrechts, als äußerst hoch und gewichtig einzustufen. Daran ändert auch die Schwere des strafrechtlichen Eingriffs grundsätzlich nichts. Denn im Falle einer Sozialschädlichkeit bzw. sozialen Erheblichkeit kann der Eingriff des Strafrechts angemessen sein. Grundsätzlich gilt wie oben gezeigt, dass bei Straftaten der „Täter [...] das Opfer bewusst zum Objekt“[2516] macht. Dabei missbraucht der Täter das Vertrauen des Verletzten, dass er als Subjekt behandelt wird und eben nicht zum bloßen Objekt degradiert wird.[2517] Der Täter verletzt dabei das gegenseitige Anerkennungsverhältnis, indem er das Opfer nicht als gleichwertig behandelt.[2518] Gerade bei der Verletzung des allgemeinen Persönlichkeitsrechts zeigt sich eine besonders weitgehende Missachtung des Opfers. Hier verletzt der Täter nicht nur die gegenseitige Anerkennung, sondern greift sogar in den Kern der Persönlichkeit des Opfers ein. Damit liegt eine soziale Erheblichkeit bzw. Sozialgefährlichkeit, insbesondere bei vorsätzlichen Verletzungen, vor. Demzufolge kann bei der Verletzung des allgemeinen Persönlichkeitsrechts von einer Bedrohung eines elementaren und grundlegenden Gemeinschaftswertes ausgegangen werden. Der Einsatz des Strafrechts zum Schutz dieses hochrangigen Rechtsguts ist damit angemessen und somit auch verhältnismäßig.

4. Zwischenfazit

Im Ergebnis ist von der Verhältnismäßigkeit einer Strafnorm bei Verletzungen des allgemeinen Persönlichkeitsrechts auszugehen. Die genaue Gestaltung von persönlichkeitsschützenden Normen ist sehr umstritten, auch wegen Zweifeln, die die Wirksamkeit des Strafrechts selbst betreffen.[2519] Zunächst kann hier festgestellt werden, dass Verhältnismäßigkeit grundsätzlich beim Schutz des allgemeinen Persönlichkeitsrechts vorliegt. Fragen, die die Ausgestaltung der Strafrechtsnormen betreffen, werden im

2515 Siehe schon oben S. 266 f. unter Hinweis auf *Wolf*, Der strafrechtliche Schutz der Persönlichkeit, S. 180.

2516 *Noltenius*, in: *Jaeckel/Zabel/Zimmermann* (Hrsg.), Grundrechtspolitik und Rechtswissenschaft, S. 93 (97).

2517 Siehe schon oben S. 326 unter Verweis auf Vorstehende.

2518 Ebda. ebenfalls unter Hinweis auf *Noltenius*, in: *Jaeckel/Zabel/Zimmermann* (Hrsg.), Grundrechtspolitik und Rechtswissenschaft, S. 93 (97).

2519 S. o. S. 280 ff.

Rahmen eines Überblicks über aktuelle Reformvorhaben im Rahmen des obigen *Ausblicks* aufgeworfen und vertieft.

III. Zusammenfassung

Die Strafbedürftigkeit bei Verletzungen des allgemeinen Persönlichkeitsrechts ist zu bejahen. Somit liegen für Verletzungen des allgemeinen Persönlichkeitsrechts Strafwürdigkeit und -bedürftigkeit vor.[2520] Zudem konnten ähnliche Probleme wie bei der Strafbedürftigkeit der besonderen Persönlichkeitsrechte festgestellt werden. Insbesondere die stetige Erweiterung des Schadensersatzes hin zu Hemmeffekten sollte nachdenklich stimmen. Deutlich wird daraus, dass der reine Ausgleich nicht (mehr) ausreichend erscheint. Anstatt dann den dogmatisch sauberen Weg über das Strafrecht zu wählen, wird das Zivilrecht, in einer ihm fremden Weise, ausgeweitet. Im folgenden Abschnitt werden Schlussfolgerungen aus dieser Gegenüberstellung gezogen.

C Schlussfolgerungen aus der Gegenüberstellung

Nachdem die Strafwürdigkeit und -bedürftigkeit von Eingriffen in das allgemeine Persönlichkeitsrecht und das Urheberpersönlichkeitsrecht festgestellt wurden, sollen hier Schlussfolgerungen aus einem Vergleich gezogen werden. Dabei geht es darum, Parallelen herauszuarbeiten und Unterschiede zu verdeutlichen, welche dann im Rahmen des *Ausblicks* für etwaige Reformen relevant werden können.

I. Pönalisierung des Zivilrechts

Eine deutliche Parallele lässt sich im Bereich des zivilrechtlichen Schutzes feststellen. Das Zivilrecht wird in seiner Ausformung schärfer, indem pönale, abschreckende und genugtuende Elemente durch die Rechtsprechung ausgebaut werden.[2521]

So ist eine Ausweitung und Erhöhung von Geldentschädigungen bzw. Schadensersatzsummen im Zusammenhang mit Persönlichkeitsrechtsver-

2520 *Kühl*, in: *Asada/Assmann/Kitagawa* u.a. (Hrsg.), S. 165 (169).
2521 S. o. S. 279, 284 f., 287 ff.

letzungen, sowohl beim allgemeinen als auch bei besonderen Persönlichkeitsrechten, zu beobachten.[2522] Die Summen werden höher und immer häufiger kommt es zu Pauschalierungen und standardisierten mehrfach Schadensberechnungen.[2523] Als Anfangspunkt ist insbesondere die Geldentschädigungsberechnung für Persönlichkeitsverletzungen zu sehen, da gerade solche zumeist immateriellen Verletzungen nicht genau berechnet werden können und damit Schätzungen und Pauschalierungen fast eine zwangsläufige Folge sind.[2524] Zudem wird bei einem solchen Anspruch neben dem Ausgleich- der Genugtuungsaspekt betont.[2525] Als prägnante Beispiele sind für das allgemeine Persönlichkeitsrecht (bei Medienveröffentlichungen) Kachelmann (635.000 €)[2526], Joschka Fischer (200.000 €)[2527] oder Caroline v. Monaco (200.000 DM) zu nennen und für den Bereich des Urheberpersönlichkeitsrechts die sog. doppelte/dreifache Schadensberechnung.[2528] Dies geschieht ausdrücklich auch, um einen besseren Hemmungseffekt zu erreichen,[2529] obwohl dem Zivilrecht wie gezeigt eigentlich eine Ausgleichsfunktion zugeschrieben wird. Diese Entwicklung ist äußerst kritisch zu sehen, da es dabei nicht nur zu einer überkompensatorischen Bereicherung der Kläger kommen kann, sondern die Beträge auch außer Verhältnis zu Summen bei Körperverletzungen stehen.[2530] Sogar im Verhältnis zu anderen Persönlichkeitsrechtsverletzungen lässt sich ein deutliches Missverhältnis feststellen, etwa bei einem Vergleich der gerade genannten Summen bei Medienveröffentlichungen mit dem Urteil des OLG Zweibrücken, in welchem dem Opfer gerade mal 1.000 € zugesprochen wurden, obwohl auch unveröffentlichte Intimaufnahmen für das Opfer äußerst unangenehme Konsequenzen haben.[2531]

2522 S. o. S. 58, 60 ff., 284 f., 342 f.

2523 Vgl. auch *Steffen*, NJW 1997, 10 der bspw. von formelhaften Berechnungsmethoden spricht.

2524 Vgl. auch *Hoppe*, Persönlichkeitsschutz, S. 141 ff.

2525 *Kern*, AcP 191, 247 f.

2526 LG Köln Az. 28 O 2/14 und 28 O 7/14; vgl. auch *Tolmein*, http://www.faz.net/aktuell/feuilleton/debatten/kachelmann-contra-bild-warum-bekommt-der-wettermoderator-so-viel-schmerzensgeld-13834444.html (abgerufen am 20.06.2016).

2527 LG Hamburg, AfP 2006, 585.

2528 S. o. S. 58 f., 284 f., 299 ff.; siehe auch *Hoppe*, Persönlichkeitsschutz; *Wagner*, AcP 206, 352 (373 ff.).

2529 Vgl. S. 285, 333.

2530 *Hoppe*, Persönlichkeitsschutz, S. 26; vgl. auch *Tolmein*, http://www.faz.net/aktuell/feuilleton/debatten/kachelmann-contra-bild-warum-bekommt-der-wettermoderator-so-viel-schmerzensgeld-13834444.html (abgerufen am 20.06.2016).

2531 S. o. S. 333 f.

Außerdem ist das sog. Präventions-Schmerzensgeld erheblichen verfassungsrechtlichen Bedenken ausgesetzt; so droht eine Verletzung des Rechtsstaatgebotes wegen Unverhältnismäßigkeit.[2532]

Diese Beobachtung lässt den Schluss zu, dass die aktuelle Rechtslage mit den zur Verfügung stehenden straf- und zivilrechtlichen Mitteln keinen ausreichenden Schutz bieten kann[2533] und „das Schmerzensgeld zu Aushilfsaufgaben [...] als Sanktion mit und ohne pönale Sühnegedanken; kurzum: als Entlastungsventil für ein unbefriedigtes Rechtsgefühl" missbraucht wird.[2534] Da keine Abhilfe durch den Gesetzgeber geschaffen wurde, hat dieses „Strafbedürfnis" im Zivilrecht seinen Platz gefunden, um in Fällen einer gravierenden Missachtung des Klägers erhöhten Schadensersatz zu gewähren.[2535] Ob dies nun zu einem weiteren Ausbau von Pönalisierungsmöglichkeiten im Zivilrecht führen soll oder ob das Strafrecht hier Abhilfe leisten muss, ist eine zweite Frage. Zunächst kann festgestellt werden, dass die aktuelle Rechtslage angesichts der aktuellen Entwicklung keinen ausreichenden und systematischen Schutz zu bieten scheint, weshalb das Zivilrecht sich in diesem Bereich weiter von seiner ursprünglichen Funktion des Ausgleichs entfernt. Dabei ist auch eine gewisse Widersprüchlichkeit in der Rechtsprechung des BGH festzustellen, der zum einen die Vollstreckbarkeit von *punitive damages* wegen deren generalpräventiver Funktion ablehnt (IX. Senat) und sich zugleich selbst auf die Präventionsfunktion des Schmerzensgeldes beruft (VI. Senat).[2536]

Bemerkenswert ist zudem, dass sich dieses Phänomen gleichermaßen im Bereich des allgemeinen Persönlichkeitsrechts sowie im geistigen Eigentum beobachten lässt. Der Grund dafür ist wohl hauptsächlich „in der flüchtigen Natur von Persönlichkeit zu suchen," die sehr schwer zu definieren ist.[2537] *Hoppe* bestätigt sogar im internationalen Vergleich, dass „dem Ausgleich in Persönlichkeitsfällen schon immer etwas von einer Strafe oder Abschreckung angehaftet hat."[2538]

2532 Vgl. *Hoppe*, Persönlichkeitsschutz, S. 131 ff., 140.

2533 *Hoppe*, Persönlichkeitsschutz, S. 54 f.; *Steffen*, NJW 1997, 10.

2534 *Steffen*, NJW 1997, 10; vgl. auch bei *Wolf*, Der strafrechtliche Schutz der Persönlichkeit, S. 183.

2535 Vgl. *Hoppe*, Persönlichkeitsschutz, S. 191.

2536 *Hoppe*, Persönlichkeitsschutz, S. 28; vgl. auch *Schlobach*, Das Präventionsprinzip, S. 267 ff.

2537 *Hoppe*, Persönlichkeitsschutz, S. 142.

2538 *Hoppe*, Persönlichkeitsschutz, S. 141 m.w.N.

II. „Verwirtschaftlichung" bzw. Ökonomisierung der Persönlichkeitsrechte

Die nächste Gemeinsamkeit kann in einer zunehmenden Verwirtschaftlichung oder Ökonomisierung der Persönlichkeitsrechte gesehen werden.[2539] Auch dies gilt wiederum für das allgemeine und besondere Persönlichkeitsrecht. Persönlichkeitsrechte entwickeln sich zunehmend zu bedeutenden Wirtschaftsfaktoren.[2540] Im Bereich des allgemeinen Persönlichkeitsrechts zeigt sich dies beispielsweise an Kommerzialisierungstendenzen,[2541] wenngleich Unterschiede in der Ausprägung festzustellen sind.

Im Bereich des geistigen Eigentums ist eine deutlich stärkere Ökonomisierung zu beobachten, die sich gerade auf das Urheberrecht erstreckt.[2542] So hat sich die Art der Vorgehensweise der Künstler und Erfinder stark gewandelt, die immer häufiger tätig sind, um davon zu leben und oft in Angestelltenverhältnissen arbeiten.[2543] Eine generelle Ökonomisierung wird auch ersichtlich bei einer Betrachtung der Betroffenen von Urheberrechtsverletzungen, da dies maßgeblich die freie Wirtschaft betrifft.[2544] Wirtschaftliche Interessen rücken immer mehr in den Vordergrund, was sich auch daran zeigt, dass die meisten „Konflikte" im Bereich des geistigen Eigentums über das Zivilrecht gelöst werden. Fraglich ist, inwiefern das Persönlichkeitsrecht hinter der Wirtschaftlichkeit überhaupt noch zum Vorschein kommt.

Damit ist zwar eine generelle Tendenz zur Ökonomisierung bei Persönlichkeitsrechten zu beobachten, die jedoch beim allgemeinen Persönlichkeitsrecht weniger stark ausgeprägt ist. So bleibt das verletzte Gut dennoch viel empfindlicher als im Bereich des geistigen Eigentums. Der Kern der Persönlichkeit ist zumeist wesentlich mehr betroffen, wohingegen im Bereich des geistigen Eigentums eine stärkere Entfernung vom persönlichkeitsrechtlichen Kern zu beobachten ist.[2545] Die Entfernung vom Kern der Persönlichkeit ist damit beim Urheberpersönlichkeit in höherem Maße als beim allgemeinen Persönlichkeitsrecht festzustellen, was zum nächsten Punkt, dem größten Unterschied führt.

2539 S. o. S. 309 ff., 318 jeweils m.w.N.

2540 *Wolf*, Der strafrechtliche Schutz der Persönlichkeit, S. 177.

2541 Zum kommerziellen Persönlichkeitsrecht siehe bspw. *Helle*, JZ 2007, 444 ff.; siehe auch bei *Hoppe*, Persönlichkeitsrechtsschutz, S. 51 ff., 56 ff.

2542 S. o. S. 309 ff., 327.

2543 Siehe schon S. 310, 328.

2544 S. o. S. 310.

2545 S. o. S. 309 ff.

III. Abtrennbarkeit der Persönlichkeit vs. Kern-Betroffenheit

Neben den beiden genannten Parallelen lässt sich auch ein bedeutsamer Unterschied feststellen, welcher sich schon im zweiten Punkt angedeutet hat. Dabei geht es um die „Kernbetroffenheit". Bei erheblichen Verletzungen des allgemeinen Persönlichkeitsrechts ist die Würde und damit der Kern der Persönlichkeit unmittelbar und zumeist unwiederbringlich betroffen. „Persönlichkeit ist das was den Menschen ausmacht [...] Bei der Frage nach einer rechtlichen Regelung von Persönlichkeit geht es daher an das ‚Heiligste' des Menschen, an seine Achtung und Würde, ein Wert, der ihm am ‚kostbarsten'" ist.[2546]

Im Bereich des geistigen Eigentums sind Persönlichkeitsverletzungen meist weniger nah am Kern. Vielmehr ist die Persönlichkeit vom Verletzungsobjekt oft sogar abtrennbar, wie etwa bei Werken des Urheberrechts (Kunstwerke, Musikstück, etc.) oder bei Erfindungen. Anders hingegen gestaltet sich dies beim allgemeinen Persönlichkeitsrecht, da dies zumeist nicht von der Person abtrennbar und abteilbar ist. Ist das allgemeine Persönlichkeitsrecht erheblich verletzt, so ist auch die Würde im Kern betroffen. Dies wird auch bestätigt bei einer Unterscheidung zwischen einem unantastbaren Kernbereich privater Lebensgestaltung und daneben einem nur relativ geschützten Bereich, in dem der einzelne Bürger in Kommunikation mit anderen tritt oder in anderer Weise einen Sozialbezug herstellt („Abwägungsbereich").[2547] So können Verletzungen des allgemeinen Persönlichkeitsrechts meist dem Kernbereich zugesprochen werden, wohingegen bei den besonderen Persönlichkeitsrechten sehr viel öfter ein Sozialbezug hergestellt werden kann. Immaterialgüter werden „aufgrund ihres Charakters als ‚öffentliche Güter'"[2548] beschrieben. Gerade Kunst kann als etwas angesehen werden, was zumeist dazu bestimmt ist, „betrachtet" zu werden. Es ist gleichermaßen in den meisten Fällen von vorneherein dazu gedacht, auch in einer gewissen Öffentlichkeit zu wirken. Dasselbe kann auf Erfindungen übertragen werden. Im Zusammenhang mit dem allgemeinen Persönlichkeitsrecht ist dies gerade anders. Ein Tagebucheintrag, Fotoaufnahmen, etc. sind gerade für das Private und nicht für die Öffentlichkeit gedacht. Daraus kann entnommen werden, dass eine differenzierte Behandlung dieser unterschiedlichen Aspekte von Persönlichkeit gerechtfertigt sein kann. In Bereichen, in denen die Würde unmittelbarer, mehr

2546 *Hoppe*, Persönlichkeitsschutz, S. 52.
2547 LK-StGB/*Schünemann*, Vor § 201 Rn. 2.
2548 *Grünberger*, in: *Hilty/Jaeger/Kitz* (Hrsg.), Geistiges Eigentum, S. 9.

an ihrem Kern betroffen ist, kann ein erhöhter strafrechtlicher Schutz notwendig sein. Dies nimmt umso mehr ab, je weiter der betroffene Teil der Persönlichkeit vom Kern entfernt ist.

Dieser Unterschied spielt insbesondere bei der Frage der Bestimmtheit dieser Normen eine Rolle. Es ist schwierig, Persönlichkeitsverletzungen, die den Kern, also die Würde betreffen, hinreichend bestimmt i.S.d. Art. 103 II GG zu erfassen, aber möglich.[2549] Noch schwieriger gestaltet sich dies aber dann in den Randbereichen, wenn zuvor zu fragen ist, was überhaupt von der Persönlichkeit im Bereich des geistigen Eigentums betroffen ist und hierfür bestimmte Normen zu bilden. So ist es oftmals schwierig, den Bereich zu finden, der neben finanziellen maßgeblichen Interessen betroffen ist. Es ist schwer zu trennen, was genau diese Randbereiche der Persönlichkeit sind und wann sie in Vermögens- bzw. Verwertungsrechte übergehen.

Offensichtlicher ist, dass der Kern der Persönlichkeit bzw. die Würde kaum nur durch das Zivilrecht geschützt werden kann, gerade da durch das Internet solche Verletzungen oft eine große Tragweite, aufgrund schneller Verbreitung erreichen können. Zu denken ist dabei etwa an die ungenehmigte Verbreitung von Nacktbildern im Internet.[2550]

Die folgenden knappen Beispiele verdeutlichen die Betroffenheit der Würde und des Kerns der Persönlichkeit bei Verletzungen des allgemeinen Persönlichkeitsrechts. Schon die Tatbestände der §§ 201a, 238, 185 StGB zeigen, um welch tiefgreifende Verletzungen es gehen kann. Gerade auch Presseveröffentlichungen, Stalking und Kinderpornographie verdeutlichen die Reichweite solcher Verletzungen. Neben den bereits genannten Nacktbilder im Internet, sei hier noch auf eine falsche Vergewaltigungs- und Mord-Verdächtigung eines 17-jährigen hinzuweisen, welche zu einer medialen „Hetzjagd“ führte.[2551] Solche Verletzungen betreffen die Würde und den Kern des Persönlichkeitsrechts, in Fällen wie Letzterem ist die Würde fast als „zerstört“ anzusehen, sodass auch eine Geldentschädigung kaum eine Wiedergutmachung ermöglichen kann.

Demgegenüber weisen beispielsweise einfache Lizenzverletzungen, aufgrund des stärker ökonomischen Bezugs im Bereich des Urheberrechts kei-

---

2549 S. o. S. 227 ff.

2550 *Kühl*, in: *Asada/Assmann/Kitagawa* u.a. (Hrsg.), S. 165 (171); *Schertz*, AfP 2005, 421 (422).

2551 *Lehr*, http://www.faz.net/aktuell/gesellschaft/mordfall-lena-der-falsche-verdacht-11704994.html (abgerufen am 12.05.2016).

ne solche hohe Unrechtsqualität auf, sodass das Zivilrecht ausreichend erscheint.

Bei der Betrachtung dieser unterschiedlichen Intensität von Verletzungen kann auch das Verhältnis zwischen dem allgemeinen und den besonderen Persönlichkeitsrechten weiterhelfen.[2552] So sind nach der Ansicht der Rechtsprechung die besonderen Persönlichkeitsrechte Teil des allgemeinen Persönlichkeitsrechts und stellen damit nur einen Ausschnitt des ganzen Rechts dar.[2553] Damit sind sie – wie oben verdeutlicht – bei Verletzungen von besonderen Persönlichkeitsrechten nur Ausschnitte oder Randbereiche betroffen, was erklärt, warum Verletzungen unterschiedlich schwer wiegen.

Diese Beispiele und Vergleiche können nochmals die Unterschiede verdeutlichen, die sich, neben der unterschiedlich starken Ökonomisierung, bei einer Verletzung des allgemeinen Persönlichkeitsrechts gegenüber einer Verletzung von besonderen Persönlichkeitsrechten ergeben können.

IV. Zusammenfassung

Im vorhergehenden Abschnitt konnten damit Parallelen und Unterschiede zwischen dem allgemeinen und den besonderen Persönlichkeitsrechten aufgezeigt werden, die neben der Ökonomisierung, Pönalisierungstendenzen und Abtrennungsmöglichkeiten betreffen.

Wie festgestellt, besteht Strafwürdigkeit und in Teilen auch Strafbedürftigkeit sowohl bei Verletzungen der besonderen Persönlichkeitsrechte als auch beim allgemeinen Persönlichkeitsrecht. Aber gerade der Vergleich hat gezeigt, dass im Bereich des allgemeinen Persönlichkeitsrechts das Strafrecht stärker notwendig sein kann, da nicht wie im geistigen Eigentum die Interessen eher wirtschaftlicher Natur sind, sondern vielmehr der Kern der Würde betroffen ist und bei Verletzungen in diesem Bereich Geld oft keinen adäquaten Ersatz bieten kann. Allerdings bleiben dennoch Umsetzungsschwierigkeiten bestehen, die sich vor allem aus Art. 103 II GG und der Subsidiarität ergeben.

„Der Schutz der Persönlichkeit findet nicht nur und schon gar nicht in erster Linie im Strafrecht statt. Dass das so sein soll, ergibt sich aus dem Subsidiaritätsprinzip, nach dem das Strafrecht ultima ratio ist und erst dann eingreift, wenn das zu bekämpfende ‚Phänomen' mit milderen Mit-

2552 Siehe hierzu *Kapitel 1 B I.*
2553 Ebda m.w.N.

teln als der Strafe ebenso gut geregelt werden kann."[2554] Gerade deshalb kann eine unterschiedliche strafrechtliche Behandlung von besonderen Persönlichkeitsrechten und dem allgemeinen Persönlichkeitsrecht notwendig sein, wenn damit das Subsidiaritätsprinzip und der fragmentarische Charakter beachtet werden.

Das ändert jedoch nichts daran, dass gerade die gefunden Parallelen einen Beitrag dazu leisten können, im Gesamten eine Lösung für Probleme im Bereich des Persönlichkeitsschutzes zu erarbeiten.

Es konnte bestätigt werden, dass große Defizite und Lücken im Bereich des (strafrechtlichen) Persönlichkeitsschutzes bestehen. Hier ist es notwendig, im Rahmen einer Gesamtbetrachtung Maßnahmen für einen verbesserten Schutz zu entwickeln, insbesondere auch um eine saubere Trennung zwischen Zivil- und Strafrecht beizubehalten und wichtige Verfassungsgrundsätze zu wahren.[2555] Dabei muss zwar eine Differenzierung zwischen dem allgemeinen und besonderen Persönlichkeitsrechten stattfinden; dennoch können im Vorfeld Lösungen für die gemeinsamen Probleme erarbeitet werden, welche dann jeweils spezifisch anzupassen sind. Um dafür einen Weg zu bereiten, werden im nächsten Abschnitt, neben einem kurzen Überblick über Anwendungsprobleme der aktuellen Normen, knapp Reformvorschläge kritisch untersucht, um dann eine weitergehende Handlungsempfehlung abgeben zu können.

D Ausblick

Im letzten Abschnitt werden die praktischen Probleme im Bereich des strafrechtlichen Persönlichkeitsschutzes überblicksartig zusammengefasst, sowie zugehörige Reformvorschläge einer knappen kritischen Würdigung unterworfen. Im Anschluss daran wird eine Handlungsempfehlung als Maßnahmenkatalog erarbeitet, die als Vorbereitung auf dem Weg zur Lösung der gesammelten Schwierigkeiten zu sehen ist.

I. Probleme im Bereich des strafrechtlichen Persönlichkeitsrechtsschutzes

In den vorherigen Abschnitten konnte gezeigt werden, dass der Schutz von Persönlichkeitsrechten bereits im Zivilrecht Lücken und Schwierigkeiten

---

2554 *Kühl*, in: FS Schöch, S. 419 (423).
2555 Für eine enge Verzahnung aber *Schlobach*, Das Präventionsprinzip, S. 463.

aufweist.[2556] Verstärkt treten Probleme im Rahmen des geringen strafrechtlichen Schutzes auf. Ein besonderes Problem ist, dass nahezu alle persönlichkeitsrechtsschützenden Strafrechtsnormen praktisch wenig bedeutsam sind, obwohl sich durch die technische Entwicklung die Bedrohungslage verschärft hat und die Strafwürdigkeit und -bedürftigkeit solcher Verletzungen bejaht werden konnte. Diese Anwendungsprobleme werden hier überblicksartig aufgezeigt.

1. Urheberpersönlichkeitsrecht

Der strafrechtliche Schutz des Urheberpersönlichkeitsrechts hat neben inhaltlichen Schwierigkeiten, eine geringe praktische Relevanz, sodass teils sogar seine Abschaffung gefordert wird.[2557]

a. Anwendungsprobleme

Insgesamt bleibt der strafrechtliche Schutz des geistigen Eigentums in seiner Bedeutung hinter zivilrechtlichen Schutzansprüchen zurück.[2558] So wird etwa das Urheberpersönlichkeitsrecht, wie oben aufgezeigt, maßgeblich über den praktisch kaum relevanten § 107 UrhG geschützt.[2559] Der aktuelle Schutz der Urheberpersönlichkeit ist damit gegenüber anderen Rechten nicht nur mit einer rechtspolitisch umstrittenen Norm, sondern auch mit einem vergleichsweise geringen Schutz ausgestaltet.

Geschützt wird die Urheberpersönlichkeit nur in wenig gravierenden Fällen oder nur aus Versehen oder nur in Verbindung mit anderen Rechtsgütern.[2560] So wird die unerlaubte Signierung geschützt, aber nicht wesentlich bedeutendere Eingriffe in das Persönlichkeitsrecht, wie die unerlaubte Veröffentlichung, Entstellung oder Zerstörung des Werks.[2561] So sind die §§ 13, 106, 107 UrhG nicht anwendbar, wenn ein neues Werk geschaffen wurde und diesem eine falsche Urheberschaft zugewiesen wird, da dann kein Werk des von der Fälschung betroffenen Urhebers vorliegt.

2556 Siehe insbesondere S. 18 ff., 37 ff.

2557 S. o. S. 93, 108 f.

2558 *Kudlich/Wohlers*, ZStW 119 (2007), 414.

2559 S. o. S. 84, 108 f.

2560 Vgl. schon oben S. 66 f., 104, 108 ff.; siehe auch bei *Weber*, Der strafrechtliche Schutz des Urheberrechts, S. 393.

2561 *Weber*, Der strafrechtliche Schutz des Urheberrechts, S. 393.

So wird auch im oben dargestellten Nolde-Fall, in dem Aquarelle im Stile Noldes mit dessen Signatur angefertigt wurden, nur das allgemeinen Persönlichkeitsrecht angewendet.[2562] Das Zivilrecht bietet damit nur eingeschränkten Schutz bei Fälschungen und geistigem Diebstahl.

Die gerade genannten Beispiele zeigen, dass der Schutz der Urheberpersönlichkeit lückenhaft und teils widersprüchlich ist. Wenn aber weniger gravierende Fälle geschützt und gravierendere nicht geschützt sind, so könnte darin ein Verstoß gegen das ultima-ratio-Prinzip oder den Verhältnismäßigkeitsgrundsatz zu sehen sein, wenngleich – wie bereits gezeigt – dem Strafgesetzgeber ein großer Beurteilungsspielraum zusteht.

Daher ist fraglich, warum gerade nur die Signierung für den strafrechtlichen Schutz ausgewählt wurde, obwohl es noch weitere teils sogar schwerere Verletzungen (unerlaubte Veröffentlichung, Entstellung, Zerstörung) der Urheberpersönlichkeit gibt. Es reicht nicht die Unbestimmbarkeit dieser anderen Verletzungen vorzuschieben, da es durchaus denkbar erscheint, auch die unerlaubte Veröffentlichung oder eine Entstellung strafrechtlich bestimmbar zu gestalten.[2563] Unter dieser Betrachtung könnte die Regelung einen willkürlichen Charakter haben. Die vom Strafrecht zu schützenden Rechtsgüter sind zwar fragmentarisch, dürfen dennoch nicht willkürlich ausgewählt werden.[2564] „Gleich schwerwiegende Eingriffe in das Persönlichkeitsrecht müssen auch gleichermaßen unter Androhung von Strafe verboten werden."[2565] In dieser Hinsicht sind sowohl das ultima-ratio-Prinzip wie auch der Verhältnismäßigkeitsgrundsatz bedroht,[2566] was einen weiteren Grund für eine kritische Hinterfragung des § 107 UrhG liefert.

Ein Grund, warum der Schutz des sog. droit de non-paternité keinen urheberstrafrechtlichen Schutz gefunden hat, kann darin zu sehen sein, dass dies schon zivilrechtlich nicht vom Urheberrecht umfasst wird. Grundsätzlich geht das Strafrecht nicht über das Zivilrecht hinaus.

Bei Betrachtung des Regierungsentwurfes des Urheberrechtsgesetzes zeigt sich die Skepsis bezüglich eines Schutzes des Urheberpersönlichkeits-

2562 Wandtke/Bullinger/*Bullinger*, UrhR, § 13 UrhG Rn. 16; Dreyer/Kotthoff/Meckel/*Dreyer*, UrhR, § 13 UrhG Rn. 49; Fromm/Nordemann/*Dustmann*, UrhR, § 13 UrhG Rn. 11.

2563 *Hanser-Strecker*, Das Plagiat in der Musik, S. 165.

2564 *Kühl*, in: *Asada/Assmann/Kitagawa* u.a. (Hrsg.), S. 165 (169).

2565 *Kühl*, in: *Asada/Assmann/Kitagawa* u.a. (Hrsg.), S. 165 (169).

2566 S. o. S. 271 f., 292 ff.; vgl. auch *Sieg*, Das unzulässige Anbringen der richtigen Urheberbezeichnung, S. 176, 178 ff., 181.

rechts.[2567] Es wird betont, dass die zivilrechtlichen Ansprüche ausreichend seien und zudem wird auf die mangelnde Bestimmtheit der Verbotsmaterie verwiesen.[2568] Diese Tendenz wurde und wird in der Literatur größtenteils begrüßt.[2569] Dies ist insoweit nicht verständlich, da grundsätzlich Eingriffe in das Urheberpersönlichkeitsrecht als schwerwiegend empfunden werden.[2570]

Die Parallelität von Zivil- und Strafrechtsschutz ist keine Ausnahme und alleine noch kein Grund, Strafrechtsschutz abzulehnen.[2571] Sonst müsste mit diesem Argument des ausreichenden Schutzes durch das Zivilrecht erst recht der strafrechtliche Schutz der Verwertungsrechte in Frage gestellt werden,[2572] da es in diesem Bereich einen lückenlosen zivilrechtlichen Schutz gibt.[2573] Allein die unterschiedlichen Funktionen der Rechtsgebiete können neben einem zivilrechtlichen auch einen strafrechtlichen Schutz rechtfertigen.[2574]

Somit ist der strafrechtliche Schutz nicht nur innerhalb des Urheberpersönlichkeitsrechts, sondern auch im Vergleich mit den Verwertungsrechten als widersprüchlich anzusehen. Weder intern noch im externen Vergleich scheint der derzeitige Schutz ausgewogen.[2575]

Insofern ist nicht nachvollziehbar, dass kaum Reformen angestoßen werden. Die genaue Ausgestaltung ist bisher äußerst umstritten. Vorschläge und Forderungen gehen von einem Streichen des gesamten Urheberstrafrechts bis hin zu einer Verschärfung.[2576]

Erschwerend kommt ein erhebliches Vollzugsdefizit im Urheberstrafrecht hinzu.[2577] Insbesondere erscheint die derzeitige Norm des § 107 UrhG nicht geglückt, sodass derzeit oft zivilrechtliche Mittel ausgedehnt

2567 *Weber*, Der strafrechtliche Schutz des Urheberrechts, S. 391.
2568 *Weber*, Der strafrechtliche Schutz des Urheberrechts, S. 391.
2569 Vgl. nur Ahlberg/Götting/*Sternberg-Lieben*, BeckOK UrhG, § 106 Rn. 1.
2570 *Weber*, Der strafrechtliche Schutz des Urheberrechts, S. 392 m.w.N. Fn. 43; so wird z.B. die Entstellung bis zum Tode geschützt und die Verwertung nur 25 Jahre (§§ 82 ff. UrhG).
2571 *Wolf*, Der strafrechtliche Schutz der Persönlichkeit, S. 181.
2572 Vgl. *Lampe*, UFITA 87 (1980), 107 (122); *Weber*, Der strafrechtliche Schutz des Urheberrechts, S. 398.
2573 *Lampe*, UFITA 87 (1980), 107 (122).
2574 *Wolf*, Der strafrechtliche Schutz der Persönlichkeit, S. 181.
2575 Vgl. auch *Sieg*, Das unzulässige Anbringen der richtigen Urheberbezeichnung, S. 181.
2576 Siehe ausführlich dazu unten S. 360 ff.
2577 *Sieber*, Straftaten und Strafverfolgung im Internet, Gutachten C zum 69. DJT, C 52.

werden, um einen besseren Schutz zu erreichen.[2578] Gerade die geringe praktische Relevanz kann, muss aber kein Indiz für ein fehlendes Strafbedürfnis sein.[2579] Generell ist das Strafrecht des geistigen Eigentums in seiner Relevanz vielfach als gering einzuschätzen. Gerade § 107 UrhG spielt in der Praxis kaum eine Rolle, was sich auch daran zeigt, dass es oft zu Geldstrafen kommt, wenn nicht gar vorher eine Einstellung nach §§ 153 ff. StPO erfolgt.[2580] Dies kann ebenfalls als Hinweis auf ein fehlendes Strafbedürfnis gewertet werden, aber zugleich ein Hinweis auf eine unglückliche Gesetzesregelung sein.

Geldstrafen zeigen allerdings insofern „Erfolge", als den Rückfallstatistiken ein Wert von unter 30 % zu entnehmen ist.[2581] Bei Freiheitsstrafen ist ein Wert von 48,1 % vorzufinden.[2582] Härtere Strafen führen also nach dem bisherigen Kenntnisstand nicht zu einer besseren Rückfallverhinderungsquote.[2583] Allerdings darf daraus nicht geschlossen werden, dass keine Sanktionierung vorzugswürdig wäre, denn in diesem Zusammenhang deuten Untersuchungen daraufhin, dass Folgetaten bei fehlender Sanktionierung deutlich ansteigen.[2584]

Bei Normen, die selten angewandt werden, geht auch die abschreckende Wirkung verloren, sodass der generalpräventive Effekt kaum zur Geltung kommt.[2585] Dies erlaubt dann Zweifel an der Berechtigung dieser Normen und verstärkt das dringende Bedürfnis nach einer Veränderung des aktuellen Schutzes. Auch verfassungsrechtliche Probleme verschärfen das Bedürfnis nach Reformen.

b. Verfassungsrechtliche Probleme (Bestimmtheit)

Zu allen bereits aufgezeigten problematischen Punkten im Bereich des strafrechtlichen Urheberpersönlichkeitsrechtsschutzes treten auch verfassungsrechtliche Bedenken. Wie oben bereits kurz aufgezeigt, finden sich in der Literatur Hinweise auf verfassungsrechtliche Probleme des Urheber-

---

2578 S. o. etwa S. 108 f., 341 ff.

2579 *Böxler*, Markenstrafrecht, S. 483; zur geringen Relevanz des § 107 UrhG s. o. S. 109.

2580 S. o. S. 84; vgl. auch zum Markenstrafrecht *Böxler*, Markenstrafrecht, S. 483.

2581 *Streng*, Strafrechtliche Sanktionen, Rn. 150 m.w.N.

2582 Siehe dazu bei *Streng*, Strafrechtliche Sanktionen, Rn. 324 ff.

2583 *Streng*, Strafrechtliche Sanktionen, Rn. 331.

2584 *Streng*, Strafrechtliche Sanktionen, Rn. 330.

2585 Vgl. in Bezug auf § 143 MarkenG *Böxler*, Markenstrafrecht, S. 484.

strafrechts.[2586] Dabei werden insbesondere Probleme mit Art. 3 GG und mit Art. 103 II GG aufgezeigt, obgleich diese Aspekte des Urheberstrafrechts oft zu kurz kommen.[2587]

Insbesondere *Hildebrandt* bejaht einen Verstoß gegen Art. 3 GG und plädiert damit, wegen der Ungleichbehandlung von Werken der bildenden Kunst gegenüber Werken der Literatur, Musik und anderen Gattungen, für die Unanwendbarkeit des § 107 UrhG.[2588] Allerdings ist dies insofern kritisch zu sehen, als der Gesetzgeber wegen des fragmentarischen Charakters des Strafrechts und seines weiten Einschätzungsspielraumes berechtigt, aber nicht verpflichtet ist Urheberpersönlichkeitsrechtsverletzungen zu bestrafen.[2589]

Auch § 103 II GG wird als gefährdet angesehen.[2590] Schon zivilrechtlich ist problematisch, dass der Verletzer oft schwer erkennen kann, was genau er macht und verletzt, da die Schutzbereiche oft nicht klar sind.[2591] Wenn dies schon zivilrechtlich so ist, muss das strafrechtlich erst recht fraglich sein. Hinsichtlich der Bestimmtheitsproblematik (Art. 103 II GG) soll hier anhand des oben erstellten Prüfungsmaßstabes eine Überprüfung von § 107 UrhG stattfinden.

Danach ist *eine Norm dann hinreichend bestimmt, wenn der Gesetzgeber seiner Rechtssetzungspflicht nachgekommen ist, indem er der Norm einen erkennbaren Schutzzweck gegeben hat, der Wortlaut eine Interpretationsgrenze setzt und ein bestimmbarer Kern besteht. Daneben sind die Besonderheiten des jeweiligen Normtyps zu berücksichtigen. Hinzu kommt ein enges Verständnis des Art. 103 II GG.*

Bei § 107 UrhG ist die erste Schwierigkeit, dass ein erkennbarer Schutzzweck nicht eindeutig zu bestimmen ist. So ist uneindeutig und daher auch umstritten, ob § 107 UrhG in erster Linie den Urheber (Urheberpersönlichkeitsrecht) oder aber die Allgemeinheit schützen soll.[2592] Auch die Gesetzgebungsmaterialien geben keine eindeutige Auskunft darüber. Der Wortlaut setzt allerdings insofern enge Interpretationsgrenzen, als klar zum Ausdruck kommt, welches Verhalten darunter fällt. Diese Grenze ist,

---

2586 Siehe schon oben etwa S. 108 f., 112 f.

2587 Vgl. *Hildebrandt*, Die Strafvorschriften des Urheberrechts, S. 28.

2588 *Hildebrandt*, Die Strafvorschriften des Urheberrechts, S. 202; kritisch *Heinrich*, UFITA 2002/III, 890 (892).

2589 *Heinrich*, UFITA 2002/III, 890 (892); vgl. auch Achenbach/Ransiek/Rönnau/*Nordemann*, Handbuch Wirtschaftsstrafrecht, S. 1446.

2590 S. o. S. 105.

2591 *Grünberger*, in: *Hilty/Jaeger/Kitz* (Hrsg.), Geistiges Eigentum, S. 9.

2592 S. o. S. 102 ff.

wie oben gezeigt, fast zu eng, da andere auch schützenswerte Verletzungen der Urheberpersönlichkeit nicht von § 107 UrhG mitumfasst werden. Damit besteht ein bestimmbarer Kern, obgleich der konkrete Schutzzweck nicht eindeutig zu erkennen ist. Dieser nicht erkennbare Schutzzweck zeigt, dass der Gesetzgeber insofern seiner Rechtssetzungspflicht nicht vollumfänglich nachgekommen ist. Wie schwer dieser Verstoß zu bewerten ist und ob dies zur Unbestimmtheit führt, muss hier nicht geklärt werden, da aufgrund aller hier aufgeführten Schwächen eine Reform des § 107 UrhG unumgänglich scheint. Im Rahmen eines Reformvorhabens kann dann entweder § 107 UrhG zu streichen sein oder es muss der Schutzzweck neben anderen Änderungen besser herausgearbeitet werden. Zu Reformvorschlägen und einer kritischen Betrachtung siehe unter *II. Änderungsvorschläge im Bereich des strafrechtlichen Persönlichkeitsrechtsschutzes.*

Die aufgezeigten Fragen, Schwierigkeiten und Probleme auch in verfassungsrechtlicher Hinsicht verdeutlichen, dass es sich bei § 107 UrhG und dem Urheberpersönlichkeitsrecht um eine dringend zu reformierende Materie handelt.

2. Allgemeines Persönlichkeitsrecht

Auch im Rahmen des allgemeinen Persönlichkeitsrechts kommt es neben Schutzlücken, zu Anwendungsschwierigkeiten und Problemen im Hinblick auf die praktische Relevanz. Interessant für einen persönlichkeitsrechtlichen Schutz sind insbesondere die §§ 185 ff., 201, 201a, 202, 202a, 203, 204, 206 StGB, § 33 KUrhG, die gemeinsam aber dennoch nur einen lückenhaften Schutz statuieren.[2593] Besonderer Augenmerk soll hier auf die Regelung des § 201a StGB gelegt werden.

Anlass, § 201a StGB einzuführen, ist unter anderem die Zunahme von Bildern, die ohne Wissen der Betroffenen angefertigt worden waren, beispielsweise Aufnahmen von Webcams in Umkleidekabinen, sanitären Einrichtungen oder beim Arzt.[2594] Neuen Gefahren durch „Handy-Spanner" soll so begegnet werden.[2595] Bei einer (direkten) Verbreitung solcher Bilder über das Internet ist ein Rückgängigmachen und damit zivilrechtliche

---

2593 *Linkens*, Der strafrechtliche Schutz vor unbefugten Bildaufnahmen, S. 6.

2594 *Hilgendorf/Wolf*, K&R 2006, 541 (546); *Kächele*, Der strafrechtliche Schutz vor unbefugten Bildaufnahmen, S. 23.

2595 *Kächele*, Der strafrechtliche Schutz vor unbefugten Bildaufnahmen, S. 23.

Genugtuung oft nicht ausreichend möglich.[2596] § 201a StGB schützt damit vor Verletzungen des höchstpersönlichen Lebensbereichs durch Bildaufnahmen. Damit wurde der Schutz bzgl. Bildaufnahmen dem Schutz bei unbefugten Tonaufnahmen gleichgestellt.[2597]

§ 201a StGB ist schon deshalb gegenüber § 33 KUrhG interessant, da damit schon das Herstellen strafrechtlich relevant ist und von Opfern nicht erst die Veröffentlichung abgewartet werden muss.[2598] Vorher konnten Medienunternehmen die Bilder veröffentlichen und dann in ihre Kalkulation mit einberechnen, was nachfolgen kann (Anwaltskosten, etwaige Schadensersatzforderungen und immaterielle Geldentschädigungen etc.).[2599] Die Privatsphäre anderer, insbesondere Prominenter wird wenig respektiert und gegebenenfalls durch Schadensersatzzahlungen „erkauft".[2600] Um dies zu verhindern, können strafrechtliche Normen sinnvoll sein.

Allerdings ergeben sich gerade bei § 201a StGB auch Lücken, insbesondere wegen der räumlichen Begrenzung.[2601] So gibt es etwa keinen Schutz für (tote) Unfallopfer oder trauernde Eltern am Grab ihres Kindes, da diese sich wohl nicht in einem Rückzugsbereich befinden.[2602] Dennoch stellen solche Verletzungen schwerwiegende Eingriffe in den persönlichen Lebensbereich dar, denn eigentlich geht es beim Persönlichkeitsrecht nicht um äußere Hindernisse, die überwunden werden, sondern um „ideelle (‚Anstands'-)Grenzen".[2603]

Neben diesen Lücken die sich durch die räumlichen Grenzen ergeben, entstehen oftmals Lücken bei Verletzungen der Persönlichkeit durch die

---

2596 Vgl. auch *Linkens*, Der strafrechtliche Schutz vor unbefugten Bildaufnahmen, S. 1.

2597 *Linkens*, Der strafrechtliche Schutz vor unbefugten Bildaufnahmen, S. 6 f.

2598 *Schertz*, AfP 2005, 421 (426); vgl. auch *Gertzen*, Der strafrechtliche Schutz des Rechts am eigenen Bild, S. 206 f.

2599 *Schertz*, AfP 2005, 421 (426); vgl. auch *Gertzen*, Der strafrechtliche Schutz des Rechts am eigenen Bild, S. 206 f.; *Peglau*, Der Schutz des allgemeinen Persönlichkeitsrechts, S. 45.

2600 *Wolf*, Der strafrechtliche Schutz der Persönlichkeit, S. 178; vgl. ebenfalls bei *Gertzen*, Der strafrechtliche Schutz des Rechts am eigenen Bild, S. 206 f.; vgl. auch bei *Schlobach*, Das Präventionsprinzip, S. 457.

2601 *Kühl*, in: *Hefendehl* (Hrsg.), Symposium Schünemann, S. 211 (218); vgl. auch *Kächele*, Der strafrechtliche Schutz vor unbefugten Bildaufnahmen, S. 90 f.

2602 Vgl. *Kächele*, Der strafrechtliche Schutz vor unbefugten Bildaufnahmen, S. 90 f.; vgl. auch m.w.N. *Preuß*, ZIS 2018, 212 ff.

2603 *Kühl*, in: *Hefendehl* (Hrsg.), Symposium Schünemann, S. 211 (218); vgl. zu Reformanstößen einen Gesetzentwurf des Bundesrates (BT-Drs. 18/9327); auch m.w.N. *Preuß*, ZIS 2018, 212 ff.

Presse.[2604] Oft sind es Medienvertreter, die gegen §§ 201, 201a StGB, § 33 KUrhG verstoßen. Da sie aber hohe Umsätze generieren können, interessiert sie das oft geringe strafrechtliche Risiko kaum. Es gibt nur wenig Urteile bzw. Anklagen zu § 33 KUG.[2605] Oft werden Verfahren gegen Zahlung einer Geldbuße eingestellt. So war es beispielsweise im Jahre 2000, als Bilder einer am „Lassa-Fieber" verstorbenen Frau verbreitet wurden und die Klage der Geschwister gegen Zahlung einer Geldbuße eingestellt wurde.[2606]

Das größte Problem aber ist in der praktischen Relevanz zu sehen,[2607] was auch daran erkennbar wird, dass § 201a StGB gar nicht in der polizeilichen Kriminalstatistik auftaucht.[2608] Das Bedürfnis nach § 201a StGB wird in Frage gestellt, da schon § 33 KUrhG kaum angewendet wird, was aber am Privatklageweg liegen kann.[2609] Bisher gibt es kaum Verfahren zu § 33 KUG und die Praktiken der Medien konnten damit nicht verhindert werden, allenfalls werden zivilrechtliche Folgen nach §§ 22, 23 KUG ausgelöst.[2610] Fraglich ist daher, ob mit § 201a StGB wieder eine folgenlose Vorschrift geschaffen wurde, gegen die es keine Verstöße im nennenswerten Umfang gibt.[2611] Die faktische Bedeutung des § 201a StGB wird daher nicht ohne Grund bezweifelt.[2612]

Ein weiteres Problem des § 201a StGB ist die Gefahr einer Art Doppelbestrafung. So wäre es beispielsweise in Fällen, in denen Journalisten oder Presseunternehmen, ein Honorar oder Gewinn durch eine Bildveröffentlichung verbleibt, dieser wäre dann neben dem Schmerzensgeld von ihnen

2604 *Hoppe*, Persönlichkeitsschutz, S. 39 ff.

2605 Absolut 3.313 erfasste Fälle die das KUG betreffen, so Bundeskriminalamt, PKS 2015; demgegenüber stehen 2014 aber 67 abgeurteilte Personen, von denen 65 zu einer Geldstrafe verurteilt wurden, so der Strafverfolgungsstatistik 2014 des Statistischen Bundesamtes zu entnehmen, S. 120 https://www.destatis.de/DE/Publikationen/Thematisch/Rechtspflege/StrafverfolgungVollzug/Strafverfolgung2100300147004.pdf?__blob=publicationFile, (abgerufen am 26.05.2016).

2606 *Schertz*, AfP 2005, 421 (423) unter Verweis auf „Berliner Zeitung" vom 07.03.2002 S. 17.

2607 *Borgmann*, NJW 2004, 2133 (2135); vgl. auch *Kächele*, Der strafrechtliche Schutz vor unbefugten Bildaufnahmen, S. 137, 235.

2608 Bundeskriminalamt, PKS 2015.

2609 LK-StGB/*Valerius*, § 201a Rn. 3; vgl. *Sauren*, ZUM 2005, 425 (432); *Wolter*, in: *Hefendehl* (Hrsg.), Symposium Schünemann, S. 225 (234).

2610 *Schertz*, AfP 2005, 421 (426).

2611 So jedenfalls *Borgmann*, NJW 2004, 2133 (2135).

2612 *Koch*, GA 2005, 589 (605); *Sauren*, ZUM 2005, 425 (432); *Schertz*, AfP 2005, 421 (423); *Wolter*, in: *Hefendehl* (Hrsg.), Symposium Schünemann, S. 225 (234).

zu bezahlen.[2613] Denn über den Verfall (§ 73 StGB) muss der Täter diese Summe (Gewinn, Gehalt) herausgeben, ohne dass das Schmerzensgeld darauf angerechnet wird.[2614] Hierzu hat das BVerfG aber klargestellt, dass Geldentschädigung keine Strafe i.S.d. Art. 103 GG darstellt[2615] und damit keine Gefahr einer Doppelbestrafung droht.

Des Weiteren wird die Ausgestaltung kritisiert und dabei auch die Bestimmtheit der Norm in Frage gestellt.[2616] Hinsichtlich der Bestimmtheitsproblematik (Art. 103 II GG) soll hier überblicksartig anhand des oben erstellten Prüfungsmaßstabes eine Überprüfung von § 201a UrhG stattfinden.

Danach ist *eine Norm dann hinreichend bestimmt, wenn der Gesetzgeber seiner Rechtssetzungspflicht nachgekommen ist, indem er der Norm einen erkennbaren Schutzzweck gegeben hat, der Wortlaut eine Interpretationsgrenze setzt und ein bestimmbarer Kern besteht. Daneben sind die Besonderheiten des jeweiligen Normtyps zu berücksichtigen. Hinzukommt ein enges Verständnis des Art. 103 II GG.*

Probleme ergeben sich hier insbesondere hinsichtlich einzelner Merkmale, wie etwa „gegen Einblick besonders geschützter Raum“ und dem „höchstpersönlichen Lebensbereich“.[2617] Allerdings ist der Gesetzgeber seiner Rechtssetzungspflicht nachgekommen, sodass der Schutzzweck (Schutz vor Verletzungen des höchstpersönlichen Lebensbereichs durch Bildaufnahmen) eindeutig erkennbar ist.[2618] Bei Betrachtung der Norm im Gesamten ist ein bestimmbarer Kern in dem Schutz des persönlichen Lebens- und Geheimbereichs zu erkennen; zudem setzt der Wortlaut auch Interpretationsgrenzen, wenngleich der Begriff des „höchstpersönlichen Lebensbereichs“ als grenzwertig einzustufen ist. Dies macht eine tiefergehende Untersuchung dieses Begriffs nötig, die an anderer Stelle erfolgen

---

2613 *Kächele*, Der strafrechtliche Schutz vor unbefugten Bildaufnahmen, S. 219.

2614 *Hoppe*, GRUR 2004, 990 (995); *Sauren*, ZUM 2005, 425 (431 f.).

2615 BVerfGE 34, 269 (292 f.).

2616 *Kächele*, Der strafrechtliche Schutz vor unbefugten Bildaufnahmen, S. 96 m.w.N.

2617 Vgl. *Kächele*, Der strafrechtliche Schutz vor unbefugten Bildaufnahmen, S. 96 m.w.N., 103.

2618 Vgl. auch bei *Linkens*, Der strafrechtliche Schutz vor unbefugten Bildaufnahmen, S. 192.

muss.[2619] Damit ist ein Verstoß von § 201a StGB gegen Art. 103 II GG nicht ausgeschlossen.[2620]

Trotz dieser kritischen Punkte haben die Ergänzungen des Persönlichkeitsschutzes durch §§ 201a, 238 StGB insgesamt den Schutzumfang verbessert, der jedoch noch weiter verbesserungswürdig bleibt.[2621] Überwiegend wird die Ergänzung des zivilrechtlichen Persönlichkeitsschutzes durch das Strafrecht begrüßt,[2622] zumal eine Verstärkung des zivilrechtlichen Schutzes mit einer neuen Strafrechtsnorm über § 823 II BGB einhergehen kann.[2623] Daneben ist eine Schärfung des Unrechtsbewusstseins für Verletzungen des persönlichen Lebensbereiches anderer Personen nicht zu unterschätzen.[2624] Angesichts der massiven Bedrohungslage ist der strafrechtliche Schutz notwendig und muss sogar in Teilen ausgebaut werden. Bei dem aktuell vorliegenden punktuellen Schutz ist fraglich, ob derzeit alle Teilaspekte (§§ 201a, 238, 185 StGB) ausreichend geschützt werden. Gerade die Bedrohung durch das Internet, die Digitalisierung[2625], neue Technik (wie beispielsweise Drohnen[2626]) stellen eine „exponentielle Erweiterung" dar.[2627] Daneben spielt aber auch die freiwillige Preisgabe privater Daten und Geheimnisse wie bei Facebook und Youtube eine Rolle.[2628] „Das Internet stellt unsere Rechtsordnung und damit auch die Gesetzgebung und die Rechtsprechung vor große Herausforderungen."[2629] Unter diesem Blickwinkel sind mögliche Reformvorschläge kritisch zu prüfen.

2619 Siehe dazu bei *Linkens*, Der strafrechtliche Schutz vor unbefugten Bildaufnahmen, S. 193; *Kächele*, Der strafrechtliche Schutz vor unbefugten Bildaufnahmen, S. 97, 102.

2620 Zu weiteren verfassungsrechtlichen Fragen *Kächele*, Der strafrechtliche Schutz vor unbefugten Bildaufnahmen, S. 140 ff.; vgl. auch *Kraenz*, Der strafrechtliche Schutz des Persönlichkeitsrechts, S. 240 ff., 252.

2621 *Kühl*, in: *Bosch/Bung/Klippel* (Hrsg.), Geistiges Eigentum und Strafrecht, S. 118 (137); zu § 201a StGB *Vahle*, DVP 2004, 494 ff.

2622 LK-StGB/*Valerius*, § 201a Rn. 1 m.w.N.; vgl. *Koch*, GA 2005, 589 (605); *Kühl*, AfP 2004, 190 (192); *Linkens*, Der strafrechtliche Schutz vor unbefugten Bildaufnahmen, S. 208; *Mitsch*, JURA 2006, 117 (120); *Schertz*, AfP 2005, 421 (428); *Vahle*, DVP 2004, 494 ff.

2623 *Vahle*, DVP 2004, 494 (496).

2624 *Kühl*, AfP 2004, 190 (193); vgl. auch *Kächele*, Der strafrechtliche Schutz vor unbefugten Bildaufnahmen, S. 118 f.

2625 *Wendehorst*, NJW 2016, 2609 (2610).

2626 Vgl. *Bischof*, DuD 2017, 142 ff.

2627 *Frehsee*, in: *Schild* (Hrsg.), Der Rechtsstaat verschwindet, S. 352 (366); *Hilgendorf/Wolf*, K&R 2006, 541; vgl. *Peifer*, JZ 2013, 853 ff.

2628 *Spindler*, Persönlichkeitsschutz im Internet, Gutachten F zum 69. DJT, F 11.

2629 *Schwartmann*, K&R 2012/3, 1.

„Straftaten im Internet stellen ein existentielles Risiko für die moderne Informationsgesellschaft dar,"[2630] weshalb der Gesetzgeber der verstärkten Gefahr für die Persönlichkeit entgegen zu treten hat.[2631] Insofern ist zu fragen, ob das bisherige Strafrecht,[2632] aber auch KUG, BDSG ausreichend sein können.[2633] Auch hier gilt, dass die zu schützende Bereiche im Strafrecht zwar fragmentarisch sind, aber nicht willkürlich ausgewählt werden dürfen.[2634] „Gleich schwerwiegende Eingriffe in das Persönlichkeitsrecht müssen auch gleichermaßen unter Androhung von Strafe verboten werden."[2635] Insofern ist zu klären, welche Bereich des Persönlichkeitsrechts noch unter strafrechtlichen Schutz zu stellen sind und wie dieser Schutz zu gestalten ist. Es könnte sinnvoll sein, den derzeitig punktuellen und verstreuten Schutz zu zentralisieren und zusammenzufassen. Damit können auch Anwendungsprobleme und Überschneidungen vermieden werden, wie sie etwa bei § 201a StGB und § 33 KUG auftreten.[2636] Grundsätzlich ist Strafe als Sanktion und sozialethische Missbilligung bei Verletzungen des Persönlichkeitsrechts erforderlich.[2637] Und dennoch gilt, dass „Alternativen zum Strafrecht [...] immer vorzuziehen [sind], weil sie die sozial schädlichen Wirkungen des Strafrechts [...] bis zu einem erheblichen Grad vermeiden können."[2638] Daher sind mögliche Reformen auch unter diesem Gesichtspunkt stets kritisch zu hinterfragen.

2630 *Sieber*, Straftaten und Strafverfolgung im Internet, Gutachten C zum 69. DJT, C 9; vgl. mit konkreten Beispielen *Schmölzer*, ZStW 123 (2011), 709 ff.

2631 *Flechsig*, ZUM 2004, 605 (616).

2632 *Linkens*, Der strafrechtliche Schutz vor unbefugten Bildaufnahmen, S. 20 ff.

2633 Vgl. *Kächele*, Der strafrechtliche Schutz vor unbefugten Bildaufnahmen, S. 115 f.; *Linkens*, Der strafrechtliche Schutz vor unbefugten Bildaufnahmen, S. 33 ff., 40 ff.; zu notwendigen Reformen des Datenschutzstrafrechts zum Persönlichkeitsschutz *Sieber*, Straftaten und Strafverfolgung im Internet, Gutachten C zum 69. DJT, C 93 ff.

2634 Vgl. *Kühl*, in: *Asada/Assmann/Kitagawa* u.a. (Hrsg.), S. 165 (169).

2635 Ebda.

2636 Vgl. nur *Kächele*, Der strafrechtliche Schutz vor unbefugten Bildaufnahmen, S. 137 f.

2637 *Kühl*, in: *Bosch/Bung/Klippel* (Hrsg.), Geistiges Eigentum und Strafrecht, S. 137.

2638 *Roxin*, in: *Neumann/Prittwitz* (Hrsg.), Kritik und Rechtfertigung des Strafrechts, S. 175 (183).

II. Änderungsvorschläge im Bereich des strafrechtlichen Persönlichkeitsrechtsschutzes

Lücken gehören zum Strafrecht, wenn aber strafwürdiges und strafbedürftiges Verhalten vorliegt dürfen sie geschlossen werden.[2639] Es gibt bisher keine Norm die das allgemeine Persönlichkeitsrecht in seiner Gesamtheit schützt,[2640] weshalb der derzeitige Schutz lückenhaft ist.[2641] Aber eventuell ist ein lückenloser Schutz auch gar nicht möglich und gewollt, da das allgemeine Persönlichkeitsrecht als Rechtsgut schwer zu bestimmen und einzugrenzen ist.[2642] Außerdem gibt es bei anderen, leichter zu fassenden Rechtsgüter wie beispielsweise Eigentum oder Vermögen keinen „Rund-um-Schutz“.[2643] Dennoch ist zu klären, „inwieweit Rechtspolitik notwendig ist“[2644], um einen ausreichenden Schutz für Persönlichkeitsrechte auch in der heutigen Zeit zu gewährleisten.

Gerade Gefahren durch den Missbrauch des Internets stellen eine neue Bedrohung dar, beispielsweise bei der Verbreitung von Inhalten mit rechtswidrigem Inhalt, wenn Rechte Dritter verletzt werden, wenn in Informationssysteme eingegriffen wird, bei Betrügereien oder Verletzungen von Immaterialgüterrechten.[2645] Dabei spielt die freiwillige und oft unfreiwillige Preisgabe persönlicher Informationen eine große Rolle.[2646] Im Internet liegt dabei ein Problem in der fehlenden Kontrolle der Internet-Inhalte, da derzeit ein „laissez-faire-Liberalismus“ die Verbreitung und Vermarktung „von beliebigen Inhalten“ erlaubt.[2647] Diese ernst zunehmenden Gefahren durch neue Kommunikationstechniken und die technische Weiterentwicklung verlangen den Einsatz des Strafrechts.[2648] Allerdings ist die genaue Ausgestaltung unklar und umstritten.

Problematisch dabei erscheint, dass die jetzige strafrechtliche Ausgestaltung wenig effektiv ist. Gerade deshalb ist fraglich, was mit einem Ausbau

2639 *Kühl*, in: FS Schöch, S. 419, 432.
2640 *Kühl*, in: FS Schöch, S. 419 (427).
2641 *Kühl*, in: FS Schöch, S. 419 (427).
2642 S. o. S. 86 ff.
2643 *Kühl*, in: FS Schöch, S. 419 (429); *ders.*, AfP 2004, 190 (191); *ders.*, in: *Hefendehl* (Hrsg.), Symposium Schünemann, S. 211 (218); *ders.*, in: FS Tiedemann, S. 29 (41).
2644 *Weber*, Der strafrechtliche Schutz des Urheberrechts, S. 4.
2645 *Vassilaki*, MMR 2006, 212 f.
2646 *Libor*, AfP 2011, 450, 451.
2647 *Herzog*, in: *Neumann/Prittwitz* (Hrsg.), Kritik und Rechtfertigung des Strafrechts, S. 117 (122 f.).
2648 Vgl. *Vassilaki*, MMR 2006, 212.

des Strafrechts bewirkt werden kann. In der bisherigen Argumentation scheint die Sittenerhaltung, Abschreckung, Prävention eines so wichtigen Rechtsgutes Hauptgrund für eine Erweiterung zu sein. Aber kann dies wirklich zur Rechtfertigung einer Strafnorm ausreichen oder geht das in die Richtung eines symbolischen Strafrechts, indem wegen der Wichtigkeit eines Rechtsguts eine Strafnorm erhalten wird oder auch neu geschaffen wird, die in der Praxis kaum Wirkung entfaltet?[2649] Ob das Strafrecht in solchen Fällen der richtige Weg sein kann oder das Zivilrecht effektiver eingesetzt und durchgesetzt werden muss, ist fraglich. Zudem könnte eine Art „Erziehung“ notwendig sein, um überhaupt das Unrechtsbewusstsein auszubauen,[2650] wenn nicht angenommen wird, dass das Recht sich diesem gesellschaftlichen Wandel anpassen muss.

Jedenfalls scheint es unabkömmlich, den derzeitigen Schutz zu verändern. Eine Beibehaltung oder Reform des Strafrechts im Bereich von Persönlichkeitsrechten macht nur Sinn, wenn die Persönlichkeitsrechte besser durchgesetzt werden, sonst kommt es vielmehr zu einer Schwächung und Geringschätzung der darin geschützten Werte.[2651] Wie oben gezeigt, kann gerade das wahrgenomme Entdeckungsrisiko bei leichten Delikten relevant sein.[2652] Die Entdeckungswahrscheinlichkeit scheint also von größerer Bedeutung als die Höhe der Strafandrohung.[2653] Viel wichtiger ist also die wahrgenommene Verbindlichkeit der Strafnorm bzw. die Strafnormakzeptanz, wenngleich gerade dieser Aspekt zu Umsetzungsproblemen führt, da dafür eine erhöhte Ermittlungstätigkeit durch die sowieso überlastete Polizei und Staatsanwalt notwendig wäre.

Damit das Strafrecht für den Persönlichkeitsschutz seiner Rolle gerecht werden kann, muss aber insbesondere an der Durchsetzung der Normen gearbeitet werden, nur dann kann durch die negative Generalprävention eine abschreckende Wirkung gelingen.

Derzeit findet dies so aber nicht statt, was dann die strafrechtliche Norm und ihr dahinterstehendes Rechtsgut eher schwächt. Insofern ist diese Fra-

---

2649 *Pfaffinger*, Rechtsgüter und Verhältnismäßigkeit, S. 3 die sich auf die kaum spürbare Veränderung nach Einführung des Produktpirateriegesetzes 1990 bezieht; zu Recht kritisch zum symbolischen Strafrecht *Hassemer*, NStZ 1989, 553 ff.

2650 *Volkmann*, Darf der Staat seine Bürger erziehen?.

2651 S. o. S. 242.

2652 S. o. S. 242 m.w.N.; sowie bei *Streng*, Strafrechtliche Sanktionen, Rn. 59 m.w.N.

2653 S. o. S. 242 ff.; vgl. auch *Dölling/Entorf/Herrmann* u.a., Soziale Probleme 17 Heft 2 (2006), 193 (206).

ge bei einem kritischen Überblick über Reformvorschläge für den Schutz von Persönlichkeitsrechten stets mit zu beachten.

1. Reformvorschläge im Bereich des Urheberstrafrechts

Nachfolgend werden Reformvorschläge für den Bereich des Urheberstrafrechts mit dem Schwerpunkt auf dem Urheberpersönlichkeitsrecht überblicksartig zusammengefasst und anschließend kritisch bewertet.

Neben den Ungereimtheiten, die die verschiedenen Bereiche des Urheberpersönlichkeitsrechts betreffen und auch gegenüber den Verwertungsrechten bestehen, spielt gerade auch die Verwirtschaftlichung im Bereich des geistigen Eigentums und die teils vergleichsweise geringen Eingriffsintensität (im Vergleich beispielsweise zu Verletzungen des allgemeinen Persönlichkeitsrechts) eine Rolle, wenn es um den Reformbedarf geht. Aber auch die oben aufgezeigten Probleme durch das Internet und die Entwicklung der Technik sind von großer Bedeutung, sowie Probleme, die sich aus der Norm selbst ergeben, wie die Verfassungsmäßigkeit, das Privatklageerfordernis oder die Ausgestaltung als relatives Antragsdelikt.[2654] Dazu kommen Probleme, die aufgrund der geringen praktischen Relevanz, häufigen Einstellungen des Strafverfahrens nach § 170 II StPO und dem geringen Unrechtsbewusstsein resultieren.[2655]

Die grundsätzlichen Schwierigkeiten einer Reform im Bereich des Urheberrechts zeigen sich deutlich bei der aktuellen Urheberrechtsreform der EU.[2656] Wobei sich die Probleme im Bereich des Strafrechts noch verschärfen.

Grundsätzlich besteht ein großes Interesse an strafrechtlichen Sanktionen bei Verletzungen des geistigen Eigentums.[2657] „Schutzrechte des geistigen Eigentums sind wertvolle Vermögensgegenstände“, die leichter ver-

---

2654 Vgl. schon *Lampe*, UFITA 87 (1980), 107 (137 ff.).

2655 Zu prozessualen Problemen *Dietz*, in: *Wandtke* (Hrsg.), Urheberrecht, Kap. 11 Rn. 27 ff.; *Gercke*, ZUM 2009, 526 (536 f.).

2656 Richtlinie (EU) 2019/790 des Europäischen Parlaments und des Rates vom 17. April 2018 über das Urheberrecht und die verwandten Schutzrechte im digitalen Binnenmarkt und zur Änderung der Richtlinien 96/9/EG und 2001/29/EG; besonders deutlich wird dies durch Protestaktionen, Petitionen etc. vgl. dazu nur *v. Blazekovic*: http://www.faz.net/aktuell/wirtschaft/diginomics/tausende-menschen-demonstrieren-gegen-urheberrechtsreform-16045816.html (abgerufen am 20.02.2019).

2657 *Cremer*, GRUR Int. 2002, 511 (516).

letzbar sind, da sie nicht in einem Tresor weggeschlossen werden können.[2658] Das Urheberrecht muss den Menschen wieder näher gebracht werden, dies kann dadurch gelingen, dass man es an die Grundwerte unseres Rechtssystems bindet.[2659] Damit wird die Frage vertieft, ob das Strafrecht der geeignete Ort dafür ist. Es geht dabei nicht um einen umfassenden Schutz der Urheberpersönlichkeit, aber um schwere Eingriffe, damit das wichtige Rechtsgut vorsichtiger behandelt wird.[2660]

Wichtig bei der Reform und Aktualisierung im Bereich des Urheberrechts ist eine differenzierte Vorgehensweise.[2661] Dabei ist von besonderer Bedeutung, dass „Urheber, Verwerter und Allgemeinheit [...] unterschiedliche, sich teilweise aber auch überschneidende Interessen"[2662] haben.

Ein Überblick über derzeit vorgeschlagene Änderungen des Urheberstrafrechts soll veranschaulichen, wie vielfältig den aktuellen Probleme mit dem Urheberpersönlichkeitsrecht Lösungen zugeführt werden können. Das Urheberstrafrecht steht schon lange in der Kritik und die Reformvorschläge reichen von einer Verschärfung des Schutzes, über eine Verringerung, bis zum gänzlichen Abschaffen.[2663]

a. Ausbau des Strafrechts

Angesichts der technischen Fortentwicklung wird ein besserer strafrechtlicher Schutz gefordert: „Wer die gesetzlichen Möglichkeiten ausschöpfen will, darf das Urheberstrafrecht nicht länger vernachlässigen."[2664] So wird teils schon lange eine – allerdings – sehr undifferenzierte Pönalisierung gefordert.[2665]

2658 *Cremer*, GRUR Int. 2002, 511 (516).

2659 Vgl. *Geiger*, Tagung des MPI 2006 zum „Interessenausgleich im Urheberrecht – Teil 2", 4. Teil: Dogmatische „Wildwüchse".

2660 Vgl. *Weber*, Der strafrechtliche Schutz des Urheberrechts, S. 398.

2661 *Peukert*, in: *Eifert/Hoffmann-Riem* (Hrsg.), Geistiges Eigentum und Innovation, S. 299 (302).

2662 *Peukert*, in: *Eifert/Hoffmann-Riem* (Hrsg.), Geistiges Eigentum und Innovation, S. 299 (304 m.w.N.).

2663 Siehe schon bei *Flechsig*, FuR 1980, 345 (351); *ders.*, ZRP 1980, 313 (317); *Hildebrandt*, Die Strafvorschriften des Urheberrechts, S. 518 m.w.N. insb. Fn. 226, S. 526 f. m.w.N.; *Weber*, FuR 1980, 335 (337 f. und m.w.N. Fn. 21–26).

2664 *Spautz*, FuR 1978, S. 96 (99).

2665 Siehe dazu *Weber*, Der strafrechtliche Schutz des Urheberrechts, S. 392 unter Hinweis auf *Riedel*, UrhG, Vorbem. § 12, S. 3 f.

Oftmals wird auch die strafrechtliche Gleichsetzung mit dem Schutz des Sacheigentums gefordert,[2666] die mit der vergleichbaren Schutzbedürftigkeit des Urheberstrafrechts wegen der Parallele zum Sacheigentum begründet wird.[2667] Allerdings ist, wie oben gezeigt, diese Parallele nicht unbedingt haltbar.[2668]

Manche Autoren halten den strafrechtlichen Schutz des Urheberpersönlichkeitsrechts auch in Fällen der Werkzerstörung, unerlaubten Werkveröffentlichung oder Vorenthaltung für geboten.[2669] Auch das sog. droit de non-paternité soll bei der Schaffung einer neuen Norm umfasst werden.[2670]

Daneben gibt es die Forderung bei schwerwiegenden Eingriffen auch grob fahrlässig begangene Rechtsverletzungen zu pönalisieren, um Beweisschwierigkeiten zu vermeiden.[2671]

Auch eine Erweiterung des strafrechtlichen Schutzes soll beispielsweise über eine Verbesserung der Vorschrift mit der Abschaffung des (relativen) Antragserfordernisses bzw. der Abschaffung der Subsidiaritätsklausel erreicht werden.[2672] Daneben wird auch das Privatklageerfordernis oft kritisch eingeschätzt.[2673]

Rochlitz geht in seiner Forderung noch weiter, indem er die Einführung eines Straftatbestandes als Offizialdelikt für Urheber und andere Berechtigte im StGB mit vergleichbarem Strafrahmen zu §§ 242, 263 StGB fordert.[2674]

2666 *Flechsig*, FUR 1980, 345 (351); *ders.*, ZRP 1980, 313 (316 f.).

2667 *Hildebrandt*, Die Strafvorschriften des Urheberrechts, 537 m.w.N.

2668 S. o. S. 255.

2669 Siehe kritisch m.w.N. *Hildebrandt*, Die Strafvorschriften des Urheberrechts, S. 517; *Lampe*, UFITA 87 (1980), 107 (122 ff.); *Sieg*, Das unzulässige Anbringen der richtigen Urheberbezeichnung, S. 178 f. m.w.N.; *Weber*, Der strafrechtliche Schutz des Urheberrechts, S. 415.

2670 Vgl. *Nordemann*, GRUR 1991, S. 1 (4); auf diesen bezugnehmend *Sandmann*, Die Strafbarkeit der Kunstfälschung, S. 179 ff., 182, 185.

2671 Vgl. *Knap*, FuR 1980, 374 (377); *Lessing*, ZRP 1985, 109 (111); *Walter*, FuR 1980, (360) 367.

2672 Vgl. etwa *Flechsig*, in: *Flechsig* (Hrsg.), Rechtspolitische Überlegungen, S. 9 (27); *Lampe*, UFITA 87 (1980), 107 (127); *Lessing*, ZRP 1985, 109 (111); *Sieg*, Das unzulässige Anbringen der Urheberbezeichnung, S. 148, 195; *Weber*, FuR 1980, 335 (342); kritisch hierzu *Burger*, FuR 1978, 796 (801).

2673 Vgl. hierzu *Hildebrandt*, Die Strafvorschriften des Urheberrechts, S. 534 f. m.w.N.

2674 *Rochlitz*, in: *Flechsig* (Hrsg.), Rechtspolitische Überlegungen, S. 29 (55).

Eine Forderung, die immer wieder auftaucht, ist die nach der Integration der Normen aus dem Nebenstrafrecht in das StGB.[2675] Damit wäre der Gesetzgeber gezwungen, strafbares Verhalten klar und präzise zu fassen, sodass auch der Schutzzweck deutlich wird.[2676] Die Aufnahme in das StGB soll die beste Gewähr sein „für rechtspolitisch gebotene und dogmatisch durchdachte Strafgesetze“[2677]. Außerdem ist neben einer Aufwertung die Schärfung des Unrechtsbewusstseins der Nutzer zu erwarten.[2678]

b. Zurückschneiden des Strafrechts

Neben dieser Forderung nach einer Ausweitung des strafrechtlichen Schutzes gibt es auch diejenigen, die eine Veränderung durch eine Verringerung des Strafrechts erreichen wollen.

Gegen einen verstärkten Schutz wird eingewandt, dass der zivilrechtliche Schutz ausreichend sei und außerdem über die Verwertungsrechte ein mittelbarer Schutz bestehe.[2679] Außerdem wird für einen geringeren strafrechtlichen Schutz oft vorgebracht, dass damit keine Schwächung des geistigen Eigentums eintrete, sondern vielmehr „durch die Konzentration auf das Wesentliche zu dessen Stärkung“ beigetragen werde.[2680] So gilt, wie allgemein im Urheberrecht, besonders im strafrechtlichen Bereich, dass „aus rechtlicher und ökonomischer Sicht gesagt werden [kann], dass ein möglichst maximaler Schutz nach der Logik des ‚viel Schutz ist gut, mehr Schutz ist besser' nicht wünschenswert erscheint“[2681]. Das Strafrecht erhält

---

2675 Vgl. *Dietz*, in: *Wandtke* (Hrsg.), Urheberrecht, Kap. 11 Rn. 2; *Flechsig*, GRUR 1978, 287, 292; *Fontaine*, Grund- und Strukturprobleme des § 142 PatG, S. 163; vgl. zum Standort gleichgültig *Hildebrandt*, Die Strafvorschriften des Urheberrechts, S. 517; *Lampe*, UFITA 87 (1980), 107 (127); *Sandmann*, Die Strafbarkeit der Kunstfälschung, S. 190; *Weber*, Der strafrechtliche Schutz des Urheberrechts, S. 442; für das Wirtschaftsstrafrecht allgemein *Hellmann*, in: FS Krey, S. 169 (190).

2676 *Hellmann*, in: FS Krey, S. 169 (190).

2677 *Hellmann*, in: FS Krey, S. 169 (190).

2678 *Dietz*, in: *Wandtke* (Hrsg.), Urheberrecht, Kap. 11 Rn. 2.

2679 Vgl. etwa bei *Burger*, FuR 1978, 796 (801); *Flechsig*, GRUR 1978, 287 (288); vgl. kritisch *Hanser-Strecker*, Das Plagiat in der Musik, S. 165 f.; siehe außerdem schon oben S. 110 f., 122 ff., 137 f.

2680 So *Hildebrandt*, Die Strafvorschriften des Urheberrechts, S. 527 unter Verweis auf *Sieg*, Das unzulässige Anbringen der Urheberbezeichnung, S. 176, 192 f.

2681 Vgl. allgemein zum Urheberrecht *Peukert*, in: *Eifert/Hoffmann-Riem* (Hrsg.), Geistiges Eigentum und Innovation, S. 299 (302).

nur dann seine Durchschlagskraft, Effektivität und Glaubwürdigkeit, wenn es auf gravierende Rechtsgutsverletzungen beschränkt bleibt.[2682] Mit diesen Argumenten wird auch eine Erheblichkeitsschwelle im Urheberstrafrecht befürwortet.[2683]

Auch *Weber* will Bagatellen aus dem Urheberstrafrecht schon aus dem Tatbestand herausnehmen, sodass bei § 106 UrhG beispielsweise das Herstellen nur strafbar ist, wenn eine Absicht zur späteren Verbreitung vorliegt.[2684] Geschaffen werden soll zudem eine Strafvorschrift, die gravierende Verletzungen des Urheberpersönlichkeitsrechts sanktioniert (z.B. unerlaubte Veröffentlichung eines Werks).[2685]

Auch um den Umgang mit Bagatellen im Sinne einer Untergrenze geht es bei *Frisch*, für den dabei aber weniger das materielle Strafrecht als vielmehr das Prozessrecht im Zentrum.[2686] Dabei sind neben der Einstellung wegen Geringfügigkeit, Privatklagedelikte und Strafbefehlsverfahren zu nennen.[2687]

Strafrecht kann sinnvoll sein bei Urheberrechtsverletzungen im großen Stil, aber nicht im privaten (Endabnehmer-) Bereich, außerdem soll es nicht der Durchsetzung zivilrechtlicher Ansprüche dienen (keine Instrumentalisierung).[2688]

In eine ähnliche Richtung geht die Forderung, das Urheberstrafrecht auf organisierte Kriminalität zu konzentrieren und dabei das zivilrechtliche Schutzsystem über § 101 UrhG auszubauen.[2689] So fordert beispielsweise *Sieber*, dass die zivilrechtliche Durchsetzung verbessert werden müsste, etwa durch Auskunftsansprüche für Abmahnungen.[2690] Allerdings bringt dies auch große Probleme mit sich. So passen das vorgeschlagene Three-

---

2682 Vgl. *Pfaffinger*, Rechtsgüter und Verhältnismäßigkeit, S. 261.

2683 Vgl. vertiefend bei *Pfaffinger*, Rechtsgüter und Verhältnismäßigkeit, S. 260 ff.; vgl. zur Aufnahme einer Bagatellklausel *Heinrich*, GRUR-Prax 2017, 96 (98).

2684 *Weber*, FuR 1980, 335 (341).

2685 *Weber*, FuR 1980, 335 (342).

2686 *Frisch*, in: FS Stree-Wessels, S. 69 (99 ff.).

2687 *Frisch*, in: FS Stree-Wessels, S. 69 (99 ff.).

2688 Vgl. MüKo-StGB/*Heinrich*, Vorbe. UrhG, Rn. 28 m.w.N.

2689 *Sieber*, Straftaten und Strafverfolgung im Internet, Gutachten C zum 69. DJT, C 155.

2690 *Sieber*, Straftaten und Strafverfolgung im Internet, Gutachten C zum 69. DJT, C 98; zum Ausbau von Auskunftsansprüchen auch *Hildebrandt*, Die Strafvorschriften des Urheberrechts, S. 504.

Strikes-Modell oder die „Kleine Vorratsdatenspeicherung" als starke Eingriffe kaum in das derzeitige Zivilrecht.[2691]

Wiederum andere Reformvorschläge gehen in die Richtung einer Änderung und Straffung urheberrechtlicher Normen, so beispielsweise *Hildebrandt*, der vorschlägt die §§ 106 bis 109 UrhG in einer einheitlichen Vorschrift unterzubringen.[2692]

Daneben gibt es auch Vorschläge, mehrere strafrechtliche Normen des geistigen Eigentums (Urheberrecht und gewerblicher Rechtsschutz) zu verbinden.[2693] Dazu könnte eine Gesamtreform des Vermögensstrafrechts als Rahmen für eine Reform des Urheber- und Erfinderstrafrechts dienen.[2694] Nur wenn man den „umgreifenden Rahmen und die in ihm sich stellenden grundlegenden Probleme stets im Auge behält", kann eine sinnvolle Regelung entstehen.[2695]

Neben den verschiedenen Änderungsvorschlägen für das Strafrecht und Strafverfahren lehnen beispielsweise *Burger* und *Hildebrandt* prinzipiell den strafrechtlichen Urheberschutz ab, da das Strafrecht nicht der adäquate Ort für urheber- und urheberpersönlichkeitsrechtliche Streitigkeiten sei.[2696] Die oft genannte Parallele zum Sacheigentum sei nicht überzeugend, vielmehr sei das geistige Eigentum andersartig und daher auch anderer Schutz notwendig.[2697]

Daneben werden wegen Beweisschwierigkeiten auch technische Schutzmaßnahmen als erforderlich und gegenüber dem Strafrecht vorteilhaft angesehen.[2698]

Eine andere Möglichkeit de lege ferenda wäre, die bereits gegebenen Umstände der Geringachtung immaterieller Rechte gerade im Internet hinzunehmen und über andere Maßnahmen einen Ausgleich für Betroffe-

---

2691 *Sieber*, Straftaten und Strafverfolgung im Internet, Gutachten C zum 69. DJT, C 98.

2692 *Hildebrandt*, Die Strafvorschriften des Urheberrechts, S. 538.

2693 Für Schutzrechte vgl. *Fontaine*, Grund- und Strukturprobleme des § 142 PatG, S. 165 f.; vgl. *Rochlitz*, Der strafrechtliche Schutz des ausübenden Künstlers, S. 259 ff.

2694 *Lampe*, UFITA 87 (1980), 107 (135 ff., 143).

2695 *Lampe*, UFITA 87 (1980), 107 (135).

2696 *Burger*, FuR 1978, 796 (801); *Hildebrandt*, Die Strafvorschriften des Urheberrechts, S. 537.

2697 *Hildebrandt*, Die Strafvorschriften des Urheberrechts, 537 m.w.N.

2698 Pierson/Ahrens/Fischer/*Pierson*, Recht des geistigen Eigentums, § 77 S. 426; *Roxin*, in: *Neumann/Prittwitz* (Hrsg.), Kritik und Rechtfertigung des Strafrechts, S. 175 (183) der als Beispiel Wegfahrsperren oft als vorteilhafter gegenüber der Bestrafung der Diebe nennt.

ne (Urheber, Künstler, o.ä.) herzustellen. Zu denken ist hier an eine Art Abgabe, Steuer oder erhöhte Internetgebühr, die dann in Anteilen an die jeweils Betroffenen fließen könnte. Allerdings ist dies auch aufgrund der Masse an Betroffenen, der Unübersichtlichkeit des Internets und gerade im Zusammenhang mit Persönlichkeitsverletzungen nur schwer umsetzbar.

c. Streichung von strafrechtlichen Normen

Ein Großteil der Autoren in der Literatur fordert jedenfalls die Abschaffung des § 107 UrhG.[2699] Argumentiert wird insbesondere mit der geringen praktischen Bedeutung, dem Ausreichen des allgemeinen Strafrechts, der Zweifelhaftigkeit der Strafwürdigkeit, den verfassungsrechtlichen Problemen und der fast willkürlichen Auswahl der strafbaren Handlungen.[2700] So werden andere Verstöße gegen das Urheberpersönlichkeitsrecht, die schwerer oder gleich wiegen nicht bestraft.[2701] Im Zusammenhang mit der Subsidiaritätsklausel des § 107 UrhG ist umstritten, ob es im Bereich der Kunstfälschung hinreichenden Schutz durch Betrug und Urkundenfälschung gibt.[2702]

Auch die Rechtsvergleichung im deutschsprachigen Raum, in der keine vergleichbare Vorschrift zu finden ist, spricht für die Streichung des § 107 UrhG.[2703]

Selbst *Weber* nennt als einzigen Grund zur Beibehaltung nur die Tradition,[2704] was von *Hildebrandt* zu Recht als „nicht gerade überzeugenden Grund“ bezeichnet wird.[2705]

Die gegenwärtige Fassung des § 107 UrhG kann als unbefriedigend beschrieben werden, weshalb § 107 UrhG tatsächlich besser zu streichen wäre, insbesondere solange schwerere Verstöße gegen das Urheberpersönlich-

---

2699 Vgl. etwa *Heinrich*, UFITA 2002/III, 890 (895) in Bezug auf *Hildebrandt*, Die Strafvorschriften des Urheberrechts, S. 526 m.w.N.; Ahlberg/Götting/*Sternberg-Lieben*, BeckOK UrhG, § 107 Rn. 1.

2700 Vgl. nochmals *Hildebrandt*, Die Strafvorschriften des Urheberrechts, S. 526 f. m.w.N.

2701 *Hildebrandt*, Die Strafvorschriften des Urheberrechts, S. 527 m.w.N.

2702 Von einem solchen ausgehend Ahlberg/Götting/*Sternberg-Lieben*, BeckOK UrhG, § 107 Rn. 1; vgl. *Hildebrandt*, Die Strafvorschriften des Urheberrechts, S. 527 f. m.w.N.; *Sieg*, Das unzulässige Anbringen der Urheberbezeichnung, S. 148; vgl. auch *Weber*, Der strafrechtliche Schutz des Urheberrechts, S. 253 f.

2703 Vgl. m.w.N. dazu *Hildebrandt*, Die Strafvorschriften des Urheberrechts, S. 527.

2704 *Weber*, Der strafrechtliche Schutz des Urheberrechts, S. 422.

2705 *Hildebrandt*, Die Strafvorschriften des Urheberrechts, S. 527.

keitsrecht ungeahndet bleiben.[2706] Der derzeitige Zustand kann „nur mit der kriminalpolitischen Geringschätzung des Urheberpersönlichkeitsrechts durch den Gesetzgeber des Urheberrechtsgesetzes zu erklären“[2707] sein.

Allerdings muss die Konsequenz aus einer Streichung des § 107 UrhG nicht zwangsläufig einen fehlenden Urheberpersönlichkeitsschutz bedeuten. Dieser könnte im Rahmen einer Gesamtreform neu gestaltet werden. Denn nicht alle strafbaren Verwertungshandlungen gehen Hand in Hand mit Urheberpersönlichkeitsrechtsverletzungen, teilweise würde es sonst sogar am mittelbaren Schutz fehlen.[2708]

Gerade diese Zweifel am aktuellen Schutz zeigen nochmals deutlich, dass obwohl die Strafwürdigkeit und -bedürftigkeit zu bejahen sind, fraglich bleibt, wie damit umzugehen ist. Zu klären bleibt damit, wie der Schutz am Besten gelingen kann, ohne ein Zuviel an (für die Praxis kaum relevantem) Strafrecht zu gestalten und nicht das Urheberpersönlichkeitsrecht schutzlos zu stellen.

d. Kritik an den aufgezeigten Reformvorschlägen

Die verschiedenen Vorschläge sollen nun kritisch beleuchtet werden. Besonders angreifbar sind Vorschläge, die nur § 107 UrhG ändern wollen, ohne das Gesamtbild im Auge zu haben. Damit werden die eigentlichen Probleme der Norm nicht gelöst.[2709] Vielmehr würde dann eine höchst fragliche Norm ausgebaut und verändert, anstatt dass eine neue sinnvolle, weniger fragwürdige Norm entwickelt würde. Außerdem bleibt das Problem bestehen, dass eine Norm zum Schutz der Urheberpersönlichkeit nur sehr selten zu Anwendung kommt, in speziellen und extremen Ausnahmefällen.[2710]

An Vorschlägen, die das Urheberstrafrecht stark reduzieren oder streichen wollen, ist problematisch, dass dies der aktuellen Bedrohungslage nicht gerecht werden könnte. Gleichwohl eine Reduzierung des Straf-

2706 *Sieg*, Das unzulässige Anbringen der richtigen Urheberbezeichnung, S. 176 ff., 192.

2707 *Weber*, Der strafrechtliche Schutz des Urheberrechts, S. 361.

2708 Siehe schon oben S. 122 ff., 137 f.; vgl. nochmals *Weber*, Der strafrechtliche Schutz des Urheberrechts, S. 394 f.

2709 Vgl. etwa *Burger*, FuR 1978, 796 (801 f.); *Sandmann*, Die Strafbarkeit der Kunstfälschung, S. 190.

2710 *Hildebrandt*, Die Strafvorschriften des Urheberrechts, S. 518.

rechts zu befürworten ist, kann dennoch der Schutz des (Urheber-) Persönlichkeitsrechts hinsichtlich des *Ob* und *Wie* einer Pönalisierung nicht der Zivilrechtsrechtsprechung überlassen werden, welches, wie gezeigt, von anderen Grundwerten geprägt ist (vgl. nur das Billigkeitsdenken).[2711]

Bemerkenswert ist dabei auch, dass es oftmals Reformvorschläge für den gesamten Bereich des geistigen Eigentums gibt, ohne aber das Strafrecht relevant zu verändern.[2712] Dabei sollte gerade eine Gesamtreform alles mit einbeziehen und den problematischen strafrechtlichen Bereich nicht außer Acht lassen.

Problematisch ist weiter an vielen Reformvorschlägen, dass eine bloße Änderung der Normen wenig bewirkt, wenn nicht auch die – wohl beachtliche Wirkung entfaltende – Verurteilungswahrscheinlichkeit erhöht wird.[2713] Aber gerade dieser vermeintlich einfache Weg zu einer Kriminalitätsbekämpfung muss mit einer kostenintensiven Verbesserung der finanziellen und personellen Ausstattung der Strafverfolgungsbehörden einhergehen.[2714] Die Wahrnehmung eines erhöhten Bestrafungsrisikos kann prinzipiell zur Verminderung von Taten führen.[2715]

Gemein ist den verschiedenen Vorschlägen leider, dass ein deutlich sichtbares kriminalpolitisches Konzept fehlt.[2716] Zwar bringen viele Vorschläge auf ihre Weise Verbesserungen gegenüber der lex lata. Es bleibt aber mit einer großen Unsicherheit verbunden, ob diese „einen grundsätzlichen Wandel in dem Verhältnis zwischen zivilrechtlichem und strafrechtlichem Schutz auf dem Gebiet des Urheber- und Erfinderpersönlichkeitsrechts bewirken können".[2717] Daher könnte es sinnvoll sein, eine Reform des Urheber- und Erfinderschutzes in eine Gesamtreform auch der Vermögensrechte einzubetten.[2718] Denn auch das Verhältnis der Vermögens- und Persönlichkeitsrechte hat sich als klärungsbedürftig erwiesen. Der kurze Überblick über derzeit vorgeschlagene Änderungen des Urheberstrafrechts hat veranschaulicht, wie vielfältig die aktuellen Probleme angegangen werden und gleichzeitig die Schwächen offenbart, da es an

---

2711 Vgl. *Weber*, Der strafrechtliche Schutz des Urheberrechts, S. 399.

2712 Vgl. etwa *Ahrens/McGuire*, Modellgesetz für Geistiges Eigentum, S. 193 ff., 196.

2713 S. o. S. 242; sowie *Curti*, Abschreckung durch Strafe, S. 177 f.

2714 *Curti*, Abschreckung durch Strafe, S. 178; vgl. *Gercke*, ZUM 2009, 526 (536) der darauf hinweist, dass die Ausweitung der Strafbarkeit keinen Einfluss auf Personalmittel der Strafverfolgungsbehörden hat.

2715 *Streng*, Strafrechtliche Sanktionen, Rn. 55.

2716 *Lampe*, UFITA 87 (1980), 107 (133).

2717 *Lampe*, UFITA 87 (1980), 107 (133).

2718 Vgl. bei *Lampe*, UFITA 87 (1980), 107 (135); *Rochlitz*, FuR 1980, 359 f.

einem großen Gesamtkonzept fehlt. Somit kann dadurch auch die These dieser Arbeit gestützt werden, dass die aktuelle Gestaltung nicht mehr passend ist. Es ist daher nun an den offiziellen Stellen de lege ferenda tätig zu werden. Dazu soll im Folgenden ein Maßnahmenkatalog als erster Schritt entwickelt werden. Zuvor erfolgt jedoch ein kritischer Blick auf Reformvorschläge im Bereich des allgemeinen Persönlichkeitsrechts.

2. Reformvorschläge im Bereich des allgemeinen Persönlichkeitsrechts

Im Bereich des allgemeinen Persönlichkeitsrechts sind derzeit weniger Reformvorhaben zu finden als im Bereich des Urheberstrafrechts.[2719]

Ein Problem im Zusammenhang mit dem Schutz der Persönlichkeit besteht darin, dass dieser wohl am Besten durch eine Generalklausel erfolgen könnte, die für neue Gedanken aufnahmefähig ist.[2720] Aber gerade dies ist im Strafrecht wegen Art. 103 II GG nicht möglich und damit vermutlich eine Erklärung, warum es im Zivil- und erst recht im Strafrecht keinen einen umfassenden Schutz der Persönlichkeit gibt.[2721]

Und dennoch kann auch eine Reform im Bereich des allgemeinen Persönlichkeitsrechts sinnvoll sein, da der bisherige strafrechtliche Schutz sehr dünn ausgestaltet ist, was angesichts der neuen Gefahren anpassungswürdig erscheint.[2722] Als Beispiele für neue Bedrohungen seien hier etwa die NSA- und Prism-Affäre 2013, der Abhörskandal um Leipzig Chemie, personalisierte Anzeigen bei Google, Cybermobbing, die Gesichtserkennung bei Facebook und die schon ausführlich genannten neuen Techniken (insbesondere Drohnen[2723], Handy- und Minikameras) genannt. Dieser exponentiellen „Erweiterung technischer Möglichkeiten“[2724] darf das Recht sich nicht beugen.[2725] Vielmehr muss der Mensch „das Maß aller

2719 Vgl. ausführlicher dazu LK-StGB/*Schünemann*, Vor § 201 Rn. 11 ff.

2720 *Hubmann*, Das Persönlichkeitsrecht, S. 84.

2721 S. o. S. 21 ff. zu Definitionsschwierigkeiten.

2722 Vgl. etwa bei LK-StGB/*Schünemann*, Vor § 201 Rn. 11; *Heckmann/Paschke*, DRiZ 2018, 144 ff.

2723 Zu Problemen bei deren Nutzung *Bischof*, DuD 2017, 142 ff.; *Solmecke/Nowak*, MMR 2014, 431 ff.

2724 *Frehsee*, in: *Schild* (Hrsg.), Der Rechtsstaat verschwindet, S. 352 (366); *Hilgendorf/Wolf*, K&R 2006, 541; vgl. *Peifer*, JZ 2013, 853 ff.

2725 BGH NJW 1966, 2353.

Dinge" sein und bleiben.[2726] Daher hat auch der Gesetzgeber der verstärkten Gefahr für die Persönlichkeit entgegen zu treten.[2727]

Die bisherigen Normen zum Schutz der Persönlichkeit sind, wie gezeigt, über das ganze StGB und Nebenstrafrecht verstreut.[2728] Um Anwendungsprobleme und Überschneidungen zu vermeiden (wie etwa bei § 201 StGB und § 33 KUG), könnte der derzeitig punktuelle und verstreute Schutz zu zentralisieren und zusammenzufassen sein.[2729]

So wird teilweise die Anpassung des KUG gefordert[2730] oder aber jedenfalls die Aufnahme von § 33 KUG in § 201 StGB.[2731] Andere Vorschläge gehen in die Richtung einer Neufassung des strafrechtlichen Bildaufnahmeschutzes.[2732] Ein Gesetzentwurf des Bundesrates vom 02.03.2018 fordert eine Änderung des § 201a StGB zur effektiven Bekämpfung von „Gaffern".[2733]

Aber auch eine Verbindung der Möglichkeiten des Strafrechts, Strafprozessrechts und des Telemedienrechts werden in Erwägung gezogen, wobei die Technikgestaltung als „Herzstück" in den Mittelpunkt gestellt werden soll.[2734]

Erwähnenswert im Zusammenhang mit dem Schutz des allgemeinen Persönlichkeitsrechts ist das NetzDG, welches am 01.10.2017 in Kraft getreten ist. Hiermit geht zwar keine strafrechtliche Änderung einher, aber der wichtige Schutz des Persönlichkeitsrechts gerade im Internet wird betont. Wenngleich sich dieses Gesetz massiver Kritik ausgesetzt sieht, insbesondere da neben Konflikten mit der Meinungsfreiheit eine „Privatisierung" von Strafe droht.[2735]

2726 *Vassalli*, ZStW 74 (1962), 111 (117).

2727 *Flechsig*, ZUM 2004, 605 (616); vgl. auch *Heckmann/Paschke*, DRiZ 2018, 144 (147).

2728 Vgl. LK-StGB/*Schünemann*, Vor § 201 Rn. 6, 8; sowie §§ 106 UrhG, 44 BDSG, 33 KUG, 44 Stasi-Unterlagengesetz.

2729 Vgl. nur *Kächele*, Der strafrechtliche Schutz vor unbefugten Bildaufnahmen, S. 137 f.

2730 *Eberle*, Stellungnahme zu den Anhörungen des Rechtsausschusses des Bundestages zum – Schutz der Intimsphäre – am 24.09.2003, S. 46 (48).

2731 *Eisele*, JR 2005, 6 (11); vgl. *Schöch*, Stellungnahme zu den Anhörungen des Rechtsausschusses des Bundestages zum – Schutz der Intimsphäre – am 24.09.2003, S. 119 ff.

2732 *Kächele*, Der strafrechtliche Schutz vor unbefugten Bildaufnahmen, S. 231 ff.; vgl. auch *Borgmann*, NJW 2004, 2133 (2135).

2733 Vgl. m.w.N. *Preuß*, ZIS 2018, 214 ff.

2734 So die Forderung der Einführung eines Cybermobbing-Straftatbestandes, *Heckmann/Paschke*, DRiZ 2018, 144 (145 f.).

2735 Näheres bei *Guggenberg*, ZRP 2017, 98; *Kalscheuer/Hornung*, NVwZ 2017, 1721.

Es gibt auch die Forderung § 201 StGB und § 201a StGB zu einer Norm zu verbinden.[2736]

Zudem gibt es immer wieder Forderungen nach der Einführung eines allgemeinen Indiskretionsdelikts.[2737]

Die Hauptkritik liegt auch hier in den jeweils nur punktuellen Ergänzungen (Reformen) des Persönlichkeitsschutzes.[2738] Die Problematik einer fehlenden systematischen Legitimation im Sinne einer fehlenden Architektur ist auch im Wirtschaftsstrafrecht zu erkennen.[2739] So bleiben stets Probleme und Schwachstellen bestehen, worin auch eine Parallele zu den besonderen Persönlichkeitsrechten zu sehen ist. Insofern wäre eine Gesamtreform angebracht, die in ihre Überlegungen alle relevanten aktuellen Normen und Bereiche des Persönlichkeitsschutzes miteinbezieht.

III. Maßnahmenkatalog

Der bisher lückenhafte und kritisch zu sehende strafrechtliche Persönlichkeitsschutz ist insofern nachvollziehbar, als selbst das Zivilrecht Schwierigkeiten hat einen solchen Schutz zu statuieren und „nicht vom Strafrecht [...] [erwartet werden kann], daß es Entwicklungen des Zivilrechts vorwegnimmt."[2740]

Aus der Kritik der bisherigen Reformvorschläge soll folgend ein Maßnahmenkatalog erarbeitet werden, mit welchem möglichst viele kritische Punkte vermieden werden können und mit welchem dann de lege ferenda ein besserer, saubererer und systematischerer Persönlichkeitsschutz geschaffen werden kann. Der nachfolgende Maßnahmenkatalog steht dabei aber unter dem Vorbehalt näherer wissenschaftlicher Untersuchung.

Bei Reformen, die das Strafrecht betreffen, ist es unabdingbar, auch die Rechtsgutslehre zu beachten. Der Gesetzgeber ist eben nicht ganz frei, sondern muss sich an die Verfassungsgrundsätze und damit an die Bestimmtheit und die darin verankerte Rechtsgutslehre halten.[2741] Damit ist ein

2736 Vgl. bei *Schmitz*, Strafrechtlicher Schutz, S. 134 ff.

2737 Vgl. kritisch aber m.w.N. dazu LK-StGB/*Schünemann*, Vor § 201 Rn. 13; vgl. auch bei *Peglau*, Der Schutz des allgemeinen Persönlichkeitsrechts, S. 43 ff., 129 f.

2738 *Kühl*, in: *Hilgendorf/Ünver* (Hrsg.), Das Strafrecht im deutsch-türkischen Rechtsvergleich, Band IV, S. 177.

2739 *Anders*, ZStW 130 (2018), 374 (377).

2740 *Wolf*, Der strafrechtliche Schutz der Persönlichkeit, S. 198.

2741 Siehe dazu oben.

Schutz von Moralwidrigkeiten nicht möglich und ein zu weitgehender Strafrechtsschutz kann vermieden werden.[2742] Außerdem ist damit gesichert, dass nur das geschützt wird, was für das soziale Zusammenleben relevant ist. Oben wurde gezeigt, wie die Rechtsgutslehre im Bestimmtheitsgrundsatz verankert ist und damit bei der Schaffung neuer Normen stets zu beachten ist, damit Art. 103 II GG gewahrt werden kann. Aus dem Zweck des Rechts des Persönlichkeitsrechts folgt, dass der verwirklichte Persönlichkeitswert zugleich Rechtsgut ist.[2743]

Eine Änderung der aktuellen Strafrechtsnormen im Bereich des Persönlichkeitsschutzes ist angesichts der vielen aufgezeigten Schwierigkeiten notwendig. Dabei ist neben einer strikten Beachtung der Rechtsgutslehre auch heute noch mit *Würtenberger* zu sagen „All dies fordert vor allem die Rücksicht auf den Rechtsstaatsgedanken, an dem sich gerade in der heutigen Zeitsituation der Strafgesetzgeber mehr denn je orientieren sollte."[2744] Strafrecht soll nur als letztes Mittel eingesetzt werden, daher müssen auch Normen die Strafe nicht erfordern bzw. rechtfertigen geändert werden, wozu direkt bei den einzelnen Delikten angesetzt werden muss.[2745]

Vorliegend kann keine neue umfassende Gesamtreform erarbeitet werden, wie sie notwendig wäre. Für gut fundierte Gesetze bedarf es einer kriminologischen Grundlagenforschung, die in dieser Arbeit nicht mehr vorgenommen werden kann.[2746] Da aber festgestellt wurde, dass derzeit viele offene Fragen und Probleme im Bereich des Strafrechts des geistigen Eigentums existieren, die dringend klärungs- und regelungsbedürftig sind,[2747] soll als Abschluss der Arbeit ein Vorschlag für zu ergreifende Maßnahmen (im Sinne eines Maßnahmenkatalogs für etwaige Reformen) unterbreitet werden.

Dabei wurde in den bisherigen Ausführungen bereits deutlich, dass eine Gesamtreform, die den Persönlichkeitsschutz im Ganzen im Blick hat, angestrebt werden soll. Gezeigt wurde dabei auch, dass Strafe als Sanktion und sozialethische Missbilligung bei Verletzung des Persönlichkeitsrechts grundsätzlich erforderlich ist.[2748] Dies entspricht einer allgemeinen Ten-

2742 Vgl. oben; sowie bei *Kühl*, in: FS Maiwald, S. 433 (447 ff.).

2743 *Hubmann*, Das Persönlichkeitsrecht, S. 81.

2744 *Würtenberger*, Die geistige Situation, S. 87.

2745 *Frisch*, in: FS Stree-Wessels, S. 69 (106); vgl. *v. Hirsch*, in: *Neumann/Prittwitz* (Hrsg.), Kritik und Rechtfertigung des Strafrechts, S. 57 (58).

2746 Vgl. *Günther*, JuS 1978, 8 (10).

2747 Siehe so schon 1980 *Lampe*, UFITA 87 (1980), 107.

2748 *Kühl*, in: *Bosch/Bung/Klippel* (Hrsg.), Geistiges Eigentum und Strafrecht, S. 137; vgl. auch *Böxler*, Markenstrafrecht, S. 554 f.

denz zu verstärktem Persönlichkeitsrechtsschutz,[2749] wenngleich eher ein Weniger an Strafrecht gefordert wird.[2750]

Dabei müssen dann, neben den Gemeinsamkeiten, auch die Unterschiede die sich im Bereich der besonderen Persönlichkeitsrechte ergeben, beachtet werden. Gerade dem Unterschied in der Tiefe der Verletzung beim allgemeinen Persönlichkeitsrecht gegenüber Verletzungen besonderer Persönlichkeitsrechte ist Rechnung zu tragen.

Um eine Gesamtreform des strafrechtlichen Persönlichkeitsschutzes erfolgreich zu gestalten, werden folgende – im Anschluss noch zu erörternde – Maßnahmen als sinnvoll erachtet:

1. Ergreifung bewusstseinsbildender Maßnahmen
2. Kriminologische Grundlagenforschung zur genauen Ausgestaltung der Normen einer Gesamtreform
3. Schaffung einer gemeinsamen zentralen Strafrechtsnorm für den Bereich des geistigen Eigentums, die gegebenenfalls im StGB verankert werden sollte
4. Verbesserung des strafrechtlichen Schutzes des allgemeinen Persönlichkeitsrechts, gegebenenfalls durch eine zentrale Norm oder jedenfalls einen zentralen Abschnitt
5. Erhöhung der Verurteilungswahrscheinlichkeit

1. Bewusstseinsbildung

Wie oben gezeigt, kann derzeit ein deutliches Auseinanderfallen von der Bedeutung der Persönlichkeitsrechte und dem dazugehörigen Unrechtsbewusstsein attestiert werden. Gerade hinter den Verwertungs- und Vermögensrechten hinken diese her.[2751] Insofern ist einer der wichtigsten Schritte zur Vorbereitung einer Reform die Verbesserung des Unrechtsbewusstseins bzw. die Bildung eines Bewusstseins über den Wert des allgemeinen Persönlichkeitsrechts und der besonderen Persönlichkeitsrechte. Nur wenn ein gewisses Unrechtsbewusstsein in der Bevölkerung vorherrscht, können Strafrechtsnormen sinnvoll eingesetzt werden, da das Strafrecht nur wertkonservativ und nicht progressiv sittenbildend oder bevormundend repressiv sein soll.[2752] „Normkonformes Verhalten wird nicht durch

2749 *Weber*, Der strafrechtliche Schutz des Urheberrechts, S. 395 f.
2750 Vgl. etwa *Hildebrandt*, Die Strafvorschriften des Urheberrechts, S. 536 ff.
2751 S. o. S. 315 f.
2752 *Streng*, Strafrechtliche Sanktionen, Rn. 8; vgl. außerdem schon oben S. 314 f.

Strafangst gesteuert, sondern, so das psychologische Begründungsmuster, durch ein komplexes Bedingungsgefüge von gewachsener Individual- und Sozialstruktur; die Bereitschaft eine Norm zu akzeptieren, resultiert, abgesehen von psychopathologischem Verhalten, primär aus Sinnverstehen und Eingebung."[2753] Insofern ist es noch wichtiger, vor oder parallel zur Änderung des Strafrechts das Verständnis und die Bedeutung des geistigen Eigentums und der Persönlichkeitsrechte zu schärfen oder überhaupt ein Unrechtsbewusstsein zu bilden. Eine Sittenbildung kann nicht durch das Strafrecht erfolgen, welches als wertkonservativ allgemein als „verwerflich" eingestuftes Verhalten zu ahnden hat.[2754] Es kann aber dennoch als gewisses Problem des Strafrechts identifiziert werden, dass es eigentlich sittenerhaltend sein soll und doch auch stellenweise sittenbildend wirkt.[2755] Das Strafrecht entfaltet eine „sittenbildende" Kraft, in dem Sinne, dass es einen „Kernbereich rechtlicher Verhaltensnormen durch die Androhung von Kriminalstrafe für den Fall der Normübertretung garantiert. Doch ist diese Garantie [...] nur das Mittel zum Zweck ‚Schutz von Rechtsgütern'."[2756] Das Strafrecht soll vielmehr stark an bereits bestehende gesellschaftliche Wertvorstellungen anknüpfen.[2757] Umso enger das Strafrecht mit den Wertvorstellungen der Bürger verknüpft ist, desto selbstverständlicher nehmen diese die Norm an und akzeptieren sie.[2758]

Zwar können auch sozialpädagogische Gründe ausnahmsweise den Einsatz des Strafrechts rechtfertigen, allerdings muss dabei beachtet werden, dass das Strafrecht nicht nur den Wert eines Rechtsguts verdeutlichen, sondern auch das Zusammenleben besser regeln soll.[2759] Insofern ist eine vorherige Bewusstseinsbildung äußerst hilfreich. Zum Schutze geistiger Güter sind daher kombinierte Strategien notwendig, denn allein rechtliche Regelungen reichen nicht aus, sie müssen aber im Gesamtsystem ihren Beitrag leisten.[2760]

Diese Bewusstseinsbildung hat interdisziplinär und auf verschiedenen gesellschaftlichen Ebenen zu erfolgen. Dabei kann gemeinsam von Psychologen, Pädagogen, Soziologen, Juristen, etc. ein vertiefter Maßnahmenkatalog erarbeitet werden. Neben der Arbeit an Schulen, Universitäten, Aus-

---

2753 *Hanssen/Otto*, ZRP 2002, 318 (320).
2754 *Streng*, Strafrechtliche Sanktionen, Rn. 8.
2755 Vgl. *Kunz*, ZStW 98 (1986), 823 (832 f.).
2756 *Krey/Esser*, AT, § 1 Rn. 11; kritisch aber *Günther*, JuS 1978, 8 (11).
2757 *Günther*, JuS 1978, 8 (11).
2758 *Günther*, JuS 1978, 8 (11); *Streng*, Strafrechtliche Sanktionen, Rn. 8.
2759 *Wolf*, Der strafrechtliche Schutz der Persönlichkeit, S. 183.
2760 *Sieber*, MMR 2002, 701.

bildungsstandorten können auch öffentliche Aufklärungskampagnen einen sinnvollen Beitrag leisten.[2761]

Die Schärfung des Unrechtsbewusstseins für den Respekt des persönlichen Lebensbereiches anderer Personen ist, auch angesichts der aktuellen rasanten technischen Entwicklung, von hoher Bedeutung.[2762] Die bestehenden Probleme für Persönlichkeitsrechte und das geistige Eigentum werden zudem durch das Internet verschärft, weshalb mit konventionellen Mitteln der Persönlichkeitsrechtsschutz im Internet nicht zu gewährleisten ist.[2763] Dazu muss der Gesetzgeber aktiv werden, aber auch die Medienerziehung verbessert werden.[2764] In gewisser Form kann damit ein besserer Selbstschutz bzw. eine Selbstregulierung (sog. Smart Privacy-Management) zu einem sog. Rechtsschutz zweiter Ordnung beitragen, der durch einen Tetralog zwischen Politik, Wirtschaft, Gesellschaft und Wissenschaft voranzutreiben ist.[2765] Am Randes des Selbstschutzes gewinnt nämlich, angesichts der extensiven Datenpreisgabe in sozialen Netzwerken, zunehmend die Frage an Bedeutung, ob auch einen sog. „Schutz vor sich selbst" entwickelt werden müsste.[2766] Dennoch verbleibt es auch bei jedem Bürger selbst für Schutz zu sorgen. Nur das Bewusstsein und die aktive Teilnahme alle Bürger der Informationsgesellschaft an legaler Internetnutzung in Kombination mit (straf-) rechtlichen Mitteln kann eine Beherrschung des Internets durch Kriminelle verhindern.[2767] Neben dem Unrechtsbewusstsein ist eben auch dieses Bewusstsein über Vor- und Nachteile des Internets zu schärfen und weiter auszubilden.

Da, wie gezeigt, die Probleme so umfangreich und zudem wegen der Globalisierung, Technisierung und Digitalisierung sehr komplex sind, sollte eine interdisziplinäre und international besetzte Expertenkommission zur Weiterentwicklung des Rechts eingesetzt werden.[2768]

2761 *Hildebrandt*, Die Strafvorschriften des Urheberrechts, S. 497 f. m.w.N.; vgl. auch *Flechsig*, FuR 1980, 345 (349); *Hentschel*, FuR 1982, 237 (238); *Weber*, JZ 1993, 106 (107); *ders.*, Der strafrechtliche Schutz des Urheberrechts, S. 65.

2762 *Kühl*, AfP 2004, 190 (193).

2763 Vgl. dazu *Libor*, AfP 2011, 450, 451.

2764 *Libor*, AfP 2011, 450, 451.

2765 *Libor*, AfP 2011, 450, 451.

2766 Spindler/Schuster/*Spindler/Nink*, § 11 TMG Rn. 3.

2767 *Vassiliaki*, MMR 4/2006, 212 (217).

2768 Vgl. auch *Sieber*, Straftaten und Strafverfolgung im Internet, Gutachten C zum 69. DJT, C 153.

2. Kriminologische Grundlagenforschung für eine Gesamtreform

Die massenhafte Nichtbeachtung von Persönlichkeitsrechten macht deutlich, dass es dringend erforderlich ist, diese bedeutenden Rechtsgüter den Menschen wieder näher zu bringen, indem man sie an „die Grundwerte unseres Rechtssystems bindet: die Grund- und Menschenrechte.“[2769] Um die Persönlichkeitsrechte ausreichend zu schützen, ist das Strafrecht erforderlich, da nur auf diese Weise schwerwiegende Eingriffe gestoppt werden können, wenn das Zivilrecht nicht so erweitert wird, dass ihm ein hemmender Effekt zukommt.[2770] Daher sind nachfolgend zu den bewusstseinsbildenden Maßnahmen behutsame und sorgfältig untersuchte Reformen des Strafrechts anzustreben.

Um der Persönlichkeit die Erfüllung ihrer Aufgaben zu ermöglichen, muss das Recht sie in ihrer Gesamtheit schützen und vor Eingriffen bewahren.[2771] Insofern ist eine groß angelegte Gesamtreform gegenüber nur punktuellen Maßnahmen sinnvoll.

Innerhalb einer gerade genannten Expertenkommission oder zusätzlich sollte daher als zweite entscheidende Maßnahme neben der Bewusstseinsschärfung kriminologische Grundlagenforschung betrieben werden. Der Einsatz des Strafrechts sollte zurückhaltend geschehen,[2772] daher muss der Gesetzgeber aufgrund einer empirisch-kriminologischen Analyse ein systematisches Schutzkonzept entwickeln, sonst werden neue Regelungen in der Praxis wenig bewirken.[2773]

Feststeht nach der bisherigen Untersuchung, dass das Zivilrecht in seiner jetzigen Ausgestaltung allein die Aufgabe der Abschreckung und Rechtsbewusstseinsbildung nicht wie das Strafrecht erfüllen kann.[2774] Deutlich wurde auch, dass die derzeitige Ausgestaltung des Strafrechts oft problematisch ist, weshalb auch eine Bereinigung des Strafrechts notwendig ist, damit klare Normen im StGB einen befriedigenden Schutz der bedeutsamen Persönlichkeitsrechte gewährleisten können und das Zivilrecht auf seine eigentliche Aufgabe konzentriert werden kann. Dabei ist problematisch, dass das Zivilrecht der aktuellen Lage nur Herr wird, indem es

2769 So zum Urheberrecht *Geiger*, Tagung des MPI 2006 zum „Interessenausgleich im Urheberrecht – Teil 2“, 4. Teil: Dogmatische „Wildwüchse“.

2770 *Wolf*, Der strafrechtliche Schutz der Persönlichkeit, S. 183 f.

2771 *Hubmann*, Das Persönlichkeitsrecht, S. 81.

2772 *Hassemer*, in: *Neumann/Prittwitz* (Hrsg.), Kritik und Rechtfertigung des Strafrechts, S. 9 (11).

2773 *Sieber*, MMR 2002, 701.

2774 *Braun*, Produktpiraterie, S. 329.

teilweise strafrechtliche Aufgaben übernimmt.[2775] Das Zivilrecht kann nun aber nicht alleine wieder zurückgefahren werden, da dies andernfalls für Betroffene erhebliche Konsequenzen haben kann.[2776] Daher muss eine etwaige Änderung des Zivilrechts parallel mit einer Änderung des Strafrechts einhergehen.

Schon die bisherigen nur dünnen Erkenntnisse aus Statistiken weisen daraufhin, dass es nicht reicht, Strafnormen zu schaffen, sondern dass diese auch um- bzw. gut durchgesetzt werden müssen.[2777] Hierfür kann es sich als äußerst hilfreich erweisen, wenn bessere Erkenntnisse vorliegen.

Auch wenn nicht uneingeschränkt gilt, dass „Alternativen zum Strafrecht [...] immer vorzuziehen [sind], weil sie die sozial schädlichen Wirkungen des Strafrechts [...] bis zu einem erheblichen Grad vermeiden können",[2778] so ist dennoch der Grundsatz der ultima ratio zu beachten. Gerade auch, dass sich die „Geschwindigkeit der Gesetzgebungsmaschine [...] immer weiter" erhöht,[2779] sollte mehr zu einem Innehalten und genauen prüfen der Notwendigkeit strafrechtlicher Normen führen. Dabei kann auch dem bisherigen Zögern von Betroffenen Rechnung getragen werden, denn solange Betroffene keinen Schutz fordern, sollte der Gesetzgeber behutsam vorgehen und sich besser zurückhalten.[2780] In diesem Zusammenhang kann auch der Frage nachgegangen werden, „wie lange die Geschädigten eigentlich noch schlafen"[2781] wollen.

Aufgrund dieser komplizierten Ausgangslage ist für den Entwurf einer Gesamtreform des strafrechtlichen Persönlichkeitsschutzes eine tiefgehende Grundlagenforschung notwendig.

Dabei werden auch Problem zu untersuchen sein, die eine Gesamtreform mit sich bringen kann, etwa wie Unübersichtlichkeit und Verletzungen des Art. 103 II GG vermieden werden können.[2782]

2775 Bspw. durch hohe Schadensersatzsummen mit Hemmeffekt.
2776 Vgl. etwa zu den verschiedenen Betroffenen in den gezeigten Beispielen und Urteilen S. 57 f., 284, 333.
2777 S. o. S. 242 ff., 360 ff.
2778 *Roxin*, in: *Neumann/Prittwitz* (Hrsg.), Kritik und Rechtfertigung des Strafrechts, S. 175 (183).
2779 So zum Strafprozessrecht *Scheffler*, GA 1995, S. 449 (458).
2780 *Hildebrandt*, Die Strafvorschriften des Urheberrechts, 518.
2781 *Flechsig*, in: *Flechsig* (Hrsg.), Rechtspolitische Überlegungen, S. 9 (10).
2782 Vgl. kritisch *Hildebrandt*, Die Strafvorschriften des Urheberrechts, S. 517.

3. Reform des strafrechtlichen Schutzes des geistigen Eigentums

Im Rahmen einer Gesamtreform sollte ein Schwerpunkt in der Erarbeitung einer zentralen Strafrechtsnorm für den Bereich des geistigen Eigentums liegen, neben der auch persönlichkeitsrechtliche Aspekte mitabgedeckt werden.[2783] So wird schon 1983 gefordert, „dass die Bedeutung des Strafrechts auf dem Gebiet des Urheber- und Erfinderrechts stärker hervorgehoben"[2784] werden muss.[2785] Gerade wegen des persönlichkeitsrechtlichen Einschlags des Urheberrechts, sind zum Schutz von Persönlichkeitsrechten in diesem Bereich strafrechtliche Maßnahmen zu rechtfertigen.[2786] Auch wenn im Bereich des geistigen Eigentums das Strafrecht weniger benötigt wird wie im Bereich des allgemeinen Persönlichkeitsrechts,[2787] so sind dennoch schwerwiegende Eingriffe auch strafrechtlich zu ahnden – in Fällen etwa von Gewerbsmäßigkeit, bei hohen Summen oder starken Beeinträchtigung (Zerstörung bzw. Entstellung des Werks) die nicht anders ausgeglichen werden können. Dabei bleibt die Schwierigkeit bestehen, dass auch innerhalb des Urheberrechts für sehr unterschiedliche Bereiche kreativen Schaffens dieselben rechtlichen Regeln gelten, vom Mash-Up eines dreizehnjährigen Schülers bis zur internationalen Filmproduktion mit einem dreistelligen Millionenetat.[2788]

Interessant ist dabei, dass es oftmals Reformvorschläge für den gesamten Bereich des geistigen Eigentums gibt, ohne aber das Strafrecht wirklich einzubeziehen.[2789] Sinnvoll erscheint daher, dass der strafrechtliche Schutz stärker zusammengefasst und konzentriert wird. Ein Vorschlag könnte sein in einem Gesetz einen gemeinsamer allgemeinen Teil für Rechte des geistigen Eigentums zu schaffen und in diesem Rahmen auch einen gemeinsamen Strafrechtsteil mit einer zentralen Strafrechtsnorm für das geistige Eigentum zu entwerfen.[2790]

2783 Vgl. auch *Fontaine*, Grund- und Strukturprobleme des § 142 PatG, S. 164 f.

2784 Deutsche Vereinigung für gewerblichen Rechtsschutz und Urheberrecht, GRUR 1965, 22.

2785 Siehe auch *Nordemann*, NStZ 1982, 372; *Hentschel*, FuR 1982, 237; *Flechsig*, ZRP 1980, 313; *Katzenberger*, GRUR 1982, 715.

2786 Siehe oben *Kapitel 5 A III 1 a) und B IV 1*; vgl. auch *Böxler*, Markenstrafrecht, S. 554 f.; vgl. auch *Fechner*, Geistiges Eigentum und Verfassung, S. 256.

2787 Vgl. dazu oben *C Schlussfolgerungen aus der Gegenüberstellung*.

2788 *Maas*, ZUM 2016, 207 (210).

2789 Vgl. etwa *Ahrens/McGuire*, Modellgesetz für Geistiges Eigentum, S. 193, 196.

2790 Zur Einführung eines gemeinsamen allgemeinen Teils siehe *Ahrens*, GRUR 2006, 617 ff.; vgl. zum Strafrecht im gewerblichen Rechtsschutz *Fontaine*,

Dabei kann, um eine Schärfung und Konzentration zu erreichen, der Strafrechtsschutz insbesondere auf Fälle der Gewerbsmäßigkeit reduziert werden und ein erhöhter Strafrahmen (vergleichbar zum gewerbsmäßigen Diebstahl) angedacht werden.[2791] Auch eine Erheblichkeitsschwelle könnte zu besserer Umsetzung, mehr Glaubwürdigkeit, Durchsetzungskraft und Effektivität führen.[2792] Neben dem Abbau der Strafrechtsnormen im Bereich des geistigen Eigentums oder der Einführung von Erheblichkeitsschwellen[2793] können auch andere Maßnahmen, die jedoch an anderer Stelle eingehend zu prüfen wären, interessant sein – beispielsweise „durch Wegfall des Strafantragsrechts nach Schadensersatzbegleichung oder durch ihre Anerkennung als Strafaufhebungsgrund".[2794] Bemerkenswert in diesem Zusammenhang ist nicht nur § 46 II StGB, sondern auch die Verweigerung der Zuständigkeit durch die Strafjustiz solange „Versuche privater Regulierung noch nicht unternommen sind".[2795] All dies könnte zu einer besseren Umsetzung des Subsidiaritätsprinzips führen und damit auch den Gedanken unserer Verfassung und dem ultima-ratio-Prinzip stärken.[2796] Gerade die Stärkung des Wissens um Gemeinsamkeiten zivil- und strafrechtlicher Ordnungsfunktion könnte ein „naheliegendes und realitätsbezogenes Ziel" sein, welches wegen seines vergleichsweise „niedrigen ‚Utopiegrades'" interessant ist.[2797]

Zur Verbesserung im gesamten Bereich des geistigen Eigentums[2798] sollte gegebenenfalls außerdem die Integration ins Kernstrafrecht erwogen werden.[2799] Mit der Integration der Normen ins StGB kann der Schutz der

Grund- und Strukturprobleme des § 142 PatG, S. 164; *Rochlitz*, Der Schutz des ausübenden Künstlers, S. 259 f.

2791 Vgl. *Fontaine*, Grund- und Strukturprobleme des § 142 PatG, S. 164.

2792 Siehe oben S. 366; vgl. auch bei *Pfaffinger*, Rechtsgüter und Verhältnismäßigkeit, S. 260 ff.

2793 Siehe oben; sowie bei *Pfaffinger*, Rechtsgüter und Verhältnismäßigkeit, S. 261.

2794 *Frehsee*, in: *Schild* (Hrsg.), Der Rechtsstaat verschwindet, S. 11 (19 m.w.N.).

2795 *Frehsee*, in: *Schild* (Hrsg.), Der Rechtsstaat verschwindet, S. 11 (19 m.w.N.); siehe auch zum Täter-Opfer-Ausgleich als Substituierung strafrechtlicher Kontrollmittel *Frehsee*, in: *Schild* (Hrsg.), Der Rechtsstaat verschwindet, S. 11 (21 ff.).

2796 Vgl. *Frehsee*, in: *Schild* (Hrsg.), Der Rechtsstaat verschwindet, S. 11 (20).

2797 *Frehsee*, in: *Schild* (Hrsg.), Der Rechtsstaat verschwindet, S. 11 (20).

2798 Vgl. zum gewerblichen Rechtsschutz *Fontaine*, Grund- und Strukturprobleme des § 142 PatG, S. 164.

2799 Siehe dazu schon oben m.w.N.; vgl. etwa auch *Sieg*, Das unzulässige Anbringen der richtigen Urheberbezeichnung, S. 90, 93 ff.

Persönlichkeit ins Bewusstsein der Öffentlichkeit gerückt werden.[2800] Diese öffentlichkeitswirksame Gestaltung kann einen Beitrag zur Stärkung des Rechtsbewusstseins leisten und zu einer Aufwertung des Urheberstrafrechts führen.[2801] Im Bereich des Umweltstrafrechts hat dies beispielsweise zu einer Verbesserung geführt.[2802]

Im gesamten Bereich des Strafrechts des geistigen Eigentums ist nämlich die Glaubwürdigkeit und Akzeptanz zu steigern.[2803] Dies kann im Bereich der Persönlichkeitsrechte sogar verstärkt gelten. Die Durchschlagskraft der Normen lässt bisher zu Wünschen übrig.[2804] Daher kann es auch sinnvoll sein, nur schwerwiegende Persönlichkeitsrechtsverletzungen strafrechtlich zu normieren, die dann auch effektiv verfolgt und umgesetzt werden. Davon könnte dann eine größere Wirkkraft ausgehen, als von den jetzigen Normen, die in der Realität wenig angewandt und wenn oft nur eine Geldstrafe nach sich ziehen. Dies vermittelt nämlich das Bild es handle sich nur um Bagatellen. Wird das Strafrecht weit verstanden und auch weit angewendet verliert es aber an Bedeutung.[2805] Ein Unterschied von Straftaten zu Bagatellen bzw. Kavaliersdelikten muss erkennbar sein, denn wer „beide mit der gleichen Sanktion ‚Strafe' belegt, nivelliert – und wird dadurch weder dem einen noch dem anderen gerecht.[2806]

Auch wenn es zunächst paradox klingen mag, kann dem Strafrecht des geistigen Eigentums gegebenenfalls gerade dadurch zu mehr Durchsetzungskraft und Akzeptanz verholfen werden, indem es reduziert wird. Gerade durch eine Zentralisation auf die relevanten Bereiche kann einer Bagatellisierung entgegengewirkt werden.[2807] Denn eine Bagatellisierung und der häufige Einsatz des Strafrechts kann zu einer „ständig laxer werdenden Einstellung der Bevölkerung zu strafrechtlich geschützten Gütern"

2800 *Sieber*, Straftaten und Strafverfolgung im Internet, Gutachten C zum 69. DJT, C 94.

2801 *Dietz*, in: *Wandtke* (Hrsg.), Urheberrecht, Kap. 11 Rn. 2; *Fontaine*, Grund- und Strukturprobleme des § 142 PatG, S. 162.

2802 *Fontaine*, Grund- und Strukturprobleme des § 142 PatG, S. 162 m.w.N.; kritisch *Otto*, JURA 1991, 308; *Laufhütte/Möhrenschlager*, ZStW 92 (1980), 912 ff.

2803 *Pfaffinger*, Rechtsgüter und Verhältnismäßigkeit, S. 3.

2804 Siehe dazu oben.

2805 Vgl. *Frisch*, in: FS Stree-Wessels, S. 69 (85); sowie bei *Grossfeld*, Die Privatstrafe, S. 112.

2806 *Frisch*, in: FS Stree-Wessels, S. 69 (86); vgl. auch *Kühl*, in: FS Maiwald, S. 433 (444).

2807 *Pfaffinger*, Rechtmäßigkeit und Verhältnismäßigkeit, S. 261.

führen, da damit das „Kriminelle schon fast als normal" erscheint.[2808] „Vielstraferei führt damit zur Gewöhnung und Abstumpfung."[2809] Der inflationäre Einsatz des Strafrechts degradiert die Bedeutung des Strafrechts und kann dazu führen, dass der „Gerechtigkeitsbezug" verloren geht.[2810] Zudem können auch Zweifel an der Legitimität staatlicher Strafgewalt auftreten.[2811] Und damit kann ein zuviel an Strafrecht zu einer Entwertung führen[2812] und der Verlust der generalpräventiven Wirkung droht.[2813]

„Denn allein die als gerecht empfundene Sanktion scheint [...] geeignet, das Normvertrauen der Bürger wirklich zu stärken."[2814] Die quantitative Abschichtung bei der Strafzumessung nach dem jeweiligen Gewicht der begangenen Tat ist entscheidend, da nur damit die notwendige Akzeptanz zu erreichen ist.[2815] Strafe muss als angemessene Reaktion auf das strafbare Verhalten akzeptiert werden.[2816] Zu hohe Strafen oder Untätigbleiben des Staates beeinträchtigen das Vertrauen des Bürgers, weshalb die Strafe im Grunde prinzipiell auch mit den gesellschaftlichen Vorstellungen übereinstimmen muss.[2817] Insofern scheint es besonders wichtig, dass die Ausgestaltung der Strafsanktionen von den Bürgern anerkannt und nachvollzogen wird. „Dem Normstabilisierungsbedürfnis der Allgemeinheit dienlich

---

2808 *Kunz*, Das strafrechtliche Bagatellprinzip, S. 25; vgl. auch *Günther*, JuS 1978, 8 (13).

2809 *Günther*, JuS 1978, 8 (13); vgl. auch *Grossfeld*, Die Privatstrafe, S. 112.

2810 *Ott*, Strafwürdigkeit und Strafbedürftigkeit des Selbstdopings, S. 125; vgl. auch *Peters*, ZStW 77 (1965), 470 f.

2811 *Pfaffinger*, Rechtmäßigkeit und Verhältnismäßigkeit, S. 204.

2812 *Frisch*, in: FS Stree-Wessels, 69 (95 f.); *Grossfeld*, Die Privatstrafe, S. 112; *Hörnle*, Grob anstößiges Verhalten, S. 40; von Hypertrophie sprechend *Günther*, JuS 1978, 8 (13); *Hilgendorf*, in: *Kudlich/Montiel/Schuhr* (Hrsg.), Gesetzlichkeit und Strafrecht, S. 17 (33); *Kasper*, Die Erheblichkeitsschwelle im Bereich des Umweltstrafrechts, S. 14; *Roxin*, JuS 1966, 377 (382); *Stächelin*, Strafgesetzgebung und Verfassungsstaat, S. 64; sowie *Trendelenburg*, Ultima ratio?, S. 269 f. m.w.N.; LK-StGB/*Weigend*, Einl Rn. 1; vgl. auch *Frisch*, in: FS Stree-Wessels, S. 69 (85 f.).

2813 *Günther*, JuS 1978, 8 (13); vgl. zum drohenden Verlust der abschreckenden Wirkung *Grossfeld*, Die Privatstrafe, S. 112.

2814 *Achenbach*, StraFo 2011, 422 (425); vgl. auch *Roxin*, in: FS Bockelmann, S. 279 (305).

2815 *Freund*, GA 1995, 4 (8).

2816 *Neumann*, ZStW 99 (1987), 567 (591).

2817 *Neumann*, ZStW 99 (1987), 567 (591); vgl. auch bei *Jescheck*, ZStW 1980, 54 (59); *Streng*, Strafrechtliche Sanktionen, Rn. 8.

ist eine strafrechtliche Haftbarmachung dann und in dem Maße, wie sie von der Allgemeinheit als gerecht empfunden wird."[2818]

Wie gezeigt, kann daher eine zentrale Strafrechtsnorm für den Bereich des geistigen Eigentums zu einer Stärkung und Verbesserung führen.[2819] Innerhalb derer oder daneben können dann auch schwerwiegende Persönlichkeitsverletzungen, insbesondere der Urheberpersönlichkeit, sanktioniert werden. Ob dies nun innerhalb oder neben einer zentralen Strafrechtsnorm erfolgt muss nach eingehender Untersuchung entschieden werden. Bisher scheint es, dass Persönlichkeitsrechte eher versehentlich mitgeschützt werden.[2820] Dies schadet damit dem Persönlichkeitsschutz, da dessen Bedeutung damit unterlaufen wird. Auch unter diesem Gesichtspunkt ist es von hoher Bedeutung einen einheitlichen und deutlichen Schutz von Persönlichkeitsrechten zu schaffen. Eine Möglichkeit könnte auch sein, das Urheberpersönlichkeitsrecht gemeinsam mit dem Verwertungsrecht in einer strafrechtlichen Norm zu schützen. Wegen des monistischen Modells und den daraus folgenden engen Verknüpfungen in der Praxis, könnte eine einheitliche Strafrechtsnorm für Klarheit und Zuverlässigkeit sorgen. Es wäre gerade kein Verstoß gegen die grundsätzlich getrennt zu betrachtenden Rechte, wenn durch die Norm deutlich wird, dass es zwei zusammenhängende, aber verschiedene Rechtsgüter schützt.

Im Bereich des Urheberrechts hängen zudem viele Rechtsverletzungen auch mit einem fehlenden Angebot für Verbraucher zusammen. So treten Urheberrechtsverletzungen gehäuft in gestörten Marktsegmenten auf: dies zeigt etwa das BuchPrG, die Tonträgerindustrie, die den Markt weitgehend selbst steuert oder das späte und nur eingeschränkte Erscheinen von Filmen.[2821]

Aus diesem Grund wäre in diesem Bereich neben Erziehungsmaßnahmen auch eine Veränderung des Marktes hin zu mehr Nutzerfreundlichkeit wünschenswert. Angebote wie Netflix, iTunes, Amazon-Prime u.a. müssen im Bereich Filme&Musik noch weiter ausgebaut, vereinfacht und verbessert werden. Fraglich ist allerdings, ob dazu ein staatlicher Eingriff angemessen ist. In jedem Fall kann dies als ein wichtiger Schritt zur Anpassung an „neue Zeiten" gesehen werden. Dazu muss aber nicht das Urhe-

---

2818 *Kunz*, ZStW 98 (1986), 823 (832); vgl. *Roxin*, in: FS Bockelmann, S. 279 (305).

2819 Vgl. auch *Böxler*, Markenstrafrecht, S. 557 ff.; *Rochlitz*, Der Schutz des ausübenden Künstlers, S. 259 f.

2820 *Wolf*, Der strafrechtliche Schutz der Persönlichkeit, S. 199; siehe aber auch schon oben.

2821 Wandtke/Bullinger/*Hildebrandt/Reinbacher*, UrhR, § 106 UrhG Rn. 3; siehe auch *Hildebrandt*, Die Strafvorschriften des Urheberrechts, S. 489 f.

berpersönlichkeitsrecht oder Urheberrechte aufgegeben werden, vielmehr muss das Angebot für den Verbraucher verbessert werden. Eine vermutlich große Anzahl an illegalen Nutzern wäre bereit, für entsprechende Angebote auch (niedrige) Gebühren zu bezahlen, da ein großes Problem die oft gar nicht vorhandene legale Möglichkeit darstellt. Diese Verbesserung des Angebots kann neben bewusstseinsbildenden Maßnahmen und der Reform der strafrechtlichen Normen des geistigen Eigentums eine hohe Bedeutung haben.

4. Reform des strafrechtlichen Schutzes des allgemeinen Persönlichkeitsrechts

Der Schutz des allgemeinen Persönlichkeitsrecht ist ebenfalls verstreut und jeweils nur punktuell. Hier kann ebenfalls eine Gesamtreform sinnvoll sein, die auch das BDSG, KUG mit einbezieht.[2822] Eine Gesamtreform ist sinnvoll, damit der Blick auf das große Ganze gewahrt wird und alle Teilbereiche und Aspekte miteinbezogen werden können. Derzeit finden sich insbesondere Lücken im Schutz vor Indiskretion, welche alleine durch eine veränderte Auslegung nicht zu lösen sind.[2823] Gerade in diesem Bereich ist eine Verstärkung des strafrechtlichen Schutzes sehr umstritten.[2824] Fordern die Einen mehr Strafrecht[2825], befürchten zugleich andere Abgrenzungsschwierigkeiten, die Aufweichung des Bestimmtheitsgrundsatzes und betonen den ausreichenden zivilrechtlichen Schutz.[2826] Zur Problematik, ob das Zivilrecht ausreichend ist, wurde oben bereits festgestellt, dass dem Strafrecht eine eigenständige und bedeutsame Funktion zukommt und auch die Bewusstseinsbildung dabei nicht zu vernachlässigen ist. Zudem konnten Lücken des Zivilrechts aufgezeigt werden, sodass das Argument des ausreichenden Zivilrechtsschutzes stark zu relativieren ist.

Im Bereich des allgemeinen Persönlichkeitsrechts bleibt, um einen zuverlässigen Schutz zu ermöglichen, weiter viel zu tun. Die Würde und der Persönlichkeitskern sind zumeist intensiver betroffen. Zudem ist eine er-

2822 Vgl. *Sieber*, Straftaten und Strafverfolgung im Internet, Gutachten C zum 69. DJT, C 94.

2823 *Peglau*, Der Schutz des allgemeinen Persönlichkeitsrechts, S. 43 ff., 129.

2824 Vgl. *Peglau*, Der Schutz des allgemeinen Persönlichkeitsrechts, S. 43 ff.

2825 Vgl. etwa *Henkel*, Der Strafschutz des Privatlebens gegen Indiskretion, Gutachten D zum 42. DJT, D 61 (D 102 ff.).

2826 So *Peglau*, Der Schutz des allgemeinen Persönlichkeitsrechts, S. 43 ff. m.w.N.

höhte Empfindlichkeit bei Beeinträchtigungen der Persönlichkeit und ihrer Lebenssphäre zu beobachten.[2827] Dies gilt verstärkt angesichts der aktuell weiter rasant fortschreitenden Technisierung und Digitalisierung.[2828] Diese veränderte Wirklichkeit stellt damit auch das Recht vor neue Herausforderungen. Gerade daher muss auch dem Datenschutz, als wichtigem Teilbereich des Persönlichkeitsschutzes, mehr Bedeutung zukommen.

Auch in diesem Bereich muss, wie oben gezeigt, das (Un-)Rechtsbewusstsein gestärkt werden. Die oben genannten Maßnahmen zur Bewusstseinsbildung sind bedeutsam, denn nur ein verändertes Bewusstsein über die Verletzlichkeit der Persönlichkeitsrechte in der heutigen Zeit kann die Strafrechtsnormen in ihrer Akzeptanz verbessern.

Ein Beitrag dazu könnte durch die Schaffung eines eigenen Abschnitts für Verletzungen des allgemeinen und der besonderen Persönlichkeitsrechte im StGB sein.[2829] Dies verdeutlicht dann den Willen des Gesetzgebers, dass Persönlichkeitsrechte besonders schützenswerte Güter darstellen. Davon würde nicht nur ein wichtiges Signal zur Stärkung des Unrechtsbewusstsein ausgehen, sondern auch der Schutz von Persönlichkeitsrechten verstärkt.

Die über Art. 1 GG geschützte Würde des Menschen spiegelt sich in der Persönlichkeit und damit in Persönlichkeitsrechten wieder. Gerade da die Würde des Menschen bzw. die Persönlichkeit keinen Vermögenswert im eigentlichen Sinne besitzt und damit kein ausreichender Schutz über Vermögensdelikte besteht, muss der strafrechtliche Persönlichkeitsschutz verbessert werden.[2830] Sonst droht weiter eine Vernachlässigung von Persönlichkeitsrechten gegenüber Vermögensrechten. Dieser Tendenz ist Einhalt zu gebieten, zumal sich aus der Verfassung für diese Unterscheidung keine Begründung ableiten lässt. Dabei bleibt das Problem bestehen, dass der Begriff des Persönlichkeitsrechts weit, offen und schwer bestimmbar ist, was eine Verbesserung des Schutzes aber nicht unwichtig werden lässt.[2831] Es erschwert nur die Gestaltung einer Reform. Insbesondere für Bereiche, die die Menschenwürde betreffen, ist daher der strafrechtliche Schutz zu ver-

---

2827 So schon *Henkel*, Der Strafschutz des Privatlebens gegen Indiskretion, Gutachten D zum 42. DJT, D 61 (D 66).

2828 LK-StGB/*Schünemann*, Vor § 201 Rn. 11; *Wendehorst*, NJW 2016, 2609 (2610).

2829 Vgl. oben; vgl. außerdem *Sieber*, Straftaten und Strafverfolgung im Internet, Gutachten C zum 69. DJT, C 94.

2830 Vgl. zum Vermögenswert der Persönlichkeit *Jäger*, JA 2014, 230 ff.

2831 *Martin*, Das allgemeine Persönlichkeitsrecht in seiner historischen Entwicklung, S. 279, 282, 287.

bessern.[2832] In Betracht kommt im Rahmen einer Gesamtreform der aktuellen Normen auch die Schaffung einer Vorschrift, die den Kernbereich des allgemeinen Persönlichkeitsrechts (Intimsphäre) in einem Tatbestand schützt.[2833] Diese Intimsphäre müsste eng begrenzt sein; sie könnte anhand von Regelbeispielen konkretisiert werden und als Antragsdelikt ausgestaltet sein.[2834] Dabei geht es dann nicht darum, ob eine behauptete Tatsache wahr oder unwahr ist, sondern darum, dass der Täter ohne Not das Privatleben eines anderen in die Öffentlichkeit zerrt.[2835] Damit könnte im Rahmen einer Gesamtreform, die die Zentralisation und damit Stärkung der persönlichkeitsschützenden Normen im Blick hat, auch der Schutz der Intimsphäre ausgebaut werden. Dazu könnten die aktuell persönlichkeitsschützenden Normen zusammengefasst, verbessert und um eine solche neue Norm ergänzt werden.[2836] Dabei wäre auch darauf zu achten den Schutz vor Wort- und Bildaufnahmen anzupassen und Lücken die durch den räumlich begrenzten Schutzbereich entstehen zu verbessern und im Ausgleich dazu einen Rechtfertigungsgrund bei Wahrnehmung erheblicher öffentlicher Interessen zu schaffen.[2837] Dies führt dann auch zur gewünschten Stärkung dieses Bereichs und erhöht die Aufmerksamkeit in der Bevölkerung. Dabei kommt der präventiven Funktion der Strafandrohung ein hoher Wert zu.[2838] Zwar wird für einen effektiven Persönlichkeitsrechtsschutz oft das Zivilrecht bevorzugt, aber der „Windschatten" des Strafrechts bleibt wichtig und notwendig.[2839] Damit das Strafrecht effektiv sein kann, sind also Reformen im Bereich des Persönlichkeitsschutzes notwendig, da die jetzige Gestaltung in weiten Teilen zu einer Nichtanwendung und damit Schmälerung des Rechts führt.

2832 *Peglau*, Der Schutz des allgemeinen Persönlichkeitsrechts, S. 129 f.

2833 So die Forderung bei *Peglau*, Der Schutz des allgemeinen Persönlichkeitsrechts, S. 129; vgl. kritisch dazu auch LK-StGB/*Schünemann*, Vor § 201 Rn. 13 m.w.N.

2834 *Peglau*, Der Schutz des allgemeinen Persönlichkeitsrechts, S. 129 f.

2835 *Henkel*, Der Strafschutz des Privatlebens gegen Indiskretion, Gutachten D zum 42. DJT, D 61 (D 102 f.); zu Problemen mit dem Wahrheitsbeweis siehe nur *Schünemann*, ZStW 90 (1978), 11 (37 f.).

2836 Vgl. *Peglau*, Der Schutz des allgemeinen Persönlichkeitsrechts, S. 134.

2837 So der Vorschlag von *Schmitz*, Strafrechtlicher Schutz, S. 134 ff.

2838 *Höpfel*, in: *Koziol/Warzilek* (Hrsg.), Persönlichkeitsschutz gegenüber Massenmedien, S. 545 (558).

2839 *Höpfel*, in: *Koziol/Warzilek* (Hrsg.), Persönlichkeitsschutz gegenüber Massenmedien, S. 545 (559).

5. Erhöhung der Verurteilungswahrscheinlichkeit

„Das Unrechtsbewusstsein des Bürgers, womöglich gar ein Glaube an die ‚Unverbrüchlichkeit des Rechts', leidet sichtlich, wenn eindeutige Normabweichungen ohne staatliche Reaktion blieben".[2840] Daher muss neben einer Bewusstseinsbildung auch die Strafverfolgung und Verurteilungswahrscheinlichkeit verbessert sowie irrelevante Normen abgeschafft werden, um das Problem des fehlenden Unrechtsbewusstseins nicht zu verschärfen.

Denn eine bloße Änderung der Normen bewirkt wenig, wenn nicht auch die – wohl beachtliche Wirkung erzeugende – Verurteilungswahrscheinlichkeit erhöht wird.[2841] Prinzipiell kann die Wahrnehmung eines erhöhten Bestrafungsrisikos zur Verminderung von Taten führen.[2842] Schon die bisherigen Erkenntnisse aus Statistiken weisen daraufhin, dass es nicht reicht, Strafnormen zu schaffen, sondern dass diese auch um- bzw. gut durchgesetzt werden müssen. Problematisch hieran ist, dass dies mit einer kostenintensiven Verbesserung der finanziellen und personellen Ausstattung der Strafverfolgungsbehörden einhergehen müsste.[2843]

IV. Zwischenfazit

Damit sind zur Verbesserung des strafrechtlichen Persönlichkeitsschutzes folgende Maßnahmen zu ergreifen:

1. *Bewusstseinsbildende Maßnahmen*
2. *Kriminologische Grundlagenforschung zur genauen Ausgestaltung der Normen einer Gesamtreform*
3. *Gemeinsame, zentrale Strafrechtsnorm für den Bereich des geistigen Eigentums, die gegebenenfalls im StGB verankert werden sollte*
4. *Verbesserung des strafrechtlichen Schutzes des allgemeinen Persönlichkeitsrechts, gegebenenfalls durch eine zentrale Norm oder jedenfalls einen zentralen Abschnitt*
5. *Erhöhung der Verurteilungswahrscheinlichkeit*

2840 *Hanssen/Otto*, ZRP 2002, 318 (319).

2841 S. o. S. 242; sowie *Curti*, Abschreckung durch Strafe, S. 177 f.

2842 *Streng*, Strafrechtliche Sanktionen, Rn. 55.

2843 *Curti*, Abschreckung durch Strafe, S. 178; vgl. *Gercke*, ZUM 2009, 526 (536) der darauf hinweist, dass die Ausweitung der Strafbarkeit keinen Einfluss auf Personalmittel der Strafverfolgungsbehörden hat.

Die sich hieraus ergebenden Fragen und Schwierigkeiten müssen eingehend wissenschaftlich untersucht werden. Wer sich mit der Frage nach dem „Staatlichen Strafen“ befasst, „wird die Erfahrung machen, daß es hier keine einfachen Lösungen gibt (vielleicht auch nicht geben kann).“[2844] Insofern verwundert das hier gefundene Ergebnis, der grundsätzlichen Strafwürdigkeit und -bedürftigkeit von Persönlichkeitsrechtsverletzungen, deren konkrete Ausgestaltung aber sehr differenzierend und gründlich erarbeitet werden muss, nicht. Es konnte gezeigt werden, dass die aktuelle Gestaltung und Umsetzung nicht ausreichend ist und viele Fragen aufwirft, weshalb wegen der festgestellten Strafwürdigkeit und -bedürftigkeit Änderungen angestrebt werden müssen. Viele Probleme ergeben sich auch aus dem weiten Spielraum des verfassungsrechtlich legitimierten Gesetzgebers. Insofern können die hier gefunden Ergebnisse, insbesondere der Maßnahmenkatalog, als Arbeits- und Diskussionsgrundlage, nicht aber als goldene Lösung dienen. Dabei muss es darum gehen „mit differenzierten Antworten für differenzierte Sachverhalte“[2845] Maßnahmen zu ergreifen.

Auch trotz oder gerade wegen des gesellschaftlichen Wandels hin zu mehr Individualisierung, Wertevielfalt und Demokratisierung, sowie einer Technisierung und Risikogesellschaft[2846] hat der Gesetzgeber der verstärkten Gefahr für die Persönlichkeit entgegen zu treten.[2847] Wichtig bleibt dabei, dass „das Strafrecht wie alles Recht dem Menschen zu dienen, zur Schaffung und Bewahrung einer bewohnbaren Welt beizutragen hat [...] [und deshalb] darf es dem Zweck, nämlich den Menschen, dem Mittel, der Kriminalstrafe, nicht opfern.“[2848] „In einem Staat [...] , der sich nicht als Selbstzweck versteht, darf der Preis, der für die Freiheit des Einzelnen gezahlt wird, nicht diese selbst sein.“[2849] Unser Strafrecht soll „als Produkt der Aufklärung, eingebunden in den Verfassungsstaat der geteilten Gewalten und orientiert am staatsphilosophischen Leitideal der individuellen Freiheit des Bürgers“ erhalten bleiben.[2850] Auch dies zeigt, dass das differenzierende Ergebnis bzgl. des allgemeinen und der besonderen Persönlichkeitsrechte wichtig ist. Das Strafrecht soll nur dort seinen Einsatz fin-

2844 *Müller-Dietz*, Strafe und Staat, S. 55.

2845 *Maas*, ZUM 2016, 207 (211).

2846 *Frehsee*, in: *Schild* (Hrsg.), Der Rechtsstaat verschwindet, S. 254 ff., 352 (366); *Hilgendorf/Wolf*, K&R 2006, 541.

2847 *Flechsig*, ZUM 2004, 605 (616); vgl. auch *Gulden/Dausend*, MMR 2017, 723 (728).

2848 *Müller-Dietz*, Strafe und Staat, S. 57.

2849 *Müller-Dietz*, Strafe und Staat, S. 57.

2850 *Frehsee*, in: *Schild* (Hrsg.), Der Rechtsstaat verschwindet, S. 275 (276).

den, wo es unabkömmlich ist. Es bewegt sich zwischen den beiden Polen Sicherheit und Freiheit.[2851]

Die Gestaltung eines Strafrechts, „das um des Rechts und der Freiheit willen systematisch sein muss, auch dann, wenn es um neue Technologien oder das Phänomen einer global vernetzten Welt geht“[2852], muss das Ziel bleiben.

2851 *Hassemer*, Warum Strafrecht sein muss, S. 285.
2852 *Zaczyk*, ZStW 123 (2011), 691 (708).

Zusammenfassung

In der vorliegenden Arbeit geht es um eine Auseinandersetzung mit den Grundfragen des strafrechtlichen Persönlichkeitsschutzes im Bereich des geistigen Eigentums und des allgemeinen Persönlichkeitsrechts. Ziel dieser Arbeit ist es, festzustellen, ob diese Persönlichkeitsrechte einen stärkeren strafrechtlichen Schutz benötigen. Dazu wurden in einer eingehenden Untersuchung die aktuellen zivilrechtlichen und strafrechtlichen Grundlagen analysiert, um davon ausgehend zu klären ob Verletzungen von Persönlichkeitsrechten strafwürdig und -bedürftig sind.

1. Dabei konnte zu Beginn gezeigt werden, dass sich im Zivilrecht das allgemeine Persönlichkeitsrecht und besondere Persönlichkeitsrechte teilweise ergänzen und jedenfalls dann das allgemeine Persönlichkeitsrecht zur Anwendung kommt, wenn besondere Persönlichkeitsrechte keinen Schutz bieten. Außerdem sind die besonderen Persönlichkeitsrechte des geistigen Eigentums normiert, wohingegen bis heute eine Regelung des allgemeinen Persönlichkeitsrechts im Bürgerlichen Gesetzbuch fehlt. Konsequenzen bei Verletzungen des allgemeinen und besonderen Persönlichkeitsrechts, in Form von Schadensersatz etwa, sind jedoch nahezu identisch. Auch ergänzt sich die Rechtsprechung in diesen Bereichen, was unter anderem bei der Lizenzanalogie zu sehen ist.
2. Es konnte weiter festgestellt werden, dass im strafrechtlichen Bereich das allgemeine Persönlichkeitsrecht nur sehr punktuellen und verstreuten Schutz findet und ein Verstoß gegen den Bestimmtheitsgrundsatz (Art. 103 II GG) bei einer Ausweitung desselben drohen kann. Zudem konnte bestätigt werden, dass sich auch im Strafrecht des geistigen Eigentums kaum Normen finden, die das (Urheber-)Persönlichkeitsrecht schützen. Darüber hinaus führt auch eine alternative Auslegung nicht zu einer Erhöhung des Schutzniveaus. Damit stellt sich der strafrechtliche Schutz der Urheberpersönlichkeit als lückenhaft dar, der zudem lediglich über den, in mehrfacher Hinsicht, fragwürdigen § 107 UrhG stattfindet. Die fehlende Systematik und Offenheit im Strafrecht des geistigen Eigentums warfen zunächst Fragen nach der Bestimmtheit zivilrechtsakzessorischer Normen auf.
3. Aus diesem Grund wurde ein Maßstab zur Prüfung der Bestimmtheit einer Norm i.S.d. Art. 103 II GG entwickelt, da es bisher an einem Kon-

sens über einen solchen fehlt. Die Kriterien konnten aus einer kritischen Auseinandersetzung mit den Anforderungen an die Bestimmtheit in Rechtsprechung und Literatur entwickelt werden. Als Ergebnis konnte festgestellt werden, dass offene und akzessorische Normen dem Bestimmtheitsgrundsatz, unter Einhaltung des folgenden Maßstabes genügen können: *Eine Norm ist dann hinreichend bestimmt, wenn der Gesetzgeber seiner Rechtssetzungspflicht nachgekommen ist, indem er der Norm einen erkennbaren Schutzzweck gegeben hat, der Wortlaut eine Interpretationsgrenze setzt und ein bestimmbarer Kern besteht. Daneben sind die Besonderheiten des jeweiligen Normtyps zu berücksichtigen. Hinzu kommt ein enges Verständnis des Art. 103 II GG.*

4. In diesem Zusammenhang musste auch dem Hinweis, der sich aus dem Prüfungsmaßstab ergab, nachgegangen werden, dass die Rechtsgutslehre im Bestimmtheitsgrundsatz und damit im Grundgesetz verankert ist. Dies kann als Bestätigung ihrer strafrechtsbegrenzenden Funktion angesehen werden. Der Bestimmtheitsgrundsatz und die Rechtsgutslehre ergänzen sich wechselseitig; sie sind interdependent. Nur Normen die sich auch auf ein Rechtsgut beziehen, können bestimmt genug sein.
5. Den abschließenden Teil und gleichzeitig Schwerpunkt der Arbeit stellt die Untersuchung der Strafwürdigkeit und -bedürftigkeit von Persönlichkeitsverletzungen dar. Dafür war es zunächst notwendig die Grundlagen der Grenzen des strafrechtlichen Schutzes zu erörtern. Es konnte festgestellt werden, dass beim Urheberpersönlichkeitsrecht Strafwürdigkeit und -bedürftigkeit bei schwerwiegenden Verletzungen desselben vorliegt. Auch Verletzungen des allgemeinen Persönlichkeitsrechts sind strafwürdig und -bedürftig. Nicht nur, dass Verletzungen von Persönlichkeitsrechten wegen ihrer Verfassungsnähe zumeist schwer wiegen, darüber hinaus kann das Zivilrecht allein, trotz seines recht umfassenden Schutzes, keinen ausreichenden Schutz (mehr) bieten. Dieses Manko wird durch die Zunahme kritisch zu betrachtender, pönaler Elemente im Zivilrecht besonders gut sichtbar, zumal dem Zivilrecht nicht die gleiche abschreckende Wirkung wie dem Strafrecht zukommen kann. Im Rahmen der Gegenüberstellung sind zwei Gemeinsamkeiten besonders hervorzuheben: Neben der gerade genannten Zunahme pönaler Elemente im Zivilrecht, konnte eine starke Ökonomisierung festgestellt werden. Andererseits konnte aber auch der Unterschied ausgemacht werden, dass Verletzungen des allgemeinen Persönlichkeitsrechts zumeist näher oder stärker den Kern der Persönlichkeit betreffen und deshalb in diesem Bereich ein erhöhtes Schutzbedürfnis besteht.

6. Zwar kann anhand der vorliegenden Untersuchung darauf geschlossen werden, dass eine Gesamtreform des strafrechtlichen Persönlichkeitsschutzes dringend angezeigt ist, doch dies gilt nicht uneingeschränkt in dem Sinne, dass es auch zwingend den Ausbau des Strafrechts bedeutet. In einigen Bereichen muss vielmehr eine Konzentration auf relevante Bereiche stattfinden, damit das Strafrecht an Glaubwürdigkeit und Durchschlagskraft gewinnt und nicht durch ein „Zuviel" eine Entwertung des Strafrechts droht. Zur Vorbereitung einer solchen Reform konnte aus der Gegenüberstellung des allgemeinen Persönlichkeitsrechts mit dem Urheberpersönlichkeitsrecht ein Maßnahmenkatalog erarbeitet werden: *Bewusstseinsbildende Maßnahmen; Kriminologische Grundlagenforschung zur genauen Ausgestaltung der Normen einer Gesamtreform; Gemeinsame, zentrale Strafrechtsnorm für den Bereich des geistigen Eigentums, die gegebenenfalls im StGB verankert werden sollte; Verbesserung des strafrechtlichen Schutzes des allgemeinen Persönlichkeitsrechts, gegebenenfalls durch eine zentrale Norm oder jedenfalls einen zentralen Abschnitt; Erhöhung der Verurteilungswahrscheinlichkeit.*
   Dabei ist insbesondere hervorzuheben, dass das Unrechtsbewusstsein in der Bevölkerung bereits im Vorfeld einer Reform dringend zu erhöhen ist und eine Sensibilisierung für Persönlichkeitsrechte zu erfolgen hat. Denn nur wenn die bestehenden gesellschaftlichen Werte mit neuen Normen harmonisieren, haben Strafrechtsnormen Aussicht auf Akzeptanz und Befolgung.
7. Abschließend muss die Kernfrage nach dem Ausbau des Strafrechts differenziert beantwortet werden. Diese Arbeit konnte zeigen, dass das Strafrecht im Bereich des Persönlichkeitsschutzes zu reformieren ist, aber nicht nur, um den Schutz auszubauen und zu verbessern, sondern auch um aktuell bestehende Widersprüche zu beheben. Dabei kann gerade im Strafrecht des geistigen Eigentums eine Reduzierung auf schwerwiegende Verletzungen stattfinden. Der Schutz der Persönlichkeitsrechte über das Strafrecht muss im Ergebnis klarer strukturiert werden. So hat sich im Rahmen der Untersuchung gezeigt, dass dazu ein eigener gemeinsamer Abschnitt für den Schutz von Persönlichkeitsrechten im Strafgesetzbuch hilfreich wäre. Nur mit einem effektiven zivil- und strafrechtlichen Persönlichkeitsschutz kann der Kernbereich der Freiheitsentfaltung gewährt werden.
   Der Persönlichkeitsschutz und der Bestimmtheitsgrundsatz sollten gerade in einer hoch technisierten Welt nicht bereits a priori gedanklich geschmälert und relativiert werden. Vielmehr ist an der Umsetzung und Annäherung an diese wichtigen Grundlagen einer Demokratie

stets weiter zu arbeiten. So endet diese Arbeit mit den Worten von *Häberle*: „Wenn man ein Stück optimistischer ist als die Wirklichkeit dem Beobachter zu sein scheint, kann man diese Wirklichkeit besser machen als sie ist. [...] Wenn man die Wirklichkeit nur so sieht, wie sie zu sein scheint, macht man sie schlechter als sie sein kann.“[2853]

2853 *Häberle*, VVDStRL 30 (1972), S. 142 (149).

Literaturverzeichnis

Achenbach, Hans: Strafrechtlicher Schutz des Wettbewerbs? Eine kritische Analyse von Sinn und Zweck der Straftatbestände zum Schutz des Wettbewerbs, Frankfurt a.M. 2009.

ders.: Was kann Strafrecht heute noch leisten?, StraFo 2011, S. 422–429.

Achenbach, Hans/Ransiek, Andreas/Rönnau, Thomas: Handbuch Wirtschaftsstrafrecht, Kompakte Darstellung der zentralen Materien des Wirtschaftsstrafrechts, 4. Aufl. Heidelberg 2015.

Ahlberg, Hartwig/Götting, Horst-Peter: Beck'scher Online Kommentar Urheberrecht, 13. Edition, Stand: 01.07.2016. Zugleich: *Möhring/Nicolini*: Urheberrechtsgesetz, Kommentar, hrsg. v. *Ahlberg, Hartwig/Götting, Horst-Peter*, 3. Aufl. München 2014.

Ahrens, Claus: Gewerblicher Rechtsschutz, Tübingen 2008.

Ahrens, Hans-Jürgen: Brauchen wir einen Allgemeinen Teil der Rechte des Geistigen Eigentums?, GRUR 2006, S. 617–624.

Ahrens, Hans-Jürgen/McGuire, Mary-Rose: Modellgesetz für Geistiges Eigentum, Normtext und Begründung, München 2012.

Alexy, Robert: Theorie der juristischen Argumentation. Die Theorie des rationalen Diskurses als Theorie der juristischen Begründung, 1. Aufl. Frankfurt a.M. 1978.

ders.: Theorie der juristischen Argumentation. Die Theorie des rationalen Diskurses als Theorie der juristischen Begründung, 7. Aufl. Frankfurt a.M. 2012.

Alternativkommentar zum Grundgesetz: hrsg. v. *Wassermann, Rudolf*, Band 2, 2. Aufl. Neuwied 1989.

Alternativkommentar zum Strafgesetzbuch: hrsg. v. *Wassermann, Rudolf*, Band 1, §§ 1–21, Neuwied 1990.

Altpeter, Frank: Strafwürdigkeit und Straftatsystem, Eine Untersuchung zur Einbeziehung von Strafwürdigkeitsaspekten in das Straftatsystem am Beispiel der vortatbestandlichen und tatbestandlichen Ebene, Frankfurt a.M. u.a. 1990.

Alwart, Heiner: Strafwürdiges Versuchen, Eine Analyse zum Begriff der Strafwürdigkeit und zur Struktur des Versuchsdelikts, Berlin 1992.

Amelung, Knut: Rechtsgüterschutz und Schutz der Gesellschaft. Untersuchungen zum Inhalt und zum Anwendungsbereich eines Strafrechtsprinzips auf dogmengeschichtlicher Grundlage. Zugleich ein Beitrag zur Lehre von der „Sozialschädlichkeit" des Verbrechens, Frankfurt a.M. 1972.

ders.: Sitzblockaden, Gewalt und Kraftentfaltung, Zur dritten Sitzblockaden-Entscheidung des BVerfG, NJW 1995, S. 2584–2591.

ders.: Der Begriff des Rechtsguts in der Lehre vom strafrechtlichen Rechtsgüterschutz, in: *Hefendehl, Roland/Hirsch, Andrew von/Wohlers, Wolfgang* (Hrsg.), Die Rechtsgutstheorie, Legitimationsbasis des Strafrechts oder dogmatisches Glasperlenspiel?, Baden-Baden 2003, S. 155–182.

Anastasopoulou, Ioanna: Deliktstypen zum Schutz kollektiver Rechtsgüter, München 2005.

Anders, Ralf Peter: Legitimationsdefizite des deutschen Wirtschaftsstrafrechts, ZStW 130/2 (2018), S. 374–419.

Androulakis, Nikolaos K.: Abschied vom Rechtsgut – Einzug der Moralität? Das „Entrüstungsprinzip" (zu der Entscheidung BVerfGE 120, 224), in: Festschrift für Winfried Hassemer, Heidelberg 2010, S. 271–286.

Ann, Christoph: Die idealistische Wurzel des Schutzes geistige Leistungen, GRUR Int. 2004, S. 597–603.

Appel, Ivo: Verfassung und Strafe, Zu den strafrechtlichen Grenzen staatlichen Strafens, Berlin 1998.

Arndt, Gottfried: Die dynamische Rechtsnormverweisung in verfassungsrechtlicher Sicht - BVerfGE 47, 285, JuS 1979, S. 784–789.

Arzt, Gunther: Der strafrechtliche Schutz der Intimsphäre vom zivilrechtlichen Persönlichkeitsschutz aus betrachtet, Tübingen 1970.

Bacigalupo, Enrique: Rechtsgutsbegriff und Grenzen des Strafrechts, in: Festschrift für Günther Jakobs zum 70. Geburtstag am 26. Juli 2007, Köln u.a. 2007.

Basak, Denis: Die Aufgabe des Bestimmtheitsgrundsatzes durch das Bundesverfassungsgericht, in: *Brunhöber, Beatrice/Höffler, Katrin/Kaspar, Johannes/Reinbacher, Tobias/Vormbaum, Moritz* (Hrsg.), Strafrecht und Verfassung, Baden-Baden 2013, S. 71–89.

BASCAP (Business Action to Stop Counterfeiting and Piracy): Studie zum weltweiten Schaden von Produktpiraterie: ICC-BASCAP-INTA-2016-Report, http://www.iccwbo.org/Advocacy-Codes-and-Rules/BASCAP/BASCAP-Research/Economic-impact/Global-Impacts-Study/ (abgerufen am 14.10.2016).

Baston-Vogt, Marion: Der sachliche Schutzbereich des zivilrechtlichen allgemeinen Persönlichkeitsrechts, Tübingen 1997.

Baumann, Jürgen/Weber, Ulrich/Mitsch, Wolfgang: Strafrecht Allgemeiner Teil, Lehrbuch, 11. Aufl. Bielefeld 2003.

Baurmann, Michael: Strafe im Rechtsstaat, in: *Michael Baurmann/Hartmut Kliemt* (Hrsg.), Die moderne Gesellschaft im Rechtsstaat, Freiburg-München 1990, S. 109–159.

Beckemper, Katharina: Entscheidungsanmerkung, Zur Verfassungsmäßigkeit der Untreue, BVerfG, Beschl. v. 23.6.2010 – 2 BvR 2559/08, 2 BvR 105/09, 2 BvR 491/09, ZJS 2011, S. 88–92.

Becker, Christian: Das Bundesverfassungsgericht und die Untreue: Weißer Ritter oder feindliche Übernahme? Zum Beschluss des BVerfG vom 23.6.2010 2 BvR 2559/08, HRRS 9/2010, S. 383–393.

Beier, Friedrich-Karl: Die Zukunft des geistigen Eigentums in Europa. Gedanken zur Entwicklung des Patent-, Gebrauchs- und Geschmacksmusterrechts, GRUR Int. 1990, S. 675–684.

Beling, Ernst: Die Lehre vom Verbrechen, Tübingen 1906.

Benkard, Georg: Persönlichkeitsrecht und Erfindungsschutz, GRUR 1950, S. 481–490.

ders.: Patentgesetz, Gebrauchsmustergesetz, Patentkostengesetz, Beck'sche Kurz-Kommentare, 11. Aufl. München 2015.

Berger, Christian/Wündisch, Sebastian: Urhebervertragsrecht, Handbuch, 2. Aufl. Baden-Baden 2015.

Beukelmann, Stephan: Der strafrechtliche Schutz des geistigen Eigentums, NJW-Spezial 2008, S. 664.

Binding, Karl: Lehrbuch des Gemeinen Deutschen Strafrechts, Besonderer Teil, Band 1, 2. Aufl. 1902.

ders.: Die Normen und ihre Übertretung, Eine Untersuchung über die rechtmäßige Handlung und die Arten des Delikts, Zweiter Band, Erste Hälfte, Schuld. Vorsatz. Irrtum, 2. Aufl. Leipzig 1914.

ders.: Die Normen und ihre Übertretung, Eine Untersuchung über die rechtmäßige Handlung und die Arten des Delikts., Erster Band, Normen und Strafgesetze, 4. Aufl. Leipzig 1922.

Birkenstock, Reinhard Georg: Die Bestimmtheit von Straftatbeständen mit unbestimmten Gesetzesbegriffen, Köln 2004.

Bischof, Claudia: Drohnen im rechtlichen Praxistest, DuD 2017, S. 142–146.

Blazekovic, Jessica von: http://www.faz.net/aktuell/wirtschaft/diginomics/tausende-menschen-demonstrieren-gegen-urheberrechtsreform-16045816.html (abgerufen am 20.02.2019).

Bloy, René: Die dogmatische Bedeutung der Strafausschließungs- und Strafaufhebungsgründe, Berlin 1976.

ders.: Die Beteiligungsformen als Zurechnungstypus im Strafrecht, Berlin 1985.

Böse, Martin: Grundrechte und Strafrecht als „Zwangsrecht", in: *Hefendehl, Roland/Hirsch, Andrew von/Wohlers, Wolfgang* (Hrsg.), Die Rechtsgutstheorie, Legitimationsbasis des Strafrechts oder dogmatisches Glasperlenspiel?, Baden-Baden 2003, S. 89–95.

ders.: Verweisungen auf das EU-Recht und das Bestimmtheitsgebot (Art. 103 Abs. 2 GG), in: Festschrift für Volker Krey, Zum 70. Geburtstag am 09. Juli 2010, Stuttgart 2010, S. 7–25.

ders.: Das Bundesverfassungsgericht »bestimmt« den Inhalt des Untreuetatbestandes, JURA 2011, S. 617–623.

Böxler, Bernhard: Markenstrafrecht, Geschichte – Akzessorietät – Legitimation – Perspektiven, Tübingen 2013.

Bohn, Frank: Der Sanktionsgedanke im Bürgerlichen Recht, Berlin 2005.

Bohnert, Joachim: Paul Johann Anselm Feuerbach und der Bestimmtheitsgrundsatz im Strafrecht. Heidelberg 1982.

ders.: Die Abstraktheit der abstrakten Gefährdungsdelikte – BGH, NJW 1982, 2329, JuS 1984, S. 182–187.

Borgmann, Matthias: Von Datenschutzbeauftragten und Bademeistern – Der strafrechtliche Schutz am eigenen Bild durch den neuen § 201a StGB, NJW 2004, S. 2133–2135.

Bosch, Nikolaus: Der strafrechtliche Schutz vor Foto-Handy-Voyeuren und Paparazzi, JZ 2005, S. 377–385.

ders.: Wiedergutmachung und Strafe – Vollstreckungshilfe und Privilegierung überschuldeter Straftäter durch § 46a StGB?, in: Festschrift für Harro Otto zum 70. Geburtstag am 01. April 2007, Köln u.a. 2007, S. 845–861.

ders.: Bestimmtheitsgebot und unbestimmte Rechtsbegriffe – Das Bundesverfassungsgericht als Superrevisionsinstanz, JA 2010, S. 472–475.

ders.: Einführung, in: *Bosch, Nikolaus/Bung, Jochen/Klippel, Diethelm* (Hrsg.), Geistiges Eigentum und Strafrecht, Tübingen 2011, S. 1–8.

Bott, Ingo/ Krell, Paul: Der Grundsatz „nulla poena sine lege" im Lichte verfassungsgerichtlicher Entscheidungen, ZJS 2010, S. 694–700.

Bottke, Wilfried: Das Straftaterfordernis der Rechtsgutsverletzung, in: Jus humanum, Grundlagen des Rechts und Strafrecht, Festschrift für Ernst-Joachim Lampe zum 70. Geburtstag, Berlin 2003, S. 463–490.

ders.: Roma locuta causa finita? Abschied vom Gebot des Rechtsgüterschutzes?, in: IN DUBIO PRO LIBERTATE, Festschrift für Klaus Volk zum 65. Geburtstag, München 2009, S. 93–110.

Bräutigam-Ernst, Stephanie: Die Bedeutung von Verwaltungsvorschriften für das Strafrecht dargestellt am Beispiel der §§ 325, 325a StGB und der Technischen Anleitungen des Immissionsschutzrechts, Baden-Baden 2010.

Brand, Christian/Reschke, Dennis: Die Firmenbestattung im Lichte des § 283 I Nr. 8 StGB, ZIP 44/2010, S. 2134–2140.

Brand, Christian/Kratzer, Esther: Die Folgen der Entscheidung des Bundesverfassungsgerichts zur Nichtigkeit einer Strafbestimmung im Rindfleischetikettierungsgesetzes wegen des Verstoßes gegen den Bestimmtheitsgrundsatz für das Nebenstrafrecht – Tsunami oder doch nur ein Sturm im Wasserglas? zu BVerfG, Beschluss vom 21.9.2016 – 2 BvL 1/15, BVerfGE 143, 38, JR 2018, S. 422–433.

Braun, Edwin: Produktpiraterie, Rechtsschutz durch Zivil-, Straf- und Verwaltungsrecht sowie ausgewählte Probleme der Rechtsdurchsetzung, Köln u.a. 1993.

Brox, Hans/Walker, Wolf-Dietrich: Allgemeiner Teil des BGB, 39. Aufl. München 2015.

Bülte, Jens: Blankette und normative Tatbestandsmerkmale: Zur Bedeutung von Verweisungen in Strafgesetzen, JuS 2015, S. 769–777.

Bünnigman, Kathrin: Die „Esra"-Entscheidung als Ausgleich zwischen Persönlichkeitsschutz und Kunstfreiheit, Rechtsprechung im Labyrinth der Literatur, Tübingen 2013.

Bundesfinanzministerium: Zollbilanz 2014, http://www.bundesfinanzministerium.de/Content/DE/Monatsberichte/2015/04/Inhalte/Kapitel-3-Analysen/3-3-zollbilanz-2014.html (abgerufen am 14.10.2015).

Bundeskriminalamt: Polizeiliche Kriminalstatistik 2015, https://www.bka.de/DE/AktuelleInformationen/StatistikenLagebilder/PolizeilicheKriminalstatistik/PKS2015/pks2015_node.html;jsessionid=F7DCBB7232E039C6A63CD80D8618E0E7.live0611 (abgerufen am 15.09.2016).

Bundesministeriums des Innern: Abschlusserklärung der G8 Justiz- und Innenminister, http://www.bmi.bund.de/SharedDocs/Pressemitteilungen/DE/2007/Einzelseiten /g8_muenchen_ministererklaerung2_abschluss_de.html (abgerufen am 09.06.2016).

Bundesministeriums für Wirtschaft und Technologie: Forschungsbericht Nr. 579, S. 48 Tabelle 3.3, http://www.bmwi.de/BMWi/Redaktion/PDF/Publikationen/Dokumentationen/forschungsbericht-579,property=pdf,bereich=bmwi2012,sprache=de,rwb=true.pdf (abgerufen am 14.10.2015).

Bunzel, Michael: Die Potenz des verfassungsrechtlichen Verhältnismäßigkeitsprinzips als Grenze des Rechtsgüterschutzes in der Informationsgesellschaft, in: *Hefendehl, Roland/Hirsch, Andrew von/Wohlers, Wolfgang* (Hrsg.), Die Rechtsgutstheorie, Legitimationsbasis des Strafrechts oder dogmatisches Glasperlenspiel?, Baden-Baden 2003, S. 96–118.

Burger, Thomas: Besprechung von Ulrich, Weber: Der strafrechtliche Schutz des Urheberrechts. Unter Berücksichtigung der bestehenden zivilrechtlichen Schutzmöglichkeiten. Tübingen 1976, FuR 1978, S. 796–802.

Busse, Rudolf (begr.)/*Keukenschrijver, Alfred* (Hrsg.): Patentgesetz unter Berücksichtigung des Europäischen Patentübereinkommens und des Patentzusammenarbeitsvertrags mit Patentkostengesetz, Gebrauchsmustergesetz und Gesetz über den Schutz der Topographien von Halbleitererzeugnissen, Gesetz über Arbeitnehmererfindungen und Gesetz über internationale Patentübereinkommen, 7. Aufl. Berlin, Boston 2013.

Bydlinski, Franz: Die Suche nach der Mitte als Daueraufgabe der Privatrechtswissenschaft, Archiv für die civilistische Praxis, Bd. 204 (2004), S. 309–395.

ders.: Grundzüge der juristischen Methodenlehre, bearb. v. *Bydlinski, Peter*, Wien 2012.

Cancio Meliá, Manuel: Viktimologischer Ansatz vs. Selbstverantwortungsgrundsatz (zugleich: Allgemeiner Teil vs. Besonderer Teil)?, in: Streitbare Strafrechtswissenschaft, Festschrift für Bernd Schünemann zum 70. Geburtstag am 01. November 2014, Berlin, Boston 2014, S. 313–336.

Class, Wilhelm: Generalklauseln im Strafrecht, in: Festschrift für Eberhard Schmidt zum 70. Geburtstag, Göttingen 1961, S. 122–138.

Coing, Helmut: Juristische Methodenlehre, Berlin 1972.

Colombi Ciacchi, Aurelia: Fahrlässigkeit und Tatbestandsbestimmtheit – Deutschland und Italien im Vergleich –, Köln u.a. 2005.

Cornelius, Kai: Die Verbotsirrtumslösung zur Bewältigung unklarer Rechtslagen – ein dogmatischer Irrweg, GA 2015, S. 101–124.

Cornils, Matthias: Entscheidungsanmerkung, Sexuelle Selbstbestimmung und ihre Grenzen, ZJS 2009, S. 85–89.

Costa Andrade, Manuel da: Strafwürdigkeit und Strafbedürftigkeit als Referenzen einer zweckrationalen Verbrechenslehre, in: *Schünemann, Bernd/Figueiredo Dias, Jorge de* (Hrsg.), Bausteine des europäischen Strafrechts, Coimbra-Symposium für Claus Roxin, Köln u.a. 1995, S. 121–145.

Cremer, Richard: Strafrechtliche Sanktionen bei der Verletzung von Rechten des geistigen Eigentums, GRUR Int. 2002, 511–519.

Curti, Henning: Abschreckung durch Strafe, Eine ökonomische Analyse der Kriminalität, Wiesbaden 1999.

ders.: Strafe und Generalprävention, Ein empirischer Nachweis für die Bundesrepublik Deutschland, ZRP 1999, S. 234–237.

Dalbora, José Luis Guzmán: Inhalt und aktuelle Bedeutung der Rechtsgutstheorie im Werk Johann Michael Franz Birnbaums, in: *Dalbora, José Luis Guzmán/Vormbaum, Thomas* (Hrsg.), Johann Michael Franz Birnbaum, Zwei Aufsätze, Ueber das Erforderniß einer Rechtsverletzung zum Begriffe des Verbrechens (1834), Bemerkungen über den Begriff des natürlichen Verbrechens (1836), Berlin 2011, S. 67–92.

Dannecker, Gerhard: Die Entwicklung des Wirtschaftsstrafrechts in der Bundesrepublik Deutschland, in: *Wabnitz, Heinz-Bernd/Janovsky, Thomas* (Hrsg.), Handbuch des Wirtschafts- und Steuerstrafrechts, 3. Aufl. München 2007, S. 1–66.

ders.: Nullum crimen, nulla poena sine lege und seine Geltung im Allgemeinen Teil des Strafrechts, in: Festschrift für Harro Otto zum 70. Geburtstag am 01. April 2007, Köln u.a. 2007, S. 25–40.

Deckert, Antje: Strafwürdigkeit und Strafgesetzgebung dargestellt am Beispiel des Vortäuschens diplomatischer Immunität, Göttingen 2009.

Deutscher Bundestag: Enquete-Kommission Internet und digitale Gesellschaft, Projektgruppe Urheberrecht, 28. Februar 2011, http://www.bundestag.de/internetenquete/dokumentation/Urheberrecht/11-02-28_PGUR_Neue_Regelungsansaetze_im_Urheberrecht.pdf (abgerufen am 15.07.2016).

Diederichsen, Angela: Der deliktsrechtliche Schutz des Persönlichkeitsrechts, JURA 2008, S. 1–7.

Dietz, Adolf: Urheberrecht im Wandel. Paradigmenwechsel im Urheberrecht?, in: *Dittrich, Robert* (Hrsg.), Woher kommt das Urheberrecht und wohin geht es? Wurzeln, geschichtlicher Ursprung, geistesgeschichtlicher Hintergrund und Zukunft des Urheberrechts, Wien 1988, S. 200–213.

Dinter, Lasse: Der Pflichtwidrigkeitsvorsatz der Untreue, Zugleich ein Beitrag zur gesetzlichen Bestimmtheit des § 266 StGB, Heidelberg, München, Landsberg u.a. 2012.

Dittrich, Robert: Der Werkbegriff – sinnvolle Ausdehnung oder Denaturierung?, in: *Dittrich, Robert* (Hrsg.), Woher kommt das Urheberrecht und wohin geht es? Wurzeln, geschichtlicher Ursprung, geistesgeschichtlicher Hintergrund und Zukunft des Urheberrechts, Wien 1988, S. 214–237.

Dölling, Dieter/Entorf, Horst/Hermann, Dieter/Häring, Armando/Rupp, Thomas/Woll, Andreas: Zur generalpräventiven Abschreckungswirkung des Strafrechts – Befunde einer Metaanalyse, in: Soziale Probleme, 17. Jahrgang 2006, Heft 2, S. 193–209.

Dreier, Horst: Grundgesetz, Kommentar, Band III, Artikel 83–146, 2. Aufl. Tübingen 2008.

Dreier, Thomas/Schulze, Gernot (Hrsg.): Urheberrechtsgesetz; Urheberrechtswahrnehmungsgesetz, Kunsturhebergesetz, Kommentar, 5. Aufl. München 2015.

Dreyer, Gunda/Kotthoff, Jost/Meckel, Astrid: Urheberrecht, Urheberrechtsgesetz, Urheberrechtswahrnehmungsgesetz, Kunsturhebergesetz, 3. Aufl. Heidelberg u.a. 2013.

Dubber, Markus Dirk: Positive Generalprävention und Rechtsgutstheorie: Zwei zentrale Errungenschaften der deutschen Strafrechtswissenschaft aus amerikanischer Sicht, ZStW 117 (2005), S. 485–518.

Duttge, Gunnar: Zur Bestimmtheit des Handlungsunwerts von Fahrlässigkeitsdelikten, Tübingen 2001.

ders.: Fahrlässigkeit und Bestimmtheitsgebot, in: Festschrift für Günter Kohlmann zum 70. Geburtstag, Köln 2003, S. 13–35.

ders.: Strafbarkeit des Geschwisterinzests aufgrund „eugenischer Gesichtspunkte“?, in: Strafrecht als Scientia Universalis, Festschrift für Claus Roxin zum 80. Geburtstag am 15. Mai 2011, Berlin u.a. 2011, S. 227–243.

ders.: Wider die Palmströmsche Logik: Die Fahrlässigkeit im Lichte des Bestimmtheitsgrundsatzes, JZ 2014, S. 261–270.

Eberle, Carl-Eugen: Stellungnahme des Justitiars des Zweiten Deutschen Fernsehens zu den Entwürfen eines Gesetzes zum verbesserten Schutz der Intim- bzw. der Privatsphäre, in: Zusammenstellung der Stellungnahmen zu der Anhörung des Rechtsausschusses – Schutz der Intimsphäre –, BT-Drucksachen 15/361, 15/533 und A-Drs. 15(6)41, 27. Sitzung des Rechtsausschusses in der 15. Wahlperiode am 24.09.2003, S. 46–48.

Ebert, Ina: Pönale Elemente im deutschen Privatrecht, Von der Renaissance der Privatstrafe im deutschen Recht, Tübingen 2004.

Ehlers, Kurt: Kann ein Erfinder die Nennung seines Namens auch bei anderen als den amtlichen Veröffentlichungen über die Erfindung verlangen?, GRUR 1950, S. 359–364.

Eisele, Jörg: Strafrechtlicher Schutz vor unbefugten Bildaufnahmen, Zur Einführung eines § 201a in das Strafgesetzbuch, JR 2005, S. 6–11.

Eisenberg, Ulrich: Kriminologie, 6. Aufl. München 2005.

Ellbogen, Klaus/Bonnin, Steven: Die Strafandrohung des § 173 StGB – Eine Norm ohne Rechtsgut, JR 2019, S. 11–16.

Ekey, Friedrich/Klippel, Diethelm/Bender, Achim: Markenrecht, Band 1, Markengesetz und Markenrecht ausgewählter Staaten, 3. Aufl. Heidelberg 2014.

Emmert, Reinhold: Bindungswirkung des Strafurteils im Schadensersatzprozess, ZRP 2018, S. 82–85.

Enderle, Bettina: Blankettstrafgesetze: Verfassungs- und strafrechtliche Probleme von Wirtschaftstatbeständen, Frankfurt a.M. u.a. 2000.

Engisch, Karl: Einführung in das juristische Denken, hrsg. v. *Würtenberger, Thomas/ Otto, Dirk*, 11. Aufl. Stuttgart 2010.

Engländer, Armin: Revitalisierung der materiellen Rechtsgutslehre durch das Verfassungsrecht?, ZStW 127 (2015), S. 616–634.

Erbs, Georg/Kohlhaas, Max (Hrsg.): Strafrechtliche Nebengesetze, Band 3, L-S, weiterer Hrsg. *Häberle, Peter*, München 208. Ergänzungslieferung Stand: Mai 2016.

Erbs, Georg/Kohlhaas, Max (Hrsg.): Strafrechtliche Nebengesetze, Band 4, T-Z, weiterer Hrsg. *Häberle, Peter*, München 208. Ergänzungslieferung Stand: Mai 2016.

Erhardt, Jan/Flechsig, Norbert P.: Pro & Contra, Doppelter Schadensersatz für Urheber?, ZRP 2006, S. 103.

Erman: Bürgerliches Gesetzbuch, Handkommentar mit AGG, EGBGB (Auszug), ErbbauRG, LPArtG, ProdHaftG, VBVG, VersAusglG und WEG, Band I, hrsg. v. *Westermann, Harm Peter/Grunewald, Barbara/Maier-Reimer, Georg*, Band I, 14. Aufl. Köln 2014.

Ernst, Stefan: Buchbesprechung: Joachim Wolf: Der strafrechtliche Schutz der Persönlichkeit gegen unbefugte Kommerzialisierung unter Berücksichtigung des Schutzes durch das Zivilrecht, ZUM 2001, S. 620.

Esser, Josef: Vorverständnis und Methodenwahl in der Rechtsfindung, Rationalitätsgrundlagen richterlicher Entscheidungspraxis, Frankfurt a.M. 1972.

Ettig, Diana: Bereicherungsausgleich und Lizenzanalogie bei Persönlichkeitsverletzungen, Baden-Baden 2015.

Ewert, Jan-Peter: Das Urheberstrafrecht in der Informationsgesellschaft, Norderstedt 2008.

Fechner, Frank: Geistiges Eigentum und Verfassung, Schöpferische Leistungen unter dem Schutz des Grundgesetzes, Tübingen 1999.

Feuerbach, Paul Johann Anselm von: Lehrbuch des gemeinen in Deutschland geltenden peinlichen Rechts, Gießen 1801.

Figueiredo Dias, Jorge de: Das «Rechtsgutsstrafrecht» als verfassungsrechtliches Prinzip unter dem Blickwinkel der Rechtsprechung des portugiesischen Verfassungsgerichts, GA 2014, S. 202–219.

Fischer, Susanne: Der Schutz von Know-how im deutschen materiellen und Internationalen Privatrecht, Baden-Baden 2012.

Fischer, Thomas: Strafgesetzbuch mit Nebengesetzen, 63. Aufl. München 2016.

Flechsig, Norbert: Neuüberlegungen zum Urheberrecht, GRUR 1978, S. 287–293.

ders.: Zum Bedürfnis einer Verschärfung des Urheberstrafrechts, Strafrechtliche Gleichsetzung mit dem Schutz des Sacheigentums und Umwandlung der Urheberrechtsdelikte zu Offizialdelikten, FuR 1980, S. 345–351.

ders.: Urheberrechtskriminalität und Urheberstrafrecht, Für verschärfte Reaktionen gegen unerlaubte Mitschnitte und Raubpressungen, ZRP 1980, S. 313–317.

ders.: Bedürfen die Urheber- und Leistungsschutzrechte eines verstärkten Strafrechtsschutzes?, in: *Flechsig, Norbert* (Hrsg.), Rechtspolitische Überlegungen zum Urheberstrafrecht in Deutschland, Österreich und der Schweiz, Bern 1982, S. 9–27.

ders.: Schutz gegen Verletzung des höchstpersönlichen Lebensbereichs durch Bildaufnahmen, ZUM 2004, S. 605–617.

Fontaine, Sebastian: Grund- und Strukturprobleme des § 142 PatG. Dogmatik, Praxis und Reform der Straftatbestände des gewerblichen Rechtschutzes, Baden-Baden 2011.

Frehsee, Detlev: Der Rechtsstaat verschwindet, Strafrechtliche Kontrolle im gesellschaftlichen Wandel von der Moderne zur Postmoderne – Gesammelte Aufsätze –, hrsg. von *Schild, Wolfgang*, Berlin 2003.

Freund, Georg: Der Zweckgedanke im Strafrecht?, GA 1995, S. 4–22.

ders.: Zur Legitimationsfunktion des Zweckgedankens im gesamten Strafrechtssystem, in: *Wolter, Jürgen/Freund, Georg* (Hrsg.), Straftat, Strafzumessung und Strafprozeß im gesamten Strafrechtssystem, Straftatbegriff – Straftatzurechnung – Strafrechtszweck – Strafausschluß – Strafverzicht – Strafklagverzicht, Heidelberg 1996, S. 43–75.

Frisch, Wolfgang: An den Grenzen des Strafrechts, in: Beiträge zur Rechtswissenschaft, Festschrift für Walter Stree und Johannes Wessels zum 70. Geburtstag, Heidelberg 1993, S. 69–106.

ders.: Rechtsgut, Recht, Deliktsstruktur und Zurechnung im Rahmen der Legitimation staatlichen Strafens, in: *Hefendehl, Roland/Hirsch, Andrew von/Wohlers, Wolfgang* (Hrsg.), Die Rechtsgutstheorie, Legitimationsbasis des Strafrechts oder dogmatisches Glasperlenspiel?, Baden-Baden 2003, S. 215–238.

ders.: Schuldgrundsatz und Verhältnismäßigkeitsgrundsatz, NStZ 2013, S. 249–256.

Frister, Helmut: Strafrecht Allgemeiner Teil, Ein Studienbuch, 7. Aufl. München 2015.

Fröhlich, Mario/Siebenhüner, Jan: Die Entscheidung des Bundesverfassungsgerichts zu § 173 StGB – ein Rückblick, DRiZ 2012, S. 344–346.

Fromm, Friedrich Karl/Nordemann, Wilhelm: Urheberrecht, Kommentar zum Urheberrechtsgesetz, Verlagsgesetz, Urheberrechtswahrnehmungsgesetz, hrsg. v. *Nordemann, Axel/Nordemann, Jan Bernd*, begr. v. *Fromm, Friedrich Karl/Nordemann, Wilhelm*, 11. Aufl. Stuttgart 2014.

Fuchs, Maximilian/Pauker, Werner: Delikts- und Schadensersatzrecht, 8. Aufl. Berlin, Heidelberg 2012.

Fürhoff, Jens: Neuregelung der Ad-hoc-Publizitätspflicht auf europäischer Ebene, Auswirkungen auf § 15 WpHG und systematische Einordnung, AG 2003, S. 80–85.

Funkel, Thorsten: Schutz der Persönlichkeit durch Ersatz immaterieller Schäden in Geld, Eine rechtsvergleichende Untersuchung des zivilrechtlichen Persönlichkeitsschutzes unter besonderer Berücksichtigung des Geldersatzes für Nichtvermögensschäden in Deutschland und England, München 2001.

Gaede, Karsten: Mit der Sittenwidrigkeit gegen Hooligangewalt – das Ende der „Dritten Halbzeit"? Ein Beitrag zu den Grundlagen und zur Reichweite der Einwilligungsschranke des § 228 StGB nach der Rechtsgutslösung, ZIS 2014, S. 489–503.

Gärditz, Klaus Ferdinand: Strafbegründung und Demokratieprinzip, in: Der Staat 49 (2010), S. 331–367.

Gallas, Wilhelm: Der dogmatische Teil des Alternativ-Entwurfs, ZStW 80 (1968), S. 1–33.

Gamm, Otto-Friedrich von: Urheberrechtsgesetz, Kommentar, München 1968.

Geiger, Christophe: Dogmatische „Wildwüchse" im Urheberrecht, in: Der Interessenaugleich im Urheberrecht, Teil 2: Die Thesen, Max-Planck-Institut für Geistiges Eigentum, München 2006.

Gelke, Erik: Mashups im Urheberrecht, Baden-Baden 2013.

Gerlach, Johann W.: Das Urheberrecht des Architekten und die Einräumung von Nutzungsrechten nach dem Architektenvertrag, GRUR 1976, S. 613–668.

Gercke, Marco: Die Entwicklung des Internetstrafrechts 2008, ZUM 2009, S. 526–538.

Gertzen, Anke Marie: Der strafrechtliche Schutz des Rechts am eigenen Bild, Eine Bewertung des § 201a StGB im Vergleich zu Art. 197 Código Penal, Göttingen 2009.

Geppert, Klaus: Rechtfertigende „Einwilligung" des verletzten Mitfahrers bei Fahrlässigkeitsstraftaten im Straßenverkehr? (Ein Beitrag zur dogmatischen Struktur der Einwilligung), ZStW 83 (1971), S. 947–1001.

GFK (Gesellschaft für Konsum-, Markt- und Absatzforschung e. V.): DCN-Studie, http://www.gvu.de/wp-content/uploads/2015/08/DCN_Studie-2013.pdf (abgerufen am 14.10.2015).

Gimbernat Ordeig, Enrique: Rechtsgüter und Gefühle, GA 2011, S. 284–294.

Gierke, Otto von: Deutsches Privatrecht, Erster Band, Allgemeiner Teil und Personenrecht, Leipzig 1895.

Gloser, Stefan: Die Rechtsnachfolge in das Urheberrecht, Köln 2012.

Göpfert, Wolfgang W.: Die Strafbarkeit von Markenverletzungen, Karlsruhe 2006.

Götting, Horst-Peter: Sanktionen bei Verletzung des postmortalen Persönlichkeitsrechts, GRUR 2004, 801–808.

ders.: Der Begriff des geistigen Eigentums, GRUR 2006, 353–358.

ders.: Gewerblicher Rechtsschutz, Patent-, Gebrauchsmuster-, Design- und Markenrecht, Ein Studienbuch, begr. v. *Hubmann, Heinrich*, 10. Aufl. München 2014.

Götting, Horst-Peter/Schertz, Christian /Seitz, Walter (Hrsg.): Handbuch des Persönlichkeitsrechts, München 2008.

Gravenreuth, Günther von: Strafverfahren wegen Verletzung von Patenten, Gebrauchsmustern, Warenzeichen oder Urheberrechten, GRUR 1983, S. 349–357.

ders.: Das Plagiat aus strafrechtlicher Sicht, Software- Video- und Markenpriaterie, Raubdrucke, Die Straftatbestände des gewerblichen Rechtsschutzes, Einschlägiges Prozeßrecht, Köln u.a. 1986.

Greco, Luís: Das Subjektive an der objektiven Zurechnung: Zum „Problem" des Sonderwissens, ZStW 117 (2005), S. 519–554.

ders.: Was lässt das Bundesverfassungsgericht von der Rechtsgutslehre übrig? Gedanken anlässlich der Inzestentscheidung des Bundesverfassungsgerichts, ZIS 2008, S. 234–238.

ders.: Lebendiges und Totes in Feuerbachs Straftheorie, Ein Beitrag zur gegenwärtigen strafrechtlichen Grundlagendiskussion, Berlin 2009.

ders.: Ist der Strafgesetzgeber an das Analogieverbot gebunden?, GA 2012, S. 452–466.

ders.: Verfassungskonformes oder legitimes Strafrecht? Zu den Grenzen einer verfassungsrechtlichen Orientierung der Strafrechtswissenschaft, in: *Brunhöber, Beatrice/Höffler, Katrin/Kaspar, Johannes/Reinbacher, Tobias/Vormbaum, Moritz* (Hrsg.), Strafrecht und Verfassung, Baden-Baden 2013, S. 13–36.

ders.: Das Bestimmtheitsgebot als Verbot gesetzgeberisch in Kauf genommener teleologischer Reduktionen, Zugleich: Zur Verfassungsmäßigkeit von §§ 217 und 89a Abs. 2 Nr. 1 StGB, ZIS 2018, S. 475–483.

Gropp, Walter: Der strafrechtliche Bestimmtheitsgrundsatz vor dem Bundesverfassungsgericht, in: *Jaeckel, Liv/Zabel, Benno/Zimmermann, Ralph* (Hrsg.), Grundrechtspolitik und Rechtswissenschaft, Beiträge aus Anlass des 70. Geburtstags von Helmut Goerlich, Tübingen 2015, S. 105–125.

Grosche, Ernst-Joachim: Die Generalklausel des § 283 I Nr. 8 StGB im Deutschen Bankrottstrafrecht, Eine funktionale Untersuchung ihrer Berechtigung mit Blick auf das US-amerikanische Insolvenzdeliktsrecht, Dissertation Würzburg 1992.

Grossfeld, Bernhard: Die Privatstrafe, Ein Beitrag zum Schutz des allgemeinen Persönlichkeitsrechts, Frankfurt a.M., Berlin 1961.

Gruben, Donata von: Das urheberrechtliche Entstellungsverbot im Umgang mit Originalwerken der bildenden Kunst, Unter besonderer Berücksichtigung der Eigenart zeitgenössischer Kunst, Frankfurt a.M., Bern, Bruxelles 2013.

Grünberger, Michael: Rechtsdurchsetzungsbemühungen – Anzeichen eines Systemkollapses?, in: *Hilty, Reto M./Jaeger, Thomas/Kitz, Volker* (Hrsg.), Geistiges Eigentum, Herausforderung Durchsetzung, Berlin, Heidelberg 2008, S. 1–46.

Grünwald, Gerald: Bedeutung und Begründung des Satzes „nulla poena sine lege", ZStW 76 (1964), S. 1–18.

Günther, Hans-Ludwig: Die Genese eines Straftatbestandes, Eine Einführung in die Fragen der Strafgesetzgebungslehre, JuS 1978, S. 8–14.

Günther, Klaus: Der Wandel der Staatsaufgabe, in: *Grimm, Dieter* (Hrsg.), Wachsende Staatsaufgaben – sinkende Steuerungsfähigkeit des Rechts, Baden-Baden 1990, S. 51–68.

Guggenberger, Nikolaus: Das Netzwerkdurchsetzungsgesetz – schön gedacht, schlecht gemacht, ZRP 2017, S. 98–101.

Gulden, Karsten/Dausend, Djorven: Gefahr für das Persönlichkeitsrecht durch mediale Hetzjagd? Rechtliche Einordnung von privaten Fahndungsaufrufen in den (sozialen) Medien, MMR 2017, S. 723–728.

GVU (Gesellschaft zur Verfolgung von Urheberrechtsverletzungen e.V.): GVU Jahresbericht 2011: http://www.gvu.de/gvu-jahresbericht-2011-ab-sofort-online/2196 (abgerufen am 18.11.2015).

HABM (Harmonisierungsamtes für den Binnenmarkt): Industry-Level Analysis Report, September 2013, http://ec.europa.eu/internal_market/intellectual-property/docs/joint-report-epo-ohim-final-version_en.pdf (abgerufen am 14.10.2015).

Häberle, Peter: Grundrechte im Leistungsstaat, 3. Aussprache und Schlussworte, VVDStRL 30 (1972), S. 142–191.

Haft, Fritjof: Generalklauseln und unbestimmte Begriffe im Strafrecht, JuS 1975, S. 477–485.

Haft, Klaus/Donle, Christian/Ehlers, Jochen/Nack, Ralph: Internationale Vereinigung für den Schutz des geistigen Eigentums (AIPPI), Berichte der deutschen Landesgruppe für die Sitzung des Geschäftsführenden Ausschusses der AIPPI vom 25. bis 29. September 2005 in Berlin, Strafschadensersatz als strittige Frage der Rechte des geistigen Eigentums (Q 186), GRUR Int. 2005, S. 403–407.

Hamm, Rainer: Kann der Verstoß gegen Treu und Glauben strafbar sein?, NJW 2005, S. 1993–1995.

ders.: Richten mit und über Strafrecht, NJW 2016, S. 1537–1542.

Hamann, Andreas: Grundgesetz und Strafgesetzgebung, Neuwied, Berlin 1963.

Hamann, Wolfram: Der urheberrechtliche Originalbegriff der bildenden Kunst, Unter besonderer Berücksichtigung grafischer Vervielfältigungsarten, Frankfurt a.M. 1980.

Hammen, Horst: Insiderstrafrecht und Bestimmtheitsgebot – eine Polemik, ZIS 2014, S. 303–308.

Hammer-Strnad, Eva: Das Bestimmtheitsgebot als allgemeiner Rechtsgrundsatz des Europäischen Gemeinschaftsrechts, Hamburg 1999.

Handkommentar-Gesamtes Strafrecht (HK-GS): Gesamtes Strafrecht, StGB, StPO, Nebengesetze, Handkommentar, hrsg. v. *Dölling, Dieter/Duttge, Gunnar/Rössner*, 3. Aufl. Baden-Baden 2013.

Hanser-Strecker, Carl Peter: Das Plagiat in der Musik, Ein Beitrag zur Frage des urheberrechtlichen Schutzes von Werken der Musik, Dissertation Frankfurt a.M. 1968.

Hanssen, Christian/Otto, Martin: Das Freiheitsprinzip als Grenze inflationärer Strafnormschaffung, ZRP 2002, S. 318–320.

Harte-Bavendamm, Henning/Henning-Bodewig, Frauke: Gesetz gegen den unlauteren Wettbewerb (UWG), Kommentar, bearb v. *Ahrens, Hans-Jürgen/Bakardjieva, Antonina* u.a., 3. Aufl. München 2013.

Haß, Gerhard: Der strafrechtliche Schutz von Computerprogrammen, in: *Lehmann, Michael* (Hrsg.), Rechtsschutz und Verwertung von Computerprogrammen, 2. Aufl. Köln 1993, S. 467–512.

Hassemer, Winfried: Theorie und Soziologie des Verbrechens, Ansätze zu einer praxisorientierten Rechtsgutslehre, Frankfurt a.M. 1973.

ders.: Buchbesprechungen, ZStW 87 (1975), S. 146–164.

ders.: Symbolisches Strafrecht und Rechtsgüterschutz, NStZ 1989, S. 553–559.

ders.: Einführung in die Grundlagen des Strafrechts, 2. Aufl. München 1990.

ders.: Strafen im Rechtsstaat, Baden-Baden 2000.

ders.: Welche Zukunft hat das Strafrecht?, in: Gedächtnisschrift für Ellen Schlüchter, Köln u.a. 2002, S. 133–160.

ders.: Strafrechtlicher Rechtsgüterschutz unter der Verfassung, in: Τιμητικός τόμος για τον Νικόλαο Κ. Ανδρουλάκη, Festschrift für Nikolaos Konstantinos Androulakis, Athen 2003, S. 207–224.

ders.: Darf es Straftaten geben, die ein strafrechtliches Rechtsgut nicht in Mitleidenschaft ziehen?, in: *Hefendehl, Roland/Hirsch, Andrew von/Wohlers, Wolfgang* (Hrsg.), Die Rechtsgutstheorie, Legitimationsbasis des Strafrechts oder dogmatisches Glasperlenspiel?, Baden-Baden 2003, S. 57–64.

ders.: Einleitende Bemerkungen zu »Kritik und Rechtfertigung des Strafrechts an der Jahrtausendwende« Eine Kritische Analyse der »Frankfurter Schule«, in: *Neumann, Ulfried/Prittwitz, Cornelius* (Hrsg.), Kritik und Rechtfertigung des Strafrechts, Frankfurt a.M. 2005, S. 9–11.

ders.: Der Grundsatz der Verhältnismäßigkeit als Grenze strafrechtlicher Eingriffe, in: *Hirsch, Andrew von/Seelmann, Kurt/Wohlers, Wolfgang* (Hrsg.), Mediating Principles, Begrenzungsprinzipien bei der Strafbegründung, Baden-Baden 2006, S. 121–127.

ders.: Juristische Methodenlehre und richterliche Pragmatik, in: Festschrift für Heike Jung zum 65. Geburtstag am 23. April 2007, Baden-Baden 2007, S. 231–259.

ders.: Warum Strafe sein muss, Ein Plädoyer, Berlin 2009.

ders.: Rechtssystem und Kodifikation: Die Bindung des Richters an das Gesetz, in: *Kaufmann, Arthur/Hassemer, Winfried/Neumann, Ulfried* (Hrsg.), Einführung in die Rechtsphilosophie und Rechtstheorie der Gegenwart, 8. Aufl. Heidelberg u.a. 2011, S. 251–269.

ders.: Geleitwort, in: *Brunhöber, Beatrice/Höffler, Katrin/Kaspar, Johannes/Reinbacher, Tobias/Vormbaum, Moritz* (Hrsg.), Strafrecht und Verfassung, Baden-Baden 2013, S. 5–8.

Heckmann, Dirk/Paschke, Anne: Persönlichkeitsschutz im Internet, S. 144–147.

Hedemann, Justus Wilhelm: Die Flucht in die Generalklauseln, Eine Gefahr für Recht und Staat, Tübingen 1933.

Hefendehl, Roland: Kollektive Rechtsgüter im Strafrecht, Köln u.a. 2002.

ders.: Die Materialisierung von Rechtsgut und Deliktsstruktur, GA 2002, S. 21–28.

ders.: Das Rechtsgut als materialer Angelpunkt einer Strafnorm, in: *Hefendehl, Roland/Hirsch, Andrew von/Wohlers, Wolfgang* (Hrsg.), Die Rechtsgutstheorie, Legitimationsbasis des Strafrechts oder dogmatisches Glasperlenspiel?, Baden-Baden 2003, S. 119–132.

ders.: Die Tagung aus Sicht eines Rechtsgutsbefürworters, in: *Hefendehl, Roland/Hirsch, Andrew von/Wohlers, Wolfgang* (Hrsg.), Die Rechtsgutstheorie, Legitimationsbasis des Strafrechts oder dogmatisches Glasperlenspiel?, Baden-Baden 2003, S. 286–290.

ders.: Mit langem Atem: Der Begriff des Rechtsguts, Oder: was seit dem Erscheinen des Sammelbandes über die Rechtsgutstheorie geschah, GA 2007, S. 1–14.

ders.: Außerstrafrechtliche und strafrechtliche Instrumentarien zur Eindämmung der Wirtschaftskriminalität, ZStW 119 (2007), S. 816–850.

ders.: Der fragmentarische Charakter des Strafrechts, JA 2011, S. 401–406.

ders.: Die Rechtsgutslehre und der besondere Teil des Strafrechts, Ein dogmatisch-empirischer Vergleich von Chile, Deutschland und Spanien, ZIS 2012, S. 506–512.

Heinrich, Bernd: Besprechungen, Hildebrandt, Ulrich: Die Strafvorschriften des Urheberrechts, UFITA 2002/III, S. 890–896.

ders.: Die Zivilrechtsakzessorietät des Urheberstrafrechts und ihre Ausnahmen, GRUR-Prax 2017, S. 96–98.

Heinrich, Manfred: Strafrecht als Rechtsgüterschutz – ein Auslaufmodell? Zur Unverbrüchlichkeit des Rechtsgutsdogmas, in: Strafrecht als Scientia Universalis, Festschrift für Claus Roxin zum 80. Geburtstag am 15. Mai 2011, Berlin u.a. 2011, S. 131–154.

Helle, Jürgen: Besondere Persönlichkeitsrechte im Privatrecht. Das Recht am eigenen Bild, das Recht am gesprochenen Wort und der Schutz des geschriebenen Worts, Tübingen 1991.

ders.: Privatautonomie und kommerzielles Persönlichkeitsrecht, JZ 2007, S. 444–453.

ders.: Das kommerzielle Persönlichkeitsrecht und das Grundgesetz, AfP 2010, S. 531–538.

Hellmann, Uwe/Beckemper, Katharina: Wirtschaftsstrafrecht, 4. Aufl. Stuttgart 2013.

Hellmann, Uwe: Vom desolaten Zustand des deutschen (Wirtschafts-)Strafrechts, in: Festschrift für Volker Krey, Zum 70. Geburtstag am 09. Juli 2010, Stuttgart 2010, S. 169–191.

Hengst, Florian: Der strafrechtliche Schutz des Rechts am eigenen Bild (§ 201a StGB), Frankfurt a.M. 2012.

Henkel, Heinrich: Der Strafschutz des Privatlebens gegen Indiskretion, Gutachten für den 42. Deutschen Juristentag 1957, Tübingen 1959.

ders.: Einführung in die Rechtsphilosophie, Grundlagen des Rechts, 2. Aufl. München 1977.

Hentschel, Udo: Die rechtswidrige Vervielfältigung aktueller Kinospielfilme, FuR 1982, S. 237–247.

Hertin, Paul W.: Urheberrecht, 2. Aufl. München 2008.

Herzberg, Rolf Dietrich: Wann ist die Strafbarkeit „gesetzlich bestimmt" (Art. 103 Abs. 2 GG)?, in: *Hefendehl, Roland* (Hrsg.), Empirische und dogmatische Fundamente, kriminalpolitischer Impetus, Symposium für Bernd Schünemann zum 60. Geburtstag, Köln u.a. 2005, S. 31–69.

Herzog, Felix: Risikogesellschaft, Risikostrafrecht, Risikoregulierung – Über das Strafrecht hinausweisende Perspektiven –, in: *Neumann, Ulfried/Prittwitz, Cornelius* (Hrsg.), Kritik und Rechtfertigung des Strafrechts, Frankfurt a.M. 2005, S. 117–130.

Heuchemer, Michael/Paul, Thomas: Die Strafbarkeit unbefugter Bildaufnahmen – Tatbestandliche Probleme des § 201a StGB, JA 2006, S. 616–620.

Hildebrandt, Ulrich: Die Strafvorschriften des Urheberrechts, Berlin 2001.

Hilgendorf, Eric: Gesetzlichkeit als Instrument der Freiheitssicherung, Zur Grundlage des Gesetzlichkeitsprinzips in der französischen Aufklärungsphilosophie und bei Beccaria, in: *Kudlich, Hans/Montiel, Juan Pablo/Schuhr, Jan C.* (Hrsg.), Gesetzlichkeit und Strafrecht, S. 17–33.

Hilgendorf, Eric/Wolf, Christian: Internetstrafrecht – Grundlagen und aktuelle Fragestellungen, K&R 2006, S. 541–547.

Hillenkamp, Thomas: Hirnforschung, Willensfreiheit und Strafrecht – Versuch einer Zwischenbilanz, ZStW 127 (2015), S. 10–96.

Hirsch, Andrew von: Der Rechtsgutsbegriff und das «Harm Principle», GA 2002, S. 2–14.

ders.: Der Rechtsgutsbegriff und das „Harm Principle", in: *Hefendehl, Roland/Hirsch, Andrew von/Wohlers, Wolfgang* (Hrsg.), Die Rechtsgutstheorie, Legitimationsbasis des Strafrechts oder dogmatisches Glasperlenspiel?, Baden-Baden 2003, S. 13–25.

ders.: Die Existenz der Institution Strafe: Tadel und Prävention als Element einer Rechtfertigung, in: *Neumann, Ulfried/Prittwitz, Cornelius* (Hrsg.), Kritik und Rechtfertigung des Strafrechts, Frankfurt a.M. 2005, S. 57–87.

Hirsch, Andrew von/Wohlers, Wolfgang: Rechtsgutstheorien und Deliktsstruktur – zu den Kriterien fairer Zurechnung, in: *Hefendehl, Roland/Hirsch, Andrew von/Wohlers, Wolfgang* (Hrsg.), Die Rechtsgutstheorie, Legitimationsbasis des Strafrechts oder dogmatisches Glasperlenspiel?, Baden-Baden 2003, S. 196–214.

Hirsch, Andrew von/Seelmann, Kurt/Wohlers, Wolfgang: Einführung: Was sind Mediating Principles, in: *Hirsch, Andrew von/Seelmann, Kurt/Wohlers, Wolfgang* (Hrsg.), Mediating Principles, Begrenzungsprinzipien bei der Strafbegründung, Baden-Baden 2006, S. 13–17.

Hirsch, Günter: Auf dem Weg zum Richterstaat? Vom Verhältnis des Richters zum Gesetz- geber in unserer Zeit, JZ 2007, S. 853–858.

Hirsch, Hans Joachim: Zur Abgrenzung von Strafrecht und Zivilrecht, in: Festschrift für Karl Engisch zum 70. Geburtstag, Frankfurt a.M. 1969, S. 304–327.

ders.: Zum Spannungsverhältnis von Theorie und Praxis im Strafrecht, in: Festschrift für Herbert Tröndle zum 70. Geburtstag am 24. August 1989, S. 19–40.

ders.: Die aktuelle Diskussion über den Rechtsgutsbegriff, in: Die Strafrechtswissenschaft im 21. Jahrhundert: Festschrift für Dionysios Spinellis, Band I, Athen und Komotini 2001, S. 425–445.

Hobe, Konrad: Der Vorsatz bei normativen Tatbestandsmerkmalen, Dissertation Heidelberg 1962.

Höfling, Wolfram: Die Unantastbarkeit der Menschenwürde – Annäherungen an einen schwierigen Verfassungssatz, JuS 1995, S. 856–862.

Höpfel, Frank: Persönlichkeitsschutz und Strafrecht – an der Grenze zweier Rechtsgebiete, in: *Koziol, Helmut/Warzilek, Alexander* (Hrsg.), Persönlichkeitsschutz gegenüber Massenmedien, Wien u.a. 2005, S. 545–560.

Hörnle, Tatjana: Tatproportionale Strafzumessung, Berlin 1999.

dies.: Grob anstößiges Verhalten, Strafrechtlicher Schutz von Moral, Gefühlen und Tabus, Frankfurt a.M. 2005.

dies.: Subsidiarität als Begrenzungsprinzip – Selbstschutz in: *Hirsch, Andrew von/ Seelmann, Kurt/Wohlers, Wolfgang* (Hrsg.), Mediating Principles, Begrenzungsprinzipien bei der Strafbegründung, Baden-Baden 2006, S. 36–47.

dies.: Das Verbot des Geschwisterinzests – Verfassungsgerichtliche Bestätigung und verfassungsrechtliche Kritik, NJW 2008, S. 2085–2088.

Hohmann, Olaf: Gedanken zur Akzessorietät des Strafrechts, ZIS 2007, S. 38–48.

Hohn, Kristian: Die Zulässigkeit materieller Beweiserleichterungen im Strafrecht, Frankfurt a.M. u.a. 2000.

Hoppe, Tilmann: Persönlichkeitsschutz durch Haftungsrecht, Berlin 2001.

ders.: Bildaufnahmen aus dem höchstpersönlichen Lebensbereich – der neue § 201a StGB, GRUR 2004, S. 990–995.

Hubmann, Heinrich: Das Persönlichkeitsrecht, 2. Aufl. Köln 1967.

Hüls, Silke: Bestimmtheitsgrundsatz, § 266 StGB und § 370 Abs. 1 Nr. 1 AO, Die Beschlüsse des Bundesverfassungsgerichts vom 23.6.2010 (2 BvR 2559/08, 2 BvR 105/09, 2 BvR 491/09) und vom 16.6.2011 (2 BvR 542/09), NZWiSt 2012, S. 12–18.

Hütwohl, Mathias: Weinstrafrecht und Verwaltungsakzessorietät, Die Weindelikte im Spannungsfeld des Verwaltungs- und Unionrechts, Baden-Baden 2011.

Hufen, Friedhelm: Verfassungsrechtliche Grenzen des Richterrechts, Zum neuen Sterbehilfe-Beschluss des BGH, ZRP 2003, S. 248–252.

ders.: Staatsrecht II, Grundrechte, 5. Aufl. München 2016.

Hufen, Friedhelm/Jahn, Matthias: Strafbarkeit des Geschwisterinzest, JuS 2008, S. 550–552.

Hwang, Shu-Perng: Freiheitsverkürzung im Namen des Rechtsgüterschutzes: Kritische Bemerkungen zur materiellen Grundrechtsvorstellung durch die neueren Entscheidungen des Bundesverfassungsgerichts zur Strafgesetzgebung, ZStW 125 (2013), S. 209–233.

Engels, Rainer: Patent-, Marken- und Urheberrecht. Leitfaden für Ausbildung und Praxis, begr. v. *Ilzhöfer, Volker*, 9. Aufl. München 2015.

Ipsen, Jörn: Staatsrecht II, Grundrechte, 18. Aufl. München 2015.

IUM (Institut für Urheber-und Medienrecht): Pressemitteilung zur Ofcom-Studie vom 12.09.2013, http://www.urheberrecht.org/news/5026/ (abgerufen am 14.10.2015).

Jäger, Christian: Grund und Grenzen des Gesetzlichkeitsprinzips im Strafprozessrecht, GA 2006, S. 615–628.

ders.: Anmerkung zum Beschluss des BGH vom 01.08.2013 – 4 StR 189/13 – (Erzwungener Geschlechtsverkehr hat keinen Vermögenswert), JA 2014, S. 230–232.

ders.: Examens-Repetitorium, Strafrecht Allgemeiner Teil, 7. Aufl. Heidelberg 2015.

Jäger, Herbert: Strafgesetzgebung und Rechtsgüterschutz bei Sittlichkeitsdelikten, Eine kriminologische Untersuchung, Stuttgart 1957.

Jähnke, Burkhard: Zur Erosion des Verfassungssatzes „Keine Strafe ohne Gesetz", ZIS 2010, S. 463–470.

Jänecke, Alexander: Das urheberrechtliche Zerstörungsverbot gegenüber dem Sacheigentümer, Frankfurt a.M. 2003.

Järkel, Christian: Die wegen Sittenwidrigkeit rechtswidrige Körperverletzung ein Beitrag zur Auslegung und Reform des § 228 StGB, Hamburg 2010.

Jakobs, Günther: Kriminalisierung im Vorfeld einer Rechtsgutsverletzung, ZStW 97 (1985), S. 751–785.

ders.: Strafrecht Allgemeiner Teil, Die Grundlagen und die Zurechnungslehre, 2. Aufl. Berlin u.a. 1991.

ders.: Bürgerstrafrecht und Feindstrafrecht, HRRS 2004, S. 88–95.

Jarass, Hans D./Pieroth, Bodo: Grundgesetz für die Bundesrepublik Deutschland Kommentar, 14. Aufl. München 2016.

Jescheck, Hans-Heinrich: Die kriminalpolitische Konzeption des Alternativ-Entwurfs eines Strafgesetzbuchs (Allgemeiner Teil), ZStW 80 (1968), S. 64–88.

Jescheck, Hans-Heinrich/Weigend, Thomas: Lehrbuch des Strafrechts, Allgemeiner Teil, 5. Aufl. Berlin 1996.

Jestaedt, Bernhard: Patentrecht, ein fallbezogenes Lehrbuch, 8. Aufl. Köln u.a. 2008.

Jung, Heike: Das Inzestverbot oder der Europäische Gerichtshof für Menschenrechte auf den Spuren des Bundesverfassungsgerichts, GA 2012, S. 617–620.

Jungk, Antje: Diskussion, Abteilung Zivilrecht, Sitzungsbericht über die Verhandlungen des sechsundsechzigsten deutschen Juristentages 2006 über das Thema: Neue Perspektiven im Schadensersatzrecht – Kommerzialisierung, Strafschadensersatz, Kollektivschaden, München 2006, L 99 (L 143 f.).

Käbisch, Verena: Markenschutz im Strafrecht, Die Rechtslage in Deutschland und den USA, Frankfurt a.M. 2006.

Kächele, Andreas: Der strafrechtliche Schutz vor unbefugten Bildaufnahmen (§ 201a StGB), Baden-Baden 2007.

Kahlo, Michael: Über den Zusammenhang von Rechtsgutsbegriff und objektiver Zurechnung im Strafrecht, in: *Hefendehl, Roland/Hirsch, Andrew von/Wohlers, Wolfgang* (Hrsg.), Die Rechtsgutstheorie, Legitimationsbasis des Strafrechts oder dogmatisches Glasperlenspiel?, Baden-Baden 2003, S. 26–38.

Kalous, Angela: Positive Generalprävention durch Vergeltung, Regensburg 2000.

Kalscheuer, Fiete/Hornung, Christian: Das Netzwerkdurchsetzungsgesetz – Ein verfassungswidriger Schnellschuss; NVwZ 2017, S. 1721–1725.

Kammergericht Berlin: Pressemitteilung, https://www.berlin.de/gerichte/presse/pressemitteilungen-der-ordentlichen- gerichtsbarkeit/2007/pressemitteilung.425838.php (abgerufen am 12.07.2016).

Kann, Berit: Musikpiraterie, Ansätze zur Lösung der praktischen und juristischen Probleme unter besonderer Berücksichtigung des Urheberstrafrechts, Münster 1995.

Kant, Immanuel: Die Metaphysik der Sitten, Erstauflagen der Druckschriften Kants in unverändertem Nachdruck der Ausgabe Königsberg, Ditzingen 1986.

Kargl, Walter: Gesetzesrecht oder Richterrecht? – eine Existenzfrage für den Tatbestand der Rechtsbeugung, in: Festschrift für Winfried Hassemer, Heidelberg 2010, S. 849–874.

Karl, Lynette: Der Tatbestand der Nachstellung, Die strafrechtliche Erfassung des Phänomens Stalking unter besonderer Berücksichtigung des verfassungsrechtlichen Bestimmtheitsgrundsatzes, Hamburg 2012.

Karst, Sandra: Die Entkriminalisierung des § 173 StGB, Frankfurt a.M. 2009.

Kaspar, Johannes: Verhältnismäßigkeit und Grundrechtsschutz im Präventionsstrafrecht, Baden-Baden 2014.

Kasper, Bernd: Die Erheblichkeitsschwelle im Bereich des Umweltstrafrechts, insbesondere bei § 324 StGB, Bagatellkriminalität im Umweltstrafrecht, Frankfurt a.M. 1997.

Katzenberger, Paul: Der Schutz von Werken der bildenden Kunst durch das Urheberstrafrecht und die Praxis der Strafverfolgung in der Bundesrepublik Deutschland, GRUR 1982, S. 715–721.

Kaufmann, Arthur: Problemgeschichte der Rechtsphilosophie, in: *Kaufmann, Arthur/Hassemer, Winfried/Neumann, Ulfried* (Hrsg.), Einführung in die Rechtsphilosophie und Rechtstheorie der Gegenwart, 8. Aufl. Heidelberg u.a. 2011, S. 26–147.

Kempf, Eberhard: Die Funktion von Strafrecht und Strafverteidigung in einer modernen Gesellschaft, NJW 1997, S. 1729–1736.

Kempf, Eberhard/Schilling, Hellen: Revisionsrichterliche Rechtsfortbildung in Strafsachen, NJW 2012, S. 1849–1855.

Kern, Bernd-Rüdiger: Die Genugtuungsfunktion des Schmerzensgeldes – ein pönales Element im Schadensrecht?, Archiv für die civilistische Praxis, Bd. 191 (1991), S. 247–272.

Kertai, Benjamin: Strafbarkeitslücken als Argument, Gesetzesauslegung und Bestimmtheitsgebot, JuS 2011, S. 976–981.

Kim, Il-Su: Der Gesetzlichkeitsgrundsatz im Lichte der Rechtsidee, in: Festschrift für Claus Roxin zum 70. Geburtstag am 15. Mai 2001, Berlin u.a. 2001, S. 119–143.

Kindhäuser, Urs: Strafe, Strafrechtsgut und Rechtsgüterschutz, in: *Lüderssen, Klaus/Nestler-Tremel, Cornelius/Weigend, Ewa* (Hrsg.), Modernes Strafrecht und ultima-ratio-Prinzip, Frankfurt a.M. u.a. 1990, S. 29–37.

ders.: Zur Legitimität der abstrakten Gefährdungsdelikte im Wirtschaftsstrafrecht, in: *Schünemann, Bernd/González, Carlos Suárez* (Hrsg.), Bausteine des europäischen Wirtschaftsstrafrechts, Madrid-Symposium für Klaus Tiedemann, Köln u.a. 1994, S. 125–134.

ders.: Rechtsgüterschutz durch Gefährdungsdelikte, in: Festschrift für Volker Krey, Zum 70. Geburtstag am 09. Juli 2010, Stuttgart 2010, S. 249–268.

ders.: Strafrecht Allgemeiner Teil, 7. Aufl. Baden-Baden 2015.

Kindhäuser, Urs/Neumann, Ulfried/Paeffgen, Hans-Ullrich: Strafgesetzbuch, Band 1, 4. Aufl. Baden-Baden 2013.

Klatt, Matthias: Die Wortlautgrenze, in: *Kudlich, Hans/Montiel, Juan Pablo/Schuhr, Jan C.* (Hrsg.), Gesetzlichkeit und Strafrecht, Berlin 2012, S. 121–142.

Klein, Susanne: Immaterieller Schadensersatz nach der Durchsetzungsrichtlinie, GRUR-Prax 2017, S. 157–159.

Klippel, Diethelm: Der zivilrechtliche Schutz des Namens. Eine historische und dogmatische Untersuchung, Paderborn u.a. 1985.

Klocke, Gabriele/Müller, Henning Ernst: Zur Renaissance der Vergeltung – Ringpublikationsprojekt »Prävention und Zurechnung – Präventionsorientierte Zurechnung?« (Teil 3) –, StV 2014, S. 370–377.

Klüber, Rüdiger: Persönlichkeitsschutz und Kommerzialisierung, Die juristisch-ökonomischen Grundlagen des Schutzes der vermögenswerten Bestandteile des allgemeinen Persönlichkeitsrechts, Tübingen 2007.

Knap, Karel: Urheberstrafrecht in den sozialistischen Ländern Europas, FuR 1980, S. 374–377.

Koch, Arnd: Strafrechtlicher Schutz vor unbefugten Bildaufnahmen, Zur Einführung von § 201a StGB, GA 2005, S. 589–605.

Koch, Harald: Die Präventions- und Steuerungswirkung des Schuld- und Wettbewerbsrechts, Vertrags-, delikts- und wettbewerbsrechtliche Instrumente zur Kontrolle wirtschaftlicher Tätigkeit, JZ 1999, S. 922–930.

Koch, Hans-Joachim/Rüßmann, Helmut: Juristische Begründungslehre, Eine Einführung in Grundprobleme der Rechtswissenschaft, München 1982.

Köhler, Michael: Strafrecht, Allgemeiner Teil, Berlin u.a. 1997.

Kötz, Hein/Wagner, Gerhardt: Deliktsrecht, 12. Aufl. München 2013.

Kohler, Josef: Das Autorrecht, eine zivilrechtliche Abhandlung, zugleich ein Beitrag zur Lehre vom Eigentum, vom Miteigentum, vom Rechtsgeschäft und vom Individualrecht, in: *Jhering, Rudolf* (Hrsg.), Jherings Jahrbuch Band 18, Jena 1880.

ders.: Das Immaterialgüterrecht und seine Gegner, UFITA 123 (1993), S. 81–97 (Nachdruck älterer Arbeiten: Buschs Archiv für Theorie und Praxis des Allgemeinen Handels- und Wirtschaftsrechts 47 (1887), S. 169–190).

ders.: Die Idee des geistigen Eigentums, UFITA 123 (1993), S. 99–167 (Nachdruck älterer Arbeiten: AcP 32 N.F. (1894), S. 141–242).

Kohlmann, Günter: Der Begriff des Staatsgeheimnisses (§ 93 StGB und § 99 Abs. 1 StGB a. F.) und das verfassungsrechtliche Gebot der Bestimmtheit von Strafvorschriften (Art. 103 Abs. 2 GG), Köln-Marienburg 1969.

Kopp, Lisa: Die Freiheit der Idee und der Schutz von Schriftwerken, Tübingen 2014.

Kraenz, Nadja: Der strafrechtliche Schutz des Persönlichkeitsrechts. Zu den Auswirkungen der §§ 201a (unbefugte Bildaufnahmen) und § 238 StGB (Stalking) auf die journalistische Tätigkeit, Baden-Baden 2008.

Krahl, Matthias: Die Rechtsprechung des Bundesverfassungsgerichts und des Bundesgerichtshofs zum Bestimmtheitsgrundsatz im Strafrecht (Art. 103 Abs. 2 GG), Frankfurt a.M. u.a. 1986.

Kraßer, Rudolf: Erfinderrecht und widerrechtliche Entnahme, in: Beträge zum Schutz der Persönlichkeit und ihrer schöpferischen Leistungen, Festschrift für Heinrich Hubmann zum 70. Geburtstag, Frankfurt a.M. 1985, S. 221–239.

Kraßer, Rudolf/Ann, Christoph: Patentrecht, Lehrbuch zum deutschen und europäischen Patentrecht und Gebrauchsmusterrecht, 7. Aufl. München 2016.

Krauß, Detlef: Rechtsgut und kein Ende, Zur Strafbarkeit des Geschwisterinzests (BVerfGE 120, 224), in: Festschrift für Winfried Hassemer, Heidelberg 2010, S. 423–437.

Krey, Volker: Keine Strafe ohne Gesetz, Berlin u.a. 1983.

ders.: Das Bundesverfassungsgericht in Karlsruhe – ein Gericht läuft aus dem Ruder, Kritische Anmerkungen anläßlich des Sitzblockaden-Beschlusses des ersten Senats vom 10. Januar 1995 – 2. Teil –, JR 1995, S. 265–273.

Krey, Volker/Esser, Robert: Deutsches Strafrecht Allgemeiner Teil, Studienbuch in systematischer-induktiver Darstellung, 6. Aufl. Stuttgart 2016.

Kriele, Martin: Theorie der Rechtsgewinnung entwickelt am Problem der Verfassungsinterpretation, 2. Aufl. Berlin 1976.

Krings, Günter: Begrüßung, Urheberrecht und Verfassung, Bericht zum 5. Kölner Mediensymposium mit Joachim Bornkamm, Till Kreutzer, Günter Krings, Andreas Paulus und Rolf Schwartmann, K&R (Kommunikation&Recht) 2012/3, S. 1–3.

Kröger, Bernd/Bausch, Thorsten: Produktpiraterie im Patentwesen, GRUR 1997, S. 321–328.

Krüger, Matthias: Neues aus Karlsruhe zu Art. 103 II GG und § 266 StGB, Bespr. von BVerfG, Beschl. Vom 23.6.2010 – 2 BvR 2559/08, NStZ 2010, 626, in: NStZ 2011, S. 369–375.

Kubiciel, Michael: Das deutsche Inzestverbot vor den Schranken des EGMR, Die Entscheidung und ihre Folgen für die strafrechtswissenschaftliche Debatte, ZIS 2012, S. 282–289.

Kudlich, Hans: Grundrechtsorientierte Auslegung im Strafrecht, JZ 2003, S. 127–133.

ders.: Erlaubt ist nicht alles was gefällt... – Das Inzestverbot vor dem Bundesverfassungsgericht, JA 2008, S. 549–552.

ders.: Strafrechtliche Fragen der mittelbaren Patentverletzung, in: *Bosch, Nikolaus/Bung, Jochen/Klippel, Diethelm* (Hrsg.), Geistiges Eigentum und Strafrecht, Tübingen 2011, S. 39–57.

ders.: Die Relevanz der Rechtsgutstheorie im modernen Verfassungsstaat, ZStW 127 (2015), S. 635–653.

Kudlich, Hans/Wohlers, Wolfgang: Strafrechtlicher Schutz des Geistigen Eigentums, ZStW 119 (2007), S. 414–420.

Kühl, Eike: http://www.zeit.de/digital/internet/2015-11/facebook-hasskommentare-fluechtlinge-drohung-loeschen (abgerufen am 02.02.2016).

Kühl, Kristian: Verbindungen von (Straf-)Recht und Moral, in: Gedächtnisschrift für Dieter Meurer, Berlin 2002, S. 545–556.

ders.: Zur Strafbarkeit unbefugter Bildaufnahmen, AfP 2004, S. 190–197.

ders.: Strafrechtlicher Persönlichkeitsschutz gegen Bildaufnahmen, in: *Hefendehl, Roland* (Hrsg.), Empirische und dogmatische Fundamente, kriminalpolitischer Impetus, Symposium für Bernd Schünemann zum 60. Geburtstag, Köln u.a. 2005, S. 211–223.

ders.: § 201a StGB – Die strafrechtliche Antwort auf neue Techniken der Bildaufnahme, in: *Asada, Kazushiga/Assmann, Heinz-Dieter/Kitagawa, Zentaro/Murakami, Junichi/Nettesheim, Martin* (Hrsg.), Das Recht vor den Herausforderungen neuer Technologien, Deutsch-Japanisches Symposium in Tübingen vom 12. bis 18. Juli 2004, Tübingen 2006.

ders.: Fragmentarisches und subsidiäres Strafrecht, in: Strafrecht und Wirtschaftsstrafrecht – Dogmatik, Rechtsvergleich, Rechtstatsachen –, Festschrift für Klaus Tiedemann zum 70. Geburtstag, Köln, München 2008, S. 29–46.

ders.: Anmerkungen zum Bestimmtheitsgrundsatz, in: Festschrift für Manfred Seebode zum 70. Geburtstag am 15. September 2008, Berlin 2008, S. 61–79.

ders.: Der Umgang des Strafrechts mit Moral und Sitten, JA 2009, S. 833–839.

ders.: Punktuelle Ergänzungen des Persönlichkeitsschutzes im Strafgesetzbuch, in: Verbrechen – Strafe – Resozialisierung, in: Festschrift für Heinz Schöch, Berlin 2010, S. 419–437.

ders.: Von der gerechten Strafe zum legitimen Bereich des Strafbaren, Eine Wegbeschreibung aus Anlass neuer Entscheidungen des Bundesverfassungsgerichts, in: Gerechte Strafe und legitimes Strafrecht, Festschrift für Manfred Maiwald zum 75. Geburtstag, Berlin 2010, S. 433–450.

ders.: Neuere Entwicklungen im strafrechtlichen Schutz des Persönlichkeitsrechts, in: *Bosch, Nikolaus/Bung, Jochen/Klippel, Diethelm* (Hrsg.), Geistiges Eigentum und Strafrecht, Tübingen 2011, S. 115–138.

ders.: Strafrechtlicher Schutz des Privatlebens in der Türkei, in: *Hilgendorf, Eric/Ünver, Yener* (Hrsg.), Das Strafrecht im deutsch-türkischen Rechtsvergleich – Beitrage zur Rechtsvergleichung – Band: VI, 4. Deutsch-Türkisches Symposium „Fünf Jahre Türkisches Strafgesetzbuch", Istanbul 2011, S. 177–180.

ders.: Fünf Kapitel aus dem Buch über (Straf-)Recht und Moral, in: Streitbare Strafrechtswissenschaft, Festschrift für Bernd Schünemann zum 70. Geburtstag am 01. November 2014, Berlin, Boston 2014, S. 157–169.

Kühl, Kristian/Reichold, Hermann/Ronellenfitsch, Michael: Einführung in die Rechtswissenschaft, Ein Studienbuch, 2. Aufl. München 2015.

Küpper, Georg: Zum Verhältnis von Verfassungs- und Strafgerichtsbarkeit, in: Festschrift für Volker Krey, Zum 70. Geburtstag am 09. Juli 2010, Stuttgart 2010, S. 335–349.

Kuhlen, Lothar: Strafrechtsbegrenzung durch einen materiellen Straftatbegriff?, in: *Wolter, Jürgen/Freund, Georg* (Hrsg.), Straftat, Strafzumessung und Strafprozeß im gesamten Strafrechtssystem, Straftatbegriff – Straftatzurechnung – Strafrechtszweck – Strafausschluß – Strafverzicht – Strafklageverzicht, Heidelberg 1996, S. 77–97.

ders.: Die verfassungskonforme Auslegung von Strafgesetzen, Heidelberg 2006.

ders.: Die Zukunft des Strafrechts, in: *Neumann, Ulfried/Prittwitz, Cornelius* (Hrsg.), Kritik und Rechtfertigung des Strafrechts, Frankfurt a.M. 2005, S. 109–115.

ders.: Zum Verhältnis vom Bestimmtheitsgebot und Analogieverbot, in: Festschrift für Harro Otto zum 70. Geburtstag am 01. April 2007, Köln u.a. 2007, S. 89–105.

ders.: Gesetzlichkeitsprinzip und Untreue (zugleich eine Besprechung des Beschlusses des Bundesverfassungsgerichts vom 23.6.2010, in diesem Heft S. 273), JR 2011, S. 246–254.

ders.: Unbestimmtheit und unbegrenzte Auslegung des Strafrechts?, in: *Murmann, Uwe* (Hrsg.) Recht ohne Regeln? Die Entformalisierung des Strafrechts, Göttingen 2011, S. 19–31.

ders.: Aktuelle Probleme des Bestimmtheitsgrundsatzes, in: *Kudlich, Hans/Montiel, Juan Pablo/Schuhr, Jan C.* (Hrsg.), Gesetzlichkeit und Strafrecht, Berlin 2012, S. 429–443.

ders.: Das Gesetzlichkeitsprinzip in der deutschen Praxis, in: *Hilgendorf, Eric* (Hrsg.), Das Gesetzlichkeitsprinzip im Strafrecht, Ein deutsch-chinesischer Vergleich, Tübingen 2013, S. 45–65.

Kulhanek, Tobias Oliver: Der fragmentarische Charakter des Strafrechts als Argumentationsfigur, Exemplifiziert an der Frage nach einem Deliktskatalog für eine Verbandsstrafbarkeit, ZIS 2014, S. 674–678.

Kunz, Karl-Ludwig: Das strafrechtliche Bagatellprinzip, Eine strafrechtsdogmatische und kriminalpolitische Untersuchung, Berlin 1984.

ders.: Prävention und gerechte Zurechnung, ZStW 98 (1986), S. 823–838.

Lackner, Karl/Kühl, Kristian: Strafgesetzbuch Kommentar, bearb. v. *Kühl, Kristian/Heger, Martin*, 28. Aufl. München 2014.

Lagodny, Otto: Strafrecht vor den Schranken der Grundrechte, Die Ermächtigung zum strafrechtlichen Vorwurf im Lichte der Grundrechtsdogmatik dargestellt am Beispiel der Vorfeldkriminalisierung, Tübingen 1996.

ders.: Das materielle Strafrecht als Prüfstein der Verfassungsdogmatik, in: *Hefendehl, Roland/Hirsch, Andrew von/Wohlers, Wolfgang* (Hrsg.), Die Rechtsgutstheorie, Legitimationsbasis des Strafrechts oder dogmatisches Glasperlenspiel?, Baden-Baden 2003, S. 83–88.

Lampe, Ernst-Joachim: Rechtsgut, kultureller Wert und individuelles Bedürfnis, in: Festschrift für Hans Welzel zum 70. Geburtstag, Berlin, New York 1974, S. 151–165.

ders.: Der strafrechtliche Schutz der Geisteswerke (II), UFITA 83 (1978), S. 15–67.

ders.: Der strafrechtliche Schutz der Geisteswerke (III), UFITA 87 (1980), S. 107–146.

Lampe, Ernst-Joachim/Lenckner, Theodor/Stree, Walter/Tiedemann, Klaus/Weber, Ulrich: Alternativ-Entwurf eines Strafgesetzbuches, Besonderer Teil, Straftaten gegen die Wirtschaft, Tübingen 1977.

Lange, Hermann/Schiemann, Gottfried: Handbuch des Schuldrechts, Schadensersatz, 3. Aufl. Tübingen 2003.

Larenz, Karl: Lehrbuch des Schuldrechts, Erster Band, Allgemeiner Teil, 14. Aufl. München 1987.

Larenz, Karl/Canaris, Claus-Wilhelm: Methodenlehre der Rechtswissenschaft, 3. Aufl. Berlin u.a. 1995.

dies.: Lehrbuch des Schuldrechts, II. Band, Besonderer Teil: 2. Halbband, 13. Aufl. München 1994.

Laufhütte, Heinrich/Möhrenschlager, Manfred: Umweltstrafrecht in neuer Gestalt, ZStW 92 (1980), S. 912–972.

Lehr, Gernot: http://www.faz.net/aktuell/gesellschaft/mordfall-lena-der-falsche-verdacht-11704994.html (abgerufen am 12.05.2016).

Leinveber, Gerhard: Urheberrechtlicher Denkmalschutz – ja oder nein?, GRUR 1964, S. 364–369.

Leipziger Kommentar: Strafgesetzbuch, hrsg. v. *Laufhütte, Heinrich, Wilhelm/Rissing-van Saan, Ruth/Tiedemann, Klaus,* Erster Band, Einleitung; §§ 1–31, 12. Aufl. Berlin 2007.

Leipziger Kommentar: Strafgesetzbuch, hrsg. v. *Laufhütte, Heinrich, Wilhelm/Rissing-van Saan, Ruth/Tiedemann, Klaus,* Sechster Band, §§ 146 bis 210, 12. Aufl. Berlin 2009.

Leite, Alaor: Grund und Grenzen eines Rückwirkungsverbotes bei täterbelastenden Rechtsprechungsänderungen im Strafrecht, Für ein Rückwirkungsverbot bei «strafrechtskonstituierender Rechtsprechung», GA 2014, S. 220–238.

Lemmel, Hans-Peter: Unbestimmte Strafbarkeitsvoraussetzungen im Besonderen Teil des Strafrechts und der Grundsatz nullum crimen sine lege, Berlin 1970.

Lenckner, Theodor: Wertausfüllungsbedürftige Begriffe im Strafrecht und der Satz „nullum crimen sine lege", JuS 1968, S. 249–257.

Lessing, Wilhelm: Anregungen zur Reform des Urheberrechtsgesetzes, ZRP 1985, S. 109–111.

Lettl, Tobias: Urheberrecht, 2. Aufl. München 2013.

Lettmaier, Saskia: Das allgemeine Persönlichkeitsrecht in der zivilrechtlichen Fallbearbeitung – zugleich ein Spiegel der neueren Rechtsprechung, JA 2008, S. 566–572.

Letzgus, Klaus: Der strafrechtliche Schutz unveröffentlichter Gutachten, in: Festschrift für Kurt Rebmann, München 1989, S. 277–301.

Leyendecker, Hans/Mascolo, Georg: Kontrolleure klagen auf Einsicht in Selektorenliste, http://www.sueddeutsche.de/politik/nsa-affaere-kontrolleure-klagen-auf-einsicht-in-selektorenliste-1.2762758 (abgerufen am 15.12.2015).

Libor, Christine: Bericht: Persönlichkeitsschutz und Internet – Verändern neue Kommunikationsformen das Persönlichkeitsrecht?, 109. Tagung des Studienkreises für Presserecht und Pressefreiheit am 06./07.05.2011 in Berlin, AfP 2011, S. 450–454.

Lindner, Irene: Die Persönlichkeitsverletzung durch Kunst, Baden-Baden 2014.

Linkens, Christina: Der strafrechtliche Schutz vor unbefugten Bildaufnahmen – eine Betrachtung des neuen § 201 StGB –, Dissertation Bonn 2005.

Liszt, Franz von: Der Zweckgedanke im Strafrecht, in: Strafrechtliche Aufsätze und Vorträge, Bd. 1, Berlin 1905, S. 126–179.

ders.: Die deterministischen Gegner der Zweckgedanken, in: Strafrechtliche Aufsätze und Vorträge, Bd. 2, Berlin 1905, S. 25–74.

Loewenheim, Ulrich (Hrsg.): Handbuch des Urheberrechts, 3. Aufl. München 2010.

Löffler, Joachim: Künstlersignatur und Kunstfälschung, Zugleich ein Beitrag zur Funktion des § 107 UrhG, NJW 1993, S. 1421–1429.

Looschelders, Dirk/Roth, Wolfgang: Juristische Methodik im Prozeß der Rechtsanwendung, Zugleich ein Beitrag zu den verfassungsrechtlichen Grundlagen von Gesetzesauslegung und Rechtsfortbildung, Berlin 1996.

Lucas-Schloetter: Die Rechtsnatur des Droit Moral, GRUR Int. 2002, S. 809–815.

Lüderssen, Klaus: II. Die Konkretisierung von Strafrechtsnormen, Einleitung, in: *Lüderssen, Klaus/Sack, Fritz* (Hrsg.), Seminar: Abweichendes Verhalten II, Die gesellschaftliche Reaktion auf Kriminalität, Band 1, Strafgesetzgebung und Strafrechtsdogmatik, Frankfurt a.M. 1975, S. 215–231.

ders.: Vorbemerkungen, in: *Lüderssen, Klaus/Nestler-Tremel, Cornelius/Weigend, Ewa* (Hrsg.), Modernes Strafrecht und ultima-ratio-Prinzip, S. 11–12.

Lutz, Peter: Grundriss des Urheberrechts, Heidelberg 2009.

Maas, Heiko: Wann darf der Staat strafen?, NStZ 2015, S. 305–309.

ders.: Kulturelle Werke – mehr als nur ein Wirtschaftsgut, Keynote auf der Konferenz »Die Zukunft des Urheberrechts – 50 Jahre Urheberrecht in Deutschland« am 1. Dezember 2015 in Berlin, ZUM 2016, S. 207–211.

Maier-Reimer, Georg: Neue Perspektiven beim Schadensersatzrecht, Kommerzialisierung, Strafschadensersatz, Kollektivschaden, Referat, Verhandlungen des sechsundsechzigsten deutschen Juristentages Stuttgart 2006, Sitzungsberichte, Referate und Beschlüsse, Band II/1, München 2007, L 33–L 56.

Maiwald, Manfred: Zum fragmentarischen Charakter des Strafrechts, in: Festschrift für Reinhart Maurach zum 70. Geburtstag, Karlsruhe 1972, S. 9–23.

Mangakis, Georgios-Alexandros: Über die Wirksamkeit des Satzes „nulla poena sine lege", ZStW 81 (1969), S. 997–1006.

Mangoldt, Herrmann von/Klein, Friedrich/Starck, Christian (Hrsg.): Kommentar zum Grundgesetz, Band 1: Präambel, Artikel 1 bis 19, 6. Aufl. München 2010.

Mangoldt, Herrmann von/Klein, Friedrich/Starck, Christian (Hrsg.): Kommentar zum Grundgesetz, Band 3: Artikel 83 bis 146, 6. Aufl. München 2010.

Martin, Klaus: Das allgemeine Persönlichkeitsrecht in seiner historischen Entwicklung, Hamburg 2007.

Martins, Antonio: Der Begriff des Interesses und der demokratische Inhalt der personalen Rechtsgutslehre, ZStW 125 (2013), S. 234–258.

Marx, Michael: Zur Definition des Begriffs ‹Rechtsgut›, Prolegomena einer materialen Verbrechenslehre, Köln u.a. 1972.

Maunz, Theodor/Dürig, Günter (begr.): Grundgesetz Kommentar, hrsg. v. *Herdegen, Matthias/Herzog, Roman/Klein, Hans u.a.*, Band I, 76. Lieferung Stand Dezember 2015, München.

Maunz, Theodor/Dürig, Günter (begr.): Grundgesetz Kommentar, hrsg. v. *Herdegen, Matthias/Herzog, Roman/Klein, Hans u.a.*, Band VI, 76. Lieferung Stand Dezember 2015, München.

Maurach, Reinhart (begr.)/Zipf, Heinz: Strafrecht Allgemeiner Teil, Teilband 1, Grundlehren des Strafrechts und Aufbau der Straftat, Ein Lehrbuch, 8. Aufl. Heidelberg 1992.

Medicus, Dieter: Neue Perspektiven im Schadensersatzrecht – Kommerzialisierung, Strafschadensersatz, Kollektivschaden, JZ 2006, S. 805–820.

Mes, Peter: Si tacuisses. – Zur Darlegungs- und Beweislast im Prozeß des gewerblichen Rechtsschutze, GRUR 2000, S. 934–942.

ders.: Patentgesetz, Gebrauchsmustergesetz, Kommentar, 4. Aufl. München 2015.

Michaelsen, Amir/Murmann, Uwe: Recht ohne Regeln? – Die Entformalisierung des Strafrechts, in: *Murmann, Uwe* (Hrsg.), Recht ohne Regeln? Die Entformalisierung des Strafrechts, Göttingen 2011, S. 99–109.

Mitsch, Wolfgang: »Saddam Husein in Unterhose« – Strafbares Fotografieren, JURA 2006, S. 117–120.

ders.: Antidopinggesetz und strafrechtlicher Rechtsgüterschutz, Vortrag auf der vierten Internationalen rechtsvergleichenden Konferenz in Potsdam am 17.12. 2015, S. 1–7. (abrufbar unter http://www.uni-potsdam.de/fileadmin01/projects/ls-mitsch/Vorträge/Deutsch-russiches_Kolloquium2015.pdf) (abgerufen am 12.04.2016).

Mörsdorf-Schulte, Juliana: Strafschadensersatz – eine deutsche Hassliebe?, NJW 2006, S. 1184–1186.

Müller, Gerda: Alles oder nichts? – Schadensersatzrecht und Schadensbegrenzung in der neueren Rechtsprechung des BGH –, VersR 2005, S. 1461–1474.

dies.: Neue Perspektiven beim Schadensersatz, Referat, Verhandlungen des sechsundsechzigsten deutschen Juristentages Stuttgart 2006, Sitzungsberichte, Referate und Beschlüsse, Band II/1, München 2007, L 9–L 31.

Müller-Dietz, Heinz: Strafe und Staat, Frankfurt a.M. 1973.

ders.: Abschied vom Bestimmtheitsgrundsatz im Strafrecht?, in: Festschrift für Theodor Lenckner zum 70. Geburtstag, München 1998, S. 179–192.

Müller-Guggenberger, Christian: Wirtschaftsstrafrecht, Handbuch des Wirtschaftsstraf- und -ordnungswidrigkeitenrechts, 6. Aufl. Köln 2015.

Münch, Ingo von/Kunig, Philip: Grundgesetz-Kommentar, Band 2: Art. 70 bis 146, 6. Aufl. München 2012.

Münchener Kommentar zum Strafgesetzbuch: Band 1, §§ 1–37 StGB, hrsg. v. *Joecks, Wolfgang/Miebach, Klaus*, 2. Aufl. München 2011 und 3. Auflage München 2017.

Münchener Kommentar zum Strafgesetzbuch: Band 3, §§ 80–184, hrsg. v. *Joecks, Wolfgang/Miebach, Klaus*, 2. Aufl. München 2012.

Münchener Kommentar zum Strafgesetzbuch: Band 5, §§ 263–358 StGB, hrsg. v. *Joecks, Wolfgang/Miebach, Klaus*, 2. Aufl. München 2014.

Münchener Kommentar zum Strafgesetzbuch: Band 7, Nebenstrafrecht II, Kommentar zum Wirtschaftsstrafrecht, hrsg. v. *Joecks, Wolfgang/Miebach, Klaus/Schmitz, Roland*, 2. Aufl. München 2015.

Münchener Kommentar zum Bürgerlichen Gesetzbuch: Band 1, Allgemeiner Teil, §§ 1 – 240, ProstG, AGG, hrsg. v. *Säcker, Jürgen/Rixecker, Roland/Oetker, Hartmut* u.a., 7. Aufl. München 2015.

Münchener Kommentar zum Bürgerlichen Gesetzbuch: Band 2, Schuldrecht Allgemeiner Teil, §§ 241–432, hrsg. v. Säcker, Jürgen/Rixecker, Roland/Oetker, Hartmut u.a., 7. Aufl. München 2016.

Münchener Kommentar zum Bürgerlichen Gesetzbuch: Band 3, Schuldrecht, Besonderer Teil III, §§ 705–853, Partnergesellschaftsgesetz, Produkthaftungsgesetz, hrsg. v. Säcker, Jürgen/Rixecker, Roland/Oetker, Hartmut, 6. Aufl. München 2013.

Murmann, Uwe: Entformalisierung des Strafrechts – Eine erste Annäherung, in: *Murmann, Uwe* (Hrsg.) Recht ohne Regeln? Die Entformalisierung des Strafrechts, Göttingen 2011, S. 5–18.

Naegeli, Eduard: Die Gesellschaft und die Kriminellen, Strafreform als Gesellschaftsrefrom, Drei Vorträge, Zürich 1972.

Nastelski, Karl: Unbestimmte Rechtsbegriffe, Generalklauseln und Revision, GRUR 1968, S. 545–549.

Naucke, Wolfgang: Zur Lehre vom strafbaren Betrug, Ein Beitrag zum Verhältnis von Strafrechtsdogmatik und Kriminologie, Berlin 1964.

ders.: Über Generalklauseln und Rechtsanwendung im Strafrecht, Tübingen 1973.

ders.: Über die Zerbrechlichkeit des rechtsstaatlichen Strafrechts, KritV 1990, S. 244–259.

ders.: Strafrecht, Eine Einführung, 10. Aufl., Neuwied, Kriftel 2002.

Navarrete, Miguel Polaino: Rechtsgüterschutz versus Bestätigung der Normgeltung?, in: Strafrecht als Scientia Universalis, Festschrift für Claus Roxin zum 80. Geburtstag am 15. Mai 2011, Berlin u.a. 2011, S. 169–182.

Neubacher, Frank: Materieller Verbrechensbegriff und Rechtsgutsverletzung – Die Rechtsgüterlehre J.M.F. Birnbaums (1797–1877) und die moderne Strafrechtsschule, JURA 2000, S. 514–518.

Neumann, Ulfried: Neue Entwicklungen im Bereich der Argumentationsmuster zur Begründung oder zum Ausschluß strafrechtlicher Verantwortlichkeit, ZStW 99 (1987), S. 567–594.

ders.: Rückwirkungsverbot bei belastenden Rechtsprechungsänderungen der Strafgerichte?, ZStW 103 (1991), S. 331–356.

ders.: Alternativen zum Strafrecht, in: *Neumann, Ulfried/Prittwitz, Cornelius* (Hrsg.), Kritik und Rechtfertigung des Strafrechts, Frankfurt a.M. 2005, S. 89–107.

ders.: Das Verhältnismäßigkeitsprinzip als strafbegrenzendes Prinzip, in: *Hirsch, Andrew von/Seelmann, Kurt/Wohlers, Wolfgang* (Hrsg.), Mediating Principles, Begrenzungsprinzipien bei der Strafbegründung, Baden-Baden 2006, S. 128–137.

ders.: »Alternativen: keine.« – Zur neueren Kritik an der personalen Rechtsgutslehre, in: *Neumann, Ulfried/Prittwitz, Cornelius* (Hrsg.), „Personale Rechtsgutslehre“ und „Opferorientierung im Strafrecht“, Frankfurt a.M. u.a. 2007, S. 85–96.

ders.: Die Rechtsprechung im Kontext des verfassungsgerichtlichen Prüfungsprogramms zu Art. 103 Abs. 2 GG (Rückwirkungsverbot, Analogieverbot, Bestimmtheitsgebot), Überlegungen im Anschluss an die Entscheidung des Bundesverfassungsgerichts zum „Präzisierungsgebot“ (BVerfGE 126, 170), in: Ein menschengerechtes Strafrecht als Lebensaufgabe, Festschrift für Werner Beulke zum 70. Geburtstag, Heidelberg 2015, S. 197–211.

Neumann-Duesberg, Horst: Verwechselung des Urheberpersönlichkeitsrechts mit dem allgemeinen Persönlichkeitsrecht, NJW 1971, S. 1640–1642.

Neumeyer, Jochen: Person – Fiktion – Recht, Verletzungen des Persönlichkeitsrechts durch Werke der fiktionalen Kunst, Baden-Baden 2010.

Niehaus, Holger: Blankettnormen und Bestimmtheitsgebot vor dem Hintergrund zunehmender europäischer Rechtssetzung, wistra 2004, S. 206–211.

Noll, Peter: Die ethische Begründung der Strafe, Tübingen 1962.

Noltenius, Bettina: Grenzenloser Spielraum des Gesetzgebers im Strafrecht? Kritische Bemerkungen zur Inzestentscheidung des Bundesverfassungsgerichts vom 26. Februar 2008, ZJS 2009, S. 15–21.

dies.: Strafbegründung und der Grundsatz der Verhältnismäßigkeit, in: *Jaeckel, Liv/Zabel, Benno/Zimmermann, Ralph* (Hrsg.), Grundrechtspolitik und Rechtswissenschaft, Beiträge aus Anlass des 70. Geburtstags von Helmut Goerlich, Tübingen 2015, S. 93–103.

Nomoskommentar Strafgesetzbuch: hrsg. v. *Kindhäuser, Urs/ Neumann, Ulfried/ Paeffgen, Hans-Ullrich*, Band 1, 4. Aufl. Baden-Baden 2013.

Nomoskommentar Strafgesetzbuch: hrsg. v. *Kindhäuser, Urs/ Neumann, Ulfried/ Paeffgen, Hans-Ullrich*, Band 2, 4. Aufl. Baden-Baden 2013.

Nordemann, Wilhelm: Das Recht der Bearbeitung gemeinfreier Werke, GRUR 1964, S. 117–121.

ders.: Die erste Novelle zum Urheberrechtsgesetz, GRUR 1973, S. 1–4.

ders.: Vorschlag für ein Urhebervertragsgesetz, GRUR 1991, S. 1–10.

Obert, Anne/Gottschalck, Sascha: § 201a StGB aus Sicht des privaten Rundfunks, ZUM 2005, S. 436–441.

Ohly, Ansgar: Richterrecht und Generalklausel im Recht des unlauteren Wettbewerbs – ein Methodenvergleich des englischen und deutschen Rechts, Köln u.a. 1997.

ders.: Generalklausel und Richterrecht, Archiv für die civilistische Praxis, Bd. 201 (2001), S. 1–47.

ders.: „Volenti non fit iniuria". Die Einwilligung im Privatrecht, Tübingen 2002.

ders.: Geistiges Eigentum?, JZ 2003, S. 545–554.

ders.: Urheberrecht als Wirtschaftsrecht, in: *Depenheuer, Otto/Peifer, Karl-Nikolaus* (Hrsg.), Geistiges Eigentum: Schutzrecht oder Ausbeutungstitel? Zustand und Entwicklungen im Zeitalter von Digitalisierung und Globalisierung, Heidelberg 2008, S. 141–161.

ders.: Urheberrecht zwischen Innovationsstimulierung und -verhinderung, in: *Eifert, Martin/Hoffmann-Riem, Wolfgang* (Hrsg.), Geistiges Eigentum und Innovation, Innovation und Recht I, Berlin 2008, S. 279–297.

ders.: Verändert das Internet unsere Vorstellung von Persönlichkeit und Persönlichkeitsrecht?, AfP 2011, S. 428–438.

Ortiz de Urbina Gimeno, Íñigo: Das strafrechtliche Gesetzlichkeitsprinzip, Ein Befehl an den Gesetzgeber ohne Bedeutung für die Gesetzesanwender?, in: *Kudlich, Hans/Montiel, Juan Pablo/Schuhr, Jan C.* (Hrsg.), Gesetzlichkeit und Strafrecht, Berlin 2012, S. 87–120.

Ossenbühl, Fritz: Die verfassungsrechtliche Zulässigkeit der Verweisung als Mittel der Gesetzgebungstechnik, DVBl 1967, S. 401–408.

Osterrieth, Christian: Patentrecht, 4. Aufl. München 2010.

Ott, Steffen: Strafwürdigkeit und Strafbedürftigkeit des Selbstdopings im Leistungssport, Baden-Baden 2013.

Otto, Harro: Rechtsgutsbegriff und Deliktstatbestand, in: *Müller-Dietz, Heinz* (Hrsg.), Strafrechtsdogmatik und Kriminalpolitik, Köln u.a. 1971, S. 1–20.

ders.: Strafwürdigkeit und Strafbedürftigkeit als eigenständige Deliktskategorien? Überlegungen zum Deliktsaufbau, in: Gedächtnisschrift für Horst Schröder, München 1978, S. 53–71.

ders.: Die strafrechtliche Bekämpfung unlauterer Einflußnahmen auf öffentliche Versteigerungen durch Scheingebote, NJW 1979, S. 681–688.

ders.: Die Reform des strafrechtlichen Schutzes gegen irreführende Werbung, GRUR 1982, S. 274–283.

ders.: Konzeption und Grundsätze des Wirtschaftsstrafrechts (einschließlich Verbraucherschutz), Dogmatischer Teil I, ZStW 96 (1984), S. 339–375.

ders.: Die Tatbestände gegen Wirtschaftskriminalität im Strafgesetzbuch – Kriminalpolitische und damit verbundene rechtsdogmatische Probleme von Wirtschaftsdelikten –, JURA 1989, S. 24–35.

ders.: Grundsätzliche Problemstellungen des Umweltstrafrechts, JURA 1991, S. 308–316.

ders.: Grundkurs Strafrecht, Allgemeine Strafrechtslehre, Berlin 2004.

ders.: Die Auslegung von Blankettstraftatbeständen, JURA 2005, S. 538–539.

ders.: Die Bedeutung des Bestimmtheitsgrundsatzes für die Auslegung nicht strafrechtlicher Bezugsnormen, in: Festschrift für Manfred Seebode zum 70. Geburtstag am 15. September 2008, Berlin 2008, S. 81–95.

Paeffgen, Hans-Ullrich: Strafrecht und Verfassungsrecht „Art. 103 II GG, namentlich das Bestimmtheitsgebot, und komplementäre Rechtssätze in der Entwicklung“, StraFo 2007, S. 442–455.

ders.: Das „Rechtsgut“ – ein obsoleter Begriff?, in: Gesamte Strafrechtswissenschaft in internationaler Dimension, Festschrift für Jürgen Wolter zum 70. Geburtstag am 07. September 2013, Berlin 2013, S. 125–165.

Pahlow, Louis: „Intellectual property“, „propriété intellectuelle“ und kein „Geistiges Eigentum“? Historisch-kritische Anmerkungen zu einem umstrittenen Rechtsbegriff, UFITA 115 (2006/III), S. 705–726.

ders.: Erfindungsschutz vor Patenterteilung, GRUR 2008, S. 97–103.

Pahud, Eric: Die Sozialbindung des Urheberrechts, Bern 2000.

Palandt: Kommentar zum Bürgerlichen Gesetzbuch, bearb. v. *Bassenge, Peter/Brudermüller, Gerd/Ellenberger, Jürgen* u.a., 75. Aufl. München 2015.

Palazzo, Francesco: Strafgesetzlichkeit, Transformation und Vielschichtigkeit eines „Fundamentalprinzips“, Berlin 2010.

Papageorgiou, Konstantinos A.: Schaden und Strafe, Auf dem Weg zu einer Theorie der strafrechtlichen Moralität, Baden-Baden 1994.

Papier, Hans-Jürgen/Möller, Johannes: Das Bestimmtheitsgebot und seine Durchsetzung, AöR 122 (1997), S. 177–211.

Paulduro, Aurelia: Die Verfassungsgemäßheit von Strafrechtsnormen, insbesondere der Normen des Strafgesetzbuches im Lichte der Rechtsprechung des Bundesverfassungsgerichts, München 1992.

Pavĉnik, Marijan: Juristisches Verstehen und Entscheiden, Vom Lebenssachverhalt zur Rechtsentscheidung, Ein Beitrag zur Argumentation im Recht, Wien 1993.

Peglau, Jens: Der Schutz des allgemeinen Persönlichkeitsrechts durch das Strafrecht, Frankfurt a.M. u.a. 1997.

Pekala, Karolina M.: Markenpiraterie, Erscheinungsformen, strafrechtliche Bekämpfung und zivilrechtliche Ansprüche, Freiburg 2013.

Peters, Karl: Beschränkung der Tatbestände im Besonderen Teil, ZStW 77 (1965), S. 470–505.

Peukert, Alexander: Urheberrecht zwischen Innovationsstimulierung und -verhinderung, Kommentar zum Beitrag von Ansgar Ohly, in: *Eifert, Martin/Hoffmann-Riem, Wolfgang* (Hrsg.), Geistiges Eigentum und Innovation, Innovation und Recht I, Berlin 2008, S. 299–305.

Pfaffinger, Sabrina: Rechtsgüter und Verhältnismäßigkeit im Strafrecht des geistigen Eigentums, Tübingen 2015.

Peifer, Karl-Nikolaus: Individualität im Zivilrecht. Der Schutz persönlicher, gegenständlicher und wettbewerbsrechtlicher Individualität im Persönlichkeitsrecht, Immaterialgüterrecht und Recht der Unternehmen, Tübingen 2001.

ders.: Eigenheit oder Eigentum – Was schützt das Persönlichkeitsrecht?, GRUR 2002, S. 495–500.

ders.: Geistiges Eigentum: Schutzrecht oder Ausbeutungstitel? Zustand und Entwicklungen im Zeitalter von Digitalisierung und Globalisierung – Einführung und Bilanz, in: *Depenheuer, Otto/Peifer, Karl-Nikolaus* (Hrsg.), Geistiges Eigentum: Schutzrecht oder Ausbeutungstitel? Zustand und Entwicklungen im Zeitalter von Digitalisierung und Globalisierung, Heidelberg 2008, S. 1–20.

ders.: Persönlichkeitsrechte im 21. Jahrhundert – Systematik und Herausforderungen, JZ 2013, S. 853–864.

Pieroth, Bodo/Schlink, Bernhard/Kingreen, Thorsten/Poscher, Ralf: Grundrechte, Staatsrecht II, 31. Aufl. Heidelberg 2015.

Pierson, Matthias/Ahrens, Thomas/Fischer, Karsten: Recht des geistigen Eigentums, Patente, Marken, Urheberrecht, Design, 3. Aufl. Baden-Baden 2014.

Porombka, Wiebke: http://www.zeit.de/kultur/literatur/2016-04/bgh-vg-wort-verlage-kommentar (abgerufen am 28.04.2016).

Preu, Albert: Das Erfinderpersönlichkeitsrecht und das Recht auf das Patent, in: Beträge zum Schutz der Persönlichkeit und ihrer schöpferischen Leistungen, Festschrift für Heinrich Hubmann zum 70. Geburtstag, Frankfurt a.M. 1985, S. 349–358.

Preuß, Tamina: Die strafrechtliche Bewertung des Fotografierens von Unfalltoten de lege lata und de lege ferenda, Zur geplanten Erweiterung des § 201a StGB, ZIS 2018, S. 212–217.

Prittwitz, Cornelius: Risikogesellschaft und Strafrecht, in: *Neumann, Ulfried/Prittwitz, Cornelius* (Hrsg.), Kritik und Rechtfertigung des Strafrechts, Frankfurt a.M. 2005, S. 131–174.

Raabe, Andreas: Der Bestimmtheitsgrundsatz bei Blankettstrafgesetzen am Beispiel der Marktmanipulation, Berlin 2007.

Radbruch, Gustav: Kleines Rechtsbrevier, Spruchbuch für Anselm, hrsg. v. *Hippel, Franz von*, Göttingen 1965.

ders.: Rechtsphilosophie, 3. Aufl. Leipzig 1932, in: Gustav-Radbruch-Gesamtausgabe, Band 2, bearb. v. *Kaufmann, Arthur*, Heidelberg 1993, S. 211–444.

Radtke, Henning: Untreue (§ 266 StGB) zu Lasten von ausländischen Gesellschaften mit faktischem Sitz in Deutschland?, GmbHR 2008, S. 729–736.

ders.: Strafrechtliche Untreue durch Manager und verfassungsrechtlicher Bestimmtheitsgrundsatz – Folgerungen aus dem Beschluss des BVerfG vom 23.6.2010 –, GmbHR 2010, S. 1121–1127.

Rahlf, Joachim: Die Rangfolge der klassischen juristischen Interpretationsmittel in der strafrechtswissenschaftlichen Auslegungslehre, in: *Neumann, Ulfried/Rahlf, Joachim/Savigny, Eike von* (Hrsg.), Juristische Dogmatik und Wissenschaftstheorie, München 1976, S. 14–26.

ders.: Offene und verdeckte Konflikte zwischen klassischen und juristischen Interpretationsmittel in der Argumentationspraxis des BGH, in: *Neumann, Ulfried/Rahlf, Joachim/Savigny, Eike von* (Hrsg.), Juristische Dogmatik und Wissenschaftstheorie, München 1976, S. 79–99.

Ransiek, Andreas: Gesetz und Lebenswirklichkeit, Das strafrechtliche Bestimmtheitsgebot, Heidelberg 1989.

ders.: Bestimmtheitsgrundsatz, Analogieverbot und § 370 AO, in: Strafrecht und Wirtschaftsstrafrecht – Dogmatik, Rechtsvergleich, Rechtstatsachen –, Festschrift für Klaus Tiedemann zum 70. Geburtstag, Köln u.a. 2008, S. 171–188.

Ransiek, Andreas/Hüls, Silke: Strafrecht zur Regulierung der Wirtschaft, ZGR 2009, S. 157–189.

Rau, Lars: Phänomenologie und Bekämpfung von 'Cyberpiraterie', Eine kriminologische und kriminalpolitische Analyse, Göttingen 2004.

Rehbinder, Manfred: Die Familie im Urheberrecht, ZUM 1986, S. 365–370.

Rehbinder, Manfred/Peukert, Alexander: Urheberrecht, Ein Studienbuch, 17. Aufl. München 2015.

Reinbold, Fabian/Rosenbach, Marcel: http://www.spiegel.de/netzwelt/web/facebook-neues-loesch-team-geht-gegen-hasskommentare-vor-a-1072175.html (abgerufen am 02.02.2016).

Reiß, Simone: Verbotsirrtum und Subventionsbetrug, Unter Berücksichtigung der Besonderheiten bei der betrügerischen Erlangung von EU-Sanktionen, Frankfurt a.M. 2012.

Rengier, Rudolf: Strafrecht Allgemeiner Teil mit Fällen und Aufbauschemata, 7. Aufl. München 2015.

Rettenmaier, Felix: BVerfG: Strafbarkeit des Beischlafes zwischen Geschwistern ist mit dem Grundgesetz vereinbar – «Inzestentscheidung», Anmerkung, FD-StrafR 2008, 255414.

Reuter, Andreas: Diskussion, Abteilung Zivilrecht, Sitzungsbericht über die Verhandlungen des sechsundsechzigsten deutschen Juristentages 2006 über das Thema: Neue Perspektiven im Schadensersatzrecht – Kommerzialisierung, Strafschadensersatz, Kollektivschaden, München 2007, L 99 (L 185 f.).

Riedel, Hermann/Schuhmann, Helmut/Marburger, Horst/Störmer, Claudia: Urheber- und Verlagsrecht, Handkommentar des Urheberrechtsgesetzes und des Verlagsgesetzes mit Nebengesetzen, 17. Ergänzungslieferung, Wiesbaden 1991.

Rigamonti, Cyrill P.: Geistiges Eigentum als Begriff und Theorie des Urheberrechts, Baden-Baden 2001.

Rochlitz, Burkhard: Der strafrechtliche Schutz des Urhebers und Leistungsschutzinhabers, FuR 1980, S. 351–360.

ders.: Der strafrechtliche Schutz des ausübenden Künstlers und des Tonträgerherstellers, in: *Flechsig, Norbert* (Hrsg.), Rechtspolitische Überlegungen zum Urheberstrafrecht in Deutschland, Österreich und der Schweiz, Bern 1982, S. 29–55.

ders.: Der strafrechtliche Schutz des ausübenden Künstlers, des Tonträger- und Filmherstellers und des Sendeunternehmens, Dargestellt auf dem Hintergrund der sogenannten Tonträger- und Videopiraterie, Frankfurt a.M. u.a. 1987.

Rönnau, Thomas: Untreue als Wirtschaftsdelikt, ZStW 119 (2007), S. 887–926.

Romano, Mario: „Strafwürdigkeit", „Strafbedürftigkeit" und Verbrechenslehre, in: *Schünemann, Bernd/Figueiredo Dias, Jorge de* (Hrsg.), Bausteine des europäischen Strafrechts, Coimbra-Symposium für Claus Roxin, Köln u.a. 1995, S. 107–119.

ders.: Zur Legitimation der Strafgesetze, Zu Fähigkeit und Grenzen der Rechtsgutstheorie, in: Strafrecht als Scientia Universalis, Festschrift für Claus Roxin zum 80. Geburtstag am 15. Mai 2011, Berlin u.a. 2011, S. 155–168.

Rotsch, Thomas: Betrug durch Wegnahme – Der lange Abschied vom Bestimmtheitsgrundsatz, ZJS 2008, S. 132–139.

ders.: Zur Hypertrophie des Rechts, ZIS 2008, S. 1–8.

ders.: Compliance und Strafrecht – Konsequenzen einer Neuentdeckung, in: Recht – Wirtschaft – Strafe, Festschrift für Erich Samson zum 70. Geburtstag, Heidelberg u.a. 2010, S. 141–160.

Roxin, Claus: Sinn und Grenzen staatlicher Strafe, JuS 1966, S. 377–387.

ders.: Zur jüngsten Diskussion über Schuld, Prävention und Verantwortlichkeit im Strafrecht, in: Festschrift für Paul Bockelmann zum 70. Geburtstag am 7. Dezember 1978, München 1979, S. 279–309.

ders.: Das strafrechtliche Unrecht im Spannungsfeld von Rechtsgüterschutz und individueller Freiheit, ZStW 116 (2004), S. 929–944.

ders.: Rechtsgüterschutz als Aufgabe des Strafrechts?, in: *Hefendehl, Roland* (Hrsg.), Empirische und dogmatische Fundamente, kriminalpolitischer Impetus, Symposium für Bernd Schünemann zum 60. Geburtstag, Köln u.a. 2005, S. 135–150.

ders.: Schlussbericht, in: *Neumann, Ulfried/Prittwitz, Cornelius* (Hrsg.), Kritik und Rechtfertigung des Strafrechts, Frankfurt a.M. 2005, S. 175–193.

ders.: Strafrecht Allgemeiner Teil, Band I, Grundlagen – Der Aufbau der Verbrechenslehre, 4. Aufl. München 2006.

ders.: Zur Strafbarkeit des Geschwisterinzests – Zur verfassungsrechtlichen Überprüfung materiellrechtlicher Strafvorschriften –, StV 2009, S. 544–550.

ders.: Strafe und Strafzwecke in der Rechtsprechung des Bundesverfassungsgerichts, in: IN DUBIO PRO LIBERTATE, Festschrift für Klaus Volk zum 65. Geburtstag, München 2009, S. 601–616.

ders.: Zur neueren Entwicklung der Rechtsgutsdebatte, in: Festschrift für Winfried Hassemer, Heidelberg 2010, S. 573–597.

ders.: 60 Jahre Grundgesetz aus der Sicht des Strafrechts, JöR (59) 2011, S. 1–28.

ders.: Der gesetzgebungskritische Rechtsgutbegriff auf dem Prüfstand, GA 2013, S. 433–453.

ders.: Der Grundsatz der Gesetzesbestimmtheit im deutschen Strafrecht, in: *Hilgendorf, Eric* (Hrsg.), Das Gesetzlichkeitsprinzip im Strafrecht, Ein deutsch-chinesischer Vergleich, Tübingen 2013, S. 113–139.

Roxin, Claus/Arzt, Gunther/Tiedemann, Klaus: Einführung in das Strafrecht und Strafprozessrecht, 6. Aufl. Heidelberg 2013.

Rudolphi, Hans-Joachim: Die verschiedenen Aspekte des Rechtsgutsbegriffs, in: Festschrift für Richard M. Honig, Zum 80. Geburtstag 03. Januar 1970, Göttingen 1970, S. 151–167.

ders.: Inhalt und Funktion des Handlungsunwerts im Rahmen der personalen Unrechtslehre, in: Festschrift für Reinhart Maurach zum 70. Geburtstag, Karlsruhe 1972, S. 51–73.

Rüthers, Bernd: Geleugneter Richterstaat und vernebelte Richtermacht, NJW 2005, S. 2759–2761.

Rüthers, Bernd/Fischer, Christian/Birk, Alex: Rechtstheorie mit Juristischer Methodenlehre, 7. Aufl. München 2013.

Rusteberg, Benjamin: Unbestimmte Grenzwerte – Alkoholkonzentration und „nulla poena"-Grundsatz, StraFo 2010, S. 407–412.

Sachs, Michael: Grundgesetz Kommentar, 7. Aufl. München 2014.

Safferling, Christoph: Bestimmt oder nicht bestimmt? Der Untreuetatbestand vor den verfassungsgerichtlichen Schranken, Anmerkung zum Beschluss des BVerfG vom 23.6.2010 – 2 BvR 2559/08, 105/09; 491/09, NStZ 2011, S. 376–379.

Saliger, Frank: Das Untreuestrafrecht auf dem Prüfstand der Verfassung, NJW 2010, S. 3195–3198.

ders.: Auswirkungen des Untreue-Beschlusses des Bundesverfassungsgerichts vom 23.6.2010 auf die Schadensdogmatik, ZIS 2011, S. 902–918.

ders.: Was schützt der liberale Rechtsstaat?, in: *Siep, Ludwig/Gutmann, Thomas/Jakl, Bernhard/Städtler, Michael* (Hrsg.), Von der religiösen zur säkularen Begründung staatlicher Normen, Zum Verhältnis von Religion und Politik in der Philosophie der Neuzeit und in rechtssystematischen Fragen der Gegenwart, Tübingen 2012, S. 183–216.

ders.: Gesetzlichkeit als Gebot bestimmter Gesetzesauslegung durch die Strafgerichte, in: *Duttge, Gunnar/Ünver, Yener* (Hrsg.), Gesetzlichkeitsprinzip im Strafrecht, Studien zum deutschen und türkischen Strafrecht, Istanbul 2014, S. 123–134.

Sandmann, Melanie: Die Strafbarkeit der Kunstfälschung, Baden-Baden 2004.

Sattler, Hauke: Das Urheberrecht nach dem Tode des Urhebers in Deutschland und Frankreich, Göttingen 2010.

Satzger, Helmut: Die Internationalisierung des Strafrechts als Herausforderung für den strafrechtlichen Bestimmtheitsgrundsatz, JuS 2004, S. 943–948.

Satzger, Helmut/Schluckebier, Wilhelm/Widmaier, Gunter (SSW-StGB): StGB Strafgesetzbuch Kommentar, 2. Aufl. Köln 2014.

Sauren, Jürgen: Bedrohung der freien Berichterstattung durch den neuen § 201a StGB?, ZUM 2005, S. 425–432.

Savigny, Friedrich Karl von: System des heutigen römischen Rechts, Erster Band, 2. Aufl. Berlin 1840, Aalen 1981.

Sax, Walter: Grundsätze der Strafrechtspflege, in: *Bettermann, Karl August/Nipperdey, Hans Carl/Scheuner, Ulrich* (Hrsg.), Die Grundrechte, Handbuch der Theorie und Praxis der Grundrechte, Dritter Band, 2. Halbband, Rechtspflege und Grundrechtsschutz, Berlin 1959, S. 909–1014.

Schack, Haimo: Das Persönlichkeitsrecht der Urheber und ausübenden Künstler nach dem Tode, GRUR 1985, S. 352–361.

ders.: BGH, Urteil v. 5.10.2006 – I ZR 277/03 (LG Berlin), Anmerkung, JZ 2007, S. 366–367.

ders.: Zur Rechtfertigung des Urheberrechts als Ausschließlichkeitsrecht, in: *Depenheuer, Otto/Peifer, Karl-Nikolaus* (Hrsg.), Geistiges Eigentum: Schutzrecht oder Ausbeutungstitel? Zustand und Entwicklungen im Zeitalter von Digitalisierung und Globalisierung, Heidelberg 2008, S. 123–140.

ders.: Urheber – und Urhebervertragsrecht, 7. Aufl. Tübingen 2015.

Schäfer, Carsten: Strafe und Prävention im Bürgerlichen Recht, Archiv für die civilistische Praxis, Bd. 202 (2002), S. 397–434.

Schaub, Günter (Begr.): Arbeitsrechts-Handbuch. Systematische Darstellung und Nachschlagwerk für die Praxis, bearb. v. *Koch, Ulrich/Linck, Rüdiger* u.a., 15. Aufl. München 2013.

Scheffler, Uwe: Strafprozeßrecht, quo vadis?, GA 1995, S. 449–467.

Scheinfeld, Jörg: Normschutz als Strafrechtsgut? Normentheoretische Überlegungen zum legitimen Strafen, in: Strafrecht als Scientia Universalis, Festschrift für Claus Roxin zum 80. Geburtstag am 15. Mai 2011, Berlin u.a. 2011, S. 183–197.

Schertz, Christian: Der Schutz der Persönlichkeit vor heimlichen Bild- und Tonaufnahmen, Zugleich eine Anmerkung zum § 201a StGB (Verletzung des höchstpersönlichen Lebensbereichs durch Bildaufnahmen), AfP 2005, S. 421–428.

Scheyhing, Robert: Zur Geschichte des Persönlichkeitsrechts im 19. Jahrhundert, Archiv für die civilistische Praxis, Bd. 158 (1956/1960), S. 503–525.

Schiemann, Anja: Kann es einen freien Willen geben? – Risiken und Nebenwirkungen für das deutsche Strafrecht, NJW 2004, S. 2056–2059.

Schilling, Daniel: Fragmentarisch oder umfassend?: Wege strafrechtlichen Zugriffs bei der Veruntreuung fremden Vermögens am Beispiel des deutschen und des italienischen Untreuestrafrechts, Frankfurt a.M. u.a. 2009.

Schiwek, Frank: Die Strafbarkeit der Markenpiraterie, Frankfurt a.M. u.a. 2004.

Schlechtriem, Peter: Inhalt und systematischer Standort des allgemeinen Persönlichkeitsrechts, DRiZ 1975, S. 65–70.

Schlobach, Klaus: Das Präventionsprinzip im Recht des Schadensersatzes, Baden-Baden 2004.

Schlösser, Jan: Die Betrugsdogmatik vor den Schranken des Verfassungsrechts, Anmerkungen zu BVerfG, Beschluss vom 07.12. 2011 – 2 BvR 2500/09, 1857/10, NStZ 2012, S. 473–479.

Schlüchter, Ellen: Irrtum über normative Tatbestandsmerkmale im Strafrecht, Tübingen 1983.

Schmelz, Christoph: Die Werkzerstörung als ein Fall des § 11 UrhG, GRUR 2007, S. 565–571.

Schmid, Matthias/Wirth, Thomas/Seifert, Fedor: Urheberrechtsgesetz mit Urheberrechtswahrnehmungsgesetz, Handkommentar, 2. Aufl. Baden-Baden 2009.

Schmidhäuser, Eberhard: Strafgesetzliche Bestimmtheit: eine rechtsstaatliche Utopie, in: *Selmer, Peter/Münch, Ingo von* (Hrsg.), Gedächtnisschrift für Wolfgang Martens, Berlin u.a. 1987, S. 231–247.

Schmidt, Alexander K.: Erfinderprinzip und Erfinderpersönlichkeitsrecht im deutschen Patentrecht von 1877 bis 1936, Tübingen 2009.

Schmidt-Bleibtreu, Bruno/Hofmann, Hans/Henneke, Hans-Günter: GG, Kommentar zum Grundgesetz, begr. v. *Schmidt-Bleibtreu, Bruno/Klein, Franz*, 13. Aufl. Köln 2014.

Schmitt, Rudolf: Der Anwendungsbereich von § 1 Strafgesetzbuch (Art. 103 Abs. 2 Grundgesetz) in: Festschrift für Hans-Heinrich Jescheck zum 70. Geburtstag, 1. Halbband, Berlin 1985, S. 223–233.

Schmitz, Albert: Strafrechtlicher Schutz vor Bild- und Wortaufnahmen, Hamburg 2011.

Schmitz, Roland: Nullum crimen sine lege und die Bestrafung fahrlässigen Handelns, in: Recht – Wirtschaft – Strafe, Festschrift für Erich Samson zum 70. Geburtstag, Heidelberg u.a. 2010, S. 181–198.

ders.: Der Bestimmtheitsgrundsatz im Verbraucherschutzstrafrecht, in: Streitbare Strafrechtswissenschaft, Festschrift für Bernd Schünemann zum 70. Geburtstag am 01. November 2014, Berlin, Boston 2014, S. 235–247.

Schmölzer, Gabriele: Straftaten im Internet: eine materiell-rechtliche Betrachtung, ZStW 123 (2011), S. 709–736.

Schnapp, Friedrich E.: Von der (Un-)Verständlichkeit der Juristensprache, JZ 2004, S. 473–481.

Schöch, Heinz: Stellungnahme, in: Zusammenstellung der Stellungnahmen zu der Anhörung des Rechtsausschusses – Schutz der Intimsphäre –, BT-Drucksachen 15/361, 15/533 und A-Drs. 15(6)41, 27. Sitzung des Rechtsausschusses in der 15. Wahlperiode am 24.09.2003, S. 119–122.

Schömann, Matthias: Die Strafbarkeit der Marktmanipulation gemäß § 38 Abs. 2 WpHG, Unter besonderer Berücksichtigung des Scalping, Frankfurt a.M. u.a. 2010.

Schönke/Schröder: Strafgesetzbuch. Kommentar, bearb. v. *Eser, Albin/Perron, Walter* u.a., 29. Aufl. München 2014.

Schrader, Paul/Lewalter, Ivo: Standpunkt, NJW aktuell Heft 31/2009, S. XII.

Schreiber, Hans-Ludwig: Gesetz und Richter, Zur geschichtlichen Entwicklung des Satzes nullum crimen, nulla poena sine lege, Frankfurt a.M. 1976.

Schricker, Gerhard/Loewenheim, Ulrich (Hrsg.): Urheberrecht, Kommentar, 4. Aufl. München 2010.

Schricker, Gerhard: Die Einwilligung des Urhebers in entstellende Änderungen des Werks, in: Festschrift für Heinrich Hubmann zum 70. Geburtstag, Frankfurt a.M. 1985, S. 409–419.

Schicker, Stefan C./Haug, Thomas: Grundzüge des Designgesetzes, NJW 2014, S. 726–730.

Schroeder, Friedrich-Christian: Die Bestimmtheit von Strafgesetzen am Beispiel des gro- ben Unfugs, JZ 1969, S. 775–780.

Schroth, Ulrich: Präzision im Strafrecht, Zur Deutung des Bestimmtheitsgebots, in: *Grewendorf, Günther* (Hrsg.), Rechtskultur als Sprachkultur, Zur forensischen Funktion der Sprachanalyse, Frankfurt a.M. 1992.

Schünemann, Bernd: Nulla poena sine lege? Rechtstheoretische und verfassungsrechtliche Implikationen der Rechtsgewinnung im Strafrecht, Berlin 1978.

ders.: Der strafrechtliche Schutz von Privatgeheimnissen, ZStW 90 (1978), S. 11–63.

ders.: Die Gesetzesinterpretation im Schnittfeld von Sprachphilosophie, Staatsverfassung und juristischer Methodenlehre, in: Festschrift für Ulrich Klug zum 70. Geburtstag, Köln 1983, S. 169–186.

ders.: Das Rechtsgüterschutzprinzip als Fluchtpunkt der verfassungsrechtlichen Grenzen der Straftatbestände und ihrer Interpretation, in: *Hefendehl, Roland/Hirsch, Andrew von/Wohlers, Wolfgang* (Hrsg.), Die Rechtsgutstheorie, Legitimationsbasis des Strafrechts oder dogmatisches Glasperlenspiel?, Baden-Baden 2003, S. 133–154.

ders.: Rechtsgüterschutz, ultima ratio und Viktimodogmatik – von den unverrückbaren Grenzen des Strafrechts in einem liberalen Rechtsstaat, in: *Hirsch, Andrew von/Seelmann, Kurt/Wohlers, Wolfgang* (Hrsg.), Mediating Principles, Begrenzungsprinzipien bei der Strafbegründung, Baden-Baden 2006, S. 18–35.

Schulte, Rainer: Patentgesetz mit Europäischem Patentübereinkommen, Kommentar auf der Grundlage der deutschen und europäischen Rechtsprechung, bearb. v. *Moufang, Rainer/Püschel, Ilse* u.a., 9. Aufl. Köln 2014.

Schulz, Jens Peter: Das deutsche Markenstrafrecht. Eine Untersuchung des § 143 MarkenG unter Berücksichtigung europarechtlicher Einflüsse, Berlin 2004.

Schulz, Lorenz: Neues zum Bestimmtheitsgrundsatz, Zur Entscheidung des BVerfG vom 23. Juni 2010, in: Strafrecht als Scientia Universalis, Festschrift für Claus Roxin zum 80. Geburtstag am 15. Mai 2011, Berlin u.a. 2011, S. 305–328.

Schuster, Frank Peter: Das Verhältnis von Strafnormen und Bezugsnormen aus anderen Rechtsgebieten, Eine Untersuchung zum Allgemeinen Teil im Wirtschafts- und Steuerstrafrecht, Berlin 2012.

Schwacke, Peter: Juristische Methodik mit Technik der Fallbearbeitung, 5. Aufl. Stuttgart 2011.

Schwartmann, Rolf: Was Recht ist, muss Recht bleiben! – Resümee und Ausblick, in: *Schwartmann, Rolf* (Hrsg.), Leben im Schwarm – Wie das Internet uns verändert, Frankfurt a.M. 2011, S. 99–105.

ders.: Das Grundgesetz schützt körperliches und „geistiges" Eigentum gleichermaßen, Urheberrecht und Verfassung, promedia. Das medienpolitische Magazin Januar 2011, S. 28–29.

ders.: Vergleichende Studie über Modelle zur Versendung von Warnhinweisen bei Urheberrechtsverletzungen im Auftrag des Bundesministeriums für Wirtschaft und Technologie I C 4-02 08 15-29/11, https://www.bmwi.de/Redaktion/DE/Downloads/W/warnhinweise-kurz.pdf?__blob=publicationFile&v=3 (abgerufen am 14.10.2015).

ders.: Einleitung, Urheberrecht und Verfassung, Bericht zum 5. Kölner Mediensymposium mit Joachim Bornkamm, Till Kreutzer, Günter Krings, Andreas Paulus und Rolf Schwartmann, K&R (Kommunikation&Recht) 2012/3, S. 1.

ders.: Podiumsdiskussion, Urheberrecht und Verfassung, Bericht zum 5. Kölner Mediensymposium mit Joachim Bornkamm, Till Kreutzer, Günter Krings, Andreas Paulus und Rolf Schwartmann, K&R (Kommunikation&Recht) 2012/3, S. 8–16.

Schwerdtner, Peter: Das Persönlichkeitsrecht in der deutschen Zivilrechtsordnung, Offene Probleme einer juristischen Entdeckung, Berlin 1977.

Sedlmeier, Tobias: Die Auslegung der urheberrechtlichen Straftatbestände bei Internet-Sachverhalten, Frankfurt a.M. 2003.

Seebode, Manfred: Anmerkung zu BVerfG, v. 21.11.2002 – 2 BvR 2202/01, JZ 2004, S. 305–309.

Seel, Paul: Unbestimmte und normative Tatbestandsmerkmale im Strafrecht und der Grundsatz Nullum Crimen Sine Lege (Art. 103 II GG), München 1966.

Seelmann, Kurt: Verhaltensdelikte: Kulturschutz durch Recht?, in: Festschrift für Heike Jung zum 65. Geburtstag am 23. April 2007, Baden-Baden 2007, S. 893–904.

ders.: Was schützt der liberale Rechtsstaat?, in: *Siep, Ludwig/Gutmann, Thomas/Jakl, Bernhard/Städtler, Michael* (Hrsg.), Von der religiösen zur säkularen Begründung staatlicher Normen, Zum Verhältnis von Religion und Politik in der Philosophie der Neuzeit und in rechtssystematischen Fragen der Gegenwart, Tübingen 2012, S. 171–182.

Seher, Gerhard: Prinzipiengestützte Strafnormlegitimation und der Rechtsgutsbegriff, in: *Hefendehl, Roland/Hirsch, Andrew von/Wohlers, Wolfgang* (Hrsg.), Die Rechtsgutstheorie, Legitimationsbasis des Strafrechts oder dogmatisches Glasperlenspiel?, Baden-Baden 2003, S. 39–64.

Seifert, Fedor: Geistiges Eigentum – ein unverzichtbarer Begriff, in: Festschrift für Henning Piper, München 1996, S. 769–786.

Sieber, Ulrich: Urheberstrafrecht der Informationsgesellschaft, MMR 2002, S. 701–702.

ders.: Straftaten und Strafverfolgung im Internet, Gutachten C zum 69. Deutschen Juristentag 2012, München 2012.

Sieg, Rainer: Das unzulässige Anbringen der richtigen Urheberbezeichnung (§ 107 UrhG), Frankfurt a.M. u.a. 1985.

Simon, Eric: Gesetzesauslegung im Strafrecht, Eine Analyse der höchstrichterlichen Rechtsprechung, Berlin 2005.

Simon, Jürgen: Das allgemeine Persönlichkeitsrecht und seine gewerblichen Erscheinungsformen, Ein Entwicklungsprozeß, Berlin 1981.

Sina, Peter: Die Dogmengeschichte des strafrechtlichen Begriffs „Rechtsgut", Basel 1962.

Sinn, Arndt: Entscheidungsanmerkung, BVerfG, Beschl. v. 21.9.2016 – 2 BvL 1/15, ZJS 2018, S. 381-385.

ders.: Der Kerngehalt des Gesetzlichkeitsprinzips, Ein Beitrag zu den sozialethischen Beschränkungen des Notwehrrechts, in: Gesamte Strafrechtswissenschaft in internationaler Dimension, Festschrift für Jürgen Wolter zum 70. Geburtstag am 07. September 2013, Berlin 2013, S. 503–519.

Soergel: Kommentar zum Bürgerlichen Gesetzbuch, bearb. v. *Baur, Jürgen F./Beater, Axel/ Benicke, Christoph* u.a., Band 12 – Bürgerliches Gesetzbuch mit Einführungsgesetze und Nebengesetzen, Schuldrecht 10, §§ 823–853, ProdHG, UmweltHG, 13. Aufl. Stuttgart 2005.

Solmecke, Christian/Nowak, Fabian: Zivile Drohnen – Probleme ihrer Nutzung, Rechtliche Bewertung eines künftigen Milliardenmarkts, MMR 2014, S. 431–435.

Sosnitza, Olaf: Deutsches und europäisches Markenrecht, 2. Aufl. München 2015.

Spautz, Wolfgang: Zur Ahndung von Urheberrechtsverletzungen, Warum nicht zum Strafrichter, FuR 1978, S. 96–99.

Spindler, Gerald: Persönlichkeitsschutz im Internet – Anforderungen und Grenzen einer Regulierung, Gutachten F zum 69. Deutschen Juristentag München 2012, München 2012.

Spindler, Gerald/Schuster, Fabian (Hrsg.): Recht der elektronischen Medien, Kommentar, 2. Aufl. München 2011.

Staake, Marco/Bressensdorf, Tobias von: Grundfälle zum deliktischen Schutz des allgemeinen Persönlichkeitsrechts, JuS 2015, S. 683–687.

Staatsanwaltschaft Hof: Pressemitteilung, http://www.justiz.bayern.de/sta/sta/ho/presse/archiv/2011/03268/ (abgerufen am 12.07.2016).

Stächelin, Gregor: Strafgesetzgebung im Verfassungsstaat, Normative und empirische materielle und prozedurale Aspekte der Legitimation unter Berücksichtigung neuerer Strafgesetzgebungspraxis, Berlin 1998.

Statistisches Bundesamt: Strafverfolgungsstatistik 2014, https://www.destatis.de/DE/Publikationen/Thematisch/Rechtspflege/StrafverfolgungVollzug/Strafverfolgung2100300147004.pdf?__blob=publicationFile (abgerufen am 26.05.2016).

Statistisches Bundesamt: Strafverfolgungsstatistik 2013, https://www.destatis.de/DE/Publikationen/Thematisch/Rechtspflege/StrafverfolgungVollzug/StrafverfolgungsstatistikDeutschland.html (abgerufen am 14.10.2015).

Steffen, Erich: Die Aushilfeaufgaben des Schmerzensgeldes, in: Festschrift für Walter Odersky zum 65. Geburtstag am 17. Juli 1996, S. 723–736.

ders.: Schmerzensgeld bei Persönlichkeitsverletzungen durch Medien, Ein Plädoyer gegen formelhafte Berechnungsmethoden bei der Geldentschädigung, NJW 1997, S. 10–14.

Steinberg, Georg: Liberale Potentiale des strafrechtlichen Rechtsgutskonzepts – Überlegungen zur „Inzest-Entscheidung" des BVerfG vom 26.02.2008 – 2 BvR 392/07 –, in: Recht und Macht, Zur Theorie und Praxis von Strafe, Festschrift für Hinrich Rüping zum 65. Geburtstag, München 2008, S. 91–108.

Steinsiek, Mark: Terrorabwehr durch Strafrecht, Verfassungsrechtliche und strafrechtssystematische Grenzen der Vorfeldkriminalisierung, Baden-Baden 2012.

Sternberg-Lieben, Detlev: Musikdiebstahl, Köln 1985.

ders.: Rechtsgut, Verhältnismäßigkeit und die Freiheit des Strafgesetzgebers, in: *Hefendehl, Roland/Hirsch, Andrew von/Wohlers, Wolfgang* (Hrsg.), Die Rechtsgutstheorie, Legitimationsbasis des Strafrechts oder dogmatisches Glasperlenspiel?, Baden-Baden 2003, S. 65–82.

Stratenwerth, Günter: Zum Begriff des „Rechtsgutes", in: Festschrift für Theodor Lenckner zum 70. Geburtstag, München 1998, S. 377–391.

ders.: Kriminalisierung bei Delikten gegen Kollektivrechtsgüter, in: *Hefendehl, Roland/Hirsch, Andrew von/Wohlers, Wolfgang* (Hrsg.), Die Rechtsgutstheorie, Legitimationsbasis des Strafrechts oder dogmatisches Glasperlenspiel?, Baden-Baden 2003, S. 253–260.

Stratenwerth, Günter/Kuhlen, Lothar: Strafrecht Allgemeiner Teil, Die Straftat, 5. Aufl. München 2004.

Stratenwerth, Günter/Kuhlen, Lothar: Strafrecht Allgemeiner Teil, Die Straftat, 6. Aufl. München 2011.

Streng, Franz: Strafrechtliche Sanktionen, Die Strafzumessung und ihre Grundlagen, 3. Aufl. Stuttgart 2012.

Ströbele, Paul/Hacker, Franz: Markengesetz, Kommentar, 11. Aufl. Köln 2015.

Stuckenberg, Carl-Friedrich: Grundrechtsdogmatik statt Rechtsgutslehre, Bemerkungen zum Verhältnis von Strafe und Staat, GA 2011, S. 653–661,

ders.: BVerfGE 120, 224 – Inzestverbot, Die Bestrafung des Geschwisterinzest in § 173 II 2 StGB ist mit dem Grundgesetz vereinbar., in: *Menzel, Jörg/Müller-Terpitz, Ralf* (Hrsg.), Verfassungsrechtsprechung, Ausgewählte Entscheidungen des Bundesverfassungsgerichts in Retrospektive, Tübingen 2011, S. 846–850.

Süß, Peter: Vom Umgang mit dem Bestimmtheitsgebot, in: *Albrecht, Peter-Alexis/ Fabricius, Dirk/Günther, Klaus/Jahn, Matthias/Kargl, Walter/Lüderssen, Klaus/ Naucke, Wolfgang/Neumann, Ulfried/ Prittwitz, Cornelius* (Hrsg.), Vom unmöglichen Zustand des Strafrechts, Frankfurt a.M. u.a. 1995, S. 207–226.

Swoboda, Sabine: Die Lehre vom Rechtsgut und ihre Alternativen, ZStW 122 (2010), S. 24–50.

Systematischer Kommentar zum Strafgesetzbuch: Band I, §§ 1–31 StGB, begr. v. *Rudolphi, Hans-Joachim* u.a. hrsg. v. *Wolter, Jürgen*, 8. Aufl. Köln Stand: Dezember 2014.

Systematischer Kommentar zum Strafgesetzbuch: Band III, §§ 80–179 StGB, begr. v. *Rudolphi, Hans-Joachim* u.a., hrsg. v. *Wolter, Jürgen*, 8. Aufl. Köln Stand: Dezember 2014.

Taupitz, Jochen: Neue Perspektiven im Schadensersatzrecht, Verhandlungen des sechsundsechzigsten deutschen Juristentages Stuttgart 2006, Sitzungsberichte, Referate und Beschlüsse, Band II/1, München 2007, L 57.

Tettinger, Peter: Das Recht der persönlichen Ehre in der Werteordnung des Grundgesetzes, JuS 1997, S. 769–776.

Theile, Hans: Rationale Gesetzgebung im Wirtschaftsstrafrecht – Exemplarische Überlegungen zum materiellen Recht –, wistra 2012, S. 285–291.

Thöle, Claas: Die verfassungsmäßige Bestimmtheit der Strafbarkeit der Marktmanipulation nach dem Wertpapierhandelsgesetz, Berlin 2009.

Thurn, John Philipp: Eugenik und Moralschutz durch Strafrecht? Verfassungsrechtliche Anmerkungen zur Inzestverbotsentscheidung des Bundesverfassungsgerichts, Kritische Justiz 2009, S. 74–83.

Tiedemann, Klaus: Kartellrechtsverstöße und Strafrecht, Köln u.a. 1976.

ders.: Verfassungsrecht und Strafrecht, Heidelberg 1991.

ders.: EG und EU als Rechtsquellen des Strafrechts, in: Festschrift für Claus Roxin zum 70. Geburtstag am 15. Mai 2001, Berlin u.a. 2001, S. 1401–1413.

ders.: Wirtschaftsstrafrecht, Einführung und Allgemeiner Teil mit wichtigen Rechtstexten, 4. Aufl. München 2014.

ders.: Wirtschaftsstrafrecht, Besonderer Teil mit wichtigen Rechtstexten, 3. Aufl. München 2011.

Tiedemann, Klaus/Kindhäuser, Urs: Umweltstrafrecht –Bewährung oder Reform?, NStZ 1988, S. 337–346.

Tillmanns, Lutz/Führ, Janina: § 201a StGB – Eine problemorientierte Betrachtung aus Sicht der Presseselbstregulierung, ZUM 2005, S. 441–448.

Timmann, Tobias: Das Patentrecht im Lichte von Art. 14 GG, Tübingen 2008.

Tischler, Marcus Georg: Der Geschwisterinzest bei über 18-Jährigen, Die Rechtsgüter des § 173 StGB, Hamburg 2009.

Tolmein, Oliver: http://www.faz.net/aktuell/feuilleton/debatten/kachelmann-contra-bild-warum-bekommt-der-wettermoderator-so-viel-schmerzensgeld-13834444.html (abgerufen am 20.06.2016).

Trendelenburg, Cornelius: Ultima ratio? Subsidiaritätswissenschaftliche Antworten am Beispiel der Strafbarkeit von Insiderhandel und Firmenbestattungen, Frankfurt a.M. 2011.

Troller, Alois: Immaterialgüterrecht, Patentrecht, Markenrecht, Muster- und Modellrecht, Urheberrecht, Wettbewerbsrecht, Band I, 3. Aufl. Basel, Frankfurt a.M. 1983.

Ulmer, Eugen: Das neue deutsche Urheberrechtsgesetz, UFITA 45 (1965), S. 18–50.

ders.: Urheber- und Verlagsrecht, 3. Aufl. Berlin u.a. 1980.

Vahle, Jürgen: Neue gesetzliche Maßnahmen zum Schutz des Persönlichkeitsrechts, DVP 2004, S. 494–496.

Vassalli, Giuliano: Der strafrechtliche Schutz der Persönlichkeit im technischen Zeitalter, ZStW 74 (1962), S. 111–143 (447–479).

Vassilaki, Irini E.: Die 5 Todsünden einer zivilrechtlichen Betrachtung zur geplanten Verschärfung der Strafen im Immaterialgüterrecht, MMR 9/2003, S. V–VI.

dies.: Kriminalität im World Wide Web, Erscheinungsformen der „Post-Computerkriminalität" der zweiten Generation, MMR 4/2006, S. 212–217.

Vogel, Joachim: Verbraucherschutz durch strafrechtliche Produkthaftung – Kriminologische und funktionale Aspekte –, GA 1990, S. 241–264.

ders.: Norm und Pflicht bei den unechten Unterlassungsdelikten, Berlin 1993.

ders.: Strafrechtsgüter und Rechtsgüterschutz durch Strafrecht im Spiegel de Rechtsprechung des Bundesverfassungsgerichts, StV 1996, S. 110–115.

Volk, Klaus: Entkriminalisierung durch Strafwürdigkeitskriterien jenseits des Deliktsaufbaus, ZStW 97 (1985), S. 871–918.

Volkmann, Uwe: Qualifizierte Blankettnormen, Zur Problematik einer legislativen Verweisungstechnik, ZRP 1995, S. 220–226.

ders.: Darf der Staat seine Bürger erziehen?, Baden-Baden 2012.

Vormbaum, Thomas: Birnbaum und die Folgen, in: *Dalbora, José Luis Guzmán/Vormbaum, Thomas* (Hrsg.), Johann Michael Franz Birnbaum, Zwei Aufsätze, Ueber das Erforderniß einer Rechtsverletzung zum Begriffe des Verbrechens (1834), Bemerkungen über den Begriff des natürlichen Verbrechens (1836), Berlin 2011, S. 93–117.

Wadle, Elmar: Geistiges Eigentum, Bausteine zur Rechtsgeschichte, Weinheim u.a. 1996.

Wagner, Gerhard: Neue Perspektiven im Schadensersatzrecht – Kommerzialisierung, Strafschadensersatz, Kollektivschaden, Gutachten A zum 66. Deutschen Juristentag Stuttgart 2006, München 2006.

ders.: Prävention und Verhaltenssteuerung durch Privatrecht – Anmaßung oder legitime Aufgabe?, Archiv für die civilistische Praxis, Bd. 206 (2006), S. 352–476.

Waldmann, Peter: Zielkonflikte in einer Strafanstalt, Stuttgart 1968.

Walter, Michel: Der strafrechtliche Schutz im österreichischen Urheber- und Leistungsschutzrecht, FuR 1980, S. 360–373.

Walter, Tonio: Einführung in das Strafrecht, JA 2013, S. 727–733.

ders.: Vom Beruf des Gesetzgebers zur Gesetzgebung – Zur Reform der Tötungsdelikte und gegen Fischer et al. in NStZ 2014, 9, NStZ 2014, S. 368–376.

Wanckel, Endress: Foto- und Bildrecht, 4. Aufl. München 2012.

Wandtke, Artur-Axel (Hrsg.)/*Dietz, Claire/Kauert, Michael/Schunke, Sebastian/Wöhrn, Kirsten-Inger*: Urheberrecht, 5. Aufl. Berlin, Boston 2016.

Wandtke, Artur-Axel/Bullinger, Winfried (Hrsg.): Praxiskommentar zum Urheberrecht, 4. Aufl. München 2014.

Wang, Ying: Der strafrechtliche Schutz des Urheberrechts, Eine vergleichende Untersuchung zum deutschen und chinesischen Strafrecht, Berlin 2011.

Weber, Ulrich: Der strafrechtliche Schutz des Urheberrechts unter Berücksichtigung der bestehenden zivilrechtlichen Schutzmöglichkeiten, Tübingen 1976.

ders.: Grundsätze und Grenzen strafrechtlichen Schutzes des Urheberrechts und der verwandten Schutzrechte, FuR 1980, S. 335–344.

ders.: Anmerkung zu BayObLG, JZ 1993, 104, JZ 1993, S. 106–108.

Weidenbach, Peter: Die verfassungsrechtliche Problematik der Blankettstrafgesetze, Tübingen 1965.

Welzel, Hans: Das deutsche Strafrecht, Eine systematische Darstellung, 6. Aufl. Berlin 1958.

Wendehorst, Christiane: Die Digitaliserung und das BGB, NJW 2016, S. 2609–2613.

Wessels, Johannes (begr.)/Beulke, Werner/Satzger, Helmut: Strafrecht Allgemeiner Teil, Die Straftat und ihr Aufbau, 45. Aufl. Heidelberg u.a. 2015.

Windisch, Ernst: Persönlichkeitsbezogene Komponenten in Immaterialrechten, GRUR 1993, S. 352–359.

Wittig, Petra: Wirtschaftsstrafrecht, 3. Aufl. München 2014.

Wohlers, Wolfgang: Deliktstypen im Präventionsstrafrecht – zur Dogmatik „moderner" Gefährdungsdelikte, Berlin 2000.

ders.: Rechtsgutstheorie und Deliktsstruktur, GA 2002, S. 15–20.

ders.: Strafrecht als ultima ratio – tragender Grundsatz eines rechtsstaatlichen Strafrechts oder Prinzip ohne eigenen Aussagegehalt?, in: *Hirsch, Andrew von/Seelmann, Kurt/Wohlers, Wolfgang* (Hrsg.), Mediating Principles, Begrenzungsprinzipien bei der Strafbegründung, Baden-Baden 2006, S. 54–69.

ders.: Die Güterschutzlehre Birnbaums und ihre Bedeutung für die heutige Rechtsgutstheorie, GA 2012, S. 600–606.

Wohlers, Wolfgang/Kudlich, Hans: Literaturbericht Wirtschaftsstrafrecht, ZStW 119 (2007), S. 361–425.

Wolf, Joachim: Der strafrechtliche Schutz der Persönlichkeit gegen unbefugte Kommerzialisierung, Unter Berücksichtigung des Schutzes durch das Zivilrecht, Baden-Baden 1999.

Wolff, Ernst Amadeus: Die Abgrenzung von Kriminalunrecht zu anderen Unrechtsformen, in: *Hassemer, Winfried* (Hrsg.), Strafrechtspolitik, Bedingungen der Strafrechtsreform, Frankfurt a.M. u.a. 1987, S. 137–213.

Wolter, Jürgen: Der Schutz des höchstpersönlichen Lebensbereichs in § 201a StGB – ein Kommentar zu Kristian Kühl, in: *Hefendehl, Roland* (Hrsg.), Empirische und dogmatische Fundamente, kriminalpolitischer Impetus, Symposium für Bernd Schünemann zum 60. Geburtstag, Köln u.a. 2005, S. 225–234.

Wronka, Georg: Das Verhältnis zwischen dem allgemeinen Persönlichkeitsrecht und den sogenannten besonderen Persönlichkeitsrechten, UFITA 69 (1973), S. 71–94.

Würtenberger, Thomas: Die geistige Situation der deutschen Strafrechtswissenschaft, Karlsruhe 1957.

Zabel, Benno: Aktuelle Begründungs- und Anwendungsprobleme in der Dogmatik zu § 17 StGB, GA 2008, S. 33–55.

ders.: Die Grenzen des Tabuschutzes im Strafrecht, Zur Vereinbarkeit von § 173 Abs. 2 S. 2 StGB mit dem Grundgesetz – zugleich Besprechung des Beschlusses des BVerfG v. 26.2.2008, in diesem Heft S. 469, JR 2008, S. 453–457.

ders.: Der Schutz des geistigen Eigentums: Zu Dogmatik und Praxis des Urheberstrafrechts, JA 2010, S. 401–406.

Zaczyk, Rainer: Die Notwendigkeit systematischen Strafrechts – Zugleich zum Begriff „fragmentarisches Strafrecht", ZStW 123 (2011), S. 691–708.

ders.: Demokratieprinzip und Strafbegründung, Eine Erwiderung auf Klaus Ferdinand Gärditz, Der Staat 50 (2011), S. 295–301.

Ziehten, Jörg: Strafbarkeit des Geschwisterinzests, Anmerkung zu BVerfG, NStZ 2008, S. 614, NStZ 2008, S. 617–618.

Zipf, Heinz: Einwilligung und Risikoübernahme im Strafrecht, Neuwied, Berlin 1970.

ders.: Kriminalpolitik, Ein Lehrbuch, 2. Aufl. Heidelberg, Karlsruhe 1980.

Anhang

Von: [redacted]
Betreff: WG: § 107 UrhG
Datum: 17. September 2013 um 16:18:22 MESZ
An: [redacted]

Sehr geehrte Frau Quist,

zu § 107 UrhG gibt es keine justizspezifischen Statistiken, die Auskunft über die Zahl der Anzeigen, Anklagen oder Verurteilungen geben könnten.

In den Geschäftsstatistiken der Staatsanwaltschaften (StA-Statistik) und der Strafgerichte (StP/OWi-Statistik) werden urheberstrafrechtliche Verfahren nicht gesondert ausgewiesen. Die bayerische Strafverfolgungsstatistik weist für 2012 für Straftaten nach dem UrhG zwar 40 Aburteilungen aus, davon 27 Verurteilungen (26 Erwachsene, 1 Jugendlicher) sowie 12 gerichtliche Verfahrenseinstellungen und 1 Freispruch. Eine Aufschlüsselung nach einzelnen Straftatbeständen des UrhG erfolgt jedoch nicht.

Ich bedauere, Ihnen insoweit nicht weiterhelfen zu können.

Mit freundlichen Grüßen

[redacted]

Bayerisches Staatsministerium
der Justiz und für Verbraucherschutz
- Referat E 2 -
Strafverfahrensrecht, Strafgerichtsverfassung, Richtlinien für
das Straf- und Bußgeldverfahren, Mitteilungen in Strafsachen

-----Ursprüngliche Nachricht-----
Von: [redacted]
Gesendet: Dienstag, 10. September 2013 14:19
An: [redacted]
Betreff: WG: § 107 UrhG

4054E-II-10400/13

-----Ursprüngliche Nachricht-----
Von: [redacted]
Gesendet: Freitag, 6. September 2013 07:02
An: [redacted]
Betreff: WG: § 107 UrhG

-----Ursprüngliche Nachricht-----
Von: [redacted]
Gesendet: Donnerstag, 5. September 2013 17:30
An: [redacted]
Betreff: § 107 UrhG

Sehr geehrte Damen und Herren,

ich bin im Rahmen meiner wissenschaftlichen Arbeit auf der Suche nach Zahlen bzw. Statistiken zu den urheberstrafrechtlichen Normen.
Ich promoviere im Graduiertenkolleg Bayreuth ("Geistiges Eigentum und Gemeinfreiheit") zum Schutz von Persönlichkeitsrechten im Strafrecht des Geistigen Eigentums und interessiere mich daher im Rahmen meiner wissenschaftlichen Arbeit auch für die in der Praxis auftretenden Fälle.
Ich beschäftige mich insbesondere auch mit dem wenig praxisrelevanten § 107 UrhG. Mich würde interessieren, ob es Statistiken (z.B. der Staatsanwaltschaft) oder andere Zahlen darüber gibt, ob und wenn wie oft es eine Anzeige, Anklage bzgl. § 107 UrhG gibt. Und wie oft es zu einem Urteil o.ä. oder einer Einstellung kommt.
Vermutlich wird es dazu wenig oder nichts geben. In diesem Fall könnten für mich aber auch allgemeiner Angaben zu den §§ 106 ff. UrhG interessant sein.
Haben Sie hierfür Zahlen oder Statistiken, die mir zumindest entfernt weiterhelfen? Ich wäre Ihnen sehr dankbar für eine positive Antwort.

Ich möchte mich schon jetzt für Ihre Bemühungen bedanken und verbleibe mit freundlichen Grüßen,

Dipl.-Jur. Elena H.T. Quist

FSC
www.fsc.org
MIX
Papier | Fördert gute Waldnutzung
FSC® C083411

Kolibri 360 GmbH
Ferdinand-Jühlke-Straße 7
99095 Erfurt, Deutschland
produktsicherheit@kolibri360.de